Aesop,Waldis Burchard

Esopus

Aesop,Waldis Burchard

Esopus

ISBN/EAN: 9783742896780

Hergestellt in Europa, USA, Kanada, Australien, Japan

Cover: Foto ©ninafisch / pixelio.de

Manufactured and distributed by brebook publishing software
(www.brebook.com)

Aesop,Waldis Burchard

Esopus

Esopus.

Von

Burchard Waldis.

Herausgegeben

von

Julius Tittmann.

Erster Theil.

Leipzig:
F. A. Brockhaus.

1882.

Als vor nahezu dreißig Jahren Karl Goedeke für Forscher und Freunde seine Schrift „Burchard Waldis" (Hannover 1852) veröffentlichte, bemerkte er, daß über dieses Dichters Leben und Schriften bisher wenig Genügendes bekannt geworden sei. Diese bescheidene Aeußerung hätte sich zu bitterm Tadel der Behandlung vaterländischer Dichtung im 16. Jahrhundert durch die Literarhistoriker von Fach, selbst die Berufenen unter ihnen, gestalten dürfen. Mit dem am Wege liegenden Material, einzelnen Bruchstücken, von denen niemand wußte, wohin sie gehörten, konnte man in der That wenig anfangen. Waldis' Schriften hatten Wenige, im Zusammenhange hatte sie Keiner gelesen. Da zeigte Goedeke's Arbeit, was mit den der Forschung zugänglichen Mitteln dennoch zu leisten war.

Von Zeitgenossen bis zum Schluß des Jahrhunderts wird der Verfasser des „Esopus" kaum erwähnt; ich erinnere mich wenigstens nur einer Nennung seines Namens bei Hans Sachs, der einen seiner Schwänke von ihm entlehnte; im folgenden Jahrhundert war er sogut wie verschollen. Daniel Georg Morhof in seinem „Unterricht von der teutschen Sprache und Poesie" (1682), Cap. VII, nennt ihn nur beiläufig als „einen, der den Teuerdank hat nachdrucken lassen, gar viel Verse darin geändert und etzliche paar tausend dazugesetzt, der aber diese Arbeit wohl hätte bleiben lassen"; die eigenen Schriften des Mannes kannte er nicht oder hielt sie nicht für erwähnenswerth. Diese Vernachlässigung von seiten der Gelehrten gibt natürlich keinen Maßstab für die Anerkennung, die ihm weitere Kreise von Gebildeten zutheil werden ließen. Er hatte gleiches Schicksal mit andern unter den fruchtbarsten und gelesensten Dichtern; eine deutsche Sprach- und Literaturwissenschaft gab es damals nicht, der genannte Professor der Poesie in Kiel machte eben zu beiden erst den Anfang. Waldis' „Esopus" hat eine Reihe von Auflagen erlebt, ja noch 1623 hielt es ein Frankfurter Buchhändler für vortheilhaft, in zwei Theilen eine Fabelsammlung zu verlegen, die ein Huldricus Wolgemuth mit geringen Aenderungen, wenigen Auslassungen und einigen Zusätzen, in anderer Reihefolge aus dem „Esopus" zusammengestellt hatte; geistliche Lieder aus Burchard's „Psalter" sind in Gesangbücher aufgenommen und in den kirchlichen Gebrauch übergegangen; seine Bearbeitung des Teuerdank ist ebenfalls öfter wiedergedruckt. Sein bedeutendstes Werk aber, ein Drama vom „Verlornen Sohn", fern vom Vaterlande gedichtet, ist im eigentlichen Deutschland schwerlich bekannt geworden.

Den Gründen nachzugehen, weshalb die Lesenden gegen die Fabeldichtung überhaupt gleichgültiger wurden, die doch Luther hochschätzte und selber meisterhaft behandelte, ist hier nicht der Ort. Daß die Schule der Opitzianer sich abweisend gegen dieselbe verhielt, wird niemand wundern: der „Vater der deutschen Dichtung" und seine Söhne zählten die Fabeldichter überhaupt nicht unter die Poeten; hatte doch schon Aristoteles die Fabel als Gattung nicht in der Poetik, sondern in der Rhetorik behandelt.

Gegen die Mitte des 18. Jahrhunderts wurde das anders. Nachdem durch Johann Georg Scherz ein Theil der Boner'schen Fabeln veröffentlicht worden war, freuten sich die Gelehrten des wiedergefundenen Schatzes; dieser Anregung und dem Darstellungstalent Eines Mannes vor allen gelang es, der vergessenen Dichtart in der Lektüre aller Stände die erste Stelle zu erwerben. Im Jahre 1748 schrieb Christian Fürchtegott Gellert als Einleitung zu seinen „Fabeln und Erzählungen" die „Nachrichten und Exempel von alten deutschen Fabeln"; bei dieser Veranlassung nahm er Gelegenheit, auch Burchard Waldis zu erwähnen, freilich mit sehr kühler Anerkennung und oberflächlicher Würdigung dessen, worin sein eigentlicher Werth liegt. Aber ihn beherrschte noch das allgemeine Vorurtheil seiner Zeit; nach seinem Bemessen war die deutsche Poesie seit den glücklichen Zeiten des schwäbischen Hauses vollständig entartet, sie war aus den Händen der Großen in die Hände des Pöbels gerathen und endlich ein Zeitvertreib der „ungesinnten Meistersänger" geworden. Aber er meinte doch, daß man Waldis zu nahe trete, wenn man ihn etwa mit Hans Sachs, diesem Sündenbock und Prügelknaben der „Männer des guten Geschmacks", in eine Reihe setzen wollte! Er ertheilt ihm wenigstens das Lob, daß er durch muntere Einfälle und lebhafte Beschreibungen die weitläufige und müßige Art zu erzählen wieder gutzumachen wisse: man sollte ihn den Schimpf seiner Zeit und seiner verstümmelten Sprache nicht entgelten lassen.

Verständigere Beurtheiler fand Waldis erst zwanzig Jahre später unter Kritikern und Dichtern des Braunschweiger Kreises. Nachdem Freiherr Eberhard von Gemmingen in seinen „Briefen nebst andern poetischen und prosaischen Stücken" (1769), S. 82, bedauert hatte, daß Waldis — und wieder handelt es sich nur um seinen „Esopus" — nicht so bekannt sei, wie er es verdiene, wandte ihm Fr. Wilhelm Zachariä volle Beachtung zu. Seine „Fabeln in Burkhard Waldis' Manier" (1771) leitete eine Abhandlung ein, die des alten Fabulisten Weise zu erzählen rühmend hervorhob, ja sogar den Versuch machte, aus seinem „Esopus" zusammenstellen, was ihm zur Geschichte seines Lebens und seiner Bildung wissenswerth erschien. Ein Zeichen bessern Verständnisses ist es jedenfalls, daß der Kritiker die Berechtigung der alten achtsilbigen Verse anerkannte, die er sich sogar selbst zu eigen machte, wenn auch diese Anerkennung durch die Bemerkung abgeschwächt wurde, daß er sie auf gewisse Gattungen von komischen Heldengedichten nach Art des englischen „Hudibras" und auf das Burleske überhaupt beschränkt wissen wollte. Der zweiten Auflage seiner Fabeln fügte er eine reichhaltige Auswahl aus dem „Esopus" mit kurzen Worterklärungen bei. — Daß Lessing keine Notiz von Waldis nahm, den er doch kennen mußte, liegt in seiner Auffassung des Vortrags der Fabel überhaupt begründet.

Damit schien vorläufig genug geschehen, und der „Esopus" ruhte wieder im Staube der Bibliotheken.

Karl Goedeke's Schrift, welcher der Abdruck eines Zeitgedichts, „Herzog Heinrichs von Braunschweig Klagelied", in der „Zeitschrift des historischen Vereins für Niedersachsen" (1851) vorausgegangen war, worauf in seinem „Grundriß zur Geschichte der deutschen Dichtung" eine erschöpfende Bibliographie folgte, wirkte anregend und fruchtbringend fort, zunächst in der Heimat des Dichters. Das „Hessische Jahrbuch" (1855) brachte das ebengenannte Gedicht von neuem mit einem Nachwort von Fr. Ludwig Mittler, das im selben Jahre vermehrt und mit einem Anhange (eine der Fabeln und geistliche Lieder enthaltend) in besonderm Druck erschien. Im Jahre 1858 konnte Georg Buchenau zu Marburg („Leben und Schriften des Burcard Waldis") aus neueröffneten Quellen erwünschte Nachrichten über des Dichters Familie und letzte Lebensjahre mittheilen. Von größter Bedeutung aber war, daß inzwischen auch in den Ostseeprovinzen das Interesse für den Mann erwacht war, der hier einen Theil seines besten Mannesalters verlebt hatte. Wichtige Forschungen und Ausführungen, eröffnet durch C. A. Berkholz' „Burchard Waldis 1527 in Riga" (1855), fortgeführt von Napiersky, Karl Schirren und C. Sallmann (in den „Mittheilungen aus der livländischen Geschichte" und der „Baltischen Monatsschrift") wurden rasch nacheinander veröffentlicht und endlich durch einen glücklichen Fund in schwedischen Archiven bis zu einem gewissen Grade abgeschlossen. Zuletzt hat Heinrich Kurz seiner Ausgabe des „Esopus" eine biographische Einleitung vorangestellt, die auf vier Seiten nichts als eine äußerst dürftige Compilation zu bieten hat, bei deren Abfassung ihm merkwürdigerweise die Arbeiten baltischer Forscher nicht nahe genug gelegen haben.

Burchard oder, wie er sich in Livland zu schreiben pflegte, Borchardt Waldis ist in Allendorf, einer hessischen Landstadt an der Werra, geboren. Der Ort, wie das am andern Ufer liegende Soden, verdankt seine Entstehung und seinen Namen den hier seit Jahrhunderten bestehenden Salzwerken, die früher im Privatbesitz einer Anzahl von Familien, der Pfänner, später durch Pacht in die Hand der Regierung kamen. Der Genossenschaft der Pfänner gehörte eine Familie Waldis an, die in mehrern Gliedern für die Mitte des Jahrhunderts nachzuweisen ist. Den Namen selbst finden wir in der Umgegend wieder; eine waldige Hügelstrecke unterhalb des Städtchens bis an das Dorf Wahlhausen, auch Waldessen, Waldese genannt, heißt die Waldis, im Volksmunde Wahles oder Wahlesfeld, während ein Bach, die Walse, früher Waldesaha (Waldwasser), bei dem Orte in die Werra mündet. In dem Dorfe hatten die Herren von Hanstein damals einen Wohnsitz; früher, im 13. Jahrhundert, erscheint dasselbe aber im Besitz einer andern Familie, die sich danach benannte. Auch die Waldis in Allendorf waren hier begütert. Im Jahre 1564 stiftete Bernhard Waldis zum Besten der Armen zu Allendorf und Soden eine jährliche „Spende" und konnte dabei erwähnen, daß schon seine Vorfahren die Einkünfte von Ländereien, die „Spendeäcker" genannt, zu gleichem Zwecke bestimmt hatten; um die Mittel dazu zu vermehren, schenkte er „seinen zwölften Theil der Pfannen" in der Holzmärker Zeche. Dieser Bernhard, in Urkunden auch Waldessen und Wahlhaus genannt, war ein Bruder unseres Burchard, wie wir durch ihn selbst erfahren. Außer dem genannten hatte er noch drei Brüder: Hans,

Bürgermeister zu Allendorf, Urban und Christian. Es war also ein angesehenes und wohlhabendes Geschlecht, aus dem Burchard stammte, als Pfänner und Buren, Bauherren, der Saline der rathsfähigen Bürgerschaft angehörig.

Dies ist alles, was wir von den Trägern des Namens wissen, **an** die außer der frommen Stiftung jede Erinnerung in ihrer Heimat erloschen ist. Spuren, wie sie sich anderswo von einheimischen Familien in Urkunden und Acten, Kirchenbüchern und auf Grabsteinen erhalten haben, sind mit der alten „wohlerbauten" Stadt zu Grunde gegangen, als 1637 der kaiserliche General Gleen die für kurze Zeit besetzte Stadt wiedergewann. Sie brannte bis auf einige kleine Gebäude mit ihren Gotteshäusern und der reichhaltigen Kirchenbibliothek gänzlich nieder. So liegt denn alles, was die Geburt und Jugendzeit des Dichters betrifft, für uns durchaus im Dunkeln. Die ersten beglaubigten Nachrichten zeigen denselben in weite Ferne, nach Riga, verschlagen und zuletzt in Verhältnissen, die für ihn die Quelle der bittersten Leiden geworden sind. Es lassen sich zunächst bloß Vermuthungen aufstellen, die freilich nur ungefähr das Richtige treffen werden, denn über die Zeit seiner Geburt und die Jahre seiner Jugend fehlt in den Schriften jede Andeutung. Goedeke's Ansicht mich anschließend, nehme ich das letzte Jahrzehnt des 15. Jahrhunderts an. Im Jahre 1524 war er Klostergeistlicher und mit einer wichtigen Sendung betraut, zu der man wol einen ganz jungen Mann nicht gewählt haben dürfte.

Im „Esopus", Buch IV, 24, wird ein Erlebniß in Rom erzählt. Der Dichter hatte die Reise von Deutschland aus seines Seelenheils wegen unternommen: er gedachte fromm zu werden, fand sich aber in seinen Erwartungen von der Luft, die in der heiligen Stadt wehte, getäuscht, denn was er gleich nach seiner Ankunft dort sah, war eher geeignet, „Schlangen damit zu vergiften". Jedenfalls stand er damals noch im jugendlichen Alter; einer seiner frühern Schulkameraden, den er bei seinem ersten Ausfluge traf, wird als ein junger Gesell bezeichnet. Schwerlich auch gehörte er schon einem geistlichen Orden an; dagegen sprechen die ganze Erzählung, seine Einkehr in ein Gasthaus für Deutsche und ein Abenteuer mit zwei Mönchen, die vor einem Ordensbruder wol zurückhaltender aufgetreten wären. Die Reise selbst aber in das Jahr 1500, das Jubeljahr unter Alexander VI., zu setzen, weil (Buch IV, 1) der bei dieser Gelegenheit geschehenen großen Wallfahrten gedacht wird, liegt nicht der geringste Grund vor. Der Ton der Erzählung spricht nicht dagegen, daß Waldis damals noch der alten Kirche angehörte. Die spätere Abfassung machte dieselbe erst zu einer gelegentlichen Waffe gegen diese ebenso wie manche andere Geschichte, die er später erlebte.

Ob Burchard die Schule seiner Vaterstadt oder eine andere in der Nähe gelegene besucht hat, wird nicht auszumachen sein, ist auch gleichgültig; der Unterricht, den städtische Schulen damals zu bieten hatten, genügte nicht bloß für das bürgerliche Leben überhaupt, sondern auch als Vorbereitung für den Stand eines Geistlichen, und konnte im Kloster selbst vervollständigt werden. In welchen Orden und wo er in das Klosterleben eingetreten, ist in den Nachrichten, denen ich von jetzt an folge, nicht ausdrücklich gesagt, doch hat die Annahme das Meiste für sich, er sei Franziskaner des Minoritenordens gewesen, und zwar nicht bloß deshalb, weil er sich mit den Ordenseinrichtungen bei den grauen Mönchen, namentlich mit ihren Schwächen, besonders vertraut zeigt; es scheint noch ein besonderer Grund für diese Annahme maßgebend zu sein. Im Jahre 1522 hatte die deutsche Reformation auf ihrem Gange auch die echt deutsch gebliebene Stadt Riga erreicht. Damals saß auf dem bischöflichen Stuhle Jasper von Linden, aus Westfalen gebürtig. In seiner Umgebung, unter den „Pfaffendienern“, die zu allerhand Geschäften und Verrichtungen, als Secretäre, Agenten, Boten, gebraucht wurden, finden wir auch Burchard Waldis; Angehörige des Franziskanerordens, der einen freiern Verkehr auch außerhalb der Klostermauern gestattete, eigneten sich vorzugsweise zu einer solchen Verwendung.

Die kirchliche Bewegung, energisch angegriffen und rasch gefördert, ging in Riga hauptsächlich von drei Männern aus, die in ihrer Befähigung wie in der Art ihrer Thätigkeit sich glücklich ergänzten. Dem Bischof von Kammin, E. von Manteuffel, war es gelungen, gleich die ersten Regungen gegen die alte Kirche zu unterdrücken. Johann Bugenhagen, der Rector der Schule zu Treptow, mußte den strengen Maßregeln des eifrigen Mannes weichen; mit ihm verließen andere gleichgesinnte Lehrer das Land, unter ihnen auch Andreas Knöpken, von Küstrin in der Mark gebürtig. Ein Bruder desselben lebte zu Riga als Domherr, und zu diesem wandte sich der Vertriebene. Er kam zu rechter Zeit für die Sache der evangelischen Lehre und fand schon die Stimmung günstig bei dem Rath und der Bürgerschaft. Der Heermeister des Ordens, der treffliche, edel und mild gesinnte W. von Plettenberg, war kein eifriger Gegner, vielleicht eher einer Kirchenverbesserung geneigt, solange er in der Bewegung dafür keine dem Staate gefährliche Macht erblickte. Der Erzbischof, schon hoch bejahrt, war als Gegner kaum zu fürchten. Knöpken, zum Archidiakonus an St.-Peter ernannt, begann seine Thätigkeit am 23. October 1522 mit einer Reihe von Predigten zunächst gegen die Auswüchse und Eingriffe der päpstlichen Curie, den Ablaß, die Verehrung der Reliquien und Bilder, doch stets in maßvoller Weise, die ihm den Beinamen Modestinus erwarb; überdies suchte er in Disputationen seine Lehre wissenschaftlich zu begründen. Ihm zur Seite und anfänglich in seinen Grundanschauungen mit ihm übereinstimmend, stand der Magister Silvester Tegetmeier aus Hamburg, in Erbschaftsangelegenheiten herübergekommen und als Kaplan am Dom angestellt. Er schloß sich aus vollem Herzen den Bestrebungen Knöpken's an und eröffnete kurze Zeit nach ihm seine Thätigkeit als Prädicant zu St.-Jacob in Kanzelreden, die mit wenig Vorsicht zunächst sich an das Volk wandten, das alle Besonnenheit verlor und endlich sogar sich an den Bildern vergriff und die Kirchen plünderte.

Der Rath war von Anfang an den auf Abschaffung augenfälliger Misbräuche gerichteten Bestrebungen der Theologen wie den Wünschen und dem Drängen der Bürgerschaft und des Volkes nicht entgegen. Hier vertrat ein Mann vielleicht sehr zweifelhaften Charakters, aber von unleugbarer Energie die geschäftliche Seite der Bewegung. Johann Lohmüller, früher vielfach verwendet in dem Dienst des Erzbischofs, darauf als Stadtsecretär und endlich als Syndicus in Riga angestellt, hatte sich gleich anfangs mit Luther in Verbindung gesetzt. Dieser wandte der Sache der Reformation in dem so weit entlegenen Lande seine herzliche und erfreute Theilnahme zu und drückte diese Freude den livländischen Städten aus; aber er ermahnte zugleich zur Besonnenheit bei der Abschaffung äußerlicher Misstände und zum alleinigen Festhalten an der Erkenntniß der göttlichen Wahrheit, vor allem an der Ueberzeugung von der Rechtfertigung nicht durch die Werke, sondern durch den Glauben an Jesum Christum. Rath und Bürgerschaft griffen auch die Sache ganz in diesem Sinne an, maßvoll aber entschieden ihren festen Willen erklärend, „an dem, was sie als recht erkannt, wovon so vieler Menschen Seelenheil abhänge, festhalten zu wollen". Sie wandten sich mit einer Eingabe an den Erzbischof, worin sie ihn ersuchten, der Kirche fromme Lehrer vorzusetzen, die das rechte Wort Gottes lehrten; geschähe das nicht, so sähe man sich genöthigt, „selbst zu sorgen, wie dem Uebel abgeholfen werden möchte".

Die Antwort war, wie sie erwartet werden durfte. Der Bischof, das Domkapitel und die „Oldesten im Sittenden Rathe", d. h. die mit Landgütern belehnten Eingesessenen des bischöflichen Landestheils, erblickten in beabsichtigten Neuerungen nur den Anfang zur Schmälerung ihrer Einkünfte aus dem ausgedehntesten Güterbesitz, vor allem aber drohende Verluste der Klöster, deren wachsender Grundbesitz in der Stadt so schon Veranlassung zu Besorgnissen gab, sodaß durch Verfügungen die Stadtbehörde dagegen einschreiten mußte. Der Gefahr beschloß man mit einer den Händen der Kirche bequemen Waffe zu begegnen. Zunächst wurde eine Gesandtschaft von drei Mönchen abgeschickt, um bei dem Kaiser Beschwerde zu führen. Karl V. befand sich zu jener Zeit (1523) in Spanien; bei seinem Stellvertreter, dem Markgrafen von Baden, erreichten die Männer aus Riga, was sie wünschten, den Befehl des Statthalters, unter Androhung der Reichsacht auf Grund des Wormser Edicts in Religionssachen alles in den frühern Stand zu setzen. Auch auf dem Reichstage zu Nürnberg (eröffnet im März 1524) waren die Rigaer anwesend, um ihre Klagen bei dem von Clemens VII. dahin gesandten Cardinallegaten Campeggio zu wiederholen, der sich vergeblich bemühte, die zur Staatsangelegenheit gewordene Reformationssache wieder zu einer rein kirchlichen zu machen. Das Ende war für die Betheiligten wenig erfreulich. Als dieselben zur See, wol von Lübeck aus, zurückkehrten, trieb das Schiff statt an das Schloß, wo sie zu landen gedachten, an eine der Stadtpforten. Hier wurden zwei der Mönche festgenommen; einer war in Dünamünde ausgestiegen und entkommen. Unter den Gefangenen war auch Burchard Waldis; so erzählen livländische Geschichtschreiber und nach ihnen auch andere Chronisten, z. B. Chyträus in der „Saxonia“, S. 202. Diese Theilnahme Burchard's an der Mission wird, wenn auch nicht ausdrücklich, doch indirect durch eine Erwähnung im „Esopus“ bestätigt, die beiden Schwänke Buch IV, 17 und 18 (in unserer Ausgabe Fabel 8 und 9); Waldis hatte die Geschichten aus des Cardinals eigenem Munde gehört. Die Veranlassung zu der ersten Erzählung lag nahe: es wurde auch über die Ehelosigkeit der Priester, zunächst auf Veranlassung der Klagen der Züricher Abgesandten, dann auch der Straßburger in Nürnberg verhandelt, wobei der Cardinal, der freilich das Concubinat wie andere Ausschreitungen katholischer Geistlichen nicht billigen durfte, doch die Priesterehe für ein weit größeres Vergehen erklärte.

Gotthard von Hansen in seiner Schrift „Die Kirchen und ehemaligen Klöster Revals" (1873), S. 113, bringt durch einen Fund im Revaler Stadtarchiv den Beweis, daß einer der Mönche, Antonius Boemhover, Minoritenbruder, sich im Herbst 1523 in Rom befand. Unter dem 10. November, am Tage der feierlichen Verkündigung der Wahl Clemens' VII., schreibt derselbe an den Custos seines Ordens in Livland und in Preußen. Der Brief ist ein Bericht über die Schritte, die er bei dem neuen Oberhaupt der Kirche zu thun gedenke, bei welchem er seine Klagen über die Verfolgungen der Brüder anbringen wolle, wie über die Maßregeln, die er dagegen vorzuschlagen beabsichtige. Bei ihm war ein anderer Bruder, Pater Augustinus Ulfeld, wahrscheinlich der später vor der Verhaftung entkommene Mönch; dieser war in Urbino krank geworden, und Boemhover schreibt: „Darümme hebbe ick minen Broder Borchardt na Urbino gesandt"; er bemerkt ferner, daß er schwerlich vor Ostern werde abreisen können. Dürfen wir in diesem Bruder Borchardt unsern Dichter erkennen, so wäre eine zweite Reise desselben nach Rom anzunehmen, wodurch dann auch seine eingehende Kenntniß der Stadt sich erklärte. Die Negociation zu Nürnberg würde dann nach der Rückkehr der Männer aus Italien geführt worden sein. Das Schreiben wurde in Riga bekannt, ebenso wie andere Nachrichten über die Thätigkeit der Mönche in Nürnberg; die Strenge gegen dieselben hätte demnach ihren guten Grund gehabt. Auf dem Ständetage zu Reval 1524, und wiederholt 1526 zu Wolmar, wurde auf Grund des Briefes über die offenbare Auflehnung gegen die Obrigkeit verhandelt, und der Antrag eines Mitgliedes lautete: Boemhover habe Ehre, Leib und Gut verwirkt und sei nach rigischen Gesetzen zu richten. Der Erzbischof Jasper war am 29. Juni 1524 gestorben; Joh. Blankenfeld von Berlin, der neugewählte, früher Professor in Frankfurt und darauf Coadjutor des Erzbisthums, konnte ihm nicht die Freiheit verschaffen, so wenig wie seine Brüder, deren einer Bischof von Dorpat, der andere Mitglied der Großen Gilde in Reval war.

Burchard Waldis war glücklicher oder klüger als sein Leidensgefährte. Nach wenigen Wochen wurde er aus der Haft entlassen und sagte sich nicht allein vom Mönchsstande, sondern überhaupt von der Kirche los, deren eifriger Anhänger er gewesen war. Diese Lossagung war vielleicht die Bedingung für die wieder erlangte Freiheit. Fürchtete er schwere Strafe an Leib und Leben, so war diese Besorgniß sehr berechtigt, erklärte doch ein Deputirter auf dem erwähnten Ständetage zu Reval: „wer Bannbriefe in das Land bringe, müsse in einen Sack gesteckt und über die Seite gebracht werden". Boemhover saß ein Jahr lang im Gefängniß, und es ist unbekannt geblieben, was endlich sein Schicksal war.

Nicht ohne Einfluß auf Burchard's raschen Entschluß war, das dürfen wir vermuthen, das Zureden eines Mannes gewesen, den wir später in enger und, wie schon hier bemerkt werden mag, in gefährlicher Verbindung mit ihm erblicken, des schon genannten Lohmüller. Dieser Mann war die geeignetste Persönlichkeit, den Vermittler zu spielen: er hatte wol in seinem frühern Verhältniß zum erzbischöflichen Hofe Waldis' Fähigkeiten schätzen gelernt und gedachte nun, dieselben in der Sache, für die er augenblicklich wirkte, und für weitere Pläne zu benutzen.

Ueber den wichtigen Schritt, den Burchard gethan, findet sich in seinen Schriften keine Andeutung. Seine eigentliche schriftstellerische Thätigkeit beginnt erst nach dieser Zeit. Als er Livland den Rücken gekehrt hatte, betrachtete er die Vergangenheit als abgethan. Man könnte das ganz natürlich und vernünftig finden, wenn auch nicht, wie es in der That der Fall war, ein zwingender Grund, vielleicht gegen seine Neigung, ihm Schweigen auferlegt hätte. Einen Mann von der geistigen Befähigung, der verständigen Weltanschauung und dem scharfen Urtheil, wie ihn seine Schriften zeigen, konnten die alte Lehre mit ihren Irrthümern und Entstellungen, die Verkehrung ursprünglich heiliger Gebräuche in Misbräuche und Thorheiten, die auf das Weltliche gerichtete Machtentfaltung im Großen wie bei Einzelnen, die Erwerb- und Genußsucht, die er überall erblickte, auf die Länge nicht befriedigen. Anfänglich sah er darin nur die Schuld Einzelner, die dem ganzen Gebäude der Kirche nichts von seiner hohen Bedeutung zu nehmen im Stande wäre; aber in den letzten Jahren hatte er die Dinge, wie sie in der Kirche und unter der Geistlichkeit offenbar zu Tage traten, endlich noch bei seiner Begegnung mit Campeggio und in Rom selbst, gründlicher zu betrachten gelernt und die Ueberzeugung gewonnen, daß das Uebel in einem tiefer liegenden Schaden wurzele. So gelangte eine bessere Einsicht zum Durchbruch, und er mochte selbst in dem unglücklichen Ausgange seines letzten Auftretens als Streiter für die alte Kirche einen willkommenen Anlaß zur Lossagung finden.

Wie dem auch sein möge, er trat mit dem neuen Lebensabschnitt in den Stand zurück, von dem er ausgegangen war; er eröffnete sich auf anständige Art eine bürgerliche Thätigkeit. Im Jahre 1527 nennt er sich selbst „Kannegeter", Zinngießer; nach einer Mittheilung Napiersky's wohnte er als Geschäftsmann in einem Eckhause der nach der Düna führenden Schalstraße. Die Verwunderung über die Wahl dieses Berufs wird sich sehr herabstimmen, wenn man bedenkt, daß die Art, wie Waldis das Geschäft betrieb, kaum mehr als eine allgemeine Kenntniß desselben voraussetzte; der „Esopus" zeigt an zahlreichen Stellen, daß er sein Gewerbe mehr kaufmännisch als handwerksmäßig ausübte. Er zog als wandernder Krämer mit seinen Waaren umher; seine Handelsreisen führten ihn nicht allein durch größere und kleinere Handelsplätze der Ostseeprovinzen und Preußens, sondern auch nach Deutschland und in das Ausland. Genannt werden im „Esopus" unter andern Städten Lübeck, das er zu Schiffe erreichen konnte, und von wo er nach Riga zurückzukehren pflegte — auf einer dieser Fahrten hatte er bei Gothland einen schweren Sturm erlebt —, dann Einbeck, Naumburg in Thüringen, in Süddeutschland Mainz, Worms, Speier, außerhalb Deutschlands Amsterdam und, wenn man dies aus „Esopus“ II, 18, V. 39 folgern darf, Lissabon. Die Führung der Werkstätte in Riga konnte einem Gesellen überlassen bleiben; in der That wird ein solcher, der in gefährlicher Zeit und schwerer Bedrängniß sich für den Meister verwandte, mit Namen genannt. Es ist glaublich, daß Waldis von seiner Heimat her mit dem Handwerk bekannt war, es ist sogar die Möglichkeit nicht ausgeschlossen, daß er dasselbe zünftig gelernt habe und als wandernder Gesell nach Livland gekommen sei; es würde dies zugleich eine Erklärung dafür abgeben, daß wir ihn so weit von seiner Heimat verschlagen sehen. Er könnte in Riga in irgendwelche Beziehung zu dem Bischof gekommen sein, der ihn in seinen Dienst nahm, was den Eintritt bei den Minoriten zur Folge hatte. Ich möchte bei dieser Vermuthung an eine Aeußerung Burchard's errinnern, die sich im „Esopus“ (Buch IV, 95) findet: Der Abt eines Klosters fragte einen jungen Mann, der sich zur Aufnahme meldete, „ob er die Schrift verstünd oder sonst ein Handwerk künt“. Danach war der Eintritt eines Handwerkers in ein Kloster, namentlich in den Franziskanerorden nicht eben auffällig und ungewöhnlich.

Als Waldis seinen Laden eröffnete und seine Fahrten antrat, wußte er sehr wohl was er that. Für den Beruf eines Predigers, das fühlte er, fehlte ihm damals noch alles, und doch galt es, sich einen Broterwerb zu sichern. Er muß es durch Einsicht und Thätigkeit in der Folge zu einer angesehenen bürgerlichen Stellung gebracht haben; dafür spricht ein directes Zeugniß. Die städtische Behörde beabsichtigte eine Aenderung in den Münzverhältnissen einzuführen, die Erhöhung der Schillingstücke und Umstempelung der alten cursirenden, und forderte den Kanngießer, wol nicht in seiner Eigenschaft als Metallarbeiter, wie Napiersky meint, vielmehr als weit in der Welt umhergekommenen und erfahrenen Handelsmann, zu einem Gutachten über die beabsichtigte Reform auf. Dieser Aufforderung kam er in einem Schriftstücke nach, dessen Orginal sich im Rathsarchiv erhalten hat. Er trägt darin seine ernstlichen Bedenken gegen die Maßregel vor, namentlich als dem Interesse der Bürger und des Landvolks in gleicher Weise zuwiderlaufend, und schließt mit der Bemerkung, daß nur ein kleinerer Uebelstand durch einen größern beseitigt würde: „man müsse ja wohl ein Glied abschneiden, um den ganzen Leib zu erhalten; fromme Landesfürsten ließen oft starke Gebäude, ja ganze Städte einreißen und zerbrechen, damit größere Städte und ein ganzes Land gerettet wurden."

Seit den misglückten Reactionsversuchen gegen den einmüthigen Willen der Bevölkerung war die kirchliche Reform unbeirrt ihre Wege gegangen, innerlich und äußerlich erstarkt und endlich siegreich. Blankenfeld, seines Güterbesitzes durch die Ritterschaft von Dorpat beraubt, von dem Rigischen Adel gefangen und bis zum Juni 1526 in Haft gehalten, starb am 9. November auf der Reise nach Spanien, wo er seine Klagen persönlich beim Kaiser anbringen wollte. Der Stuhl blieb unbesetzt bis in den Herbst 1527, wo endlich auf Betreiben des Heermeisters der Dompropst Schöning aus Riga gewählt wurde. Zu Anfang dieses Jahres veranstaltete die antikatholische Partei eine öffentliche Kundgebung, durch die, man könnte sagen, der Sieg der reinern Lehre und zugleich die zehnjährige Jubelfeier der großen deutschen Bewegung gefeiert wurde. Die Fastnacht versammelte die Einwohner Rigas zu einer Aufführung von außerordentlicher Bedeutung. Statt nichtigen Possen und den gewöhnlichen Volksbelustigungen konnten die Bürger der Stadt und das Landvolk, Ueberzeugte sowol wie Zweifelnde, Freunde und Feinde, einem Schauspiel beiwohnen, das ihnen das innerste Wesen dessen darlegte, was damals alle Gemüther bewegte, was die neuen

Prediger auf den Kanzeln verkündigten, in Kirchen und Schulen lehrten, wofür öffentlich gestrebt und im geheimen intriguirt wurde, was in aller Herzen und Munde war. In der dramatisch behandelten Parabel vom Verlornen Sohn wurde, und zwar im schroffsten Gegensatz gegen die alte Kirche, die Grundlage der evangelischen Lehre, die Rechtfertigung durch den Glauben, in lebendigen Abbildern und in gewandter und kraftvoller Rede vorgeführt. Der Veranstalter und zugleich der Dichter des Schauspiels war der einst so eifrige Klosterbruder und Pfaffenknecht im Dienst der römischen Priester- und Mönchswirthschaft, die für jeden Urtheilsfähigen hier nach Gebühr gerichtet erscheinen mußte.

Die Männer an der Spitze der reformatorischen Bewegung hatten die Zeit während der Erledigung des Bischofsstuhls gut benutzt. Nach der Beseitigung äußerer Hemmungen und Schwierigkeiten konnte man an den innern Ausbau der neuen Kirche denken: 1530 beschloß man die Aufstellung einer Kirchenordnung; mit Hülfe eines Dr. Gabriel Brismann von Hamburg wurde die Ausarbeitung nach dem Muster der Kirchendienstordnung für das Herzogthum Preußen vollendet und zu Rostock gedruckt (Neu herausgegeben von Johannes Geffcken, Hannover 1862). Eine zweite Ausgabe erschien 1537, durch den Katechismus von Dolz: „Inhalt christliker lere, in dre korte Dialogos vervatet", und die Uebersetzung eines Dialogs von Erasmus von Rotterdam vermehrt; auf der Rückseite des Titels bringt dieselbe mit der Ueberschrift „Das Büchlein" ein paar Verse über den Zweck desselben und nach der Vorrede „tom Leser" ein Gebet zu Gott von Burchard Waldis, beide in hochdeutscher Mundart; unter den für den liturgischen Gebrauch der Rigaer Kirchen bestimmten Liedern steht auch eine niedersächsische Abfassung des 25. Psalms, die in hochdeutscher Bearbeitung in Burchard's „Psalter" sich wiederfindet.

Burchard's Theilnahme hieran, wenn auch nur durch eine im Ganzen geringfügige Dichtung, ist das letzte Lebenszeichen von ihm aus Livland. Bekannt war früher nur, daß er in seine Heimat zurückkehrte, und daß die nächste Veranlassung zu dem Aufgeben seines Gewerbes in Riga eine „schwere Bedrängniß" war, aus der ihn seine hessischen Verwandten befreiten. Als er nach einer Reihe von Jahren den oben erwähnten „Psalter" herausgab, begleitete er das Buch in herzlichen und bewegten Worten mit einer Widmung an seine Brüder Hans und Bernhard zu Allendorf (datiert Abterode, den letzten Februarii 1552). Diese Psalmen, „die er zum Theil in schwerer Gefängnis gemacht, die langweilige und beschwerliche Gedanken und teufelische Anfechtung damit zu vertreiben oder je zum Theil zu vermindern", brachte er ihnen als öffentlichen Dank für seine Befreiung dar. Gott der Allmächtige hatte ihn durch die Brüder weit über sein und aller Menschen Hoffen gerettet; „nachdem er, und alle die Seinigen, auch sunst jedermänniglich an ihm gar und ganz verzagt hatten, hatten sie ihn aus seiner schweren Gefängnis und Rachen des Todes, welchem er fast an die dritthalb Jahr mit großer Beschwerung verhaftet, dazu mit scharpfer Tortur und Bedrauung peinlich ersucht und angegriffen, gnädiglich erlöst und fröhlich wieder heimgebracht." Es war „ein hoch, groß und theuer Werk, das sie an ihm gethan, ein Zeichen der rechten, wahren, ungefärbten brüderlichen Liebe; sie hatten Weib und Kinder und alle die Ihrigen verlassen und die Reise zu Wasser und zu Lande, über zweihundert Meilen, in so fremde, unbekannte und weit abgelegene Lande und sonderlich in solchen beschwerlichen und fährlichen Sachen, also eingelassen und in so große Fahr Leibs und Lebens begeben".

Diese Mittheilungen geben in ihrer Unbestimmtheit kaum Vermuthungen Raum; sie bieten keinen Anhaltspunkt für die Zeit, wann, und den Ort, wo das Unglück geschehen, nicht einmal eine Andeutung über das Jahr seines Abschieds von Livland. Nehmen wir die Aufführung des Fastnachtsspiels als letzte beglaubigte Nachricht über den Dichter, und die Kirchenordnung mit den Beiträgen von ihm als ein

Lebenszeichen an, so bleibt doch eine Reihe von Jahren, die Zeit bis zum Beginn der Vierziger Jahre, unausgefüllt, denn erst dann weisen bestimmte Zeugnisse ihn wieder in der hessischen Heimat nach. Und vor allem: was war der Grund der harten Behandlung, und von wem ging dieselbe aus? An ein bürgerliches Vergehen oder gar an ein gemeines Verbrechen mochte und konnte man doch nicht denken, höchstens an eine falsche Anklage. Eine ungerechte Beschuldigung hätte er in seiner Zuschrift sicher erwähnt; auch beweist eine Kundgebung aus noch früherer Zeit, die Widmung des „Psalters" (1553) an den Bürgermeister von Riga, daß seine Beziehungen zu diesem wie zu den dortigen Freunden nicht gestört waren. So durfte man nur von dem Fleiß und dem Geschick livländischer Forscher oder gar vom Zufall eine Lösung des Räthsels hoffen. Diese Hoffnung hat sich 1860 erfüllt. Karl Schirren durchforschte im Sommer des genannten Jahres schwedische Archive nach Urkunden in Bezug auf vaterländische Geschichte. Das Resultat war eine außerordentlich reiche Ausbeute, über die er zuerst in seiner Schrift „Verzeichniß livländischer Geschichtsquellen in schwedischen Archiven und Bibliotheken" (Dorpat 1861—68. 4.) berichtete. Im Reichsarchiv zu Stockholm fand er auch eine Reihe von Urkunden, die nicht allein über Burchard's Gefangenschaft, sondern auch über ein häusliches Unglück, an dem der Mann schwer zu tragen hatte, erwünschte Auskunft gaben. Die urkundlichen Nachrichten bearbeiteten dann der Herausgeber der Regesten selbst in der „Baltischen Monatsschrift" (1861) und nach ihm C. Sallmann (1874) zu einer Darstellung der letzten Lebensschicksale Burchard's in Livland. Diese Arbeiten sind als Material für die meinige benutzt worden; ich bemerke dabei, daß die politischen Zustände und Ereignisse, innerhalb deren das Geschick des Dichters des „Esopus" sich so traurig gestaltet hatte, nur mit wenigen Zügen und in ihrem äußerlichen Verlaufe geschildert worden sind; eine eingehendere und genügende Darstellung läßt sich nur im Zusammenhange der Geschichte des Landes versuchen.

Mit der Feststellung der äußerlichen Formen des Gottesdienstes durch die Kirchendienstordnung war nur der Anfang gemacht, und zwar ein wenig genügender im Vergleich mit dem, was zu thun übrigblieb. Außerhalb Rigas und der übrigen Städte des Landes waren die Erfolge kaum nennenswerth.

Was die Vorkämpfer der alten Kirche in Deutschland in kluger Erwägung der Thatsachen zu verhindern suchten, die Umwandlung der kirchlichen Bewegung in eine politische, vollzog sich auch hier entschieden zum Vortheil für die katholische Gegenbewegung. Zu Anfang 1532 hatte auch Livland einen evangelischen Bund, ähnlich dem ein Jahr zuvor in Schmalkalden geschlossenen; dem Heermeister des Ordens und dem Erzbischof gegenüber standen die Stadt Riga und die Ritterschaft des Erzstifts, der Komthur von Windau, gegen das Ende des Jahres die Ritterschaft von Oesel, der Herzog zu Preußen und im folgenden Frühling der Markgraf Wilhelm, der Coadjutor des Erzstifts. Die Stadt hatte in ihrem Bündnisse mit hervorragenden Mitgliedern der Ritterschaft den Gehorsam gegen die Obrigkeit als Bedingung gemeinschaftlichen Handelns aufgestellt, aber diesen Gehorsam ausdrücklich beschränkt auf: „eine Obrigkeit, welche dem Worte und Reiche Gottes, ihren und allen ähnlichen evangelischen Einigungen nicht entgegenstände". Der Mehrzahl der Verbündeten war die evangelische Sache von nun an nicht mehr das einzige Ziel; Plane weltlichen Ehrgeizes, der Macht und des Besitzes mischten sich ein und erdrückten und erstickten das Streben für die ursprüngliche Aufgabe des Bundes. Markgraf Wilhelm sollte nach dem Tode des Erzbischofs an dessen Stelle treten, sich vermählen und zum alleinigen Landesfürsten erklärt werden. In der That fiel er in das Erzstift ein und nahm zu Hapsal die Huldigung seiner Getreuen entgegen. Des alten Plettenberg Klugheit und Festigkeit vereitelte zwar die Absichten der Gegner; diese aber hatten ihren Plan keineswegs aufgegeben und nahmen eine abwartende Stellung ein, nachdem der Markgraf anscheinend seinen Ansprüchen entsagt hatte. Der Bund, der zum Schutz einer guten Sache aufgetreten, war nun zu einer politischen Verschwörung geworden. Im geheimen wurde ein eventueller Angriffsplan festgestellt und für den Fall, daß bewaffnete Hülfe für den Markgrafen nöthig werde, alles vorbereitet; selbst vor offenbarem Landesverrath schreckten die Männer nicht zurück, die sich das Ansehen gaben, als kämpften sie für das Evangelium. Der Herzog zu Preußen sollte mit bewaffneter Hand Kurland besetzen, eine dänische Flotte sollte vor Riga erscheinen, schwedische Truppen sich gegen Reval und Cosel wenden, und selbst des Königs von Polen Hülfe ward in Aussicht genommen. Aber der nach Plettenberg's inzwischen erfolgtem Tode neu gewählte Heermeister, Hermann von Brüggenei, war entschlossen, nicht länger zu vermitteln; er war auf seiner Hut und nicht weniger thätig als die Verschwörer.

Zu diesen gehörte, um es unumwunden auszusprechen, ganz entschieden auch Burchard Waldis. Er war tief in die Händel verwickelt, und man hatte ihm darin eine sehr gefährliche Rolle zugetheilt. Er hatte das den Verbindungen zu danken, in die er seit seinen Negociationen als Pfaffendiener und dem endlichen Ausgang derselben gerathen war. Die Dienste, die er einem der thätigsten Anstifter und Lenker der geheimen Verhandlungen leistete, übernahm er ohne Zweifel in den ganzen Zusammenhang der Verwickelungen und die letzten Ziele derselben nicht vollständig eingeweiht und im Glauben, einer guten Sache damit zu dienen. Er durfte nicht ohne Grund in dem Gelingen des Planes der Verwandlung des Erzbisthums in ein weltliches Herzogthum, die eine Beschränkung der Macht des Ordens im Gefolge haben mußte, eine Sicherung dessen erblicken, was auf religiösem Gebiete errungen war; an politischem Scharfblick fehlte es ihm. Dazu kamen persönliche Verhältnisse, die auf seine Gemüthsstimmung nicht ohne Einfluß bleiben konnten. Darüber geben die erwähnten Schriftstücke unerwartete, aber denen, die es versuchen, den Dichter ganz, selbst in seinen Verirrungen, zu verstehen, willkommenen Aufschluß.

Burchard hatte sich nach der Gründung seines Geschäfts verheirathet, wol nicht aus Liebe, sondern weil er eine Frau im Hause schwer entbehren konnte. Seine Wahl fiel auf eine Witwe Barbara oder Barbarena Schulze oder Schulte von Königsberg, die er vielleicht auf einer seiner Reisen kennen gelernt hatte. Er sah sich bitter getäuscht. Nichts von allem dem, was man von einer vernünftigen Ehe erwarten darf, Ordnung des Haushalts und Behaglichkeit nach der Tagesarbeit, zog mit ihr in das Haus ein. Zu Pfingsten 1531 schrieb Waldis an seine Schwägerin einen Brief voll schlimmer Anklagen: Barbara werde ihm in sempiternum nichts Gutes gönnen, und es bleibe ihm nur Gottes Hülfe zum Trost; und doch habe er es gut mit ihr im Sinne gehabt; er habe mehr als zweihundert Mark an Schulden für sie bezahlt, sie gut und reichlich und in Ehren gehalten, in Kleidung und Schmuck, Speise, „Wein und Bier"; doch sei ihr das nicht genug gewesen, und mit Undank, mit spitzigen und groben Reden habe sie ihm gelohnt. Vor kurzem, als er zur Kirche gegangen, habe sie heimlich ihre Sachen gepackt und sei auf und davon gegangen. Sie auf das Erbieten der Obrigkeit gefänglich zu setzen, habe er seiner lieben Schwägerin, der Aeltern und seiner eigenen Ehre wegen unterlassen. Niemand, den sie mit Klagen angegangen, will sich ihrer annehmen, und „aus sieht sie wie eine Sackpfeife". So waren sie vorläufig getrennt, aber auch in der Ferne, selbst nach Jahren, gibt sie sich nicht zufrieden. Ihre Gegenklagen sind in Schreiben an den Rath zu Danzig (1535), Königsberg und selbst an den Ordensmeister ebenfalls erhalten: sie will Hab und Gut wenigstens wieder haben, das sie dem verlaufenen Mönche, der nichts als seine Kappe besaß, zugebracht. Ihrer Darstellung nach trug sein Gönner und Freund Lohmüller den größten Theil der Schuld, er hatte Burchard mit einem Eide gelobt, „er solle noch in den Rath kommen, wenn er nur des Weibes loswürde". Ihr Mann hat ihr den Trauring abgezwungen und darauf erklärt, er sei fortan aller Verpflichtung ledig und werde sie verfolgen bis in den Tod. „Ungemach, Wehmuth, Elend, Widerstellung habe sie zu gewärtigen", ja mit Zauberei hat er ihr gedroht. Er hat das Haus gemieden, drei Tage hat er bei Lohmüller rothen Wein getrunken; als er zurückgekehrt, hat er sie beschuldigt, sie habe ihn vergiftet. Die Obrigkeit hat ihm aber nicht geglaubt. Gegen den Willen des Mannes sei sie nicht von Hause geschieden, sie habe in ihrer Noth zu den Verwandten in Preußen gewollt und ihr Hab und Gut von Burchard verlangt. Er habe ihr zehn Mark und schlechte Kleider gegeben und sie in sieben Paar Teufels Namen auf Nimmerwiederkommen gehen heißen, ja auf die Straße geworfen. Sie sei gegangen und zu Schiffe gestiegen; nun hatte aber Burchard die Drohung laut werden lassen, es solle dem Schiffe und den Passagieren übel ergehen. Wirklich stand das Schiff im Rigischen Boddem still trotz des schönsten Segelwetters; der Schiffer meinte, daran sei nur der Bösewicht Burchard durch seine Zauberei schuld, und wollte die Frau auf ein Bret binden und über Bord werfen lassen; nur durch Gegenzauber eines Reisegefährten war sie gerettet worden. Doch noch Aergeres, noch „boshaftere, geschwinde, listige und unmenschliche Thaten hat das arme elende und betrübte Weib" von dem Manne erdulden müssen: das klagt sie dem Ordensmeister, der zwischen ihm und ihr richten soll. Das lautet freilich anders als die Darstellung Burchard's. Wie in solchen Fällen gewöhnlich, wird die Schuld auf beiden Seiten zu suchen sein. Die Frau konnte wenigstens sich auf ein Zeugniß des Königsberger Raths berufen, daß sie als Jungfrau und in erster Ehe christlich und friedlich gelebt habe; der Mann dagegen stand mit ihren Verwandten fortdauernd in gutem Vernehmen; wenn er einmal im „Esopus" (Buch IV, 19) über die preußischen Frauen klagt, und zwar aus eigener Erfahrung, daß der von Glück zu sagen habe, der von dort eine Frau bekomme, die das starke Danziger Bier nicht möge, so scheint er dagegen den Wein geliebt zu haben. Ueberdies war er wol nur im **Winter** daheim und auch dann viel außer dem **Hause**, denn die aufgeregte Zeit mochte häufig genug dazu veranlassen.

Der Freund Lohmüller, zu dem Burchard, seit er das Mönchskleid abgelegt, in näherer Beziehung stand, hatte unverkennbar den größten Einfluß auf ihn gewonnen. An diesen Mann fesselte ihn zunächst das Gefühl der Dankbarkeit. Ueberdies theilte er mit andern die Anerkennung der Energie und des Geschicks, womit er die Sache der Reformation angriff und in der That förderte. Er hatte an Luther geschrieben und Antwort empfangen; das setzte ihn in Respect, sodaß man sich gewöhnte, in ihm einen aufrichtigen Vorkämpfer für die reine Lehre zu sehen: so hatte er, wie es in erregten Zeiten manchem andern gelungen ist, das Glück, durch die öffentliche Meinung auf den Schild des Glaubens erhoben zu werden. Und doch war Lohmüller nur ein gescheiter Kopf, eine gewandte, polypragmatische Natur, der jedes höhere Streben fern lag, ohne Ehrlichkeit und Treue, in seinen Mitteln vor den verächtlichsten bis zu geheimem und offenbarem Verrath nicht zurückschreckend. Aus dem Dienste Jasper's von Linden hatte ihn der Rath der Stadt übernommen; noch in diesem Amte bezog er ein Jahrgehalt vom Bischof, intriguirte trotzdem für die Alleinherrschaft des Ordensmeisters in Riga, also gegen seinen frühern Herrn, bewog die Stadt, diesem zu huldigen, und negociierte für dieselbe zugleich den Schutz auswärtiger Fürsten. Da entzieht ihm der Erzbischof das Jahrgehalt; die Antwort ist ein heftiges Schreiben: „Beweis, daß Papst, Bischöfe und geistlicher Stand kein Land und Leute besitzen, vorstehen und regieren mögen", das er dem Landtage und den Ordenskomthuren überreicht. Von der Stadt beauftragt, mit dem neugewählten Bischof zu verhandeln, weiß er dieselbe, gegen den Auftrag, den er empfangen, diesem wieder in die Hände zu spielen, und tritt endlich in Sold und Dienst des Markgrafen und des Herzogs Wilhelm. Damit war in Riga seine Rolle ausgespielt, und er mußte sein Leben durch Flucht nach Preußen retten. Von hier aus galt es ihm nun weiter zu intriguieren.

Die Verbindung mit dem Freunde dauerte fort; Burchard ließ sich willig finden, Dienste zu übernehmen, die ihn endlich ins Unglück stürzten. Lohmüller wußte, daß er ihn als Werkzeug bei seinen Absichten gebrauchen konnte; sein wahrer Werth war ihm gleichgültig. Er kannte ihn als geschickten Negocianten, der Sache, von der die weitern heillosen Unternehmungen ausgingen, mit Leib und Seele ergeben. Die Stellung als Handelsmann ließ ihn gerade für die Dienste vollkommen geeignet erscheinen, die er von ihm verlangte. Seine weiten Reisen konnten keinen Verdacht erregen. Es ist sehr glaublich, daß Lohmüller schon früher absichtlich sich den Freund zu verpflichten suchte, und was dieser als Freundschaft nahm, war kluge Berechnung. Der eheliche Zwist kam ihm gelegen, wurde vielleicht von ihm geschürt, um dem Mann **das** Haus zu verleiden; das Versprechen, ihm eine Stelle im Rath zu verschaffen, sollte ihn nur enger an ihn fesseln. Genug, Waldis wurde „Briefträger", d. h. Agent, Ueberbringer geheimer Schriftstücke und Botschaften, gelegentlich auch Kundschafter; die gefährlichen Nachrichten gingen mit seinen Zinnwaaren über die Landesgrenze nach Preußen und selbst nach Polen, hin und zurück. — Aber wir haben schon bemerkt, wie Hermann von Brüggenei die Sache energisch genug angriff; er wollte dem landesverrätherischen Treiben ein Ende machen. Burchard war einer der ersten, der den Gegenmaßregeln des Heermeisters zum Opfer fiel. Diesem mußte in der That viel daran gelegen sein, den Mann in seiner Gewalt zu haben, durch dessen Aussagen er die Fäden der Verschwörung für das Strafgericht, das mit dem Beginn des Jahres 1537 über die Hauptleiter der Verschwörung hereinbrechen sollte, in die Hand zu bekommen hoffen durfte.

Im Jahre 1536 war Waldis noch „draußen im Reich", zu Mainz („Esopus" IV, 65), zur Zeit der Frankfurter Herbstmesse; bald darauf wurde er im Bauskeschen, wo er Verwandte seiner Frau besuchte, ergriffen. Nach Weihnacht legte er ein Geständniß ab, theils freiwillig, theils nach peinlicher Frage: er wußte um Lohmüller's Flucht und dessen Verbindungen in Riga, hatte ihn auch in Königsberg besucht. Diese Aussage genügte dem Ordensmeister nicht, das Weitere sollte die Folter besorgen. Ein Schreiben an den Vogt zu Bauske, Januar 1537, lautet: „Wir haben euer Schreiben empfangen und daraus ersehen, daß Burchard Waldis etlicher Krankheit ferner beschwert ist, davon ihn denn euer Barbier mit Baden oder sonst wohl heilen wollte. Zugleich begehrt ihr zu wissen, wie ihr euch verhalten sollt, wenn er tödtlich verblieb. Darauf wollen wir euch nicht bergen, daß uns in keinem Wege gerathen scheint, bemeldeten Burchard in der Badestube ein- und auszuführen; ist euer Barbier vielmehr auch jetzt noch des Sinnes, so begehren wir, daß ihr den beiden eine Kammer anweist und sie in guter Verwahrung haltet, auf daß zum Kannegießer nur Vertraute gelangen und sonst niemand mit ihm rede, und weil er sich der Krankheit, wie ihr meldet, merklich beklagt, so dünkt uns gerathen und begehren wir, ihr nehmet etliche Vertraute, die Krankheit zu besichtigen, daß, falls er sterbe, solche Krankheit bezeugt werden könne. Desgleichen sind wir gesonnen, einige unserer Räthe und Getreuen mit vollkommenem Bescheid und Befehl an euch zu senden, um in der Sache weiter zu procedieren. Sollte aber der Kannegießer mit Tode abscheiden, so ist abermals unser Befehl, ihr laßt ihn in einem Sarge an einen heimlichen Ort bringen und verwahrt ihn wohl, bis daß ihr weitern Bescheid von uns erlangt." Möglich, daß in diesen zweideutigen Worten eine für den Vogt verständliche Sprache geführt wird;

der Barbier wäre dann der Henker oder Folterknecht. Es bedarf jedoch einer solchen Deutung nicht; Burchard war in der That krank und zwar infolge der Tortur; er sollte wieder geheilt werden, nicht sterben, sondern mehr aussagen. Der Meister fragte bei den Gebietigern des Ordens an, um die Verantwortung für sein Vorgehen nicht allein zu tragen; darauf antwortet der Komthur **zu** Fellin am Vorabend des Osterfestes in dem zu erwartenden Sinne: Tortur und wieder Tortur, geheim im Gefängniß im Beisein verlässiger Ordensverwandten, nicht lautbar. Wirklich dauerte das Elend noch volle zwei Jahre; von Bauske wurde Burchard nach Wenden abgeführt, dem obersten Richtplatz des Ordens, von wo Wenige zurückkehrten. Was er dort erduldete, ist in den schlichten Worten seiner Widmung des „Psalters" und an zahlreichen Stellen des Buches selbst ausgesprochen. Die Hülfe, die er allein von Gott gehofft, kam endlich — und gewiß in wunderbar wohlthuender und ergreifender Fügung — aus dem fernen Heimatorte an der Werra, aus dem Schoße der Familie, der er angehörte. Die Kunde von dem Unglück war zu den Brüdern in Allendorf gelangt, vielleicht durch einen der wenigen Treugebliebenen; **oder** hatte er zu directer Mittheilung Mittel und Wege gefunden? Auf die Nachricht von dem wol für verschollen gehaltenen Bruder zögerten die wackern Männer nicht, die Hülfe zu bringen, die in ihren Kräften stand. Erst nach wiederholten vergeblichen Bemühungen gelangten sie endlich zum Ziel; im Mai 1540 wenden sie sich an ihren Landesherrn mit der Bitte um Fürsprache bei dem Heermeister. Mit dem gedachten Schreiben Philipp's begeben sie sich dann auf die Reise und langen in Riga an. Ihre Bemühungen finden Unterstützung; so bittet ein Gesell des Kannegießers, Cyriacus Klinth, den Rath um Verwendung auch seinerseits für den Gefangenen; dem Gesuch wird schon am 18. des Monats stattgegeben: der gestrenge Gebietiger läßt sich erweichen. Am 21. Juli meldet der Komthur von Fellin die Freilassung des Verhafteten gegen Urfehde.

Dieser Gnadenact war ungefährlich — der Briefträger verließ ja das Feld seiner Thätigkeit — und politisch rathsam. Vor der Abreise, wo es sich noch um die Ordnung geschäftlicher Angelegenheiten handelte, fand auch das unselige Verhältniß zu Barbara seinen Abschluß. Zu Ostern noch hatte der Rath in der Sache an Brüggenei geschrieben, nun kam eine „Vordraht“ zwischen den beiden zu Stande, und Waldis konnte den Staub des Landes von seinen Füßen schütteln und seine Straße ziehen. Im August etwa werden die drei Brüder in der Heimat angelangt sein. Der geistigen Sammlung und körperlichen Pflege bedürftig, fand er beides im Schoße der Familie und durfte nun, über die Höhe des Lebens hinaus, innerm und äußerm Frieden entgegensehen. Ueber die Wahl eines Berufs, wenn auch nur für den Lebensabend, konnte er kaum in Zweifel sein; im Wintersemester 1541 unter dem Rectorat des Milichius war er in Wittenberg immatriculiert. Dahin hatte ihn die Verehrung des theuern Mannes geführt, der dort predigte und lehrte; hier wollte er Ordnung bringen in das, was er von der neuen Lehre gelesen, gehört und in seiner Weise aufgefaßt, nachholen, was er in der Jugendzeit und unter dem unruhigen Treiben der Mannesjahre versäumt hatte.

Nach Hessen zurückgekehrt, war er sofort mit dem, was ihm am nächsten lag, für die Sache, der er fortan dienen wollte, thätig. Der Kampf des Landgrafen als Oberhaupt des Schmalkaldischen Bundes gegen Heinrich Julius von Wolfenbüttel, im Sommer 1541 begonnen, hatte nicht bloß im Hessischen, sondern in ganz Deutschland allgemeine Theilnahme gefunden; davon zeugt eine Reihe von Schriften gegen den Mann, der als der erbittertste Gegner der Reformation auftrat, und die Menge von Zeitliedern voll der heftigsten Angriffe, des Spottes und der Satire. Auch bei Burchard erwachte die Lust, der guten Sache mit der Waffe zu dienen, die ihm zur Hand lag; er wollte damit einen Theil des Dankes abtragen, den er dem Fürsten schuldete.

Er war unstreitig dem Landgrafen persönlich bekannt geworden, und es ist sehr begreiflich, daß dieser auch fernerhin sich für den Mann interessierte, der ihm gewissermaßen als Märtyrer für die Glaubenssache erschien. Burchard erhielt ein Pfarramt und damit die Ruhe, die ihm so nöthig war. Die äußern Verhältnisse in den letzten Lebensjahren sind durch Buchenau ziemlich vollständig aufgeklärt worden: Waldis wurde als erster evangelischer Pfarrer der Propstei Abterode, zwei Stunden etwa von Allendorf gelegen, deren Patronat der letzte Fuldaische Propst, Rudolf Schenk von Schweinsberg, dem Landgrafen abgetreten hatte, am 13. September 1544 eingeführt. Die Stelle, in welcher der Neuernannte die Aemter eines Propstes und Pfarrers zugleich verwaltete, gewährte ein sehr ansehnliches Einkommen. Bald führte er auch eine Frau in das Pfarrhaus, die junge Witwe eines Dr. Heistermann, Predigers zu Hofgeismar. Sie brachte ihm eine Tochter zu und hatte auch mit ihrem zweiten Manne mehrere Kinder. Die Ehe mit Barbara Schulz wird also durch gütliche Uebereinkunft getrennt oder die Frau gestorben sein. Sein Leben ging von nun an einen einfachen, durch keine besondern Ereignisse unterbrochenen Gang, getheilt zwischen der Sorge und den Arbeiten in seinem Amte, das er unter vollkommener Anerkennung seiner Gemeinde verwaltete, und der Thätigkeit als Schriftsteller, der er von nun an eine Reihe von Jahren hindurch seine Mußezeit widmen konnte.

Doch war die Zeit dieses stillen und erfolgreichen Wirkens und Schaffens nicht lang bemessen; die Folgen der zu Bauske und Fellin ausgestandenen Leiden, körperlicher und geistiger Folterqualen, machten sich in den letzten Lebensjahren bitter fühlbar. 1555 bedurfte er eines Adjuncten; er fand einen solchen in der Person eines jungen Theologen Dr. Balthasar Hiltebrand, der seine Stieftochter heirathete. Ein Jahr darauf ging es mit dem Manne zu Ende, der, wie wir annehmen, etwa in der Mitte der Sechziger Jahre stand. Im Sommer schon mußte er sein Amt niederlegen. Am 3. August 1556 stellen

Zentgraf und Gemeindeglieder von Abterode dem Adjuncten Hiltebrand ein Zeugniß über seine Amtsführung aus (Urkunde des Kasseler Haus- und Staatsarchivs); darin wird lobend hervorgehoben, daß er sich der Schwiegerältern und Kinder auf das treueste angenommen „auch mit Wachen und Pflegen". Nun sei aber zu besorgen, daß Burchard schwerlich seiner Gemeinde, seinem Hause, Weib und Kindern und seinem „eignen Leibe vorsein" möge; während der Zeit wo er noch kräftig war, habe er doch sein Amt treu und gewissenhaft verwaltet, keinen Fleiß gespart, sondern mit großem Ernst und Eifer das Gotteswort gelehrt, die Kinder unterrichtet und die Kranken besucht. Diese Wohlthat in seiner jetzigen Schwachheit zu vergelten und sich dankbar zu bezeigen, bitten sie, sie mit dem Schwiegersohn als Pfarrherrn und Seelsorger gnädiglich zu versorgen und denselben durch die Visitatoren ordentlich einführen und bestätigen zu lassen. Dem Gesuch wurde stattgegeben; im folgenden Jahre, 1557, war Hiltebrand schon angestellt.

Die Zeit von Burchard's Tode ist nicht genau zu bestimmen. Seine letzte Arbeit, ein Holzschnittwerk mit biblischen Summarien in zwei Theilen, ist 1556 im Druck fertig gestellt: die Dedicationen sind durch den Buchhändler unterzeichnet, die des ersten Theils am Gregoriustage, 12. März, die des zweiten am Tage Laurentii, 10. August. Hier entschuldigt sich der Verleger, „daß fürfallende Verhinderung Ursach gewesen, daß dieser ander Theil nicht verfertigt werden kunnte". Die Verzögerung war nicht durch Krankheit oder gar durch den Tod des Verfassers herbeigeführt — das würde der Unterzeichner zu erwähnen Gelegenheit genommen haben —, sondern derselbe hatte erst jetzt „gelegenere Zeit" gefunden. Nicht lange nach der Einführung des Schwiegersohns wird der schwache Mann gestorben sein. Zeitgenossen, die überhaupt von Waldis schweigen, erwähnen auch von seinem Tode nichts. Aus dem Umstande, daß die dritte Ausgabe des „Esopus" 1557 erschienen ist, und daß man annehmen zu dürfen glaubte, dieselbe sei von Waldis selbst besorgt, hat man schließen wollen, daß er in diesem Jahre noch gelebt habe; gewiß ohne Grund, die Durchsicht könnte, wenn sie wirklich von ihm herrührte, schon im Sommer 1556 geschehen sein. Daß er auch noch trotz der Krankheit und körperlichen Schwäche schriftstellerisch thätig war, zeigt ein unten zu erwähnendes größeres Werk. Seine eigenthümlichen Schicksale hätten vielleicht größere Theilnahme für ihn erweckt, aber davon war in Deutschland nichts lautbar geworden, wenigstens nichts Bestimmtes; seine Schriften bieten nirgends eine Erwähnung oder eine verständliche Anspielung in Bezug auf das Erlebte und Erlittene. Er hatte Urfehde schwören müssen, ein Gelöbniß, das er im weitesten Sinne auffaßte; überdies sah er die schmerzliche Angelegenheit bis auf die Erinnerung daran als abgethan an und damit auch, wol nicht ohne Reue, die Leidenschaft, die Irrthümer und Fehler eines bewegten Jugend- und Mannesalters.

Die einzige Erwähnung, die ich kenne, kurz nach dem Ablauf des Jahrhunderts, ist geignet, ein peinliches Gefühl bei dem Leser zurückzulassen. Otto Melander (Holzapfel), aus Zahne bei Eschwege gebürtig, veröffentlichte 1600 eine Sammlung von Anekdoten, Schwänken und Geschichten unter dem Titel „Joco-seria" (wiederholt 1617), die er theils aus alten und neuen Schriftstellern zusammengetragen, theils aber mündlicher Erzählung aus seiner Zeit und namentlich aus seiner hessischen Heimat entnommen hatte. Darin erzählt er (Tom. III, Nr. 325, p. 359—361) eine Skandalgeschichte, die über des Abteroder Pfarrers zurückgelassene Familie Noth und Schande brachte. Wenige Monate nach Burchard's Tode schon dachte seine Witwe, die doch in vorgerückterm Alter stand, an Wiederverheirathung und zwar mit einem jungen Handwerksgesellen. Trotz der ernstlichen Vorstellungen des Schwiegersohns und anderer Befreundeten blieb sie bei ihrem Entschluß und begegnete denselben sogar mit einem widrig rohen Scherz über die beiden Männer, mit denen sie doch nach dem ausdrücklichen Zeugniß des Berichterstatters glücklich gelebt hatte. Die Ehe war unselig genug: der Mensch mishandelte die Frau täglich, wandte sich von ihr ab, um es mit der von ihm verführten unerwachsenen Stieftochter zu halten, und verließ sie endlich. Er starb in einem Magdeburger Spittel, nachdem er sich im Bisthum bettelnd umhergetrieben, am Aussatz. Ueber Burchard's Kinder wissen wir nichts. Die Familie ist in Allendorf und sonst in Hessen ausgestorben.

Den Bericht über die Schriften des Dichters, den die folgenden Blätter zu geben haben, begleite ich mit einer Bemerkung über die Grundsätze, die mich dabei geleitet. Derselbe kann wesentlich nur ein bibliographischer sein, an den sich eine Darlegung der Absichten des Verfassers — denn bei allen liegt eine bestimmte innere oder äußere Veranlassung vor, über die sich Burchard meistens selbst ausspricht — und eine kurze Charakteristik der einzelnen Schriften anzuschließen haben. Ein nur annähernd vollständiges Eingehen auf den gesammten Inhalt würde viel mehr Raum in Anspruch nehmen, als uns hier zur Verfügung steht. Es wäre damit auch wenig genützt; dichterische Werke wollen ganz gelesen sein, in ihnen durchdringen sich ja Inhalt und Form, Gedanke und Ausdruck durch die Sprache so vollkommen, daß eine Auflösung dieses organischen Zusammenhanges doch nur ein unvollkommnes oder gar entstelltes Bild gewähren würde. Vor allem habe ich das beim Durchlesen des Fastnachtsspiels, dessen schon in dem Lebensabriß Burchard's gedacht worden ist, empfunden und mich deshalb entschlossen, dem Versuch einer Inhaltsangabe zu entsagen. Karl Goedeke hat eine Charakteristik desselben gegeben, die bei der angedeuteten Schwierigkeit als mustergültig betrachtet werden darf. Allen ähnlichen Arbeiten von Literarhistorikern liegt diese Darstellung zu Grunde, sodaß der Zweifel erlaubt ist, ob sie das Drama selbst gelesen; auch die neueste von Dr. Holstein („Das Drama vom Verlornen Sohn", Geestemünder Schulprogramm, Ostern 1880) läßt wenigstens die Anlehnung an seinen Vorgänger durchblicken. Daß Waldis' Dichtung die bedeutendste unter den zahlreichen Behandlungen der Parabel, ja das hervorragendste Werk der ganzen Gattung in der so umfangreichen dramatischen Literatur des 16. Jahrhunderts ist, bezweifelt heute niemand mehr. Ein Neudruck des in einem einzigen Exemplare auf der Wolfenbütteler Bibliothek erhaltenen Dramas — denn auch in Livland ist das kleine Buch verschollen, vielleicht infolge der gleichzeitigen Bemühungen der kirchlichen Reaction — steht, wie ich annehmen darf, in naher Aussicht. Eine Ausgabe in Albert Höfer's „Denkmäler niederdeutscher Sprache und Literatur", zweites Bändchen (Greifswald 1851), ohne Sprachkenntniß, jedenfalls in vollständiger Unbekanntschaft mit der in Riga gesprochenen niedersächsischen Mundart, unternommen, ist für Kenner und Freunde des Originals unlesbar geworden.

Der erst nach der Aufführung besorgte Druck führt den Titel: „De parabell vam vorlorn Szohn Luce am xv gespelet, vnnd Christlick gehandelt nha ynnholt des Textes, ordentlick na dem geystliken vorstande sambt aller vmstendicheit uthgelacht, Tho Ryga ynn Lyfflandt, Am xvij Dage des Monts Februarij M.D.xxvij". [Holzschnitt.] (o. O. u. J., 42 Bl. 4.).

Von Blatt Kij^b an „Volgen ethlike psalmen dorch Andream Knöpken vordütscht" u. s. w. Von Blatt Lij^b an stehen ein Psalm (127): „Wo Got nicht sulffs dat huß upricht", und die Uebersetzung zweier lateinischer Lobgesänge: „Rex Christe factor omnium" und „Jhesu nostra redemptio", von Waldis. Auf der Rückseite des Titels „Tho dem Leser" 16 Verse, deren Anfangsbuchstaben den Namen Borchardus Waldis ergeben.

In der Vorrede erinnert Burchard daran, daß schon David die Größe des Geistes, der in ihm wohnte, durch

Saitenspiel und Gesang bezeuge, der die Frommen seines Stammes wie alle zukünftigen Christen zum Lobe Gottes erwecken sollte; wie denn auch Paulus (Ephes. 5) den Gemeinden Psalmen und Lobgesänge empfehle. Alle Menschen, wer und welchen Standes oder Berufs sie seien, sollen täglich und bei allem, was sie thun und treiben, mit der Schrift umgehen. Da nun die Abgötterei der Fastnacht, von den Heiden begonnen, noch jährlich durch die Larventräger zu Rom begangen wird und noch nicht gänzlich aus unserm fleischlichen Herzen gerissen werden mag, so sollte dieselbe doch in einen geistlichen „Fastelavent" verwandelt werden. Dazu sollte das Spiel dienen. Daß er die Parabel vom Verlornen Sohn nicht nach der Väter Weise gedeutet, sondern etwas Besonderes, das in Heuchlerohren seltsam klinge, hineingelegt, dazu lag die Veranlassung in der schweren Zeit, da die antichristlichen Laster überhandgenommen. Das geistliche Larvengesicht zu Rom hatte sich ja in den Tempel Gottes, das Herz der durch Christi Blut erkauften Menschen, gesetzt und die ganze Welt mit geistlosen Geistlichen überschüttet und angefüllt. Darum gilt es, in der Schrift zu suchen. Die Sonne der Gerechtigkeit war jetzt wieder aufgegangen, das Wort Gottes wurde wiederum gepredigt, aber die Menschen wollen sich nicht weisen lassen. Darum will der Dichter versuchen in ihr Herz zu greifen. Gott der Allmächtige gebe ihnen Erkenntniß der Wahrheit und schaffe, daß des Heilands Blut an ihnen nicht möge verloren werden!

Man sieht, daß Waldis die Auslegung des Gleichnisses als sein Eigenthum in Anspruch nimmt. Es ist wenig Gewicht darauf zu legen, daß schon andere, z. B. Michael Styfel von Eßlingen, eine Auslegung desselben im Sinne der Rechtfertigung allein durch den Glauben gegeben hatten (1523). Im allgemeinen lag eine solche nahe. Die „besondere" Art der Auffassung bei Burchard sollte einem bestimmten Zweck dienen und gehört ihm allein an. Seine Deutung ist immerhin eine gezwungene. Der Kern der Parabel ist schon in demselben Kapitel des Lucas angedeutet: sie ist eine Rechtfertigung Christi gegen den Vorwurf der Pharisäer und Schriftgelehrten, daß er die Sünder annehme und mit ihnen esse. Die Antwort darauf sind zunächst die beiden Gleichnisse vom Verlornen Schaf und Verlornen Groschen. „So wird auch Freude im Himmel sein über einen Sünder, der Buße thut, vor neunundneunzig Gerechten, die der Buße nicht bedürfen." In ihrer Anwendung auf das Reich Gottes hat die Parabel vom Verlornen Sohn dieselbe Bedeutung. Burchard ging noch weiter als frühere Ausleger: Der Vater ist Gott selber, der sogar einmal (V. 1462 fg.) gleichsam aus der irdischen Umhüllung heraustritt, um als derjenige aufzutreten, in dessen Macht es steht, den Sünder mit Himmelsbrot zu speisen, seine ewige Gnade an ihm zu beweisen und ihm seinen heiligen Geist zu geben. Der Gerechte, der gehorsame Sohn, ist nach des Dichters Auffassung der Repräsentant der alten Kirche in ihrer Verblendung und in ihrem Trotzen auf den Werth guter Werke.

Auch der ausführlichen Darlegung des Inhalts der als Waldis' erste Arbeiten nach der Rückkehr aus Livland gedichteten politischen Lieder kann ich füglich überhoben bleiben. Ein gewisses, immerhin aber beschränktes Interesse vermögen dieselben, wie Karl Goedeke bemerkt, nur im Zusammenhange der Polemik, die sich seit dem Schmalkaldischen Bündniß gegen den Feind des Lutherthums erhob, zu bieten, und vorwiegend nur demjenigen, dem daran liegt, ein Bild der allgemeinen Stimmung der Zeit gegen „Heinz Wolfenbüttel" zu gewinnen, den Luther einen Hanswurst schalt, den großen „Scharrhansen und durchlauchtigen Schmöker", wie andere ihn nannten. Die Polemik wurde übrigens auf beiden Seiten geführt; auch der Herzog hatte eben ein Schmähgedicht gegen den Landgrafen verbreiten lassen. Der weitern Verbreitung solcher Blätter günstig erscheint es, wenn dieselben der Form nach als Umdichtungen älterer Lieder oder wenigstens bekannten Melodien angepaßt auftraten.

Ich nenne an erster Stelle Herzog Heinrichs von Braunschweig Klagelied. 20 Strophen; am Schluß B. W.; (o. O. u. J.; Folioblatt), mit dem Anfang:

Ich stund an einem Morgen
Heimlich an einem ort,
Da hett ich mich verborgen.
Ich hört klegliche Wort
Von einem Wolf, der klagt sich sehr,
Wie ihm sein Nest zerstöret,
Sein Balg zerrissen wer.

Die dem wilden Gebaren des Fürsten angemessene Bezeichnung ist zugleich eine Anspielung auf das Welfengeschlecht und vielleicht eine Reminiscenz an ein älteres Gedicht (von Christ Auer, „Des Wolfes Klage"), das in skoptischer Weise den Wolf als Sittenspiegel aufstellt.

Daran schließen sich, durch Zweck und Inhalt verwandt: 2) Der wilde Mann von Wolfenbüttel, zwei Drucke, der eine B. W., der andere B. W. bezeichnet. (4. 10 Bl.). Auf dem Titelblatt: Jeremiae XVII. Maledictus homo, qui confidet in homine et ponit carnem brachium suum. Darauf folgen zehn Verse:

Efferus hic, firma validaque tyrannus in arce
Haud sibi vi quemquam credidit esse parem:
Is nunc exilio, quid sit cognoscit, egestas,
Cum patris expulsis sit e ditione sui.
B. W.

3) Wie der Lycaon von Wolffenbüttel itz newlich in einen Munch vorwandelt ist, ebenfalls zwei verschiedene Drucke (o. O. 1542. 6 Bl. 4.). Darunter:

Lycaon hat tyrannisch gehandelt,
Drum wart er in ein Wolff vorwandelt,
Darnach vil schoff und Lammer bissen,
Drumb hat man im sein Nest zerrissen,
Itz laufft er hin hewlen vnd klagen,
Findt doch kein hülff, und muß vorzagen,

Weils hinder jm stinckt, vnd ubel reucht,
In ein Munchs kappen sich verkreucht,
Zu bekern von seinen sünden allen.
Wers glaubt, dem muß die Nass entfallen.

B. W.

Jeremiae XVIII. Numquid mutabit Aethiops pellem suam & pardus maculas suas? etiam uos poteritis benefacere, qui docti estis ad malefaciendum. Am Schluß ein lateinisches Epigramm über Heinrich's Leben in einem Kloster an der Donau. Die Gedichte gehören unzweifelhaft dem Jahre 1542 an und sind nach der Flucht des Herzogs, also nach seinem unglücklichen Zuge gegen Braunschweig und Goslar als Mitgliedern des Schmalkaldischen Bundes geschrieben.

Burchard war einmal im Zuge der Fliegenden Blätter, die im Sinne der Reformation wirken sollten; im folgenden Jahre wurde die Erzählung einer Geschichte gedruckt, die kürzlich in der Nähe von Wetzlar vorgefallen war. Dort hatten katholische Priester zwei Mäuse verbrennen lassen, die am allerheiligsten Sacrament sich versündigt hatten; es war damit auch hier geschehen, was aus früherer Zeit und an andern Orten nicht ohne Beispiel war:

Ein wahrhafftige Historien von Zweyen Mewssen, So die pfaffen im Hüttenberge bei Wetzfalar haben verbrennen lassen, Darumb das sie ein Monstrantzen Sacrament gefressen hetten. Item drey schoner newer Fabeln u. s. w. Unten auf dem Titel: B. W. Am Schluß: Finis Anno M.D.XLIII. (24 Bl. 4. Abdruck in H. Kurz' Ausgabe des „Esopus".) Auf der Rückseite des Titels: Argumentum sequentis historiae.

Magna sacerdotum fuerat dementia quondam,
Stulta fides specie relligionis erat.
Nam stuxere pyras captiuis Muribus, ipsos
Credentes, Christi corpore posse frui.

Man könnte zweifeln, ob Waldis wirklich der Verfasser der

Historie sei, aber innere Gründe sprechen eher dafür als dagegen. Die Fabeln jedoch sind ein indirectes Zeugniß für seine Autorschaft auch der Erzählung; dieselben wurden später in das vierte Buch des „Esopus" aufgenommen; es sind hier Nr. 99 („Vom Bauern und Lindwurm"), Nr. 95 („S.-Peter, wie er Gott sein wollte") und Nr. 7, alle später mehrfach geändert, die letzte fast umgearbeitet unter dem Titel: „Vom Fuchs und Affen".

Ein paar andere Gedichte noch unbedeutendern Inhalts gehören geradezu in die Gattung „Neuer Zeitungen", wie dieselbe durch fliegende Buchhändler und auf Märkten und Kirmessen umhergetragen wurden, literarische Accidenzarbeiten, etwa auf Bestellung eines Verlegers, der seine Händler mit solchen Dingen zu versorgen pflegte. Ein Foliodruck, beschrieben im „Anzeiger für Kunde der deutschen Vorzeit", Bd. III (1856) S. 364, 65, führt den Titel: „Eine wunderliche Geburt eines zweykoppffigen Kindes, zu Witzenhausen in Hessen geschehen, Den dritten Tag nach Trium Regum (9. Januar) Anno M.D.XLij." Holzschnitt: Bild des Kindes; 106 Zeilen, unterzeichnet B. W. Die Einleitung sieht solche außerordentliche Vorfälle nach dem Glauben der Zeit als Vorzeichen bedeutender Ereignisse an:

Wo Gott will etwas Neues schaffen,
Die Welt zu schrecken und zu straffen,
Die Reich und Monarchei versetzen,
Gros König an einander hetzen,
Die Sted und Lender zu verstören,
Lest er zuvor sehen und hören
Von oben rab Zeichen und Wunder.

Doch enthält sich der Verfasser weislich, eine bestimmte Weissagung an das Wunder dieser Misgeburt zu knüpfen.

Auch später noch lieh er einem Buchhändler seine Feder zu ähnlichem Zweck; wir wollen schon hier eine „Mordgeschichte" verzeichnen, wozu den Stoff ein trauriger Vorfall ganz in seiner Nähe darbot. Auch Melander („Joco-seria", Tom. III,

Nr. 139, p. 140—42, Ausgabe von 1617) erzählt dieselbe. Zu Weidenhausen bei Eschwege lebte ein Salzhändler, ein ordentlicher und fleißiger Mann, mit seiner Frau in friedlicher Ehe. Die Unglückliche faßte, von Wahnsinn oder „vom Teufel besessen", den Entschluß, ihre vier Kinder zu ermorden. Als der Mann einst verreist war, schlachtete sie trotz der rührenden Bitten des ältesten, achtjährigen Knaben die Kinder auf die unmenschlichste Weise ab, darauf versuchte sie, sich selbst zu tödten, indem sie sich die Kehle durchschnitt; die Nachbarn eilten herzu, und die Frau kam wieder zu Sinnen, starb aber in aufrichtiger Reue nach wenigen Tagen. Dies alles, sich vortrefflich für Wachstuchbilder mit reichlichem Aufwand von Zinnober qualificierend, brachte Burchard in Reime: Ein wahrhafftige vnd gantz erschreckliche Historien, Wie eyn weib ire vier kinder tyranniglichen ermordet, vnd sich selbst vmbbracht hat, Geschehen zu Weidenhausen bei Eschweh in Hessen u. s. w. Holzschnitt. 7 Petri 5. (4 Bl. 4. M.D.LI.) Am Schluß: Gestellet durch Burckhardum Waldis. Anno M.D.LI. Zwei Ausgaben, zu Marburg und Erfurt.

Noch vor Burchard's Anstellung als Pfarrer erschien, wie ich glaube ebenfalls im Auftrage eines Buchhändlers unternommen, ein kleineres Werk, dem wir eines Theiles seines Inhalts wegen einen größern Werth beilegen dürfen. Hans Guldenmund in Nürnberg, dessen Officin als eine der thätigsten der Zeit bekannt ist, namentlich auf dem Gebiete der Tagesliteratur durch die Herausgabe von Fliegenden Blättern, Einzeldrucken und kleinern Sammlungen weltlicher und geistlicher Lieder und „Büchlein", bedurfte einer gereimten Erklärung zu einem Holzschnittwerk, das in seinem Verlage erscheinen sollte, und wandte sich an Waldis, den er aus den kleinen Schriften kennen mochte. Daß dieses Unternehmen, das schon der Bilder wegen einen rein buchhändlerischen Charakter trägt, nicht von Burchard ausging, glaube ich mit Sicherheit annehmen zu dürfen. Karl Goedeke („Burchard Waldis", S. 10) hat zuerst wieder auf das Buch hingewiesen. Der Titel ist: Vrsprung vnd Herkum̄en der zwölff ersten alten König vnd Fürsten Deutscher Nation, wie vnd zu welchen zeytten ir yeder Regiert hat. Holzschnitt: Reichsadler; am Schluß: „Mit frid on alle hindernyss, Wünscht von herzen Burckhard Waldis." Gedruckt vnd volendet in der keyserlichen Reichs statt Nürnberg, durch Hans Guldenmundt, den ält. (M.D.XLiij. 16 Bl. Fol.) Die Reihefolge der Bildnisse alter Helden und Fürsten eröffnet Tuiscon, auch Ascenas genannt, oer Sohn des Gomer aus dem Stamme Japhet's, „wie solchs die Schrift bezeuget klar". Daran reihen sich seine Nachkommen: Mannus, Wigewon (Ingewon?), Heriwon, Eusterwon, Marsus, Gambrivius, Suevus, Wandalus — deren Namen natürlich nicht der Geschichte und nur zum Theil der Sage angehören, vielmehr der Erfindung mittelalterlicher Chronisten ihre Existenz verdanken — als eponyme Heroen deutscher Hauptstämme; ferner Ariovist, „ein König aller Deutschen", Arminius, ein Fürst der Sachsen, und endlich Carolus, „der erst deutsche Keyser". Jedem Bilde steht eine Erklärung gegenüber, deren Zweck Burchard dahin angibt, daß sie für diejenigen, welche die Thaten der Vorfahren zu wissen wünschen, „aber nicht viel Bücher lesen", bestimmt sei. Die Verse erheben sich nirgends über gewöhnliche Reimerei; Burchard's Natur war wenig auf solche Dinge angelegt, die einen präcisen und prägnanten Ausdruck verlangten, seine Stärke bestand in einer andern Darstellungsweise; zum Theil liegt die Plattheit des Vortrags auch in den durchaus vagen und verwirrten Nachrichten selbst, die er zu benutzen hatte. Dennoch scheint das Publikum nicht allein durch die ganze Einrichtung und Ausstattung befriedigt worden zu sein, sondern auch durch die Verse. Diese sind in mehrere Geschichtsbücher übergegangen, so in die deutsche Bearbeitung der Thurnmeir'schen Chronik und in Mathias Quad's „Memorabilia mundi" (Cöln 1601). Wichtiger aber ist und höher anzuschlagen, daß sie nach etwa dreißig Jahren in ein ähnliches Unternehmen, das Joh. Fischart besorgte, Aufnahme fanden.* Vielleicht liegt der Grund auch darin, daß der berühmte Schriftsteller eine eigene Erklärung der Bilder mythischer Helden nicht nach seinem Geschmacke fand. Dagegen ließ er Waldis' Schlußgedicht, „Ein Lobspruch der alten Deutschen", weg und ersetzte dasselbe durch eigene Dichtungen, die freilich zu den besten gehören, die wir von ihm besitzen (wieder gedruckt in „Deutsche Dichter des 16. Jahrhunderts", 15. Bd.). Auch Matthias Holzwart in den „Emblematum tyrocinia, sive picta Poesis Latino Germanica" (ebenfalls bei Jobin in Straßburg, 1581. 8.) hielt die Waldis'schen Reime eines Abdrucks werth, jedoch ebenfalls ohne die Schlußverse. Und doch sind diese werthvoll als ein Ausdruck edelster Gesinnung eines für die Größe, den Ruhm und das Gedeihen seines Vaterlandes begeisterten Mannes, eines verständigen Beurtheilers seiner Zeit, der wohl wußte, was Deutschland gebrach. Durch Deutschland war das Kaiserthum neu belebt, in ritterlichen Thaten war stets Ruhm erworben worden und der deutsche Name zu hoher Ehre gebracht. Daß diese hohen Tugenden nicht verloren gegangen, zeige das Beispiel des Kaisers Karl. Seine Mannheit, Stärke und Klugheit beweisen sein Sieg über Frankreich, die Gefangennahme des Papstes, die Einnahme von Tunis und sein Seekrieg gegen den vor Wien in die Flucht geschlagenen Erbfeind. Bei den Alten galt gute Sitte, Mäßigkeit, Treue und Wahrheit; ihn, den Dichter, zwinge die Liebe zu seinem Vaterlande, dies Vorbild den Landsleuten darzustellen, sie zu bewegen, „einen Spieß dazu zu brechen". Die Vernunft und das Lesen „alter Bücher" zeigen, wie löblich es sei, für das Vaterland zu streiten, zu leiden und im Harnisch zu fallen. — Wärme des Gefühls durchdringt den

* Eicones cet. Bildnissen oder Contrafacturen der XII Ersten Alten König vnd Fürsten u. s, w. (Jobin, Straßburg 1573. 8.)

Vortrag und belebt und veredelt auch den sprachlichen Ausdruck.

Ganz ähnlicher Art, im Auftrage eines Verlegers verfaßt, denke ich mir die Veranlassung zu der letzten Arbeit, deren Vollendung unserm Dichter eben vor seinem Tode noch zu sehen vergönnt war. Der Geschäftsnachfolger des Frankfurter Buchhändlers, der den „Esopus“ verlegt hat, wünschte von ihm eine Uebersetzung lateinischer Distichen, die zur Erklärung einer größern, die wichtigsten Stellen der Heiligen Schrift erläuternden Folge von Holzschnitten dienen sollten Das Werk, lange Zeit verschollen, befindet sich jetzt vollständig auf der Göttinger Bibliothek. Der großen Seltenheit des Buches wegen wird eine genaue Beschreibung desselben willkommen sein: Argumentorum in sacra Biblia a Rudolpho Gualthero carminibus comprehensorum Tomus prior in Vetus videlicet Testamentum. Erst Theil der Summarien vber die gantz Bibel, nemlich vber das alte Testament, Mit schönen Figuren geziert, und in Reimen verfaßt Durch Burckhardum Waldis. Am Ende: Gedruckt zu Franckfurt am Meyn, durch Weygandt Han, in der Schnurgassen, in dem Krugk. (2 Alphabete und 16 Bogen. 8.) Titel in Holzschnitteinfassung: links Jesaias, rechts Micheas (sic!), unten die Geburt Christi im Stall; Monogramm HB. (Hans Baldung Grün?). — II. Pars Argumentorum in S. Biblia a Rud. Gualthero carminibus comprehensorum, in Novum videlicet Testamentum. Ander Theil der Summarien vber die gantz Bibel mit schönen Figuren geziert und in Reimen gefaßt durch Bur. Wald. Am Schluß: Gedruckt zu Franckfort am Mayn, durch Weygand Han, in der Schnurgassen zum Krug. (12 Bogen. 8.) Holzschnitteinfassung: Gott Vater mit der Weltkugel in Wolken, links Petrus, rechts Paulus, unten Christus sitzend mit Dornenkrone und Rohrscepter von einem Manne angebetet. Monogramm HB. Die vier Verse als Erklärung eines jeden Bildes von dem reformierten Pfarrer zu Zürich Rudolf Walther (gest. 1581) illustrieren sentenziös, meist treffend und in gewandter Sprache die bildliche Darstellung, während die Uebertragung ein trauriges Machwerk in jeder Beziehung zu nennen ist, armselig den Gedanken nach, holperig, steif und roh in der Ausführung. Die Schuld daran trägt nicht etwa nur die Schwierigkeit, in vier kurzen Reimzeilen die Hexameter und Pentameter des Originals wiederzugeben, denn daran hat der Uebersetzer kaum gedacht, sondern auch Burchard's zunehmende Schwäche — auch des Geistes.

Ueber den „Esopus", die erste größere selbstständige Arbeit, die Waldis im Vaterlande vollendete, die schöne Frucht des neuen Lebens, im behaglichen Gefühl wiedergewonnener Freiheit, des häuslichen Glücks im Frieden des Pfarrhauses zu Abterode und in der Aussicht auf eine sorgenlose Zukunft, im Genuß wiedererlangter Gesundheit und geistiger Frische, ziehe ich vor erst am Schlusse dieser bibliographischen Uebersicht eingehender zu berichten. Ich wende mich also zu der leider kurz bemessenen, aber reichen schriftstellerischen Thätigkeit Burchard's in den Funfziger Jahren. Darf ich, Goedeke folgend, eine kleine Dichtung, die in zwei Exemplaren zu München und Nördlingen (Kirchenbibliothek) erhalten ist, wirklich unserm Waldis zuschreiben, so würde diese als erste aus dieser Zeit zu nennen sein. Der Titel ist: Die Passion (bei Wackernagel „Kirchenlied" I, 436 Der Passion) vnnd leyden vnsers Herren Jesu Christi. In Reymen weiß gestellet. (1552. Getruckt zu Augspurg, durch Philipp Ulhardt in der Kirchgassen, bey Sant Ulrich. 8 Bl. 8.) Anfang:

Als sich wollte Ostern nahen
Vñ die Juden woltē fahen
Den Herrn Jesum u. s. w.

Am Schluß: D. W. H. Dies wäre dann Druckfehler für B. W. H. (Burchardus Waldis Hassus).

Neben dem „Esopus", der in gewisser Weise seine gesammte Weltanschauung, den Schatz seiner Erfahrung von dem Treiben der Menschen widerspiegelt, steht Burchard's Psalmenübertragung, in welcher, für den Darsteller seines geistigen Wesens, seines Gemüthslebens von großer Bedeutung, der Inhalt seiner religiösen Ueberzeugung in großen und kleinen Zügen niedergelegt ist und einen unmittelbaren, erkennbar treuen und ungekünstelten Ausdruck gefunden hat: Der Psalter, in newe Gesangsweise, vnd künstliche Reimen gebracht, durch Burcard Waldis. Mit ieder Psalmen besonderen Melodien, vnd kurzen Summarien. Titelholzschnitt. Zu Frankfurt, Bei Chr. Egenolff. Am Ende: Getruckt zu Franckfurt am Meyn, Bei Christian Egenolff. Anno M.D.Liij. Im Mayen. (271 Bl. 8.).

Das Buch ist schon wegen der Art seiner Entstehung von Wichtigkeit für den Literarhistoriker, da es nicht als eine in bestimmter Absicht begonnene und vollendete Arbeit, sondern als die Frucht längerer Jahre und der Stunden sich ausweist, wo der Dichter einer Stimmung, einem Gefühl, einer religiösen Anschauung zu eigener Beruhigung, Stärkung und Erbauung Ausdruck zu geben sich besonders gedrängt fühlte. Das ist es auch, was diese Bearbeitung aus der Anzahl der seit dem Ende der dreißiger Jahre vor ihr erschienenen deutschen Psalmbücher hervorhebt. Den Verfassern fehlte jede tiefer liegende Veranlassung, sie arbeiteten in ihren Studierstuben unter Büchern und Papieren; dabei kam es ihnen nur auf eine nach ihrem Ermessen möglichst gelungene Wiedergabe des lateinischen Textes an, während sie überdies meist mit den Schwierigkeiten der Vers- und Reimkunst zu kämpfen hatten, wo denn in der Regel ein ziemlich leichtes Abkommen gefunden wurde. Ein brandenburgischer „Oberster Secretarius" Johann Claus wählte für seine Uebersetzung kurze Reimpaare, also die Form des Spruchgedichts, wobei ihn wol nur die Absicht leiten konnte, für das Auswendiglernen dem Gedächtniß zu Hülfe zu kommen: jedenfalls ein wunderlicher Geschmack. Ein anderer, Hans Gamersfelder von Burghausen, gab den Gesängen wenigstens ein strophisches, aber leider das ganze Buch hindurch beibehaltenes Gewand, sodaß also möglicherweise alles nach Einer Melodie gesungen werden konnte. Schon darin zeigt Burchard Waldis ein besseres Verständniß. Die Widmung, oben schon ihrem Hauptinhalt nach mitgetheilt, lehrt uns, wie er dichtete: die Psalmen sind einzeln entstanden, die meisten noch in Livland. Schon der Druck des „Verlornen Sohns" enthält als Beigabe die (niedersächsische) Uebertragung des 127. Psalms, „Wo Got nicht sulffs dat huß upricht", die vor der Herausgabe des „Psalters" in hochdeutsche Mundart umgesetzt worden ist.* So ist auch anderes, wie sich leicht erkennen läßt, in der ersten Zeit nach dem Uebertritt entstanden. Im 19. Psalm, „Lob und Weissagung von Herrlichkeit des Evangelii in aller Welt", heißt es: „Gottlob daß uns jetzt wird verkundt Die evangelisch Lehre. Die Himmel und Erd mit vollem Mund Erzählen Gottes Ehre. — Die apostolisch Lehr herbricht, Reicht bis an der Welt Ende, Ir Richtschnur hats dahin gericht, Leuft wie die Sonn behende, Die sich entprennt Im Orient." — Die Botschaft vom neuen Heil will der Dichter nun auch seinerseits verkünden; der Herr selber hat ihn unterrichtet, hinfürder hat es keine Gefahr mit ihm, vor den Feinden wird er wohl bleiben, (Ps. 16: „Hört zu, ihr Christen allesamt, von Gott will ich

* An dem 25. Psalm: Ad te, domine, levavi animam meam: „An allen Menschen gar verzagt", hat Burchard Waldis keinen andern Antheil, als daß er denselben ziemlich frei, unter Hinzufügung einer Schlußstrophe, in das Hochdeutsche übertrug. Das niedersächsische Original steht im Anhang zum „Verlornen Sohn" und hat auch in die Kirchendienstordnung Aufnahme gefunden, an beiden Orten unter And. Knöpken's Namen. Die Bearbeitung geschah, wie die der eigenen Psalmen, die eine niedersächsische Grundlage in der Sprache, zunächst in den Reimen, erkennen lassen, wol erst in der Heimat, wo dieselbe vollkommen gerechtfertigt erscheinen muß. Es widerlegt sich dadurch von selbst die Ansicht, dieser Gesang sei ein Abbild seiner Stimmung unter den Leiden des Kerkers. Die Klagen über Verfolgungen durch die Feinde beziehen sich nur auf die Verfolgungen und Anfeindungen, die er gleich andern Bekennern des evangelischen Glaubens zu erdulden hatte.

jetzt singen.") Vergeblich ist die Mühe, ihn von diesem Trost abzuwenden, denn er will lieber der letzte sein in der heiligen Christengemein und an dem Thore hüten als der erste in dem Palast der Gottlosen, da man Gottes Ehre nimmermehr gedenket und sein Evangelion haßt (Psalm 84). Er dankt Gott, daß er jetzt erlöst sei, er, dem die Hölle offen stand. Nun soll seine Seele Muth fassen und sich fernerhin abreißen von allen, die sie zu tödten trachteten, und sich zu denen begeben, die bei Gott ewig leben; trotz den Feinden redet nun sein Mund davon, wie sein Glaube im Herzen gethan ist; nun will er den Kelch bittern Tranks mit Freude trinken, den ihr Drohen, Trotz und Undank ihm bereitet, und sich nicht schämen, des göttlichen Namens Ehre zu predigen (Psalm 116). An dem endlichen Siege des Gottesworts und der Zukunft seines Reiches zweifelt er nicht; die Christen werden freundlich und friedlich beieinander wohnen, und das Regiment wird im Frieden stehen. Darum wendet sich der Dichter vor allen an die Diener der Kirche mit der ernsten Mahnung, standhaft zu bleiben, zu singen, zu loben und zu predigen. Wenn auch die Ueberzeugung von der Grundwahrheit der neuen Lehre nirgends einen so scharfen Ausdruck findet wie im „Verlornen Sohn", so ist doch auch hier im „Psalter" von evangelischem Geiste alles durchweht. Diese Gesänge sollten weder dogmatischen noch polemischen Zwecken dienen, sondern lediglich der Erbauung für diejenigen, welche sich schon in richtiger Erkenntniß der evangelischen Wahrheit zu der neuen Lehre bekannten.

Eine eigenthümliche Auffassung biblischer Schriften, wie sie in dem Drama vorliegt, findet sich auch in den Psalmen wieder. Was nach gewöhnlicher Auffassung höchstens als Weissagung und als Typus der weitern Entwickelung des Reiches Gottes erscheinen sollte, wird einfach und unmittelbar auf die bestehende Kirche übertragen, in welcher das Erlösungswerk thatsächlich vollendet ist.

Ein richtiges Gefühl ließ den Dichter die einzig angemessene Form wählen. Er fand dieselbe in der deutschen

Liederdichtung — die ihm bekannt war, wie wir aus der directen Benutzung z. B. der Liedersammlung Forster's (Psalm 13) abnehmen dürfen — vor, wie diese sich seit den Zeiten der ritterlichen Lyrik im weltlichen Volksliede wie in der geistlichen Dichtung ausgebildet hatte. Seine Psalmen kleidet er meist dem Inhalt entsprechend in das angemessene Gewand; dieselben sind, das wollen wir wiederholen, in mannichfaltigem Wechsel der Zahl und Länge der Zeilen wie der Reimstellung, unter Festhaltung der Gliederung in Gesang, Gegengesang und Abgesang, durchaus sangbar. Im Buche sind Melodien beigefügt. In die Liturgie der evangelischen Kirche gingen sie wol zuerst in der Parochie des Dichters und an andern hessischen Orten über, dann in verschiedene größere Gesangbücher; sie behaupteten sich in denselben bis zu Anfang des vorigen Jahrhunderts, wo sie endlich daraus verschwinden.

Der „Psalter" war, das sieht man aus dem Datum der Widmung an die Brüder, schon zu Ende des Februar 1552 im Manuscript abgeschlossen. Die folgende Zeit bis vor den Schluß des Jahres war Burchard bereits wieder an einem größern buchhändlerischen Unternehmen beschäftigt, einer neuen Ausgabe des „Teuerdank". Die Veranlassung lag in dem Bestreben jener Jahre, bedeutende und beliebte Werke der ältern Zeit für die neuere lesbarer zu machen. Murner, Brant und andere ebenso wie Kirchendichter der ersten Reformationszeit wurden zu diesem Zwecke revidiert und sprachlich erneuert. Die Anregung zu Burchard's Arbeit ging von demselben angesehenen und unternehmenden Verleger aus, bei dem auch der „Psalter" gedruckt wurde. Das Werk hat in dem neuen Druck den Titel: Die ehr vnd manliche Thaten, Geschichten vnd Gefehrlichkeiten des Streitbaren Ritters vnnd Edlen Helden Tewerdanck, zu Ehren dem Hochloblichen Hause zu Oesterreich, vnd Burgundien u. s. w. Zum Exempel aber vnd Vorbilde allen Fürstlichen Blut vnd Adelsgenossen Teutscher Nation. New zugericht.

Mit schönen Figuren vnd lustigen Reimen volendet. (Holzschnitt.) Zu Franckfurt. Bei Christian Egenolff. Am Ende: B. W. H. Getruckt zu Franckfurt am Mein bei Christian Egenolff. . . ." Im Hewmon. Anno M.D.Liij. (114 Bl., Fol.)

In dem Vorwort an Adolf Wilhelm von Dörnberg, einen jovialen und kunstliebenden **Edelmann** (bei Melander „Joco-seria", Tom. I, Nr. 419 tritt er als Held eines ergötzlichen Schwanks auf), der selbst einen lateinischen Vers zu machen verstand, hat sich Waldis über Art und Zweck seiner Arbeit ausgesprochen (datiert Abterode M.D.LIII). Etliche gute Freunde hatten ihn angegangen, das vor 34 Jahren erschienene Buch — er hatte also die Augsburger Ausgabe von 1519 vor sich —, das „unvollkommen und ungeendt" war, „weil die Person, von der es handelt, damals noch am Leben und dem Schreiber die Zeit fehlte", dasselbe aufs neue zu „übersehen". Er weigerte sich anfänglich und trug Bedenken, da es ihm kein Ruhm zu sein schien, sich anderer Arbeit zuzueignen und sich gleich der „Aesopischen Krähe" mit fremden Federn zu schmücken; da aber dies durch große und vornehme Leute (Kaiser Maximilian selbst!) vor ihm geschehen, so gab er endlich nach und wird sich nun mit seinem Verleger darüber in Verbindung gesetzt haben. Dieser hatte sich bei dem Unternehmen nicht verrechnet, denn das Buch hat noch, bis 1596, drei Auflagen erlebt. Waldis ging behutsam zu Werke, indem er alles stehen ließ, „was je hat stehen bleiben mögen". Die „alten Reimen" schienen ihm etwas schwerlich daher zu gehen, „was man der Zeit zu gut halten müsse". Die teutsche Sprach „hatte sich in dreißig Jahren stattlich und wohl gebessert"; so sind einige Verse „umgeschmiedet worden, außerdem aber auf Erforderung der Noth einige tausend Paar Verse hinzugemacht". In diesem Falle bedurfte freilich der Besserung nicht eigentlich die Sprache selbst; Goedeke bemerkt treffend („Deutsche Dichter des 16. Jahrh.", 10. Bd., S. XXIII), daß sich die Verfasser der Schriftsprache des Hofes bedienten, die sich hoch über den Dialekten hielt, daß also in dieser Beziehung eine Verjüngung nicht nothwendig war; wohl aber bedurfte der Versbau, der der Sprache häufig genug Gewalt anthat, um das nöthige Maß und die Zahl der Silben einzuhalten, der nachbessernden Hand. Aus seinem Eigenen hat Waldis das vorletzte Kapitel (117) hinzugethan; die Drucke von 1517 und 1519 haben an der Stelle nichts als einen Holzschnitt, und drei Seiten sind vorläufig leer gelassen. Von der bildlichen Darstellung — Maximilian mit der Kreuzfahne — nahm er Veranlassung, die Lücke mit einer allegorischen Darstellung der Kriege gegen Frankreich auszufüllen. (Vgl. Goedeke, a. a. O., S. 295.)

Das folgende Jahr zeigt Waldis wieder eifrig mit einer großen Arbeit beschäftigt. Der durch seine satirischen Dramen bekannte Thomas Neogeorg (Kirchmair, geb. zu Hubelschweiß bei Straubingen 1511, gest. 1563 als Pfarrer zu Wiesloch nach einem vielbewegten Leben), ein unruhiger Kopf, der auch mit den Wittenberger Theologen nicht im Frieden lebte, ließ 1553 sein „Regnum papisticum", ein Gedicht in lateinischen Hexametern, drucken, eine Darstellung der alten römischen Theokratie in ihrer Verfassung und Organisation, mit dem Gefolge von Thorheiten, Irrthümern und absichtlichen Täuschungen, „die nur vom Teufel angestiftet sind und schließlich auf und zu ihm hinführen werden". Neogeorg hielt die Kenntniß aller dieser Dinge für nützlich zur Warnung der Anhänger evangelischer Wahrheit; zugleich auch antwortete er damit auf eine jüngst erschienene giftige Schmähschrift eines ungenannten Verfassers aus dem alten Lager. Der mannhafte Streiter für die Sache des Evangeliums, Philipp der Großmüthige, nahm das Buch mit großem Interesse entgegen; er wünschte sogar dessen weitere Verbreitung auch unter weniger Gelehrten, und beauftragte seinen Pfarrer zu Abterode, dasselbe „in unser gemein Deutsch zu bringen". Dazu war dieser berufen wie kein anderer durch seine Kenntniß der Zustände in der Kirche, der er selbst angehört hatte, wie durch seine dichterische Gewandtheit. Er griff die Sache mit

Lust und Liebe und einem Eifer an, der die Vollendung der übernommenen Aufgabe bis um die Mitte des Jahre 1554 ermöglichte. Am 1. Juli konnte er die Dedication des Buches schreiben. Der Titel lautet: Das Päbstisch Reich Ist ein Buch lustig zu lesen allen so die Warheit lieb haben, darin der Babst mit seinen gelidern, leben, glauben, Gotts dienst, gebreuchen und Cerimonien, so viel müglich, warhafftig vnd auffs kürtzeste beschrieben, getheilt in vier Bücher, durch Thoman Kirchmair. Holzschnitt: Von Cardinälen umgeben ein Papst, den ein Teufel mit der Tiara krönt; vor ihm stehend ein Mönch mit einer Bulle in der Hand. Darunter: Mutatio est dexterae excelsi.*

Die Dedication ist an die bekannte Margarethe von der Sale gerichtet, die Philipp noch bei Lebzeiten der Landgräfin Christine, mit widerstrebend ertheilter Einwilligung Luther's und Melanchthon's, sich morganatisch hatte antrauen lassen. Es war die Anerkennung dafür, „daß sie die Früchte ihres Glaubens herrlich bewies". Wenn man dem Pfarrer zu Abterode daraus den Vorwurf schwacher Liebedienerei hat machen, ja ihm unlautere persönliche Absichten unterlegen wollen, so vergaß oder übersah man, daß damals Christine von Sachsen schon seit fünf Jahren verstorben war und der Landgraf die zweite Frau als seine rechtmäßige Gemahlin hielt und angesehen wissen wollte; so war, was ihn bewog, zugleich die Dankbarkeit gegen Philipp selbst, dem er für Leben und Freiheit, unzweifelhaft aber für seine spätere erfreuliche und ruhige Wirksamkeit verpflichtet war. Wenn andere den Grund in einem nähern persönlichen Verhältniß zum hessischen Hofe suchten und fanden, so beruht auch das auf einem argen Irrthum. In der Dedication empfiehlt sich Burchard der Landgräfin als „ihren armen Diener vnd Caplan". Diese pure Höflich-

* Motto des Dichters (Psalm 77, 11). Luther übersetzt: „Die rechte Hand des Höchsten kann alles ändern", Waldis selbst (Psalt. Bl. 132): „Seine Hand kann alles wenden". In Livland hatte er die Hand Gottes erkannt.

keits- und Ergebenheitsformel Fürsten gegenüber fand Waldis auch in Pfinzing's Zuschrift im „Teuerdank". Auch Murner in seiner Uebersetzung: „Vergilii Maröis dreyzehn Aeneadische Bücher" (1515), nannte sich in der Zuschrift an Kaiser Maximilian (Rückseite des Titels) dessen „beflißenen Kaplan". Die deutsche Uebertragung zeigt, wie vollkommen Burchard auf diesem Gebiete zu Hause war. Natürlich bedingte die Wiedergabe der Hexameter in kurzen Reimpaaren eine Erweiterung des Umfangs des Textes; knappe Bemessung des Vortrags lag überhaupt nicht in unsers Dichters Neigung und Gewohnheit. Sonst hält er sich an das Original. Nur wo ihm eine Lücke auffiel, hat er in bescheidenem Maße von dem Seinigen hinzugethan; im Vierten Buch, einer Darstellung von Gebräuchen an Festtagen, glaubte er Neogeorg ergänzen zu dürfen, der von Quadragesimä gleich auf Lätare und vom Charfreitag auf den Osterabend übergeht. Die Eintheilung der einzelnen Bücher in Capitel mit Ueberschriften hat die Uebersicht des Inhalts sehr erleichtert.

Es ist gezeigt worden, daß die kleinern poetischen Stücke, welche den ersten Jahren nach seiner Rückkehr angehören, kaum mehr als ein unbedeutendes Ergebniß wiedererwachter Lust am Reimen sind und nur ein sehr beschränktes Interesse für uns, die Angehörigen einer neuen Zeit, zu bieten haben. Es gingen acht Jahre vorüber, bis endlich ein Werk zum Abschluß gedieh, das wir als eine Lebensarbeit des Verfassers anzusehen haben. Die Anfänge desselben liegen in damals längst verflossenen Zeiten, die er in einem weit entlegenen Lande verlebt hatte. In Riga zuerst, dort wo er schon auf anderm Gebiete seine hohe geistige Begabung bewährte, hat Burchard sich auch zuerst einer andern Gattung der poetischen Darstellung zugewandt, die er hier kennen lernte, der Fabeldichtung, mit der er sich bald befreundete. Wir erfahren das, wenigstens im allgemeinen Umriß, aus seinen eigenen Mittheilungen.

Hören wir, was die Widmung des Buches an Johann Butten, Bürgermeister von Riga, darüber aussagt. Schon dort hatte Waldis begonnen, „sich in den Fabeln des Aesop zu bemühen, dieselben aus dem Latein in deutsche Reime zu bringen", und versprochen, sobald er damit fertig, das Buch seinem Gönner zuzuschreiben und drucken zu lassen. Aber die Arbeit hatte sich verzögert; zuerst war er „durch vielerlei Unfälle, Widerstand und Leibsgebrechen" verhindert, in Deutschland kamen dann die Kriegshändel mit ihrer Unruhe dazwischen, sodaß der Aesop in Vergessenheit gerieth, bis er ihn endlich „auf Anregen und Bitten vieler guten Freunde aus dem Staube klopfte". Nun ordnete er alles, was einzeln entstanden war, theilte es in drei Bücher, jedes zu hundert Fabeln, „wie er sie lateinisch gefunden", und setzte hundert „neuer Fabeln" in einem vierten Buche dazu. Den Zweck des Buches bezeichnet er als einen didaktischen, der Ansicht von der Bedeutung der Apologe überhaupt folgend; dies weiter zu begründen achte er für unnöthig, das sei in andern Büchern vorhin genugsam dargethan, und der Leser werde es selbst empfinden. Ausdrücklich wird aber betont, daß er nicht für Gelehrte geschrieben, „die es besser können", sondern für die liebe Jugend, Knaben und Jungfrauen; dabei meinte er alles vermieden zu haben, was etwa den keuschen Ohren derselben Aergerniß geben möchte. Was für den eigentlichen äsopischen Apolog gelten mag, ist freilich auch zur Empfehlung der ganzen Sammlung auf die Art der Behandlung und auf die eigenen Zuthaten des Verfassers übertragen. Für seine Auffassung der Fabel, als einer Erzählung, einer Geschichte, eines Schwanks mit einer bestimmten, aus dem ganzen Inhalt hervorgehenden sittlichen Hinweisung, wollen wir auch das gelten lassen.

Der Titel des Buchs ist: Esopus, Gantz New gemacht, vnd in Reimen gefaßt. Mit sampt Hundert Newer Fabeln, vormals im Druck nicht gesehen, noch außgangen, Durch Burcardum Waldis. Holzschnitt: Ein Narr mit Kolben und Klapper, von Kindern verfolgt. Anno M.D.XLVIII. Am Schluß: Gedruckt zu Franckfurdt am Mayn, durch Hermann Gülfferichen, in der Schnurgassen zum Krug. (385 Bl. 7 Bl. Register. Titel, Widmung und „Leben Esopi", 8 unpaginirte Bl. 8.)

Durch die bescheidenen Auslassungen des Verfassers ist die Bedeutung seines Werks und des Antheiles, den er selbst daran hat, kaum annähernd genügend bezeichnet. Versuche vor, neben und nach ihm bezeugen zwar die wiedererwachte Neigung der Zeit, eine poetische Gattung, die im Laufe der letzten Jahrhunderte nur spärlich, und selten mit Liebe, gepflegt worden war, neu zu beleben; doch unter allen diesen Arbeiten nimmt der „Esopus" einen hervorragenden Platz ein.

Eine geschichtliche Ausführung über die Bewahrung und Ausbeutung des aus ältester Zeit in das Mittelalter herübergeretteten Schatzes wird man hier nicht suchen; eine solche Arbeit müßte sich, auch in der knappesten Form gehalten, zu einer umfangreichen, an einem andern Orte freilich sehr erwünschten Untersuchung erweitern. Ich kann nur in wenigen Zeilen das zum Verständniß Allernothwendigste geben. Die „Mythen" des Aesopus, des Trägers eines im griechischen Alterthum hochberühmten Namens, der aus Phrygien stammen und ein Zeitgenosse Solon's gewesen sein soll, waren in griechischer Fassung das Mittelalter hindurch verschollen. Der ursprüngliche Dichter war selbst fast zu einer mythischen Gestalt geworden, von der die Kunde nur durch die „Fünf Bücher Aesopischer Fabeln" des Phädrus, eines Freigelassenen des Augustus aus der makedonischen Landschaft Pieria, der das griechische Original in römische Jamben umgoß, und durch eine romanhafte, sein Bild entstellende Biographie des alten Fabulisten, die ein griechischer Mönch, Maximus Planudes aus Nikodemia, im 14. Jahrhundert angefertigt hatte, vermittelt worden war. Aber auch der römische Phädrus wie die Bearbeitung in elegischen Versen des spätern Avianus wurden erst gegen das Ende des 16. Jahrhunderts durch gedruckte Ausgaben zugänglich. Ihre Stelle vertraten Prosaauflösungen, die, zu didaktischen Zwecken veranstaltet, nur nebenbei der Unterhaltung dienen sollten. Wir kennen heute zwei solcher Sammlungen: die eine, wol die älteste, in einer dem Anfang des 10. Jahrhunderts angehörenden Handschrift des Klosters Weißenburg, und eine zweite, die spätestens um die Mitte des genannten Jahrhunderts angesetzt werden muß. Diese nach dem Verfasser „Romulus“ benannte Paraphrase des Phädrus ist die Hauptquelle, aus der die ganze Fülle der Fabeldichtung geflossen ist; aus ihr schöpften die Boner, der Stricker, Hugo von Trimberg, Vincenz von Beauvais und eine Anzahl von Humanisten für eigene prosaische oder metrische Bearbeitungen, freilich nicht ohne Erweiterung des alten Vorraths aus andern Quellen, wie solche allmählich bekannt wurden.

Noch vor 1480, nachdem mit Boner's „Edelstein“ der Druck deutscher Bücher begonnen hatte, war auch der „Romulus“ und eine Auswahl nach ihm bearbeiteter Fabeln der zuletzt genannten Art im Druck erschienen. Durch eine deutsche Uebertragung hatte der Herausgeber Heinrich Stainhöwel, Arzt zu Ulm, auch für die Ungelehrten gesorgt. Seit dem Beginn des 16. Jahrhunderts wurde die Sammlung, die schon die Fabeln des Avianus, Remicius, Petrus Alfonsi, Poggius von Florenz und eine Reihe von sogenannten Extravaganten, alten Zusätzen unbekannter Verfasser, enthielt, durch die Fabeln Sebastian Brant's bereichert.

Die Frage nach der unmittelbaren Quelle, aus der Burchard seine Stoffe holte, läßt sich vollkommen genügend beantworten; sie konnte für den Kenner der reichen Literatur, die auf diesem Gebiete seit dem Beginn des Jahrhunderts erwachsen ist, nicht lange ungelöst bleiben. Es ist eine 1516 und 1519 dreimal gedruckte Sammlung, die später, seit 1532, durch Aufnahme von Paraphrasen anderer neuerer Latinisten ansehnlich vermehrt worden ist. Mir liegen beide

Ausgaben vor: 1) Fabularum, quae hoc libro continentur interpretes, atque authores sunt hi. Guilielmus Goudanus. Hadrianus Barlandus. Erasmus Roterodamus. Aulus Gellius. Angelus Politianus. Petrus Crinitus. Joannes Antonius Campanus. Plinius Secundus Novocomēsis. Nicolaus Gerbellius Phorcēn. Aesopi Vita ex Max. Planude excerpta et aucta (in Einfassungsleisten). Am Ende: Impressum Argentinae Mense Augusti, Anno M.D.XIX. Dij cepta secundent. 4. 2) Titel ebenso. Nach Gerbellius werden noch aufgeführt: „Laurentius Abstemius, Rimicius jam denuo additus. Lipsiae excudebat Nicolaus Faber. Anno M.D.XXXII. 8. (Es scheint auch eine Ausgabe von 1530 vorhanden zu sein. Die letzte mir bekannte erschien zu Frankfurt 1587. 8.) Der Herausgeber war Martinus Dorpius in Löwen; Guilielmus Goudanus nennt sich in einer Zuschrift an einen Baron Florens von Iselstein Canonicus divi Aurelii Augustini und als denjenigen, der die ersten (45) Fabeln aus gebundener Rede in Prosa übertragen habe.

Daß dieses Buch, und zwar in der älteren Ausgabe sowol wie in der neuen vermehrten, Waldis vorgelegen habe, ist außer Zweifel. Er fand hier alles beisammen, was er sonst aus einer Reihe von Büchern hätte zusammensuchen müssen. Die ursprüngliche Bestimmung des Werkes für den Schulgebrauch erleichterte ihm seine vorbereitenden Arbeiten. Der Sammler hatte darauf Rücksicht genommen, daß „Schüler niemals einen zahlreichen und wohlangelegten Büchervorrath besitzen möchten". Das wird auch bei Burchard der Fall gewesen sein. Er hat in der That sämmtliche Fabeln des Dorpius seinem „Esopus" zu Grunde gelegt und zwar sogar in der Reihefolge seiner Vorlage; nur selten ist eine Fabel umgestellt; was bei Dorpius, in doppelter Fassung gegeben, dem Inhalte nach vollkommen übereinstimmt, ist von Waldis nur einmal bearbeitet worden. Eine Fabel, III. Buch, 61: „Vom Diebe und der Sonne", ist eingeschoben. Der Vorrath reichte bis Buch III, 84. Von da an haben dem Dichter entweder andere Quellen vorgelegen, oder er gab was er aus eigener Erfahrung und eigenen Erlebnissen zu geben hatte. Außer Dorpius wird Burchard die eine oder die andere lateinische oder deutsche Sammlung gekannt haben, sicher auch die gelesensten Schwankbücher seiner Zeit: Bebelius, Johannes Pauli's „Schimpf und Ernst", und anderes was leicht zugänglich war, vielleicht des Cyrillus „Spiegel der wyßheit", Agricola's „Sprichwörter", wahrscheinlich Stainhöwel's „Esop" mit den Fabeln Sebastian Brant's; aber umfassend war seine Kenntniß des weit entlegenen und großen Gebietes nicht, auf dem auch er thätig war. Die ihm von seinem neuesten Herausgeber zugeschriebene Gelehrsamkeit fehlte ihm gänzlich, er besaß nur eine eben genügende Schulbildung; sein Leben in Riga, seine Thätigkeit als Kaufmann und politischer Agent, später seine Gefangenschaft waren einer Weiterbildung ungünstig. Den „Romulus", dessen Kenntniß H. Kurz ihm beimessen möchte, konnte er freilich bei Stainhöwel finden. Einmal ist ein Schwank: „Von einem Goldschmied und einem Köler" von Hans Folz (IV. Buch, 60), mit fast wörtlicher Anlehnung benutzt; Waldis hatte die Geschichte offenbar aus einem Einzeldruck (Keller, „Fastnachtspiele", III, 1244).

Bei den ersten fünfundvierzig Fabeln des Goudanus habe ich auf die Bearbeitungen verwiesen, die auch Burchard kennen konnte, Stainhöwel und Boner, der damals schon in zwei Ausgaben gedruckt war, und auf „Romulus", als die Grundlage aller folgenden. Für den Literarhistoriker ist damit genug geschehen; weitere Kreise werden sich an Waldis' Darstellung selbst genügen lassen. Spätere Parallelen zusammenzutragen, wäre eine leichte Arbeit, aber durchaus zwecklos, da es sich hier nicht um eine Geschichte der Fabeldichtung handelt. Ich verzichte um so lieber darauf, da ich mich von der innern Befriedigung eines Herausgebers frei fühle, der mit freudigem Erstaunen die stattliche Reihe seiner Citate mustert.

Von entschiedenster Wichtigkeit ist der Fund der Vorlage

unsers Dichters für die Zeitbestimmung der Entstehung des „Esopus". Alles, was die Ausgabe des Dorpius von 1532 (oder 1530?) mehr enthält als die von 1519, lernte Burchard erst mit dem Beginn der dreißiger Jahre kennen. Heinrich Kurz möchte eine der Fabeln des Ersten Buches (55, „Von einem Trummeter", De buccinatore bei Dorpius) vor das Jahr 1525 setzen, indem er eine sprichwörtliche Redensart von allgemeiner Bedeutung fälschlich auf eine bestimmte Person bezieht (vgl. die Anmerkungen); die Erzählung spricht also nicht gegen meine Annahme. Als der Vorrath bei Dorpius ausging, machte Burchard das dritte Hundert durch Fabeln und Geschichten nach andern, nicht immer nachweisbaren Erzählungen und Fabeln voll. Von diesen wie von den „Neuen Fabeln" kann zwar Einzelnes schon früher geschrieben sein, ich glaube aber nicht zu irren, wenn ich annehme, das Meiste sei in den ersten Jahren seines Pfarramts in Abterode entstanden.*

Wer die Aesopischen Fabeln in ursprünglicher Fassung, den Phädrus und dessen Prosaauflösungen, überhaupt den ganzen angehäuften Vorrath von ältester Zeit bis in das 16. Jahrhundert hinein durchgelesen hat, wird sich des Eindrucks nicht erwehren können, daß sie eher alles andere als poetischen Genuß darbieten; nirgends wendet sich die Darstellung an die Phantasie, überall nur an den Verstand. Lessing, der eben darin das Wesen der Fabel erblickte und zugleich eine Norm für seinen eigenen Vortrag, hatte in diesem Sinne recht, wenn

* In einzelnen Geschichten ist die Zeit der Entstehung von dem Dichter selbst angedeutet, oder läßt sich doch errathen, z. B. Buch IV, 46 ist 1533 verfaßt, seit dem Concilium Later., 1513, waren 20 Jahre verflossen; Buch IV, 2, „Vom Fuchs und Hanen", wird „dieses Jahr sieben und dreißig" erwähnt; Buch IV, 65 erzählt, der Dichter sei 1536 in Mainz gewesen; endlich bezeugt die Erwähnung einiger Verse aus Forster's Liedersammlung in der Geschichte „Vom Abt und dem Säuhirten" (Buch III, 92), daß dieselbe nach 1539 geschrieben ist.

er seine Meinung von der ganzen Gattung in den Worten zusammenfaßte: „Wenn wir einen allgemeinen moralischen Satz auf einen besondern Fall zurückführen, diesem besondern Falle die Wirklichkeit ertheilen und eine Geschichte daraus dichten, in welcher man den allgemeinen Satz anschauend erkennt: so heißt diese Dichtung eine Fabel." Auch Luther, der freilich hoch über allen andern Bearbeitern steht, nahm das Wesen der Fabeldichtung in diesem Sinne, obgleich es ihm an Verständniß für eine reichere Motivirung und Entfaltung der Darstellung und für lebensfrische Färbung, wie er sie z. B. in der Fabel „Vom Löwen und Esel" 1528, dem Brief von dem „Reichstag der Krähen und Dohlen" an seine Tischgesellen 1530, und der „Klagschrift der Vögel" 1534 versucht hat, nicht fehlte.

Waldis griff die Sache anders an, als man gewohnt war, auf eine Weise, die seiner ganzen Individualität ebenso sehr entsprach wie der besondern Art seiner dichterischen Begabung; er nahm von den ältern Bearbeitern zwar die Stoffe, die Haupthandlung und die Situation, aber er hat es verstanden, aus der dürren Didaxis, welche fast als eine Art ethischer Casuistik auftritt, alles in das Poetische zu erheben, das trockne, auf das Urtheil berechnete Beispiel mit frischem Leben auszustatten. Wie neben ihm Erasmus Alberus, der in seiner Jugendzeit ebenfalls Fabeln nachdichtete, hat Burchard die Scene, auf der die Handlung sich bewegt, anschaulich dargestellt, oft localisirt, Farbe, Licht, Schatten in verständiger Vertheilung verwandt, durch sorgfältig und sauber ausgeführte Details zu epischer Breite erweitert, was in der alten Behandlung eben nur verständlich war. So ist durch ihn der Phantasie wieder der Raum zu einem freien Spiele gegeben und, was wir ebenfalls nicht hoch genug anschlagen können, alles aus mythischer Ferne in die Gegenwart gerückt worden. Die Zustände und die Menschen seiner Zeit hat er treu geschildert, wie eine hervorragende Beobachtungsgabe, eine ungewöhnlich reiche Erfahrung, die er dem vielbewegten Leben im Guten und Bösen verdankte, sie in seiner Seele widerspiegelte. Dabei ist er kein mürrischer oder verbissener Moralist, kein übereifriger Sittenprediger; ich möchte ihn eher als einen Mann von gemüthlicher optimistischer Weltanschauung bezeichnen; selbst da erscheint er so, wo es sich um dasjenige handelt, was damals das Vaterland und die Welt bewegte. Selbst seine kirchliche Polemik, verglichen z. B. mit der des Alberus, trägt kaum einen andern Charakter als den heiterer Milde, die nur selten in strengen Ernst und Zorneifer umschlägt.

Für die ganze Gattung der Fabel, das sittliche Beispiel, das Burchard zur poetischen Erzählung erhoben, war er, was den Ton des Ganzen betrifft, die Wege gegangen, die vor ihm Luther (Vorrede zu den Fabeln) gewiesen hatte. Auf dem Titelblatt des Buches steht das Bild: Aesopus als Narr, gleichsam als ein classischer Eulenspiegel, als Andeutung, wie der Verfasser sich die Art des Vortrags, als die angemessene Form für die Erreichung seiner ethischen Tendenz, gedacht hat, zugleich eine Illustration der Meinung Luther's: die Jugend müsse mit Lust und Liebe zur Kunst und Weisheit geführt werden; diese aber werde größer, „wenn ein Aesopus oder dergleichen Larve oder Fastnachtputz vorgestellt wird, der solche Kunst ausrede oder vorbringe, daß sie desto mehr darauf merke und gleich mit Lachen annehme und behalte ... Nicht allein aber die Kinder, sondern auch die großen Fürsten und Herren kann man nicht besser betrügen zur Wahrheit und zu ihrem Nutz, denn daß man ihnen lasse die Narren die Wahrheit sagen; dieselbigen können sie leiden und hören, sonst wollen oder können sie von keinem Weisen die Wahrheit leiden, ja, alle Welt hasset die Wahrheit, wenn sie einen trifft."

Dem Neudruck des Textes habe ich die erste Ausgabe des „Esopus" zu Grunde gelegt. Von den nachfolgenden Wiederholungen des Buches in vier Auflagen, von 1555,

1557, 1565 und 1584, konnte nur die erste, als noch bei Burchard's Lebzeiten erschienen, in Betracht gezogen werden. Daß die wenigen, fast nur in Verbesserung von Druckfehlern und geringen orthographischen Aenderungen bestehenden Correcturen darin von Waldis' Hand herrühren, ist nach unsern Ausführungen über seine letzten Lebensjahre nicht wahrscheinlich. Doch ist diese zweite Ausgabe durchgängig für die Feststellung der Druckvorlage von mir verglichen worden.

Die „Neuen Fabeln" (Buch IV) konnten hier nicht ganz vollständig gegeben werden, es wurde aber das Beste und unsere Zeit am meisten Ansprechende ausgewählt.

Bei der schwankenden, ersichtlich durch die Officin verschuldeten Schreibung des Originals glaubte ich in meinen sprachlichen Aenderungen behutsam zu Werke gehen zu müssen. Im Druck wechselt z. B. t im Auslaut regellos mit d und dt, der Umlaut e mit ä. Ich habe diese Inconsequenzen nicht durchaus getilgt, wo nicht etwa der Reim es verlangte. Der so hergestellte Text veranschaulicht den seit der Mitte des Jahrhunderts sich allmählich vollziehenden Uebergang zu der in den Druckwerkstätten eingeführten neuern Orthographie.

Nachwort.

Während des Drucks der vorstehenden Einleitung ist das Drama vom „Verlornen Sohn" in trefflicher Wiedergabe des Wolfenbütteler Exemplars durch Gustav Milchsack erschienen (Halle 1881), zugleich mit einer Biographie des Dichters: „Burkard Waldis. Nebst einem Anhange: Ein Lobspruch der alten Deutschen von Burkard Waldis". Meiner Arbeit finde ich nach Durchsicht dieser Schrift nichts Wesentliches hinzuzufügen. Durch Abschriften der einschlagenden Actenstücke, die Karl Schirren dem Herausgeber zur Verfügung gestellt hat, ist die Leidensgeschichte Burchard's in einigen Zügen vervollständigt worden. Ich lerne daraus weiter, daß außer einem Gutachten über Münzreform sich eine zweite Denkschrift, über die Einführung einer neuen Goldwährung, die Burchard im Auftrage W. von Plettenberg's verfaßt hatte, im Rigaer Stadtarchiv gefunden hatte, und daß der Ordensmeister den Rath 1532 ersuchte, zur Berathung der neuen Münzordnung durch die Stände zu Wolmar Meister Burkhard Waldis dahin senden zu wollen.

Das Verhältniß unsers Dichters zu der Sammlung des Dorpius ist dem Verfasser unbekannt geblieben, ebenso wie andern Literarhistorikern vor ihm. — Daß derselbe aber meint, die Ausgabe der „Kirchendienstordnung" von 1530 habe sich bisjetzt nicht gefunden, muß doch befremden. Aus von Recke's und Napiersky's „Schriftsteller- und Gelehrten-Lexikon der Provinzen Livland, Estland und Kurland", Bd. I., S. 262 hätte er ersehen können, daß die Universitätsbibliothek zu Upsala ein Exemplar derselben besitzt; daß eine neue Ausgabe des Buches, von Joh. Geffcken (Hannover 1862), erschienen ist, konnte derselbe durch Ph. Wackernagel erfahren, der („Das deutsche Kirchenlied" Bd. I., S. 392—395) eine Beschreibung des Exemplars zu Upsala und eine Kritik der Geffcken'schen Arbeit gegeben hat.

Göttingen, im Januar 1882.

Julius Tittmann.

Inhalt des ersten Theils.

Das ander Buch.

Esopus,

Gantz New gemacht, vnd in Reimen gefaßt. Mit sampt Hundert Newer Fabeln, vormals im Druck nicht gesehen, noch außgangen, durch

Burcardum Waldis.

(Holzschnitt.)

Anno M.D.XLVIII.

Das Leben Esopi.

Esopus leben zu beschreiben,
Damit etlich vil wunders treiben,
Hab ich zu faßen auch gedacht,
Und aufs kürzest zusamen bracht.
Denn seint daß ich der meinung war,
Desselben fabeln ganz und gar
In reim zu machen fürgenommen,
So vil ich hab mögen bekommen,
(Auch ander, welch gelerte leut
Beschrieben haben, die noch heut
In schulen werden teglich glesen,
Auch underm volk im gmeinen wesen
Wie sprichwörter oft alligiert,
Gleich wie exempel eingefürt,
In red und teglichem gebrauch,
Welcher ich bei mir selber auch
Gebraucht und gmacht, die ich zuletzt
Zu disem buch hinan gesetzt),
Hab ich nicht wöllen unterlaßen
Aufs kürzest sein legend zu faßen.
Esopus ist aus Phrigia,
Geborn vom fleck Amoria,
Ein gekaufter knecht leibeigen;
Doch tet sich sein gemüt erzeigen,
Als wer er frei und unverrückt,
Zu aller weisheit wol geschickt.

Dorpius 1519, Vorsetzbl. 2; 1532, Bl. 1: Aesopi vita brevissima ex Maximo Planude. — 13 alligiert, allegiert. — 20 legend, Lebensgeschichte.

Ward doch von jederman veracht:
Das macht, daß er so ungeschlacht
Von leib: am hals het er ein kropf,
Ein großen, schwarz spitzigen kopf,
Ein breite nasen, große lefzen,
Die stetes von einander glefzen,
Ein kurzen hals und großen bauch
Gleich wie ein aufgeblasner schlauch,
Ein großen puckel auf dem rucken,
Derhalb er sich must stetes bucken.
Das böseft, so er an im het,
War böse sprach, langsame red,
Stamlet mit heiser, böser sprach:
Solchs war das gröste ungemach.
Wie er von leib nun ganz und gar
Ungstalt und so gar scheußlich war,
Het er doch solch verstand und gmüt,
Welchs schon in aller weisheit blüt,
Also verstendig und erfündig,
Zu allem gedicht gar ausbündig,
Daß im von allem nichts entstünd,
Welchs er nit het ausforschen künt.
Jedoch genoß er des gar selten,
Must stets seinr misgestalt entgelten. —
Er ward gesant von seinem herrn
Hinaus zu feld den acker ern.
Da arbeit er mit allem fleiß
Nach seines herrn befelh und gheiß.
Nun war daußen ein ackerman,
Der wolt zu seinem herren gan,
Sich freundlich gegen im erzeigen
Und bracht im etlich frische feigen.
Die nam der herre alzumal,
Dem Agathopodi befalh,
Welcher auch war des herren knecht,
Daß er dieselbigen heim brecht.
Der sprach zu seinem mitgesellen:
„Kum her, ich weiß, was wir tun wellen.

32 glefzen, klaffen. — 39 heiser, heiserer. — 47 entstehen, abgehen, mangeln, entgehen, wie im mhd. entstân. — 52 ern, pflügen, arare.

Die feigen wöllen wir verzeren
Und gegem herrn mit worten weren,
Sprechen, Esopus habs genommen,
Laßen in nicht zur antwort kommen,
Dieweil er sonst nicht wol beredt."
Der herr kam heim und fragen tet.
Da ward Esopus hart verklagt,
Der feigen halb von in besagt,
Und solt dasselb mit schlegen büßen.
Er fiel seim herren zu den füßen
Und bat ein kleine weile frist,
Lief hin, erdacht ein kluge list
Und bracht warm waßer in eim krug,
Dasselb für seinen herren trug.
Da mustens trinken alle drei,
Hub sich ein große speierei.
Esopus spei nur waßer klar,
Die andern worfen alle gar
Die feigen; sahe man, wie sie glogen.
Drumb wurdens nacket ausgezogen,
Mit schlegen nach der tat begobt,
Und Esopus ward hoch gelobt,
Daß er ein solchen list erfunden,
Damit die lügen überwunden. —
Darnach arbeit er auf dem land,
Da sahe er leut, warn unbekant,
Warn der göttin Diane priester,
Die giengen in dem feld da irr,
Baten, daß er in weist den weg
Hin zu der stadt; er war nicht treg
Und nam gar bald dieselben gest,
Tet in nach seim vermög das best,
Mit wein und brot und anderm speiset,
Darnach er in die wege weiset.
Darumb sie auch die göttin baten,
Daß sie dem man dieselb woltaten,
So er bei inen het getan,
Im nicht wolt unvergolten lan.

---

72 besagen, beschuldigen.

Begab sichs, daß Esopus schlief
  Und lag in einem traum gar tief
Und sahe Fortunam bei im stan,
  Die rürt im seine zungen an,
Daß er gewan ein schöne sprach;
  Auch von der zeit an und darnach
Ward sich groß weisheit in im regen
  Und kunst, die fabeln auszulegen.
Er freuet sich des glücks, gedacht,
  Daß im solchs het zu wegen bracht;
Denn er hinfürter an der red
  Und sprach gar keinen mangel het.
Da Zenas solchs an im erkant,
  Der auch seim herren war verwant,
Ein amptman über die ackerleut,
  Gedacht: Esopus möcht dich heut
Oder morgen in eim stück besagen
  Und dich für deinem herrn verklagen;
Dacht, er wolt im den weg vermachen,
  Gieng hin, erdacht ein böse sachen,
Verklagt felschlich den frommen man,
  Daß in sein herr wolt töten lan,
Gab in dem Zene, daß er solt
  Mit im tun alles, was er wolt.
Wie nu Esopus ganz und gar
  Dem Zene übergeben war,
Da kam ein kaufman on geferd,
  Wolt im abkaufen etlich pferd.
Er sprach: „Ich hab zwar jetzund kein,
  Sein all verkauft auf diß allein."
Zeigt Esopum; da er in sach,
  Erschrack und zu dem Zena sprach:
„Wann kumt dir der groß waßerkrug?
  Was tust mit solchem ungefug?

---

109 ward sich regen, Umschreibung des Präteritum mit dem Hülfszeitwort: regte sich; daß, zusammengezogen für daß es, häufig vorkommend auch für daß sie. — 121 vermachen, verschließen. — 129 on geferd, on alles geferd (gefer), von ungefähr, zufällig; bei Waldis oft gebraucht, oft nur als Flickwort. — 131 zwar, mhd. zwâre, fürwahr, wahrlich. — 132 auf, bis auf.

Solch klotz ich nit vergebens nim.
  Ja, het er nicht eins menschen stimm,
Ich hielt in für ein waßerschlauch:
  Er hat wol so ein großen bauch.
Was solt ich mit dem unflat ton?"
  Er ward schellig und gieng daron.
Esopus lief im nach von stund.
  Er sprach: „Ge weg, du stinkend hund!"
Esopus sprach: „Herr, kauf doch mich:
  Es wird zwar nicht gereuen dich.
Wer weiß, was ich dir noch möcht nutzen.
  Setzest mich für ein fasnachtputzen:
Hastu daheime böse kind,
  Die zu weinen geneiget sind,
Woltst mir dieselben kind verträuen,
  Ich weiß, sie solln sich für mir scheuen."
Der kaufman lacht und sprach: „Wie teur
  Schatzstu das faß so ungeheur?"
Zenas sprach: „Geb dirs umb drei pfennig."
  Der kaufman dacht: es ist zwar wenig,
Er gab das gelt und nam in hin;
  Sprach: kein verlust, auch kein gewin!
Und nam also Esopum mit
  Sampt andern, die er bei im het;
Brachts hinüber nach Epheso.
  Als er verkauft etlich aldo,
Wurden im ir drei überlaufen,
  Die er daselb nicht kont verkaufen:
Esopus und ein musicus,
  Der dritt war ein grammaticus,
Mit denen er nach Samo schifft.
  Begibt sichs, daß ern jarmark trifft,
Het die zween knaben alle beid
  Aufs hübschst geputzt und ausgekleidt.
Stellt dieselben zu beiden seiten
  Und Esopum für allen leuten

---

137 vergebens, umsonst. — 148 fasnachtputzen, Butze, Maske, Scheuche. — 163 überlaufen, übergangen. — 170 auskleiden, ankleiden, ausstaffieren.

Zwischen sie beid ließ mitten stan,
Des sich verwundert jederman.
Ein glerter man, Xanthus mit nam,
Mit seinen schülern auch hin kam,
Stund lang und sie beschauen tet,
Wies der kaufman geordnet het,
Und zwischen zwen so fein gesellen
Solch unfletigen menschen stellen.
Er fragt den cantor, wann er wer?
Sprach: „Bin von Cappadoci her.“
Er fragt: „Was kanstu gutes machen?“
Sprach: „Alles“; ward Esopus lachen.
Den andern fraget er auch so.
Er sprach: „Ich bin her von Lydo.“
Er fragt in auch: „Was kanstu wol?“
Er antwort: „Ich kans all zumol.“
Da lacht Esopus mechtig ser.
Xanthus gieng von dannen nicht fer.
Sein jünger sprachen: „Herr, wolt nit
Nachlaßen den da in der mitt;
Bitt, kauft im ab das ungeheur,
Die andern helt er allzu teur.“
Xanthus ließ sich bereden nu,
Sprach zu Esopo: „Von wann bistu?“
„Schwarz bin ich“, Esopus antwert.
Er sprach: „Das hab ich nicht begert:
Das hab ich an deinr gstalt vernommen.
Frag dich, von wannen du seist kommen?“
Esopus sprach: „Aus mutterleib.“
Er sprach: „Kein scherz ich mit dir treib;
Wo bist geborn? an welchem ort?“
Esopus sprach: „Habs nicht gehort.
Wenn ich mein mutter het gefragt,
Villeicht het sie mirs wol gesagt,
Ob sie mich hoch auf einem torn
Oder tief im keller het geborn.“

---

181 wann, von wann, von wo, woher; cantor (bei Planudes) Sänger, der ebengenannte Musicus. — 190 fer, fern. — 192 nachlaßen, zurücklassen, fahren lassen. — 199 vernehmen, wahrnehmen, sonst häufig in der Bedeutung erfahren, merken.

Xanthus fragt: „Was kanstu wol?"
  Er sprach: „Ich kan nichts überal."
Xanthus sprach: „Nu bericht mich das,
  Kanstu gar nichts, wie kommet das?"
Er sprach: „Die zwen han sich vermeßen,
  Sie haben alle kunst gefreßen,
Davon sie mir gar nichtes gönnen;
  Was solt ich armer knecht denn können?"
Die schüler merkten drauf gar eben,
  Daß er ein höflich antwort geben;
Sprachen: „Es ist kein mensch so klug,
  Der sagen tar, er sei glert gnug;
Denn es lebt auf erden kein man,
  Der alles weiß und alles kan."
Xanthus sprach: „Wurd ich dich kaufen,
  Woltestu denn auch hinweg laufen?"
Er sprach: „Würd mir der dienst nicht bhagen,
  Wil ich mich nicht mit euch befragen,
Ob ich laufen oder bleiben sol."
  Die red gefiel Xantho gar wol.
Er nam in hin und gab das geld.
  Wie sie nu kamen naus ins feld,
Die sonn schein heiß; darnach nicht lang
  Xanthus prunzet in dem gang.
Esopus sahs, sprach: „We meim leib!
  Bei disem herrn fürwar nicht bleib,
Der der natur nicht leßt ir recht.
  Was wird gschehen mir armen knecht?
Wenns sich begeben wird einmol,
  Daß ich etwas ausrichten sol
Und wil mich auf das höchst befleißen,
  Werd ich im laufen müßen scheißen." —
Sonst sagt man vil seltzamer boßen,
  Die ich kürz halb wil bleiben loßen;
Allein daß er etlich sentenz
  Seind wert, daß mans mit reverenz

---

220 tar, praeterito-praes. von turren, dürfen, wagen. — 226 befragen, besprechen, berathen. — 231 schein, schien. — 232 prunzen, mingere — 243 allein daß, nur will ich erwähnen, daß; er, eher.

In allen eren acht vnd halt;
Wie denn etlich sein der gestalt:
„Hab lieb Gott über alle ding,
Und halt in eren den köning. —
Wer wol tut, den soltu nicht haßen,
Und solt dich deiner zungen maßen. —
Was heimlich ist, soltu den frauen
Bei deinem leibe nicht vertrauen. —
Schem dichs nicht, laß dirs sein ein er,
Daß du lernst alle tage mer. —
Tu nicht, das dich hernach betrüb,
Und wol zu tun dich stetes üb."
Solch schöne sprüch gab er stets vor,
Und vil ander heilsamer lar
Hat er gefürt sein ganzes leben.
Zuletst ward er auch frei gegeben,
Erlangt zu Samo große gunst
Durch sein geschicklichkeit und kunst.
Er ward auch von denselben leuten,
Welch große krieg zun selben zeiten
Hetten mit dem könig Creso,
Der da wonet vorn in Asia,
Gesant, zu handeln in den sachen.
Da tet Esopus frieden machen,
Drumb er von allen ward gelobt
Und von den seinen hoch begobt
Und gehalten in großer er.
Darnach besahe die land umbher,
Kam zu Lycero, dem köning,
Der in in allen eren entpfieng,
Mit großen gschenken von im ließ,
Im ein Gdechtniß aufrichten hieß.
Ganz Griechenland er gar durchzoch
Und kam gen Delphis lang darnoch.
Daselbs man im kein er antet,
Wie sichs denn wol gezimet het,
Denn er das end seins lebens gar
Bei in zubracht, sein letste jar.

---

250 sich maßen c. genet., bezähmen, vorsichtig sein mit. — 252 bei deinem leibe, bei leibe. — 257 vorgeben, vorbringen. — 276 Gdechtniß, Monument.

Da er sie lang het underweist,
  Mit guter ler zum besten greizt,
Gaben sie im das letste brot,
  Von einem fels gestürzet tot.
Da folget bald ein pestilenz
  Nach Gotts gericht und recht sentenz
Uber sie, drumb daß an dem man
  Hetten ein solchen mord getan.
Denn Gott verschaffts also auf erden,
  Daß aller mord gestraft muß werden.

Ende des Lebens Esopi.

---

284 greizt, gereizt, angespornt.

Das erste Buch.

Die erste Fabel.

Vom Hanen und Perlen.

Gott durch sein güt und weisheit fron
Hat alle ding erschaffen schon
Und als, was lebt, reichlich versorgt,
Daß hungers halb niemand erworgt,
Gibt jedem fleisch zur notturft gnug,
Mit dem beding und solchem fug,
Daß alles, was da hat das leben,
Sol arbeiten und darnach streben,
Nach seiner art die kost erwerben:
So wird es nimmer hungers sterben,
Und wird in Gott nicht darben laßen.
Ein haushan tet auch solcher maßen
Und scharret auf eim alten mist,
Wie der hüner gewonheit ist;
Bald on gefer daselbs zu hand
Ein edle perlen er da fand,
Des er sich nicht versehen het,
Auch in nicht fast erfreuen tet.
Er sprach: „Was tust, edles kleinot,
In disem unfletigen kot?
Wenn dich ein reicher kaufman het,
Vil großer er er dir antet

1. Dorpius A 1, Bl. 1[a]; Romulus I, 1.; Boner 1; Stainhöwel 61[a], deutsch 61[b]. — 1 fron, hehr, heilig. — 2 schon, schön. — 3 als, alles.

Und wurd dich halten also hold,
  Daß er dich faßen ließ in gold.
Du magst aber nicht nutzen mir;
  So kan ich auch nicht helfen dir
Und **dir** erzeigen zimlich er:
  Ein hand voll gersten mir lieber wer,
Damit ich möcht den hunger stillen,
  Der sich nicht leßt mit perlen füllen."
¶ Die unverstendign merk beim han:
  Kunst, weisheit zeigt die perlen an.
Ein narr achtet nicht großer kunst,
  Auch ist die straf an im umbsunst.
Das bös den guten ist nicht gut,
  Das gut den bösen schaden tut.
Das heiltum ist nicht für die hund,
  Perlen seind schweinen ungesund;
Der muscat wird die ku nicht fro,
  Jr schmeckt vil baß grob haberstro.
Ein alter sich zum alten findt,
  Auch mit einander spieln die kind;
Ein weib get zu den andern frauen,
  Ein kranker wil den andern bschauen.
Darumb sichs in der welt jetzt helt:
  Zu gleichem gleich sich gern gesellt.

Die zweite Fabel.

Von dem Wolf und dem Lamb.

Ein wolf het glaufen in der sonnen
  Und kam zu einem külen bronnen.
Als er nun trank, sich weit umbsach,
  Ward er dort niden an dem bach
Eins lambs gewar, das auch da trank.
  Gar zorniglich der wolf zusprank

---

1. 27 **zimlich**, geziemend. — 31 Das Zeichen ¶ steht im Originaldruck, um den Leser darauf aufmerksam zu machen, daß an dieser Stelle „die Moral" der Fabel beginnt. — 37 **heiltum**, Heiligthum, z. B. Reliquien.

2. Dorpius A 1, Bl. 1ª; Romul. I, 2; Boner 5; Stainhöwel 62ª, deutsch 62ᵇ. — 6 **zusprank**, mhd. spranc; des Reimes wegen habe ich die Schreibung ungeändert gelassen.

Und sprach: „Du trübst das waßer mir,
Daß ich nicht trinken kan für dir.“
Das lamb erschrack und sprach: „Herr, nein!
Bitt, wöllest nicht so zornig sein
Und kein gewalt wider mich üben!
Wie kan ich euch das waßer trüben?
Das waßer, welchs ich trunken hab,
Das fleußt von euch zu mir herab;
Tu euch hiemit nichts zu verdrießen:
Drumb laßt mich meiner unschuld gnießen.
Wenn ich schon wolt, könt ich doch nit
Euch etwas schaden tun hiemit.“
Der wolf sprach: „Schweig, du böses tier!
All deine freunde haben mir
Von anbegin zuwidern tan,
Dein bruder und deinr mutter man;
Kunt mit in kommen nie zu recht;
Ihr seid ein bös, verflucht geschlecht.
Meins schadns wil ich mich jetzt erholen;
Du must mir heut das glach bezalen.“
¶ Der wolf zeigt die tyrannen an,
Das lamb die armen undertan.
Denn so geschicht noch heut bei tag:
Wo der groß übern kleinen mag,
Wirft er auf in sein ungedult,
Unangesehn ob er hab schult.
Doch hat der gsündigt allzu vil,
Den man zur antwort nicht statten wil.
Wenn man gern schlagen wolt den hund,
Findt sich der knüttel selb zur stund.
Die hund das brot den kindern nemen:
Die alten laßens wol bezemen.
Der weih die tauben tut bekriegen
Und leßt schedliche rappen fliegen;
Und wo der zaun am nidrigsten ist,
Da steigt man über zu aller frist.

---

2. 8 für, vor, deinethalben. — 26 glach, gelag, Gelage, Zeche. — 30 mag, Gewalt hat. — 34 statten, gestatten, zulassen. — 38 bezemen, mhd. gezemen, gewähren lassen. — 40 rappe, Rabe.

Die dritte Fabel.

Vom Frosch und der Maus.

Es het ein frosch mit einer maus
Einen schedlichen krieg und strauß;
Der hub sich umb ein kleinen teich,
Den wolt ein jeder han vor sich.
Der krieg war heftig one maß.
Die kleine maus kroch in das gras,
Heimlich mit listen überdocht,
Wie sie dem feind abbrechen mocht.
Der frosch war nu ein küner man
Und griff den feind von vornen an.
Teten einander groß verdrieß;
Die langen binzen warn ir spieß:
Sie zohen an einander dar.
Des ward von fern ein weih gewar,
Hinzu er sich bald neher macht:
Ir keiner het des weihen acht.
Er faßt sie beid mit klauen hart:
Damit der krieg entscheiden ward.
¶ Also geschicht oft in einr stadt,
Die zweispaltige bürger hat:
Ein jeder gern vorm andern wer
Des andern oberkeit und her,
Damit unverwindlichen schaden
Von beiden teilen auf sich laden,
Und komen dennocht nicht dahin,
Dazu sich trug ir mut und sin.
Zwen hund beißen sich umb ein bein:
So nimts der dritt und bhelts allein.

---

3. Dorpius A 2.; Romulus I, 3; Boner 6; Stainhöwel 63^a, deutsch 63^b. — 7 überdenken, überlegen. — 8 abbrechen, Abbruch thun, Schaden zufügen. — 12 binze, Binse. — 18 entscheiden, part. praet. von entschiden. — 26 sich tragen, auf etwas gerichtet sein.

Die vierte Fabel.

Vom Hund und stück Fleisch.

Ein stücke fleisch erwüscht ein hund
Und trugs hinweg in seinem mund.
Er dacht: ich darfs umbs gelt nit kaufen!
Und wolt über ein waßer laufen.
Als er kam mitten in den bach,
Sein eigen schein neben im ersach
Und meint, daß ein ander hund wer
Und het ein größer stück denn er;
Ließ das fallen, wolt umbher schnappen
Und nach dem großen stücke gappen.
Dieweil das ander floß hindan,
Behielt der hund gar nichts darvon,
Und war sein hoffnung gar verlorn.
Uber sich selbst ergrimmt sein zorn,
Sprach: Du elend, betrübter fraß,
Wustest deins geizes keine maß:
Dir gschicht gar recht! vor hettest ichts,
Jetzt hastu minder denn gar nichts.
Daß du das ungwis mochtest han,
Hast das gewisse faren lan.
¶ Dise fabel vermant uns fein:
Ein jeder sol zu frieden sein
Mit seim befelh, ampt und beruf,
Dazu in Gott erwelt und schuf.
Und daß wir uns des geizes maßen,
An unserm kleinen gnügen laßen,
In far nicht setzen unser gut,
Wie denn oft mancher kaufman tut:
Durch hoffnung eins kleinen genieß
Macht er sein gwisses ungewis.
Die kaufmanschaft mir nicht gefellt,
Da man das hoffen kauft umbs gelt.

---

4. **Dorpius** A 1^a, 2; Romulus I. 5; Boner 9; Stainhöwel 65^a, deutsch 65^b. — 3 dürfen, brauchen. — 15 fraß, **mhd.** fräz, Fresser, Vielfraß. — 17 **ichts**, etwas. — 23 **befelh**, Bestimmung.

Man sagt, das hoffen und das harren
Macht manchen weisen man zum narren.
Beßer ein sperling in der hand
Denn ein gans daußen auf dem sand.

Die fünfte Fabel.

Vom Löwen und andern Tieren.

Mit einem bocke, schaf und rind
Sich auf ein zeit ein löw verbindt
Und sprach: „Es stet uns übel an,
Daß wir allhie so müßig gan.
Darumb hört zu, was ich werd sagen:
Wir wöllen mit einander jagen
Im holz und sehn, was wir erlangen,
Ob wir auch etwas mögen fangen.
Was wir erjagen, sol unser sein,
Das wölln wir teilen ins gemein."
Sie liefen hin zu einem wald:
Daselbs erwüschten sie gar bald
Ein hirsch, mit bhendigkeit ereilen
Und denselben in viere teilen,
Auf daß ein jeder nem ein part,
Wie es vorhin bewilligt ward.
Der löw ergrimmet da und sprach:
„Ir lieben freunde, tut gemach!
Den ersten teil sol ich billch han:
Ich bin die allerhöchst person.
Den andern teil nem ich auch hin,
Weil ich under alln der sterkest bin.
Der dritte teil ist billich mein,
Drumb daß ich vor euch alln allein
Mit laufen mer hab ausgericht,
Wie man an meinem schwitzen sicht.
Das vierte teil müst ir mir laßen,
Oder solt euch meiner freundschaft maßen.

---

5. Dorpius A 2, 3; Romulus I, 6; Stainhöwel 65b, deutsch C6b.

Wer mir dasselbig vil misgunt,
  Der ist zwar nicht des löwen freund."
Die gsellen sahen einander an,
  Stillschweigens giengen sie davon,
Kunten sich nicht am löwen rechen,
  Keinr dorft kein wort im widersprechen.
¶ Die treu ist klein zu diser zeit
  Bei großen herrn in sonderheit:
Ein jeder tut jetzt, wie er mag,
  Und rafft allzeit in seinen sack.
Derhalben ich eim jeden rat,
  Daß er mit seinem gleich umbgat.
Mit gleichem hastu gleiches recht:
  Er nicht dein herr, du nicht sein knecht.
Ganz ferlich ists den armen knechten,
  Zu streben und zu widerfechten,
Gegn große hansen sich vermeßen:
  Mit herrn ist böse kirschen eßen.

Die sechste Fabel.

Von dem Wolf und Krauche.

Der alt wolf het ein schaf zubißen,
  Vor großem hunger gar zerrißen;
Er schlang es auf bei groben flecken;
  Im blieb ein bein im hals bestecken.
Er lief umbher bei alle tier
  Und sprach: „Komt doch, zu helfen mir!"
Da war niemand, der helfen wolt;
  Sprachen: „Es ist der sünde schult,
Daß jetzt an im gestrafet werd,
  Was er gesündigt an der herd.
Wir gönnen im des unglücks wol:
  Der wolf ist aller bosheit voll."

---

5. 45 große hansen, vornehme, mächtige Leute.
6. Dorpius A ij, 3; Romulus I, 8; Boner 11; Stainhöwel 67b, deutsch 68a. — 3 fleck, Lappen, Stück.

Er kam zum kranchen, bat in ſer:
„Durch dich mir wol zu helfen wer,
Daß du mit deinem ſchnabel lank
An mir begen möchtiſt großen dank.
Des wolt ich dich genießen lon,
Davor ein erlich gſchenke ton.“
Der kranch ließ ſich bereden das;
Sein ſchnabel ſtieß er im in fraß
Und zohe im bald heraus das bein:
Da ward dem wolf der rachen rein.
Der kranch fordert vom wolf den lon,
Daß er im ſolchen dienſt het ton.
Der wolf den kranchen da belacht
Und ſprach: „Biſtu ſo unbedacht,
Daß du jetzt forderſt lon von mir?
Dein eigen leben ſchenk ich dir,
Welchs ich dir kurz het mögen machen,
Da du mirn kopf ſtießeſt in rachen.
Du ſoltſt mir billich gelt zugeben,
Daß ich dich jetzt hab laßen leben.“
¶ In diſem wolf wird uns vermelt
Die groß undankbarkeit der welt,
Die jetzt ſo hoch und übermacht.
Von anbegin der welt, ich acht,
Daß nie ſo groß geweſen ſei
Undankbarkeit und triegerei.
Wenn jetzt zum andern komt ein man,
Umb hülf rüft in in nöten an,
So laßen ſich zu hand die frommen
Bereden und zu hülfe kommen;
Und wenn im denn geholfen iſt,
So zalt er in mit böſer liſt,
Hilft er im auf, er ſtößt in nider,
Ert er in, er ſchendt in wider;
Und da man ſichs gar nicht verſicht,
Daſelbs es im am erſten gſchicht.
Kein beßer kraut für diſen feil,
Denn daß man mit gedult mach heil.

6. 20 fraß, ndſ. Freſſe (Fratze), Maul. — 35 übermacht, adj., übermächtig. — 49 feil, Fehler, Gebrechen. — 50 man, man ihn.

Wer gdult zu rechten zeiten bricht,
Ob in denn schon der undank sticht,
Der neidhart heftig auf in reit,
Macht in gedult als unfals queit.

Die siebente Fabel.

Vom Bauren und der Schlangen.

Es gschah in einem winter kalt,
Da lag ein schlang gar ungestalt
Im schnee und eis befroren hart;
Von einem bauren funden wart.
Der name sie auf, als ers ersach,
Und trug sie heim in sein gemach;
Zum kachelofen warf ers nider,
Auf daß sie möcht aufdauen wider.
Als sie nun aufgefroren war,
Ir macht und gift het wider gar,
Da liefs umbher an alle end,
Beschmeißt mit gift des hauses wend.
Darab der baur tet ser erschrecken,
Erwüscht gar bald einen zaunstecken
Und sprach: „Du giftigs, böses tier,
Hab ich ein solchs verschuldt an dir?"
Er strafts mit worten und mit schlegen
Und sprach: „Da du dich nicht kuntst regen,
Im schnee und eis werst gar erfrorn,
Da bracht ich dich wider zuvorn,
Und das alles aus gunst und gnad;
Jetzt zalstu mirs mit missetat."
¶ Es gschicht wol in der welt auch nun,
Daß eim diejenen schaden tun,
Den man hat alles gut getan,
Wie jetzt gemein bei jederman,

---

6. 51 bricht, berichtet ist, versehen ist mit. — 54 queit, quitt, ledig.
7. Dorp. A^{2}, 4; Rom. I, 10; Boner 13: Stainhöwel 59, deutsch 59^{b}. — 9 auffrieren, Gegensatz von zufrieren; aufthauen.

Und ist undankbarkeit so groß
Erwachsen über alle moß.
Die heiden habens ee bedacht,
Und hat undankbarkeit gemacht
Vil böses bei den menschen, gschafft,
Daß sie ward mit dem schwert gestraft.
Das evangelion uns lert,
Wie Christus selber disputert
Und sagt, daß man das gut mit gut
Vorgelten und bezalen tut.
Des hat man kleinen preis und lon;
Das haben auch die heiden ton.
Ich aber sag euch, daß ir solt
Dem feind vorgeben seine schult
Und in wie einen freund belieben,
Sich gegen im in woltat üben
Und nicht wider das unrecht schelten,
Solt bös mit gutem widergelten,
Auf daß ir möget kinder rein
Eurs himelischen vatters sein,
Der seine sonnen leßt aufgan
Gleich übern schalk und frummen man
Und gibt auch zeitlich seinen segen,
Auf bös und gut vom himel regen.
So solln wir gschickt sein alle zeit;
Als, was wir wölln, daß uns die leut
Tun solln, das solln wir in auch ton:
Die lieb ist des gesetzes kron.

---

7. 41 belieben, wie simpl. lieben. — 44 widergelten, vergelten.

Die achte Fabel.

Vom Löwen und Esel.

Der grobe esel unbedacht
 Einen löwen schimpflich belacht.
Der löw ergrimmet über in
 Und sprach: „Wolan, nu ge jetzt hin!
Du hetst an mir verschuldet wol,
 Daß ich dir schlüge die haut voll;
Ich wil aber mein zorn jetzt brechen,
 Mich nicht an deiner grobheit rechen.
Ich dunk mich vil zu gut dazu,
 Daß ich mich mit dir zanken tu.
Unvernunft hilft dir jetzt davon,
 Daß du der strafe magst entgon:
Derhalben bist sicher vor mir,
 Daß ich mich jetzt nicht rech an dir.“
¶ Ein jeder wird hie unterricht,
 Wenn eim leid oder schad geschicht
Von einem groben und unwißen,
 Daß er denn allzeit sei geflißen,
In ungedult nicht wider schelten,
 Dasselb mit rach im zu vergelten.
Die bösen und unwißen leut
 Die freuen sich des allezeit,
Wenn sie bei frommen zorn erregen,
 Daß sie sich inen widerlegen.
Ein großes pferd aus hohem mut
 Das dunket sich gar vil zu gut,
Wenn es ein kleiner hund billt an,
 Stillschweigens tuts fürüber gan.
Ein weiser nicht das lob ansicht,
 Welchs im von einem narren gschicht.
Auch wenn ein bube schilt ein frommen,
 Das kan im nicht zun unern kommen.
Eins schalkes lestern oder lob
 Acht ein frommer in gleicher prob.

---

8. Dorpius A ij, 4 (aper statt Leo); Romulus I, 11; Boner 14; Stainhöwel 70^{a}, deutsch 70^{b}. — 21 unwiße (unweise), unwissend, unanständig. — 24 sich widerlegen, auftreten gegen. — 34 in gleicher prob, in gleichem Werth.

Die neunte Fabel.

Von der Stadtmaus und der Feldmaus.

Es begab sich, daß ein stadtmaus
Spatzieren gieng ins feld hinaus
Nahe bei eim dorf; hört, was geschah:
Ein feldmaus sie daselb ersah,
Hieß sie willkommen, sprach zu ir:
„Ich bitt dich, wöllest gen mit mir
Und eßen, was Gott hat beschert
Und was gekochet hat mein wirt.“
Die stadtmaus ließ bereden sich.
Sie **zohen** hin gar heimelich
Ins bauren haus zun selben stunden
Und aßen, was sie **a**llda funden.
Die dorfmaus sucht hervor all das,
Was hie und da verborgen was,
Und keinen fleiß ließ underwegen,
Daß **sie** eim solchen gast möcht pflegen.
Als sie **ir** bestes het getan,
Nam **es** die stadtmaus schimpflich an
Und sprach: „Ge du jetzt heim mit mir,
Vil baß so wil ich pflegen dir;
Vil beßer speise und getrenke
Wil ich dir überflüßig schenke,
Daß du mir solt zu danken han;
Du rümst noch wol ein jar davon.“
Die dorfmaus daucht **es** gut so sein;
Sie zoch mit ir zur stadt hinein
In eines reichen bürgers haus.
Da ward gefürt dieselb dorfmaus
Durch **alle** kamern, auf den söller,
Kamen zu letzt in speisekeller.
Da warn die grichte manigfalt,
Gewürzet, gallrad, warm und kalt,
Von allerlei speis und getrank.
Die stadtmaus sprach: „Iß, machs nicht lang!

---

9. Dorp. A ij^{b}, 5; Romul. I, 12; Boner 15; Stainh. 71^{a}, deutsch 71^{b}. — 16 pflegen c. dat. etwas zu gute thun. — 18 schimpflich, im Scherz. — 32 Gewürzet, Ragout, Pfeffer; gallrad, Gallert.

Wir haben hie nicht lang der weil:
Uns möcht der kelner übereil."
Wie sie da bei einander saßen,
Am aller besten trunken, aßen,
Der kelner rumpelt mit den schlüßeln:
Vergaßn den bißen in der schüßeln,
Ein jede sich zuhand verkroch.
Die stadtmaus fand gar bald ein loch
In einem winkel weit dort hinden;
Die dorfmaus kunt kein loch nicht finden,
Verbarg sich under einer bank.
Der kelner saumet sich nicht lang;
Als er sein ding da het getan,
Schloß hinder im zu und gieng davon.
Als der kelner war aus der tür,
Die stadtmaus kam wider herfür
Und rief dem gast und sprach: „Kum wider;
Es hat kein not, wo ich bin bider."
Die dorfmaus kam herwider dar,
Zittert und war erschrocken gar.
Die stadtmaus sprach: „Hab ein gut herz!
Mich dunkt zwar, du verstest kein scherz.
Den silbern becher gilt dirs gar aus!"
„Es schmeckt mir nicht", sprach die dorfmaus,
„Eins, bitt ich, wöllest sagen mir:
Rumpelt man so oft an der tür,
Daß du must gwarten solcher far?
Oder komt es nur ein mal im jar?"
Die stadtmaus sprach: „Was kan das letzen?
Da darf man sich nicht vor entsetzen.
Bis gtrost! es hat derhalb kein not:
Das ist hie unser teglich brot.
Des muß man stets gewarten sein,
Wenn der kelner holt brot und wein."
Die dorfmaus sprach: „Nein, nein! mir nit!
Ein ander mal gee ich nicht mit.
Die süßen bißlin und guten gericht
Wöllen mir in engsten schmecken nicht;

---

9. 36 übereilen, überraschen. — 52 wo ich bin bider, Versicherungsformel, häufig vorkommend: so wahr ich ehrlich bin. — 63 letzen, schaden.

Und werns gezuckert noch so wol,
  So sinds doch bitter wie ein gall.
Daußen beim baurn ein grobes brot,
  Saur buttermilch, und was er hat,
Schmecken mir baß in sicherheit
  Denn all dein gericht in ferlichkeit.
Das korn, welchs ich im feld aufles,
  Schmeckt mir baß denn dein mandelkäs."
¶ Groß mü und sorg gebert groß gelt,
  Wie uns hie dise fabel meldt,
Reichtum leßt sich schon sehen an,
  Wird auch geliebt von jederman:
Wenn mans aber beim liecht besicht,
  Ists sorg und mü, und anderst nicht;
Gar scharpfe dorn, die stetes stechen,
  Des menschen herz und gmüt zerbrechen.
Sanct Paulus sagt: die reich wölln sein,
  Fallen in angst und schwere pein,
In manche far, unsicher leben,
  Mit teufels stricken sind umbgeben.
Ein reicher förcht den armut schwer:
  Ein armer get on sorg daher.
Der nacket für den raubern singt
  Mit freud, daß in dem wald erklingt.
Ein trucken brot, mit freuden geßen,
  Ist beßer, denn mit sorgen gseßen
Bei großen herrn am hohen tisch,
  Da vil gericht, wildprät und fisch.
Die oft ir gelben finger lecken,
  Voll großer mü und sorge stecken.
Ein zobeln schaub und gülden kleid
  Wird oft gfüttert mit herzeleid,
Die herrn müßen sich stetes wagen,
  Sorg für die undersaßen tragen,
Und ist der herr des knechtes knecht.
  Drumb ist das sprichwort allzeit recht:
Wer nicht zu melken hat vil kü,
  Der hat auch dester kleiner mü.

9. 93 armut, masc. — 103 schaub, Mantel, Oberkleid.

Die zehnte Fabel.

Vom Adeler und der Kräen.

Der adler fand ein schneckenhaus,
  Das kunt er nicht gewinnen aus;
Es zoh der schneck den kopf hinein,
  Ward überall hart wie ein stein.
Er picket drauf, warfs hin und her:
  Des ward gewar ein kräe von fer.
Die floh hinzu und sprach: „Herr arn,
  Eins wil ich sagen euch zuvorn.
Mit eurem werfen und mit picken
  Brecht ir den schnecken nicht zu stücken.
Ein guten rat wil ich euch geben,
  Ob ir desselben wölt geleben:
So fliegend auf, so hoch ir künt,
  Und nemt den schnecken in den mund,
Laßt in rab fallen auf ein stein;
  Er zerfellt, wer er auch lauter bein.“
Er tet im so; der schneck zerknürscht;
  Bald het in da die kräe erwüscht,
Weil er noch hoch dort oben war,
  Und aufgefreßen ganz und gar.
Zu spat ward das der adler gwar.
¶ Ein jeder sehe sich für gar eben,
Darf nicht eim jeden glauben geben.
  Der glaub ist klein zu unsern zeiten
So wol bei hohen als nidern leuten:
  Also auch nicht eins jedern rat
Ein jeder anzunemen hat.
  Es rät oft mancher einem man,
Das er von herzen im nicht gan,
  Oder sucht darin sein eigen nutz
Als under eines andern schutz,
  Und leßt der schalk sich merken nicht,
Biß man zuletzt das end besicht.

---

10. Dorp. A iij, 6; Rom. I, 13; Boner 17; Stainh. 74^a, deutsch 74^b. — 12 geleben c. genet., nachleben, befolgen. — 29 gan, praet. zu gönnen: gönnte.

Die elfte Fabel.

Vom Raben und Fuchsen.

Es saß ein rab auf einem ast,
  Der het ein großen käs gefaßt:
Da hielt er sich gar prechtig mit,
  Gerad als het sonst niemand nit.
Das sah ein fuchs auf jenem berg;
  Er lief hin zu im überzwerg
Und fuchsschwenzt underm baum daher
  Und rief hinauf: „Gott grüß euch, herr!“
Der rappe sprach: „Wer grüßet mich?“
  Der fuchs sprach: „Herre, das bin ich!
Ich hab euch lang gelaufen nach,
  Biß ich euch jetzt erst hie ersach;
Gedacht, ich wolt euch zeigen an,
  Was von euch helt der gmeine man.“
Der rappe sprach: „Trit zuher baß;
  Ach lieber, sag mir, was ist das?“
Der fuchs sprach: „Ich hab ee gehort
  Von euren feinden lesterwort,
Ir wert ein böses tier so frech
  Und gar vil schwerzer denn das pech.
Da saßen ander leute bei,
  Die widersprachen das gar frei.
Denselben stellt ich glauben dar,
  Befind auch jetzt, daß nicht sei war.
Ir seid vil weißer denn der schnee.
  Daß in ein böses jar ange!
Es ist ein bub in seiner heut,
  Der solch lügen bringt under die leut.
Sichtiglich jetzt befunden han,
  Daß ir seind schöner denn der schwan.
Es ist kein vogel auf der erden,
  Der euch an schöne vergleicht mög werden;

---

11. Dorp. A iij, 6; Rom. I, 14; Boner 13; Stainh. 75^a, deutsch 75^b. — 4 nit (nowiht) nichts. — 6 überzwerg, quer. — 16 lieber, bitte, quaeso. — 23 glauben stellen, Glauben schenken; dar, da. — 27 heut, dat. zu Haut.

Und wer eur stimm den federn gleich,
Wolt ich bekennen offentleich,
Wie daß der rapp gar billich wer
Aller vögel könig und herr.
Wenn ich euch nur ein mal hört singen,
So wer gut rat zu disen dingen."
Der rapp erhub sich diser red;
Den schnabel er gar weit auftet,
Ein lied zu singen sich begab.
Bald fiel der käs vom baum hinab:
Der listig fuchs des scherzes lacht,
Daß er den rappen zum narrn gemacht,
Erwüscht den käs und lief zu loch.
Der rapp sah jemerlich hinnoch,
Er schemt sich ser und flog hindan:
Den spott must er zum schaden han.
¶ Es ist mannich mensch in der welt,
Der so vil von im selber helt,
So lobgeizig in seinem mut,
Daß im oft selber schaden tut,
Daß, wenn man im ein loblied singt,
Vor freuden im sein herz aufspringt.
Wenn solchs die schmeichler werden gwar,
So findens sich mit haufen dar,
Schmieren ims maul, wie sie denn pflegen,
So lang sie sein genießen mögen.
Wo man das schmeicheln in nicht gan,
Irs liebkosens sich nicht nimt an,
Stet fest und leßt sich nicht beweichen
Ir federlesen und flaumenstreichen,
Da schleicht der schmeichler weg verholen,
Als ob er het ein kamm gestolen.
Wer aber ein solch narrfex ist,
Leßt im gefallen der schmeichler list,
Dem get es wie dem schwarzen rappen,
Mit schand muß tragen dnarrenkappen,

---

11. 41 sich begeben, anheben. — 61 beweichen, erweichen, bewegen. — 62 federlesen, flaumenstreichen, sprichwörtlich: schöne Redensarten machen. — 65 narrfex, Narr und Faxenmacher, Geck.

Die im der schmeichler tut anschneiden.
Zu letst, wenn ers denn gern wolt meiden
Und wirds im fülen überdroßen,
Daß jener sein hat zvil genoßen,
So hat der schmeichler den gewin,
Spott sein darzu und fert dahin;
Wenn der denn merkt den list und trug,
So wird er zletst mit schaden klug.

Die zwölfte Fabel.

Vom alten Löwen, Eber, Esel und Stier.

Ein küner löw von frecher art
Het lang regiert gar streng und hart,
Damit vil tier zu feind gemacht
Und große ungunst auf sich bracht.
Das habens im, als er ward alt,
Mit gleicher maß wider bezalt.
Der eber fert in seulich an,
Riß **in** mit seinem eberzan;
Mit seinen hörnern auch der stier
Stieß in einmal, drei oder vier;
Der grobe esel unbedacht
Mit lesterworten in anfacht,
Wolt auch sein manheit an im bweisen,
Zeigt im die hinderen hufeisen.
Teten dem löwen vil zu leid,
Ein jedes tier in sonderheit.
Der löw erseufzet da und sprach:
„Jetzt solt ich haben hausgemach
Und in meim alter friedlich leben;
Tut mir ein jeder widerstreben.
Den ich zuwidern bin gesin,
Die bringen mirs mit haufen in,

---

11. 71 überdroßen, wie verdrossen, überdrüßig.

12. Dorp. Aiij^{b}, 7; Rom. I, 15; Boner 19; Stainh. 76^{a}, deutsch 76^{b}. — 12 anfacht, anfocht. — 18 hausgemach, häusliche Bequemlichkeit.

Bezalen mir mit gleicher maß
Den alten schaden und den haß,
Tun mir, wie ich in hab getan:
Vor bös muß böses wider han.
Aber den ich vorhin all gut
Getan, geschützt, mit steter hut
Allzeit gehalten über sie,
Das sind jetzund vornemlich die,
Die mich verfolgen tun und haßen,
Der woltat nicht genießen laßen.
Drumb ich mich übel hab bedacht,
In meinr gwalt vil feind gemacht.
Doch ist mir gar vil übler gschehen,
Daß ich mich nicht hab vorgesehen,
Zu falschen freunden mich gesellt,
Allzu vil glaubens zu in gestellt;
Die greifen mich jetzt herter an
Denn die, den ich hab leids getan."
¶ Im glück so wird die freundschaft groß
Und meret sich on alle moß;
Im unglück wird der freund probiert,
Wie uns hie dise fabel lert.
Darumb sol sich ein jeder maßen,
Im glück zu vil nicht dünken laßen;
Und der in hohem glück regiert,
Seh, daß er nicht tyrannisiert.
Das glück kan sich verwandlen schier:
Denn rechen sich die feind an dir.
Es ist auch not, daß du hast acht
Under denen, die du zu freund gemacht.
Etlich sind, die nicht lieben dich,
Sondern das dein, glaub sicherlich:
Wenn sich mindert dein glück und hab,
Fallen dieselben freund auch ab,
Wirst von denselben herter geplagt.
Des sich Ovidius beklagt
Und spricht: „Da mich das glück auftrug,
Het ich der freunde mer denn gnug.

12. 58 Ovidius, Epist. ex Ponto, III, 25 fg. Die Moral und die angeführte Stelle auch bei Dorpius. — 59 auftragen, erheben.

Sudosten wind mein segel rürt,
Da ward mein schiff mit freuden gfürt;
Bald der nordwest mit sturm entstund,
Da half kein freund, ich fiel zu grund:
Niemand reicht mir der hilfen hand,
Zu stücken treib mein schiff ans land."
Man sagt, der freunde in der not
Gehn sechs und sechzig auf ein lot.

Die dreizehnte Fabel.

Vom Hund und Esel.

Es het ein reicher man ein hund,
Der umb in war all zeit und stund,
Mit spielen im vil zeit vertrieb,
Darumb in auch sein herr het lieb;
Stets bei im auf dem pulster saß
Und teilt im mit, so oft er aß.
Das Hausgesind desgleichen tet,
Denselbigen hund auch lieb het.
Ein esel hat derselbig man,
Der het viel eselsarbeit tan;
Der kam ins haus on als gefar:
Des hunds ward er beim herrn gewar
Und sah, daß mit im spielt der herr;
Verdroß in aus der maßen ser.
Er seufzt, sprach zu im selber nu:
„Ach Gott, wie gets so ungleich zu!
Es ist der herr und jederman
Dem hund mit freundschaft zugetan;
Das hausgsind im vil gnad beweist,
Wird auch vons herren tisch gespeist.
Mit spielen und mit müßig gon
Verdient der hund denselben lon.

---

13. Dorp. A iij^{b}, 8; Rom. I, 16; Boner 20; Stainh. 77^{a}, deutsch 77^{b}.

Dagegen tu vil arbeit ich,
Des doch niemand erbarmet sich.
Seck, waßer. holz muß teglich tragen,
Werd noch dazu mit knütteln gschlagen,
Gespeist mit grobem gerstenstro:
Meins lebens werd ich nimmer fro.
Ich sihe wol, wer vil schmeichlen kan,
Der ist im korb der beste han.
Erlangt man damit gnad und gunst,
Ich kan auch wol dieselbe kunst."
Wie nu der herr kam heim gegangen,
Wolt in der esel auch empfangen:
Mit eselsfüßen in beschritt,
Rief: „Ika, Ika!" kunt anders nit;
Dappet in, daß er greulich rief.
Das hausgesind bald zuher lief,
Dem groben esel mit knütteln hart
Sein haut im wol zerdroschen ward:
Im ward sein spielen ungestalt
Mit großen schlegen wol bezalt.
¶ Ein jeder sehe auf sein beruf,
Dazu in Gott erwelt und schuf;
Denn nicht all ding ein jederman
Ausrichten und bestellen kan.
Wo die natur tut widerstreben,
Dahin sol sich niemand begeben.
Der esel kan nicht hasen jagen,
Der hund kan auch kein secke tragen.
Vorwar, glaub mir, es stet nicht fein,
Wo der knecht übern herrn wil sein,
Die magd die frau verechtlich helt:
Solch haushaltung mir nicht gefellt.
Ein jeder bleib bei seinem stand,
So stet es wol im ganzen land.

Die vierzehnte Fabel.

Vom Löwen und der Maus.

Es het ein löw sich müd gelaufen;
Under eim baum legt er sich schlafen.
Als er nu da entschlafen war,
Kam hinder im ein große schar
Feldmeuse, ein großer haufen,
Teten hart hinder im herlaufen,
Daß in dem laub ein wenig kracht:
Davon der selbig löw erwacht,
Erschrack und griff bald hinder sich,
Erwüscht ein meuslin behendiglich:
Er druckts ein wenig, daß es rief.
Die schar der meus gar bald entlief.
Das gfangen meuslin erschrack gar ser
Und sprach zum löwen: „Gnediger herr,
Erzörnet euch nicht über mich!
Denkt, wer ir seid, und wer bin ich.
Ich bitt, wöllet mich ledig lan;
Ir künt an mir kein er began."
Da ließ der löw das meuslin laufen:
Bald kam es wider zu dem haufen.
Darnach der löw lief übers feld,
Vor einer hecken war gestellt
Ein strick, gelegt, die tier zu fangen:
Im selben blieb der löw behangen.
Er rief und kratzet in der erden,
Er kunt aber nicht los werden.
Als er nun schrie so lang und grimm,
Das meuslin hort des löwen stimm,
Welchs erst von im gefangen war.
Ganz eilend kam es laufen dar,
Auf daß es möcht erfarn und sehn,
Was dem löwen wer leids geschehn.

---

14. Dorp. N^4, 8; Rom. I, 17; Boner 21; Stainh. 78^a, deutsch 78^b. — 18 began, erwerben.

Als es den löwen gefangen sach,
Es sprach: „Herr, diß eur ungemach
Und kummer wil ich euch bald wenden.“
Es bsah die strick an allen enden,
Mit seinen zänen die strick zerbiß
Und von einander gar zerriß.
Der löw ward aus dem strick erlöst:
Die kleine maus gab großen trost.
¶ Dise fabel die große herrn
Gnade und gütigkeit tut lern.
Nach dem das glück ist wandelbar,
Jetzt ist es hie, jetzt lauft es dar,
Und komt oft, daß die großen herrn
Der armen hilf und rat begern.
Darumb so sol ein weiser man
Sollichs zu einer warnung han,
Daß er tu keinem menschen schaden,
Ungunst und haß auf sich zu laden.
Wer niemand forcht aus übermut,
Fürwar, derselb nicht weislich tut.
Es ist je großen königen gschehen,
Wie in den historien zu besehen,
Daß sich ir glück dahin begeben,
Daß sie der armen gunst musten leben.
Es komt wol, daß ein kleines kind
Ee denn ein alter ein gülden findt.
Es lert uns Christus, Gottes son:
Mit dem unrechtfertgen mammon,
Der gwunnen ist mit bösen sachen,
Uns gute freunde sollen machen,
Die sich zur bösen zeit nicht schemen,
Zum schutz in ir behausung nemen.

---

14. 60 unrechtfertig, unrechtmäßig.

Die funfzehnte Fabel.

Vom kranken Weihen.

Ein kranker weih auf seinem bet
Vor großer krankheit seufzen tet
Und ruft zu im sein mutter dar,
Sprach: „Mutter, komt ein wenig her!
Ich bitt, seht meinen jamer an
Und wöllet euch erbarmen lan,
Die götter treulich vor mich bitten,
Aus diser krankheit mich erretten
Und opfern für mich eure gab,
Auf daß ich kom der krankheit ab.“
Die mutter sprach: „Mein lieber son,
Wolt dir solchs gern zu gfallen ton;
Mich dunkt aber, es sei umbsunst:
Bei den göttern hastu kein gunst,
Nachdem du hast bei tag und nacht
Die götter dir zuwidern gmacht,
Nicht heimlich gschendt, noch offenbar
Zu berauben ire altar
Und ir heiltum gar oft entwicht.
Davor leid, was dir jetzt geschicht.“
¶ Es ist geraten frü und spat,
Daß man Gott stets vor augen hat,
Der die frommen gnediglich hort
In irer not nach seinem wort.
Wer sich nach seinem willn nicht richt,
Von dem wendt er sein angesicht.
Wenns uns wol get, solln wir Gott loben,
Auf daß wirn auch in nöten haben.
Wer Gott verleßt, wenns im wol get,
Bei dem er nicht in nöten stet.

---

15. Dorp. A 4^b, 9; Rom. I, 18; Boner 22; Stainh. 79^b, deutsch 80^a. — 19 entwicht, entweiht.

Die sechzehnte Fabel.

Von der Schwalben.

Im sommer, als man zu seen pflag
Den lein, umb sanct Johannes tag,
Ein witzig schwalb die vögelein
Fordert, zu halten ein gemein,
Und sprach: „Ir seht, wie sichs jetzt helt,
Wie man zu fahen uns nachstellt;
Mit garnen, netzen und mit stricken
Tut man uns oft herüber rücken:
Die werden all vom flachs gesponnen.
Dasselb hab ich jetzt wol besonnen.
Nach dem jetzund der baur da stet,
Den leinsamen in acker seet,
So rat ich, daß wir jetzt sein wacker,
Fliegen mit haufen auf den acker
Und freßen auf den samen gar,
Daß uns hienehst nicht widerfar
Ein großer schade, wenn der flachs
Mit der zeit groß werd und erwachs."
Aber ir rat ward gar veracht
Und von den andern vöglen blacht.
Das ließ die schwalb also geschehen
Und sprach: „Ich wils mit euch ansehen."
Darnach der flachs bald grünen tet;
Die schwalb in guter achtung het,
Fordert zusamen die vögel all,
Tet sie vermanen noch ein mal,
Sie solten auf den acker laufen,
Den grünen flachs behend ausraufen
Und laßen in verderben gar,
So kemens aus des lebens far.
Die vögel sie belachen teten,
Hießens ein beschißnen propheten.

---

16. Dorp. A 4^{b}, 10; Rom. I, 19; Boner 23; Stainh. 80^{b}, deutsch 81^{a}. — 8 herüber rücken, zu sich herziehen, fangen. — 13 wacker, wach, aufmerksam. — 30 far, Gefahr.

Das tet die schwalb gedultig leiden.
In dem der herbst kam an bei zeiten;
Der flachs ward reif und bracht vil knotten.
Da teten sich die vögel rotten,
Hinaus zu fliehn nach irer speis,
Wie im herbst ist der vogel weis.
Als sie die schwalb mit haufen sach,
. Zuläßlich zu den vögeln sprach:
„Lieben brüder und schwestern all,
Verman euch jetzt zum dritten mal,
Wie ich denn vormals auch getan.
Den flachs seht ir jetzt vor euch stan;
Der ackerman komt bald daher
Mit seinem gsinde on gefer,
Den flachs zu sameln und zu raufen,
Ein zu bringen mit großen haufen,
Daß er gederrt werd an der sonnen,
Geschwungen, gehechelt und gesponnen
Zu netzen, stricken und zu garn,
Damit man uns tut überfarn,
Zwackt und erwüscht, die köpf zerdruckt
Und mit haufen uns überruckt.
So fliegend hin mit großen rotten
Und freßen von dem flachs die knotten
Und treten gar in dreck den flachs,
Auf daß er nimmer wider wachs,
So wird daraus kein garn geworcht,
Und mögen leben sonder forcht."
Die vögel teten gleich wie vor,
Gaben der schwalben kein gehör
Und hielten ire red vor scherzen,
Ir warnung gieng in nicht zu herzen.
Als das die schwalb nun ward gewar,
Sah iren rat verachtet gar,
Zun andern vögeln sprach: „Ade!
In eur gmeinschaft kom ich nit me.

---

16. 35 **knotten**, Knoten, Samenkapseln des Flachses. — 40 **zuläßlich**, dringend, eindringlich. — 52 **überfarn**, 54 **überrucken**, wie berücken, fangen. — 59 **geworcht**, mhd. würken, praet. worhte, arbeiten, wirken.

Zun leuten wil ich mich gesellen,
Bei in mein herberg mir bestellen.
Das sehe ich an jetzund vors best,
Und machen mir ein leimen nest
Dort oben under jenem dach,
Und haben fried und hausgemach,
Und singen meinem wirt ein lied;
Schützt mich, daß mir kein leid geschiht.
Wölln sich die andern laßen worgen,
Davor laß ich die vögel sorgen."
¶ Es gschicht noch oftmals in einr stadt,
Daß ein vorstendig man im rat
Aus weisheit redt allzeit das best,
Wird nicht angenomen; so gschicht zu letst
Das widerspiel, als er geraten.
Denn spricht man: Ach, daß wirs nicht taten!
Mancher im selbs nicht raten kan,
Nimt auch eins andern rat nicht an.
Wenn dem sein anschlag anders gerät,
Denn er im vorgenomen het,
Denn tut er sich bedenken baß,
Spricht: Hett ich tan diß oder das!
Der im nicht raten leßt bei zeiten,
Muß hinden nach den esel reiten;
Dem tut der reuel große qual,
Denn die ursach ist hinden kal.
Die nicht bei zeit den fehl lan büßen,
Darnach den schaden schmecken müßen.

---

16. 72 leimen, von Lehm. — 92 den esel reiten, als Strafe. — 93 reuel, die Reue. — 94 ist hinden kal, läßt sich nicht beim Schopf ergreifen und zurückbringen; ebenso wenig wie die Gelegenheit und das Glück. — 95 den fehl büßen lan, den Fehler bessern, gut machen.

Die siebzehnte Fabel.

Von Fröschen und irem König.

Vor zeiten alle frösche waren
Ein freies volk, in alten jaren,
Hüpfeten und sungen in den lachen,
Teten sich teglich frölich machen;
Auf den wiesen und in den gärten
Mit freud und lust ir zeit verzerten.
Einsmals kamen sie überein,
Zu halten eintrechtig gemein.
Da hupst ein alter frosch herfür,
Sprach: „Lieben herren, gebt gehör!
Ir seht, wie in der ganzen welt
Eim jedern volk ist vorgestellt
Ein oberkeit, von Gott gegeben,
Darunder es muß züchtig leben
Bei ordenlichem regiment,
Das nicht gebrochen noch getrennt,
Mit rechten gefaßte polizei:
Stet einr treulich dem andern bei.
Nun ist unser ein große schar
In allen pfülen hin und her,
In allen pfützen, löchern, ritzen,
Daß oft zwen auf einander sitzen.
Da muß der kleinst den gröften tragen:
Solch ordnung tut mir nicht behagen.
Ists euch alln lieb, so treten her:
Wir wölln anfallen den Jupiter,
Denn er ist unser rechter Gott,
Der alle frösch in achtung hot,
Und bitten, daß er uns wöll geben
Ein könig, daß wir mögen leben
Samtlich under einer oberkeit,
Der uns regiert mit grechtigkeit."

---

17. Dorp. B 10; Rom. II, 1; Boner 25; Stainh. 83[a], deutsch 83[b]. — 12 vorstellen, vorsetzen. — 17 mit rechten gefaßt, wohl geordnet. — 26 anfallen, angehen, mit Bitten. — 32 der, der König.

Den fröschen gfiel gar wol der rat:
„Ist gut, daß man ein herren hat.“
Sie trugen ire werbe für:
Der Jupiter gab in gehör.
Als **er** vernommen ir antragen,
Zu **lachen ward** gar ser bewagen;
Die frösch kerten sich nicht daran,
Sprachen: „Wir wölln ein könig han!“
Er sprach: „Daß ir eurs willen gleben,
Get hin, ich wil euch einen geben.“
Ein block ließ er bald tragen her,
Gar unbehauen, groß und schwer,
Warf er mit großem ungefug
Ins waßer, das oben zuschlug.
Den tet das waßer lang bedecken:
Kam in die frösch ein großer schrecken.
Der block ward oben wider bloß,
Wie ein block auf dem waßer floß.
Die räte hießen in willkommen.
Der könig lag, schweig wie ein stumme,
Daß sie in bsungen und bekräten;
Ließ sich **von** in mit füßen treten,
Und lag ganz still derselbig block
Gleich wie ein abgehauner stock.
Dasselb die frösch gar ser verdroß,
Liefen zum Jupiter so groß,
Baten, wolt in ein könig geben,
Der vernunft het, verstand und leben,
Und der auch etwas strenger wer,
Wist sich zu halten wie ein herr.
Jupiter tet den fröschen ghorchen,
Zum könig gab er in den storchen.
Der trat her wie ein edelman
Und het zwo rote hosen an;
Tut teglich durch die wiesen schleichen.
All **die** frösch, die er kan erreichen,

---

17. 35 werbe, Werbung, Antrag, Bitte. — 38 bewagen, bewogen, mhd. praet. wäc. — 41 gleben, empfangen, genießen. — 46 zuschlagen, zusammenschlagen. — 52 schweig, schwieg; ein stumme, mhd. Substantiv.

Mit seinem schnabel kan erdappen,
Eim jeden kauft er bald ein kappen,
Und frißt sie auf, wie er sie findt:
Des sie nicht wol zu frieden sind.
Des sich noch von denselben tagen
Biß heutigs tags all frösch beklagen.
Des nachtes, wenn der könig ist schlafen,
Alle frösch schreien: waffen, waffen!
Beschreien all mit heiser stimm
Irs königs tyrannei und grimm
In allen löchern und steinritzen
Und in den pfülen, wo sie sitzen.
Irs königs sie gar gern los wern,
Den alten könig wider begern.
Beim Jupiter findens kein gnad:
Ein jedr muß bhalten, was er hat.
Den frommen wolten sie nicht han,
Drumb leidens billich den tyran.
¶ Wie disen fröschen ist geschehn,
Tut man oft bei den menschen sehn:
Wenn sie haben ein oberkeit,
Die sie schützet vor allem leid,
Derselben joch kan niemand tragen,
Man tut stets über dieselbig klagen
Und spricht: wir wölln ein andern han,
Das kriegen stet im übel an.
Denn tut Gott an des statt verschaffen
Einen, der sie tut weidlich strafen,
Auch zu zeiten schleht gar darnider;
Denn wünschen sie den ersten wider.
Das gegenwertig tut uns stets reuen,
Und gaffen immer nach eim neuen.
Frum oberkeit wird stets veracht:
Wenn sie gleich als zum besten macht,
Tut man ir frömkeit nimmer loben.
Rechts ists, daß frösch auch störche haben.

---

17. 70 **ein kappen kaufen**, sprichwörtlich: berücken, betrügen, zum Narren haben. — 76 **waffen!** ein Hülferuf. — 99 **reuen**, verdrießen. — 104 **rechts**, Rechtens, nach dem Rechte.

Die achtzehnte Fabel.

Von den Tauben und Weihen.

Die tauben hetten einen streit
  Mit dem weihen, der in groß leid
Zufüget und gar hart anfacht
  Und liefert in gar oft ein schlacht.
Die tauben konten sich nicht rechen,
  Dem starken feind nicht vil abbrechen;
Wolten den streit nicht gern verliesen,
  Gedachten ein schutzherrn zu kiesen,
Der ire ordnung im krieg solt füren.
  Den habicht zum schutzherrn sie küren:
Der solt die hauptmanschaft verstan.
  Der sach **nam** sich der habicht an.
Und wie er nun zum hauptman ward,
  Ließ er nicht ab von seiner art:
Wider die tauben tobt er s**er,**
  Als ob **er** der feind selber wer,
Flog under die einfaltig tauben,
  Tets nach einander ausher klauben.
Da war den tauben herzlich leid,
  Daß sie hetten zur oberkeit
Den habicht gsetzt und auserwelt,
  Weil er sich der gebür nicht helt:
„Beßer, wir hetten allein gestritten,
  Schaden von unserm feind erlitten.
Der freund tut uns vil größern schaden,
  Denn auf uns het der feind kunt laden."
¶ Ein jeder laß sich nicht gerauen
  Seines berufs, mit allen trauen
Demselben fleißig stellen nach
  Und haben acht auf seine sach.
Obs schon nicht get, wie es wol solt,
  Und **daß** mans **ger**ne bessern wolt,

---

18. Dorp. **B 11**; Rom. II, 2; Boner 26; Stainh. 84, deutsch 85ª. — 7 verliesen, ndſ. verleisen, verlieren. — 11 die hauptmanschaft, das Anführeramt. — 18 ausher, heraus, häufig bei Waldis: aushin = hinaus &c.

Wils doch nit recht auf alle seiten
 Zugen und ungehunken reiten.
Weil mir mein stand zu diser frist
 Leidlich und wider Gott nicht ist,
Muß ich damit zu frieden sein.
 Ists nicht von allen seiten rein,
Weil ich noch bin in disem leben,
 Hienehst wird Gott ein beßers geben.
Die sich aus vorwitz gern verneuen,
 Die müßen oft am reuel keuen.
Wenn sie was neues gnommen an,
 Woltens das alt gern wider han.
Wir sein all mit der plag geplagt,
 Niemand sein eigen stand behagt.
Darumb sei niemand so verbolgen,
 Daß er wolt disen tauben folgen,
Die umb ein kleine forcht des weihen
 Ließen den sperber sich entfreien.
Was du anfahst, des hab gut acht,
 Hebs weislich an, das end betracht:
Beßer, du leidst ein kleinen schaden,
 Denn daß du soltst in größerm baden.

Die neunzehnte Fabel.

Vom Dieb und Hund.

Zu stelen gieng ein dieb hinaus
 Vor eines reichen bürgers haus;
Da ball in an des bürgers hund.
 Ein stücke brod reicht er zu stund.
Der dieb dem hund es geben wolt;
 Der hund sprach: „Meinstu, daß ich solt

---

18. 41 verneuen, verändern. — 47 verbolgen, sinnlos, unbesonnen. — 50 entfreien, der Freiheit berauben, unterjochen, tyrannisiren.

19. Dorp. Wb, 12; Rom. II, 3; Boner 27; Stainh. 85b, deutsch 86a. — 3 ball, praet. von bellen.

Das brot nemen und schweigen still,
Daß du dieweil nach deinem willn
In meines herren haus mögst gan
Und tragen, was du findst, davon?
Lieber veracht ich deine gab,
Denn ich verlier meins herren lob."
¶ Die fabel lert, daß wir nicht söllen
Dem schendlichen genieß nachstellen,
Nicht umb zu haben kleinen gwin,
Ein größern laßen faren hin,
Und daß wir nicht, wie sie gern wöllen,
Eim jedern geiste glauben söllen.
Es ist manch schmeichler also klug,
Daß er böse list und betrug
Nicht allein in den worten hat,
Sondern erzeigts auch mit der tat.

Die zwanzigste Fabel.

Vom Wolf und der Sau.

Ein trechtige sau die solt geberen;
Da tet ein wolf an sie begeren
Und sprach: „Geliebte schwester mein,
Bitt, wöllest gutes mutes sein.
Der geburt halb hats mit dir kein not,
Wil mit dir teilen hilf und rat,
Im kindbet wil ich bei dir wesen,
Daß du magst deiner frucht genesen,
Wil dich nach meim vermügen retten
Und der hebammen statt vertreten."
Die sau sprach: „Wolf, ge von mir fern,
Deiner hilf tu ich nicht begern.
Wiltu mir etwas zu willen ton,
So ste bald auf und ge darvon.

---

20. Dorp. B b, 12; Rom. II, 4; Boner 18; Stainh. 96b, deutsch 97a. — 7 wesen, sein, weilen, wohnen.

Denn je du weiter bist von mir,
Dest mer hab ich zu danken dir."
Des wolfes dienst wer angenem,
Wenn er sein tag zur sau nicht kem;
Wenn der wolf ist weit von der sau,
Ist angenem sein dienst und trau.
¶ Die fabel tut uns nicht erlauben,
Daß wir solln allen alles glauben:
Es beut mancher den großen dienst,
Ist im herzen der aller minst
Und sucht gar oft sein eigen genieß
Mit fremdem schaden und verdrieß.
Drumb bis nicht fertig zu allen zeiten,
Alles zu glauben allen leuten.
Wer einem lügner leichtlich glaubt,
Wird oft der warheit auch beraubt.

Die einundzwanzigste Fabel.

Von den schwangeren Bergen.

In alten zeiten, vor tausent jarn
Begab sichs, wie ich hab erfarn,
Ein landgeschrei kam under die leut,
Wie die berge zur selben zeit
Schwanger waren und solten geberen.
Alls volk lief zu mit großem begeren,
Und kam zusamen ein große schar
Aus vilen landen gelaufen dar
Und schauten an die berge groß:
Sie waren bauchet uber dmoß.
Ein lange zeit sie da erharrten,
Mit großer forcht teten erwarten,
Wenn sich nun öffnen wurd die erden,
Was seltzams dings daraus solt werden,

---

20. 20 **trau**, treu. — 21 **der minst**, der geringste, unzuverlässigste.
21. Dorp. B[a], 12; Rom. II, 5; Boner 29; Stainh. 87[b], deutsch 88[a]. — 3 **landgeschrei**, allgemeines Gerede.

Ein dromedari oder elefant,
Oder sonst ein wunder unbekant.
Zu letst kroch zu dem berg heraus
Ein kleine lecherliche maus.
Als sie heraus lief und sich regt,
Ward alles volk zu lachen bewegt.
¶ Mit diser fabel werden die troffen,
Von den man groß ding tut verhoffen,
Ir sach mit worten schön verblümen
Und sich der zehen tun berhümen,
Der sie nicht eins zu tun vermügen;
Und wenns denn kommet zu den zügen,
Das rechtes ernsts und treffens gilt,
So werdens mit eim wort gestillt.
Faren hoch her und aufgeblasen,
Im treffen schmeißens in die hosen.
Uber dieselben Horatius klagt
In arte poetica, da er sagt:
„Wenn große berge schwanger wern,
Tun sie ein kleine maus gebern.“
Wer pochen und vil wort kan machen,
Der tut das wenigst zu den sachen.
Ein unnütz sach tut oft erwecken
Durch vil geschwetz unnützen schrecken.

Die zweiundzwanzigste Fabel.

Vom alten Jaghunde.

Ein jäger het ein alten hund;
Mit dem ein hasen jagen bgund
Und tet in auf den hasen hetzen,
Daß er solt weidlich an in setzen.
Der hund lief, was er leibes mocht,
Am hasen seine macht versucht

---

21. 24 zehen, zehnerlei, nämlich Dinge, Künste. — 26 zug, expeditio, Kriegszug. — 27 das, da es.

22. Dorp. Bji., 13; Rom. II, 7; Boner 31; Stainh. 89b, deutsch 90a — 5 was er leibes mocht (vermochte), aus Leibeskräften.

Und het gar gern getan sein best;
Mit mü erwüscht er in zu letst.
Er kunt in aber nicht ermannen:
Sein bein warn im vor alter gspannen,
Sein rücken schwach, sein zän verschlißen.
Bald het sich der has von im gerißen.
Der jäger schlug mit knütteln zu.
Der hund sprach: „Herr, verstet mich nu:
Billich solltst mirs zu gute halten
Und sehen an mich schwachen alten.
Du weist wol, als ich jünger war,
Gieng ich in sprüngen stets daher.
Da dorft ich wol dem hasen nahen
Und kunt in in eim sprunge fahen.
Ich was ganz wacker und auch risch,
Und ward gespeist von deinem tisch.
Nun ich aber bin worden alt,
Mit krankheit bladen manigfalt,
Mein zäne stumpf, mein beine schwach,
Jetzt weigerstu mir mein gemach.
Ich sehe, du bist zu widern mir,
Weil ich nicht mer kan nutzen dir.
Wenn du nun werst ein redlich man,
Soltst gegen mir dich anderst han
Und laßen mich genießen des
Ich dir gethan, du weist wol wes.
In meiner jugent war ich dir nütze:
Drumb soltst mich auch im alter schützen
Und mich zum besten genießen lan,
Was ich in der jugent hab getan."
¶ Wer der gemein dient sein lebenlank,
Verdient aufs letst gar wenig dank,
Leßt in der treue nicht genießen:
Solchs möcht den teufel wol verdrießen.
Ich halt vom jäger zwar nicht vil,
Der den alten hund nicht bedenken wil,
Daß er in seinen jungen tagen

---

22. 9 ermannen, übermannen, bewältigen. — 10 gspannen, gespannt, steif. — 11 verschlißen, abgenutzt. — 26 gemach, Gemächlichkeit, Bequemlichkeit. — 42 bedenken, sein Recht geben, belohnen.

Hat gejagt nach alle seim behagen.
Die Welt hat noch gar vil der jäger,
Auf iren vorteil seind gute pfleger.
Dieweil sie **eins** genießen mögen,
Tun sie im zimlich er erzeigen;
Wenn er **aber** nicht mer kan nützen,
So **lest** man in dahinden sitzen,
Und ist **nichts** in der welt so gut,
Daß mans one nutz belieben tut.
Vor zeiten hat mans auch getan:
Das klagt Ovidius von Sulmon:
„Wiewol es laut ganz lesterlich“,
Spricht er, „dennoch muß sagen ich:
Die welt ist jetzt so gar vergeßen,
Freundschaft tuts nach der woltat meßen;
Und wo die woltat jetzund wendt,
Da hat die freundschaft auch ein end.“
Die pferd, wenns nicht können ziehen baß,
Nimt in den habern und schlechts ins gras.

Die dreiundzwanzigste Fabel.

Von Hasen und Fröschen.

Im wald hub sich ein großer wind,
Wie ich dasselb beschrieben find,
Wet stark, daß in dem wald erdont,
Murrt durch die büsch ganz ungewont.
Darab der hasen **ein** große schar
Die zeit im wald beinander war,
Erschracken ser von disem brausen,
Vom großen ungewonten sausen.
Der eltest zu den andern sprach:
„Wir haben zwar ein böse sach.

---

22. 47 **eins genießen mögen**, von einem Nutzen haben. — 54 **Sulmon**, Stadt im Sabinerlande, Geburtsort des Ovidius, 43 v. Chr. — 55 Ovid, Epist. ex Ponto II, 3, 23. — 59 **wenden**, umkehren, sich abwenden.

23. Dorp. Bij, 14; Rom. II, 9; Boner 32; Stainh. 90[a], deutsch 91[b].

Ich rat, daß wir nicht lang verziehen,
 Von stund hin aus dem lande fliehen,
Weil uns ein jeder ist gehaß:
 Man verfolgt uns on underlaß.
Wer weiß, was hinden ist im wald,
 Das rauscht so frech und ungestalt."
Der hasen war ein großes her,
 Doch forchten sie sich mechtig ser;
Wurden bald rats: in einem haufen
 Begunten aus dem land zu laufen.
Bei eine große pfütze kamen,
 Waren ein haufen frösch zusamen;
Die sönnten sich im grünen gras.
 Die hasen naheten sich baß,
Ungeferlich auf die frösche drungen.
 Die frösch mit haufen ins waßer sprungen.
Ein jeder aus forcht sich bald verkroch
 Hie und da, wo er fand ein loch.
Des ward ein alter has gewar,
 Wendt sich und sprach zur hasen schar:
„Ich rat, daß wir die forcht ablegen
 Und hie zu bleiben uns erwegen.
Ir seht nun, daß auch ander tier
 Gar vil forchtsamer seind denn wir.
Wir wöllen hinfürter gedultig tragen
 Unser bürden und nicht verzagen:
Wir sinds fürwar alleine nicht,
 Dem nicht nach seinem willen geschicht."
¶ Beherzet sein und guter mut
 Dunkt mich in allen sachen gut.
Wenn einer sein sach seht weislich an,
 So hilft das glück eim künen man.
Stark zuversicht und gut vertrauen
 Helfen beid tugent und reichtum bauen.
Den in anfechtung raut der kauf,
 Der steckt das hasenbaner auf.

---

23. 30 zur, zu der. — 32 sich erwegen, sich erkühnen.

Die vierundzwanzigste Fabel.

Vom Zickel und dem Wolf.

Mitten in einem sommer heiß
  Da wolt ins grüne gras ein geiß
Spatzieren gan an jene heid,
  Da sie möcht finden gute weid.
Sie sprach zum zickel: „Bleib im haus,
  In meim abwesen gee nicht aus;
Sich zu und öffne nicht die tür,
  Zeuh ein die schnur, den rigel für,
Und sich, daß niemand zu dir kum,
  So lang ich selb kum widerumb."
Die rede het ein wolf gehort.
  So bald die geiß war umb den ort,
Da kam der wolf und klopfet an
  Und sprach: „Daß ich hinweg gegan
Und habs daheim nicht recht bestellt,
  Dasselbig mir in sinn jetzt fellt."
Begund zu reden wie ein geiß
  Und sprach: „Auf meinen eid, ich weiß,
So bald mein stimmen hört mein kind,
  Der schlüßel zu der tür sich findt."
Das zickel sprach: „Wer klopfet da?
  Ei mutter, seid ir mir so nah?"
Der wolf sprach: „Ja, mein kind, hie bin ich.
  Tu auf, laß nicht bekümern dich."
Da antwort bald das kleine zickel:
  „Ich tu nicht auf, mein lieber nickel,
Ich hör gar wol meinr mutter stimm;
  Ich kenn auch wol den wolf so grimm
Und seh in jetzund durch die ritzen.
  Auf mich darfest dein zän nicht spitzen.
Hast sonst kein senf, so magst wol stippen,
  Mit fünf fingern in hindern dippen."

---

24. Dorp. B ij[b], 14; Rom. II, 10; Boner 33; Stainh. 92[a], deutsch 92[b]. — 10 so lang, nämlich bis. — 31 stippen, ndf. eintunken. — 32 dippen, tippen, hineinfahren.

¶ Wer fürsichtig ist und gelert,
  An alle red sich nicht bald kert,
Sich nicht bald nach den worten richt,
  Biß er die sachen wol besicht:
Den schutzt oft die fürsichtigkeit
  Vor schaden und für großem leid.

Die fünfundzwanzigste Fabel.

Vom Hirschen und Wolf.

Es het ein hirsch ein schaf verklagt,
  Vor einem wolf heftig besagt,
Wie er dem schaf geliehen het
  Ein scheffel korn auf seine bitt,
Den hab wol vor eim jar empfangen
  Und könt von ime nicht erlangen,
Daß im sein korn wolt wider statten,
  Und bat den wolf, daß er wolt raten,
Das schaf mit rechte dahin halten,
  Daß es dem hirsch sein korn bezalte.
Der wolf fordert das schaf vor recht:
  Da stund das einfeltig schaf so schlecht.
Wiewol es nicht wust umb die schuld,
  So wolt es doch des wolfes huld
Verlieren nicht, und stund es zu
  Und sprach: „Wil sehen, wie ich tu;
Gib mir noch frist: wo ich mag leben,
  Wil dirs bezalen oder wider geben."
Der wolf im ein termin bestimt:
  Der hirsch die zeit in achtung nimt
Und fordert von dem schaf das korn.
  Das schaf antwort: „Es ist verlorn.
Du bist ein bub von böser art,
  Mein tag ich dir nichts schüldig ward.

---

25. Dorp. B ij[b], 14; Rom. II, 12; Boner 25; Stainh. 94[a], deutsch 94[b]. — 11 recht, Gericht. —

Daß ich aber bekant und zugestan,
Hab ich aus forcht des wolfs getan.
Zu dem gelöbd ist niemand verpflicht,
Das in der not aus zwang geschicht."
¶ Es ist der brauch in gmeinen rechten,
Gewalt mit gwalt zu widerfechten.
Die welt ist jetzt listig und klug:
Betrug bezalt sie mit betrug.
So wird entrichtet mancher strauß:
Ein nagel treibt den andern aus.

Die sechsundzwanzigste Fabel.

Vom Bauren und der Schlangen.

Bei einem bauren het ein schlange
In einem loch gewont gar lange;
Einsmals, als sich die schlange regt,
Da ward der baur in zorn bewegt,
Mit einer art lief er ir zu,
Schlug ir ein wunden oder zwo:
Darumb die schlange sich verkroch,
Beim andern bauren sucht ein loch
Und wont allda. In dem der baur
Kam mit der zeit in armut saur.
Er gdacht, daß solchs sein unglück schwer
An der schlangen verschuldet wer,
Drumb daß er sie on alle schult
Geschlagen het aus ungedult.
Das war im leid und grau in ser,
Fordert die schlange wider her,
Daß sie wolt wider bei im wonen,
Er wolts hinforder baß verschonen.
Sie sprach: „Was du mir hast getan,

25. 30 widerfechten, bestreiten, bekämpfen. — 33 entrichten, ausgleichen, schlichten, austragen.
26. Dorp. B ij[b], 15; Rom. II, 11; Boner 34; Stainh. 93[a], deutsch 93[b]. — 15 grau, gerau, gereute.

Das wil ich also bleiben lan;
Das hab ich dir nun ganz vergeben.
Ich wil aber bei dir nicht leben,
Bei dir nicht leben in dem loch:
Die art hastu daheime noch.
Wiewol mir seind mein wunden heil,
Denk ich des schadens noch zum teil."
¶ Die fabel gibt uns underricht:
Ein freund, der einst den glauben bricht
Und tut die treu enturlauben,
Dem stellt man fürder keinen glauben.
Ein stück ists der barmherzigkeit,
Zu vergeben das getane leid.
Fürsichtigkeit ists, daß man zusicht,
Daß eim darnach nit mer geschicht.
Wo der hund ein mal wird geschlagen,
Dahin tut er sich nit baß wagen.
Wer dich ein mal mit schaden letzt,
Sich, daß er dir nicht baß zusetzt.
Schau, mach dich des treulosen onig;
Das gift kocht er dir süß mit honig.

Die siebenundzwanzigste Fabel.

Vom Fuchs und Storchen.

Einsmals der fuchs wolt leben wol,
Bat den storchen zum abentmal,
Daß er wolt kommen und mit im eßen.
Als sie zu tisch waren geseßen,
Der fuchs bracht her ein mandelmus,
Das war gekocht mit zucker süß.
Dasselb er auf den tisch da goß;
Es war dünn, daß es gar zerfloß.

---

26. 28 einst, einmal. — 29 enturlauben, beurlauben, fahren lassen. — 37 letzen, verletzen. — 39 onig machen, frei, los machen.
27. Dorp. B iij, 15; Rom. II, 14; Boner 37; Stainh. 95a, deutsch 95b.

Er sprach zum storchen: „Iß, lieber gast,
Desselben, das du vor dir hast.“
Der storch tet mit dem schnabel dappen,
Kunt von der speise nichts erschnappen;
Der fuchs mit seiner zungen leckt,
Das mandelmuß im ser wol schmeckt.
Das tet den storchen ser verdrießen,
Daß er der speis nicht mocht genießen.
Er gieng hinweg und schemet sich,
Gedacht: das wil dir zalen ich
Mit cölnscher gwicht, wo ich bin bider!
Er lud zu gast den fuchsen wider.
Der storch was listig und auch klug:
Er satzt im vor ein gläsen krug,
Mit gebacken fischen wol gefüllt,
Und sprach zum fuchs: „Iß, welchs du wilt.“
Lang und eng war dasselbig glas:
Der storch die fisch bald ausher las,
Mit seinem schnabel kunts erreichen.
Der fuchs betrübt tet umbher schleichen;
Durchs glas die gbraten fisch wol sach:
Dest größer ward sein ungemach.
Sein schaden must mit hunger sehen:
Das solt dem fuchs nit sein geschehen.
¶ Ein lachen bringt das ander lachen;
Mit scherz tut man mer scherzens machen;
Ein begangne list und büberei
Die bringt ein ander schalkheit bei.
Es get so zu bei menschen kind:
Schalk übern schalk sich stetes findt.
Schalkheit tut einem oft geschehen,
Von dem er sichs nicht het versehen,
Und ist schalkheit der schalkheit buß.
Der fuchs vom storchen leiden muß.
Doch was du wilt vom andern han,
Dem gleichen soltu im auch tun.
Denn mit der maß, wie du gemeßen,
Wird dein auch wider nicht vergeßen.

---

27. 10 desselben, von dem. — 19 cölnsche gwicht, schwerer als das allgemein gebräuchliche.

Die achtundzwanzigste Fabel.

Vom Wolf und dem Bilde.

Der wolf kam ungefer geloffen,
Eins malers werkstat fand er offen;
Da lief hinein der wolf so wilde,
Da fand er sten eins menschen bilde,
Nach eines menschen heubt gestalt,
Mit har, mit farben schön gemalt.
Er nams und kert es umb und umb;
Das gschnitten bild lag wie ein stum.
Er schüttelts oben bei dem schopf
Und sprach: „Du bist ein schöner kopf
Und hast gar vil der künsten zier,
Aber kein verstand ich in dir spür."
¶ Leibliche schöne ist anzunemen,
Darf sich derselben niemand schemen;
Aber wenn ich eins auskiesen solt,
Vil lieber ich denn wünschen wolt
Des herzen zier, kunst und verstand;
On das das ander ist lauter tand.
Der mensch hat vil zu danken Gott,
Dem er zu gleiche geben hat
Aus sonderlicher gnad und gunst
Ein schönen leib vol zucht und kunst.
Dagegen ziert's auch nicht fast wol,
Wenn schöner leib ist untreu vol.

---

28. Dorp. Biij, 16; Rom. II, 15; Boner 38; Stainh. 96[b], deutsch 97[a].

Die neunundzwanzigste Fabel.

Vom Häher.

Es floh in einen hof ein häher
Und fand ein haufen pfauenfeder,
Damit tet sich bestecken schon,
Als ob er wer eins pfauen son.
Wie er sich umb und umb beschaut,
Seiner schönheit gar ser vertraut;
Sein gschlecht tet er verachten ser
Und wolt mit in nicht fliegen mer.
Zun pfauen tet er sich gesellen,
Und wolt sich wie ein pfaue stellen.
Des wurden innen die pfauen klug,
Merketen des hähers betrug,
Die pfauenfedern im auszogen,
Und ward darzu gar wol geschlagen.
¶ Ein jederman sol halten sich,
Daß er beleibt bei seinem gleich.
Wenn einer wil mit den umbgan,
Die im zu reich und zu hoch getan,
Zu letst, wenn ers hat ubermacht,
Wird in armut dazu belacht,
Welchs meisterlich verkleret da
Plautus in Aulularia.
Wer sich vermißt zu steigen hoch,
Der fellt mit schanden hinden noch:
Drumb tu sich selbs ein jeder kennen
Und bei seim eigen namen nennen.
Auch haben etlich hohe leut
Dise fabel auf die gedeut,
Als etlich seind so unbescheiden,
Sich in eins andern er vorkleiden,
Mit ander leute kunst herprangen
Und wölln damit groß lob erlangen.

---

29. Dorp. B iij, 16; Boner 39; Rom. II, 16; Stainh. 97ª, deutsch 97ᵇ. — 19 übermachen, übertreiben. — 22 Plautus, Aulular. II, 2, V. 119.

Die dreißigste Fabel.

Von der Fliegen und Ameißen.

Mit einer ameißen zankt ein fliege,
  Vermeinet wider sie zu siegen,
Und sprach: „Ich bin ein edel tier,
  Du aber bist weit under mir;
Mit meinem fliegen hoch her far:
  Du kreuchst auf der erden bar.
Auf den schlößern da wone ich hoch:
  Dein herberg ist in einem loch.
Das harte korn ist deine speis,
  Und trinkest aus der wagenleis;
So iß ich von der könig tisch
  Gewürzet, wilpret, fleisch und fisch
Und trink aus gold und silber schon:
  Das verdien ich alls mit müßig gan.“
Dawider bald die ameiß redt,
  Mit ernst es widerfechten tet
Und sprach: „Mein herkunft und gebort
  Ist wol bekant an manchem ort.
Mein eltern und mein ganz geschlecht
  Haben sich gehalten allzeit recht.
Ich hab mein sitz, du bist ein gast
  Und keine stete wonung hast.
Das körnlin und das waßer rein
  Ist mir und jederman gemein
Und schmeckt mir wol mit gutem gwißen;
  Das dein mustu mit sorgen genießen.
Was ich genieße oder verzer,
  Komt von meinr sauren arbeit her.
Mit arbeit ich mein zeit vertreib,
  Bin sicher, frölich, alln menschen lieb.
Mein tat all menschen zur arbeit weist,
  Derhalben mich die schrift auch preist.

---

30. Dorp. B iij^b, 17; Rom. II, 18; Boner 41; Stainh. 99^a, deutsch 99^b. — 6 bar, nackt. — 10 wagenleis, Wagengeleise. — 11 so, doch.

Du aber fleugst in sorg daher,
  Und hat niemand nach dir beger:
Alle menschen tun dich meiden,
  Dich mag weder baur noch bürger leiden,
Ein ungebetner gast im haus,
  Drumb streicht man dich mit ruten aus.
Man helt dich untüchtig und unedel,
  Jagt dich aus mit eim fliegenwedel.
Die faulen dich zum beispiel han,
  Ir eigenschaft zeigstu in an.
Im sommer hab ich des winters acht,
  So tötet dich hunger und schmacht."
¶ Wer nicht hat maße seiner wort,
  Der hört oft, das er nicht gern hort.
Het die fliege wol gesungen,
  So wer es ir auch baß gelungen.
Dieweil sie redet all zu vil,
  Muß hören, was nicht hören wil.
Doch gib ich hie der ameißen recht:
  Es ist vil beßer, leben schlecht
Mit wenig sorg bei kleiner hab,
  Denn daß man prechtig hoch hertrab.
Bei großem gut ist hoher mut,
  An leib und seel oft schaden tut.
Ein gringer stand mit freud und fried
  Ist fürwar zu verschmehen nit.
Selig wird der geacht allzeit,
  Den auf erd kennen wenig leut.

---

30. 50 muß, muß sie; was, was sie. — 55 hoher mut, Hochmuth, Uebermuth.

Die einunddreißigste Fabel.

Vom Frosch und dem Ochsen.

Ein großen ochsen an der weid
　Ersah ein frosch; da war im leid,
Daß er nicht war in solcher moß
　Gewachsen wie der ochse groß,
Und sprach zu seinem **son**: „Sich **zu**,
　Ich werd wol wißen, was **ich** tu.
Ich wil mich **sere groß machen**,
　Daß ich dem ochsen in allen sachen
Gleich werde, jederman wundere sich,
　Sprech: sih, der frosch ist dem ochsen gleich."
Er blies sich auf und sprach zum son:
　„Sich, lieber, hab ichs nit getan?"
Er sprach: „Vatter, ir werdts nit tun,
　Darumb laßt ab bei zeiten nun."
Der frosch sprach: „Sihe zum andern mal,
　Ob ichs nicht schier ablangen sol."
Der son sprach: „Vatter, ich bitt, **laß ab**,
　Oder ich euch zuletzt gesehen hab."
Der frosch sprach: „Kostets ein königreich,
　Heut wil ich sein dem ochsen gleich."
Blies **sich** mit aller macht so hoch,
　Daß er zu zweien stücken brach.
¶ Ein jeder hat von Gott sein gab,
　Daran er ein benügen hab.
Der hat ein adelichen leib,
　Der ander ein frommes, schönes weib;
Diser ist stark, jener ist reich;
　Dem ist niemand an freundschaft gleich;
Der hat eine werkliche hand,
　Der ander ein guten verstand.
Ich rat eim jeden: bleib dabei,
　Dazu er best geschicket sei,

---

31. Dorp. B iij, **19**; Rom. **II**, 21; Boner **46**; Stainh. 103[a], deutsch 103[b]. — 16 **ablangen**, erlangen, erreichen. — 24 **benügen**, begenügen, wie genügen. — 28 **freundschaft**, Verwandtschaft. — 29 **werklich**, geschickt, kunstfertig.

Und trag daneben kein abgunst
  Zu seines nehsten glück oder kunst,
Vermeße sich nicht mer, denn er kan,
  Oder wird im wie dem frosche gan.
Auch ists nicht weislich, sich zu erregen,
  Wider einen starken zu legen:
Beßer, daß er sich selbs erst meße
  Und seiner schwachheit nicht vergeße.

Die zweiunddreißigste Fabel.

Vom Pferd und Löwen.

Es kam ein löw zu einem pferd,
  Dasselb zu freßen er begert;
Er war aber von alter schwach,
  Daß er es nicht zu fellen sach;
Gedacht mit listen, wie er tete,
  Daß er mit worten das pferd beredte,
Und sprach zum pferd: „Bruder, kom her,
  Ich sihe, du bist mit krankheit schwer
Beladen; so bin ich ein doctor;
  Kom, gib mir dein gebrechen vor.“
Das pferd merket des löwen list.
  „Es ist gut“, sprachs, „daß du hie bist:
Ich hab gebrechen am hindern fuß.
  Wenn du darfür wist irkein buß,
Mit deiner kunst mich könteſt retten,
  Ich hab in einen dorn getreten;
Der tut mir angst und groß verdrieß,
  Sticht mich, als wers ein knebelspieß.
Und künstu mir denselben bnemen,
  Darfst dich fürwar deinr kunst nit schemen.“
Der löwe sprach: „Heb auf den schenkel!
  Wie groß ist dir geschwoln der enkel?“

---

32. Dorp. B iiij, 18; Rom. III, 2; Boner 50; Stainh. 106b, deutsch 107a. — 4: daß er nicht sah, wie er es fällen konnte. — 14 wist, wüßtest; irkein, irgend eine; buß, Abhülfe.

Er nam den fuß in seine klauen
Und tet mit fleiße zuschauen.
Das pferd holt aus, gab im ein schlag,
Daß der löw auf dem rücken lag
Und **kunte** sich lang nicht ermannen:
Dieweile lief das pferd von dannen.
Er sprach: „Ich hab den fuß besehen,
Vom pferd ist mir gar recht geschehen.
Vor meine kunst muß ich das hon:
Mein **torheit** hat irn rechten **lon.**
Vorwar, das pferd vil klüger ist;
Es hat mit list gerochen list.“
¶ In diser fabel wird abgemalt:
Schmeichlen mit schmeichlen wird bezalt.
Ein feind, der sich tut feindlich stellen,
Denselben hat man wol zu fellen;
Vor dem aber muß man sich hüten,
Der schmeichelwort gibt in der güte
Und tregt doch gram, im herzen gram;
Demselben gram ghört wider gram,
Und ist wol wert, daß **man** in letze,
Sich im feindlich entgegen setze.

Die dreiunddreißigste Fabel.

Vom Pferd und Esel.

Eins mals ein pferd gebunden stund
Und het ein schönen zaum im mund;
Der war mit gülden buckeln bschlagen.
Auf seinem rücken tet es tragen
Ein blanken sattel, schön geziert,
Ein rosdecken mit gold durchschniert.
Es riß den zügel bald entzwei
Und lief hinweg mit großem gschrei.

---

32. 37 feindlich, so bessert die Ausgabe II. für freundlich.
33. Dorp. B iiij[b], 19; Rom. III, 3; Boner 51; Stainh. 108[a], deutsch 108[b]. — 6 durchschniert, durchschnürt.

Da kam ein esel on gefer
Mit seiner last langsam daher.
Das pferd fraß das gebiß mit schaum,
Sah zorniglich und sprach: „Gib raum!
Wer hat dich solche mores glert,
Daß du nicht weichst eim solchen pferd?
Geh weg, gib raum, oder wil dich schlagen,
Daß dich ir sechs von hinnen tragen.“
Der esel erschrack von dem schnurren,
Gab raum und dorst auch nit einst murren.
Das pferd lief, was es des leibes möcht,
Zu letst sichs on gefer verrücht.
Des ward sein herr von stund gewar,
Nam im die schöne rüstung gar,
Verkaufts dem furman in' den karren:
Der wolt damit hinweg faren.
Das sahe der esel, lief bald zu,
Sprach: „Grüß dich, freund, wie sihstu nu?
Wo ist das gülden und seiden zier?
Der sehe ich jetzund keins an dir.
So, lieber freund, so gets auf erden,
So muß hoffart gestrafet werden.“
¶ Vil leut im glück sich so erheben,
Können noch zil noch maße geben.
Wenns glück am höhsten bricht herfür,
Denn helt das unglück vor der tür.
Welche das glück hat hoch erhaben,
Dieselben zu besorgen haben,
Wenn sich das glückrad schnell umbkert;
Denn werden sies mit schaden glert,
Daß größer unglück nicht ist zurlesen
Denn sagen: ich bins wol ehe gewesen.
Zu dem unglück komt denn noch eins,
Ist erger denn der andern keins,
Daß man im unfall wird belacht
Von den, die man zuvorn veracht.

---

33. 17 **schnurren**, Anschnurren, Anfahren. — 18 **dorst**, durfte, wagte; **nit einst**, nicht einmal. — 20 **sich verrüchen**, in heftiger Bewegung gegen den Wind zu viel Luft einschlucken, sich verfangen, verschlagen, eine Ursache verschiedener Krankheiten. Dorpius hat crepat inguen. — 39 **zurlesen**, zu erlesen, auszufinden.

Drumb laß dich nit eins solchen glüsten,
Wider den armen dich zu rüsten:
Unfall müßen wir gewarten all:
Wer steht, sehe zu, daß er nicht fall.

Die vierunddreißigste Fabel.

Von Vögelen und vierfüßigen Tieren.

Es ist geschehn auf eine zeit,
Die vögel hetten einen streit
Mit den vierfüßigen tieren.
Es wolt kein teil den streit verlieren,
Wiewol auf beiden seiten war
Mü, angst, sorge und große far.
Das merket an die fledermaus,
Von andern vögeln dräet sich aus,
Besorgte sich, die vögel solten
Die schlacht verlieren, drumb sie wolte
In sicherheit on sorge leben,
Zun feinden tet sie sich begeben.
Die vögel nemen ir sachen war,
Zum hauptman hettens den adlar.
Der adler fürsichtig fürt den haufen,
Daß sie recht an einander trafen.
Die vögel wie ein pfeil zuflogen:
Der verlorn hauf ward erst erschlagen,
Darnach die vögel all gemein
Setzten zum gwaltigen haufen ein.
Die tier wurden in die flucht bracht,
Die vögel gwunnen also die schlacht.
Als sie das feld erobert hetten,
Die fledermaus in die acht teten

---

34. Dorp. Biiij[b], 20; Rom. III, 4; Boner 44; Stainh. 109[b], deutsch 110[b]. — 8 sich ausdräen, sich davon machen. — 18 der verlorn hauf, der die Schlacht eröffnet (enfants perdus). — 20 der gwaltig hauf, der Gewalthaufen, das Hauptheer in geschlossenen Gliedern.

Und hielten sie gar untüchtig,
Daß sie war worden feldflüchtig;
Ir lebenlang nicht kommen tar
Under ein aufricht fendlin dar;
In den steinritzen muß liegen,
Bei liechtem tag darf sie nicht fliegen,
Wie man noch auf heutigen tag
An fledermeusen sehen mag.
¶ Es lert uns hie die fledermaus,
Die sich dräet in den nöten aus,
Daß, der mit ern nicht bleibt bestan
In nöten bei eim frommen man,
Ist wert, daß man in verechtlich helt,
Wie eim treulosen im nachstellt.
Der an die feind nicht helt die heut,
Dem wird nichts von der ausbeut.
Ders unglück nicht hilft auseßen,
Desselben wird im glück vergeßen.
Wer sich das kraut vom tisch leßt schrecken,
Der wird auch nicht den braten schmecken.

Die fünfunddreißigste Fabel.

Vom Wolf und Fuchs.

Der wolf mit rauben samlen tet,
Daß er ein weil zu freßen het,
Und trugs zusamen in sein loch.
Der fuchs wards gwar und spürt im nach:
Er fand in ligen bei dem as,
Da faulenzen vor vollem fraß;

---

34. 28 aufricht, aufrichtig, ehrlich; fendlin, Fähnlein. — 39: der seine Haut, sein Leben nicht wagt.

35. Dorp. B. 5, 20; Rom. III, 6; Boner 55; Stainh. 112ª, deutsch 112ᵇ.

Er sprach: „Wie ligst so ausgespreit?
Steh auf, lauf mit mir aufs gejeit.“
Der wolf des fuchses list merkt wol,
Sprach: „Weiß nicht, wie ichs machen sol;
In meinem leib bin ich ser krank,
Drumb lig ich hie on meinen dank.
Wöllest für mich die Götter bitten,
Daß sie mich aus der krankheit retten.“
Der fuchs gieng hin; es tet im zorn,
Daß sein anschlag war gar verlorn,
Gedacht: es sol also nicht bleiben!
Er sahe den hirten frü austreiben,
Den redt er an und sprach: „Mein freund,
Gut neue mer ich dir verkünd.
Es wont ein wolf in jenem loch,
Leit dort gestrecket wie ein bloch,
Vor vollem fraß ganz faul und treg:
Den hastu in eim hui hinweg,
So bald du kumst mit deinen hunden,
Ir fünf dir nicht entlaufen kunden.“
Der hirt den wolf umbringen tet;
Von stund er in gefangen het.
Das sahe der fuchs an für das best,
Legt sich wider ins wolfes nest;
Als, was der wolf het vor geraubt,
War im zu eßen gar erlaubt,
Macht sich frölich ein kleine zeit.
Bald het ein end auch seine freud:
Am andern tag der hirt auch kam,
Den fuchs gleich wie den wolf aufnam.
¶ Ein schendlich ding ists umb den haß,
Tut schaden über alle maß;
Doch ists oft dem der gröste schad,
Der neid und haß erreget hat.
Wer einen stein wirft uber sich,
Fellt auf in selb gemeiniglich.

---

35. 7 **ausgespreit**, ausgestreckt. — 8 **gejeit**, Jagd. — 12 **on meinen dank**, ungern, gegen meinen Willen. — 20 **mer**, Märe, Nachricht, Neuigkeit. — 22 **leit**, liegt. — 27 **umbringen**, umringen, einkreisen. — 42 **fellt auf in**, auf den fällt (der Stein).

Wer seinem nehstem ein gruben grebt,
Darf selbs wol, daß man in draus hebt.
Gott schafft, daß neithart und untreu
Sein eigen meister erst gereu.

Die sechsunddreißigste Fabel.

Von einem Hirsch.

Es kam ein hirsch zum lautern brunnen;
Darin so schein die helle sonne.
Der hirsch besah all seine glieder
Von hörnern biß zun füßen nider,
Wie er über all geschicket was,
Vil baß denn in eim spiegelglas.
Sein leib daucht in ganz wol geschickt,
Daß ers mit freud im brunn anblickt;
Die hörner aber hielt er fürs best,
Die waren zacket wie tannenäst;
Die schenkel aber wolt er nicht han,
Sie warn zu dürr und vil zu ran.
Dieweil der hirsch sich selbs visiert
Und in dem brunnen contempliert,
Da blies der jäger in sein horn:
Von stund die hund hinder im warn.
Der hirsch sah umb on alls gefer;
Als er der hunde ward gewar,
Der hirsch ganz eilend laufen tet,
Wie ein pfeil fleuht, wie der wind wet.
Zum grünen walde war im gach:
Der jäger stellt im emsig nach;
Wolt laufen durch ein dicke hecken;
Daselben blieb der hirsch bestecken,

---

35. 45 neithart und untreu, wie: Untreu schlägt seinen eignen Herrn; alte sprichwörtliche Redensart. — 46 erst, zuerst.

36. Dorp. B 5, 21; Rom. III, 7; Boner 56; Stainh. 113[b], deutsch 114[a]. — 5 geschicket, gestalter, gebildet. — 12 ran, dünn, schmächtig. — 21 war im gach, eilte er zu kommen.

Bei seinen hörnern da behangen;
Vom jäger ward er bald gefangen.
Da sprach der hirsch: „Ich hab geirrt,
Da ich beim brunnen disputiert,
Da ich mein schenkel tet verachten,
Die mich aus allen nöten brachten,
Mein hörner vor das best tet preisen,
Die mir groß untreu jetzt beweisen.“
Was schedlich ist, das wölln wir han,
Was aber nutzt, stet uns nicht an.
All menschen begern ein rusam leben,
E sie versten, wers in kan geben.
Nach gelt und gut laufen tag und nacht,
Meinen, wenns vil zusamen bracht,
Vil mü und sorg sich han erwegen,
Daß denn darinne sei gelegen,
Zu leben seliglich mit rüe,
So doch darin vil angst und müe;
Welchs Flaccus uns anzeiget schon
In einem kurzen sapphicon
Und sagt: „Die großen hohen tannen
Mit sturm der wind tut weidlich zannen.
Je höher die türn gebauet werden,
Je größern fall bringens zur erden.
Der Donder trifft die hohen berg.“
Man schlecht den risen vor das zwerg.
Gemeinlich falln die hohen klimmer;
So ertrinken gern die guten schwimmer.

---

36. 42 darin, als Druckfehler hat der Text: dann. — 46 zannen, (eigentlich mit den Zähnen) reißen, carpere. Horat. Od. II, 10, 9—12. — 50 zwerg, st. n.; vor, eher als.

Die siebenunddreißigste Fabel.

Von der Schlangen und einer Feilen.

In einer werkstatt lag ein feile:
Ein schlang ersahs, lief zu mit eile,
Biß drein und gunt daran zu nagen:
Des lacht die feil, sprach: „Laß dir sagen,
Ich wolt dir all dein zäne zerreißen,
Eh du mir soltst ein stück ausbeißen.
Darumb dich wider mich nicht leg:
Stahl, eisen ich zu freßen pfleg.“
¶ Ein jeder seh sich für gar eben,
Zu keinem sterkern widerstreben,
Wer sich eim größern widersetzt
Und auf in seine zäne wetzt,
Derselb sich gar unnützlich zerrt,
Gegm backofen das maul aufsperrt.

Die achtunddreißigste Fabel.

Von Wolfen und Schafen.

Die wölf und schaf in haß und neid
Gestanden sind ein lange zeit,
Dazu hat die natur geholfen,
Daß zwischen schafen und den wolfen
Entstund ein langwiriger krieg:
Die schafe hetten selten sieg.
Darab sie wurden schwach und treg,
Dachten zu suchen friedenweg
Mit den wölfen, irm gegenpart.
Wiewol die wölf sich hielten hart,

---

37. Dorp. B 5b, 21; Rom. III, 12; Stainh. 119b, deutsch 120a. — 13 sich zerren, sich quälen, abmühen.
38. Dorp. B 5b, 22; Rom. III, 13; Stainh. 120a, deutsch 120b.

Zu letst teten sie es doch wagen,
  Da sie an schafen vorteil sahen;
Den frieden namen beide teil an,
  Der solt nun ewig bleiben stan,
Forder solt keins das ander letzen:
  Des teten beide geisel setzen.
Die schaf, zu halten stets den bund,
  Setzten zu bürg des schäfers hund;
Die wölf die jungen wölflin gaben,
  Solten die schaf zu geisel haben:
Damit der fried ward so verstrickt,
  Daß er besten solt unverrückt.
In dem on forcht an jener heid
  Suchten die schäflin ire weid;
Die wölflin nach ir mutter heulten,
  Welch im walde daselben scheulten.
Vom gschrei liefen die wolf zu haufen,
  Grimmiglich fielen ein zun schafen,
Sprachen: „Ir habt den frieden brochen
  Und euch an unsern kindern grochen,
Wie wol zu hörn an irem gschrei,
  Damit reißt ir den fried entzwei."
Die wölf die schaf darnider rißen
  Und ir gar vil zu tode bißen.
Das macht, daß sie verlaßen warn
  Von hunden, die sie hetten zuforn
Zu geisel den wölfen gegeben;
  Das kost den schafen jetzt ir leben.
¶ Torheit ists, daß man im vortracht,
  Den man mit seinem feinde macht,
Sein besten vorteil übergibt,
  Dadurch der feind oft feindschaft übt.
Denn ein freund, der ist feind gewesen,
  Vor dem ist man noch nicht genesen
Und muß sich seiner stets besorgen,
  Daß er feind werd heut oder morgen.

---

38. 15 forder, fürder. — 21 verstrickt, festgemacht. — 26 scheulen, schielen, mhd. schûlen, verborgen liegen und lauern. — 39 vortracht, Vertrag.

Wenn er dein vorteil hat vor sich,
Braucht er denselben wider dich:
Denn wirstu erst mit schaden glert,
Geschlagen mit deim eignen schwert.

Die neununddreißigste Fabel.

Vom Walde und einem Bauren.

Vor zeiten als die bäume redten,
Wie auch daselbs die steine teten,
Ein baur gegangen kam in wald
Und grüßt die bäume manigfalt,
Bat, sie im wolten geben selb
Zu seiner axt ein neues helb.
Da antworten die bäume: „Ja,
Such dir selb eins hie oder da.“
Da fand der baur ein äschen holz,
War zäh und grad gleich einem bolz.
Als ers het in die axt geschnitten
Zu maß, mit negeln hindernieten,
Er hieb ab mit seiner axt bald
All bäum nach einander im wald.
Da war den bäumen samtlich leid
Jr begangne leichtfertigkeit,
Daß sie dem bauren sein axt gestellt,
Daß ers damit zu boden gfellt.
¶ Mancher ist wenn im gut geschicht
Undankbar, wie man teglich sicht,
Ja, braucht das gut auch wider den,
Von dem es im zu gut geschehn.
Mit untreu wird die treu vergolten.
Solch gesellen werden billich gescholten

---

39. Dorp. B 5^b, 22; Rom. III, 14; Stainh. 121^a, deutsch 121^b. — 6 helb, Stiel. — 10 bolz, Pfeil für die Armbrust. — 12 hindernieten, mit umgenieteten Nägeln befestigt.

Vor erlos und treulose buben.
    Wenn sie eins frommen mans behufen,
Redens freundlich; er unverdroßen
    Hilft in; wenn sie sein han genoßen,
Mit untreu tun ims widerzalen.
    Den wolt ich wünschen all zumalen,
Die sich mit solchen stücken neren,
    Daß am galgen ersticket weren.

Die vierzigste Fabel.

Von Glidern des Menschen und dem Bauch.

All glider, die der mensche hat,
    Hetten zusamen einen rat
Wider desselben menschen bauch,
    Sprachen, „Er ist ein rechter schlauch.
Wir müßen in mit arbeit neren,
    Erwerben, was er kan verzeren.
Es schmeckt die nase, die zung sich regt,
    Die füße gen, der rücken tregt,
Mit hörn das or im dienen tut,
    Das auge wacht mit steter hut,
Es wirkt die hand mit allen treuen,
    Der mund muß im die speise keuen.
Ein jedes glid nimt eben war,
    Daß nicht dem bauch leid widerfar.
Der faule bauch ligt stetes müßig,
    Wird auch der speis oft überdrüßig,
Die wölln wir im nicht lenger geben,
    Mag selber schaffen, wil er leben.“
Da sprach der bauch zu den gelidern:
    „Wie mögt ir mir so sein zuwidern?
Ist not, daß ir mir speis verschafft,
    Wo ir behalten wolt eur kraft.“

---

39. 26 behufen, bedürfen.
40. Dorp. B 22; Rom. III, 16; Boner 60; Stainh. 126ª, deutsch 126ᵇ.

Kein glid sich an die rede kert,
  Biß sie es die erfarnheit lert.
Von hunger ward der bauch gar schwach,
  Da teten auch die glider gmach.
Als den vorderb und schaden sahen,
  Eintrechtig zu dem bauche jahen:
„Iß, trink und laß dirs schmecken wol,
  Ein jedes wil tun, was es sol.“
Da war der bauch verdorben schon,
  All glider mustn mit im vergon.
¶ Wie die glider han ein gemeinschaft,
  Und eins zu gut dem andern schafft,
So muß ein mensch den andern neren:
  Eins kan des andern nicht entperen.
Kein mensch so mechtig oder reich,
  Wer er auch Creso und Midi gleich,
Der in worten oder taten
  Seins nehsten hülfe kan geraten.
Darumb auch Gott geboten hat,
  Daß wir dem nehsten hilf und rat
Erzeigen sollen und in lieben
  Und gegen im all woltat üben.
Ich halt es vor den höchsten schutz
  Auf erd und vor den grösten nutz,
Daß einer große freundschaft hat,
  Die bei in treten in der not.
Gut ists, der sich zu gutem gsellt
  Und gute freund vor augen helt.
¶ Die fabel zeigt uns auch dermaßen,
  Daß oberkeit und undersaßen
Einander sollen sein eingleibt.
  Als, was die oberkeit betreibt
Mit kriegen oder rates mute,
  Daß es kom der gemein zu gute,
Mit rat und tat sie stetes schützen,
  Als zu frommen und irem nutzen.

---

40. 24 **erfarnheit**, Erfahrung. — 27 **vorderb**, Verderben. — 28 **jahen**, praet. von jahen, sagen. — 38 **Midae**, der Text hat Midi. Midas, Sohn des Gordias, König von Phrygien, sprichwörtlich berühmt wegen seines Reichthums. — 40 **geraten**, mhd. gerâten, praet. gerâtete, entrathen. — 53 **eingeleibt**, zu einem Leibe verbunden.

Da gegen sol auch die gemein
Willig und unverdroßen sein,
Was oberkeit an sie begert,
Daß sie desselben sei gewert,
Es sei am gschoß, steur oder zoll,
Als ungewegert geben sol.
So bstet bürgerlich policei
In irem vorrat auch dabei.
Der gülden friede wird erhalten,
Wo man die einigkeit leßt walten,
Wie uns sanct Paulus auch tut lern
Am dreizehenden zun Römern.

Die einundvierzigste Fabel.

Vom Affen und Fuchs.

Es kam ein aff zum fuchs getreten:
„Ich wolt dich freundlich han gebeten“,
Sprach der aff, „du wölst geben mir
Dein halben schwanz, weil er doch dir
Nicht groß mag nutzen allzumal,
Und kanst in auch nicht tragen wol.
Wer mir sehr nutz und angenam,
Damit bedecken möcht mein scham.“
Er sprach: „Ichs nicht entperen wil,
Meins schwanzes hab ich nicht zuvil;
Wil in lieber in kat ertrenken,
Denn dir vor deinen hindern henken.“
¶ Mancher ist notturftig und arm,
Darf wol, daß man sich sein erbarm.
So hat auch mancher gut und gelt
So vil, daß im zum haus ausfellt.

---

40. 63 geschoß, Schoß, bürgerliche Abgabe.
41. Dorp. B^b, 23; Rom. III, 17; Stainh. 125^a, deutsch 125^b. — 7 angenam, des Reimes wegen für angenehm.

Doch ists der reichen kargen art,
  Ir keiner nie so kostfrei wart,
Daß er von seinem überfluß
  Dem dürftigen den kummer buß.

Die zweiundvierzigste Fabel.

Vom Hirsch und dem Ochsen.

Es stund ein hirsch an jener heid,
  Den trieb ein jäger mit gejeit,
Daß er vor angst und großer qual
  Entlief in einen ochsenstall,
Bat, daß er sich da möcht verstecken:
  Die ochsen in mit heu bedecken.
Ein ochse sprach: „Du bist fürwar
  Bei uns allhie nicht sicher zwar;
Bald komt der herre oder knecht,
  Daß sies im stall bestellen recht.
Ob sie dich denn ergreifen nun,
  Umb dein leben ists in zu tun."
Er sprach: „Wo ir nicht macht ein gschrei,
  Blieb ich wol under disem heu."
Der knecht kam, gab den ochsen für,
  Bald gieng er wider aus der tür.
Da sprach der hirsch: „Es hat kein not,
  Der knecht mich nicht gesehen hat."
Da antwort im ein alter ochs:
  „Ja, komt der herr, der ist ein fuchs;
Der knecht ist solcher sach ein kind,
  Dazu in allen dingen blind.
Denselben hast wol zu betriegen,
  Dem herrn ist nicht gut vor zu liegen.

---

41. 18 **kostfrei**, gastfrei. — 20 **büßen**, abhelfen, heilen.

42. Dorp. B^b, 23; Rom. III, 19; Stainh. 132^b, deutsch 133^b. — 15 **fürgeben**, Futter vorlegen. — 23 **hast wol zu**, kannst du leicht. — 24 **liegen**, lügen.

Wenn der gegangen komt in stall,
Get hie und da, bsichts überall,
Beleucht die ochsen, besicht die küe;
Verbirgest dich, zwar es hat müe."
Da komt der herr, all ding besicht,
Obs der knecht hat wol ausgericht,
Beschaut das futter und die streu,
Greift under dkrippen in das heu,
Erwüscht den hirsch bei seinem horn
Und sprach: „Was han wir hie zuvorn?"
Rief dem gesind; sie kamen dar,
Da stund der hirsch in todes far.
¶ Wenn eim das unglück komt geschwinde,
Leßt sich die ausflucht schwerlich finden.
Villeicht aus unglück also gschicht,
Oder daß der mensch aus forcht versicht,
Im in der eil gut rat entfellt;
Denn wird sein sach in far gestellt,
Gelangt im oft zu solchem schaden,
Daß er sich nimmer kan entladen.

Die dreiundvierzigste Fabel.

Vom Löwen und Fuchs.

Der löw war krank; als das vernamen
Die andern tier, bald zu im kamen:
Ein jedes tet erzeigen sich
Gegen dem löwen ganz dienstlich,
Teten im in der krankheit pflegen,
Wie es eim jedern war gelegen.
Der fuchs tet nicht, wie andre taten.
Dem schickt der löwe eilend boten,
Begert, daß er auch zu im kem,
Sein zukunft wer im angenem.

---

42. 39 es versehen, ein Versehen machen.

43. Dorp. B 6b, 24; Rom. IV, 12; Horat. Epist. I, 178 fg. — 10 zukunft, Ankunft, Besuch.

Mit einem brief tet ern auch laden,
Daß er bald kem, hüt sich vor schaden,
Dorft sich bsorgen keinr ferlichkeit;
Im solt geschehen da kein leid,
Der fuchs wer ein verstendig man,
Drumb wolt er in gern bei im han;
Es wer auch sonst on als gefer,
Nachdem der löwe krank wer;
Wenn er gleich wolt, künt er doch nit
Im schaden tun auch niergent mit.
Der fuchs schreib wider: „Gnediger herr,
Ganz lieb mir eur gesundheit wer,
Wolt für euch gern die Götter bitten,
Daß sie euch aus der krankheit retten.
Die sach, daß ich jetzt nit kan kommen,
Ist, daß ich eigentlich vernommen,
Daß alle tier, die in eur loch
Gegangen, sind darinnen noch:
Ihre fußstapfen weisens aus,
Ir keins ist kommen wider raus.
Man möcht mir dinnen ein aug verbinden,
Die tür solt schwerlich wider finden.“
¶ Hüt dich, daß du vorsichtig lebst,
Nicht allen worten glauben gebst;
Man gibt oft wort auf schimpf und scherzen,
Und kommen doch aus falschem herzen.
Ein weiser man ist stets vorsichtig,
In allen seinen sachen schlichtig.
Die umbstend geben zu versten,
Aus welchem grund dieselben gen,
Und leßt sich an der hosen sehen,
Wo dem schenkel ist leid geschehen.

---

43. 18 nachdem, da, weil. — 25 sach, Ursache. — 31 dinnen, da innen. — 38 schlichtig, bedenklich, überlegsam.

Die vierundvierzigste Fabel.

Vom Fuchs und dem Wisel.

Es kam ein fuchs aus seinem lager,
  Der war von großem hunger mager,
Wolt laufen seiner speise noch
  Und kam dort vor ein enges loch,
Ja, vor ein loch, das war so eng,
  Da kroch er nein mit großem dreng.
Da fand er speise mancherlei;
  Er aß und macht kein groß geschrei.
Vor großem hunger wust nicht moß,
  Daß im der bauch ward dick und groß.
Als er sich voll gefreßen het,
  Dem loch sich wider nahen tet
Und meint, er wolt bald daußen sein,
  Wie er gekrochen war hinein.
Da kunt er nicht; er sucht umbher,
  Er fand kein lücken niergend mer.
Das sahe ein wisel weit dort hinden
  Und sprach: „Kein ander loch wirst finden,
Denn da du bist hinein geschloffen,
  Dir stet kein ander tür sonst offen.
Ein guten rat wil dir vorlegen:
  Du must dich so vil mü erwegen
Und hie in disem brodkasten
  Ein tag oder vier sanct Niclaus fasten,
Daß du wirst, wie du vor warst, mager;
  Denn hilft er dir aus disem lager.
Der bauch muß dir erst werden ler
  Und must den kropf verdauen, er
Du wider komst hinaus ins feld:
  Der fraß dich lenger drinnen helt."
¶ Man sicht teglich, daß meßig gut
  Den menschen baß erfreuen tut,

---

44. Dorp. B 7, 25; Horat. Epist. I, 7, 29 fg. — 9 wust nicht moß, wußte nicht Maß zu halten. — 13 daußen, da außen, draußen. — 19 schliefen, schlüpfen, hindurchkriechen. — 24: zu Ehren des heil. Nicolaus.

Und get on sorg und mü daher;
 Wenn aber komt zu reichtum der,
Denn geht er btrübt und hengt den kopf,
 Als ob in gschlagen het der tropf,
Kan sich **der** sorgen nicht erweren,
 Das gelt tut in in angst verzeren.
Beßers ist nicht zu wünschen dem,
 Denn daß er wider in armut kem.

Die fünfundvierzigste Fabel.

Vom Hirsch und dem Pferd.

Es het ein hirsch ein großen streit
 Mit einem pferd umb eine weid,
Die wolt (wie man berichtet mich)
 Jedes verteidingen vor sich.
Der hirsch mit seinen hörnern hoch
 Trachtet dem pferd feindlich noch,
Biß daß gar aus der weid vertrieb.
 Das war dem pferd zwar nicht fast lieb,
Es wolt nicht gerne underligen.
 Dacht, wo es widern hirsch möcht siegen.
Den menschen rufts umb hilfe an,
 Da fands zu letzt ein starken man,
Der trat mit im auf jenen platz
 Und legt sich mit dem hirsch in hatz.
Ward mit des menschen hilf von stunden
 Der hirsch vom pferd gar überwunden,
Und hielt das pferd vor sich die weid,
 Daran sich ghaben het der streit.
Der mensch, so im geholfen het,
 Das pferd sich im zueignen tet

---

45. Dorp. B 7, 25; Rom. IV, 9; Horat. Epist. I, 10, 34 fg. — 4 verteidingen, vertädingen, richtige alte Form, für sich in Anspruch nehmen. — 14 hatz, Feindschaft, Kampf. — 18 ghaben, erhoben.

Und sprach: „Ich hab geholfen dir,
Drumb mustu auch jetzt dienen mir.“
Und gürt im umb des sattels saum,
Tet im auch umb den kopf ein zaum
Und in sein maul ein strenges biß
Und sprach: „Nun hab vor das auch diß.
Weil ich dir gholfen hab zu siegen,
Solt dich billich under mich schmiegen.“
¶ Horatius, der weise heiden,
Tut uns auch rechter kunst bescheiden
Und sagt, daß, die wölln armut fliehen,
Dem kummer wölln fürüber ziehen,
Verlieren dadurch die freiheit hold,
Die gar vil beßer ist denn gold,
Und müßen den zum herren han,
Den sie vorhin nicht gesehen an.
So geschicht dem, der das klein verschmaht,
Daß er darnach das groß nicht hat.

Die sechsundvierzigste Fabel.

Von zweien Jünglingen.

Zu einem koch zwen jung gesellen
Kamen und teten sich freundlich stellen,
Als hettens im gern abgegolten
Ein stück fleisch, das sie eßen wolten.
Weil nun zu schaffen het der koch
Ein anders, dem er trachtet nach,
Der ein stal im ein großes stück
Aus seinem korb da hinder rück,
Tets seinem gselln, der solts verstecken
Und under seinen rock bedecken.

---

45. 23 saum, Gurt. — 25 biß, Gebiß. — 30 bescheiden, belehren, berichten. — 31 und sagt, Epist. 1, 10, 34.

46. Dorp. B 7^b, 27. Die folgenden Fabeln 46 bis 81 aus Aesopus Barlandi; wir führen die Quelle deshalb nicht bei jedem einzelnen Stück an. — 3 abgelten, abkaufen. — 9 tets, gab es.

Bald merkt der koch, daß im das fleisch
Gestolen was; er sprach: „Ich heisch
Euch beid zu recht und sag, daß ir
Das fleisch jetzt habt gestolen mir."
Der erst ein eid bald schweren tet,
Daß er das fleisch bei im nicht het;
Der ander schwur auch unverholen,
Er het im nicht das fleisch gestolen.
Da sprach der koch: „Ir habt eur stelen
Jetzund vor mir wol zu verhelen;
Aber der, bei dem ir gschworen habt,
Der sicht und kennt eur missethat."
¶ Es sein nicht aller menschen sünd
Auf erden allen menschen kund,
Und leßt sich wol der schalk verbergen,
Daß in die menschen finden niergen.
Gott aber alle ding wol sicht,
Was in der ganzen welt geschicht.
Er sitzt hoch über Cherubin,
Hat aller menschen herz und sin
In seiner allmechtigen hand,
Vor im ist nichtes unbekant.
O, wenn die menschen das bedechten
Und solchs teglich zu herzen brechten,
Würden also nicht allesamt
Sündigen frech und unverschamt
Und sich vil mer der sünden maßen,
Vil bosheit underwegen laßen.

Die siebenundvierzigste Fabel.

Vom Hund und Metzler.

Einsmals ein metzler saß und schlief
Bei seinem fleisch; in dem herlief
Ein großer hund; bald in eim ruck
Erwüscht vom fleisch ein großes stück;

46. 13 zu recht heischen, vor Gericht fordern.

Lief bald davon; da erwacht der metzler
Und rief im nach: „Hie, hie, du etzler,
Lauf hin, jetzt bist sicher vor mir,
Daß ich nicht kan nach laufen dir;
Ein ander mal wil baß zusehn,
Sol mir von dir nicht mer geschehn."
¶ Es zeigt uns dise fabel an,
Daß oft mit schaden wird ein man
Witzig, darnach er baß zusicht,
Daß im der schad nicht mer geschicht.

Die achtundvierzigste Fabel.

Vom Hund und Schaf.

Ein hund ein schaf verklaget hot,
Vor recht angsprochen umb ein brot,
Das het er im geliehen dar:
Das schaf im nichts gestendig war.
Da sprach der hund: „Ich wils bezeugen
Mit dem wolf, geier und weihen."
Die zeugten alle frei daher,
Das schaf dem hunde schüldig wer.
Durch ire lügen unverschamt
Wird vom richter das schaf verdamt.
Der hund warfs nider in das gras,
Zerriß, zerbiß und gar auffraß.
Von Gott im gsetz geboten ward,
Auch bei den alten gstrafet hart,
Wenn einer felschlich tete zeugen
Uber sein nehsten irkein lügen,
Wiewols mer denn zu vil geschicht,
Wie man jetzt augenscheinlich sicht:

---

47. 6 etzler, Esser, Fresser.
48. 16 irkein, wie oben: irgendeine.

Der groß den kleinen überzeugt
Und oft gar felschlich überleugt,
Damit er in tut underbrechen.
Gott wirds aber gar weidlich rechen,
Ja, endtlich dort an jenem tag:
Darauf ein jeder denken mag.

Die neunundvierzigste Fabel.

Vom Lamb und Wolfe.

Es lief mit einem bock ein lamb:
Ein wolf im da entgegen kam,
Sprach: „Warumb gest mit disem bock?
Sih, wie zerhudelt ist im der rock!
Sihe doch, wie lang ist im der bart,
Und stinket recht nach bockes art.
Drumb rat ich, folge meiner ler,
Bald heim zu deiner mutter ker,
Zu deiner lieben mutter brust:
Die magst saugen nach deinem lust.“
Da merkt das lamb des wolfes list,
Sprach: „Lieber wolf, bleib, wer du bist.
Mein mutter hat mich im befolhen,
Wir mit einander wandern sollen,
Und meiner wie ein vatter pflegen:
Derhalben ich mich gar erwegen,
Meim vatter jetzt am aller meisten,
Vil mer denn dir gehorsam leisten;
Denn du mich gdenkest zu verfüren,
Mit meiner haut dein wangen schmieren
Und schenken mir sanct Johans segen,
Wie die wolfe den lemmern pflegen.“

---

48. 19 überzeugen, durch Zeugen übervortheilen, mehr Zeugen beibringen.
49. 21 sanct Johans segen trinken, schenken, zum Abschied trinken, nach alter Sitte: mich vom Leben scheiden.

¶ Es lert uns dise fabel eben:
  Solln nicht eim andern glauben geben.
Es gibt mancher eim andern rat
  Aus bösem herzen, das er hat,
Und sucht damit sein eigen nutz,
  Als under schmeichelworten schutz.
Damit der schlechte wird verfürt,
  Daß in oft großer schade rürt.

Die funfzigste Fabel.

Vom Jüngling und der Katzen.

Es het ein jung gesell ein katzen,
  Mit der riß er gar seltzam fratzen
Und liebet sie vor alle tier.
  Er sprach: „Wenn ich solt wünschen mir,
So wolt ich, daß du werst ein weib,
  Ganz schön von adelichem leib."
Und bat Venus, die edle frauen,
  Sein groß beger an zu schauen,
Daß er würd seiner bitt gewert
  Und würd die katze transformiert
Ins wesen einer frauen schon,
  Damit sein kurzweil er möcht han.
Venus sein kleglich bitt erhort,
  Schuf, daß die katz verwandelt ward
In ein gar schönes weibes bild:
  Die war an lieb und freundschaft mild.
Die schmuckt er freundlich an sein brust
  Nach seines herzen willn und lust.
Darnach Venus erfaren wolt
  Und sprach: „Ob auch die katz wol solt
Verwandelt haben ir natur,
  Gleich gsinnet einem menschen pur?

---

49. 28 **als**, alles. — 29 **schlecht**, schlicht, einfältig.
50. 17 **schmucken**, schmiegen, zärtlich drücken.

Des muß ich haben waren schein."
  Ein meuslin laufen ließ herein:
Ein lecherlicher boß geschahe,
  Sobald die katz dasselb ersahe.
Wiewol sie het eins menschen gstalt,
  Fur zu, erwüscht das meuslin bald.
Das tet der göttin Venus zorn
  Und sprach: „Daß du werdst wie zuvorn,
Verwandelt wider in ein katzen
  Und dich must beißen mit den ratzen!"
¶ Was eim hat die natur gegeben,
  Darnach tut man gemeinlich leben,
Und was einr jung ist worden an,
  Drauf bleibt er im alter bestan.
Hilft nicht, die kleider zu verandern
  Oder aus eim land ins ander wandern.
Ja wenn ein gans flöhe über mer,
  Und über jar kem wider her,
So singet sie dennoch: gagag,
  Wie ir gewachsen ist der krag.
Ein mensch, der auch von bösem blut
  Geborn und drin erwachsen tut,
Demselben hilft nicht, daß man straft:
  Es bleibt doch stets bei im behaft
Im herzen der natürlich kern:
  Denn katzen, kinder mausen gern.

Die einundfunfzigste Fabel.

Vom Vatter und seinen Sönen.

Also ein vatter het vil kind,
  Wie man dasselb noch teglich findt,
Die waren uneins mit einander,
  Es wolt auch keiner wie der ander.

---

50. 25 boß, Possen. — 32 beißen, mhd. beizen, jagen, hetzen. — 35 an werden, gewohnt werden. — 42 krag, Kragen, Kehle, Schnabel.

Der vatter sich hie lang bedacht,
Wie er die sön eintrechtig macht,
Und legt in für ein henfen strick,
Ungeferlich eins fingers dick,
Sprach: „Wer von euch der sterkest sei,
Der ziehe mir disen strick entzwei."
Ir keiner kunt den strick verbösen.
Der vatter tet in auflösen
Und gab eim jeden son ein faden;
Den zohens bald entzwei on schaden.
Da sprach der vatter: „Lieben kind,
Wie sichs mit disem strick jetzt findt,
So gets mit einigkeit auch zu:
Drumb wöllet freundlich leben nu.
Wenn ir halt fried und einigkeit,
So schad euch niemands haß noch neid.
Sobald die einigkeit zertrennt,
Get zu drümmern eur regiment:
Denn wird eur unglück recht gemert,
Wie tegliche erfarnheit lert."
¶ Groß bürgerlicher nutz und frommen
Tut aus der einigkeit herkommen:
Zwitracht zerrüttet und zerbricht,
Was große müe hat aufgericht.

Die zweiundfunfzigste Fabel.

Vom Pferd und Esel.

Fein trieb ein baur ein ledig pferd
Und einen esel ser beschwert,
Mit secken überladen gar,
Damit kam er zu wege dar.
Da sprach der esel zu dem pferd:
„Hilf, bruder, sonst fall ich zur erd

51. 11 verbösen, schädigen, zerreißen.

Und sterb under diser schweren last,
Wo du mir nicht erzeigest trost."
Das pferd veracht des esels bitt,
Wolt im zu hilfe kommen nit.
Der esel fiel nider und starb,
Under der schweren last verdarb.
Der baur zohe im die haut bald ab
Mit den secken und aller hab,
Tets allesamt dem pferd aufladen.
Da sprach das pferd: „O we meins schaden!
Het ich dem esel helfen tragen,
Dörft ich jetzt nicht mein kummer klagen."
¶ Die fabel lert, daß wir uns söllen
Gegen den armen freundlich stellen
Und sie in irer not entsetzen,
Und ires leides tun ergetzen,
Auf daß, wenns wider darzu kümt,
Daß uns das unglück undernimt,
Daß wir denn auch ein frommen man
In nöten mögen rufen an,
Auf daß uns nicht so misseling,
Wie es dem reichen schlemmer gieng:
Ein tropfe wassers im hellischen feur
Mocht ime kommen nicht zu steur.

Die dreiundfunfzigiste Fabel.

Vom Köler und Bleicher.

Der köler sprach ein bleicher an:
„Ich sihe, du bist ein frommer man,
Drumb bitt ich, wöllest zu mir ein
Ziehen in die wonung mein.
Da wölln wir uns, wo ich bin bider,
Vertragen wie zwen leiblich brüder."

---

52. 24 undernehmen, überfallen. — 30 zu steur, zu Hülfe.

Der bleicher sprach: „Wenn ich das tet,
Vorwar ichs kleinen frommen het,
Denn was ich gebaucht het in der aschen
Und ganz schneeweiß mit seifen gwaschen,
Darnach zu treugen auf würd hangen
Bei deine kolseck an die stangen,
Solts mit der zeit wol wider werden
Gar kolenschwarz gleich wie die erden."
¶ Wer sich zu einem frommen helt,
Und zu eim guten sich gesellt,
Der wird auch mit den guten gut,
Die bös gesellschaft schaden tut.
Also wenn einer bech anrürt,
So wird er von dem bech beschmiert.

Die vierundfunfzigste Fabel.

Vom Vögler und der Tauben

Es gieng ein vögler in ein wald,
Vögel zu fahen jung und alt.
Da sahe er in eins baumes äst
Hoch dort oben ein taubennest.
Dem stellt er nach, ob er die möcht
Mit stricken fahen, es versucht.
Wie er lief underm baum daher,
Trat eine schlang on als gefer;
Da biß herumb die schlang von stunden
In seinen fuß ein tötlich wunden.
Der vögler rief: „Ich armer man!
Eim andern wil ich schaden tan:
In dem sticht mich die schlange herb,
Daß ich mit meiner list verderb."

---

53. 9 bauchen, beuchen, ndſ. büken, in Lauge beizen. — 11 treugen, ndſ. drögen, trocknen.
54. 9 herumb, wiederum, dagegen.

¶ Es komt, wenn einer denkt zu laden
Auf seinen nehsten schand und schaden,
Daß in dieselbe stricke fellt,
Die er eim andern het gestellt.

Die fünfundfunfzigste Fabel.

Von einem Trummeter.

Es gab sich einst in einem krieg,
Das sterkest teil behielt den sieg.
Da ward gefangen ein trummeter,
Der hieß mit seinem namen Peter,
Und von den feinden hart geschlagen.
Er sprach zu inen: „Laßt euch sagen
Und habt mitleiden mit mir armen,
Meiner unschuld laßt euch erbarmen.
Bin in kein harnisch nie geschloffen,
Ir findt bei mir noch wer noch waffen
Denn allein dise klein trummeten:
Drumb wöllet mir mein leben retten.
Ich hab eur keinen nie geschlagen,
Oder zu euch irkein haß getragen.
Wenn ich auch gwollt, hett ich doch nit
Irkeinem schaden tun hiemit."
Sie schlugen auf in nach der schwer,
Sprachen: „Du kommest jetzt recht her.
Billich solt leiden jetzt den tot,
Denn du erwecket hast groß not.
Dieweil du sagst, hast keinen gschlagen,
Kein harnisch oder wer getragen,
Doch tust mer schaden mit einr trummeten,
Denn sonst vier ander kriegsleut teten:
Damit beherzet machst den haufen,
Daß sie dest mütiger anlaufen."

¶ Hie in disem apologo
Werden wir schon berichtet do,

Wo gröblich daß die sündigen,
Die den fürsten verkündigen,
Böslich beklagen die undersassen,
Die herrn underrichten der maßen,
Vermanens ir fürstlichen gmüts,
Irs stamms und adelichen gblüts,
Inen ein süß placebo singen,
Das in ir oren tut erklingen,
Sprechen: „Warumb wolt ir das leiden,
Weil irs on schaden wol tut meiden?
Ir seid so wol ein fürst als der,
Von dem euch komt der schade her.
Die undersassen und ganzes land
Habt ir gwaltiglich in eur hand.
Ich wolt ein stücklin im beweisen,
Man müst mich für ein fürsten preisen.“
Machen also die fürsten mutig,
Biß daß vil schwerter werden blutig.
Wenn denn die sach zuletst in graben
Gefürt, wils niemand tan haben.
Wenn sie das mus denn gar verschütt,
All policeien gar zerrütt
Und daß Hans Kraft und bruder Veit
Dürftig und bloß im lande leit,
Und ist die sache niergend ganz,
Denn hangen solche gsellen den schwanz
Und rufen Friderichen an.
Das solt ein fürst in achtung han,
Machen mit solchen gselln erst fried,
So teten sies hinforder nit.

---

53. 29 wo, nds. für wie. — 35 ein placebo, Psalm 114 führte in der katholischen Kirche diesen Namen nach dem Verse: placebo Domino in regione vivorum, gesungen zu Allerheiligen und bei Todtenämtern. (Bei Luther Psalm 116.) — 50 policei, Staatsverwaltung, Regierung. — 53 ganz, heil, gesund, unbeschädigt. — 55 Friederich; hier ist keine bestimmte Persönlichkeit gemeint, ich nehme den Ausdruck als sprichwörtliche Redensart: den Frieden wünschen, dafür stimmen. — 57 fried machen, ein Ende machen, zum Schweigen bringen.

Die sechsundfunfzigste Fabel.

Vom Wolf und Hunde.

Es gschah in einem winter kalt,
  Ein wolf lief in ein finstern wald;
Des morgens wol vor tag ein stund
  Begegnet im eins bauren hund,
Grüßt in und redt im freundlich zu,
  Sprach: „Bruder, sag, wie komts, daß du
Bist wol gemestet und ganz glatt?“
  Da antwort im der hund: „Es hat
Mein herr tegliche sorg für mich,
  Daß wol gespeiset werde ich
Von seinem tisch, und schlaf auch nimmer
  Im regen, frost, oder irkeim kummer,
Dazu beim ganzen hausgesind
  Ich stete gunst und freundschaft find.“
„O“, sprach der wolf, „du seligs tier,
  Das glück ist ganz geneiget dir,
Weil dir dein herr so freundlich fellt
  Und dich in solchen eren helt.
Möcht mir ein solches widerfarn,
  Wolt all mein dienst und fleiß nicht sparn
Und wer das seligst tier auf erden,
  Das under alln möcht funden werden.“
Da sprach der hund: „Weil dir so gach,
  Wil ich den dingen trachten nach,
Daß du bei meinem herrn aufs minst
  Erlangest etwan auch ein dienst,
Mit dem beding, daß du dich maßest,
  Gens, hüner ungebissen laßest,
Und meinem herren dienest treulich,
  Aufrecht, in allen sachen freundlich.
Wilt das halten und treulich tan,
  So magst von stund wol mit mir gan.“

---

56. 12 kummer, Noth, Bedrängniß. — 17 fellt, sich beweist. — 23 weil dir so gach, weil dich so sehr gelüstet. — 30 aufrecht, aufrichtig, ehrlich, bieder.

Der wolf sprach ja; sie giengen fort,
  Trieben gar vil freundlicher wort,
Biß daß der helle tag anbrach.
  Der wolf den hund noch baß besach,
Sprach: „Was schadt dir hinden im nacken?
  Da hastu einen kalen placken
Und wol ein schrammen, drei oder vier,
  Ob dirs mit flegeln gschlagen wer.“
Es antwort im der hund: „Das macht“,
  Sprach er, „daß ich oft unbedacht
Die kelber und die kind anfur
  Beid auf dem feld und vor der tür,
Tet den nachbaurn gar vil zu leid
  Wie den fremden on underscheid.
Das tet mein herren ser verdrießen,
  Musts oft mit meinem halse büßen.
Des hat mich gar entwehnt mein herr,
  Daß ich hinfurt kein menschen mer
Anfall, wie ich zu tunde pflag,
  Sonder zusehe nacht und tag,
Daß nicht ins haus schleich irkein dieb,
  Und den wolf von den schafen trieb.
Davor muß ich diß zeichen han,
  Daß ich den leuten schaden tan.“
Ob solcher red erschrack der wolf,
  Sprach: „Lieber bruder Marcolf,
Deins herren freundschaft also teur
  Wil ich vorwar nicht kaufen heur.
Ade, mein freund, ich ziehe davon:
  Zu holze wil ich wider gan
Und eßen, was der lieb Gott geit,
  Denn daß ich leb in ferlichkeit.
Drumb bleib du eigen, wie du bist,
  Mein freiheit mir vil lieber ist.“
¶ Es ist vil beßer, sein ein herre
  Im kleinen haus, denn daß man were

---

56. 37 was schadet dir? was hast du Schlimmes? — 38 plack, nds. Fleck. — 51 zu tunde, nds. Sprachgebrauch. — 63 geit, gibt. — 65 eigen, leibeigen, unfrei.

Groß gehalten ins fürsten sal,
  Da mans verjahet all zu mal,
Muß oft nicht sehn, das man doch sicht,
  Daß hie und da unrecht geschicht,
Dadurch oft die frommen gewißen
  Werden zerrüttet und zerrißen.
Beßer ist fried bei kleinem gut
  Denn reichtum, der oft schaden tut
Und manchem großen unfall tregt,
  Wie oben gnugsam angezeigt.

Die siebenundfunfzigste Fabel.

Vom Baurn und seinen Hunden.

Weit von den leuten wont ein baur,
  In einem wald ließ ers im saur
Mit hauen und mit spalten werden,
  Mit hacken, reuten in der erden,
Daß er im richt ein acker zu.
  Wie er lang het gearbeit nu,
Zerran im an speis und an brot,
  In drang die anstehende not,
Wolt er des hungers sich erweren,
  Hub an, sein lemmer zu verzeren,
Darnach die ziegen, böck und schaf;
  Zuletst das los die ochsen traf:
Der hub er einen an zu schlachten.
  Als das sahen sein hund, sie dachten,
Besprachen sich: „Was wölln wir tan?
  Weil er die ochsen jetzt greift an,
Die in teglich helfen erneren
  Und im allzeit den acker eren,

---

56. 70 verjahen, zu allem ja sagen?
57. 7 zerrinnen, ausgehen, mangeln. — 8 anstehend, gegenwärtig. — 18 eren, pflügen, bestellen.

Weil er derselben nicht verschont
　Und in jetzund der maßen lont,
Was wolt geschehn uns armen hunden?
　Unser leben nicht retten kunden;
Drumb ist nichts beßers, daß wir fliehen,
　Nicht lenger hie bei im verziehen.
Denn wenn er solt die meinung han,
　Unsers gebeins kem nicht darvon."
¶ Es seind vil herren, den man dient,
　Daß man bei in oft gnade findt,
Jr diener oft genießen lan
　Der treu, die sie bei in getan.
Dagegen man auch teglich heut
　Findt gar vil ungeschickter leut,
Die irer diener treuen rat,
　Jren fleiß und alle woltat
Mit tyrannei, abgunst und schelten
　Jn allem bösen widergelten,
Stellen dem oft nach leib und gut,
　Der in all treu von herzen tut.
Solchs mögen vor die augen stellen
　All, die eim andern dienen wöllen,
Daß sie ein solchen herren treffen,
　Der nicht gedenket, sie zu äffen.
Wenn er ir treue sol belonen,
　Tut er sie schmehen und behonen.
Das strafet Gott zu seiner zeit:
　Verdienter lon in himmel schreit.

---

57. 26 nicht=nichts. — 32 ungeschickt, roh. — 44 behonen, verhöhnen. — 46 in, in den, gegen den.

Die achtundfunfzigste Fabel.

Vom Fuchs und Löwen.

Das füchslin ward gwar eins lauen:
Für seinem grimm tet im fast grauen,
Denn er seinr gegenwertigkeit
War ungwont; drumb war im leid,
Daß im der löw solt etwas tan.
Zum andern mal sahe er in an,
Tet sich zum dritten mal erwegen,
Und kam im noch ein mal entgegen.
Da ward das füchslin kün und keck
Und tet bald alle forcht hinweg;
Es fiel dem löwen zu den füßen,
Tet in underteniglich grüßen,
Gewan also seine kundschaft,
Sein huld, gunst und freundschaft.
¶ Die kundschaft macht uns oft bekant,
Daß wir auch werden den verwant,
Vor den wir uns forchten vorhin,
Und nicht dorften nahen zu in.
Drumb dunket michs ein guter rat,
Daß einr des andern gmeinschaft hat,
All tier sich zu irm gleichen gsellen
Und freundlich zu einander stellen.
So solln sich auch die menschen halten,
Gemachte freundschaft nicht zerspalten.
Das lobet David, da er spricht:
„Gut freund, die sich haben verpflicht,
Daß einr des andern freundschaft hab,
Solchs ist ein teure Gottesgab.“

---

58. 1 laue, Löwe. — 4 war im leid, befürchtete er. — 13 kundschaft, Bekanntschaft.

Die neunundfunfzigste Fabel.

Vom Fuchs und dem Adler.

Als ein fuchs sein jungen erzoch
Vor jenem berg in einem loch,
Ein kleines füchslin wolt gen spielen
Hinaus ins feld vor jener hülen.
Des ward auf jenem berg gewar
Ein großer alter adelar,
Schoß bald hinab in einem flug,
Mit klauen hart das füchslin bschlug,
Furts auf ein baum; gar laut es rief.
Der alte fuchs bald ausher lief,
Er rief im nach und sprach: „Herr arn,
Ich bitt, laßt meine kinder farn
Und haltets mit mir nachbeurlich,
E wider euch erzörne ich.“
Der adler sprach: „Ich laß nicht leben,
Wils meinen kindern zeßen geben.“
Der fuchs lief, sucht, biß daß er findt
Einen schaub stro, beim feur anzündt,
Stieg auf den baum dem adler nach,
Sein jungen warn dort oben hoch
All bei einander in eim nest.
Der fuchs sprach: „Ich sihs an fürs best,
Verbrenn euch all mit disem schaub:
Das solt ir haben für eurn raub.
Ja, umb ein pfund dörft ich wol wetten,
Eur leben werdet ir nicht retten.“
Alsbald der adler das ersach,
Er sprach: „Herr Reinolt, tut gemach!
Ich bitt, verschont meinr armen kind.
Das füchslin sich bald wider findt,
Welchs ich euch jetzund han genommen,
Sol unbeschedigt wider kommen.“
¶ Bei dem adler werden bedeut
Die künen, frechen, bösen leut;

---

59. 4 hüle, Höhle. — 18 schaub, Bund. — 28 Reinolt, andere Form für Reinhart, Reineke.

Aber der fuchs tut zeigen an
Die armen schwachen undertan,
Welche die reichen großen hansen
Mit gwalt und frevel tun verbansen.
Denn solchs ist gemein bei den reichen,
Wo sie die armen mögen erschleichen,
So muß der arme allzeit mügen.
Zu zeiten tuts auch Gott wol fügen,
Daß von dem schwachen wird gefellt,
Der sich tyrannisch hat gestellt.
Des man zu eim exempel hat
Den großen risen Goliath,
Des hohmut stürzt David, der klein,
Aus seiner schleuder mit eim stein.

Die sechzigste Fabel.

Vom Ackerman und Storchen.

Der baur sein acker het beseet,
Den er rings umb bezeunen tet,
Daß im nit schaden möcht das vich.
Antvögel, Kranchen samleten sich,
Flohen mit haufen auf den acker.
Der baur ward zornig und auch wacker;
Er stellt ein garn und fieng den kranchen,
Von den Antvögeln auch gar manchen.
Mit den ward auch ein storch beschlagen;
Der sprach zum bauren: „Laß dir sagen,
Ich bin kein vogel, der schaden tut,
Sonder ich halt in steter hut
Der menschen heuser, da ich won,
Gib allzeit den zehend davon.

---

59. 38 **verbansen**, überwältigen, eigentlich unter Heu und Stroh ersticken, nds. — 41 **mügen**, mhd. müejen, intrans. sich mühen, plagen.
60. 2 **bezeunen**, mit einem Zaun versehen, einfriedigen. — 6 **wacker**, wachsam. — 9 **beschlagen**, mit dem Schlagnetz fangen.

Mein vatter und mein eltern gar
Schütz ich allzeit vor leibes far.
Das korn, du auf den acker gfürt,
Hab ich mein lebtag nie berürt,
Und iß die frösch aus grünem gras.
Drumb bitt ich, laß mich aus dem haß.
Bin on gefer hieher geflogen,
Von andern vögeln jetzt betrogen."
Da sprach der baur: „Das weiß ich wol.
Das recht sich selber finden sol:
Weil du komst mit in auf den plan,
So gut musts nemen, wie siez han."
¶ Wer sich leßt zu den trebern bräuen,
Der wird gefreßen von den säuen,
Und wenn begriffen wird der heler,
Muß billich hangen mit dem steler.
Darumb so gsell dich zu den guten,
So darffst nicht mit dem bösen bluten.

Die einundsechzigste Fabel.

Vom Hanen und der Katzen.

Zu einem hanen kam ein katz
Und legt sich mit im in den hatz;
Zu freßen wolt sich understan,
Het doch kein ursach zu dem **han**,
Denn daß sie sprach: „Du böser vogel,
Des nachtes schlegst mit deinen flögeln,
Mit deiner stimm tustu erschrecken
Und aus dem schlaf die leut erwecken."
Da sprach der han: „Ja, das ist gut;
Ich wach und halt die leut in hut

60. 25 auf den plan, zur Stelle. — 29 begreifen, ergreifen.
61. 2 sich in den hatz legen, einen Kampf beginnen. — 4 ursach, Grund zum Streit.

Und tu sie stetes wacker machen,
Daß sie zur arbeit auferwachen."
Da sprach die katz: „Du böser wicht,
Lest dich dünken, seist schüldig nicht?
Du schonst nicht deiner mutter zwar,
Hasts mit deinr schwester offenbar
Zu schaffen da vor jederman:
Demnach wiltu nichts han getan."
Dasselb wolt auch der han vortedigen,
Daß in die katz nicht solt beschedigen.
Die katz sprach: „Laß ich dich vorbaß
Antwort geben auf alles das,
So hab ich warlich nichts an dir,
Das früstück must jetzt geben mir."
¶ Wenn der boshaft ein frommen man
Denkt mit schaden zu fechten an,
So findt er wol ursach dazu,
Damit er im denn schaden tu.
Vom wolf und lamb ist oben ghört,
Wie uns die ander fabel lert.

Die zweiundsechzigste Fabel.

Vom Schafhirten und den Ackerleuten.

Es hüt ein knab auf einer wisen,
Ließ seine schaf und ziegen bisen.
Scherzweis rief er drei oder vier:
„Der wolf, der wolf komt jetzt dorther!"
Das gschrei horten die ackerleut,
Die umb in warn zur selben zeit;
Wiewol der knabe schimpflich rief,
Dennoch ein jeder baur zulief.
Als sie nun sahen, daß der knab
An ir laufen ein lachen gab

---

61. 21 vorbaß, fürbaß weiter, ferner, noch.
62. 2 bisen, hin- und herlaufen. — 7 schimpflich, im Scherz.

Und sie damit nur reizen tet,
Daß er den wolf gesehen het,
Sprachen: „Des haben wir auch gnug.“
Ein jeder gieng zu seinem pflug.
Zu hand des knaben scherzes art
In rechten ernst verwandelt ward.
Der wolf kam laufen zu den schafen;
Da schrei der knabe: „Waffen, waffen!
Komt mir zu hilf, der wolf ist hie!“
Da blieben bstehen alle, die
Dazumal auf dem acker warn,
Sprachen: „Hast uns genarrt zuvorn,
Daß wir umbsunst gelaufen zu;
Des magstu auch entgelten nu.“
¶ Horatius ein buben blacht,
Der sich oft krank fürn leuten macht,
Kam mit einr stelzen einher krochen,
Als ob er het ein bein zerbrochen.
Damit er oft die leut benarrt,
Biß mans zuletst auch innen ward.
Darnach on gfer ein mal geschach,
Daß er auch recht ein bein zerbrach.
Er rief die leut erbermlich an,
Da spottet sein auch jederman,
Umbsunst er aller hilfe harrt;
Sprachen: „Hast uns zuvorn genarrt,
Als hetstu ein zerbrochen bein,
So hab dir diß und bhalts allein.“
¶ Wer seinen nehsten oft betreugt,
Zwei oder drei mal im vorleugt,
Der schafft damit, daß im hinfort
Seiner red nicht geglaubt ein wort.
Wenn er auch schon die warheit brengt,
Dennoch der vorigen lügen denkt;
Die vorige lüg vernichten tut,
Was gegenwertig ist recht und gut.

---

62. 25 Horatius, Epist. I, 17, 58 fg.; auch bei Dorpius.

Die dreiundsechzigste Fabel.

Vom Adler und Rappen.

Der adler floh vom berg hernider,
Setzt sich zu rück auf einen wider,
Sprang hin und her auf seinem rücken:
Der wider must sich vor im tücken.
Dasselb ein rapp allda ersach:
Der wolt dem adler fliegen nach.
Aufs widers rucken umb und umb
Verwickelt seine füße krumb,
Ins widers wollen blieb behangen,
Vom schäfer ward also gefangen.
Sein gfider tet im kurz verhauen,
Daß in all menschen mochten schauen,
Kam im zu großem herzenleid,
Darzu in bracht vermeßenheit.
¶ Ein jeder achte seiner sterke
Bei seiner eigen tat und werke,
Laß sich der demut nicht verdrießen,
Meße sich mit seinen eignen füßen,
Vermeß sich nicht mer, denn er kan,
Sonst hengt man ims höneisen an.
Der Icarus solt fligen nach
Seim vatter Dedalo und flohe zu hoch,
Welchs im der vatter widerraten;
Daß im die sonn aufweicht die knoten,
Daß im das gfider kraftlos ward:
Im mer vertrank zur selben fart.

---

63. 2 zu rück, auf den Rücken. — 4 tücken, bucken. — 18: der bemesse eine Stärke nach seinen Kräften. — 20 höneisen, Schandeisen, Halseisen: so verhöhnt man ihn. — 26 zur selben fart, bei dieser Veranlassung.

Die vierundsechzigiste Fabel.

Vom neidigen Hund.

Ein neidig hund den ganzen tag
Gestreckt in einer krippen lag,
Die war voll heus; ein hungrigs rind
Sich zu derselben krippen findt,
Daß es des heues möcht genießen:
Das tet dem neidigen hund verdrießen.
Er zannet fast und wolt es weren;
Das rind solt sich vom heu nicht neren.
Da sprach zum hund dasselbig rind:
„Deins gleichen zwar man niergend findt.
Daß dich verschlingen müß die erd:
Des bist mit deinem neid wol wert.
Das heu dient nicht zur speise dir;
Doch wegerstu dasselb auch mir!“
¶ Es sind vil **leut von** stolzen sinnen,
Daß sie irm nehsten das nicht günnen,
Davon sie selber gar nicht wißen
Und haben sichs auch nicht geflißen,
Und wenn sie sehn, daß dem gelingt,
Daß in sein kunst zu eren bringt,
So haßens wie ein offner feind,
Daß im die sonn ins waßer scheint.
Etlich han auch die fabel gdeut,
Als wenn im eestand ungleich leut,
Ein alt man nimt ein junges weib,
Welcher er nicht zu irem leib
Nach notturft kan den zehend geben,
Und gan auch nicht, daß sonst daneben
Ein ander solch arbeit ausricht,
Dazu **er** selber war verpflicht,
Sondern gleich wie den hund verdreußt,
Ders heu verwert, des er nicht gneußt.

---

64. 7 zannen, die Zähne zeigen. — 28 gan, praet. praes. zu gönnen.

Die fünfundsechzigste Fabel.

Von der Kräen und dem Schaf.

Auf einem schaf da reit ein kro,
Sie sang und war von herzen fro;
Da sprach zum selben schaf ein hund,
Der dasselbig mal bei im stund:
„Das leid, das dir die kräe jetzt tut,
Solt mir nicht kommen so zu gut;
Ich sag fürwar, wenn ich das tet,
Kein großen dank desselben het,
Bekem, halt ich wol, schleg darzu.“
Die kräe sprach: „Weiß wol, wem ichs tu.
Der frum mit gdult solchs von mir leidt;
Die bösen ich fürwar nicht reit.“
¶ Der Schweizer singt; „Der from und grecht,
Auch der einfeltig und der schlecht
Muß allezeit dahinden bleiben
So wol bei mannen als bei weiben.“
Der schwache wird vom starken gschlagen,
Der kränkest muß das liecht auch tragen;
Der freche tut seins willens leben,
Im darf auch niemand widerstreben,
So lang biß Gott, der richter, kümt,
Die böcke von den schafen nimt,
Eim jedern gibt nach seiner tat,
Gut, bös, wie ers verdienet hat;
Denn wird des armen schad gerochen,
Des starken hoffart, troz und bochen
Muß mit im ewiglich vergan:
Kein andern trost die frommen han.

---

65. 13 der Schweizer, sonst unbekannter Dichter, Verfasser des Liedes „Was wird es doch des wunders noch.“ Vgl. Goedeke, „Grundriß“, S. 278. In Joh. Agricola's „Freihartspredigt“ stehen Sprüche des „Schweizers“. Die von Waldis in Achtsilber umgegossenen Verse lauten (Nr. 66): „So muß der schlecht, der frum und gerecht allzeit dahinden bleiben, Wer nicht hat hab, ist iez schabab, bei männern und bei weiben.“

Die sechsundsechzigste Fabel.

Vom Pfauen und der Nachtigall.

Der pfau beklagt sich mechtig ser
Vor dem hohen gott Jupiter
Und sprach: „Du hast mich schon erschaffen,
Mein gefider kan niemand strafen:
Am hals und rücken rund geziegelt,
Der schwanz mit farben teilt und spiegelt,
Hübsch mit eim krönlin ziert mein haubt,
Hast mich aber der stimm beraubt.
Ein jeder vogel mich veracht,
Mit meinem gsang allzeit belacht.
Dargegen hast die nachtigall
Vor mir und andern vögeln all
Mit einer hellen stimm geziert,
Den leuten sie des nachts hofiert;
Im wald ir schall tut hell erklingen,
Von ir die leut auch lieder singen;
Verdreußt mich aus der maßen ser.“
Darauf antwort der Jupiter:
„Es hat ein jede creatur
Von Gott die gaben der natur,
Die er im selber tut zufügen:
Daran laß im ein jedes gnügen.
Die nachtigall vergan nicht dir
Dein federbusch mit spiegeln zier;
Drumb laß ir iren süßen gsang
Und hab desselben keinen dank.“
¶ Gott hat austeilet seine gab,
Daß ein jedes das seine hab;
So vil er einem jeden gan,
Sol er zu danke nemen an

---

66. 4 strafen, tadeln. — 5 geziegelt, wie Ziegel (oder Schuppen) gebildet. — 6 teilt, getheilt, in verschiedene Farben: spiegelt, spiegelnd, schillernd. — 7 ziert, geziert. — 23 vergan, praet. praes. von vergönnen, misgönnt. — 24 zier, mdh. ziere, adj. geziert. — 26: und denke nicht daran, verlange nicht danach. — 29 gan, gönnt.

Und sol nicht nach eim andern gaffen,
Was Gott mit jenem hab zu schaffen,
Und hab sein eigen sach in hut:
Gott wird wol wißen, was er tut.
So hilft auch nicht, daß einer wil
Mit geiz versamlen geldes vil,
Und lief er schon in Indiam,
In Calicut und Taproban,
Hilft doch kein sorg oder müesam leben,
Wenns Gott durch segen nicht wil geben.
Ist er zu tausent nicht geborn,
Erlangets nicht, es ist verlorn.
Gott hat ein rechenbuch gemacht,
Darin ein jedern menschen bdacht
Gleichwie in einem testament,
Sein gburt, sein leben und sein end,
Wie vil oder wenig er sol han,
Den strich wird niemand übergan.

Die siebenundsechzigste Fabel.

Vom alten Wisel und den Meusen.

Ein wisel ward vor alter schwach,
Kunt nicht den meusen laufen nach,
Derhalb im auch zerran die speis,
Gedacht, wie es mit list so weis
Den meusen möchte nachstellen,
Damit sie dester baß kont fellen.
In einem kasten fand ein loch;
Daselb es sich ins mel verkroch,
Da gmeiniglich dieselben meuse
Zu laufen pflegen nach der speise,
Und dacht, es wolt also erschleichen,
Was mit laufen nicht möcht erreichen,

---

66. 42 verlorn, verlorene Mühe. — 48 d. h.: über die Schlußsumme wird niemand hinauskommen.

Erwüscht ir eine nach der andern,
Wenns in den kasten teten wandern.
¶ Es zeigt uns dise fabel an:
Wenn wir groß ding vor handen han
Und unser macht nicht kan ertragen,
So muß man dennoch nit verzagen,
Knüpfen die weisheit an das end,
Da die macht und sterke wendt.
Es wird durch weisheit oft verschafft,
Das man durch große sterk und kraft
Nicht het kunt regen oder rüren,
Tut man durch witz hinaus füren.
Der groß philosophus Lysander,
Ein rat der Lacedemonier,
Derselb pflag sprichworts weis zu sagen:
„Wenn sich die maßen lang zutragen,
Die löwenhaut kans nicht bedecken;
Wiewol mans denen tut und recken,
Muß man den fuchsbalg heften dran,
Daß man mög mit der leng bestan."
Das heißt, was nicht erreicht die kraft,
Dasselb geschicklichkeit verschafft.
Ovidius sagt auch des gleichen:
„Was man mit macht nicht kan erreichen,
Erlangt man durch künheit und list,
Dazu der will auch gnugsam ist."

Die achtundsechzigste Fabel.

Vom alten Apfelbaum.

Es het ein baur in seinem garten
Ein apfelbaum, des tet er warten,
Denn er von selbem äpfeln schon
An größ und gschmack all jar möcht han.

---

67. 16 vor handen han, vornehmen wollen. — 20 wenden, wie oben intrans. sich abwenden, aufhören. — 25 Lysander, Plutarch, Vita Lysandri, Kap. 8. Der lakedämonische Feldherr während des peloponnesischen Krieges ist gemeint. — 28 sich zutragen, beschaffen sein, ausfallen.

Er las aus, welchs die besten wern,
Brachts järlich in die stadt seim herrn.
Dem schmecktens aus der maßen wol,
Gedacht bei im: fürwar ich sol
Den baum in meinen garten setzen,
Daß ich mich mög der frucht ergetzen!
Als nun der baum ward da versetzt
Und an der wurzel gar verletzt,
Nach dem er war von jaren alt,
Hub an und tet verdorren bald.
Da solchs dem herrn ward angesagt,
Den schaden er gar ser beklagt,
Sprach: „Schwerlich leßt sich ein alter baum
Versetzen auf ein fremden raum.
Ach het ich meinen geiz kunt stillen,
Mit den äpfeln die augen füllen,
So wers daraus genug gewesen,
Daß ich vom baum het äpfel glesen.“
¶ Wer allweg zu vil haben wil
Und setzt dem geiz kein maß noch zil,
Derselb verleurt oft, das er hat,
Und komt zum andern auch zu spat.
Das er gern het, erlanget nicht,
Wie dem geizigen hund geschicht
Mit dem stück fleisch, welchs im im bach
Entfiel, daß ers nicht wider sach.
Man sagt: wers klein verachten tut,
Dem komt das groß auch nicht zu gut.

Die neunundsechzigste Fabel.

Vom Löwen und dem Frosch.

Es gieng ein löw bei einem bach
Spazieren, sich gar weit umbsach:
Da ward er keines menschen gwar.
Ein gschrei hub sich im waßer dar.

Der löw erschrack und stund da still,
Gedacht, was hie nach kommen wil.
Ein kleines fröschlin aushér kroch;
Da stund der löw und sahe im nach
Und sprach: „Du armes, nichtigs tier,
Solstu ein schrecken machen mir?
Bistu der held, der grusen hat?"
Mit seinen füßen trat ers tot.
¶ Hier wird glert, daß wir uns sollen
In gringen sachen nicht forchtsam stellen,
Und uns vor dem nicht solln entsetzen,
Der uns mit schaden nicht kan letzen.
Man sagt: wer tut von drauen sterben,
Des leib sol nicht den kirchhof erben,
Den sol man bleuten und besingen
Mit glocken, die in hosen klingen,
Und sol in in das heu vergraben,
Welchs im hindergmach wird aufghaben.

Die siebzigste Fabel.

Von der Ameisen.

In sommers hitz, bei warmer sonnen
Ein ameis kam zum külen brunnen,
Der lag dort under einer eschen,
Irn übergroßen durst zu leschen.
Wie sichs bucket, fiels nach der schwer
In brunnen da; on als gefer
Saß auf demselben baum ein taub,
Die nestet doben in dem laub.
Mit iren füßen sie da faßt
Und bricht vom selben baum ein ast;
Der fiel hinab in brunnen bald,
Darauf die ameis sucht enthalt;

---

69. 19 bleuten, zu Grabe läuten.
70. 12 enthalt, Zuflucht.

Sie kroch heraus, behielt das leben.
In dem sichs weiter tet begeben,
Ein vögler kam, stellt nach der tauben,
Daß er im wald möcht vögel rauben,
Mit fleiß trachtet der tauben nach
Mit stricken an dem baume hoch.
Die ameis ward desselben gwar,
In schuch kroch sie dem vögler dar,
Biß in, daß er den schuch auszohe:
In dem die taub von dannen flohe.
¶ Es lert uns dise ameis klein,
Daß wir all sollen dankbar sein
Denen, die uns han guts getan,
Das gut nicht unvergolten lan,
Und wers nicht tun kan mit der tat,
Ist gnug, daß er den willen hat.

Die einundsiebzigste Fabel.

Von Vögeln.

Vor zeiten, da der vögel war
Bei einander ein große schar
Versamlet, daß sie hielten gmein,
Eintrechtig schloßen all mit ein
Und einen könig welen teten,
Der ire sachen könt vertreten
Und in faßen ein regiment,
Daß sie nicht flöhen so zertrennt.
Solchs hort der pfau und trat herfür,
Sprach: „Lieben freunde, gebt gehör!
Es ist der brauch in aller welt,
Daß recht und gsetz werden gestellt;
Und dweil es nun die meinung hat
Und wir drumb gangen sein zu rat,

---

71. 4 schließen, beschließen.

Daß wir müßen ein könig han,
Dunkt mich fürwar, ich sei der man,
Villeicht von Gott darzu versehen,
Wie meine kleider solchs verjehen.
Ein gülden stück trag ich stets an,
Hab ich auf meinem haubt ein kron,
Derhalb von art darzu geborn,
Würd ich auch eintrechtig gekorn;
Billich bin ich eur könig, herr,
Dörft hinforder keinr sorgen mer."
Die vögel mit einander redten
Und sprachen: „Zwar, wenn wirs nicht teten,
Wüstens zu verantworten nit."
Die kur war auch dem haufen mit:
Eintrechtiglich den pfauen welten
Und ein amt nach dem andern bstellten.
Die atzel sich bald zuhin macht
Und dise wal allein anfacht
Und sprach: „Herr könig, laßt euch sagen,
Wird sich einmal ein krieg zutragen,
Und daß der adler, wie er pflegt,
Sich wider uns feindlich erregt,
Und ir in harnisch kriechen solt,
Wolt gerne sehn, womit ir wolt
Uns all verfechten und beschützen.
Was kan das gülden stück denn nützen?
Denn hilft nicht der gespiegelt schwanz:
Er dient vil beßer an den tanz.
Ein gülden stück und hoher pracht
Fürwar kein rechten könig macht.
Mit weisheit, sterke, vernunft und kraft
Ein fürst mer dann mit prangen schafft."
¶ Es lert uns dise atzel, teilt,
Waran es oft den fürsten feilt,
Als weisheit, kraft, vernunft und sterk;
Dabei ein rechten fürsten merk.

---

71. 18 verjehen, aussagen, ausweisen. — 28 kur, Wahl. — 31 atzel, Elster. — 47 teilen, ein Urtheil sprechen. — 48 feilen, fehlen. — 50 merken, erkennen.

Leiblich schöne und stolzer mut
  Oft mer schaden denn frommen tut.
Gerechtigkeit, ein frum gemüte
  Reimen sich zum fürstlichen geblüte.
Der Gottes forcht vor augen hat,
  Dem folgt all ding recht früe und spat.

Die zweiundsiebzigste Fabel.

Vom Kranken und dem Arzt.

Es kam ein arzt zu einem kranken,
  Der tet von großer onmacht hanken:
Der arzt an im kein fleiß nicht spart,
  Wiewol er immer krenker ward
Und an der seuche gar verdarb,
  Biß er zuletst des todes starb.
Da sprach der arzt zu der freundschaft:
  „Diser hat solch krankheit verschafft
Durch freßen, saufen, unartig leben,
  Dazu er sich ganz het ergeben;
Wo er den lüsten widerstrebt,
  So het er freilich lenger glebt."
¶ Hiemit wird geben zu versten,
  Daß wir nicht wie die säu hin gen
In sauferei und vollem fraß,
  Sondern solln halten rechte maß;
In eßen, trinken und andern sachen
  Solln wirs keins weges übermachen.
Es sagt der hoch gelertst Maro
  Schließlich von Venus und Bacho:
„Den durst zu leschen dient der wein,
  Venus zu zeugen kindlin fein,
Das menschlich gschlecht dadurch gemert:
  Schedlich ist, wenn man drüber fert."

---

71. 56 folgen, von statten gehen, gelingen.

72. 2 hanken, wie hinken, praet. hanc (man vgl. auch mhd. hanc, genet. hankes, hinkend), wanken, kaum gehen können. — 9 unartig, unsittlich. — 18 übermachen, übertreiben, das Maß überschreiten. — 24 drüber faren, darüber hinausgehen.

Die dreiundsiebzigste Fabel.

Vom Löwen, Esel und Fuchsen.

Der löw wolt laufen auf das gejeid,
Nam mit den fuchs und esel beid
Und sprach: „Wir wölln zusamen jagen!
Laß sehn, was wil das glück uns tragen.“
Sie giengen mit dem löwen bald,
Zu jagen vor den grünen wald,
Fiengen mit hetzen und mit birschen
Hasen und reh, hinden und hirschen,
Warfens zusamen in das laub.
Der löw sprach: „Wer teilt uns den raub?“
Der esel sprach: „Das wil ich tun
On allen haß aufs gleichest nun.“
Als ers nun gleich geteilet het,
Der löw zorniglich grimmen tet
Und sprach: „Du teilest wie ein schalk:
Das sol dir kosten deinen balk!“
Von stund den esel gar zerriß,
Und im das herz im leib abbiß.
Zum fuchs sprach er: „Teil du jetzt recht,
Der esel war der sach zu schlecht.“
Der fuchs dem löwen da gehorcht
Und teilt den raub mit großer forcht.
Dem löwen gab ers ganz und gar
Biß auf ein kleines stück fürwar,
Das tet der fuchs vor sich behalten.
Da sprach der löw: „Des müß Gott walten!
Du bist fürwar ein kluger man.
Ich bit dich freundlich, sag mir an,
Von wem hastu solch weisheit glert?“
Zum toten esel er sich kert
Und sprach: „Des schad und ungefug
Haben mich jetzt gemachet klug,

73. 8 hinde, Hirschkuh. — 16 balk, Balg, Haut. — 29 glert, gelernt. — 31 ungefug, Unheil.

Und bin daraus berichtet wol,
Wie ich mit löwen teilen sol."
¶ Wer sich kan an sein nehsten keren,
Aus seinem unglück weisheit leren,
Wenn er seins nehsten schaden sicht,
Als daß im der zur warnung gschicht,
Seliglich in sein witz erhelt,
Daß er nicht bald in unglück fellt.

Die vierundsiebzigste Fabel.

Vom Wider und dem Wolfe.

Hoch an eim fenster lag ein wider:
Ein wolf lief daußen auf und nider.
Als in der wider laufen sach,
Mit lesterworten rief im nach,
Hieß in ein schelm und bösewicht.
Da sprach der wolf: „Fürwar, du nicht,
Sondern die stett, darauf du stest,
Die schilt mich jetzund allermeist.
Werst du hie außen, du soltsts wol laßen
Und dich zum teil deins scheltens maßen."
¶ Ein jeder han auf seinem mist
Vil frecher und gar zornig ist;
Wenn der hund ist bei seinem herrn,
Kan im das bellen niemand wern.
Also ist manch verzagter man,
Hebt oft mit zwein ein hader an
Nach glegenheit der stett und zeit;
Wer er daußen im felde weit,
Da wer er wol also verzagen,
Daß er sich nit mit eim dörft schlagen.

---

73. 35 **keren** an, richten nach. — 40 **bald**, leicht.

74. 19 **wer er verzagen**, durch das Hülfszeitwort umschrieben, verzagte er.

Die fünfundsiebzigste Fabel.

Vom Esel.

Ein esel tet groß arbeit schwer
Daußen bei einem gärtener;
Solchs klagt er dem Jupiter hoch,
Wie er trüg gar ein schweres joch,
Bat, daß er im dasselb wolt mindern
Und durch ein andern herren lindern.
Weil Jupiter ein gnedig gott,
Sich über die esel zurbarmen hot,
So wolt er auch des esels bitt
Auch unerhöret laßen nit.
Den ziegelstreicher er im gab,
Sprach: „Denselb zum herren hab!"
Da must er schwere ziegel tragen;
Dem Jupiter tets aber klagen,
Sprach: „Tu dich mein, o Gott, erbarmen
Und hilf aus nöten mir vil armen,
Daß ich ein andern herrn bekum:
Die stein mich wiegen umb und umb,
Die ich auf meinem rucken trag.
O Jupiter, erhör mein klag,
Mich mit eim andern herren versorg,
Der mir zum teil die arbeit borg
Und nicht so ser wie diser treib:
Sunst mit der last beligen bleib."
Da lacht der Jupiter so fron
Dort oben hoch in seinem tron,
Dacht: wil dem esel gnad beweisen,
Daß er mich hab dest mer zu preisen!
Und weist in an den lederer,
Sprach: „Gee zu dem, der sei dein herr."
Als der esel den gerber sach,
Zum Jupiter gar kleglich sprach:

---

75. 14 aber, abermals. — 17 wiegen, hin und her bewegen, schwankend machen. — 22 borgen, zeitweilig erlassen; vgl. schenken (z. B. die Strafe), gänzlich erlassen. — 24 beligen bleiben, auf der Stelle liegen bleiben.

„Nun sihe ichs wol, wie sichs wil fügen.
Ich ließ mir an keim herren gnügen:
Jetzt hab ich zwar den rechten troffen,
Keinr guten tag darf ich mer hoffen.
Mit arbeit endige ich mein leben:
Nach meinem tod werd ich gegeben
Dem schelmenschinder, der mich streift,
Nach meiner haut mein herr denn läuft,
Die gerbt er und gibts umb ein pfund,
Und frißt mein fleisch des schinders hund."
¶ Kein mensch noch nie so bstendig ward,
Er het an im des esels art.
Die welt jetzt keinen menschen hat,
Dem das benügt an seinem stat.
Was jener hat, das wölln wir han:
Das unser stet uns übel an.
Meins nehsten wise hat beßer gras,
Meins nachbaurn pferd füttert sich baß,
Die meisten milch gibt seine kue,
Sein weib ich ser belieben tue.
Was sich beim andern tu erzeigen,
Dunkt mich beßer sein denn mein eigen,
Und wolt gern stets ein neues han:
Sich die achtzehend Fabel an.

Die sechsundsiebzigste Fabel.

Vom alten Weib und iren Megden.

Ein altes weib die het vil megd,
Die sie stets zu der arbeit regt,
Des nachtes umb den hanenkrat
Musten sie all auffsteen drat,
Ein stund drei oder vier vor tag,
Wenn sonst ein jeder ruhe pflag.

---

75. 39 streifen, abhäuten. — 46 stat, Stand, Lage.

Daſſelb verdroß die faulen ſecke,
Daß man ſie tet ſo frue aufwecke,
Warfen die ſchuld auf den haushan,
Sprachen: „Als unglück gee in an!
Es tagt dem ſchelmen allzeit fru,
Drumb muß man ſehen, wie man tu.“
In dem die frau zur kirchen gieng,
Die jüngſte magd den haushan fieng,
Die ander nam den armen tropf
Und hau im ab da ſeinen kopf:
„Iſt gut, daß wir dich mögen fellen;
Du wirſt nicht mer den ſeiger ſtellen,
Daß man uns wecke, wie man pflag:
Hinfort ſchlafen wir biß mittag.“
Half aber nicht ir liſtig trug,
Die frau war inen vil zu klug.
Als ſie ſahe, daß der haushan war
Hinweg und auch vorkommen gar,
Ein ander liſt ſie bald erdacht,
Weckt die megd bald umb mitternacht,
Gedacht: ich wil euch das wol machen,
Daß ir des ſcherzs nicht mer ſolt lachen!
¶ Mancher entleuft eim kleinen ſchaden
Und tut ein größern auf ſich laden,
Dem regen oft entlaufen tut
Und ſenket ſich ins waßers flut.

Die ſiebenundſiebzigſte Fabel.

Vom Eſel und Pferd.

Der grobe eſel ſahe ein pferd,
War groß und ſchon, vil geltes wert,
Gebunden ſten an einem barren,
Tet in die erd mit füßen ſcharren.

---

76. 16 hau, praet. von hauen, mhd. houwen, hiu. — 18 ſeiger, Uhr, eigentlich Sanduhr. — 24 vorkommen, verkommen, hinweggekommen.

77. 3 barren, Baum, Pfeiler, Lattierbaum.

Teglich trug man ims futer zu.
Der esel sprach: „Selig bistu!
Stest müßig stets in großer wäl,
Dargegen tu ich arbeits vil
Mit holz und waßer tragen immer,
Dennoch werm oder wesch ich mich nimmer,
Werd übel gspeist und wol geschlagen
In meinen unseligen tagen.
Zu eitelm unglück bin ich geborn:
All hoffnung ist an mir verlorn.
Darzu umbsunst mein herr mich haßt,
Meins diensts mich nicht genießen laßt."
In dem hub sich im land ein strauß,
Daß man alarma tet rufen aus.
Der reuter sprach zu seinem pferd,
Welchs er het lang gehalten wert,
Den sattel legt im auf gar drat,
Sein harnisch und sein sarewat,
Damit bedeckt ers ganz und gar
Und setzt sich drauf, so groß er war.
Zum haufen zohe er mit sein gsellen,
Must sich das pferd auch frindlich stellen,
Im krieg gewarten schöß und stich.
Der esel sprach: „Gott bhüte mich!
Vorwar, ich hab zu danken Gott,
Daß er mich nicht erschaffen hat
Ein solchen hengst und großen gaul,
Gut ists, daß ich ein esel faul
Und worden ein verachtet tier,
Daran laß ich benügen mir,
Bin wol zu fried in meinem beruf,
Und daß mich Gott ein esel schuf."
¶ Welch selig helt der gmeine man,
Die seind gemeinlich übel dran.
Also die sich bedunken laßen,
Daß sichs mit inen helt dermaßen,

77. 7 wäl, mhd. wal, Wähligkeit, Freude, Lust. — 22 sarewat, Panzerkleid. — 37 welch, welche, diejenigen welche.

Ir gringer stand dünket sie schwer:
  Die gen zum esel in die ler
Und tun im iren kummer klagen,
  Der wird in wol die warheit sagen.
Es kumt wol, daß ein schuster sitzt,
  Uber seiner sauren arbeit schwitzt,
Siht einen könig on gefer
  Reiten in großer pracht daher;
Denn denkt er: selig ist der man,
  Dem Gott solch gut und ere gan!
Denkt nicht, daß er voll sorgen steckt,
  Die er mit gold und seiden deckt.
Dieweil sitzt er auf seinem schemel,
  Hebt sein augen frölich gen himel,
Folgt seinem beruf mit gutem gwißen
  Und tut mit freud sein brot genießen,
Und ist also dem schuster baß
  Denn dem, der auf dem rosse saß.
Wer diß nicht glaubt, frag die dorfmaus,
  Wie es ir gieng ins bürgers haus,
Da sie zu gast geladen war,
  Zeigt dir die neunte fabel klar.

Die achtundsiebzigiste Fabel.

Vom Löwen und der Geiß.

Hoch an eim felsen sucht ir futter
  Ein alte geiß, des zickels mutter.
Das sahe ein löw dort niden fer,
  Sprach: „Liebe schwester, kom doch her,
Hernider in das grüne gras,
  Daß du dich mögest weiden baß.“
Da sprach die Geiß: „Villeicht ichs tet,
  Wenn ich dich nit gesehen het.
Du redst es nicht zu meinem frommen,
  Daß ich hinab ins grün sol kommen,

Sondern vil mer umb deinetwillen:
Mit mir woltst deinen hunger stillen.
Ich laß mich nit von dir betören,
Du wirst mir heut die beicht nit hören."
¶ Die fabel lert, daß wir nit söllen
Allen ratgebern glauben stellen.
Der löw redt hie, was im ist mit;
Die geiß ist klug und folgt im nit,
Wird nicht wie der adler betört,
Wie dich die zehent fabel lert.

Die neunundsiebzigste Fabel.

Vom Geier und andern Vögeln.

Der geier sein jartag halten wolte,
Und bat all vögel, daß sie solten
Zu gast auf einen abent komen,
Denn er im ganz het fürgenomen,
Seinen freunden, den vögeln allen,
Ein gestbot tun zu wolgefallen,
Sein herrlichkeit sie mochten sehen.
Demselben ist also geschehen,
Die vögel kamen all mit haufen,
Der geier tet in entgegen laufen
Und hieß sie all willkommen sein,
Fürt sie mit im ins haus hinein,
Hin in die kamer nach ein ander.
Da las er inen den kalander,
Daß irer keiner wider kam,
In allesamt das leben nam.
¶ Wer jetzt wil in der welt umbgan,
Der muß gar gnau in achtung han,
Daß er sich vor den gsellen hüte,
Die im begegn wie in der güte,

---

78. 17 mit sein, genehm sein.
79. 6 gestbot, Gastgebot.—14 den kalander lesen, den Text lesen, zur Rechenschaft ziehen (von den Monatsversammlungen der Kalandsbrüderschaft).

Mit schmeichelworten in betören,
   Biß daß sie in den credo leren;
Wenn sie in denn gefürt aufs eis,
   Wird er zuletst mit schaden weis;
Denn jetzt die welt so treulich ist,
   Daß wenn man dir das best vorlist,
So ists im grund betriegerei.
   Bei vilen leuten, glaub mir frei,
Mit warheit wird die lüg staffiert
   Und mit honig das gift geschmiert.
Denn also gets zu diser zeit:
   In gutem glauben btreugt man dleut,
Mit list den frommen überfert;
   Glaub mir, ich bins mit schaden glert.

Die achtzigste Fabel.

Von Antvögelen und Kranchen.

Im feld ein acker het ein baur,
   Darauf ließ er ims werden saur,
Mit weizen tet ern dick beseen,
   Auf daß er möcht dest reicher meen.
Da flohen im die kranchen auf
   Und antvögel ein großer hauf,
Fraßen im auf den samen gar.
   Zuletzt ward sein der baur gewar,
Uber die vögel sein zorn ergrimmt,
   Sein gsellschaft er bald zu sich nimt,
Mit knütteln liefens auf den acker.
   Da waren bald die kranchen wacker,
Flohen davon, wie sie denn pflegen;
   Die enten musten sich erwegen,
Dem bauren seinen schaden büßen.
   Mit schwerem leib und breiten füßen

---

79. 22 den credo leren, wie oben: die Beichte hören. — 33 überfaren, wie oben: fangen, berücken.

80. 4 meen, mähen, ernten. — 5 da ... auf, darauf. — 10 gesellschaft, seine Freunde und Nachbarn. — 14 sich erwegen c. genet., über sich nehmen, herhalten.

Kuntens zum fliegen nicht erschwingen;
Die bauren tetens umberingen,
Schlugens mit knütteln gar darnider:
Zum andern mal kamens nicht wider.
¶ Oft wenn ein stadt belegert wird
Und von den feinden gar zerstört,
Kan sich der arm leichtlich erheben,
Fleucht, daß er retten mög das leben;
Dem reichen hindert ser sein gut,
Hangt im am hals und gar we tut,
Daß er dasselb sol laßen hinden:
Darumb in oft die feinde finden,
Bei seinem gelt wird tot geschlagen,
Stirbt in elendiglichen tagen.
Es spricht der herr Christus also
Im evangelisten Mattheo,
Da er den jüden drauen tut
Verterb und fall irs übermut,
Daß Hierusalem zerstört solt werden
Und nider gerißen zu der erden,
Warnt seine jünger vor solchem schaden,
Daß sie des mögen sein entladen,
Und spricht: „We denn den schwangeren
Zur selben zeit, den seugenden!“
Bei denselben er uns bedeut
Die großen, schweren, reichen leut,
Die ir gelt tut in krieg beschweren,
Als frauen, die klein kinder neren,
Können sich schwerlich damit bewegen,
Die schwangern können sich auch nit regen
Und sind zu laufen ungerüst.
Also auch umb den reichen ist,
Den bringt sein gelt in krieges not
In große far und in den tot.
In kriegsgescheften ist das gelt,
Davon der mensche gar vil helt,
Mer hinderlich und beschwerlich
Denn breuchlich oder fürderlich.

---

80. 25 hindern c. dat. — 44 als, wie, zum Beispiel. — 54 breuchlich, brauchbar, nützlich.

Die einundachtzigste Fabel.

Vom Jupiter und dem Affen.

Jupiter sah von oben herab,
Wie wunderlich und seltzam hab
Sich auf der erden tun bewegen,
Die tier sich durch einander regen,
Und wie eins bei dem andern lebt:
Es lauft, es kreucht, es fleugt, es webt.
Draus Jupiter verursacht ward,
Sie all zu sehen nach irer art,
Zu wissen tet mit fleiß begeren,
Welchs möcht die schönsten kinder gberen,
Und ruft zusamen all das gschwürm
An tiern, an vögeln und gewürm.
Da tet ein jeder zuhin laufen
Gehorsamlich mit großen haufen,
Die alten mit der jungen zucht,
Ein jeder bracht seins leibes frucht.
Die aff zuletst sich auch da findt
Und trug auf jedem arm ein kind,
Zum Jupiter tet sich auch machen.
Da bgunten alle tier zu lachen:
So scheußlich warn die jungen affen,
Nach in ein jedes tier tet gaffen.
Auch Jupiter zur selben stund
Des lachens nicht enthalten kunt
Und lacht gar laut undern haufen.
Die aff tet neher zu im laufen
Und sprach: „Dank habt, herr Jupiter!
Nun sihe ich wol, daß ir seit der,
Der weiß vor schwarz erkennen kan,
Und ich die schönsten kinder han,
Wie ich an eurem lachen spür,
Ein gülden nem ich nicht dafür.“
¶ Eim jeden gfellt sein weise wol,
Drumb ist das land auch narren voll.

---

81. 2 hab, Dinge. — 11 gschwürm, Geschwärm, Gewimmel. — 17 die aff, die Aeffin.

Eim jeden dunkt das sein das best,
  Dasselb nicht gern verachten leßt.
Was an im selber ist heßlich,
  Das macht die liebe seuberlich,
Und sellt die lieb so bald in kat
  Als auf ein rotes rosenblat.

Die zweiundachtzigste Fabel.

Von der Eichen und dem Ror.

Im wald da stund ein alte eichen,
  Tet weit über ander beum ausreichen;
Sie war gewachsen groß und feste,
  Het gar vil harter, knorrechter äste,
Drauf sich der baum gar ser verließ,
  Aus hoffart sich gar hoch aufblies
Und redt ein ror gar trotzig an,
  Sprach: „Bistu nun ein beherzter man,
So tritt hervor auf disen platz
  Und leg dich mit mir in den hatz,
Auf daß es klar komm an den tag,
  Was du und ich an sterk vermag.“
Das ror vernam des baumes pracht,
  Wie er sich rümt und gscheftig macht,
Und sprach: „Fürwar, dein trotzig pral
  Ficht mich nicht an ganz überal;
Ich achts gering, darumb ich mich
  Jetzund vorwar nicht reib an dich;
Denn ich wol weiß, daß du bist groß,
  Ich bin vorwar nicht dein genoß.
Ich schem mich nicht meins unvermögen,
  Wiewol ich mich kan baß bewegen,

---

81. 39 so bald, eben so leicht als.

82. Dorp. D iij, 44; Aniani, Fabul. Hadriano Barlando interprete 82—85. — 13 pracht, Stolz, Ruhmredigkeit. — 14 gscheftig, wichtig. — 15 der pral, das Prahlen.

Auf alle seiten dem wind entweichen;
Wenn du vor großem sturm must streichen,
Und dich das wetter schleht zu drümmern,
So laß ich mich des nichtes kümmern
Und lach, wenns dir wird übel gan,
Und bleib vor allem wind bestan."
¶ Die fabel zeigt, daß sich die großen
Und starken vil bedunken laßen,
Verachten auch die klein daneben,
Gedenken nicht, daß Gott hat geben
Dem gringen oftmals große gnad,
Daß er unglück zu meiden hat,
Dieweil der große komt zů schaden,
Des er sich nimmer kan entladen.
Die großen krieger gmeinlich werden
Durch krieg genomen von der erden,
Und die vil schlachten haben tan,
Die seind in schlachten undergan.
Wer biegen kan auf alle seiten
Gegen all unfell, die an in reiten,
Antwort mit schweigen auf ir bochen:
Der hat sich gnug an in gerochen.

Die dreiundachtzigiste Fabel.

Vom Fischer und kleinen Fischlin.

Aufs glück der fischer warf sein ham,
Gar bald ein kleines fischlin kam,
Ward mit dem hamen aufgezohen.
„O", sprach das fischlin, „ich bin btrogen",
Bat den fischer, daß ers wolt laßen
Widerumb laufen seine straßen,
Daß es möcht elter und größer wern,

---

82. 24 streichen, beilegen (die Segel einziehen). — 42 an reiten, anfallen.
83. 1 ham, Hamen, Fangnetz.

Denn wolt sichs laßen fahen gern.
Der fischer sprach: „Wenn ich das tet,
Zwar kein vernunft ich bei mir het,
Bin allzeit gwest von solichem sinn:
Was vor mir ist, nem ich erst hin,
So lang biß ich ein beßers gewinn.“
¶ Es lert ein jeden die vernunft,
Daß wir nicht hoffen auf zukunft.
Es ist gewis das gegenwertig;
Was wir solln han, ist noch nicht fertig.
Beßer ein sperling in der hand
Denn ein schwan daußen auf dem sand.
Es bgibt sich zwischen des menschen mund
Manch fall und zwischen dem becher rund,
Dadurch der trunk oft wird verstört,
Wie uns ein ander fabel lert.

Die vierundachtzigste Fabel.

Von der Ameisen und Heuschreken.

Ein ameis in dem winter kalt
Under eim baum hat iren enthalt
Und in der erd ein loch gemacht,
Darin sie het zusamen bracht
Von gersten, weizen manchen kern,
Damit sie möcht des hungers wern.
Da kam ein heuschreck oder grillen,
Bat die ameis umb Gottes willen,
Daß sie ir wolt ein körnlin geben,
Der hunger brecht sie sonst umbs leben;
Der hunger und der winter kalt
Beengsten sie gar manichfalt,
Und sprach: „Wegerstu mir das korn,
Vor hunger hab ichs leben verlorn.“
Die ameis sahe da iren jammer,
Sprach: „Was hastu getan im sommer,

---

83. 21 fall, Zufall, Ereigniß.

Im sommer umb sanct Jacobs tag,
Da man das korn zu schneiden pflag?
Im Augst soltstu dich han versorgen,
So dürfts von mir kein korn jetzt borgen."
Sie sprach: „Ich hab den sommer lang
Auch nit hinbracht mit müßiggang:
Da saß ich teglich in dem korn,
Da die schnitter bei einander warn,
Ich sang in vor den ganzen tag,
Damit ich in der kurzweil pflag."
Da hub die ameis an und lacht:
„Hastu den sommer also hin bracht
Mit kurzweil und mit lieder singen,
So magstu jetzund auch wol springen
Und machen dir mit tanzen warm:
Des faulen ich mich nit erbarm."
¶ Des sommers solln wir fleißig werben,
Daß wir nicht mögen hungers sterben
Im winter, in der harten zeit,
Wenn all ding tot, gefroren leit;
Das ist, wir sollen in der jugent
Streben nach künsten und nach tugent;
Denn gelt und gut ist farende hab,
Und mit dem glück gets auf und ab.
Kunst, weisheit ist zu tragen wol,
Man gibt davon auch keinen zoll,
Du kansts im busen wol verhelen,
Dir könnens auch die dieb nicht stelen.
Drumb fleiß dich jung der kunst und witzen,
Die mögen dir im alter nützen
Und dich in aller not erhalten,
Wenn du der sachen Gott lest walten.

---

84. 17 Jacobstag, 25. Juli. — 19 Augst, mhd. aust, oegst, August. — 33 werben, sich bemühen, arbeiten. — 36 leit, liegt. — 45 die witze, der Verstand, die Kenntnisse.

Die fünfundachtzigste Fabel.

Vom Löwen und Ochsen.

Der löw tet einen ochsen hetzen,
Daß er sich vor im müst entsetzen,
Tet laufen nach dem stall so gach,
Der löw lief im von ferne nach.
Und wie der ochs war underwegen,
Tet im ein rauher bock begegnen,
Sein hörner im entgegen hielt
Und mit dem stoß recht auf in zielt.
Der ochs im aus dem wege wich
Und sprach: „Vor dir forcht ich nit mich;
Wenn der löw nicht dahinden wer,
Wolt ich dich jetzt wol mores ler,
Und soltst erfaren jetzt bei zeiten,
Was wer mit einem ochsen streiten,
Und wolt dich wol also zumachen,
Du soltests über ein jar nicht lachen."
¶ Uns lert die fabel, wenn wir sehen,
Daß unserm nehsten ist leid geschehen,
Sollens im nicht zum ergsten keren,
Damit wir im sein leid vermeren.
Es ist jetzt in der welt gemein,
Es wil kein unglück sein allein.
Wenn einr aus schwachheit fellt zu haufen,
Den wil ein jeder überlaufen;
So jemand in ein unglück fellt,
Gegen demselben man sich stellt,
Als wolt sich jeder an im rechen;
Da tut niemand zum besten sprechen.
Jederman fert in schimpflich an,
Als het er selb nie bös getan,
Und wer vor seiner tür ganz rein.
Derselbig werf den ersten stein.
Ich halt aber, wenn er nem ein liecht
Und schaut, wie er von innen sicht,
Da fund er auch wol etwas kleben,
Denn on gebrech mag niemand leben.

Die sechsundachtzigste Fabel.

Vom Weibe und dem Wolfe.

Es het ein weib ein kleines kind,
Wie man derselben noch wol findt,
Das kunts mit etzen oder seugen
Von seinem weinen nimmer schweigen;
Es weinet dennoch tag und nacht.
Die mutter zorniglich bedacht
Und sprach: „Wilt nicht dein weinen laßen,
Hinaus werf ich dich auf die straßen,
Auf daß dich da der wolf mög freßen,
Eins bösen kinds kan wol vergeßen.“
In dem ein wolf lief eben für,
Zur selben zeit kam für die tür,
Das weib hort mit dem kinde ringen,
Gedacht: möcht dir ein solchs gelingen,
Du woltest gern die nacht hie bleiben!
Solchs tet die frau nun lang betreiben,
Dreut stets dem kinde mit der scherfe,
Hinaus wolt sies dem wolfe werfen.
Zuletst begunt das kind zu schlafen:
Vergebens war des wolfes hoffen.
Es macht das hoffen und das harren
Die ganze nacht den wolf zum narren,
Biß daß der liechte tag anbrach
Und er die hunde laufen sach.
Het lang gefrorn, mit leerem bauche
Tet er sich trollen nach dem strauche.
Sein weib lief im von fern entgegen,
Sein kinder teten sich auch regen
Und meinten, durch sein lang abwesen
Het dester größern raub erlesen.

---

86. Dorp. D iij[b] 6, 46; Fabulae Aniani Guilielmo Hermano interprete. — 3 etzen, füttern. — 4 schweigen, zum Schweigen bringen, beruhigen. — 6 zorniglich bedacht, war zornig in ihrem Sinn. — 13 ringen, sich abquälen.

Die wölfin sahe, daß er nicht het;
Gar trauriglich in fragen tet
Und sprach: „Hastu gar nichts gefangen?
So ist umbsunst all uns verlangen."
Der wolf antwort gar trauriglich:
„Ein weib hat heint betrogen mich,
Mit irem kind hat mich genarrt,
Darauf die ganze nacht geharrt:
Heraus zu werfen oft verhieß,
Dennoch sies bei ir ligen ließ."
Die wölfin sprach: „Du alter narr,
Gee wider hin, noch lenger harr:
Du soltst dich harren wol zu tot,
So leid kein kind sein mutter hot,
Wenns schon die ganze nacht solt weinen
Oder sich zehen mal verunreinen,
So wirfts man doch dem wolf nicht für:
Magst wol gen für ein ander tür."
¶ Bei disem weib wird angezeigt
Die liebe, welche die mutter tregt
Zu iren unartigen kinden:
Tuts dennocht waschen, wischen, winden,
Mit iren brüsten selber seugen,
Und was sie in sunst kan erzeigen,
Auf daß die mütterliche liebe
Gegn den kindern sich ernstlich iebe.
Man sagt, daß man die bschißne kind
Nicht oftmals weg geworfen findt.

---

86. 31 nicht, nichts. — 34 uns, unse, ndl. Form, unser. — 36 heint, heute Nacht. — 44 kein kind, Accusativ; leid haben, Gegensatz zu lieb haben. — 52 winden, wickeln.

Die siebenundachtzigste Fabel.

Vom Schnecken und Adler.

Ein schneck verdroß einmal das krichen,
Daß er must auf der erden schlichen;
Zum adler sprach: „Horch, laß dir sagen,
Wiltu mich nauf gen himel tragen,
Daß ich mög in den lüften schweben,
Vil edler gstein wil ich dir geben,
Die ich hab in dem roten mer
Gelesen, mit mir bracht hieher.“
Der adler sprach: „Das wil ich tun,
Haltu mir, was du globest nun.“
Der adler nam in in sein kluft,
Fürt in hoch oben in die luft,
Daß er möcht sehn weit in die welt;
Bald mit im wider abher fellt,
Setzt in beis waßer auf den plan
Und fordert da von im den lon.
Da het er nichts, das er mocht geben.
Der adlar stund im nach dem leben,
Mit seinen füßen in zerknüßt:
Dem schnecken ward sein lust gebüßt.
Het er die welt nicht wölln besehen,
Wer im nicht solcher unfall gschehen.
¶ Die fabel lert, ein jeder bleibe
In seinem stand und ernstlich treibe
Als, was im drin ist aufgelegt
Und was zum selben stand sich tregt.
Denn vormals ist es oft geschehen,
Habens auch augenscheinlich gsehen,
Daß etlich, wenn sie weren blieben
Und iren beruf mit fleiß getrieben,
Hettens gelebt sicher im fried.
Wie sie dasselb nun achten nit,

87. Dorpius hat die Schildkröte statt der Schnecke; Waldis folgte hier Boner. — 11 kluft, Kluppe, Klaue. — 19 zerknüßen, zerknötzen, kneten, zerdrücken. — 26 sich tragen zu, zuträglich sein, sich schicken.

Suchten mit list ein höhern stand,
Bald sich ir unglück selber fand,
Musten wider demütig werden
Und nider gschlagen zu der erden.
Dasselb uns klar anzeiget hat
Maria im magnificat,
Da sie von Gott dem vatter singt,
Daß er dem, der nach hoffart ringt
Und prächtiglich stolziert und lebt,
Mit ganzem ernst entgegen strebt
Und stürzt in hoch vom stul hernider
Und erhöhet den armen wider:
Wie uns jetzt alle hendel leren
So klar, daß mans nicht darf beweren.

Die achtundachtzigste Fabel.

Von zweien Krebsen.

Der krebs tet leren seinen son,
Er solt nicht mer hindersich gon,
Und sprach: „Sihe an die andern tier,
Haben der füß nicht mer denn vier
Und laufen dennoch vor sich weg.“
Der son sprach: „Vatter, wenn ich sehe,
Wie dir das laufen selb anstünd,
Dest beßer ichs denn lernen künt.“
¶ Es soll niemand strafen den andern
Umb das, darin er selb tut wandern,
Sunst sagt man: Arzt, sihe deinen feil,
Mach erst dein eigen wunden heil;
Aus deinem aug den balken füren,
So magst darnach den splitter rüren!

---

87. 38 magnificat, Lobgesang der Maria im Hause Elisabeth's, Luk. I, 40—55: Magnificat anima mea Dominum etc. — 46 darf, braucht; beweren, beweisen.

88. 11 feil, Fehl, Schaden, Gebrechen. — 13 füren aus, fortschaffen. — 14 rüren, berühren, anrühren, tadelnd hervorheben.

Die neunundachtzigste Fabel.

Von der Sonnen und Nordenwind.

Aus neid, hoffart der nordenwind
Einsmals sich zu der sonnen findt
Und sprach: „Laß sehn on arge list,
Welcher der sterkest under uns ist.“
Antwort die sonn: „Ich laß geschehen,
Bei jenem boten wölln wir sehen,
Welcher dorther get übers feld,
Wie sichs mit seinem mantel helt;
Wer im denselben kan abjagen,
Der sol den preis von hinnen tragen.“
Bald wet der wind kalt aus dem norden,
Ob er den boten wolt ermorden
Mit großem hagel, eis und schnee,
Das tet dem boten mechtig we.
Half nicht, wie heftig er auch facht,
Biß er den mantel doppelt macht.
Da wider schein die liebe sonne,
Bracht nach dem regen freud und wonne,
Mit hitz tet sie den boten trucken,
Daß im der mantel bald ward drucken,
Und stach auf in mit scharfen stralen,
Daß er sich dleng nicht kunt erholen.
Under einr grünen dicken buchen
Tet er sein ru im schatten suchen,
Warf bald von im mantel und hut,
Wie man in hitz des sommers tut.
Da het die schöne liebe sonnen
Dem Borea den preis angwonnen.
¶ Wider den, der dir nicht ist eben,
Soltu dich nit in kampf begeben;
Ob du villeicht wol sterker bist,
Doch übertrifft er dich mit list:
Mit bhendigkeit tut dir den hon,
Den du mit sterk im nit hetst ton.

89. 15 facht, praet. von fechten, sich wehren, dagegen anstreben. — 19 trucken, trocknen. — 20 drucken, drücken. — 22 dleng, lange Zeit.

Die neunzigste Fabel.

Vom Esel.

Der müller het ein esel alt,
Der entlief im ein mal in walt;
Da fand ein haut von einem lauen:
Der esel tets mit freud anschauen
Und sprach: „Ich wil ein löw auch werden
An haut und har und allen berden.“
Er kroch bald in die löwenhaut
Und seinen kleidern vil vertraut,
Gleich wie ein löw tet umbher springen,
Wolt nicht mer wie ein esel singen.
Er lief bald hin zu felde dar:
Da wurden sein die tier gewar.
Bald flohen ochsen, schaf und rinder,
Nach der mülen liefen die kinder
Und zeigtens irem vatter an:
„Hör zu, was wir gesehen han!
Aus dem wald kam ein grausam tier,
Des gleich noch nie gesehen wir.
Drumb teten wir von stund her laufen
Mit allem vih an einem haufen.
Hets uns ergriffen in seim zorn,
Wir wern mit vih, mit all verlorn.“
Der müller sprach: „Was mags gesein?
Wiewol ich jetzund bin allein,
Das tier zu bsehen wil ich wagen.“
Er nam sein köcher und den bogen,
Lief naus; der esel bald zusprang,
Mit brüllen auf den müller drang.
Der müller dacht: was tiers ist das?
Zum esel trat er zuhin baß:
Misdunken het er an der stimm,
Sie wer nit eines löwen grimm.
Bald sahe er esels orn aus ragen,
Sprach: „Liebes tierlin, laß dir sagen,

90. 6 berde, Geberde. — 31 misdunken, Bedenken, Mistrauen.

Ich acht nicht groß auf deinen trutz:
  Du stellst dich wie ein fasnachtbutz,
Daß vih und kinder vor dir fliegen;
  Mich aber kanstu nit betriegen.
Ich kenn dich, lieber esel, wol,
  Weiß wol, wie ich dich nennen sol.
Vor mir kein spiegelfechten gilt,
  Daß dich eim löwen gleichen wilt,
Zeuh aus, zeuh aus den fremden rock!"
  Erwischt ein groben heseln stock,
Schlug seinen esel wol zur kür,
  Jagt in in stall und gab im für
Sein gwonlich futter, grob gerstenstro.
  Seins prangens ward er nicht gar fro
Und blieb ein esel, wie er was:
  Vor diß must er auch haben das.
¶ Der grobe esel solt uns leren,
  Daß wir selb sehen, wer wir weren,
Denn mancher jetzt hoch einher fert,
  Tut sich herfür, als sei er glert,
Sagt, wie er könn griechisch, ebreisch,
  Latein, arabisch und chaldeisch,
Schwatzt vil davon beim gmeinen man,
  Der sicht in vor ein doctor an.
Wenn er aber bei glerte komt,
  Mit seinen sprachen gar verstumt,
Von künsten hat ein lere taschen,
  Kan nicht zur sach ein löffel waschen.
Der sein jetzt vil, die umbher streichen,
  Zum armen volk in dwinkel schleichen,
Vil ergerlich artikel rüren,
  Damit das unglert volk verfüren.
Wenn man ir ler im grund besicht,
  Helts bei die heilig schrift ans liecht,
Findt sichs vom teufel sein entsproßen
  Und durch ein esels kopf gefloßen.

90. 44 heseln, von **der Hasel**. — 45 **zur kür** (zur Wahl), auf alle mögliche Art. Vgl. mhd. in maneger kür, auf vielfache Weise. — 50 vor, für. — 62: sprichwörtlich, versteht nicht das geringste davon.

Dann ragen aus die eselsoren,
  Dabei man kennen mag den toren.
Zeuht man im ab die schmeichelhaut,
  So findt man drin ein teufelskraut
Und ein böses verdamt gewißen,
  Durch misverstand der schrift zerrißen.
Denn ist not, daß der müller kum
  Und treib ein solchen gESELlen umb
Zum gerstenstro, daß er nicht mer
  Die leut verfür mit seiner ler.
Hüt euch, sagt Christus, seht euch wol für,
  Wenn sie euch kommen für die tür,
Wie schaf mit euch reden beginnen,
  So zeigt die frucht den wolf von innen.
Also auch in weltlichen sachen
  Tut sich mancher herfür machen,
Rümt seinen adel und hohen stand,
  Damit sich machen wil bekant,
Er sei von hohen, großen leuten,
  Hab vil getan in sturm und streiten,
In fremden landen vil gesehen,
  Was winders hie und dort geschehen,
Könn bauen, hauen, schnitzen, gießen,
  Könn büchsen leuten, glocken schießen,
Und was sonst in der welt umbfert,
  Das hab er alles ausgelert,
Und brengt ein solcher bub mit listen
  Gar oft vil pfennig von den christen.
Wenn er denn solchs hat ausgericht,
  Zuletst komt einer, der tut bericht,
Deckt auf sein sach und macht sie bar,
  Daß man den btrug mag sehen klar,
Und zeuht im ab den löwenbalk,
  Findt sich ein esel und großer schalk.

---

90. 73 die schmeichelhaut, die falsche Haut. — 78 gESELlen, häufig in Schriften des 16. Jahrhunderts gebrauchter Witz. — 104 bar machen, offenbar machen, entblößen.

Die einundneunzigste Fabel.

Vom Frosch und Fuchs.

Es kroch ein frosch aus einer pfützen
Und wolt nicht lenger im waßer sitzen,
Tet wandern in den grünen walt;
Da fand vil tierlin, jung und alt.
Er sprach: „Gott grüß euch, lieben freund,
Wenn ir all wisten, was ich künt,
Ir solt mich hoch in eren halten.“
Da sprach der has, einr von den alten:
„Sag, lieb schwester, was ist dein kunst,
Damit du meinst zurlangen gunst?“
Er sprach: „Die schöne kunst arznei
Hab ich gelernt, und bkennes frei,
Zu Mompeliers in Frankenreich,
In Welschland, zu Paris dem gleich.
Galenus und Hippocrates
Haben sich nie geflißen des,
Als, was ich kan zu diser frist,
Haben dieselben nie gewist;
Und ob jemand von euch was felt,
Ich wil in umb ein gringes gelt
On alle we und sonder schaden
Desselben übels bald entladen.“
Die tierlin glaubten im zum teil,
Wolten aufdecken iren feil.
Da lacht der fuchs und sprach: „Ir toren,
Sagt dem doctor, daß er zuvorn
Hin ge und mach sich selber gsund.
Seht, wie bleich ist er umb den mund,
Das komt im als von kelt des magen.
Laßt in sein brechen erst vertragen;
Wenn er denselb vertrieben hat,
Denn wölln wir bei im suchen rat.“
¶ Es ist ein narr, der sich da rümt
Des, welchs im doch nicht eben kümt,

---

91. 30 brechen, Gebrechen. — 34 eben kümt, angemessen ist, zukommt, ziemt.

Und sich wol zen zu tun erwegt,
Der doch sein macht kaum eins ertregt.
Der lon ist, daß man in belacht
Und wie ein narren gar veracht,
Wie oben oftmals ist bedacht.

Die zweiundneunzigste Fabel.

Vom beißigen Hunde.

Beim bauren war ein hund gar beißig
Und auf die leut mit bellen fleißig,
Drumb im sein herr anhieng ein schellen,
Auf daß die leute vor dem bellen
Und vor seinem beißigen wüten
Sich nach dem zeichen mochten hüten.
Darob der hund aus hohem pracht
Seins gleichen hunde gar veracht
Und meint, er trüg darumb das zeichen,
Daß kein ander hund künt erreichen
Sein tugent und geschicklichkeit;
Solchs war den andern hunden leid.
Da sprach zu im ein alter hund,
Der die sachen vil baß verstund:
„Das zeichen ist dir nicht gegeben
Zu deinen eren, merk mich eben,
Sondern daß die leut merken dabei,
Was bosheit und schalkheit in dir sei,
Und dich dest baß haben zu meiden.
Zu einer straf must du das leiden;
Daß man dabei deinr bosheit gdenkt,
Ist dir die schellen angehenkt.“
¶ Es zeuht sich mancher das zun eren,
Das man im mag zur schande keren.
Wie oft die rumredigen pflegen
Und sich einr großen schand erwegen,

---

91. 35 zehn, zehnerlei.

Umb kleine ere zu erlangen,
Und bleiben doch zu letst behangen
In solcher schand on alle er:
Erfarnheit han wir des zu ler.

Die dreiundneunzigste Fabel.

Vom Cameltier.

Der Camel tet sich beklagen ser,
Wie bloß er stünd on alle wer,
Und wer dennocht so hoch gewachsen;
Daneben sehe er sten den ochsen,
Der trüg zwei hörner lang mit eren,
Damit er sich der feind möcht weren;
Er aber wist sich nit zu retten,
Ob einst der feind wurd an in treten
Und auf in seine zäne wetzen,
So het er sich nit zu entsetzen.
Den Jupiter rief bittlich an,
Daß er sich wolt erbarmen lan,
Aus gnaden im zwei hörner geben,
Daß er in nöten möcht sein leben
Erretten vor den feinden bös
Und irem feindlichen gedös.
Der torheit lacht der Jupiter
Und sprach: „Wie gar nerrisch ist der!
Er leßt im nicht an dem begnügen,
Welchs im Gott und natur zufügen,
Daß er so hoch ist auferwachsen
Und tregt ein sattel auf der achsen,
Ist sterker denn die andern tier
Und tregt auch mer denn ander vier.“
Aus zorn schneidt er im ab die oren,
Macht in den andern tiern zum toren,

---

93. 10 sich entsetzen, sich befreien, davonkommen. — 16 gedös, Toben, Anstürmen. — 22 achse, Achsel.

Daß er solchs bgert so unbedacht,
Ward von den andern dazu belacht.
¶ Was einem jedern gibt das glücke,
Das nem er als sein eigen stücke,
Welchs im ist worden zur ausbeut,
Und sehe nicht fast auf ander leut;
Denn solchs zu mermaln ist geschehn,
Als wir erfarn und selb gesehn,
Daß einer sein beruf verließ
Und im selbst ein beßers verhieß,
Sein anschlag aber felen tet,
Zu letst noch groß noch kleines het.

Die vierundneunzigste Fabel.

Von zweien Gesellen und dem Beren.

Zwen gsellen kamen zu einander
Und wolten beid zusamen wandern,
Schwuren einander rechte treu
Mit eides pflicht on alle reu,
Zu leiden beide tod und leben
Und was Gott und das glück wurd geben.
Begegnet in im wald ein ber,
Tet brüllend laufen zu in her.
Der ein erwüscht ein hohen baum,
Darauf entran dem beren kaum,
Daß er die ferlichkeit mocht meiden.
Der ander stund in großem leiden,
Gedacht: du kanst im nit entfliehen,
Die strebkatz mustu mit im ziehen,
Und sprach: kein andern rat ich weiß.
Er legt sich in ein wagenleis,
Sam wer er tot, tet sich hinstrecken,
Das angesicht mit laub bedecken.

---

94. 14 strebkatz, Spiel, in dem einer den andern an einem Seil zu sich herüberzuziehen sucht. (Frisch, 344.) — 17 sam, als.

Bald kam der ber und kert in umb,
Er lag, als wer er taub und stum,
Verhielt den atem mit maul und nas:
Da meint der ber, es wer ein as.
Als er in umb und umb besicht,
Get wider hin und tut im nicht.
Wie nun der ber verlaufen war,
Stieg er vom baum hernider dar,
Seinen gesellen fragen tet:
„Was hat der ber mit dir geredt,
Da er dir heimlich raunt ins or?"
Er sprach: „Er tet mich warnen zwar,
Daß ich eim solchen treulosen gsellen
Fürbaß nicht mer sol glauben stellen."

¶ Ein weißen rappen und schwarzen schwan,
Wer mag den je gesehen han?
Gar seltzam vögel in der welt.
Der maßen sichs auch jetzund helt
Mit dem glauben zu unsern zeiten,
Er ist ganz kleine bei den leuten,
Ein seltzam kraut, in almans garten
Darf mans zu wachsen nicht erwarten.
Man list, vor zeiten bei den alten
Tet einr dem andern glauben halten;
Jetzt sagt man, dwelt sei worden neu,
Gibt gute wort on alle treu:
Lach mich jetzt an und gib mich hin,
So falsch ist jetzt der welte sin.
Wer jetzt hat gut, der hat auch ere;
Es fraget niemand fürbaß mere.
Man sagt, seit untreu sei geborn,
So hat der glaub das feld verlorn.
Die not tut freunde kennen leren.
Wenn sie in nöten zu dir keren
Und tröstlich deines leids ergetzen,
Ir gut und leben für dich setzen
Und nimt sich an all deins gebrechen,
Den magst vor einen freund wol rechen.

---

94. 39 alman, jedermann. — 53 ergetzen, nämlich dich, c. gen. dich schadlos halten für dein Leid, trösten. — 56 rechen, rechnen.

Die ein mit solchen treuen meinen,
 Under tausent findstu kaum einen.
Darumb rat ich on allen spott,
 Daß man vertrau allein auf Gott
Und sich allein auf in verloß.
 Am glauben ist die menschheit bloß,
Und ist diß falls das fleisch kein nutz;
 Verlorn ist all sein hilf und schutz,
Und ist in allen sachen feil;
 Glaub mir, ich habs versucht zum teil.

Die fünfundneunzigste Fabel.

Vom kalen Reuter.

Es war ein reuter kal von har,
 Welchs im gar ausgefallen war,
Ein fremdes har tet er da kaufen
 Und macht dasselbig fein zu haufen,
Auf eine hauben tet ers leimen,
 Daß sichs rund umb den kopf must reimen,
Und reit damit hinaus ins feld.
 Wie er bei andern reutern helt,
Wet on gefer der nordenwind:
 Dem reuter sich sein haubt aufbindt
Und flohe hinweg mit allem har.
 Da saß der reuter kal und bar,
Damit das volk tet lachen machen.
 Zuletst must auch der reuter lachen
Und sprach: „Was neues lacht ir hie?
 Habt ir solchs vor gesehen nie?
Es ist kein wunder für euch allen,
 Daß mir die fremden har entfallen,
Weil mir entfallen sein zuvorn,
 Die mir zum kopf gewachsen warn."

---

94. 57 meinen, gesinnt sein gegen, treu zugethan.

95. 6 sich reimen, passen, gut sitzen. — 10 sich aufbinden, sich lösen. — 16 vor, zuvor, früher.

¶ Schimpflich hat das der reuter bdacht,
Daß er auch mit den andern lacht,
Dieweils auch wol zu lachen war,
Daß im entfallen war das har.
Also wenn uns ein kleiner schad
Geschicht, des man zu lachen hat,
Daß wir uns denn des zorns auch maßen,
Nicht umb ein kleins erzörnen laßen.
Socrates, der groß und weise,
Ist ganz höchlich darumb zu preisen,
Daß er einsmals auf einen tag
Vor gricht mit einem backenschlag
Wolt nicht laßen erzörnen sich;
Verantworts aber gar höflich
Und sprach: „Es ist vor augenschein,
Die menschen nicht fürsichtig sein,
Nicht treffen können drechte zeit,
Wenn sie solln gen zu rat oder streit:
Denn möchten sie ein helm auffsetzen,
Daß man ir angsicht nicht möcht letzen."

Die sechsundneunzigste Fabel.

Von zweien Töpfen.

Zwen töpf bei einem waßer weren,
Der ein von erd, der ander eren:
Die riß hinweg des waßers flut.
Der erden sprach: „Es ist nit gut,
Daß wir also zusamen treiben:
Ich darf mich zwar an dich nicht reiben",
Und forcht sich ser der erden topf,
Daß im sein gsell zerstieß den kopf.

---

95. 21 **schimpflich**, scherzhaft, lustig. — 32 **vor gricht**, bei Dorpius: in foro.
96. 2 **eren**, ehern, von Erz. — 4 **erden**, irden.

Da sie nun walzten in dem bach,
Der eren zu dem erden sprach:
„Förcht dich nicht, ich hab acht und moßen,
Daß wir nicht an einander stoßen.“
Der **erden** sprach: „Ob du an mich
Wirst stoßen oder ich an dich,
Gschicht **mir** von beiden seiten leid:
Auf mich komt all die ferlichkeit.
Ein solchen unfall zu vermeiden
Nicht beßers, denn daß wir uns scheiden.“
¶ Ich rat, halt dich zu deinem gleichen,
Gelert bei glert, der **reich** zum reichen;
Also der gering zu seinem genoßen:
Der muß in unüberfallen laßen.
Helt sich der arm zum reichen dar,
Gschicht selten on des armen far.
Mit gleichem kumstu leichtlich hin:
Gleich haben gmeinlich gleichen sinn.

Die siebenundneunzigste Fabel.

Vom Baurn und dem Glück.

Ein baur einsmals den acker ert,
Darauf sich seiner arbeit nert.
Wie on gefer die forch umbfellt,
Findt er ein großen topf mit gelt.
Der baur war fro, danket der erd,
Daß sie im het den schatz beschert.
Zorniglich sprach zum baurn das glück:
„Das ist der undankbarkeit stück.
Dankest mir nicht, daß ich dir hab
Jetzund beschert solch große gab?
Wenn du den schatz nun wirdst verlieren,
Denn soltestu mir gar hofieren

96. 9 walzen, sich wälzen, rollen. — 11 moßen, Maß, Vorsicht.
97. 3 forch, Furche.

Und mich umb beistand rufen an,
Unerhört laß ich dich denn stan."
¶ Wenn wir entpfahen ein woltat,
Sölln uns dem, der sie geben hat,
Allzeit danknamig tun erzeigen,
Denn dank tut sich vor woltat eigen.
So eigent der undankbarkeit,
Daß man ir solches tu zu leid,
Entpfangne gab ir wider neme
Und sie sich ires undanks scheme.

Die achtundneunzigste Fabel.

Vom Ochsen und dem Bocke.

Ein ochs für einem löwen floch,
Da fand er in eim berg ein loch,
Darin er sich verkriechen wolt,
Daß in der löw nit finden solt.
Da war ein bock vorhin darinnen,
Tet gegen im ein mut gewinnen,
Mit seinen hörnern ausher stieß,
Zu im den ochsen nicht einließ.
Darab erzörnt derselbig stier
Und sprach: „Du bös, verfluchtes tier,
Mit frevel nimst du mich entgegen,
Weils jetzt also mit mir gelegen:
Ja, wenn der feind nicht wer dahinden,
Mit schaden soltestu empfinden,
Welchs du vorhin nicht hast versucht,
Was der ochs gegem bock vermocht."
¶ Man weiß wol, daß man sich der armen
In iren nöten sol erbarmen;
Wer in der not den armen fleuht
Und im sein müglich hilf entzeuht,

---

97. 17 danknamig, mhd. dancnaeme, dankbar.
98. 11 entgegen nemen, empfangen, begegnen. — 12: weil ich jetzt in solcher Lage bin.

Dazu noch weiter underdrückt,
Weils dem mißget und ungelückt,
So kans doch wider kommen oft,
Daß der, wenn man sichs nit verhofft,
Welcher erst ward verdrücket gar,
Mit freuden schwebt wider empor,
Und jener denn auch schaden nemen
Und sich seinr vorigen tat muß schemen.

Die neunundneunzigste Fabel.

Vom Pfauen und Kranchen.

Der pfau und kranch zusamen saßen,
Mit einander trunken und aßen.
Der pfau begunt sich rümen ser,
Wie er der schönste vogel wer,
Und sprach: „Sihe an mein gülden stück,
Drin ich mich wie ein könig schmück!"
Und zeigt sein spiegeleten schwanz;
Damit den kranch verachtet ganz
Und sprach: „Billich ich dich verfluch;
Du tregst ein rock von grauem tuch,
Darin du bist eim bauren gleich,
Mich acht man wie ein fürsten reich.
Durch meine kleider, schön und zier
Helt man von mir mer denn von dir."
Da sprach der kranch: „Ich gib dirs zu,
Daß ich nicht bin als schön als du;
Damit ich mich zu frieden geb,
Wiewol ich mich auch eins erheb:
Wenn du im hof must bleiben ligen
Und kanst kaum auf den feustall fligen,
So kan ich mich ganz hoch erheben
Und doben in den lüften schweben.

---

98. 22 ungelücken, misglücken, unglücklich ergehen.
99. 9 verfluchen, verdammen, ungünstig beurtheilen.

Gar weit beschauen kan die welt,
Und welches land mir denn gefellt,
Dahin so schwing ich mein gefider
Und laß mich meins gefallens nider,
Und iß daselbst, was mir gefellt.
Mit dir sichs gar vil anderst helt:
Du sitzst daheim auf faulem mist,
Die welt dir ganz verborgen ist."
¶ Niemand den andern sol verachten,
Mit reden im böslich nachtrachten.
Es hat ein jeder seine gab,
Daran er ein benügen hab.
Bistu mit sondern gnaden bgabt,
Schau, daß Gott werd dadurch gelobt,
Veracht nit den, der sie nit hat,
Villeicht er dich mit seiner tat
Auch wol kan übertreffen hoch,
Daß du ims weit must geben noch.
Darumb gib dich mit deim zu fried,
Und veracht deinen nehsten nit.

Die hundertste Fabel.

Von der Eichen und dem Ror.

Der stark sudwesten wind sich hebt
Und in dem wald gar heftig webt.
Da stund ein eich bei einem bach,
Groß, lang und dick: hört, was geschach!
Die riß der wind mit brausen groß
Und warfs ins waßer, daß hinfloß.
Wie sie im bach nun floß daher,
Ersahe ein ror on als gefer,
Daran blieb sie mit einem ast
Behangen; wie das ror sie faßt,
Verwundert sich die eiche groß
Und sprach: „Du bist an kreften bloß,

---

99. 40 noch für nach; es nachgeben, darin nachstehen.
100. 6 daß, daß sie.

Ein armes ror, schwach, dünn und hol,
Und kanst dich nicht entsetzen wol;
Mich wundert, daß der stark sudwest
Dich also unzerschlagen leßt."
Da sprach das ror: „Verstestus nicht?
Wenn mich der sturm so hart anficht,
So bieg ich mich in allem ort,
Ins westen, östen, sud und nord.
Dem wind ich nimmer widerstreb,
Darumb ich auch dest lenger leb.
Dein stolzer mut nimt mich nit wunder,
Daß er zu zeiten muß herunder.
Weil ir dem winde nicht wölt weichen,
Drumb nimt er oft die hohen eichen,
Die sich seinr macht nit wöllen kümmern,
Schlehts gar zu stücken und zu drümmern."
¶ Dem sterkern solt nicht widerstan,
Sondern du solt ein bösen man
Mit sanften worten überwinden;
Wenn du dich lest demütig finden,
So leßt sich auch der zornig lenken
Und tut der straf nit mer gedenken.
Wenn du dir oft könst laßen sagen,
Mit schweigen möchtest vil vertragen,
Und wer also mit kleinem leiden
Ein großes unglück zu vermeiden.
Die starke rut im biegen bricht,
Ist darumb deste beßer nicht.
Man sagt, zween harte mülenstein
Malen das körnlin selten klein.
Virgilius, der trefflich heid,
Gibt uns desselben feinen bscheid
Und spricht: „Wenn uns das glücke fleuht,
Das unglück hie oder dort hin zeuht,
Sölln wir uns dültig laßen ziehen,
Weil wir im mögen nicht entfliehen.
Als unglück überwindt geduld,
Damit erlangt des glückes huld.

---

100. 14 entsetzen, aus der Noth helfen. — 19 in allem ort, in jeder Richtung. — 47 dültig, geduldig.

Das ander Buch.

Die erste Fabel.

Von den Ochsen und dem Löwen.

Es giengen feißter ochsen vier
  An jener weid, gar starke tier,
Machten zusamen ein contract,
  Verbunden den mit eides pact,
Beinander sterben und zu leben:
  Drauf tetens ire treue geben,
Daß sie sich möchten sicher neren,
  Dazu der bösen tier erweren.
Wie sie nun suchten ire weid
  Vor jenem holz an grüner heid,
Da lief ein löw aus jenem wald,
  Sahe die ochsen ganz wol gestalt,
Het nicht in zweien tagen geßen:
  Dennocht dorst er sich nit ermeßen,
Daß er die ochsen angefarn,
  Dieweil sie bei einander warn.
Mit schmeichelworten er versucht,
  Ob er die ochsen trennen mocht,
Und sprach: „Ir brüder, hört mir zu,
  Neu zeitung ich euch bringen tu,
Jupiter, unser gmeiner gott,
  Vorsichtiglich beschloßen hat,

---

1. 21 **gemein**, gemeinsam. — 22 **vorsichtiglich**, fürsorglich.

Kein tier das ander sol beschedigen,
Mit worten oder tat beleidigen,
Sondern sol sein ewiger fried,
Und wer dasselb wil halten nit,
Den hat er in den ban getan,
Und sol darvor sein straf entfahn.
Dasselb hab ich euch guter maßen
Unangezeigt nicht mögen laßen,
Daß ir auch deste sicherer seid
Hie oder dort in eurer weid."
Die ochsen sprachen: „Ist dem also?
Des sein wir aus der maßen fro",
Und giengen fürbaß gar zerteilt.
Der löw den einen übereilt;
An im seins schadens sich zurhalen,
Muß er ims morgenmal bezalen.
¶ Kleine ding wachsen groß und breit
Durch bürgerliche einigkeit;
Uneinigkeit macht als zu nicht,
Was müesamlich ist aufgericht.
Der weise könig Salomon
Dasselb durch gleichnus zeiget an.
„Ein dreidratiger strick", er spricht,
„Leßt sich mit sterk zerreißen nicht."
Also, wenn freund zusamen halten,
Laßen sich nit durch zwitracht spalten,
Dieselben unüberwindlich sind,
Wenn man sie stets einmütig findt.

---

1. 29 guter maßen, in guter Absicht. — 37 zurhalen, zu erholen. — 43 Salomon, Pred. 4, 12.

Die zweite Fabel.

Vom Weidemann und dem Tiger.

Der tiger ist ein tier vierfüßig,
Stark, frech, gerad, ist nimmer müßig:
Der war einst mit vil andern tiern
Gegangen in den wald spaziern,
Da kam ein weidman hergezogen,
Der trug ein köcher und ein bogen,
Verbarg sich heimlich ins genist,
Daß in daselb kein tier nit wist,
Schoß vil pfeil aus derselben hecken;
Da gunten alle tier erschrecken,
Sprachen: „Da seind vil feind, im hagen
Haben ir läger angeschlagen,
Zu hand sie feindlich an uns ziehen;
Nichts beßers, daß wir alle fliehen.“
Der tiger sprach: „Macht euch von dannen,
Ich wil mich selb allein ermannen,
Und wenn ir gleich mer wern denn zehen,
So wil ichs doch allein bestehen.“
Der weidman horts, und in verdroß,
Drumb auf das tier gar heftig schoß,
Biß daß ein tötlich wund empfieng.
Bald hinder sich gar traurig gieng
Und für dem weidman gunt zu fliehen;
Versucht, obs möcht den pfeil ausziehen.
Da kam der fuchs und sprach: „Wer hat
Begangen solche greulich tat?
Er muß vorwar gar sein erwegen,
Der sich gegn solches tier darf legen.“
Das tier sprach: „Wie ich hab befunden
Am schmerz und bei der größ der wunden,
Kan ich wol bei mir selb erwegen,
Es ist ein starker man gewesen.“

---

2. 2 gerad, schnell. — 7 genist, Gestrüpp. — 10 gunten, begunten, begannen. — 12 angeschlagen, aufgeschlagen. — 27 erwegen, wie verwegen.

¶ Die starken können sich nicht maßen,
Sich stets auf ire macht verlaßen.
Daneben auch beweislich ist,
Daß oft durch kunst, sinn, witz und list
Groß sterk und manheit wird erlegt,
Daß sie sich nicht bald wider regt:
Welchs all geschicht gnugsam bezeugen,
Daß niemand kan mit warheit leugnen.

Die dritte Fabel.

Von der Tannen und dem Dornbusch.

Vor zeiten war ein alte tannen,
Die tet aus hoffart sich ermannen,
Veracht den dornbusch neben ir
Und sprach: „Du bist gar ungleich mir;
Gen himmel hoch trag ich mein kopf,
Den ganzen winter grünt mein schopf,
Bin groß erwachsen, dick und lang.
Des hab ich von den leuten dank,
Setzen mich hoch in ire gben
Und brauchen mich on alle reu
Zum pfeiler oder underlag.
Im schiff ich auch das banier trag
Und far gar prechtig über mer,
Bin aller hölzer fürst und herr;
Derhalb ich billich globet werd.
So steestu, dornbusch, bei der erd
Und must veracht daniden sitzen,
Man tut dich nit zun eren nützen.“
Der dornbusch sprach: „Du rümst dich groß,
Verachtest mich und mein genoß
Und butzest hoch den tannen namen,
Daß du den dornbusch magst beschamen,
Und merkest nicht die farlichkeit,
Die dir ist alle stund bereit.

---

3. 16 so, doch. — 21 butzen, putzen, herausstreichen, rühmen.

Auch kan dein hoffart nit ermeßen,
Wie wol dem, des man tut vergeßen,
Leßt in in seiner demut bleiben,
Mit gutem fried sein zeit vertreiben.
Es komt zu hand der zimmerman,
Mit seiner bindaxt greift dich an,
Setzt dich ins schiff zu einer mast.
Wenn du da lang gestanden hast,
Zu letst wirst vom nordwest ermordt,
Man haut und wirft dich über bord.
Denn gebstu wol als, was du hettest,
Daß du damit dein leben rettest,
Und wünschen, mit dem dornbusch klein
Zu haben fried und rue gemein."
¶ Es ist kein stand so hoch auf erden,
Der one müe mög funden werden:
Groß müe ist stets bei hohem stat,
Dagegen auch der gringe hat
Bei kleinem gut ein ruesam leben,
Kan sich dest baß zu frieden geben.
Aus hölzern schüßeln das eßen schmeckt
So wol, daß man die finger leckt.
Ein waßertrunk gibt freud und mut,
Den man in ru mit frieden tut.
Wenig geridt, ein klein salzfaß
Zieren die geringen tisch vil baß,
Denn daß man eß aus güldnem gschirr
Und wer dabei im herzen irr.
Horatius sagt: „Die hohen zinnen
Wenn die zu fallen einst beginnen,
Darab erschüttert sich die ert;
Der donder auch gemeinlich fert
In hohe berg und groß gebeu:
Vor im sind sicher im stall die seu."
Drumb hat der warlich recht geredt,
Der den gar selig achten tet,
Auf welchs geburt, leben und tot
Niemant groß achtung geben hat.

3. 26 wie wol dem, zu suppliren: ist. — 30 bindaxt, Axt zum Beschlagen des Holzes. — 52 irr, unruhig, friedlos. — 53 Horatius, Od. II, 10, 9 fg.

Die vierte Fabel.

Von der Wachtel und iren Jungen.

Ein wachtel het einsmals ir kind
Im korn (wie man noch teglich findt),
In einer forch gemacht ein nest
Und sprach zu in: „Ich halts fürs best,
Daß ich ausfliege nach der speis,
Wie ich hab teglich für ein weis.
Und weils jetzt fast ist umb die zeit,
Daß man das korn mit sicheln schneidt,
Solt ir dieweil euch heimlich schmücken
Und still im nest zusamen rücken,
Auf daß eur niemand werd gewar.
Ob mitler zeit der baur kem har,
Dem das korn und der acker ghort,
So habt wol acht auf seine wort,
Ob er zu schneiden sich wil fügen,
Daß wir darnach uns richten mögen."
Die wachtel da zu felde flohe.
Der baur mit seinem son auszohe,
Gieng rings umbher, das korn besach,
Zu seinem son gar ernstlich sprach:
„Ich sehe jetzt wol, das korn ist reif,
Zeit ists, daß man mit ernst angreif;
Drumb wil ich morgen frü hin gan,
Derhalb die nachbaurn reden an
Und bitten, daß sies bald abschneiden,
Solts lenger sten, könn ich nit leiden."
In dem die wachtel bracht ir speis;
Ir jungen fraget sie mit fleiß,
Ob sie was neues hetten ghort.
Eins sprach: „Mutter, hört mich ein wort.
Hie war der baur und sprach zum son:
Morgen wil ich zur sachen tun,
Bei all meinen nachbaurn bestellen,
Daß sie das korn abschneiden wöllen."

---

4. Vgl. H. Sachs, IV, 3, Bl. 115b nach Seb. Brant's Bearbeitung. — 1 ir kind, ihren Kindern. — 6 für ein weis, zur Gewohnheit habe. — 9 schmücken, schmiegen, zusammenkriechen.

Da sprach die wachtel: „Förcht euch nicht,
 Weiß wol, daß solches nit geschicht.
Die nachbaurn sind nit bald bereit,
 Zu gen an eins andern arbeit."
Des morgens sie sich bald aufmacht,
 Sprach zu den jungen: „Habt gut acht,
Ob ir werdt hören neue mer,
 Ob des schneidens gedenkt der herr."
Abermals sprach der baur zum son:
 „Ich sihe wol, hie ists nichts geton.
Auf nachbaurn darf mich nicht verlaßen;
 Der freundschaft muß ich mich anmaßen,
Unser blutgwanten sprechen an,
 Daß sie wölln morgen bei uns stan,
Schneiden mit sicheln ab das korn,
 Solts lenger stan, wers gar verlorn."
Solchs zeigten an die jungen wachteln
 Ir mutter, daß sies solt betrachten;
Sie sehen jetzund an fürs best,
 Daß sie in mächt ein ander nest.
Da sprach die wachtel: „Lieben kind,
 Die freund auch nit so ghorsam sind,
Daß sie bald gen auf fremden acker;
 Darumb habt acht, seid morgen wacker,
Ob ir was neues wurdet hörn,
 Daß wir daran uns möchten kern."
Des andern morgens kam der baur,
 Sprach zu seim son und sahe gar saur:
„Ich sihe, daß freund und nachbarschaft
 In nöten haben wenig kraft.
Wenn ich auch lang auf sie wolt sehen,
 Solt mir wol nimmer guts geschehen,
Und solt derhalb mein korn vorwar
 Sten bleiben biß zum andern jar.
Ich hab noch scharfer sicheln zwo:
 Damit wölln wir beid morgen frü
Uns understan ernstlich zu schneiden.
 Ich kan den hon nit lenger leiden."

4. 46 sich anmaßen, sich wenden an. — 47 blutgwante, Verwandte — 54 mächt, conj. praet. machte; provinziell in Hessen. — 65 sehen, warten.

Dasselb die jungen wachteln sagten
  Und irer mutter kleglich klagten.
Die wachtel ward der red nicht fro,
  Sprach: „Nun sihe ich, der ernst ist da.
Jetzt ist es zeit, daß wir auch fliehen
  Und in ein ander wonung ziehen:
Darumb macht euch auf, lieben kind!
  Wo man uns morgen frü hie findt,
Wolt ich für unser aller leben
  Vorwar nicht einen heller geben.“
¶ Die menschen gmeinlich sein so leg,
  Zu fremder arbeit allzu treg;
Denn so gets zu, wo man sol fronen,
  Da tut sein selb ein jeder schonen,
Und was ein selber nicht anget,
  Dabei er wie der hase stet
Und greift es an ernstlich und frech,
  Daß abget wie ein warmes bech:
Also gar leßig get ers an.
  Drumb wiltu etwas han getan,
Das aufs fleißigst werd ausgericht,
  Schau selber zu, daß es geschicht
Durch deine selbs eigene hand,
  Sunst bleibt es noch und ist ein tand,
Wie auch das gmeine sprichwort lert:
  Des herren aug füttert das pferd.
Und wer dein freundschaft noch so groß,
  So stestu doch in nöten bloß.
Diß sei dir gsagt jetzund zuvorn:
  Es ist mit menschen tun verlorn.
Wiltu mir hie nit glauben stellen,
  So gee hin und frag den gesellen,
Der sich ins laub verkrochen het,
  Und was der her da mit im redt.
Wer aufs fleisch sein vertrauen stellt,
  Der bricht ein bein, e denn er fellt.

---

4. 83 **leg**, nds., schlecht. — 85 **fronen**, in weiterer Bedeutung: arbeiten für andere. — 90 **bech**, Pech. — 102 **verlorn**, schlecht bestellt. — 104—6 vgl. die Fabel I, 94.

Die fünfte Fabel.

Vom Geizigen und Neidigen.

Ein geizig und ein neidiger
  Baten zugleich den Jupiter,
Daß er in wolt nach irem willen
  Gnediglich ire bitt erfüllen
Und jedem einen wunsch verleihen,
  Denselben im laßen gedeihen.
Jupiter schickt den gott Apollo,
  Des warn die beiden bitter fro,
Sprach: „Jupiter wil eure bitt
  Auch unerhöret laßen nit:
Drumb wünscht, was euer herz begert,
  Des solt ir werden jetzt gewert
Mit dem beding, nun merket mich,
  Daß, was ein jeder wünscht für sich
Zu seinem eigen nutz und frommen,
  Das sol dem andern zwifach kommen."
Der geizig sich da lang bedacht,
  Wie er den wunsch zum besten macht,
Zehen tausent gülden wünschen tet,
  Bald sie der ander zwifach het.
Da ward der neidig fro von herzen
  Und sprach: „Ich sihe, es ist kein scherzen
Mit disem wunsch; ich muß auch welen,
  Nit lenger meinen wunsch verhelen",
Und wünscht aus rechtem neid daher,
  Daß im selber ein aug aus wer.
Da fiel im aus ein aug geschwind:
  Der geizig ward an beiden blind.
Mit neid der neidig tet verschulden,
  Daß im der geizig wünscht vil gülden.
¶ Zwei schendlich laster geiz und neid,
  Und sind zu meiden allezeit.

---

5. 8 die bitter, die Bittenden. Kurz erklärt: bitter = sehr (froh) — 29 verschulden, vergelten.

Wer kan den geizigen erfüllen
 Oder im den gelthunger stillen?
Je mer er hat, je mer begert,
 Doch füllt in zletst ein hand voll erd,
Damit sich muß zu frieden geben;
 Denn hilft in nit diß geizig leben.
Noch ists ein vil schedlicher gast,
 Der sein nehsten vergebens haßt,
Im selber oftmals schaden tut,
 Daß er seinen neidigen mut
An einem andern rechen müg
 Und im aus haß schaden zufüg.
Doch wie die gmeinen leuft uns lern,
 Trifft untreu gern irn eignen herrn.

Die sechste Fabel.

Vom Löwen und der Geiß.

Der löw lief in eim sommer heiß
 Nach seiner speis und sah ein geiß
Hoch oben an eim felsen kleben.
 Er sprach: „Kum, tu dich rab bgeben!
Hieniden an der sommer leiden
 Stet gar gut gras und kurze weiden,
Besser denn doben in den ritzen,
 Da schlangen und die eidechs sitzen.
Dazu ist dürr und kurz das gras:
 Hieniden gscheh dir gar vil baß."
Sie sprach: „Dein rat verwerf ich nicht,
 Aber die meinung ist gar gericht
Zu meim verterb und deinem frommen;
 Drumb harr mein nit, ich werd nit kommen."

---

5. 33 erfüllen, sättigen. — 40 vergebens, ohne Ursache. — 45 die gemeinen leuft, die Zeitläufte, der Lauf der Welt.

6. 5 leide, mhd. lite, Bergabhang, Sonnenseite eines Berges. Vgl. 1, 78; Waldis hat also die Fabel doppelt bearbeitet, wie er dieselbe auch doppelt bei Dorpius fand.

¶ Wenn dir einr rät, so sihe wol umb,
Aus was meinung der rat herkum:
Denn so ist jetzt die welt gesinnt,
Jeder im selb am meisten günt.

Die siebente Fabel.

Von der Kräen.

Die dürstig kräe ein eimer fand
Halb voll waßer auf jenem sand:
Sie sprach: buckstu dich nein, zu trinken,
Du möchtest leicht darin versinken;
Gedacht, daß sie in möcht umbkere,
Er war ir aber vil zu schwere,
Und sie war auch zu schwach alleine.
Sie lief bald hin und las vil steine
Und warf sie in den eimer dar,
Davon das waßer stieg empor,
Daß sie sich trenkt und frölich macht,
Das hat ir kluge list erdacht.
¶ Was du mit macht nit kanst gewinnen,
Dasselb mustu mit list beginnen,
Und was die sterk nicht geben hat,
Dasselb muß suchen ein weiser rat,
Wie die sieben und sechzigst fabel hat.

Die achte Fabel.

Vom Jäger und Löwen.

Ongefer in einer wildnus kamen
Ein jäger und ein löw zusamen;
Auf einen weg wolten sie wandern,
Gunten zu reden mit einander.

---

7. 17 Fabel I, 67: „Von der Kräen".

Ein jeder rümt sich seiner kraft,
Seinr mänlichen tat und ritterschaft.
Da sprach der löw: „Vorwar, glaub mir,
Ich bin das aller sterkest tier,
Auch under allen menschen kind
An sterk nit meinen gleichen find,
Welchs man dabei wol merken kan:
Im streit zieht ir ein panzer an,
In eurem harnisch komt daher;
So stehe ich bloß, on alle wer,
Verlaß mich auf mein scharfe tatzen,
Wer mich mit reißen, beißen, kratzen,
Dabei gar wol ist zu ermerken,
Bei wem man findt am meisten sterke."
Da sprach der jäger: „Kom mit mir,
Das widerspiel wil zeigen dir."
Und fürt in hin zu einer wand,
Da er ein schön gemälde fand,
Welchs gnomen war aus heilger schrift,
Wie Samson einen löwen trifft
Am wege bei der stadt Tymnach
Und doch kein wer da bei im hat,
Zerriß dennoch den löwen gar,
Wie das gemäld anzeiget klar,
Und sprach zum löwen: „Da magstu sehen,
Daß solchs wol oftmals sei geschehen."
Er sprach: „Das hat ein mensch gemacht
Und aus seim eignen kopf bedacht,
Nach seim gefalln hat ers gemalt,
Under dem menschen des löwen gstalt.
Wenn die löwen auch malen künden
Und sich auf solche kunst verstünden,
Da fünd sich wol das widerspiel:
Denn ich weiß, daß der menschen vil
Oft von den löwen seind zerrißen,
Und von den tiern zu tot gebißen."
¶ In grichtshendeln gmeinlich gschicht,
Daß einr sein eigen sach verficht

---

8. 14 so, doch, hingegen. — 32 bedacht, erdacht, erfunden.

Und bringt erfür mit wort und tat
  Als, was er je gelernet hat;
Muß im als seine sache zieren,
  Solt ers auch bei den harn zufüren.
Menschlich natur ist gar verrirt,
  Daß sie sich allzeit selb verfürt,
Ir eigen tun so hoch aufmutzt,
  Mit glerten worten schmückt und butzt
Und ir fürs best gefallen tut,
  Unangesehn, obs bös oder gut.
Den gbrechen han wir all zumal:
  Unzehlich ist der narren zal.

Die neunte Fabel.

Vom Knaben und dem Diebe.

Es saß ein knab und weinet ser
  Bei eim brunnen; da kam dort her
Ein dieb geschlichen, tet in fragen
  Und sprach: „Ich bitt, wöllest mir sagen,
Warumb du weinst so bitterlich,
  Ob ich darin möcht trösten dich."
Er sprach: „Ich arm, elender knab
  Mich übel fürgesehen hab!
Ein gülden eimer bracht ich her,
  Ließ in in brunnen nach der schwer,
Waßer zu schöpfen und zu trinken,
  Gar bald tet er zu grunde sinken.
Hart für dem eimer brach der strick,
  Behielt ich in der hand diß stück.
Köntstu etwan ein rat erdenken,
  Ich gelobe dir, ein gut geschenke
Von meinem vatter zu bekommen."
  Der dieb het bald den sin vernomen,

8. 43 erfür, hervor. — 45 zieren, ausschmücken (causam colorare). — 46 zufüren, herbeiziehen. — 53 den gbrechen, diesen Fehler.

Gedacht: ein beut ich gwunnen hab!
Eilend zoh er sein kleider ab,
Ließ sich in brunnen da zuhand:
Kein gülden eimer er da fand,
Fur **wider** raus gar trauriglich,
Nach dem knaben sahe weit umb sich.
Der **het** sich fern von im verholen
Und im dieweil den rock gestolen.
¶ Es **komt** oftmals, daß solch gesellen,
Die ein andern betriegen wöllen,
Werden von andern selb betrogen,
Mit irem eignen schwert geschlagen.
Ein strick oft einr dem andern stellt,
Darin zu letst er selber fellt:
Die grub, welch er hat selber graben,
Muß er zur rach **oft selber** haben,
Und schleht untreu irn eignen **herrn**,
Wie uns jetzt alle hendel lern.

Die zehnte Fabel.

Vom Baurn und dem Stier.

Es het ein baur ein jungen stier,
Ein gar frech und unbendig tier;
Kunt es mit keiner arbeit zemen,
Oder im damit sein tück benemen;
Gar manchen stoß seim herren gab,
Drumb schnitt er im die hörner ab
Und spannts hinfurder in den pflug,
Denn er in oft mit füßen schlug,
Und **tet** damit den acker eren,
Daß er im ließ den kützel weren,
Und sprach: „Nun kan ich mich erretten
Vor deim stoßen und deim treten;

---

10. 3 im Druck steht „er" statt „es". — 10 kützel, Kitzel; weren, vertreiben.

Mit deinen hörnern und mit füßen
Solt nicht an mir dein mütlin büßen."
Als aber nun dasselbig rind
Mit list sich überwunden findt
Und sich am bauren nicht kunt rechen,
Tet in dennoch der kützel stechen,
Mit füßen in die erden kratzt,
Hinder dem pflug sein herren fatzt,
Mit werfen, scharren in ansicht,
Wirft im staub, sand ins angesicht.
¶ Es seind vil leut so gar unendig,
Zu alln guten sachen unbendig,
Daß man mit strafen und mit leren
Irm bösen gmüte nicht kan weren;
Bleiben dennoch bei iren dücken,
Laßen nicht ab von bösen stücken.
Die laß man bleiben, wie sie sind;
Ir lon zuletzt sich selber findt.
Ein torecht hund, glaub mir vorwar,
Lauft selten über sieben jar.
Der krug get lang, wie man auch spricht,
Zum waßer, biß daß er zerbricht.

Die elfte Fabel.

Vom Waldgott und dem Menschen.

Vor zeiten, in den alten jaren,
Vil seltzam tier auf erden waren,
Dort hinden in Sarmatia,
Auch mancherlei in Africa,
In wildnussen und großen welden,
Dahin die leut kamen gar selten.
Sonderlich in Egyptenland
Da waren tierlin unbekant,

---

10. 20 fatzen, zum Narren haben. — 23 unendig, wie im mhd. unendec, von einem, der mit nichts fertig werden kann, ungeschickt, träge, unbrauchbar.

11. 8 unbekant, nämlich uns Europäern.

Rauh und vierfüßig wie ein geiß,
Wie man das aus der schrift wol weiß;
Am kopf hetten sie menschen gstalt,
Gar underschiedlich jung und alt;
An vordern füßen finger hetten,
Gleich den menschen zugreifen teten,
Kunten auch laufen gar geschwinde
Gleich einem hirschen oder hinde.
In holen bergen und steinritzen
Tetens vorm frost des winters sitzen.
Dieselben etlich leut anbeten
Und inen göttlich er anteten,
Satyros tete man sie nennen
Und für waldgötter sie bekennen.
Einsmals begab sichs auf ein tag,
Gar tiefer schnee im winter lag,
Da wolt ein junger gselle wandern
Von einem lande zu dem andern,
Ward irr in einer großen wildnus,
Begegnet im ein solches bildnus,
Davon wir jetzt haben geredt.
Vor im er sich entsetzen tet.
Da sprach zu im dasselbig tier:
„Mensch, förcht dich nit, kom, gee mit mir
Und folg mir nach in mein gemach."
Er gieng mit im; hört, was geschach.
Bei ein groß feur er in da bracht,
Daß er sich wider wermen möcht.
Zu vorderst im sein hende waren
Für großer kelte hart gefroren,
Drumb blies er, daß ers möcht aufdauen
Und sich der werme tu erfreuen.
Der satyrus sprach: „Sag du mir,
Was mag das blasen nützen dir?"
Er sprach: „Der warme atem schafft
Und gibt den henden ire kraft,
Daß ich mög wider greifen zu:
Darumb ich darin blasen tu."

---

11. 10 schrift, schriftliche Ueberlieferung.

Darnach derselbig satyrus
Setzt dem gast für ein warmes mus,
Bat, daß er sich zum tisch wolt setzen
Und sich des hungers auch ergetzen.
Der mensch der setzte sich herbei
Und blies auch in den heißen brei.
Da sprach der satyrus gar bald:
„Laß dein blasen, er ist nit kalt."
Der mensch sprach: „Ichs vorhin wol weiß,
Daß mir der brei ist allzu heiß,
Drumb blas ich, daß er kelter werd,
Wie mich mein mutter hat gelert."
Da sprach der satyrus zum knaben:
„Ich mag zwar kein gemeinschaft haben
Mit leuten, die zu einer stund
Kalt, warm blasen aus einem mund.
Hinaus, hinaus, schedlicher gast!
In meinem loch kein platz mer hast."
¶ Die fabel lert, daß wir uns hüten
Für der falschen zungen wüten,
Im mund nicht zwifach zungen tragen,
Die ja und nein zu gleiche sagen.
Denn des menschen sterben und leben
Kan die zunge nemen und geben,
Wie Salomon uns des bericht
Und mans in allen sachen sicht.
Wer seinen mund zur zeit kan sparen,
Der tut damit sein seel bewaren;
Wer unzeitig heraus her fert,
Sich selb an leib und seel beschwert.
Freidank in seinem alten gedicht
Tut von der zungen solchen bericht:
„Das böste glid, das jemand treit,
Ist die zung, wie sanct Jacob seit;
Und was je übels ward vernomen,
Ist alles von der zungen komen.

---

11. 71 Salomon, Sprüche 18, 21. — 77 Freidank, „Bescheidenheit", Ausg. von W. Grimm, S. 164 fg. — 79 böste, böseste. Freidank: „daz wirste lit, daz ieman treit, deist diu zunge, so man seit." — 80 sanct Jacob, Epist. III, 5, 6, 8.

Die zunge reizt zu manchem streit
  Und oft zu langwirigem neit,
Sie reizet manchen man zu zorn,
  Dadurch wird leib und seel verlorn.
Die zunge treue scheidet,
  Das lieb dem lieben leidet.
Desgleichen han die bösen zungen
  Die frommen leut gar oft verdrungen.
All bosheit von der zungen fert,
  Daß man gar manchen meineid schwert.
Die zung hat ganz und gar kein bein
  Und zerreißt doch eisen und stein.
Die zunge zerstöret leut und land
  Und stiftet manchen raub und brand;
Die zunge füget manche not,
  Die uns oft bringet in den tot.
Die zung auch manchen richter lert,
  Daß er böslich das recht verkert.
Von neides zungen das ergieng,
  Daß Christus an dem kreuze hieng.
Die boshaftig zung scheiden kan
  Manch liebes weib und lieben man.
Die böse zung ist gar vergift,
  Das klaget David in der schrift."
Der herr Christus tut selber kund,
  Wie wir solln zemen unsern mund,
In unser red bestendig sein,
  Daß ja sei ja und nein sei nein,
Schlecht und einfeltig halten sollen
  Mit unserm nehsten; was wir wöllen,
Das er uns tun sol und beweisen,
  Dran solln wir uns gegen im auch preisen,
Auf daß on falsch in reiner lieb
  Sich einer an dem andern ieb,
Und von einander nicht getrennt:
  Das ist des gsetzes brauch und end.

---

11. 87, 88. Verse aus Freidank: „die zungen triuwe scheidet, daz lieb liebe leidet; leidet, gram wird. — 93 Alter Spruch auf Geschirren, z. B. noch heute in Gebrauch: „Die Zunge hat kein einzig Bein, und schlägt doch manchem den Rücken ein." — 101, 102 Freidank: „Von der zungen daz ergienc, daz Krist an dem criuce hienc"; wenig verändert nahm Waldis auch V. 103 bis 107 aus Freidank auf. — 118 end, Ziel und Zweck.

Die zwölfte Fabel.

Vom Bauren und wilden Schweine.

Es war ein wildes eberschwein,
Lief oft den baurn ins korn hinein,
Biß in der baur eins mals erhuscht
Und im ein or vom kopf abwuscht.
Zum andern mal kam er herwider:
Legt sich der baur beim zaun darnider,
Biß er den eber da erdappt
Und im das ander or abknappt.
Dennoch der eber widerkam.
Als das derselbig baur vernam,
Stellt er dem eber feindlich nach,
Mit einem schweinspieß in erstach,
Und bracht in in die statt seim herrn,
Und tet in mit dem wildpret ern,
Denn er die zeit wolt hochzeit machen;
Da mocht ern sieden, braten, kochen.
Er ward den gesten fürgetragen.
Der herr die köch mit fleiß tet fragen,
Wo blieben wer des ebers herz.
Der baur antwort on allen scherz
Und sprach: „Vorwar, ich darfs wol sagen,
Daß der eber bei all sein tagen
Kein herz im leib getragen hab,
Welchs dabei ist zu nemen ab,
Er war mir graten auf den acker,
Damit er mich auch machet wacker,
Daß ich erwüscht denselben korn
Und schneid im ab sein beide orn.
Dennocht kunt sich der narr nit maßen,
Mein habern ungefreßen laßen,
Biß ich in noch ein mal ergriff,
Mit dem schweinspieß ein liedlin pfiff.

12. 3 erhuschen, wie erhaschen. — 4 abwuschen, schnell abhauen. — 14 eren, beschenken, vgl. verehren.

Het er gehabt ein herz im leibe,
  Denn het er gdacht: vorwar, ich bleibe
Aus dem habern; krigt mich der baur,
  Er macht mir zwar den habern saur.
Darumb sag ich jetzt noch wie vor,
  Daß der eber ein herzlos tor
Ist all sein lebenlang gewesen,
  Wie ir habt hieraus zu erlesen."
Mit solchen einfeltigen sachen
  Tet er die gest da lachen machen,
Daß sie derselben torheit lachten,
  Den baur gleich wie den eber achten.
¶ Solch herzloser torechter leut
  Findt man mit hausen noch wol heut,
Die so gar sinnlos und verrucht,
  Daß man an in wol zweifeln mocht,
Ob sie ein herz hetten im leibe;
  Denn sies so wüst und seltzam treiben,
Daß, wo sie oft gefallen sind,
  Daselbst man sie zu mermaln findt,
Person und stett nicht können meiden,
  Die sie oft bringt in not und leiden.
Eins mals ein baur ein ratsal gab
  Und sprach: „Ein groben esel hab,
Hat in der schrift gar nit studiert,
  Dennocht ist er vil baß gelert
Denn unser pfaff und sein caplan,
  Wie ich mit warheit beweisen kan."
Und sprach: „Ich hab daheim ein magt,
  Die hat mir mer denn einmal gsagt,
Mit vilen umbstenden bericht,
  Daß sie der pfarrner oft anficht,
Umb ire jungfrauschaft zu bringen
  Und zu eim bösen leben dringen.
Und ist zu ir in stall geschlossen,
  Darin ich in drei mal betroffen
Und in mit prüglen wol zerschlagen;
  Hats aber niemand dörfen klagen.

---

12. 55 ratsal, Räthsel; nach Bebelius 16ª: De parocho et rustico.

Dennocht komt er oftmals herwider,
Biß ich in schlag zuletst darnider
Und im abhau ein arm oder bein.
Dem gleichen tut der helfer sein,
Dem gab ich auch ein backenschlag,
Daß er im kat am rücken lag,
Noch fürt in der teufel wider her.
Zum esel soltens gen in dler.
Der fiel ein mal bei einem steg;
Fort kan in nicht denselben weg
Bringen mit treiben und mit schlagen.
Des wegs wil er sich nit mer wagen.
Drumb ist er klüger denn die pfaffen,
Sind beid zwen narren und rechte affen."

¶ Es sagt Ovidius, der heid,
Von disen sachen guten bscheid:
„Wird der fisch einst vom angel gletzt,
Darnach aus forcht im stets fürsetzt,
Allzeit die speis nimmt forchtsam ein,
Meint stets, es steck ein angel drein."
Ein lamb, welchs einst vom wolf verwundt,
Förcht sich darnach auch vor eim hund:
Weils nit versten kan, was im nutzt,
Fleuhts den, ders für dem wolfe schutzt.
Ein gbrechlich glid nit leiden kan,
Daß mans greif aufs gelindest an.
Und wer allzeit voll forchten stickt,
Fürm leren schatten oft erschrickt.
Also wens unglück überfleußt,
Oft mit giftigen pfeilen scheußt,
Dem ist allzeit im herzen leid
Und forcht ein künftig ferlichkeit.

---

12. 74 helfer, Adjunct. — 80 fort, fortan; nicht, nichts. — 85 Ovid, Epist. ex Ponto II, 7, 9 fg. — 87 einst, einmal. — 88 fürsetzen, sich vorsetzen, vornehmen, behutsam zu sein? Jedenfalls ist der Satzbau confus.

Die dreizehnte Fabel.

Von der Maus und dem Ochsen.

Im stall da war ein kleine maus,
Die kam laufen zum loch heraus
Zum ochsen, der im stall da stund,
Biß im in seinen fuß ein wund
Und lief gar bald wider zu loch.
Der ochs trachtet dem feinde nach,
Schüttelt den kopf und sahe sich umb,
Woher solchs unversehens kum;
Da fand er niemand neben sich,
An dem er rechen mocht den stich.
Des lacht die maus im loch dort hinden
Und sprach: „Du kanst den feind nit finden.
Du bist ein stolz, hoffertig tier,
Wilt niemand leiden neben dir
Und als bestellen gar allein.
Nun bin ich nur ein meuslin klein
Und darf mich dir entgegen setzen
Und dich nach meinem gfallen letzen:
Du must dasselbig von mir leiden,
Und trotz, daß du es könnest meiden."
¶ Die kleine maus lert uns betrachten,
Daß wir die armen nicht verachten.
Man siht oft von einem geringen,
Daß er ein großen tut verdringen.
Ein kleiner stein stürzt oft ein wagen,
Welcher ein fuder wein kan tragen.
Darumb auch niemand seinen feint
Verachten sol, wie klein er scheint.

---

13. 20 trotz, ich trotze dir, versuche ob du es wehren kannst.

Die vierzehnte Fabel.

Vom Baurn und dem Gott Hercule.

Es het ein baur ein karrn geladen;
Da fur er mit zu großem schaden
Mit seinem pferd in eine pfützen;
Da **blieb er in dem** kat besitzen.
Er rief bald an den Herculem,
Daß er sich seins jamers annem
Und hülf im jetzt aus disem kat:
Kein menschlich hilf er sonst **nit** hat.
Da rief ein stimm vom himel rab:
„Kein größern narrn gesehen hab!
Dein unnütz rufen **ist nit** wert.
Nim dein geisel und schlag das pferd,
Trit in die pfützen unders rad,
Brauch, was dir Gott gegeben hat,
Und ruf **denn** Herculem wider an,
Denn wird er treulich bei dir stan.“
¶ Zu underhalt des menschen leben
Hat Gott bestendige mittel geben,
Wie er uns in der schrift tut weisen:
Daran solln wir uns stetes preisen,
Der mü und arbeit sein geflissen:
Im schweiß solln wir das brod genießen
Und nicht so lang am rücken liegen,
Daß gbraten tauben ins maul uns fliegen.
Gott gibt dir wol beim horn die ku:
Du must aber selb auch greifen zu
Und der arbeit nit lan verdrießen,
Wiltu anderst des fleischs genießen.
Daß ich solt falln vom turn hinab,
Weil ich treppen und leitern hab,
Und meinen, Gott solt sein bereit,
Mich schützen vor der ferlichkeit,

---

14. 4 **besitzen**, fest sitzen. — 20 **preisen**, mhd. brîsen, festknüpfen? daran sollen wir stets festhalten? — 30 **weil**, während.

Das heißt, Gott one not versuchen,
Aufs höhste lestern und verfluchen.
Wo aber zimlich mittel feilen,
Und uns die not tut übereilen,
Da solln wir bitten Gott den herrn,
Er wöll uns hilf und trost bescherrn
Und uns in aller not vertreten,
Aus far leibs und der seel erretten.
Das tut er denn on allen btrug
Gewislich und on alln verzug
Nach seiner göttlichen zusag:
Ist gwis und war, darf keiner frag.

Die funfzehnte Fabel.

Vom Antvogel.

Ein enten het ein armer meier,
Die pflag zu legen gülden eier,
Und das zur wochen nur ein mal.
Der baur gedacht: vorwar, ich sol
Die enten töten, daß ich mag
Den schatz erlangen auf einen tag!
Bald er denselben vogel schlacht
Und meint, er het es gut gemacht;
Da war der vogel innen ler.
Darab erschrack der baur gar ser.
„Groß leid", sprach er, „ist mir geschehen,
Ich hab mich übel fürgesehen,
All woch hat ich ein gülden ei,
Da het ich kein benügen bei;
Jetzt ist mein hoffnung, trost und gwinn
Umbsunst, verlorn und gar dahin."
¶ Wer seine augen nit kan füllen,
Sein geiz settigen oder stillen

---

14. 41 on allen btrug, untrüglich.

Und all zu vile tut begeren,
Der mag bei diser enten leren,
Beim apfelbaum und von dem hund,
Wie oben gnugsam ist verkundt;
Schau, daß er mög das mittel treffen
Und lasse sich den geiz nicht essen,
Hab sein begier in guter hut:
Maß ist zu allen dingen gut.

Die sechzehnte Fabel.

Von der Affen und iren Kindern.

Man sagt, daß wenn die aff gebert
Bei paren, sie ir kinder nert,
Der tut sie eins vorm andern lieben,
Gegen dem alle woltat ieben;
Das ander leßts so schlecht hingan,
Legt keinen sondern fleiß daran.
Es bgab sich, daß gejaget wart,
Von den hunden geengstigt hart:
Das liebste kind tets für sich schmücken,
Und nam das ander auf den rücken,
Wolt laufen über einen berg.
Ein großer stein lag überzwerg:
On gfer das liebe kind dran stieß,
Daß es sein leben allda ließ.
Mit dem andern unbeleidigt
Kam von den hunden unbeschedigt,
Weils hinden auf dem rücken hieng,
Derhalb es kein schaden entpfieng.
¶ Die eltern oft den einen son
Mer denn den andern lieben tun

---

15. 23 das **mittel treffen, die rechte** Mittelstraße einhalten. — 24 essen, äffen. — **26** Aehnlich die Moral der 32. Fabel des III. Buchs.

16. 9 für sich, vor sich; schmücken, schmiegen, fest andrücken. — 12 überzwerg, quer im Wege.

Und oftmals seinen willen laßen,
  Dadurch sie in am höhsten haßen.
Denn es gar oft bei solchen gschicht,
  Wie man teglich vor augen sicht,
Wenn mans leßt wandern iren weg,
  Werdens zu guten sitten treg.
Zu letst laßen sie sich nicht zemen,
  Müßen sich ir die eltern schemen,
Die solcher sünd ein ursach sind:
  Mit den andern sichs anderst findt.
Welch man haßt und nit leiden mag,
  Die leben oft ein seligen tag,
Daß sie zu großen ern gedeihen:
  Gott tut in gmeinlich gnad verleihen.
Der verlaßen er sich annimt,
  Mit gnad in stets zu hilfe kümt;
Davor im sagen dank und lob,
  Den Jacob han wir des zur prob.

Die siebzehnte Fabel.

Vom Ochsen und dem Kalb.

Ein starken ochsen het ein baur,
  Dem legt er auf vil arbeit saur:
Teglich das joch am halse trug,
  Damit spannt er in für den pflug.
Da war ein kalb gar ungelachsen,
  Welchs bei dem ochsen auferwachsen,
Das het kein arbeit nie getan,
  Bei vollem bauch tets müßig gan.
Das sahe den alten ochsen zwar
  Mit arbeit underdrücket gar
Und sprach zu im: „Du alter tor,
  Du hast dich übel gsehen vor,

---

16. 38 probe, Beweis, Beispiel.
17. 5 ungelachsen, mhd. ungelahsen, ungeschlacht, tölpisch.

Das unglück tut dich überwinden,
Beim baurn magstu kein gnad nit finden,
Das joch must all dein lebtag tragen,
Davon weiß ich gar nichts zu sagen:
Mit müßiggang an jener heid
Such ich mit lüsten meine weid.
Dazu bist dünn, mager und rauch,
Für hunger schlottert dir der bauch,
Dagegen bin ich glat und feißt,
Mein wollust mich zu springen reizt.
Dazu hat mich das glück erkorn,
Zur seligen zeit bin ich geborn."
Da sprach der ochs: „Ich muß bekennen,
Glückselig darf ich mich nit nennen,
Ich muß annemen also für gut,
Was bei mir Gott und das glück tut."
Nit lang darnach ward hochzeit gmacht,
Dazu das feißte kalb geschlacht.
Da sprach zu im der ochs so alt:
„Sihe, wo bleibt nun dein schön gestalt,
Der du dich tetest trotzig rümen,
Mit vilen worten hoch verblümen?
Dieselb dich jetzt bringt in den tot,
Ich aber hab noch lang kein not.
Dein leben must so jung verliesen;
Soltst lieber zu der arbeit kiesen
Und zu eim müeseligen leben,
Denn daß dich jung in tot must geben."
¶ Zur arbeit sein wir all erschaffen,
Die müßen wir tragen zun strafen,
Damit die sünd wird zeiget an,
Die unser ersten eltern tan,
Dafür die straf ward aufgelegt;
Darumb billich ein jeder tregt
In seinem beruf die arbeit schwer,
Wie es von alter ist kummen her,
Und sich der arbeit tun anmaßen
Und Gottes willn gefallen laßen.

---

17. 34 verblümen, ausschmücken, rühmen. — 38 kiesen, auf etwas Acht haben, nach etwas sehen, wie im Mhd.

Wer auf erd wil rechtschaffen leben,
Der muß zur arbeit sich begeben.
Der prophet Jeremias sagt
In seinem liede, da er klagt,
Und spricht: „Es ist dem menschen nütz,
Daß er seinen verstand und witz
Dahin richte in seiner jugent,
Sich fleiß zur arbeit und zur tugent
Und trag allzeit das joch des herrn,
Und tu sich seiner arbeit nern
Nach Gottes gbot und seinem willen,
Damit dieselben tut erfüllen.“
Virgilius dasselb auch meldt
Und spricht: „Wer sich zur arbeit helt,
Leßt im kunst und tugent gefallen,
Erlanget lob und preis bei allen:
Dagegen welcher faul und treg
Und wandern tut den breiten weg,
Damit die arbeit wil vermeiden
Und über sich kein strafe leiden,
Der komt in armut und in not
Und bleibt veracht biß in den tod.“

Die achtzehnte Fabel.

Vom Hund und Löwen.

Zu einem löwen kam ein hunt,
Scherzweis mit im reden begunt
Und sprach: „Herr löw, mich wunder nimt,
Ich bitt, sagt mir, woher es kümt,
Daß **ir** berg, tal lauft auf und nider
Durch manche wildnus hin und wider,
Und seid zerrißen und zerhudelt,
Beregnet und mit kat besudelt,

---

17. 53 Jeremias, Klaglied 3, 27.
18. 7 zerhudelt, zerlumpt.

Dazu verhungert und verschmacht;
  Noch lauft ir teglich auf die jagt.
Seht, wie bin ich so glat und schon,
  Das verdien ich mit müßiggon,
Iß fleisch und brot, so vil ich mag,
  Und schlaf oft wol den ganzen tag."
Da sprach der löw: „Du bist nit weis,
  Wiewol du ißt die beste speis,
So bistu doch zu allen stunden
  An eine ketten hart gebunden,
Wirst oft mit prügeln wol zuschlagen:
  Das must von deinem herrn vertragen,
Mit fuchsschwenzen und augendienst
  Du deines herren huld gewinst;
Damit macht dir dein leben saur,
  Bist eigen wie ein liflendich baur.
So lauf ich bloß und frei daher
  Durch alle hecken ongefer;
Von augendienern weiß ich nicht,
  Die eßen mancherlei gericht,
Davor den herrn die meuler schmieren.
  Dasselb laß ich mich gar nicht irren,
Davor iß, was der lieb Gott gibt:
  Was ich nit hab, entfellt mir nit.
Mein freiheit ist mir lieber zwar
  Denn dein gut leben, glaub fürwar."
¶ Man list, daß in den alten jaren
  Auch eigen leut auf erden waren,
Die man verkauft umb gelt und gut,
  Wie man noch in vil landen tut.
Man bringt moren aus Africa,
  Verkauft sie in Hispania,
In Italien überall,
  Zu Lissabon in Portugal.
Die bringt man nacket, frau und man,
  Wie ichs daselbst gesehen han.
Aus Samigeten, Littauen, Reußen
  Fürt man die leut in Poln und Preußen,

---

18. 45 Samigeten, Somegitien.

Zu verkaufen umb ringes gelt.
In Schweden sichs der maßen helt,
Sie bringen die Finnen zu verkaufen
Zu Rige und Revel mit großen haufen.
In Lifland sind die bauren so eigen,
Daß, wenn sich einer tut erzeigen
Widerspennig, mit laufen dreut,
Bald man im einen fuß abheut.
Daselbst müßen all bauren gleich
Von kind zu kind dienen ewiglich.
Fast über ganz Sarmatiam
Biß in Türkei und Phrygiam,
Gest, Sauromate, Muscabite,
Tartern, Walachen und frechen Scythe,
Biß ans gebirg Hyperborim,
Riphei, am waßer Thanaim,
Denselben kreis ganz rund umbher,
An Pontum und ans Caspier mer,
Das sind allsam unbendig leut.
Darumb muß mans mit dienstbarkeit,
Mit tyrannei zemen und zwingen
Und mit schlegen zur arbeit dringen.
In teutschen landen (muß bekennen)
Weiß man dieselben nit zu nennen;
Denn in Westphalen und in Schwaben
Daselbst sie eigen leute haben,
Wiewol derselben sind gar wenig.
Ich halts darfür, daß sie abtrennig
Und widerstrebig gewesen sind,
Wie man in den historien findt.
Darumb die oberkeit für zeiten
Hat solche bürd denselben leuten
Aufgelegt, sie zu underhalten
Und über sich sie laßen walten.
Es ist aber ein herter zwang,
Daß der mensch ungern, on sein dank
Muß eigen sein und undertan
Und mag nit, wo er wil, hingan.

13. 59 Gest?; Sauromate, Sarmate. — 74 abtrennig, abtrünnig.

Weil wir der gburt einerlei leut,
Im gsetz den jüden Gott gebeut,
Daß sie ir mägd und eigen knechte
Nach irem gsetz und gschriebnen rechte
Im jubeljar solten frei laßen
Unghindert ziehen ire straßen.
Freiheit ist gar ein edel kleinot:
Wol dem, der sie mit frieden hat.
Ob er schon nit hat vil dabei,
Es ist im gnug, daß er sei frei.
Darumb halt ichs hie mit dem löwen,
Der wolt nicht seine freiheit geben
Für des hunds gute faule tag,
Weil er da an der ketten lag.
Drumb, wie das sprichwort melden tut:
Freiheit get für all zeitlich gut.

Die neunzehnte Fabel.

Von der Schleien und dem Mörkalb.

Die schlei in einem waßer war
Von andern fischen verachtet gar;
Sie waren all ir widersacher
Und nenntens einen schuhmacher.
Sie dacht: ich wil es nimmer leiden;
Sucht rat, wie sie die schmach möcht meiden,
Und sprach: „Ich wil mein wesen andern,
Gar weit ins wilde mer hin wandern,
Denn mich daselbst kein fisch nit kennt
Und nit mer einen schuster nennt:
Wil sagen, ich sei ein edelman:
Wer weiß, was glückes mir Gott gan.“
Er tet den strom bald abhin wischen
Und kam ins mer zu andern fischen.

---

18. 85 der gburt, von Geburt, mhd. gebürte; vgl. Tristan, 10, 36.
19. Ueberschrift. Mörkalb, Seekalb, phoca. — 13 wischen, schnell gleiten.

Die grüßt er all und sprach: „Hört nun,
Ich bin eins reichen fürsten son,
Von hohem stamm, über all fisch;
Mit mir ziert man der fürsten tisch.
Derhalben mich billich solt eren
Und mich bekennen für eurn herren."
Da sprach das mörkalb zorniglich:
„Ei, du fremdling, was zeihstu dich,
Daß du dich wilt über uns erheben?
Ich wil dir eins zurkennen geben;
Boch nicht zu hoch, bleib bei der erden.
Wenn du und ich gefangen werden
Und zu verkaufen bracht zur stadt,
Bald komt ein großer herr im rat
Und gibt für mich ein rosen nobel;
Dich aber kauft der arme pobel,
Frißt dich der schuster und sein knechte,
Kan nicht bezaln forn oder hechte.
Denn spürt man unsern beiden adel:
Auf mich komt lob, auf dich der tadel."
¶ Vil leut sich fleißen mechtig ser,
Daß sie erlangen mögen er,
Und tun dasselbig hoch begeren,
Dem sie gemeß nit mögen peren.
Wenn sie sich selb mit lügen preisen,
Mit rümen ir torheit beweisen,
Damit erlangen kleinen dank.
Eigen lobs end ist fauler stank.
Man spricht: der sich tut selber loben,
Er muß vorwar bös nachbaurn haben.

---

19. 32 fore, Fohre, Forelle, fario. — 38 peren, beren, gebaren, handeln, auftreten.

Die zwanzigste Fabel.

Vom Luchs und dem Fuchs.

Es hat der luchs gar schöne har,
Uberall fleckecht ganz und gar,
Wie schöne blümlin sein gemalt;
Den reizt zu hoffart sein gestalt.
Er sprach: „Auf erden ist kein tier,
Das an schön werd vergleichet mir.“
Derhalb sich prechtig hielt der luchs.
Da kam zu im ein kluger fuchs,
Sprach: „Bruder, tu dich nicht erheben,
Laß ander tier auch bei dir leben,
Du bist es warlich nit allein:
Laß ander tierlin auch was sein.
Dein schönheit hastu in der haut,
Er ist ein narr, der darauf traut.
Ich aber bin geziert von innen
Mit list, verstand und klugen sinnen,
Die wolt ich für dein haut nicht geben,
Sie bringt dich doch zuletst umbs leben.“
¶ Die güter, welch der mensche hat,
Sind nicht all gleich in einem grad.
Glück ist gut, wer damit begift,
Leiblich schönheit es ubertrifft,
Doch ist des herzen schön und zier
Beßer denn ander gaben vier.
Die alten wünschten, daß in möcht bleiben
Ein verstendig gmüt in gsundem leibe.

B 20. Bei Dorpius doppelt: als Schluß der Fabeln des Hermasius und als Anfang der Fabeln des Erasmus. — 21 begift, begabt.

Die einundzwanzigste Fabel.

Vom Fuchs und der Katzen.

Es kam der fuchs zu einer katzen
Und tet gar freuntlich mit ir schwatzen,
Rümet sich seiner künsten ser,
Wie gar ein kluger man er wer,
Auf alln betrug verstünd sich wol
Und het der list ein wetscher voll;
Was jeder sach wer gmeß und eben,
Da wist er bald ein rat zu geben.
Da sprach die katz: „Ich mags wol leiden,
Daß du all ferlichkeit kanst meiden
Mit deiner witz und hoher kunst,
Derhalben hast auch meine gunst.
Mich hat mein mutter nit vil glert,
Auch hab ichs nit von ir begert;
Doch tet sie mir ein stücklin schenken,
Dabei ich ir hab zu gedenken.
Dasselb hab ich vor augen stets
Und in der not zum vorteil setz.
Das hat mich oft errettet zwar
Aus todes not und großer far.
Wenn ich die not für handen sich,
Tröstlich darauf verlaß ich mich.“
Wie sie nun mit einander redten
Und auf kein ding sonst achtung hetten,
Bald kamen hund ein großer haufen,
Teten den berg dort abher laufen.
Des ward gewar dieselbig katz,
Lief auf ein baum, da fand sie platz
Und sprach: „Herr Reinhart, seht euch für,
Das unglück helt euch für der tür.
Diß ist mein einig kunst und witz,
Auf disem baum kies ich mein sitz.

---

21. Dorpius E ij^{b}, 62; Apologi ex Chiliadibus Adagiorum Erasmi 21–26. — 6 wetscher, Reisetasche, Felleisen. — 11 die witz, mhd. wizze, der Verstand.

Zieht eure kunst jetzt aus der taschen,
Daß euch die hunde nit erhaschen.
Wißt ir jetzt rat zu allen sachen,
Laßt sehn, es sol sich bald wol machen."
Da war der fuchs beengstigt ser,
Bald warn die hund hinder im her,
Erwischten in bei seinem rücken,
Zerrißen in zu kleinen stücken.
¶ Es tut uns dise fabel warnen,
Daß wir uns gute künst erarnen,
Die uns in nöten mögen nützen
Und für der ferlichkeit beschützen,
Unnütze studia laßen faren,
Die zeit zu guten künsten sparen.
Der welt ist aber nicht zu sagen,
Nach der theologie tut niemand fragen,
Sagen: Galenus uns reichlich nert,
Justinianus hoch her fert.
Zur heilgen schrift sagens also:
Non est de pane lucrando.
Juristen reiten auf hohen pferden,
Theologi bleiben bei der erden,
Haben oft kaum das brod zu eßen;
Der Lazarus bleibt wol vergeßen.
Es muß der schöpfer himels und erden
Zu Bethlehem im stall gboren werden,
Het in der ganzen stadt nit raum,
Die krippen mocht erlangen kaum.
Also muß auch sein dienern gan,
Alln, die sich seiner nemen an:
Die kluge welt sie stets belacht,
Mit irer theologie veracht;
Das muß man laßen also gschehen,
Und wölln zu letst das end besehen.
Man sagt: gut ärzt und gut juristen
Seind gemeinlich böse christen.
Damit wil niemand versprochen haben:
Es sind all künste Gottes gaben,

21. 42 erarnen, erwerben. — 57 soll heißen: es ist das Brot nicht damit zu verdienen. — 69 versprechen, Böses von jemand sagen, tadeln.

Durch Gottes eingeben bedacht
Und von den alten an uns bracht
Zu dienste Gott und seinem wort,
Wie die schrift zeugt an manchem ort;
Denn diß ist nur die einig kunst,
Die uns bei Gott erlanget gunst,
Daß wir lernen auf diser erden,
Wie wir mögen endlich selig werden.
On dise sind all künst kein nütz,
In nöten gebens keine schütz.
Wenn wir am tod liegen in sünden,
So komt der jäger mit den hunden,
Helt uns für unser sünden vil,
Der ist kein maß und gar kein zil;
Damit uns underſtet zu reißen:
Denn tut uns das gewißen beißen,
Gleich wie ein hund das as tut nagen.
Denn hebt das herz an zu verzagen,
So fellt all trost menschlicher kunst,
Gold, silber und aller welt gunst,
Und stet der mensch nacket und bloß,
Verlassen, aller hilf trostlos.
Wo er das rechte ziel denn trifft
Und sich kan richten nach der schrift,
Und kan sich an den Christum halten,
Und in sich seiner laßen walten,
Und auf denselben baum entfliehen,
Dahin kein creatur kan ziehen,
So ist er warlich recht gelert,
Hat all sein lebtag wol studiert,
Vil baß denn all philosophi,
All juristen und medici:
Lernen sie nit auch dise kunst,
So ist ir arbeit gar umbsunst.

---

21. 85 reißen, quälen.

Die zweiundzwanzigste Fabel.

Vom König und den Affen.

In Egypten ein könig war,
Het der affen ein große schar,
Die ließ er lernen tanzen, springen,
Kempfen und mit einander ringen,
Nach dem kein tier (wie man auch list),
Das dem menschen einlicher ist,
Denn als da sein dieselben affen.
Alls, was sie sehn den menschen schaffen,
Dem wöllen stetes kommen nach,
Und ist dazu den affen gach.
Wie sie nun hetten lange zeit
Gelernt solch kunst und bhendigkeit,
Daß sie des spiels ganz wol erfarn,
Der könig tet kein kosten sparn,
In seiden gwant sie kleiden tet,
Daran er groß gefallen het.
Er ließ sie für den gesten springen,
Gar höflich mit einander ringen.
Die gest groß gfallen daran hetten
Und sich der kunst verwundern teten.
Under den war ein höflich gast;
Derselb vil nuß in ermel faßt,
Die nam er mit hinauf in sal
Und für den gesten allzumal.
Als nun die affen lang hofieren,
Tet sich der geste freud vermeren,
Warf er die nuß in die rappaus:
Da war ir tanz und spielen aus.
Sie teten nach den nußen laufen,
Gunden sich schlagen und zu raufen
Und umb die nuß gar weidlich bißen,
Die seiden kleider gar zerrißen.

---

22. 6 einlich, ähnlich, misverständlich von „ein" abgeleitet; mhd. ist einlich einfach. — 18 höflich, mit Anstand. — 27 rappaus, in die Rapuse werfen, in die Rapse hinwerfen, sodaß jeder davon nehmen kann; davon verb. rapsen.

Sie achten nit des meisters strafen,
  Sie waren affen und blieben affen.
Darab die geste samtlich lachten,
  Daß die affen affenspiel machten.
¶ Im Leimdecker buch ist beschrieben
  Als, was Marcolphus hat getrieben.
Da Salomon ein katzen het,
  Die er mit arbeit leren tet,
Daß sie das liecht zum eßen hielt,
  Und sprach: „Gewonheit gar vil gilt,
Ist der natur weit überlegen.“
  Marcolphus tet sich des erwegen;
Er sprach: „Ich wils anderst bewern
  Und anderst durch erfarnheit lern.“
Er nam ein meuslin über tisch,
  Ließ laufen aus dem ermel risch.
Sobald die katz die maus ersach,
  Ließ falln das liecht und lief ir nach.
Damit Marcolphus stracks bewert:
  Natur hoch über gwonheit fert,
Mit disem lecherlichen bossen.
  Philosophi haben beschlossen:
Was die natur eim jeden geit,
  Da zu in sein gemüte treit,
Davon der mensch sich nit leßt dringen,
  Auch mit seins lebens far nit zwingen.
Was die natur eim pflanzet ein,
  Wäscht im ab weder Elb noch Rhein.

---

22. 33 achten, achteten. — 37 Leimdecker buch? Die Geschichte im Volksbuch von Salomo und Marcolf. (Genthe II, 81). — 54 beschließen, den Ausspruch thun. — 55 geit, gibt. — 56 treit, trägt, bewegt, treibt.

Die dreiundzwanzigste Fabel.

Von zweien Fischern und Mercurio.

Zwen fischer zsamen fischen giengen,
Ein großen haufen schnecken fiengen:
Die kochtens, und zusamen saßen
Und von denselben schnecken aßen
So vil, daß sie nit mochten mer.
In dem Mercurius komt her,
Den batens, daß er zu in säß
Und mit in von den schnecken äß.
Bald merkt Mercurius irn sin,
Daß er nicht grichtet war dahin,
Daß sie in aus freundschaft gebeten,
Sondern darumb, daß sie leicht hetten
Gekocht der schnecken all zu vil.
Er sprach: „Eur gast ich nit sein wil:
Habt ir gekocht dieselben schnecken,
So eßts und laßts euch wol schmecken."
¶ Wer sich unbsunnen all zu gach
Verwirrt mit einer bösen sach,
Welch er nit, wie sichs wil gebüren,
Kan endigen und aushin füren,
Wil ander leut auch einhin ziehen,
Daß er der schande mög entfliehen.
Denn wo man hat gelegt ein bloßen,
Da het man gern ein leidsgenoßen:
Der wird billich so abgericht,
Wie disen fischern hie geschicht.
Was einer hat selbs gekromet ein,
Daß er das auch auseß allein,
Und was einr an sein rocken bindt,
Ist billch, daß ers auch selb abspinnt.

23. 17 unbsunnen, unbesonnen. — 25 abrichten, abfertigen. — 27 einkromen, einkrümeln, einbrocken.

Die vierundzwanzigste Fabel.

Von zweien Gesellen und dem Esel.

Zwen gsellen wanderten auf ein zeit
Durch einen großen walt gar weit,
Da lief ein esel ungebunden,
Den fiengen sie zun selben stunden.
Wie sie den esel gfangen hetten,
Sich mit einander zanken teten:
Ein jeder von den beiden knaben
Wolt in für sich alleine haben.
Als sie sich nun lang haderten
Und mit einander schnaderten,
Zuletst begunten sich zu raufen,
Der esel tet zu holze laufen,
Daß in ir keiner wider sahe:
Damit in beiden recht geschahe.
¶ Gar manchem tut das glück begegen
Und bringt mit im ein guten segen,
Damit er möcht sein kummer büßen;
Er weiß es aber nit zu grüßen,
Macht mit seinr ungeschidlichkeit,
Daß im kein guter wunsch gedeiht.
Solchs komt oft aus der gmeinen plag,
Dem geiz, wie offentlich am tag,
Daß niemant mer dem andern gan,
Wenn einr selb ander gut möcht han,
Damit sich beid betrügen wol,
So ist sein herz des geizs so voll,
Wils als zu sich scharren und schaben,
Des sacks allzeit vier zipfel haben
Und zankt sich mit dem andern drumb.
In dem kert sich das glück auch umb,
Vor iren augen gar verschwindt,
Ir keinr davon kein nutz empfindt,
Daß er sich trösten möcht damit.
Das sprichwort heißt: mir nit, dir nit.

---

24. 10 schnadern, schnattern, schwatzen. — 25 sich betragen, vertragen um; damit, mit dem (dem Gut).

Die fünfundzwanzigste Fabel.

Von den Affen und dem Parden.

Der parde ist ein tier ganz fleckecht
Und über seinen rücken scheckecht,
Und von natur den affen gram;
Könt ers ergreifen allesam,
So ließ er keinen affen leben,
Solchs hat im die natur eingeben;
Kan in aber nicht steigen noch,
Wenn sie sind auf den bäumen hoch
Und der parde daniden ist.
So braucht er einen klugen list;
Wenn er sie nit mit macht kan fellen,
Denn tut er in mit list nachstellen
Und streckt sich nider in das gras,
Leit stille wie ein totes as
Und regt sich gar nicht umb ein har.
Wenn des die affen werden gwar,
Bald steigt einr von dem baum hernider,
Schleicht umb den parden hin und wider,
Schaut fleißig, ob er sich auch regt
Und etwan auch ein glid bewegt;
Zuletst rürt in ein wenig an,
Springt wider hindersich hindan.
Wenn er sich denn nit leßt bewegen
Und tut sich gar mit all nit regen,
Der aff ein wenig neher schleicht,
Den parden umb und umb bereucht.
Des freuen sich die andern affen,
Wenns von den bäumen abher gaffen,
Und meinen, daß er sei ganz tot,
Es hab hinfurter gar kein not;
Tanzen und springen umb in her
Und steigen auf in überzwerg.

---

25. Ueberschrift, Parde, felis Pardus, Panther. — 22 hindersich, zurück, rückwärts. — 24 mit all nit, durchaus nicht.

Wenn sie des tanzes gnug gemacht
  Und iren feind nun wol belacht,
Daß sie zuletst auch müde werden,
  Strecken sich zu im an die erden,
Haben den feind nun wol genarrt,
  So wüscht und springet auf der Pard,
Und tut an in den hohmut strafen,
  Beißt all zu tot dieselben affen.
¶ **Die** fabel tut uns nit erlauben,
  Daß wir solln allen geistern glauben:
Wenn sich der feind onmechtig stellt
  Und sich gegn uns der maßen helt,
Als sei er kraftlos und ganz mat,
  Dahinder er die sterke hat,
Damit uns unvorsichtigkeit
  Brengt oft in not und herzeleid.
Wenns kumt, daß sich die feinde stellen,
  Als ob sie fried begeren wöllen,
Und sich gelimpflich laßen finden,
  So ist gewis der schalk dahinden,
Wie das die alten krieger wißen,
  Die sich des kriegs han lang geflißen.

Die sechsundzwanzigste Fabel.

Vom Kefer und Adlar.

Der kefer ward verachtet gar
  Von dem hoffertigen adlar;
Schalt in onmechtig, stark und treg,
  Wie ein wurm stets im rosdreck leg
Ganz werlos, könt hauen noch stechen.
  Das wolt der kefer an im rechen.
Er trachtet seinem feinde nach,
  Sein nest er auf dem baum ersach;

---

26. 3 **stark**, dick, plump. — 5 **noch**, allein stehend, für: weder — noch.

Gar heimlich er den baum aufkroch,
Biß er erlangt das nest so hoch,
Und tet da, wie er mocht, sein best,
Warf im die eier aus dem nest,
Verbarg sich darnach ins genist,
Daß in der adlar da nit wist.
Wie der adlar den schaden sach,
Trauriglich zu im selber sprach:
„Das ist vorwar ein böser feint,
Der mich mit solchem ernste meint.
So bald ich hier mein eier leg,
So komt der feint und wirft mirs weg.“
Zuletst klagt ers dem Jupiter,
Er sprach: „Mein gott und gnedig herr,
Weil ir doch hie zu grichte sitzen,
Bitt, wöllet für gewalt mich schützen.
Mein eier leg ich alle tag,
Verwars zum besten, wie ich mag,
In meinem nest auf jenem baum;
Ich kann davon auch fliegen kaum,
So sein die eier ausgestoßen,
Ligen zerknürßt und gar zerfloßen.
Ein solcher schad mir teglich gschicht,
Noch kan den feind ergreifen nicht.“
Da antwort im der Jupiter
Und sprach; „Leg deine eier her
In meinen schoß, in meinen gern;
Wenn alle vögel dein feinde wern,
So solten sie dirs hie nit nemen:
Bei mir laßens dir wol bezemen.“
Der adlar legt sein eier groß
Dem Jupiter in seinen schoß.
Das sahe der keser in dem nist,
Erdacht gar bald ein ander list,
Damit dem feind möcht schaden ton;
Kroch zum Jupiter auf den tron,
Verbarg sich in seins mantels falten.
Da tet er sich ein weil enthalten;

26. 18 mit ernste meint, so feindlich gegen mich gesinnt ist. — 35 gere, Schurz, Gürtelkleid. — 46 enthalten, verborgen halten.

Darnach gunt sich ein wenig regen,
Daß er die eier möcht bewegen.
Da solchs der Jupiter ersach,
Aus forchten zu im selber sprach:
„Nicht gnug ich mich verwundern kan!
Es rürt die eier niemant an,
Dennoch regt sich ein jedes ei.“
Er schütt sie aus und warfs entzwei.
Damit dem adlar ganz und gar
All hilf und trost benomen war.
¶ Die fabel lert, daß wir zu trachten,
Den gringen nit zu ser verachten.
Wenn der feint klein, onmechtig ist,
So underſtet er das mit list
Zu tun, das im felt an der macht.
Darnach mit allem fleiß er tracht,
Daß er den starken breng zu schaden,
Des er sich schwerlich kan entladen.
Exempel han wir aus der schrift,
Welch auch gar eben hie auftrifft.
Der groß und freche Goliath,
Ein Philister geborn von Gath,
Ganz Israel honsprechen tet,
Als obs nit einen kriegsman het,
Der sich aus künheit dörfte wagen
Und sich mit dem Philister schlagen.
Da kam zu im David, der klein,
Erlegt in bald mit einem stein,
Mit einem stein er in erschreckt,
Daß er zur erden lag gestreckt.
An seinem eigen schwert er starb,
Damit David den preis erwarb,
Als er den Goliath erschlug,
Sein kopf gen Hierusalem trug;
Damit ward Israel getröst
Und von den Philistim erlöst;
Denn so tut Gott gemeinlich streiten,
Mit wenig und geringen leuten

---

26. 57 zu trachten, darauf zu denken haben. — 66 auftreffen, zutreffen, passen.

Nicht groß ding aus, auf daß die welt
(Die vil von großen dingen helt)
Erkennen mög, daß aller pracht
Und hoffart ist bei Gott veracht.
Sanct Paulus sagt: „In der schwachheit
Wird sterk und macht weit ausgebreit.“

Die siebenundzwanzigste Fabel.

Von der Eulen und andern Vögeln.

Für zeiten, in den alten jaren,
Vögel und tier verstendig waren
Und teglich mit einander redten,
Ir gsprech und rat zusamen hetten,
Gleich wie die fisch zu unsern zeiten
Pflegen zu reden mit den leuten.
Ein jedes tier nach seiner art
Zu jedem ampt bestellet ward:
Der löw war aller tier ein herr,
Sein nehster rat ein alter ber;
Die großen roß die feind bekriegten,
Und die ochsen den acker pflügten;
Die windhunde waren jäger,
Der hase war ein briefträger,
Der hirsch war schultheiß, saß das recht,
Und die geiß war ein schneiderknecht;
Der wolf der schaf tet fleißig warten,
Der bertig bock versahe den garten,
Die sau tet in der küchen naschen,
Der half die katz die schüssel waschen;
Ein glockengießer war der käfer,
Und der igel ein leinweber,

---

26. 89 Sanct Paulus, 1 Korinth. 15, 43.

27. Dorpius Fij, 70; Fabella ex Lamia Politiani desumpta. — 15 das recht sitzen, zu Gericht sitzen.

Des königs kürschner war der luchs,
Ein glerter doctor Reinhart fuchs;
Der aff tet für dem könig springen,
Der esel must die metten singen,
Die septem horas, für mittage
Darnach die seck zur mülen tragen;
Der biber must die bäum abhauen,
Dem half der specht die heuser bauen;
Der sperber tet die wend bekelken,
Ein junges kalb die ku must melken;
Der kammermeister war der pfau,
Zu tisch dienet die truschel grau,
Zum fischmeister war bestellt der reiher,
Die hausshenn trug zu hof die eier;
Die gans versahe das trinkgefäß,
Der kranch war des königs truckseß,
Der haushan hielt des nachts die wacht,
Der canzlei het der häher acht;
Mit singen tet sich dnachtigall regen,
Der widhopf must das scheißhaus fegen,
Der spanier wart die kammern immer,
Die vögel dienten im frauenzimmer,
Die kleinen vögel mit tanzen, springen,
Mit jubiliern und discant singen.
Darunder war ein growe eule,
Tet nit wie jetzt des nachtes heulen:
Mit den vögeln des tages flohe,
Mit guter ler zum besten zohe,
Und tet sie gute sitten leren,
Daß sie ir vile möcht bekeren.
Des warn die vögel alle fro,
Und sprachen zu der eulen so,
Sie solt nit mer in löchern liegen,
Sondern mit in zu felde fliegen,
Zu feld und in den grünen walt.
„Da sten die bäum gar manichfalt,

27. 27 die septem horas, die sieben täglichen Kirchengebete. — 31 bekelken, mit Kalk bestreichen. — 34 truschel, Drossel. — 43 spanier, provinziell für Kornkäfer. — 47 grow, grau.

Schön grün, daß du dich möchtest wundern,
Da mag ein jeder in besundern
Ein baum auskiesen für das best,
Darauf er machen mag ein nest",
Und zeigten ir ein junge eichen,
Sprachen: „Du kanst sie wol erreichen.
Weil du bist weis und klug von sinnen,
Wölln wir dirs für eim andern günnen.
Zwischen dem laub und grünen ästen
Magstu mit fried und freuden nesten,
Des sommers han ein frölich leben."
Die eule tet zu antwort geben,
Sprach: „Auf die eiche wil ich nit bauen
Oder mich eim solchen baum vertrauen,
Wiewol er lüstig bletter hat.
Ich wil euch geben ein andern rat:
Wo ir demselben baum werdt glauben,
So wird er euch eur leben rauben.
Jetzt ist er glat; wenn er wird alt,
So gwint er gar ein ander gstalt:
Denn wird er rauch, bewächst mit mas.
Wenn der weidman wird merken das,
So besteckt er in mit leimruten:
Dafür wißt ir euch nit zu hüten,
Daß er euch nach einander zwackt
Und mit euch seinen schweidler sackt.
Drumb folget und fliegent mir nach:
Habt in den löchern eur gemach;
Da mögt einander wonen bei
Und seid auch für dem sperber frei."
Solch warnung gieng in nit ins herz,
Lachtens und hettens iren scherz:
Der eulen rat verachtet wart
Von solcher leichtfertigen art.
Da wart der eulen prophecei
Ganz war, und brachts die zeit herbei:
Der vogler fieng die vögel all,
Wo einer in dem wald erschall,

---

27. 79 mas, Moos. — 84 schweidler, Schnappsack, Jagdtasche.

Mit leimruten und mit dem garn,
Davor sich wusten nit zu warn.
Zu letst hettens gern beßer gsehen,
Da in der schade war geschehen,
Und dachten an der eulen rat,
Die in solchs vor geweissagt hat.
Derhalben es noch teglich kümt,
Wie man aus erfarnheit vornimt,
Wo ein eul sitzt auf einem dach,
Da fliegen ir all vögel nach,
Tun sie mit haufen umberingen,
Wölln sich all nahend zu ir dringen,
Auf daß sie mögen etwas hörn
Und von der eulen weisheit lern.
Drumb tun sie ringes umbegeben,
Ja oft mit far irs eigen leben.
Es hilft aber nit, es ist zu spat.
Ich glaub nit, daß ein eul jetzt hat
Solch weisheit wie in alten jaren,
Da die vögel verstendig waren;
Jetzt sind vil, die wie euln her fliegen,
Des tages in den ritzen liegen,
Han federn wie die euln gestalt.
Ichs aber zwar dafür nicht halt,
Daß solch verstand bei inen leit
Wie bei den eulen zu jener zeit,
Wie man bei irm gesang jetzt hört
Und solchs teglich erfarnheit lert.
¶ Hie wird veracht der eulen rat,
Den sie zum besten geben hat.
So gets auch zu bei unsern zeiten:
Was graten wird von gringen leuten,
Wird von den klüglingen verworfen;
Doch kömts zuletst, wenn sie sein dorfen,
Denn ists zu spat, so komt der reuel,
Beißt sie und macht in solchen greuel,
Daß sie schreien awe und ach,
Und wöllen raten hindennach.

---

27. 130 dorfen, bedürfen.

Der rat, welch nach der tat geschicht,
Der ist so nütz, wie ich bericht,
Als der regen, der stüpfel rürt,
Wenn man das korn hat eingefürt.

Die achtundzwanzigste Fabel.

Von der Tannen und dem Körbs.

Ez war ein tann erwachsen hoch;
Dabei ein körbs sich auch auf zoch
Und flocht sich umb des baumes ast,
Dieselben mit der zeit umbfaßt,
Bekleidt also den ganzen baum,
Daß man die tann kunt sehen kaum,
Mit vilen reben umbefangen,
Mit fleschen und mit blettern bhangen.
Da bgunt der körbs dieselben tannen
Mit hönschen worten an zu zannen
Und sprach: „Sihe an mein fruchtbarkeit,
Wie ich so gar in kurzer zeit
Erwachsen aus eim kleinen kern,
Daß mich die leut anschauen gern,
Mein bletter und mein große frucht.
Du hast noch nie so vil getucht
In alle deinem ganzen leben,
Daß du hetst einen apfel geben."
Da sprach die tann: „Ir jungen lassen,
Schweigt, laßt euch von den alten strafen.
Du hast noch nie kein bösen man
Recht under augen gsehen an,
Dennocht dein torheit bricht herfür.
All deine sterk hast du von mir;

---

27. 137 stüpfel, Stoppel.

28. Apologus ex secundo libro Petri Criniti de honesta disciplina desumptus. — Ueberschrift. Körbs, Kürbis. — 8 flesche, Frucht des Flaschenkürbis. — 16 getucht, von tügen: taugen, vermögen.

Wenn ich ein tritt würd von dir gen,
Köntst nit auf deinen füßen sten.
Ich bin allhie, glaub mir fürwar,
Gestanden so gar manches jar,
Gar manchen winter abgelebt,
Den starken sturmen widerstrebt.
Wiewol sie mich oft hart getrieben,
Bin dennoch fest bestendig blieben.
Du arme schwache creatur,
Bald mach ich dir dein leben saur.
Wenn ich dir meine hilf entziehe
Und von dir einen fußbreit fliehe,
So fellst gestrecket an die ert,
Dein kraft ist nit ein hellers wert.
Und wenn dich trifft ein kleiner reifen,
Bald zeuhstu in den sack die pfeifen;
Denn ist dein freude hin entschlichen,
Dein bletter dürr und gar verblichen,
Denn ich hab mich an dir gerochen;
Vergebens ist dein troß und pochen."
¶ Die hoffart ist ein große sünd,
Und sonderlich wenn man sie findt
Bei armen unvermögen leuten,
Wenn die wölln wider dstarken streiten.
Ein weites maul hat gnug zu schaffen,
Wenns widern backofen wil gaffen.
Eins arm mans zorn und übermut
Im selb den grösten schaden tut.
Wo hoffart ist beim armen man,
Wüscht der teufel den hindern an.

---

28. 41 denn, dann. — 47 unvermögen, adj., wie im Mhd. schwach.

Die neunundzwanzigste Fabel.

Vom Wolfen und dem Rappen.

Zwen wolfe mit einander kamen
Zu eim schafstall; daselb sie namen
Jeder ein schäflin von der herden:
Dasselb mal auch nit mer begerten.
Damit liefen zu holze gach.
Ein rapp ersahs und flog in nach,
Biß an ein sichern ort sie kamen;
Den raub die wolfe für sich namen
Und wolten da zu morgen zeren,
Da tet der rapp an sie begeren
Und sprach: „Wolt meiner nit vergeßen:
Jr laßt mich billich mit euch eßen,
Denn ich auch heut gar unverzagt
Mein leben neben euch gewagt
Und neben euch geflogen her.
Gebt mir ein stück nach meim beger,
So wil ich euch das ander laßen
Und wider fliegen meine straßen."
„Ja", sprach der wolf, „du hast geflohen
Und bist uns heute nachgezohen,
Aber zwar nicht zu unserm schutz,
Sondern geschicht dein eigen nutz,
Ob man uns wurd ein schaf abjagen,
Oder daß wir beid wern erschlagen,
So hettest wol der treu vergeßen
Und selb von unserm fleisch gefreßen.
Drumb pack dich auf ein ander felt:
Diß mal ist nicht für dich bestellt."
¶ Wir werden glert aus disem gdicht,
Wo man sich nach den worten richt
Und wil nicht auf die meinung sehen,
Aus was ursach sie sein geschehen,
So wird gar oftmals fel geschlagen:
Anderst tut sich das end zutragen,

---

29. Fabula ex Joan. Ant. Campano desumpta.

Denn sich die werk ansehen ließen;
  Dadurch der schlechte wird beschißen;
Denn sichs gemeinlich in der welt
  In allen stenden der maßen helt,
Daß nicht das werk, wie mans ansicht,
  Des willens und der meinung gschicht.
Drumb wers noch gut, wie Momus redt,
  Daß jeder mensch ein fenster het
In seiner brust, dadurch man sehe,
  Was heimlich in seim herzen gschehe,
Auf daß man deste baß verstund,
  Ob das herz stimmet mit dem mund.

Die dreißigste Fabel.

Vom Arione und dem Delphin.

Aulus Gellius beschreibet diß
  In seinen noctibus atticis,
Daß einer gnant was Arion,
  Kunt spielen auf der harpfen schon
Und het erfarnheit künsten vil
  Gelernt auf alle seitenspiel;
Derselben war er wol erfarn.
  Aus Griechenland von Lesbo geborn,
Wont in Achaia zu Corintho
  Bei dem könig Periandro.
Derselbig hielt von im gar vil
  Umb seiner kunst und lieblich spiel:
Derhalb het er in lieb und wert.
  Vom könig er einsmals begert,
Daß er hin in Italiam
  Möcht schiffen und Siciliam.
Solchs erlaubt im der könig hoch,
  Daß er in dieselben länder zoch,

---

29. 41 Momus, personificirte Tadelsucht. Hesiod, Theog. 214.
30. Fabula elegantissima ex libro XVI (19) Gellii.

Auf daß er auch da wurd bekennt.
Er nam mit im sein instrument;
Weil er war klug und wol gelert,
Ward er daselben hoch geert.
Und sonderlich zu Siracusen
Tet er etlich monat behausen;
Darnach Roma, die große stadt,
Und das Welschland besehen hat.
Daselbs ward er geert und globt,
Mit großem gelt und gut begobt
Von keiser, könig, herrn und fürsten,
Die all nach seiner kunst tet dürsten.
Sie gaben im gar reichen solt;
Jedoch zuletst er gerne wolt
Sich machen auf die widerfart.
Ein griechisch schiff da funden wart,
Welchs sich auch von Corintho nennt;
Der Arion die schiffleut kennt,
Dest lieber wolt er farn mit in.
Sie machten reit und furen hin.
Als sie nun kamen weit ins mer,
Der schiffman rüst sein boßleut her
Und sprach: „Da haben wir ein gast,
Den han wir jetzt gar wol gefaßt:
Dem wölln wir nemen sein gut und hab
Und werfen in ins mer hinab,
Auf daß er solches nit vermeldt:
Denn sein wir reich an gut und gelt."
Als Arion nun merket das,
Daß im da nicht mocht werden baß,
Da gab er sich auch willig drein
Und sprach: „Nemt hin die güter mein,
Die wil ich euch ganz willig geben,
Daß ir mir laßt allein das leben,
Denn euch nit nützen mag mein blut,
Weil ir habt all mein hab und gut.

---

30. 19 bekennt, bekannt. — 24 behausen, wohnen. — 33 widerfart, Rückfahrt, Heimkehr. — 38 reit, bereit, fertig. — 40 boßleut, Bootsleute.

Drumb bitt, wöllet mich leben laßen."
  Da bdachten sich die leut dermaßen,
Und seine bitt sie hoch bewegte,
  Daß sie ir hand nit an in legten;
Sprachen zu im: „Du must doch sterben,
  Deins lebens magst kein gnad erwerben;
Derhalben bald begib du dich
  Hinab ins mer selb williglich."
Als er nun merket keinen trost,
  Dadurch er werden mocht erlost,
Bat, im zu erlauben so vil,
  Daß er mit seinem seitenspiel
Zum teil möcht lindern seine bürd,
  Daß im der tot dest leichter würd.
Dasselb die schiffleut im nachgaben,
  Daß er ein wenig freud möcht haben.
Der Arion macht sich bereit
  Und legt bald an sein bestes kleit,
Sein seitenspiel er fürher zoch,
  Trat auf des schiffes bord so hoch
Und spielt des besten, so er mag,
  Vom morgen an biß umb mittag,
Sang drein ein schönes klagelied;
  Damit zuletst von dannen schied.
Als er am lieblichsten hofiert,
  In seinen besten kleidern ziert,
Nam er sein harpfen auf den rucken
  Und tet sich oben abher bucken,
Mit seinem spiel und süßen gsang
  Hinab ins wilde mer da sprang.
Die schiffleut meinten nu, daß er
  In den bülgen ersoffen wer.
Irn curs sie nach Corintho setzten,
  Ir segel gegen wind aufhetzten.
Nun hört ein neu und großes wunder!
  Als er nun sprang ins mer hinunder,
Hub sich ein gütig seltzam gschicht,
  Welchs doch leichtlich zu glauben nicht.

---

30. 86 bülge, Bulge, Welle, Woge. — 88 aufhetzen, aufhissen. — 91 hub sich, trug sich zu; gütig, günstig.

Ein delphin kam dorther geschwummen,
  Wolt dem menschen zu hilfe kummen.
Der Arion het gern gefrist
  Das leben, welchs natürlich ist,
Er trachtet, wie er in erwisch,
  Und setzt sich oben auf den fisch.
Der trug in bald on alle schwer
  Ueber das tiefe, wilde mer
Bei Tänas ins lakonisch land,
  Setzt in daselben an den strand,
Wie er geziert in seiner wat,
  Mit der harpfen und was er hat.
Von dannen zohe er gen Corinthum,
  Kam für den künig Periandrum;
Von anbegin erzelt im gar,
  Wies auf der reis ergangen war,
Und wie der delphin hoch gedacht
  In frölich het zu lande bracht.
Der künig stellt im keinen glauben,
  Wolt im auch fürbaß nit erlauben,
Daß er zun leuten möchte kommen,
  Biß er het beßern bricht vernommen.
Die schiffleut kamen in den tagen;
  Die fordert er und tet sie fragen,
Weil sie erst aus dem Welschland kemen,
  Was neues sie daselb vernemen,
Und ob sie nit vernommen hetten
  Den Arionem in den stetten.
Sie sprachen: „Herr künig, wir haben
  Arionem, den edlen knaben,
Zu Rom in großen ern gesehen,
  Welch woltat im daselb geschehen.
Er wird von allem volk gelobt
  Und reichlich von den herrn begabt."
Der künig ließ auftun die tür,
  Da trat der Arion herfür
Also gekleidt herein gedrungen,
  Wie er dort war vom schiff gesprungen.

---

30. 101 Taenas, Taenarum ist gemeint. — 103 wat, Gewand, Kleidung. — 109 gedacht, erwähnt.

Mit schrecken nams die schiffleut wunder;
  Die ließ der künig fürn hinunder,
Bald musten sie daselb entfahn
  Für irn arbeit verdienten lon.
¶ Hie ist zu sehen, daß man oft
  (Des man sich doch gar nit verhofft)
Bei den wilden und frechen tieren
  Mer gut und miltigkeit tut spüren
Denn bei den leuten, den ir herz,
  Ir ganze leben, schimpf und scherz
Sunst niergen mer ist hingestellt
  Denn auf das bös, verfluchte gelt;
Fragen nach keinem ding auf erden,
  Denn wie sie mögen reich werden,
An welchen man zu aller frist
  Nichts findt, das menschen ehnlich ist,
Denn daß sie haben menschengstalt,
  In unmenschlichkeit werden alt.
Was underscheids zwischen den leuten
  Und einem tier, wil ich euch deuten
Und ist zu sehen bei den hunden,
  Dem Lazaro lecken die wunden;
Denselben het der reiche man
  Nicht durch ein zaun gesehen an,
Und in so gar verachtet het,
  Die brosem er im wegern tet,
So von dem tisch gefallen wern,
  Welchs doch unmenschlich ist zu hörn.
Drumb werden auch am jüngsten tag
  All creaturn füren ir klag
Uber die der woltat vergeßen,
  Irs nehsten not in nit anmeßen:
Den wird die seligkeit gar teur,
  Sie werden hin zum hellschen feur
Von Christo ewiglich verweist,
  Und spricht: „Ir habt mich nicht gespeist,
Das ist, meiner elenden armen
  Habt ir euch nit laßen erbarmen.

30. 154 durch einen zaun ansehen, von ferne ansehen. — 156 brosem, Brosamen. — 161 die, diejenigen welche. — 165 verweist, verwiesen. — 166: Und spricht, nämlich Christus.

Denn was ir habt denselben bweist,
Es werd gelestert oder gpreist,
Dasselb nem ich dermaßen an,
Als hett ir das mir selb getan."
Darumb sehe hie ein jeder zu,
Daß er bei seinem nehsten tu,
Als er wolt selber von im han,
So mag er diser straf entgan.

Die einunddreißigste Fabel.

Von der Spinnen und Podagra.

Gerbellius ein fabel schreibt,
Die auch denen ist eingeleibt,
Welch erst Esopus hat gemacht,
Auch ander mer nach im bedacht.
Weil sie nun ist dermaßen gstellt,
Daß sie mir im latein gefellt,
Wiewol sie es tet nit gar gern,
Hat dennoch teutsch must reden lern.

Es war einsmals ein kluge spinne,
Voll weisheit und gar scharpf von sinne,
Die wolt aufhörn von irem weben
Und sich hinaus ins felt begeben,
Daß sich ein wenig möcht erquicken.
Eilend tet sich zu wege schicken.
Wie sie sich nun im gang umbsach,
Sich, da folgt ir von ferne nach
Die podagra zu beiden seiten
Und sprach: „Gesellschaft wöllest beiten!
Mich dunkt, du wilt meins weges wandern,
Gut ists, wir reisen mit einander."
Sie zohen beid zusammen hin
Zu einem flecken, lag für in.

---

31. Nicolai Gerbellii Phorcensis apologus lepidissimus. — 2 eingeleibt, einverleibt. — 4 bedenken, berücksichtigen. — 18 beiten, warten.

Sie bſchluſſen mit gemeinem rat,
  Ein jeder ſolt gen in die ſtadt,
Der erſte wirt, ſo im für kem,
  In mit im in ſein bhauſung nem,
Dem wolt er folgen williglich.
  Bald mit der kürz begab es ſich,
Ein reicher bürger ongefer
  Sprach zu der ſpinnen: „Kom du her,
Ge mit mir heim, ich teil mit dir,
  Was Gott und glück han geben mir."
Die ſpinn zohe hin, tet fleißig ſchauen,
  Hoch an eim balken wolt ſie bauen,
Daſelben ir geweb ausbreit.
  Die hausmagd war von ſtund bereit,
Wo ſich die ſpinn zu weben regt,
  Mit einem beſem ſies wegfegt,
Und ward ir da kein ſtett vergunt,
  Da ſie urlaub zu bauen fund;
Und kunt alſo die arme ſpinne
  Im weiten hauſe nichts beginnen,
Das da möcht bleiben unberört
  Und ir die hausmagd nit zerſtört.
Sie het kein fried im ganzen haus:
  Man jagts zu allen türen aus.
Dagegen auch die podagra
  Ward irer herberg nit faſt fro:
Kert ein zu einem armen baur,
  Der macht dem gaſt ſein leben ſaur.
Als er zu abent eßen ſolt
  Und ſich ſeins leids ergetzen wolt,
Da ward ein trucken brod ſein ſpeis,
  Das war zwar nicht wie ſämel weiß;
Weiſt in darnach zum küpferling,
  Sprach: „Wenn dich dürſt, daſelb aus trink."
Wie nun der gaſt war worden krank
  Von böſem wege, ſpeis und trank,
Sein augen kunt nit halten offen,
  Hieng oft den kopf, begert zu ſchlafen,

---

31. 54 ſämel, Semmel. — 55 küpferling, kupferne Waſſerkelle.

Da zeigt man im ein hölzen bet,
  Desgleichen vor nit gsehen het;
War nit mit mei oder blumen bsteckt,
  Auch nit mit seiden tepten deckt;
Ein wenig stro darinnen lag,
  Das het gelegen manchen tag.
Die podagra legt sich da nider,
  Zu ruen ire schwache glider.
Was jamers sie die nacht da lit,
  Kan jederman betrachten nit.
Kein schlaf in ire augen kam,
  Biß sie morgens den tag vernam,
Und daß die liebe sonn aufblickt,
  Die sie zum teil irs leids erquickt,
Des elenden kummers und jammer,
  Den sie die nacht het in der kammer;
Daselbs geschahe ir we und ant,
  Denn sie war unglücks nicht gewont.
Des morgens frü sich für her zoch,
  Heraus auf allen vieren kroch,
Für onmacht lag schier gar darnider:
  Doch kams zu irer gsellschaft wider.
Sie wünscht der spinn ein guten morgen
  Und sprach: „Ich hab die nacht in sorgen
Gelegen hart auf einer bank,
  Die nacht daucht mich eins jares lang,
Hab solch armut und kummer glitten,
  Dafür mich hinfür wil behüten.
Wenn du den armut sehest an,
  Darin da lebt der arme man,
Bei dem ich bin die nacht gelegen,
  Soltst dich mit hend und füßen segen.
Hab nie gesehn ein solchen armen,
  Es möcht ein harten stein erbarmen.
Fro ward ich, da die sonn aufgieng
  Und das zu tagen anefieng."
„Ach", sprach die spinn, „schweig, laß dein klagen!
  Mein unru kan ich nit aussagen,

31. 64 tepte, Teppiche. — 70 betrachten, sich vorstellen. — 77 ant, Leid. — 92 segen, segnen, bekreuzen. — 96 das, da es.

Welch ich gelitten dise nacht:
Han mir mein leben saur gemacht.
Aus einem winkel in den andern
Hab ich die ganze nacht must wandern.
Die hausmagd mir nit gunnen tet,
Daß ich ein stund geruet het;
Wo ich aufschlagen wolt mein zelt,
Waren drei oder vier bestellt,
Die mir verstörten all mein wesen,
Fegten mich weg mit vilen besen:
Also ganz sauber, schön und rein
Musts überall im hause sein,
Welchs doch nit ist von meinem ton:
Ich könt sein nimmermer gewon.
Mit solchem fegen und reinigkeit
Machten sie mir mein leben leid;
Wenn sichs hie wolt für leuten ziemen,
Wolt ich dir zeigen meine striemen,
Die sie mir dise nacht geschlagen:
Ich weiß zwar nicht, wem ichs sol klagen.
Ein jüden solt es wol verdrießen;
Habs, als hets mir ein hund gebißen."
Podagra sprach: „Liebe gespiel,
Ein guten rat ich geben wil:
Ich merk wol, wo es wil hinaus.
Laß mich ins reichen mannes haus;
Wo mans helt sauber, schön und rein,
Da wil ich deste lieber sein.
Zum armen man tu dich begeben,
Da magstu wol mit frieden weben."
Da sprach die spinn: „Das nem ich an,
Hab dich wol mit dem reichen man."
So bald es wider abent ward,
Podagra macht sich auf die fart.
Wiewol sie gar erbermlich gieng,
Der reiche man sie doch entpfieng

31. 111 ton, Thun, Gebrauch, Gewohnheit. — 112 gewon, gewonen, trans. sich daran gewöhnen. — 119 ein jüden, der doch schimpfliche Behandlung gewohnt ist. — 120 habs, es ist mir.

Mit großer er und reverenz,
  Mit neigen, biegen und credenz,
Brachts auf ein bet mit seiden küßen,
  Der legt man ir drei zu den füßen.
Hilf Gott! wie ward sie da tractiert,
  Mit gar köstlichen gschenken geert!
Bald ward für ir der tisch gedeckt,
  Darauf gar weiße fämeln gelegt,
Fisch, wie man die erdenken mocht,
  Ward alles überflüßig bracht.
Rephünlin, wachteln, amseln und fasen,
  Wildprät von hirschen, rehe und hasen,
Wein cors, trebian, süß malmasier,
  Den man bringt von Venedig her,
Und wie man die all mag erdenken,
  Tet man ir überflüßig schenken,
Ja also vil und überflüßig,
  Daß sies zum teil ward überdrüßig;
In summ, man mocht da nit entbern,
  Denn was der gast nit tet begern.
Die spinn sich auch nicht lang besann,
  Zohe ein zu einem armen man,
Begunt gemächlich anzuheben,
  Zu spinnen, haspeln, spulen, weben
An türen, fenstern, balken, wenden
  Stricket mit füßen und mit henden,
Das zerbrochne macht wider ganz,
  Rund, mit vil straln wie sonnenglanz,
Langlecht, rudecht und vierecktt,
  Gleich, ungleich, seltzam, schieb und scheckit.
So herrschet sie im leren haus,
  Niemand irrt sie oder trieb sie aus.
Nit lang darnach in selben tagen
  Tet sichs on all gefer zutragen,
Daß die spinn und die podagran
  Kamen einander wider an.

31. 136 credenz, höfliches Betragen, Verbeugungen. — 145 fasen, fasian, Fasan. — 147: Wein von Corsica, Trebbia. — 163 rudecht (mhd. rüdisch), uneben, rauh.

Sprach zur spinnen: „Nun ist mir wol,
Ich hab als, was ich haben sol.
Zu meinem großen glück und frummen
Bin ich zu solcher herberg kummen.“
Die spinn auch ire freiheit rümet
Mit vilen worten hoch verblümet,
Wie sie im ganzen haus regiert,
Mit spinnweb alle winkel ziert:
Solchs preiset sie mit großem rum,
Nem nit dafür das keisertum.
Da willigtens von beiden seiten,
So wolten in zukummen zeiten
Die podagra zur herberg keren
Zu reichen hansen, großen herren;
Wer allenthab von iren dingen.
So mocht der spinn nicht baß gelingen,
Denn daß sie sich zum armen kert:
Daß solch gut wer, het sie gelert
Erfarnheit und der lange brauch.
Das haltens noch, drumb siht man auch
Die spinnen bei den armen bleiben.
Die reichen tun ir zeit vertreiben
Mit der podagra auf weichen betten;
Und wenn sie auch dieselb nit hetten,
So hettens sunst kein zeitvertreib;
Ich achts für gut, daß bei in bleib;
Mögens auch meinethalb wol han,
Biß daß die growen röck vergan.
¶ Man mag disen apologen,
Der an im selb lüstig und schon,
Ziehen zu mancher sachen gstalt;
Doch erstlich er ein solchs inhalt,
Daß einer oft in einer statt
Mer glücks denn an der andern hat,
Und daß krankheit gemeinlich pflegen
Sein bei den reichen: da tut mans hegen

31. 182 zukummen, zukünftig. — 185 ire dinge, was sie gebraucht. — 198: bis die Mönchsorden aufhören. — 202 inhalt, enthält. — 203 statt, Stätte, Ort.

Auf weichen betten, deckets warm
Und nimts gar freundlich an den arm,
Leßt in keins dings gebrechen nicht:
Solchs bei den armen nit geschicht.
Noch eins han wir draus zu verstên,
Wölln auch nit lan fürüber gên:
Wiewol gelt, gut sind Gottes gab,
Doch siht man oft bei kleiner hab
Größer freiheit, rusamer leben
Denn bei dem Gott groß reichtum geben.
Endlich wil ich also beschließen:
Der arm sol seiner freiheit gnießen,
Haben ein frischen, freien mut;
Laß den reichen mit seinem gut
Sein leben engstigen und worgen:
Der hund darf für die schuh nit sorgen.

Die zweiunddreißigste Fabel.

Von der Maus.

In einem kasten war ein maus
Geborn, da wars nie kommen aus;
Da nert sie sich der haselnüß,
Dieselben schmeckten ir gar süß.
Das macht, daß ir bei all irm leben
Sonst nichts zu eßen war gegeben.
Einsmals sie auf dem kasten spielt
Und ongefer herunder fellt,
Lief umb den kasten und besucht,
Ob sie wider nauf steigen mucht.
Fand ongefer gar köstlich speis,
Schön zugericht von mandelreis;

---

31. 221 worgen, würgen, sich quälen, abmühen.

32. Dorpius II. Ausgabe, 78; Laurentii Abstemii Fabulae per Gargotium emaculatae, 32—III, 26. — 9 besucht, sucht eine Stelle, um wieder hinaufzuklettern.

Die schmeckten ir gar herzlich wol.
Sie sprach: „Wenn ichs doch sagen sol,
Ich meint, daß in der ganzen welt
Wer das mal niergend baß bestellt
Denn eben da in meinem kasten.
Nun mag mans sehen, fülen, tasten,
Daß haußen muß vil beßer sein:
Ade, ich kum nicht wider nein!"
¶ Ein jeder lobt sein vatterlant
Und den ort, da er ist bekant,
Als daß, wenn er einmal tut wandern
Und sich begibet auf ein andern,
Da er liebers und beßers sicht,
Und da im auch mer guts geschicht,
Daß er das sein denn kan verlaßen
Und dasselb auch loben zumaßen.
Man sagt von einem jungen knaben,
Der zoh ins Elsaß hin aus Schwaben;
Als er vermerkt ein beßern ort,
Da im mer guts erzeiget wart,
Setzt im daselben für zu bleiben,
Dacht, wolt sich nicht laßen austreiben.
Sein Vatterland tet er betrachten
Und wolts nicht offentlich verachten
Und sprach: „Das Schwabenland ist gut,
Bitt Gott, er mich dafür behüt,
Ich warf ein großen stein in Rhein,
Wenn der heim kumt, kum ich auch heim."

---

32. 19 haußen, hie außen, draußen. — 23 als daß, bis daß. — Die Geschichte von dem Schwaben scheint aus mündlicher Ueberlieferung genommen.

Die dreiunddreißigste Fabel.

Vom Bauren und seinem Wunsch.

Die leut erstmals vil götter hetten,
Davon vil schreiben die poeten;
Under den war ein, die Ceres hieß,
Die korn und weizen wachsen ließ.
Die bat ein baur, daß sie wolt laßen
Das korn wachsen der gstalt und maßen,
Daß die strohalmen und die äher
Möchten wachsen fein schlecht daher
On die scharpfen stachleten spitzen,
Die eim in henden bleiben sitzen,
Daß sich die schnitter nit drein stechen,
Oder den dreschern dhend zerbrechen.
Dem gschahe also; da es zeitig wart,
Kamen die vögel nach irer art,
Denn da war gut zum korn zu kommen,
Weil im die stacheln warn benommen.
Die kleinen vögel fraßens auf.
Da sprach der baur: „Mich reut der kauf.
Ich wist nit, daß ichs het so gut:
Der vorwitz mir den schaden tut,
Daß ich hab umb ein kleinen gwin
Ein großen vorteil geben hin.“
¶ Wir sollen nicht umb kleinen gwin
Ein großen vorteil geben hin;
Es tut der vorwitz oft verschaffen,
Daß wir auch Gott sein werk wölln strafen
Und meinen, daß wir alle sachen
Auch beßer denn Gott wöllen machen,
Des wir doch haben keinen frummen
Und oft zu großem schaden kummen,
Höchlich damit erzörnen Gott
Und sein gescheft halten vor spott.
Desselben sollen wir uns maßen,
Gottes werk ungetadelt laßen,

33. 6 äher, Aehre. — 26 strafen, tadeln. — 32 gescheft, Geschöpf.

Richten nicht mer, denn wir verstünden
Und nit wol beßer machen künden,
Daß man nit sag: schuster, far schon,
Laß urteil übern schuh nit gan.

Die vierunddreißigste Fabel.

Vom Habich und der Tauben.

Ein habich schoß nach einer tauben,
Daß er ir möcht ir leben rauben,
Floh in ein dorf; der baur das sach
Und stellt mit list dem habich nach
Mit vogelleim an einer stangen,
Darin der habich blieb behangen.
Er bat den baurn, daß ern wolt laßen
Widerumb fliegen seine straßen,
Und sprach: „Ich hab dir nichts getan;
Bitt, wöllest mich doch fliegen lan."
Da sprach der baur: „So vil du mir,
So vil die taub getan hat dir.
Hetstu die tauben nicht durchecht,
So bliebst von mir wol ungeschwecht;
Weil du verfolgst unschüldig blut,
Wie du tust, man dir wider tut."
¶ Die fabel lert, daß wir den söllen,
Die der unschuld böslich nachstellen
Und sich an tyrannei tun preisen,
Im rechten keine gnad beweisen.
Rechts ists, daß, wie sie haben tan,
Nach irer tat entpfahen lon;
Billich, daß, der das schwert selb nimt,
Durch menschen hand am schwert umbkümt.

---

33. 38 Nach dem alten geflügelten Worte: Ne sutor ultra crepidam.
34. 13 durchechten, in die Acht thun, fortwährend verfolgen, für vogelfrei erklären. — 13 ungeschwecht, unverletzt. — 20 im rechten, von Rechts wegen, mit Recht.

Die fünfunddreißigste Fabel.

Von der Spinnen und Schwalben.

Es war ein giftig böse spinne,
Die tet groß haß und neid gewinnen
Uber ein schwalben, darumb daß
Die schwalb allzeit die fliegen fraß,
Welch der spinnen allein gehören,
Wie sie meint, und zu freßen gbüren.
Das wolts der schwalben nicht vergeben,
Dacht ir zu stellen nach dem leben,
Zohe für ein fenster ire netz,
Dadurch die schwalb pflag fliegen stets,
Und meint die schwalben drin zu fangen,
Daß sie blieb in dem netz behangen.
Bald kam die schwalb durchs fenster gfarn
Und nam die spinn mit irem garn
Und fürt sie oben übers dach.
Die spinn den tot für augen sach
Und sprach: „Zwar billich ich diß leid
Umb meinem haß und giftig neit.
Ich kan die fliegen kaum bezwingen,
Noch understee ich mich zu bringen
Die vögel umb ir leib und leben,
Wiewol mir solch macht nit gegeben;
Ich hab mich weiter understan,
Denn meine kraft hat mögen gan.“
¶ Es sol niemand sein so vergeßen
Und sich einr solchen sach vermeßen,
Die er nicht kan zum end ausfüren,
Dabei man tut sein torheit spüren,
Und wer ein großen schweren stein
Nit kan erheben selb allein,
Der gedenk, daß er sich des maße,
In auch selb ander liegen laße.
Es sol sich keiner weiter strecken,
Denn in bekleidt sein eigen decke.

---

35. 20 noch, doch.

Flaccus lert, man solt nichts anheben,
Man wißt im denn ein end zu geben,
Und wer da bauen wil ein haus,
Derselb sol vorhin rechen aus,
Was er zum selben gbäu müß han,
E er dasselb tut heben an,
Auf daß er nicht mit schand ablaß,
Wie Christus selb tut raten das.

Die sechsunddreißigste Fabel.

Von einem Bauren.

Es wolt ein baur über einen bach
Wandern, daselb sich weit umbsach,
Ob er nicht finden möcht ein steg;
Den het das waßer gfürt hinweg.
Eilend tet er sein schuh auflosen,
Und tet abziehen seine hosen,
Wolt waten durch denselben fluß
Und sprach: „Fürwar ich nüber muß!
An disem end einsetzen wil,
Da ist das waßer frum und still.“
Er setzt ein, da es nicht fast lief,
Befand, daß es war sere tief.
Da versucht ers am andern end,
Da rauscht das waßer schnell behend
Und war nit tiefer denn zum knie.
Da sprach der baur: „Nun merk ich je,
Sicherer ists, sich zu begeben
In rauschend waßer, die feindlich leben,
Denn in den stillen tiefen pfülen,
Da man nit bald den grund kan fülen.“
¶ Die feindlich toben, trotzen, wüten,
Für den hat man sich wol zu hüten;

---

35. 38 rechen, rechnen. — 42 Lucas 14, 28.
36. 13 ende, Stelle, Ort. — 16 je, einmal.

Die schmeichler, so sich freundlich stellen,
(Hüt dich) das sein die rechten gsellen;
Die kü, die so gar feindlich bölken,
Von den tut man dest mer nit melken.
Die großen bocher schlagen nicht.
Bellende hund beißen auch nicht.
Schedlicher sind stillbeißig hunde,
Still waßer haben tiefe grunde.

Die siebenunddreißigste Fabel.

Von der Tauben und Atzeln.

Die atzel sprach zu einer tauben:
„Ich bitt dich, sage mir auf glauben,
Wer rät dir, daß dein nest und gmach
Allzeit bauest under jens dach,
Dahin doch all vier wochen kümt
Der baur und dir dein jungen nimt?“
Da sprach die taub on allen haß:
„Frumkeit, einfalt raten mir das.“
¶ Es ist der brauch auf diser erden,
Allzeit die einfeltigen werden
Benückt von schwetzern und betrogen
Und oft gar felschlich überlogen.
Das macht, daß sie nit so zerrißen,
Sich nicht zu verantworten wißen,
Und get zu, wie man pflegt zu sagen:
Der Simeon das kreuz must tragen.
Des nidrigen zauns schont man nicht;
Der krenkest helt allzeit das liecht.

---

36. 25 **bölken**, brüllen, von Kühen besonders. — 27 **bocher**, Pocher, Prahler.

37. 11 **benücken**, ndd., durch Nucken, durch boshafte Streiche Schaden zufügen. — 13 **daß sie nit so zerrißen**, daß sie sich nicht so verletzt fühlen (?).

Die achtunddreißigste Fabel.

Vom Habich und Gutzgauch.

Der habich spottet den gutzgauch
Und sprach: „Sihe zu, nun bistu auch
Schier in derselben größ wie ich
Und mir auch fast an federn gleich,
Und fürst doch so ein armlich wesen:
Die kleinen würmlin tust auflesen,
Die da kriechen auf der erden;
Es möcht dir doch wol beßer werden,
Hettestu einen bherzten mut
Wie ich, du möchtest vöglin gut
Eßen allzeit nach deinem lust.
Den hastu nit, darumb du must
Im kat da bei der erden bleiben,
Mit solcher speis dein zeit vertreiben."
Nit lang darnach floh der habich
Nach einer tauben; bgab es sich,
Daß er vom bauren ward gefangen.
Der band in an ein lange stangen,
Setzt in zum scheuzel hoch aufs dach.
Sobald der gutzgauch das ersach,
Er sprach: „Freund, gut wers gwesen,
Daß du die würmlin hettest glesen
Und fremde vögel laßen fliegen,
So het man dich nit kont betriegen.
Ich wil mich mit den würmlin laben,
Ich sihe wol, gnesch wil schlege haben."
¶ Guten fried und ein rusam leben
Haben, die sich zu frieden geben
In irem bruf mit einem gringen.
Denselben tut auch baß gelingen
Denn denen, die ir haut und har
Umb geldes willn setzen in far.
Den gets, wie hie dem habich gschicht,
Wie man in allen hendeln sicht,

---

38. 19 scheuzel, Scheusal, Scheuche. — 26 gnesch, Genäsch, Naschhaftigkeit. — 29 bruf, Beruf.

Daß, der da ringt nach großer hab,
Erlanget nichts und bleibt schabab.
Der ander sitzt daheim gar stille
Und richtet sich nach Gottes willen:
Dem wird von Gott so vil beschert,
Daß er sich dennocht auch ernert.

Die neununddreißigste Fabel.

Vom Esel und dem Rinde.

Der esel und ein rind all beid
Giengen zusamen an der weid;
Da horten sie on als gefer
In allen dörfern weit umbher
Mit alln glocken zu sturme leuten.
Der esel sprach: „Was mags bedeuten?“
Da antwort im dasselbig rind:
„Die feind vorwar fürhanden sind.
Laß uns beid mit einander fliehen,
Biß daß die feind fürüber ziehen.
Wo sie uns beid allhie ergreifen,
Müßen wir tanzen nach irer pfeifen;
Gefangen fürens uns davon,
Wer weiß, wie mags uns denn ergon!“
Da sprach zum rind der esel nun:
„Wiltu fliehen, das magstu tun!
Dir ist leid, daß du wirst erstochen
Und sie dich schinden, schlachten, kochen;
Für dem allem bin ich ganz frei.
Eins gilt mir gleich, geb wo ich sei.
Muß ich doch all mein lebetage
Holz, waßer, seck zur mülen tragen.“
¶ Hie werden glert die eigen knechte,
Daß sich nit wern mit widerfechten,

---

38. 36 schabab, für nichts geachtet.
39. 20 geb (Gott), wo ich auch sei.

Zu einem andern herrn zu wandern,
  Den einen geben umb den andern.
Denn wo sie kommen, müßen schaffen
  Und von den herrn sich laßen strafen,
Doch also, daß sie haben acht,
  Daß nit übel werd erger gmacht,
Und daß sie nit der letste zwinge
  Mer denn der erst zur arbeit tringe.
Darumb erwechst groß widerwill:
  Des uns erfarnheit zeiget vil.

Die vierzigste Fabel.

Vom Fuchs und den Frauen.

Von frauen, da es fasnacht war,
  Kamen zamen ein große schar
In einem dorf; ein jede bdacht
  Ein feiste henn ins wirtshaus bracht.
Die tetens in die gsellschaft geben,
  Daß sie da möchten frölich leben:
Etlich die hetten sie gesotten,
  Etlich gefüllt und wol gebraten.
Die aßen sie da in der still
  Und machten des geschreis nit vil.
Da sprach ein fuchs, ders gsehen het:
  „Fürwar, fürwar, wenn ich das tet,
All bauren liefen aus zu stund,
  Im ganzen dorf blieb nicht ein hund,
Also rechte gram ist man mir.“
  Da sprach ein weib: „Du böses tier,
Wie redstu aus vermeßenheit
  Und machst der sach kein underscheit:
Die hüner, so wir zamen tragen,
  Darüber hat niemand zu klagen,

---

39. 32 tringen, dringen.
40. 2 zamen, zusammen. — 3 bdacht, vorsorglich.

Sie sein all von dem unsern kommen,
  Hans weder gstolen noch genommen.
Was du aber frißt, das hast geraubt,
  Und hat dir das niemand erlaubt.
Das unser han wir mit gutem gwißen,
  Das dein tust wie ein dieb genießen."
¶ Die fabel tut uns kürzlich leren,
  Wir sölln uns von dem unsern neren,
Eßen daheime, was wir han,
  Laßen den leuten ir hüner gan.
Gottes gebot uns warnen tut,
  Solln nicht begeren fremdes gut.
Damit geboten wird eim jeden,
  Daß er sol sein mit dem zufrieden,
Was im Gott hat aus gnaden geben;
  Das gehört zum gottseligen leben.

Die einundvierzigste Fabel.

Vom feißten und magern Caponen.

Ein reicher man het vil capon
  Zusamen in ein korb geton;
Denselbigen der knecht zutrug
  Gersten, und gab in eßens gnug.
Die wurden feißt und namen zu
  Allsam biß gar auf einen nu;
Der aß auch vil, blieb dennoch mager,
  Den woltens stoßen aus dem lager,
Ward von sein brüdern gar veracht.
  Es gieng hin gegen der fasnacht,
Da sprach der herr: „Was kan es schaden?
  Ich wil mein freundschaft zamen laden
Und frölich sein mit meinen gesten.
  Koch, nem von den capon die besten,
Die feißten, daß wir sie entleiben,
  Und laß die magern dinnen bleiben."

---

40. 22 hans, haben sie.

Ein feißter capon das erhort,
Vergeht den andern dise wort
Und sprach: „Wir haben uns beladen
Mit speis zu unserm großen schaden,
Zu unserm schaden und verderben:
Wir feißten müßen alle sterben.
O wol dem, der noch mager ist!
Der hat im korb noch lenger frist."
¶ Die fabel ist zum trost bedacht
Und den armen zu gut gemacht,
Daß sie sich stets des trösten söllen,
Sie ir leben nit dörfen stellen
In far, zu werben zeitlich gut,
Wie mancher reicher kaufman tut.
Dem armen man tut niemand borgen,
Drumb darf nit für bezalung sorgen
Und ist mit keiner müe behaft,
Darf auch nicht großer rechenschaft.
Im evangelio man list,
Daß, dem da vil befolhen ist,
Von dem wird auch gefordert vil.
Darumb ich so beschließen wil:
Was einr nicht hat in disem leben,
Davon darf keine rechnung geben.

Die zweiunddvierzigste Fabel.

Vom Balken und den Ochsen.

Ein ellern balk tet kleglich klagen
Uber die ochsen, die in zogen,
Und sprach: „Ir seid undankbar tier,
Unbarmlich handelt ir mit mir
Und zieht mich hin on alle gnad
Uber stock und stein, durch tiefen kat.

---

41. 18 vergahen, eilig wiedersagen, wie im Mhd. Im Text als Druckfehler „vergebt". — 35 Evangelium Lucae 12, 48.
42. 4 unbarmlich, ohne Erbarmen.

Das tut mich warlich ser verdrießen,
Und ir mich nicht laßen genießen,
Daß ich euch fast eur ganzes leben
Von meinen blettern zeßen geben."
Da sprach ein ochs: „Du sihst je wol,
Wie man uns schleht die haut so voll:
Unser seufzen solt dich je lern,
Daß wir dich ziehen ganz ungern."
Sobald der balk hort ir unschult,
Het er auch mit den ochsen gdult.
¶ Wir sollen uns nicht widersetzen
Den, die uns on irn willen letzen,
Und nicht verfolgen aus unmut
Den, der unwillig schaden tut.

Die dreiundvierzigste Fabel.

Von schönen und ungestalten Bäumen.

Beinander wuchsen in eim wald
Vil bäum gar schön und wolgestalt,
Hoch, daß mans kont absehen kaum.
Daneben stund ein kleiner baum,
Ungleich, knorrecht, an ästen rauch,
Den nennten die andern bäum ein strauch.
Darumb daß er war kurz und klein,
Verechtlich must er sten allein.
Der herr hub, dem der wald zukam,
Ein neues haus zu bauen an,
Befalh, man solt im wald umbschauen,
Die schönen hohen bäum abhauen,
Damit das gbeu wurd aufgefürt.
Ob etwas da wer ungeziert
Und nicht zu seinem bau wer tüchtig,
Das möcht bleiben sten als nichtig.

---

42. 20 unwillig, gegen seinen Willen.
43. 16 nichtig, werthlos, unbrauchbar.

Die zimmerleute giengen hin,
Teten nach ires herren sin,
Fellten die eichen und die tannen,
Beschlugens und brachtens von dannen.
Da blieb der klein allein bestan
Und sprach: „Sols diese meinung han,
Hab ich hernachmals nit zu klagen
Uber die natur und ir zu sagen,
Daß sie mich hat so klein erschaffen,
Weil man die großen so tut strafen.
Meinr ungeschlachte müß Gott walten,
Hat mich heut bei dem leben bhalten."
¶ Wir werden glert aus diesem gdicht,
Daß wir uns han zu bklagen nicht,
Ob wir misstellig von natur;
Dieweil oft wird die schönheit saur
Den schönen, und ir schöne gstalt
Machts in der jugent grau und alt.

Die vierundvierzigste Fabel.

Vom Schwan und dem Storchen.

Plinius schreibt, wie daß der schwan
Die art und eigenschaft sol han,
Daß, wenn er mit dem tod sol ringen,
So hebt er lieblich an zu singen.
Das hört der storch und trat hinzu,
Sprach: „Lieber freund, was tustu nu?
Wilt dich jetzt erst in freuden üben,
Da du dich billich soltst betrüben,
Weil sunst all tier dahin geneigt,
Wenn sich der tod an in erzeigt,

---

43. 27 **ungeschlachte**, Häßlichkeit, Ungefügigkeit, Untauglichkeit. — 28 **behalten**, erhalten. — 31 **misstellig**, schlecht gewachsen.

44. 1 **Plinius schreibt**, Hist. natur. X. c. 32. Olorum morte narratur flebilis cantus (falso ut opinor aliquot experimentis).

Daß sie für angst und leid verschwinden,
Wenn sie des todes schmerz empfinden."
Da sprach der schwan: „Hei, bruder, nein;
Warumb solt ich jetzt traurig sein,
Weil ich mein zeit erfüllet hab
Und kum jetzt aller unlüst ab?
Mich wird des weidmans strick nit worgen;
Auch darf ich für die speis nit sorgen
Und far in gutem fried dahin:
Drumb billich sing und frölich bin."
¶ Fürwar, wenn man es wol bedecht,
Was nutzes uns der tod einbrecht,
Der allen unfall dannen reumt,
Daß uns kein fel noch krankheit seumt,
Uns auch kein feind mer schaden mag,
Solt uns billch nach demselben tag
Mit großer gier herzlich verlangen,
Und in mit aller freud empfangen.

Die fünfundvierzigste Fabel.

Von einer Frauen, die iren sterbenden Man beweinet.

Es war ein mal ein junges weib,
Gar wolgetan und schön von leib,
Dieselb het auch ein jungen man;
Den kam ein eilend krankheit an,
Daß er sich legen must zu bet.
Die krankheit in fast engsten tet,
Daß er auch mit dem tode facht.
Den het die frau in guter acht,
Betrübt sich des so mechtig ser,
Daß sie auch kaum kunt reden mer.

---

44. 23 dannen, von dannen, hinweg. — 24 seumen, aufhalten, hindern, beschweren.
45. 7 facht, focht, rang. — 8 in guter acht haben, werth halten.

Da sprach ir vatter: „Tochter mein,
Bitt, wöllest nit so traurig sein.
Würd dir jetzt schon der man absterben,
Ich wolt dir umb ein andern werben.
Ich weiß auch, daß derselb für allen
Dir baß denn diser solt gefallen
Und dich wol bald also gewehnen,
Daß dich nit darfst nach disem sehnen."
Darab erzörnt die junge frau
Und sprach zum vatter: „Auf mein treu,
Ir seht, ich bin betrübtes herzen;
Dennoch vermert ir mir den schmerzen,
Daß ir mir sagt vom andern man:
Das wort ich zwar nit hören kan,
Daß aus meins kranken mannes liebe
Ich mich gar herzlich ser betrübe."
Bald tet derselbig man verscheiden,
Darab der frauen herzlich leiden
Mit traurigkeit ward ser vermert,
Wie uns die folgend tat belert.
Mit weinen sie den man beklagt,
Daneben auch irn vatter fragt
Und sprach: „Ich bitt, mir sagen wöllen,
Wie ists umb den jungen gesellen,
Von dem ir heut gesaget hat?
Ist er auch hie in diser stadt?
Ir seht, wo mich der schuh jetzt drückt,
Ob ich meins leids möcht werden erquickt."
¶ Hie mag man sehen, wie die frauen
Ir männer meinen mit all trauen.
Bei dem sie zwenzig jar gesessen,
Können in einer stund vergessen;
Doch wissens vil davon zu waschen.
Ist gleich, als wenn einr kauft ein taschen
Und braucht sie lang, biß sie wird alt
Und im on all gefar entfallt,
Get hin zum krämer, kauft ein neu:
So ists auch um der frauen reu,

45. 25: aus Liebe zu meinem kranken Mann. — 30 belert, im Druck „lert"; fehlt also eine Silbe, die wir hinzugefügt haben. — 35 hat, habt. — 43 waschen, schwatzen. — 48 reu, Schmerz, Trauer.

Wenn in die männer sterben ab,
 Wie ich oftmals gesehen hab.
Wie man sunst von einr andern sagt,
 Welch auch irn toten man beklagt,
Der am karfreitag war verscheiden,
 Drumb sie sich müt mit großem leiden.
Ir mutter tröstet sie und sprach:
 „Mein tochter, laß das trauren nach,
Was gschehen ist, das ist geschehen.
 Wil dir einst umb ein andern sehen,
Daß du dich trösten mögst damit.“
 Sie sprach: „Vor disen ostern nit!
Er hat mirs herz also beseßen,
 Daß ichs nit kan so bald vergeßen.“
Davon ich jetzt nit mer wil sagen;
 Ich förcht, sie möchten mich verklagen
Und so ir ungunst auf mich laden.
 Beßer, daß ich mich hüt für schaden,
Behalt der frauen gunst und huld,
 Denn daß ich wurd von in beschuldt
Als der nit anderst het zu schaffen,
 Künt nichts denn nur die frauen strafen.
Wiewol die feder jetzt gern wolt,
 Daß ich von in mer schreiben solt,
Daß sie gut sein zu bösen sachen,
 Irs gfallens können weinen, lachen,
Unbstendig, gschwetzig, schnell zu liegen,
 Mit bhendigkeit den man betriegen:
Das wil ich jetzund alles sparn;
 Mir ist schier allzu vil entfarn.

---

45. 68 beschuldt, beschuldigt.

Die sechsundvierzigste Fabel.

Vom Weibe, die ires Bulen Abzug beweinet.

Man sagt von einem geilen weib,
Die het iren unkeuschen leib
Mit einem jungen gselln vermischt
Und im schier alles abgewischt,
Als gelt und gut het im die braut
Abtrieben sonder wörmekraut;
Im ward vom selben bad und hitz
Sein kleid gar dünn, der seckel spitz.
Als er nun scheiden must von ir,
Weinet sie aus der maßen ser,
Wolt sich von niemand tröſten laßen.
Ir gspiele fraget sie: „Was maßen
Weinstu so ser? Laß disen wandern;
Get er heut, morgen krigst ein andern.“
Sie sprach: „Ich sihe, du soltst wol meinen,
Daß ich sein abschied solt beweinen?
Nein zwar, des bin ich herzlich fro.
Sondern er hat ein mantel do,
Daß ich im den nit mag abrauben,
Er dient mir wol zu einer schauben,
Daß ich im den so laßen muß,
Ist mir vorwar ein schwere buß.“
¶ Die fabel lert, daß huren art
Von end der welt noch nie gut wart.
Daran gedenk ein junger gsell,
Der solche frauen bulen wöll,
Daß er sich solcher bulschaft scheme
Und zu der ee im eine neme,
Die in für augen helt alleine;
Bei den andern findt er keine.
Gott geb, sie han sich, wie sie wöllen,
So darfstu in nicht glauben stellen.

---

46. 4 abwischen, heimlich und listig abnehmen. — 6 Wörmekraut, Wurmkraut, Tanacetum. — 20 schaube, langes Kleid, Rock, Mantel. — 31 sie han sich, geberden, benehmen sich; vgl. die 39. Fabel, 20.

So lang du hast gab oder gelt,
So lang sie etwas von dir helt
Und hat dich lieb zu allen zeiten,
Sonderlich aber auf der seiten,
Da dir die tasche pflegt zu hangen:
Darnach hats tag und nacht verlangen.
Wenn sie dir die hat ausgereumt,
Sie dich bei jederman verleumdt;
Darnach schleht sie dich in das gras.
Denn sagst: was falscher lieb ist das!
Ein süßes liedlin sie dir singt
So lang als dir der pfenning klingt;
Hast nit mer gelt, fürüber trab!
Ein andern her! der ist schabab.
So get die welt jetzt auf und ab.

Die siebenundvierzigste Fabel.

Von der Fliegen.

Vier pferde zohen einen wagen,
Die tet der furman weidlich jagen,
Also daß vom emsigen traben
Ein großer staub sich het erhaben.
Und auf dem wagen saß ein fliegen,
Die hub gar weidlich an zu liegen,
Sie sprach: „Jr leut, seht zu, habt acht,
Den großen staub hab ich gemacht!“
¶ Die fabel ist auf die gesellen,
Die sich mit liegen rümen wöllen;
Was ander leut tetigs betreiben,
Das wöllen sie in selb zuschreiben.

---

46. 36 **Vgl.** dazu Waldis' Parabel vom Verlorenen Sohn (herausgegeben von A. Höfer), V. 685—688. „Nah düsser siden mi vorlanget, Ik mein de, dar de tasche hanget, Dat is de Sake, de mi hir helt“; so spricht die Buhlerin zum Verlorenen Sohn.

47. 3 emsig, mhd. emzic, fortwährend, anhaltend.

Damit sie sich vil mer beflecken
Und in der lügen bleiben stecken.
Der rosdreck, als er gefloßen kam
Und undern schönen äpfeln schwam,
Het er sich nicht zum apfel gmacht,
Er wer wol blieben unbelacht.

Die achtundvierzigste Fabel.

Vom Ael und der Schlangen.

Es sprach der ael zu einer schlangen:
„Wie komts, daß mich die leut so fangen,
Und du und ich sind einer moß,
An leng und dick schier gleiche groß,
Und doch kein fischer auf dich helt,
Mit angeln oder reusen stellt?"
Da sprach die schlang: „Hör, wies zuget:
Wer mich zu fahen underſtet,
Sich mir mit frevel widersetzt,
Der bsorgt sich, daß er werd verletzt
Von mir, derhalb tut er mir nit:
Darumb han wir all beide fried."
¶ Wenn einer sihet ein bösen man,
Den get nicht leichtlich feindlich an,
Besorgt sich, daß er in auch zwack,
Und denkt, er hab auch stahl im sack.
Wer einen wil freventlich letzen,
Der muß so vil entgegen setzen.
Zwei meßer, gleiche scharpf all beid,
Helt eins das ander in der scheid.

---

47. 15 Waldis IV, 48: Nos poma notamus.
48. 3 moß, Maß. — 18 so vil, ebenso viel.

Die neunundvierzigste Fabel.

Vom Esel, Affen und Maulwerf.

Der esel sich beklagen tet
Gar ser, daß er kein hörner het,
Derhalb man in stets werlos find.
Der aff sprach: „Sih, was mir zerrinnt!
Wiewol ich hab mein glider ganz,
Doch felt mirs hinden an dem schwanz,
Damit möcht ich mein scham bedecken
Und des sommers die fliegen schrecken.
Ich mags wol mit der warheit jehen,
Wir sind beid gar übel versehen
Von der natur, die an uns hat
Vergeßen solch nützen vorrat!"
Der maulwerf sprach: „Ir tollen tier,
Seht, was gebrechens ist an mir!
Ir habt fürwar zu klagen nicht,
Ir habt eur glider und gesicht.
Dasselb euch wol ergetzen mag,
Daß ir mögt sehn den hellen tag,
Welchs mir nun nimmermer erlaubt,
Ewig bin ich meins gsichts beraubt.
Drumb schweiget ir und laßt eur klagen:
Solch übel muß mein leben tragen."
¶ Diß ist gsagt eigentlich zu denen,
Die sich nach fremder brufung sehnen,
Mit irm eigen wesen und leben
Können sich nit zu frieden geben.
Dieselben sein gleich wie die affen,
Die auf eins andern wesen gaffen,
Eins fremden brufs sie sich vermeßen,
Damit irs eigen tuns vergeßen.
In irm beruf ist in gar ant,
Suchen allzeit ein beßern stant,
Iren fürwitz damit zu laben.
Wenn sie sich denn verneuert haben,

49. 4 zerrinnt, abgeht, gebricht. — 24 brufung, Beruf, Stand, Beschäftigung. — 34 sich verneuern, einen neuen, andern Beruf erwählen.

Findens daselben großen greuel,
Zuletzt komt über sie der reuel,
Wenns kommen zu größerm unglück,
Und mögen dennoch nit zurück.
Denn woltens, daß sie weren blieben
Und ir gewerb mit fleiß getrieben.
Drumb rat ich eim jedern bei leib,
Daß er in seiner brufung bleib
Und hab der acht zu allen zeiten:
So bstet er für Gott und den leuten.
Der fürwitz uns so ser geheit,
Verblendet also gar die leut,
Daß über sein ampt ein jeder klagt,
Wie der poet davon auch sagt.
Ein jeden dunkt, seins nachbaurn flachse
Vil beßer denn der sein aufwachse,
Und daß seins nachbaurn ku allzeit
Vil mer milch denn die seine geit.

Die funfzigste Fabel.

Von Schiffleuten, welche in Nöten die Heiligen anriefen.

Es warn einsmals auf eine zeit
In einem schiff vilerlei leut
Zusamen auf dem wilden mer:
Den kam eilends ein sturm dort her;
Mit großem wind tet weidlich sausen,
Gar grausamlichen einher brausen,
Als ob ers wolt gar underdrücken
Und zerschlagen zu allen stücken.
Als sie nun waren in den wagen,
Den tot für iren augen sahen,
Da rief der ein sanct Barbarn an,
Sanct Niclas und sanct Kilian,

---

49. 38 mögen, können. — 45 geheien, plagen, quälen.
50. 9 wage, mhd. wâc, wâges, was sich hin und her bewegt, Woge.

Sanct Adolf, den großen seefarn,
Sanct Clementen tetens nit sparn,
Und wer sonst ein heilgen tet kennen
Oder in mit namen wist zu nennen,
Den riefens an in solchen nöten,
Welch sie daselb vor augen hetten.
Da sprach der schiffherr zu in allen:
„Eurs bittens trag ich kein gefallen,
Denn ir bittet ganz unbedacht.
Die heiligen haben keine macht,
Sie habens denn von Gott erbeten.
E denn sie samtlich zu im treten
Und durch ir fürbitt hilf erlangen,
Dieweil ist es umb uns ergangen,
Mögen dieweil wol all ertrinken
Und in des meres grund versinken.
Drumb rufet Gott an allesant,
Der heilgen hilf ist lauter tant.
Gott ists allein, der helfen kan:
Den rufen wir in nöten an."
Sie folgten all des schiffherrn ler,
Riefen Gott fleißig an, daß er
Ir bitt wolt gnediglich entpfahn,
Ir not im lan zu herzen gan
Und in gnediglich hilf verleihen,
Sie aus des todes nöten freien.
Gar bald geschahs; nach irem willen
Tet sich der wind und waßer stillen.
¶ Diß gspräch ist wider die papisten,
Die sein die rechten widerchristen,
Die Gott wol bei dem namen kennen
Und mit dem mund ein vatter nennen,
Sprechen: den rechten Gott wir meinen;
Doch mit der tat in stracks verneinen,
Und ist ir herz gar weit davon,
Wie das anzeiget all ir tun;

50. 13 seefarn, Seefahrer. — 26 dieweil, unterdessen, bis dahin. — 41 gspräch, Rede, Vortrag, Erzählung. — Abstemius sagt nur: Wo man die Hülfe eines Mächtigern haben kann, soll man nicht zu Schwächern seine Zuflucht nehmen.

Leren, man sol der heilgen fürbit
  In keinem weg verachten nit,
Sie ern mit feiren, fasten, beten,
  Sie können uns für Gott vortreten,
Welchs doch die gröst Gottslesterung,
  So reden mag menschliche zung,
Daß man Gotts werk der creatur
  Zuschreib und einem menschen pur.
Denn Gott hat gsetzt sein lieben son
  Neben sich in den höchsten tron,
Uber himmel, erden, tot und leben
  Alln göttlichen gewalt gegeben,
Und auf der höhe des bergs Tabor
  Befalh er, daß man im gehör
In allen nöten geben solt.
  Drumb spricht auch Christus, daß er wolt
In aller not, angst und elend
  Bei uns sein biß an der welt end.
Das wölln wir im als christen glauben
  Und im sein herrlichkeit nicht rauben,
Wie die tollen papisten pflegen,
  Die uns mit totenbein wölln segen.
Die laß man faren, wer sie sind,
  In Gottes sachen sind sie blind.
Wir wöllen uns an Christum halten
  Und über uns in laßen walten.
Er ist der fels; wer auf in baut
  Und seiner göttlichen hilf vertraut,
Der ist erlöst aus aller not
  Und sicher vorm ewigen tod.

---

50. 64 Evangelium Matthäi 28, 20. — 70 totenbein, Reliquien.

Die einundfunfzigste Fabel.

Von Fischen, die aus der Pfannen sprungen.

Klein fischlin het einsmals ein koch,
Die waren frisch und lebten noch,
Warfs in ein pfann mit heißem schmalz
Und tat dazu ein wenig salz.
Da sprach einr von denselben fischen:
„Lieben brüder, laßt uns hin wischen
Und springen hin aus diser pfannen:
Das heiße schmalz wird uns sunst zannen."
Sie sprungen allesam eintrechtig
Aus der pfannen ins feur mechtig.
Wie sie das feur fast brennen tet,
Jr rat sie bald gerauen het,
Sprachen: „Wir sein eim kleinen schaden
Entgan und han auf uns geladen
Ein größer pein und das verderben:
Mit schmerzen müßen wir all sterben."
¶ Wenn wir fallen in ungelücke,
Solln wir uns wißen recht zu schicke,
Daß wir nicht, wenn wir fliehen wöllen,
Ein klein unglück eim größern stellen,
Als, wenn wir wölln ein kleines meiden,
Fallen in ein vil größer leiden.
Wer oft dem regen wil entlaufen,
Im großen waßer tut ersaufen,
Wer die Caribd entfliehen wil,
Der fellt gemeinlich in die Cill.

---

51. 8 zannen, beißen. — 20 stellen, an die Stelle setzen. — 21 als, also, zum Beispiel. — 25 Caribd, Charybdis. — 26 Cill, Scylla.

Die zweiundfunfzigste Fabel.

Von Tieren, Vögelen und Fischen.

Es gschah einsmals auf eine zeit,
 Hub sich ein großer böser streit;
Die vögel über die tier klagten,
 Mit einem feindsbrief in absagten.
Sie wolten zu gelegnen zeiten
 Sich rüsten, wider sie zu streiten.
Des erschracken gar ser die tier
 Und sprachen: „Sollen streiten wir
Mit den vögeln so hoch dort oben,
 Die schlacht wir schon verloren haben.“
Der biber sprach: „Wölt nicht verzagen!
 Ich wil euch meine meinung sagen:
Die fisch im waßer sind behend,
 Können schwimmen an alle end:
Mit den wölln wir in disen sachen
 Ein frieden und verbündnus machen;
Wenn wir die han auf unser seiten,
 Wölln wir die vögel wol bestreiten.“
Sie schickten hin zur selben stund
 Und machten mit in ein verbund,
Daß sie es solten helfen retten
 Und zu in in den nöten treten.
Die fische namen an den pact
 Und versiegelten den contract:
Sie solten sich als guts versehen;
 Wurd in etwas zuwidern gschehen,
Soltens bei zeiten zeigen an,
 Sie wolten treulich bei in stan.
Boten den vögeln an die schlacht;
 Die rüsten sich mit aller macht,
Hoch in der luft ein großes her,
 Stellten sich dapfer zu der wer.
Die tier zohen heufig zu feld
 Und schlugen da auf ire zelt,

---

52. 33 heufig, haufenweise.

Wolten die wagenburg nicht reumen,
Schickten zun fischen ohne seumen,
Daß sie bald wolten ausher laufen
Und machen den verlornen haufen,
Das wer ir bitt und höchst begern,
Denn jetzt die feind fürhanden wern.
Da antworten dieselben fisch:
Zu lande weren sie nicht risch,
Sie könten weder gen noch reiten,
Könten auch nicht zu felde streiten;
Zu waßer wölln's tun, was sie söllen:
Darnach möchtens ir ordnung stellen.
Solchs ward den tieren angesagt;
Da warens an in selbst verzagt,
Dorften sich raus begeben nit,
Drumb suchtens bei den feinden fried.
¶ Du solt mit den nicht freundschaft machen,
Die in widerwertigen sachen,
Wenn dich der feind gedenkt zu letzen,
Mit keinem trost mögen entsetzen,
Sondern hilf suchen bei dem man,
Der dich in nöten retten kan.

Die dreiundfunfzigiste Fabel.

Vom kargen Legaten und den Spielleuten.

Es war ein legat ausgesant
Vom fürsten in ein fremdes lant.
Dasselb etlich spielleut vernamen,
Im für zu pfeifen zu im kamen,
Seinen unmut damit zu stillen
Und mit seim gelt ir seckel füllen.
Als das vermerkt derselb legat,
Durch sein diener die spielleut bat,

---

52. 38 der verlorne haufe, vgl. oben S. 63 Anmerk. 18.

Daß sie jetzt wolten von im bleiben,
Es wer nicht zeit, kurzweil zu treiben,
In freuden könt er sich nicht üben,
Billich müst er sich ser betrüben;
Denn im wer jetzund zeitung kommen,
Hets auch warhaft durch schrift vernommen,
Welch im erst heut wer kommen her,
Daß im sein mutter gstorben wer.
Als solchs erhorten die spielleut,
Sprachen: „Allhie werden wir heut
Zwar kein großes trinkgelt gewinnen,
Gut ists, wir machen uns von hinnen."
In dem ein ander gast kam dar,
Der dem legaten gfreundet war.
Wie er sein trauren het gehort,
Wolt im geben ein tröstlich wort
Und sprach: „Wie ich vernommen hab,
Ist euch eur mutter gstorben ab.
Nun sagt mir doch, wenn ists geschehen
Und ir sie habt zuletst gesehen?"
Er sprach: „Ich muß euch sagen zwar,
Es ist jetzund wol vierzig jar,
Daß mir mein liebe mutter starb,
In einer pestilenz verdarb."
Da lacht der freunt und merket wol,
Daß der legat war listen voll
Und het sich drumb traurig gestellt,
Daß er behalten möcht sein gelt.
¶ Die kargen sein also geflißen,
Daß ir auch niemand kan genießen:
Zu werben brauchens list und sinne,
Wie sie nur mögen gelt gewinnen.
Wenn sies mit müe versamlet han,
Gar schwerlich mögen sie davon
Und laßens wol einr lügen walten,
Daß sie mögen ir gelt behalten.

---

53. 22 gfreundet, befreundet. — 43 walten lassen, als Mittel gebrauchen.

Die vierundfunfzigste Fabel.

Von einem Cardinal und seinem Freunde.

Es ward ein doctor auf ein mal
  Zu Rom erwelt zum cardinal,
Vom bapst zu solcher herlichkeit
  Berufen durch sein gschicklichkeit.
Der het ein kurzweiligen frünt;
  Als dem dasselbig ward verkündt,
Daß der doctor gekoren wer
  Zum cardinal, ein großer herr,
Im zu wünschen da zu im trat
  Glück, heil zu solchem großen stat.
Wie in der cardinal ersach,
  Mit hönschen worten zu im sprach:
„Freunt, sagt, woher tut ir mich kennen,
  Daß ir mich jetzt mit namen nennen?"
Nicht lang der man bedachte sich
  Und antwort im ganz lecherlich
Und sprach: „Erwirdigster singor,
  Groß mitleiden hab ich verwor
Mit eur person und irem gleiche.
  So bald ir werdt aus armen reiche,
Daß man euch gnedige herren nennt,
  Zuhand sich keiner selber kennt.
So werdt ir durch hoffart betaubt
  Und all eur sinne gar beraubt,
Und so gar jemerlich verblendt,
  Daß ir eur beste freund nicht kennt."
¶ Hoffart ist solch ein große plag,
  Daß mans nit gnug ausſprechen mag,
Und tut die leut so gar betören,
  Daß in verget beid sehn und hören.
Die kinder, wenn sie hoch gedeihen
  Und in Gott reichtum tut verleihen,

---

54. 4 durch, wegen. — 10 stat, Stand. — 16 lecherlich, spöttisch. — 18 verwor, fürwahr.

Tut sie der hohmut undernemen,
Daß sie sich irer eltern schemen.
Ein ander geschicht muß hie anzeigen,
Ist diesem ganz und gar entgegen.
Man list von eim Alberto Magno,
Dem hochgelerten philosopho,
Ein schwab, geborn von Lauingen,
Kam durch sein kunst zu hohen dingen,
Bischof zu Regenspurg erkorn.
Weil er nun nicht war edel gborn,
Schemt er sich doch seinr eltern nit:
Er schickt nach in, befalh damit,
Daß man in brechte ros und wagen,
Und ließ in auch daneben sagen
Von seiner er und fürstenstant,
Wer ein bischof, het leut und lant.
Die botschaft sie mit freud annamen,
On alles seumen zu im kamen.
Aus guter meinung diß bedachten,
Daß sie in gute kleider machten,
Daß sie vor solchem großen herrn
Gekleidet giengen auch zun ern.
Da er sie nun all beid ansach,
Mit hartem ernst zu inen sprach:
„Was vor leut, und woher seid ir,
Daß ir so kummen rein zu mir?"
Die mutter sprach mit vilen zehren:
„Warumb habt ir uns tun begeren,
Daß ir uns nit baß wolten kennen?"
Er sprach: „Ich weiß euch nicht zu nennen."
Sie antwort bald: „Ich armes weib,
Ich hab euch ja in meinem leib
Getragen, mit den brüsten gseugt,
Mein mütterliches herz erzeigt.
Und disen man, mein lieben alten,
Solt ir billch für eurn vatter halten."
Der bischof sprach: „Nein, auf mein treu!
Mein mutter war ein arme frau,

54. 33 undernemen, überkommen, bewältigen. — 42 Die Quelle dieser Erzählung, die den Thatsachen widerspricht, weiß ich nicht nachzuweisen.

Ein armer müller mein vatter war,
Mit staub und klei bestenbet gar,
Nert sich seinr teglichen arbeit,
War nicht mit lündschem tuch gekleidt."
Da giengens bald von im hinab,
Legten die guten kleider ab,
Ir alte häß wider anlegten,
Darin sie zu arbeiten pflegten,
Und kamen für den bischof wider.
Da bücket er sich für in nider
Und nams für seine eltern an.
Des sich verwundert jederman,
Daß in solch er und hohe gaben
Zur hoffart nicht hetten erhaben,
Sein armen eltern alle güt
Erzeigt aus einfeltigem gmüt
Nach forderung der zehen gbot,
Die Gott uns allen geben hat.

Die fünfundfunfzigste Fabel.

Wie ein Jüngling ein alten Man belacht.

Jetzt ists in aller welt gemein,
Den großen oft belacht der klein,
Wenn er an im nur siht ein feil,
Der im wird selber oft zu teil,
Und e er sich hütet darfür,
So helts im selber vor der tür.
Desgleich von einem jungen gschach,
Der einen alten man ersach,
Welcher vor alter sich must bucken,
Als het er bogen auf dem rucken.
Den tet derselbig jüngling fragen,
Sprach: „Wie teur gebt ir mir den bogen,

---

54. 74 lündisch tuch, niederländisches, von Leyden (Lugdunum). — 77 häß, mhd. hâz, haeze, Kleidung.

Den ir auf eurem rucken tragt?"
Da antwort im der alt und sagt:
„Ei, lieber son, dein gelt halt in
Auf größern frummen und gewin.
Wie woltstus so unnütz hingeben?
Wirdstu auch achtzig jar erleben,
Solt wol ein bogn umbsunst bekummen,
Der wird dich gleich wie mich jetzt krummen."
¶ Man sol die alten nicht belachen
Oder zu eim spotvogel machen,
Weil niemand, den die jar betagen,
Des alters unlust kan abtragen,
On der keinr alten jar wil denken,
Laß sich frisch in der jugent henken.

Die sechsundfunfzigste Fabel.

Von einem unvorsichtigen Alten.

Von eim unvorsichtigen alten
Sagt man, der het sich lang enthalten
Keusch, biß er ward siebenzigjärig,
Runzlecht und umb den kopf grauhärig.
Der nam ein dirn von achtzehen jarn
Zur ee; da sie beinander warn,
Und er die pflicht geleisten solt
Und kunt doch nicht, so vil sie wolt,
Sprach er: „Ich sihe wol, wie sichs helt,
Mein leben hab ich übel bstellt:
In meiner jugent het kein weib
Zu notturft und zur zeitvertreib;
Jetzt ists auch widersinns getan
Und hat mein weib auch keinen man."
¶ Ein jedes ding krigt rechten bscheit,
Wenn als geschicht zu rechter zeit;

---

55. 22 zu eim spotvogel machen, zum Narren haben. — 24 abtragen, abwerfen. — 25 on, ausgenommen, nur.
56. 13 widersinns, widersinnig, verkehrt.

Ja, wer solchs alles wol verstünd,
Die rechte zeit stets treffen künt,
Wist sich stets in die zeit zu schicken,
Dem müsts in allen sachen glücken.

Die siebenundfunfzigste Fabel.

Vom Adlar und der Atzeln.

Die atzel einst den adlar bat,
Sprach: „Nemt mich doch in euern rat,
Und wöllet mich einschreiben laßen
Under eur freund und hausgenoßen;
Das wil ich stets mit treu und hulden
Gegen euch und die eurn verschulden.
Ja, wenn irs recht zu herz wölt nemen,
So habt ir euch mein nicht zu schemen;
Die gteilten federn schon an mir
Dienen zum schmuck und hofes zier;
Bin auch geschwetzig und wol beredt:
Wenn ir mir etwas bfelhen tet,
Wolt ich keins schweigens mich anmaßen,
Fürm maul kein spinnweb wachsen laßen."
Der adlar sprach: „Das tet ich gern,
Ich het mich aber zu besern,
Was heimlich geredt wird in dem haus,
Das brächtst bei allen nachbaurn aus."
¶ Wer schwetzer und die orenbläser,
Die flaumstreicher und federleser
Bei sich im hause wonen läßt,
Der het fürwar auch gerne gäst.

---

57. 6 verschulden, vergelten. — 16 beferen, befahren, befürchten. — 22 gerne, wie im Mhd., leichtlich, oft.

Die achtundfunfzigste Fabel.

Vom Bauren und einer Maus.

In einem dörflin saß ein baur,
Dem ward für großer armut saur
Sein leben und von kummer schwer;
Doch war er aus der maßen ser
Kurzweilig, sein lecherlich boßen
Im unglück nicht kont underlaßen.
Demselben ward sein armes haus
Mit feur anzündt, daß er lief draus;
Und wie ers nicht erretten kunt,
Wärmt sich und mit den andern stund,
Sahs an; verlorn war all sein hoffen.
Ein meuslin kam bald ausher gschloffen,
Dacht auch zu fliehen solchen brand;
Der baur erwischts mit seiner hand
Und sprach: „Du bös, undankbar tier,
Weils wolgieng, bliebstu stets bei mir,
Jetzt fleuhst von mir im ungeheur!"
Bald warf ers in dasselbig feur.
¶ Die fabel gibt uns underscheid
Zwischen freunden in lieb und leid:
Kein falscher freund nimmer besset
In not, wenns an ein treffen get;
Welcher aber, wenns glück hinfellt,
Fest, tapfer bei seim freunde helt
In nöten wie ein biderman,
Den sol man setzen oben an.

---

58. 17 ungeheuer, mhd. ungehiure, Ungemach.

Die neunundfunfzigste Fabel.

Vom Krametvogel und der Schwalben.

Der krametvogel rümt sich ser
Und rechnets im zu großer er,
Wie er kundschaft und wonung halben
Freundlich geschwetzet mit der schwalben,
Welch im het globt und zugesagt,
So fern ims gliebt und selber bhagt,
Und daß ers auch anseh fürs best,
Solt bei ir wonen in irm nest.
Sein mutter sprach: „Du toller tor,
Wie nimstus jetzt so nerrisch vor?
Weist selb nicht, wie sichs mit dir helt:
Du bist erzohen in der kelt,
Wonst auf grünem wachholderstrauch;
So sitzt die schwalb im warmen rauch:
Du aber kanst kein hitz erleiden,
Drumb werdt ir euch bald müßen scheiden."
¶ Du solt mit dem nit freundschaft machen
In gringen noch in großen sachen,
Auch solt dich nicht zu im gesellen,
Den sitten und leben von dir stellen.
Darumb mach dich nur dem gemein,
Des sin mit dir stimmt überein;
Gelert bei glert und reich bei reich:
Denn gleiche ochsen ziehen gleich.

---

59. 20 den, Druckfehler: des. — 21 gemein machen, Gemeinschaft haben mit.

Die sechzigste Fabel.

Von einem Kleusener.

Die erfarnheit lert jederman,
Wies der natur ist angetan,
Daß sie bei paren komen zamen,
Sich meren müßen und besamen,
Alles, was underm himmel lebt;
Und wer demselben widerstrebt,
Der widerstrebt Gotts ordenung,
Die er setzt über alt und jung.
Wer sich davon absondern wil,
Derselb entpfindt oft unglücks vil
Und bringt sich selb in ungemach,
Wie einst eim jungen gsellen gschach.
Der gab sich jung in ein waldkloster:
Daselben war es selten ostern,
Und zimt mit keuschheit seinen leib,
Daß er noch sahe noch rürt kein weib.
Wolt so sein zeit zubringen gar.
Er kam ins fünf und zwenzigst jar,
Daß er biß an die selbig zeit
Von solcher sünd sich het gefreit.
Da hubs an und in hart anfacht
Seins vatters unglück tag und nacht,
Daß er dafür kein rue nit het,
So krank ward, daß er lag zu bett.
Man sahe, daß nicht die krankheit scherzt.
Da wurden gfordert gute erzt,
Von seinen freunden fleißig gbeten,
Daß nach vermög den kranken retten,
Brauchten, was sie hetten erfarn,
Sie wolten dran kein gelt nicht sparn.
Die erzte sprachen: „Er hat den geil:
Es hilft kein kraut für disen feil,

---

60. Ueberschrift. **Kleusener**, Klausner. — 14 selten ostern, selten ein fröhliches Fest. — 15 zemen, praes. zime, bezähmen. — 16 rüren, berühren. — 20 gefreit, frei gehalten. — 22 seins vatters unglück, euphemistisch, dasselbe Leiden, woran sein Vater gelitten.

Denn daß man heimlich kommen hieß
Ein frau, die im ein ader ließ."
Er sprach: „Ee ich ein weib einlaß,
Solt mir auch nimmer werden baß,
Daß sie mir meinen leib anrür,
Den tot kies ich lieber dafür."
Zuletst mit bitt ward überwunden
Von den freunden, die umb in stunden;
Auch daß er retten möcht das leben,
Tet sich zuletst darin begeben.
Da ward im auf dieselbig nacht
Ein junge frau hinein gebracht.
Da schlief er süß in irem schoß,
Daß ir beid knie auch wurden bloß.
Wie er erwacht und morgens tagt,
Mit weinen er sein kummer klagt,
Für schmerzen so vil zäher floßen,
Daß im sein angsicht naß begoßen,
So milt, als ob es wer geharmt,
Das all sein freund gar ser erbarmt,
Sprachen, er solt laßen die zähr,
Sich nicht bekümmern all zu ser,
Denn Gott wer gnedig, auch wol wust,
Daß er daran gesucht kein lust:
Allein von seinr krankheit zu genesen,
Het er ein solche metten glesen.
Da sprach der gsell: „Ach nein! ach nein!
Dasselb ich warlich nicht bewein,
Sondern daß ich ein junger knab,
Und doch nicht e geschmecket hab
Solch große freud und süßigkeit,
Das bwein ich jetzt und ist mir leid."
¶ Ja wenn ein mensch verbieten wolt,
Daß im winter nit schneien solt,
Und daß im meien nit solt floren,
Der wer ein narr für allen toren.
Und der ein rappen weiß wolt baden,
Tut unnütz arbeit auf sich laden.

---

60. 42 begeben, wie ergeben. — 49 zäher, Zähre. — 51 milt, wie im mhd. milte, reichlich; harmen, harnen, wie im Mhd. — 67 floren, blühen.

Wenn man wil die natur verbieten,
So tut sie zweimal serer wüten:
Verlorn ists: art leßt nicht von art,
Lang fasten ist nicht brot gespart.

Die einundsechzigste Fabel.

Vom reichen Man und seinem Knechte.

Es het ein reicher man ein knecht,
Der war einfeltig und ganz schlecht,
In allen sachen gar unendig
Und auszurichten unverstendig.
Derhalb sein herr war ungeschlömig,
Nennt in allzeit ein narrenkönig:
Mit solchem gspött in oft anfacht.
Zuletst er auch bei im bedacht:
Mein herr tut mich ein narren schelten,
Ich muß ims zwar einst widergelten!
Wie er in oft also anzannt,
Der knecht auch wider in ermannt
Und sprach: „Wolt Gott, mein lieber herr,
Daß ich der narrenkönig wer;
So wer auf erd kein königreich
An weit und größ dem meinen gleich,
Ir müst auch selb sein undertan
Und mich zu einem herren han.“
¶ Oft kumts, daß einr den andern straft,
Ist mit demselben fel behaft.
Nichts beßers, daß man sich erst zem
Und selber bei der nasen nem;
So darf man im nit werfen für
Und sprechen: ker für deiner tür!

---

60. 72 ferer, Compar. zu fere, stärker.
61. 5 ungeschlömig, verdrießlich.

Denn mancher ist also verrucht,
Ein andern in der kappen sucht,
Und helt in für ein rechten toren,
Steckt selber drin biß über doren.

Die zweiundsechzigste Fabel.

Von einer Witwen, eins Mans begirig.

Ein reiche witwe gieng einst hin
Und bat ir nehste nachbeurin
Und sprach: „Ir seht, wie meine hab
Von tag zu tag nimt immer ab;
Darumb ich mich des nicht darf schemen,
Wider ein andern man zu nemen.
Nicht daß mir zu dem tun sei gach,
Wie ir meint; nein, frag nit darnach.
Allein darumb gern einen het,
Daß er mein habe schützen tet."
Die frau merket irs herzen list
Und sprach: „Gebt mir ein wenig frist,
Wil euch aussehen einen man,
An dem ir solt ein gfallen han."
Nit lang darnach kam sie und sprach:
„Freut euch, es schickt sich wol die sach:
Wie ir begert, so ists geschehen.
Ich hab euch einen auserſehen,
Ist jung und schön, verstendig, fletig,
In sachen auszurichten tetig,
On daß er hat kein männlich glider.
Denn ich wol weiß, ir seid so bider,
Daß ir nach solchem tun nit fragt,
Wie ir oft selber habt gesagt."
Sie sprach: „Du magst an galgen gan
Mit solchem unfreundlichen man!

---

61. 25 verrucht, unbesonnen, unverständig.
62. 19 fletig, mhd. vlaetec, sauber, rein, nett. — 26 unfreundlich, unliebsam.

Wiewol mich nicht das ding bewegt,
Welchs man zu nacht im bette pflegt,
So stets doch an eim manne wol,
Daß er hab, was er haben sol.
Und ich in auch derhalb nit nem,
Doch ob sichs bgeb und dazu kem,
Daß er im zorn wider mich schnorrt
Und ich mit worten gegen morrt,
Daß er denn het bei im ein frünt,
Der uns wider versönen künt."
¶ Der eestand zwischen frau und man
Mag keines wegs im fried bestan,
Es sei denn daß der freuden nagel,
An welchem hangt das under gagel,
Sie beiden fest zusamen haft:
Sonst get die lieb nicht in ir kraft:
Denn mert sich liebe, treu und zucht,
Wenn sie sehn ires standes frucht.

Die dreiundsechzigste Fabel.

Von den Stadt- und Dorfhunden.

Etlich stadthund ein ebner stoß,
Die sahen einen dorfhund groß;
Dem liefens alle fleißig nach
Und jagten in, dieweil er floch
Und gegen sie nicht stellt zur wer.
Zuletst warf er sich rund umbher,
Weist in die zen, tet weidlich gnarren;
Da teten alle hund beharren
Und blieben all mit im bestan:
Ir keiner facht in weiter an.

62. 39 Abstemius sagt: „Clavus, qui virum et mulierem arctissime constringit." — 40 Gagel? Der Sinn ist verständlich.

63. 1 ein ebner stoß, ein ziemlicher Haufe. — 7 gnarren, knarren, knurren. — 8 beharren, stehen bleiben. — 9 bestan bleiben mit, jemand in Ruhe lassen.

¶ Das sahe ein hauptman ongeferlich;
Er sprach zu seinen knechten: „Werlich,
Das spiel, wir sehen von den hunden,
Tut uns ermanen und erkunden,
Wenn wir an unser feinde ziehen,
Beherzet seien und nit fliehen.“
Das unglück tut den e verheren,
Der fleuht, denn der sich denkt zu weren:
Denn wer da fleuht, denselben jagt
Ein jeder, wie das sprichwort sagt.

Die vierundsechzigste Fabel.

Vom alten Weibe und dem Teufel.

Aus der erfarnheit sich befindt,
Daß die menschen gemeinlich gsinnt,
Wenn ir fürnemen, wort und taten
In selb zu unglück tun geraten,
Daß sie dasselb dem unglück pflegen
Oder dem teufel zu zu legen.
Verdroß ein mal den teufel gar,
Als er ward auf ein zeit gewar,
Daß ein alt weib nach frischen feigen
Auf einen hohen baum wolt steigen,
Und stellt sich eben zu den sachen,
Als obs ein groß gefäll wolt machen.
Das sahe der teufel zuvor gar eben,
Daß im darnach die schuld würd geben,
Dacht: dem wil ich vorkummen heute;
Rief zu sich etlich zeuges leute
Und sprach: „Seht zu, das alte weib
Steigt auf den baum und wagt irn leib,

---

63. 12 werlich, mhd. waerlich, wahrlich, fürwahr. — 14 erkunden, verkünden, kund thun.

64. 2 gsinnt, so gesinnt sind. — 12 gefäll, Fall, Sturz. — 13 zuvor sehen, voraussehen. — 16 zeuges leut, mhd. von ziuc, gen. ziuges, Zeug, Werkzeug, Instrument, Urkunde, Zeugniß, also Zeugen.

Davon sie bald wird fallen rab.
  Darumb ich euch gerufen hab,
Daß ir mir zeugen, daß sie hat
  Dasselb getan on meinen rat,
Hinauf gestiegen so geschuht,
  Es wird ir kommen nit zu gut."
Bald fiel das weib ein harten fall.
  Die leut liefen zu all zumal,
Sprachen: „Wer macht dich so vermeßen,
  Daß du dein selber tust vergeßen
Und dich einr solchen tat erwigst,
  Also geschuht den baum auffstiegst?"
Sie sprach: „Der teufel gab mirs für."
  Er sprach: „Das leugstu, alte hur!"
Mit den zeugen beweisen tet,
  Daß ers ir nicht geraten het.
¶ Zwar niemand fürzuwenden hat,
  Zentschüldigen sein missetat,
Damit den teufel zu beschulden
  Oder das glück zu verunhulden.
Drumb sihe dich für in deinem wandeln,
  Tu nicht wider billichkeit handeln,
Gott nimmet kein entschüldung an,
  Ein jeglich werk hat seinen lon.

Die fünfundsechzigste Fabel.

Von der Schnecken und den Fröschen.

Es warn vil frösch in einer lachen,
  Daselb teten sich frölich machen
Mit schreien, hupfen, schwimmen, fließen.
  Das sahe ein schneck; es tets verdrießen,

---

64. 23 geschuht, mit Schuhen, bei Abstemius soleata, nicht „frech", wie Kurz erklärt. — 29 sich erwegen, sich erkühnen, wagen. — 38 verunhulden, schmähen.

65. Ueberschrift. Waldis setzt an die Stelle von Schildkröte im Original die Schnecke, wie schon Buch I, Fabel 87.

Straft die natur, wie sie gefeilt,
Die gaben ungleich ausgeteilt,
Und sprach: „Selig sind solche tier,
Die haben langer beine vier,
Sein wol zu fuß mit fechten, ringen,
On stecken übern graben springen.
Aber ich muß kriechen, mich stets bucken,
Ein schwere last trag auf dem rucken,
Darunder ich muß stetes keichen,
Mein lebtag auf der erden schleichen."
Bald ward gewar dieselbig schnecken,
Da kam der storch und gunt sich strecken,
Von im wurden die frösch gestochen,
Daß sie sich hie und da verkrochen
Und niden in dem schlam verhel;
Da lagen große lange ael,
Für den die frösch sich musten scheuen.
Der schnecken tet ir red gereuen,
Gewann zuhand ein beßern mut.
„Ich sihe, mein buckel tut mir gut:
Den wil ich fürbaß lieber tragen,
Denn solt ich stets mein leben wagen."
¶ Was uns in disem schwachen leben
Gott hat durch die natur gegeben,
Solln wir uns laßen wol gefallen;
Denn er ist klug und weis ob allen:
Wird oft zu unserm besten tan,
Das unser vernunft nit kan verstan.

---

65. 19 verhel, verhehlen, verbergen.

Die sechsundsechzigste Fabel.

Von der Ratzen und einer Eichen.

Vil ratzen hielten einst gemein,
Kamen eintrechtig überein,
Sprachen: „Da stet ein große eichen,
Davon wir unser speise reichen,
Und jetzund voller eckern stet,
Als ob sie weren drauf geset.
So kumt, laßt in uns undergraben,
Daß er fellt umb, wir futrung haben;
So darfen wir nit an den zweigen
Mit arbeit auf und abe steigen.“
Dasselb erhört ein alte ratzen
Und sprach: „Das sein nur unnütz fratzen!
Laßt ab von solchem losen tant:
Solch rat uns schadet allesant.
Nicht mer denn dise eichen haben,
Die uns ernert und stets tut laben:
Wenn wir die jetzund werfen umb,
Und laß das jar denn umbher kum,
Denn seht, ob eins ein eckern findt
Für sich oder für seine kind.
Wenn wirs jetzt fellen und verachten,
Müßen wirs ander jar verschmachten.“
¶ Es sol allzeit ein weiser man
Vorbetrachten und achtung han,
Die ding allein bedenken nicht,
Die er gegen vor augen sicht,
Sondern auch was in künftige zeiten
Im bgegnen möcht und an in reiten.
Selig, ders kan vorhin bedenken,
Der weiß sich im unglück zu lenken.

66. 1 gemein, Gemeindeversammlung. — 4 reichen, wie mhd., hernehmen, holen. — 26 gegen, wie mhd., gegenüber, ganz nahe. — 28 an reiten, angreifen, anfallen.

Die siebenundsechzigste Fabel.

Vom Hund und seinem Herrn.

Es het ein man ein treuen hund:
Des morgens frűe, wenn er aufstund,
Allzeit in selber speisen tet,
Auf daß er in dest lieber het;
So oft ern auch gebunden fand,
Löst er in auf mit seiner hand.
Der knecht in binden must und fahen
Und allen tag mit prűgeln schlahen,
Auf daß er sehe, das bös im tet
Der knecht, das gut vom herren het.
Darumb der hund einst von im lief;
Sein herr jagt nach, den hund ergriff
Und sprach: „Du undankbarer schalk,
Ich hab dir selb gefűllt den balk
Und lieber ghabt denn ander hund,
Kein mal gebunden noch gewundt."
Der hund sprach: „Was der knecht hat tan,
Nem ich gleich wie vom herren an."
¶ **Wer** schaden stift, ist gleich so gut,
Als der tatlich den schaden tut.
Wenn einr nicht wil, daß man es merk,
So macht er durchgestochen werk,
Wie jener man, der schlug die haut
Und traf im selben scherz die braut.

---

67. 16 wunden, verwunden. — 20 tatlich, selbstthätig, mit eigener Hand. — 22 durchgestochen werk, falsches, unehrliches Spiel.

Die achtundsechzigiste Fabel.

Von Vögeln und Kefern.

Vil roskefer in einem mist
Lagen, wie ir gewonheit ist,
Darin sie gar vil kugeln machten
Und **all** auf einen haufen brachten.
Des wurden alle vögel gwar,
Kamen zamen ein große schar.
Einr sprach: „Sihe, die roskefer haben
Uns zuwider einen wall gegraben,
Richten sich gegen uns zur schlacht,
Ein großen haufen kugeln gmacht,
Wölln nach uns werfen in die luft.
Geb, wen noch erst das unglück trifft!"
Der sperling sprach: „Verzagt nicht gar,
Es hat nicht halb so große far.
Wie wolten sie dieselben klöß,
Die in fast gleich sein an der größ,
Wider euch in die höhe erregen?
Könnens auf erden kaum bewegen."
¶ Große forcht sollen wir nicht han
Für einem, der nicht schaden kan.
Komt wol, daß einer hat das gut,
Dennoch entzeuht im Gott den mut.
So hilft in das nicht überal;
Er weiß nicht, wie ers brauchen sol.

Die neunundsechzigiste Fabel.

Vom Beren und den Binen.

Der ber ein binenkorb besach,
Ein bin floh **zu**, **den** beren stach.
Er **ward** zornig, mit seinen tatzen
Tet er den korb **zu** stücken kratzen.

Des wurden all die bin gewar.
  Als sie sahen zerrißen gar
Ir baus, und all ir kind getött,
  Ir speis und narung gar verschütt,
Verdorben waren und ganz arm,
  Furen sie zu in einem schwarm,
Stachen eintrechtig in den beren;
  Het lieber möcht den tot begeren.
Er ward an allen vieren lam,
  Kaum wider zu im selber kam,
Sprach: „Het ich doch der rach vergeßen,
  Den einen stich in mich gefreßen,
Wer ich eim größern leid entgan:
  Jetzt muß den spott zum schaden han.“
¶ Wenn eim ein kleiner schad geschiht,
  Der tu, als ob er in nicht siht,
Auf daß er nit, wenn ers wil strafen,
  Im selb ein größer leid verschaffe;
Denn wer nicht übersehen kan,
  Der dient zu keinem überman.

Die siebzigste Fabel.

Von einem Reuter und seinem Pferd.

Ein reuter het ein schönen gaul,
  War lüstig, freudig und nit faul.
Zu dem kauft er ein andern gorren,
  Band in zu jenem an den barren
Und pflag im baß mit habern, heu,
  Mit strigeln und mit guter streu.
Der gorr sprach zu dem ersten ros:
  „Wie komts doch, daß mein herr so groß
Von mir helt und so günstig ist,
  Nach dem du doch vil beßer bist

---

69. 24 überman, Obmann, Schiedsrichter.
70. 3 gorre, Gurre, geringes Pferd. — 4 bar, Barren, Krippe.

An schönheit, sterke, mut und prangen?
Ich könt dir nicht das waßer langen."
Er sprach: „So sind der menschen kind,
Fürwitzig und also gesinnt:
Größer er tuns den neuen gesten
Denn den alten, welch doch die besten."
¶ Hie wird anzeigt die große torheit
Und des menschen leichtfertigkeit:
Das neue dunkt in stets das best,
Damit das alte faren leßt,
Ja unbesehns und übereilt:
Damit oft wird der tür gefeilt.
Kein ding die leut so tut bescheißen
Als der schein und auswendig gleißen.

Die einundsiebzigste Fabel.

Von der Sau und einem Stauber.

Ein alte sau war ganz unsauber,
Belacht gar hönlich einen stauber,
Drumb daß er seinem herren war
In allen sachen ghorsam gar,
Und sprach: „Dein herr weiß dir zu zwahen,
Mit prügeln lert dich wachteln fahen
Und kürzt dir alle jar die orn:
Ich sahe nie kein größern torn.
Dennoch so gibstu stets gehör;
Es solt fürwar nicht gelten mir."
Der hund sprach: „Schweig, du grobe sau,
Gee hindern zaun, die kirschkern kau;
Winkelwürst ist dein best gericht:
Bist vil zu grob, verstest es nicht.

---

70. 22: damit kommt man oft vor die falsche Thür.

71. Ueberschrift. Stauber, Stäuber, Stöber, Bastardhund zum Suchen und Aufjagen (ausstöbern) des Wildes. — 5 zwahen, zwagen c. dat., eigentlich waschen, durchwaschen, prügeln. — 13 winkelwürst, Würste, wie sie in Winkeln zu liegen pflegen.

Mit schlägen werd ich glert und wacker.
Wenn wir naus ziehen auf den acker,
Fahn lerchen, wachteln oder sperhn:
Krig zum wengsten ein oder zwen,
Und leb mit meinem herren wol,
Drumb mich solchs nicht gereuen sol."
¶ In diser fabeln wird beweist,
Wer sich zum guten zeitlich fleißt
Und leßt sich strafen in der jugent,
Der komt dest er zur hohen tugent.

Die zweiundsiebzigste Fabel.

Vom Knaben und einem Stiglitz.

Es het ein knab ein stiglitz gfangen,
Im kevit an ein fenster ghangen;
Zuletst der stiglitz fand ein loch,
Da kroch er naus; er rief im noch
Und sprach: „Was unglücks hat dich troffen,
Drumb daß du bist hinaus geschloffen?
Hab dir doch alles gnug gegeben,
Davon die stiglitz mögen leben.
Ich bitt dich, kom doch wider rein!"
Der stiglitz antwort im, sprach: „Nein!
Hie leb ich frei und unverzagt,
Iß, wenn mirs, nicht wenn dirs behagt."
¶ Die freiheit ist ein edel kleinat:
Dasselb weiß niemand, der sie hat;
Wer sie aber einst tut verliesen,
Den tot solt lieber dafür kiesen.
Dem gefangen ist kein armer gleich:
Wer frei ist, hat ein königreich.

---

71. 17 sperh, sperch, Sperling.
72. 2 kevit, mhd. kefet. kefjo (cavea), Käfig.

Die dreiundsiebzigste Fabel.

Vom Weidman und einem Sperling.

Der vogler an **eim** morgen fru
Richtet sein garn und hütten zu,
Zohe naus ins felt, allda zu stellen,
Gedacht bei haufen sie zu fellen,
Richt zu ein hert, mit gersten etzt,
Sich darnach in die hütten setzt,
Und saß **allda** ein kleine **weil;**
Kamens geflohen wie **die pfeil**
Bei zehen, zwenzi**g** ongefer.
Der vogler sprach: „Ist eur nit mer,
Wil ich darumb **das** garn nit ziehen."
Ließ eßen und hindannen fliehen.
Zuhand **da** kamen ander **wider,**
Setzten sich auch daselben nider.
Jr warn nit vil; drumb wolts nit han:
Sie aßen, flohen auch davon.
Das trieb er allen tag so lang
Biß zur der sonnen nidergang,
Daß er gar keinen vogel fieng,
Allzeit dauchtens in zu wening,
Des er sich doch het mögen schemen;
Gedacht das garn da einzunemen.
Kam ongefer ein sperling gflohen:
Derselbig ward da überzohen:
Jn seinen schweidler in da steckt
Und sprach: „Wiewol mirs wenig kleckt,
So ists doch beßer, haben ichts,
Denn gieng ich ler, het alles nichts."
¶ Die große ding oft vorgenomen
Und vil gedanken überkomen,
Die verachten gmeinlich das **klein,**
Daß sie das haben solln allein.
So schafft denn Gott auch solchen kummer,
Daß sie das groß erlangen nimmer.

---

73. 20 **wening**, wie im mhd. wêning für wênec. — 25 **schweidler**, Jagdtasche. — 28 **alles nichts**, gar nichts.

Die vierundsiebzigste Fabel.

Vom Balken und den Ochsen.

Vier ochsen zohen einen wag,
Darauf ein großer balken lag;
Sprach zun ochsen: „Ir faulen tier,
Zu solcher last ist eur wol vier;
Eur zwen mich leichtlich anhin zügen
Oder schier auf irn achsen trügen:
Noch seid ir schelmen also faul!"
Ein ochs sprach: „Lieber, halt das maul!
Du darfst uns nicht also außfegen:
Die last werden wir bald ablegen
Und diser arbeit wol entrinnen;
Denn sol sich erst dein leit beginnen.
Du magst dich hindern orn wol krauen,
Wenn dich die zimmerleut behauen,
Zum treger oder stender machen,
So tregst, daß dir der hals muß krachen."
Da geraut den balken bald sein spott.
Schlug an sein brust: „Vergeb mirs Gott!"
¶ Wenn unser nehster in nöten stet,
Das waßer über dkörble get,
Solln wir nit lachen oder spotten:
Wir können in dieselben trotten
Auch wol kommen zu seiner zeit,
Darin jeẓt unser nehste leit.
Auf erden ist kein glück so hoch,
Dem unglück nicht kan folgen noch:
Darumb schrei niemand: hie gelungen!
Er sei denn erst hinüber gsprungen.

---

74. 6 achse, Achsel, Schulter. — 8 lieber, wie oben: bitte, quaeso. — 9 außfegen, schelten. — 20 körble, Körbe, Kerbe, Mund, sprichwörtliche Redensart; Frisch, s. v. — 22 trotte (Weinpresse), Bedrängniß.

Die fünfundsiebzigste Fabel.

Vom Bischof und einem Lotterbuben.

Zum bischof kam ein lotterbub,
Sein bengel gegen im aufhub
Und bat in, daß er im da bar
Ein gülden geb zum neuen jar.
Der bischof war ein karger man,
Den freiet sah er scheußlich an,
Sprach: „Bist unsinnig! hab den ritten!
Darfst umb ein gülden neujar bitten?"
Der bub sprach: „Schont, gnediger herr!
Ob denn ein güld zu vile wer,
Gebt ein batzen, ich nem in an,
Daß ir ein gut neujar müst han."
Er sprach: „Du bittest ja zu vil!"
Er sprach: „Ein kleines nemen wil,
Daß ich mag haben eure gnad!"
Zuletst in umb ein pfenning bat;
Denselben er im auch nicht gab.
Er sprach: „Daß ich dennoch was hab,
Von euern gnaden bger sonst nit,
Denn teilt mir euern segen mit!"
Er sprach: „Knie nider, lieber son,
Daß du denselben magst entpfahn!"
Da sprach der bub: „Behalt eurn segen!
Ir dörft in zwar auf mich nit legen.
Ja, wenn er wer eins pfennings wert,
Würd er mir nicht von euch beschert."
¶ Die fabel tut gar weidlich strafen
Die geistlich, bischof, mönch und pfaffen,
Die wol solten umb ein carlin
All geistlich güter geben hin;

---

75. Ueberschrift. Lotterbub, Vagabund, vorzüglich Gaukler; bei Abstemius scurra. — 2 bengel, Knüppel. — 6 freiet, freietsman, freihart, Strolch. — 7 ritt, das kalte Fieber, vgl. mhd. riden, ridewen, vor Frost schauern, zittern. — 9 schonen, verzeihen.

Daß sie ein gülden mögen retten,
  Dörfen all sacrament verwetten,
Welchs jetzund in gar kurzen jarn
  Teutschland mit schaden hat erfarn,
Wie sie uns mit dem bann gefatzt,
  Mit dem ablaß als zu sich kratzt,
Mit irer triegerei geschunden,
  Daß wirs auch schwerlich han verwunden.
Gott sei gelobet, daß wir han
  Die augen jetzt recht aufgetan,
Allein auf Christum uns verlaßen,
  Den babst und bischof faren laßen.
Für mein person hab michs erwegen,
  Für gelt kauf ich nit iren segen,
Irn ablaß wil umbsunst nicht han,
  So schadt mir nicht ir greulich ban.
Schadt nicht, daß sie mich darumb haßen,
  Wenn ich mich kan auf Gott verlaßen.

Die sechsundsiebzigste Fabel.

Von der Widhopfen.

Der adlar het ein großen son,
  Der nam ein weib, wolt hochzeit han;
Dazu all vögel het gebeten:
  Teten zusamen einhin treten.
Der adlar wolt die gest nach grad
  Setzen, eim jedern nach seim stat,
Und setzt die widhopf oben an,
  Darumb daß sie trug eine kron,
Het federn viler farben gstalt.
  Solchs allen vögeln misgefallt,
Sprachen: „Die stinkend widehopf
  List nimmer guts in iren kropf;
Wie ein sau wület stets im kat,
  Ist nicht wert, daß sie ere hat.“

75. 32 verwetten, dahingeben.

¶ Der adlar hat sein gleich auf erden,
Leut, die durch schein betrogen werden,
Geberde, prangen und das prachten
Höher denn kunst und tugent achten.

Die siebenundsiebzigste Fabel.

Vom Pfaffen und den Birn.

Es war ein pfaff ganz faul und freßig,
Auch mit saufen ganz unmeßig;
Denselben aus einr andern stadt
Ein man zu seiner hochzeit bat.
Ungeßen wolt er frü hingan;
Ein birnbaum fand beim wege stan;
Da lag ein haufen hübscher birn,
Die erst zusamen glesen wern;
Warn reif, schmackhaftig und ganz süße.
Der pfaff verachts und trats mit füßen
Und bseicht dieselben birn gar naß,
Und sprach: „Solt ich jetzt freßen das?
Es komt in mich nicht solche speis:
Heut ichs gar wol zu beßern weiß."
Gieng fort, zum eßen war im gach.
Bald kam er an ein großen bach,
An ein waßer, da war ein steg
Von größ des waßers gfloßen weg;
Lief lang das waßer auf und ab.
Zuleist sein hoffen übergab,
Denn er sahe, daß unmüglich war,
Überzukommen one far,
Kert wider umb on seinen dank.
Der hunger in so heftig zwang,
Het er die bseichten birn nicht funden,
Für hunger wer er gar verschwunden.
¶ Was dich dünket ein unnütz ding,
Soltu nit halten allzu gering.

---

77. 20 übergeben, wie aufgeben.

Hüt dich, nicht ee das klein verstoß,
Du hast denn in der hand das groß.
Die alten schuh verwerf nicht gar,
Du hast denn erst ein neues par.

Die achtundsiebzigste Fabel.

Von der Sau und einem Pferd.

Als ein sau sahe ein schönes ros,
Jung, welig, freidig, stark und groß,
Behangen mit sattel und zaum,
Mit batsen, daß mans sahe kaum,
Sprach sie: „Du armes tolles tier,
Solch hoffart solt nicht gelten mir.
All tag mustu dein leben wagen,
Daß du wirst gschoßen oder gschlagen:
Was hilft dich denn dein großer pracht?"
Das pferd sprach: „Schweig, du ungeschlacht!
Stirb ich, so far ich hin in ern
Mit fürsten, edelleut und herrn.
Du aber welzest dich im kat;
Dein leben keine ere hat.
Zuletst erstickst in deinem blut
On er, wie man den säuen tut."
¶ Ein frommen, tapfern, künen man
Stet es erlich und gar wol an,
Mit eren sich in tot zu geben,
Denn daß er hie solt erlos leben.

---

78. 4 batsen, Ausgabe I hat „barsen", II „balsen", welches Kurz mit „Decken" erklärt; Ausgabe III hat das richtige „batsen", Münzen, Gehänge von kleinen Metallplatten. Bei Abstemius: „Purpureis opertum phaleris. — 4 sahe, Druckfehler: „sehen".

Die neunundsiebzigste Fabel.

Vom Cartenser und Landsknecht.

Ein heilger man im kloster lag,
  Zum selben kam auf einen tag
Ein landsknecht, der im war gefründt,
  Zu sehen, wie es umb in stünd.
Derselb in freundlich grüßen tet;
  Er sahe, daß er vil schrammen het,
Sein kleit zerhudelt und zerhackt,
  Die finger von den feusten gzwackt.
Da sprach der münch: „Ach lieber ohm,
  Ich rat dir, daß du würdest from,
Hinfürder solch leben abstell.
  Du bist nun mer ein alter gsell.
So macht das kriegen manchen buben;
  Wenig, die es on sünden üben,
Drumb dich fürbaß zufrieden gib,
  Hab deiner seelen seligkeit lieb!“
Er sprach: „Ich wil im auch so tun;
  Es ist kein glaub auf erden nun:
Die fürsten wölln den solt nit geben;
  So kan man doch des lufts nit leben.
Das garten, mausen und das rauben
  Wil man uns auch nicht mer erlauben;
Darumb tu ichs euch jetzt geloben,
  Ich wils hienechst gar sein enthoben.“
¶ Es ist fürwar ein schlechte buß,
  Daß einr von sünden laßen muß;
Wenn er nicht mer kan laster treiben,
  Denn wil ers erst für sünde schreiben.
Dank hat der dieb, er leßt sein stelen,
  Wenn sich sein hend für im verhelen,
So wil er sein recht frum und treu;
  Das heißt auf teutsch ein galgenreu.

---

79. 9 ohm, Oheim, für Verwandte im allgemeinen. — 20 des lufts, von der Luft. — 21 garten, auf die Gart gehen, betteln und marodieren. — 30 für im verhelen, ihm den Dienst versagen.

Gott wil eim gern die sünd vergeben,
Der bei zeiten beßert sein leben.
Harr nicht, biß entlich komt zum treffen:
Es leßt sich Gott fürwar nicht effen.
Wer sich hat lang im glauben geübt
Und oft für seine sünd betrübt,
Der darf wol, daß in Gott annimt,
Wenns zu den letzten zügen kümt.

Die achtzigste Fabel.

Vom Witwer und Witwen.

Ein witwer eine witwe nam:
Der teufel zu seiner mutter kam.
Der man het vor gehabt ein weib,
Die in gleich irem eignen leib
In allen eren het geliebt
Und solchs auch mit der tat geübt.
Aber diß weib bracht im stets für
Irn ersten man da für die tür,
Sein großen ernst, erliche taten,
Die im zu ern geholfen hatten,
Tet im ein wort verschweigen nicht,
All malzeit bracht fürs erst gericht
Irs erst gestorben mannes kopf,
Daß auch zuletzt der arme tropf
Umb friedens willn must vil verschweigen
Und ließ sie immer anhin geigen.
Einsmals hets einen feißten capaun
Gebraten hübsch rotlecht und braun;
Zum abentmal tets in auffetzen
Und doch den man mit worten hetzen.
Zur tür ein betler sich da naht,
Durch Gottes willn ein almos bat

---

79. 39 darf, darf erwarten, darf darauf rechnen.
80. 7, 8 für die tür bringen, vorhalten. — 15 verschweigen, schweigend hinnehmen. — 16 anhin geigen, weiter schwatzen.

Umb aller christen seelen willen.
Auf daß sie möcht irn trutz erfüllen
Und an dem man sich weidlich rechen,
Den Capaun in zwei stück tet brechen,
Sprach zum betler: „Hab dir das teil
Für meins vorigen mannes seel!“
Der man rief bald dem betler wider,
Er sprach: „Mein weib so frum und bider,
In irem leben keusch und treu,
Gott geb ir heint die ewig reu.
Sehe, hab dir das! Denk ir dabei,
Geb, daß ir seel bei Gotte sei!“
Und reicht im hin das ander teil.
Da was bei allen beiden feil,
Und must das weib und auch der man
Allbeid ungeßen schlafen gan.
¶ Du solt nicht wüten oder schelten
In den, der dirs kan widergelten.
Wer einen stein wirft oben aus,
Dem fellt er auf sein eigen haus.
Für dem starken soltu dich krümmen;
Bös ists, gegen das waßer schwimmen.
Fall nicht dem größern in die straf,
Und nicht gegen badösen gaff.

Die einundachtzigste Fabel.

Vom Wachs.

Das wachs erseufzet einst und sprach:
„Ach daß mir je so leid geschach!
Ich bin meins lebens überdrüßig,
Daß ich so weich, schmeidig und flüßig;
Muß leiden, daß man mich zustückt
Und alles, was man in mich drückt,

---

80. 32 reu, für Ruhe. — 36 feil, Mangel. — 40 in, gegen, auf. — 46 gaffen, den Mund aufsperren.

Und tu doch jedem wol behagen,
Von vilen bin zusamen tragen.
Wil schaffen, daß ich auch hart werd.
Es werden doch von weicher erd
Die ziegelstein und hart gebacken
Im heißen ofen wie die wacken;
Ich wil mich auch in solcher maßen
Im heißen ofen herten laßen,
Daß ich mag weren tausent jar."
Da es nein kam, verschmalz es gar.
¶ Ein ding ist ferlich anzuheben,
Wo die natur tut widerstreben.
Mancher, dem sein stant nit behagt
Und sich in einen andern wagt,
Wenn er meint, daß ers wol het troffen,
Betreugt in doch sein eigen hoffen,
Und wird auch in demselben treg,
Daß ers zuletzt gern beßer sech.

Die zweiundachtzigste Fabel.

Vom Esel und Lotterbuben.

Der esel sahe eins gauklers spiel:
Der spielt und ließ der fürz so vil.
Das bhagt den leuten, daß sie lachten
Und im darumb vil pfennig brachten;
Auch hettens im hübsch kleider geben,
Mit eßen, trinken het gut leben.
Der esel gieng hin für den rat,
Mit fleiß den bürgermeister bat
Und sprach, wie er einr solchen er
Baß wirdig denn der gaukler wer.

---

81. 12 wacken, Feldsteine; Kurz: Semmeln. — 16 verschmalz, zerschmolz. — 24 sech, sähe.

Der bürgermeister wundert sich
Und sprach: „Warumb? Bericht des mich!“
Der esel sprach: „Des schnorken, farzen,
Gumpen und mit dem hindern schnarzen,
Vil ferer laufen, weiter springen,
Auch wol fünf noten höher singen,
Kan baß denn der, wie man oft hört;
Dest billicher mir die er gebürt.“
¶ Vil leut ir gelt unnütz verschießen,
Daß sie damit irn fürwitz büßen,
Sein wert, daß sie der esel blacht
Mit irm unnützen kost und pracht.

Die dreiundachtzigste Fabel.

Vom Brunnen und seinem Ausfluß.

Es war ein kleiner waßerfluß
Aus einem brunnen worden groß,
Von dem er het seinen anfang:
Des wist er im gar keinen dank,
Sondern tet in mit schelten letzen,
Mit worten weidlich an in setzen
Und sprach: „Du stest im winkel still,
Kein fisch in dir nicht wonen wil:
So rausch ich durch das grüne gras,
Bedeck das felt und mach es naß;
Vil schöner bäum neben mir stan,
Die fisch in mir ir futrung han.“
Solch hohmut tet dem brunnen leit,
In verdroß die undankbarkeit,
Wolt nicht mer waßers von sich gießen:
Bald hört der strom auch auf mit fließen,
Verschwand zustund derselbig bach,
Daß man noch fisch noch waßer sach.

---

82. 14 gumpen, springen, hüpfen. — 19 verschießen, ausgeben, verschwenden. — 22 kost, Aufwand; Singul. zu Kosten.

¶ Kein frommer den verachten tut,
Von dem gunst hat und alles gut;
Die alten den baum in ern hatten,
Der für die sonn gab külen schatten.

Die vierundachtzigste Fabel.

Vom bösen Buben und dem Teufel.

Es war ein mensch eins bösen leben,
Der het sich gar dem teufel geben;
Darumb kam er im oft zu trost
Und aus seinr gefengnus lost,
Welchs im der teufel erst verhieß.
Drumb er nit von den sünden ließ,
Biß daß den teufel daucht zu vil.
Aufs letst kam auch ein mal sein ziel,
Daß er zu seinem ungelück
Begangen het ein schelmenstück;
Darüber er begriffen wart,
In einen stock geschlossen wart.
Er rief dem teufel, daß er kem
Und in aus solchem jamer nem.
Der teufel kam mit einer stangen,
Dran het vil alter schuh gehangen.
Sprach: „Deinethalb hab mich geflißen
Und alle dise schuh zerrißen,
Hab mich dazu fast abgelaufen
Und hab kein gelt mer, schuh zu kaufen:
So kan ich auch nicht barfuß gan.
Hast wol getan, das magstu han,
Magst fürbaß sehen, wie du tust,
Halt doch, dein hoffen ist umbsust!

---

84. 4 losen, erlösen, befreien, nicht „erlassen", wie Kurz erklärt. — 5 erst, zuerst. — 8 ziel, Ende. — 12 stock, schweres Gefängniß, vgl. stöcken und blöcken, Frisch s. v.; wart, wahrscheinlich Druckfehler für „hart." — 23 wie du tust, was du anfängst.

Du must ein mal ein genglin wagen:
Das wird dir leicht nit wol behagen."
¶ Wer sich dem teufel tut vertrauen,
Denk nur, daß im zuletst geraue:
Wer im dient, der hat teufels dank,
Zuletst lont er mit großem stank.
Ich frag nit nach eim solchen gsellen,
Der sein gemein hat in der hellen.
Drumb von den sünden laß bei zeiten,
Daß er dich nicht zuletst darf reiten
Und nicht mit seinem teil hinrafft:
Gott leßt kein bosheit ungestraft.

Die fünfundachtzigste Fabel.

Von Vögeln und irem Könige.

All vögel einst zusamen kamen,
Der meinung und in solchem namen,
Kiesen noch einen könig herr;
Dem adlar wurds allein zu schwer
Und oftmals sich beklagen tet:
Gut wers, daß man noch einen het.
Sie stimmten umbher all zumal:
Die meinung bhagt den vögeln wol.
Die krae allein solchs widerriet
Und sprach: „Tut solchs bei leibe nit!"
Sie sprachen all: „Du weist nicht drumb,
Ists nicht geraten, sag, warumb?
Weistu ein beßern rat zu geben,
So wölln wir all desselben gleben."
Sie antwort, sprach: „In einen sack
Nicht so vil als in zwene mag;
Ir habt vil baß einen zu stillen,
Denn daß ir solt vil secke füllen."

---

84. 25 genglin, kleiner Gang, nämlich zum Galgen. — 34 sprichwörtlich: einen reitet der Teufel. — 35 sein teil, diejenigen, die sein eigen sind.
85. 13 gleben c. genet., nachleben. — 16 mag, geht hinein.

¶ Wenn man neu herrn und münz wil kiesen,
So muß man vor der hand verliesen.
Zween herrn zu gleich machens nit aus;
Dient nit, zwen narrn in einem haus,
Und wenn man sich wil oft verneuen,
Muß man zuletst am reuel keuen.
Die fliegen, welch vil zeit und stunden
Zu sitzen pflegen auf den wunden,
Daß sie sich haben voll gesogen,
Schaden nicht als die erst geflohen,
Kummen mit lerem bauch daher:
Die magern mücken beißen ser.

Die sechsundachtzigste Fabel.

Wie ein Frau für iren Man sterben wolt.

Ein junge frau einen man het,
Der war ser krank und lag zu bet,
Darumb die frau sich ser betrübt,
Denn sie den man herzlich beliebt.
Auf daß sie solche lieb beweist,
Sein lob für allen leuten preist
Und sprach, ee sie in wolt verliesen,
Wolt lieber selb den tot auskiesen
Und sterben an des mannes stat.
Den tot mit großem seufzen bat,
Sprach: „Wil mich willig dir begeben,
Daß du den man laßt lenger leben."
Mit solcher klag den tag hinbracht.
Wie es kam umb die mitternacht,
Da kam der tot, mit großem schrecken
Greulich die fraue gunt aufwecken,
Sprach: „Hab erhört dein kleglich schreien:
Auf, auf! kom her an meinen reien."

---

85. 20 vor der hand, zunächst, von vornherein. — 28 als, nicht so sehr wie diejenigen, die zuerst herbei geflogen.

86. 11 begeben, ergeben. — 12 laßt, lassest, conjunct. — 18 reien, Tanz (Todtentanz).

Die frau erschrack und sprach: „Far schon!
 Was woltstu mit den gsunden tun?
Sihe da, im bet nim erst den kranken,
 Der wird dir höflich dafür danken,
Daß du in nimmest von der ert:
 Für großer qual dich oft begert.
Du hast den rechten hie nicht funden,
 Nim die kranken, gib frist den gsunden."
¶ Vil leut achten das leben gring,
 Und ist doch so ein edel ding,
Daß einr solt alles laßen farn,
 Daß er das leben möcht erspàrn.
Schwert, feur und alles ist zu leiden,
 So du damit den tot magst meiden.
Darumb glaub nicht der frauen klagen,
 Wenn sie leit für die männer tragen.
So man die klag, welch sie so treiben,
 Wolt faßen und gar fleißig schreiben,
Fest knüpfen und zusamenstücken
 Und denn draus machen eine brücken,
Übers waßer fest zu besten,
 Wolt ich zwar nicht gern drüber gen.
Niemand liebt wie sein eigen leib
 Seinen nehsten, dabei es bleib.

Die siebenundachtzigste Fabel.

Von einem Jünglinge.

Seinr mutter folgt ein junger knab
 Neben seim vatter nach zu grab.
Der vatter traurt mit allen fründen,
 Die mit im umb das grab her stünden.
Da hub der jüngling an und sang
 Laut, daß es überall erklang.

---

86. 19 far schon, thu gemach. — 36 schreiben, aufschreiben.

Der vatter tet in hart drumb strafen.
Er sprach: „Singen doch all die pfaffen,
Die du gemiet hast umb das gelt.
Weil dirs so wol von in gefellt,
Daß in dafür auch danken tust,
Mag ich denn nicht singen umbsust?“
Da sprach der vatter zu dem knaben:
„Ein andern bfelh die pfaffen haben,
Dazu du nicht berufen bist,
Zur torheit dirs zu rechnen ist.“
¶ Es stet nicht allen alles an,
Alls ist von alln nicht wol getan;
Drumb bleib ein jeder in seim stant
Und leb so, daß ers sei bekant.

Die achtundachtzigste Fabel.

Wie ein Man sein Weib zu hüten gab.

Es het ein man ein junge frau,
Die must er warten gar genau;
Drumb ließ ers selten auf die gaßen,
Denn sie den hund pflag hinken laßen.
Einst wolt er ziehen über felt,
Bei seinem guten freund bestellt,
Daß er achtung auf sie wolt haben,
Auf daß sie nit etwan ein knaben
Zu ir ließ kommen in der nacht,
Damit wurd umb ir ere bracht,
Daß ers bewaret keusch und frumm.
Des globt er im ein große summ
Geldes, so erst er wider kem,
Daß ers dest baß in achtung nem.

---

87. 14 befelh, Beruf. — 20 daß ers sei bekant, daß er wisse, was sein Beruf ist.

88. 4 den hund hinken lassen, unzuverlässig, falsch sein, besonders in Bezug auf eheliche Treue: sprichwörtlich.

Er nam solchs an, sein fleiß nicht spart;
Doch bald des dienstes müde ward.
Solch müe daucht in vil zu schwer,
Die frau im vil zu listig wer.
Gieng zu dem man und tet im sagen,
Könt solchen dienst nit lenger tragen:
Solch große sorg und ungemach
Sei gar zu schlecht zu diser sach.
Dem Argo solchs zu schaffen tet,
Welcher doch hundert augen het,
Daß er ein solch solt keusch behüten,
Darumb der kützel so tet wüten,
Und sprach, wolt lieber jar und tag
Fünfhundert flohr in einem sack
Zu felde tragen allen morgen,
Schütten ins gras und dafür sorgen,
Daß ers brecht wider all zumal
Und im nicht einr felt an der zal,
Denn daß er solt mit großen faren
Ein unkeusch weib ein tag bewaren.
¶ Wer einen ziegel weiß wil wäschen,
Das lere stro im tenne dreschen,
Dem wind das ween wil verbieten
Und einr unkeuschen frauen hüten,
Ein fließend waßer wil verstopfen:
Derselb verleust beid malz und hopfen.

Die neunundachtzigste Fabel.

Vom Kranken und den Aerzten.

In Teutschland, wie man brichtet mich,
Ein reicher man zu bet lag siech.
Wie dasselbig die ärzt vernamen,
Jr vil zum reichen kranken kamen

---

88. 23 Argus, Panoptes, von Hermes erschlagen. — 28 flohr, genet. plural. zu Floh. — 29 allen, jeden. — 40 verleust, verliert.

89. 1 in Teutschland, bei Abstemius: Vir quidam natione germanus

(Als wo man honig tut verkaufen,
Fallen die fliegen zu mit haufen).
Als sie im hetten beschaut den harm,
Einr sprach: „Er hat groß fel im darm.
Ich achts fürs best, so ir folgt mir,
Daß wir im setzen ein clystier,
Auf daß er werden mög gesund;
Er leßts nicht nach umb hundert pfund."
Wie sie nun alles fertig machten
Und zu dem kranken einhin brachten,
Da ward **der krank mit zorn** bewagen,
Ließ alle ärzt zum haus ausjagen
Und sprach: „Daß ir müst gar erstarren!
Ich sahe mein tag nie größer narren.
Im kopf felt mirs und in der nasen,
Und ir wolt mir in hindern blasen."
¶ **Was einr** nicht hat im jungen leben
Gewont und sich dazu begeben,
Das tut im in dem alter **ant:**
Blatern bringt arbeit ungewont.

Die neunzigste Fabel.

Vom kranken Esel.

Als ein alter esel lag krank,
Elend auf einer harten bank,
Kamen wölf, hund mit andern tieren,
Wolten den kranken visitieren;
Sprachen den jungen esel an:
„Wie gets dem alten eselman?"
Der föll sahe sie hie außen sitzen
Und gucket durch ein kleine ritzen,

89. 15 **bewagen**, wie im mhd., bewogen, erregt, aufgeregt. — 24 **blater**, Blatter, Blase.
90. 7 **föll**, Füllen, Fohlen.

Sprach: „Sein gsundheit sich baß zutregt,
Denn ir leicht alle gerne seht.“
¶ Vil leut den gruß im maule han,
Ir herz ist hundert meil davon,
Wünschen im mit der zung ave,
Doch ist ir gmüt im herzen grave.
Köntens in in eim schaff ertrenken,
Wurden in in den Rhein nit senken:
Hilft aber nicht das teglich gerben
Der haut, daß drum die esel sterben.

Die einundneunzigste Fabel.

Von dem Nußbaum.

Als ein weib redt ein nußbaum an,
Den sie fand bei dem wege stan,
Sprach sie: „Wöllest mich recht bedeuten,
Hie stestu allzeit vor den leuten,
Die dich all tag mit steinen rüttlen,
Mit stangen schlagen und mit knüttlen,
Und je du ofterst wirdst geschlagen,
Dest beßer frucht tust järlich tragen,
Des sommers hengst der nußen voll.
Mich wundert, daß du bist so toll,
Daß du den leuten tust so gut;
Fürwar, ich het nit solchen mut.“
Da hub der nußbaum an und lacht,
Sprach: „Frau, wißt ir nit, was das macht?
Es ist ein alt gemein sprichwort,
Welchs ir villeicht wol e gehort:
Man sagt, zart frau, daß ich und ir
Und der esel, des müllers tier,
Tun ungeschlagen nimmer gut,
Gott geb, was er man uns sunst tut.

---

90. 14 grave, grave, unfreundlich. — 18 der haut, im alten Druck steht: „hundt“, was keinen Sinn gibt.

Nach dem sprichwort tu ich mich richten
Und gib die frücht aus rechten pflichten:
Desgleichen sollet ir auch schaffen,
Daß wirs sprichwort nit lügen strafen.“
Der nußbaum hie die warheit sagt.
Denn es komt oft, daß einer fragt
Nach dem weg, den er selb wol weiß,
Der wird bericht, daß im der schweiß
Vor großen engsten möcht ausbrechen.
Denn tut in sein gewißen stechen
Und zeigt im an sein eignen feil.
So trifft die fabel auch zum teil
Die bösen weiber, sie sich schemen,
Kein schleg für wort an bzalung nemen,
Mit dem schwert in der wassel quatschen,
So kriegt die scheid ein maultatschen.

Die zweiundneunzigste Fabel.

Von der Maus und einer Katzen.

Vil meus in einer holen want
Hetten ein lange zeit gewont.
Einsmals da kucket eine maus
Heimlich zu einem loch heraus
Und sahe ein katzen in der kamer
Liegen, als wers in großem jamer;
Den kopf hets auf die erd gelegt,
Und alle vier von sich gestreckt.
Da sprach die maus zu irm gespan:
„Das tier siht mich so bermlich an
Und hat so gar ein geistlich gsicht;
Es ist fürwar so böse nicht,

---

91. 35 schwert in der wassel, im Munde die Zunge; quatschen, ungereimtes Zeug schwatzen. — 36 die scheid, der Mund; maultatsche, Schlag auf den Mund, Maulschelle.

92. 9 gespan, Gefährte.

Wies die leut pflegen zu verleumden:
  Ich muß mich zwar mit im befreunden.
Gar gern ich seine kundschaft het.“
  In dem sie sich baß nahen tet,
Grüßt sie und tet sich für ir bücken.
  Die katz ergriffs und riß zu stücken.
Da solchs die andern meuse sahen,
  Mit schrecken zu einander jahen:
„Fürwar, fürwar, dem angesicht
  Ist umbesehens zu glauben nicht!“
¶ Laß dich mit worten nicht betören,
  Mit auswendigem schein verfüren:
Undern schafskleidern sind verborgen
  Groß wolfe, welch die schaf erworgen.

Die dreiundneunzigste Fabel.

Vom müden Esel.

Dem esel in dem winter hart
  Gar saur sein zeit und leben wart;
Das harte stro war seine speis,
  Gieng auf dem frost und harten eis.
Er wünschet, daß der glenz ankem
  Und im denselben kummer bnem,
Und sprach: So möcht mir werden baß,
  Wenn ich kem in das grüne gras.
Im mai sein herr ward ungeschleun,
  Trieb den esel in ziegelscheun:
Da must er ton und ziegel tragen,
  Ward übel gspeist und wol geschlagen.
Er dacht: Der sommer ist nicht fern,
  So zeuht mein herr hin in die ern

---

92. 15 kundschaft, Bekanntschaft. — 20 jahen, praet. von jehen, sagten.
93. 5 der glenz, Lenz, Frisch s. v. — 9 ungeschleun, wie oben „ungeschlömig“, unwillig, ungeduldig. — 14 ern, Ernte.

Und wird mein denn daheim vergeßen:
Denn wil mich sat der disteln freßen.
Wie es kam zu der ern im sommer,
Da kam er in ein großen jamer,
Must weizen tragen in den secken,
So groß, einr möcht dafür erschrecken.
Er dacht: Gott geb, der herbst ankum,
Denn ist die arbeitszeit herumb.
Ja wol, so bald der herbst ankam,
Da hub sich erst sein arbeit an;
Da wurden äpfel, birn und nuß
All winkel voll zum überfluß,
Mandeln, feigen, trauben und wein
Must er mit haufen tragen ein.
Das weret stets und alle tag.
Der arme esel gar erlag
Und sprach: Es wil nicht beßer wern!
Den winter tet wider begern;
Sprach: Wo ich ker, find keine ru:
Gott geb mir nur gedult dazu!
¶ Niemand gedenk auf diser erd,
Daß seins unglücks ein ende werd.
Diß leben ist ein steter kampf:
Nach dem sonnenschein folgt ein dampf.
Das leßt uns Gott zum besten gschehen,
Als tet er durch die finger sehen,
Auf daß wir gfegt werden recht frum
Und bitten, daß sein reich zukum.

---

93. 33 keren, sich hinwenden. — 41 gfegt, geläutert.

Die vierundneunzigste Fabel.

Vom Esel und seinem Herrn.

Der esel eim undankbarn man
Het lang gedient, vil arbeit tan;
Sein herr het in vil jar gebraucht,
Doch het sein fuß kein mal gestraucht.
Einsmals, da er war überladen,
Im glatten weg zu seinem schaden
Fiel darnider on als gefer:
Bald lief sein herr auf in daher,
Schlug in umb oren, kopf und maul,
Hieß in dazu ein schelmen faul.
Der esel seufzet in dem leit:
Ach, wie groß ist undankbarkeit!
Mein herr leßt mich jetzt nit genießen,
Daß ich vil jar on all verdrießen
Vil seck getragen, kein mal gefallen;
Das ist jetzund vergeßen allen;
Helt mir nicht einen fall zu gut:
Verlorn, was man undankbarn tut!
¶ Verlorn ist woltat und das gut,
Das man einem undankbarn tut.
Ein böses herz fürwar gar selten
Das gut mit gutem tut vergelten.
Wenn du ein solchen überwügst
Mit woltat und auf henden trügst
Gen Rom und setzst in unsanft nider,
Bezalt ers doch mit untat wider.

---

94. 23 überwegen, überwägen, wie überhäufen.

Die fünfundneunzigste Fabel.

Vom Wolf und dem Tarant.

Der tarant ist ein stachlicht tier
Wie ein igel, mit füßen vier,
Lang spitzig federn von im laßt;
Die werden oft in silber gfaßt.
Die walhen in spineta nennen;
Weiß nicht, ob in die teutschen kennen.
Zu dem der wolf kam in den walt
Und grüßt in gar freundlicher gstalt,
Denn er sahe, daß mit zorn noch zannen
In keines wegs kunt übermannen;
Sprach: „Lieber bruder, was ists nütz,
Daß du stets tregst all dein geschütz?
Du soltst im fried die pfeil ablegen,
So küntstu dich dest baß beregen.
Die guten schützen tun so nicht,
Wie man bei den kriegsleuten sicht:
Bei friedens zeiten legens nider,
In krieges nöten nemens wider."
Er sprach: „Herr wolf, mirs nit verkert:
Mein vatter hat mich so gelert,
Daß ich solt in des friedens zeit
Stets sein gerüstet zu dem streit."
¶ Zum unfall rüst dich in dem sieg,
Im fried betracht künftigen krieg;
Der ist ein kluger, weiser man,
Der in die zeit sich schicken kan.

---

95. Ueberschrift. **Tarant**, der Beschreibung nach das Stachelschwein, bei Abstemius histrix; Taranto, ein fabelhaftes rauhes Thier von der Größe eines Ochsen; mhd. tarant, Skorpion, auch als Zeichen des Thierkreises, dann auch Tarantel. — 5 die walhen, mhd. walch, die Welschen, Italiener. — 19 es verkehren, verdrehen, verübeln.

Die sechsundneunzigste Fabel.

Von der Maus und dem Weihen.

Es war ein weih im strick gefangen,
Drin het er bleiben müst behangen;
Dasselbig jamert ser die maus,
Zerbiß den strick und half im draus,
Daß er kunt fliehen und sich regen.
Da lont er, wie die weihen pflegen:
Mit scharpfen klauen tet ers drücken,
Zerriß, zerbiß zu kleinen stücken.
¶ Ein böses herz tut nicht verschonen,
All gut mit bösem tut verlonen;
Das sei gesagt eim jeden christen:
Denk nur nit, daß man in werd fristen.
Hans doch den Christum ausgestoßen;
Also muß gen all sein genoßen.
Das sein die gschenk und köstlich gaben,
Die wir für unser woltat haben;
Wir aber warten andern lon,
Da wißen jene gar nichts von,
Welchs uns verheißen ist im himel:
Da werden sie zum fußschemel.

Die siebenundneunzigste Fabel.

Vom Jupiter und der Schnecken.

Von anfang hat der Jupiter
Eim jedern tier nach seinem bger,
Allen, wie sie auf erden leben,
Alles nach wunsch und nutz gegeben.
Auf solchen trost bat in die schnecken,
Daß sie möcht all ir tag bestecken
Da bleiben in irm eignen haus,
Daß sie niemand dorft treiben aus.

---

96. 13 **hans**, haben sie.
97. 5 **auf solchen trost**, im Vertrauen darauf.

Er sprach: „Was hast dazu für lust,
Daß du ein solche bitte tust?
Es ist dir zwar ein schwere last,
Darumb du jetzt gebeten hast.“
Sie sprach: „Wils lieber mit mir tragen,
Denn mich under böse nachbaurn wagen.“
Wer sich zum bösen nachbaurn wagt,
Hat gwissen teufel, der in plagt:
Beßer daheim vil kummer leiden,
Daß du magst böse nachbaurn meiden.

Die achtundneunzigste Fabel.

Vom Igel und der Schlangen.

Gewislich het der igel vernomen,
Daß der winter wurd balde komen;
Umb ein gut herberg er im dacht,
Da er für kelte bleiben mocht.
Kam zu der schlangen für ir loch,
Bat sie umb Gotts willen, daß sie doch
Im nur dieselbig nacht wolt günnen,
Daß er bei ir möcht hausen dinnen.
Sie sprach: „Wir haben beid nit raum,
Kan mich allein behelfen kaum.“
Er sprach: „Ich wil mich gar wol schicken,
Heimlich in einen winkel drücken
Und halten wie ein frommer gast:
Meinthalb solt han kein überlast.“
Sie ließ in zu sich in die ritzen:
Da gunt er all sein borsten spitzen,
Legt sich in weg recht überzwer
Und walzet sich nun hin und her;
Mit den bürsten die schlangen stach,
Tet ir vil leit und ungemach.

---

98. 3 denken um, auf etwas denken, bedacht sein auf. — 19 bürsten, Borsten.

Die schlang gunt im mit worten schmeichen,
Bat freundlich, daß er ir wolt weichen,
Und sprach: „Es ist uns beid zu klein;
Ich bhelf mich hinnen kaum allein.“
Er sprach: „Wer sich nicht hie kan leiden,
Der gee hinaus, daß wir uns scheiden.“
Da grau die schlang, was sie het tan;
Sie macht sich auf und zohe davon.
¶ Das laster wird gar oft gescholten,
Das gut mit bösem wird vergolten,
Denn es ist überschwenklich groß,
Und ist der untreu keine moß.
Darumb das sprichwort immer bleibt:
Ein böser gast den wirt austreibt.

Die neunundneunzigste Fabel.

Vom Kalen und der Fliegen.

Fein setzt sich ein flieg auf ein kopf
Eins kalen, het nur vorn ein schopf.
Sie war hungrig, gar weidlich stach.
Bald nach ir schlug; sie lacht; er sprach:
„Hol dich der tot, du heillos fliegen!
Du solt je wider mich nit siegen.
Daß ich mich schlahe, desselben lachst,
Damit du mich nur wacker machst.
Wenn ich mich schlüg auch zehen mal,
Diß jar blieb ich beim leben wol.
Wirstu aber ein mal nur troffen,
Verlorn dein leben und dein hoffen.
Ich kan mein selber schon verschonen
Und dir dein lachen auch belonen.“
¶ Es stet zwar nicht wol, wenn die schwachen
Die starken bhönen und belachen,

---

98. 21 schmeichen, schmeicheln, freundlich thun. — 25 sich leiden können, es aushalten können. — 27 grau, gerau, mhd. gerou von geriuwen, gereuen.

So sie es doch wol können wenden,
Die rach zu haus mit hausen senden.
Drumb sich ein jeder für sol sehen,
Sich nit wider ein starken lehen,
Ders im kan zwifach wider geben;
Bös ists, wider den stachel streben.

Die hundertste Fabel.

Von einem alten unkeuschen Man.

Als ein geistlicher frommer man
Kam zu seim freund und redt in an;
Der war nun alt und wol betagt,
Jedoch ward er so ser geplagt
Von einem fel, der im anklebt,
Darin er all sein tag gelebt,
Welchs man nennt die geschwinde sucht,
Davon herkomt die menschlich frucht.
Het lang gelebt in solchem laster,
Doch fand er oft dafür ein pflaster.
Der geistlich sprach: „Euch freundlich bit,
Verwerft mein gute warnung nit,
Drumb ich euch jetzt wil han gebeten:
Wölt in ein beßer leben treten
Und euch hinfür der laster maßen,
Von solcher unkeuschheit ablaßen.
Dasselb gelangt zu eurem heil
Und sterkt den leichnam auch zum teil.“
Da sprach der alt: „Billich ablaß
Und mich hinfür desselben maß:
Denn ich wurd schwach und bin nun alt,
Derhalb man nicht mer auf mich halt;
Befind auch oftmals, daß mirs schad
In beinen und in rückengrad.

---

99. 18 zu haus, zurück senden, vergelten. — 20 lehen, lehnen, auflehnen.
100. 17 gelangen, wie gereichen. — 18 leichnam, Leib, Körper.

Man hat mir lang den henker gsucht,
Biß er mich zletst hat heimgesucht.
Dazu wird mir der stender schwach:
Derhalben frag nit mer darnach
Und tu euch jetzund angeloben,
Wil nit mer dmit zu schaffen haben."
¶ Wie sichs mit disem alten helt,
So gets fast in der ganzen welt:
Es leßt niemand von sünden ab,
Biß man im folget zu dem grab,
Und daß mancher die laster meidt,
Das macht, daß mans von im nit leidt.
Daß einr seins nehsten gut nicht bgert,
Das hindert oft der galg und schwert.
Wenn jeder möcht seins willens walten,
Könt niemand ein stück brods behalten.
Gwalt und onmacht tut manchen stillen,
Dems sonst nicht manglet an dem willen.
Denn ich gehört hab auf ein fart,
Ein alter man gescholten wart
Für einen wuchrer; sprach der alt
Und antwort dem, der in da schalt:
„Mit wucher tut sichs gut vermeren:
Weiß wol, du wuchertst selber gern,
Und felt dir zwar nicht an dem mut,
Sondern es felt dir an dem gut;
Daß du nit hast die haubtsummen,
Drumb kanst nit auch zu wuchern kummen."
Man sagt, es sein nicht alle buben,
Die gelts begern und gelts behuben,
Sunst würd man manchen frummen gsellen
Oft für ein großen buben zelen.

---

100. 41 stillen, still machen, bezähmen. — 43 auf ein fart, einmal, einst. — 49 mut, Lust, Willen, Neigung. — 51 haubtsumm, Kapital. — 54 behuben, bedürfen.

Druck von F. A. Brockhaus in Leipzig.

Deutsche Dichter

des

sechzehnten Jahrhunderts.

Mit Einleitungen und Worterklärungen.

Herausgegeben

von

Karl Goedeke und Julius Tittmann.

Siebzehnter Band.

Esopus. Von Burchard Waldis.

Zweiter Theil.

Leipzig:
F. A. Brockhaus.

1882.

Esopus.

Von

Burchard Waldis.

Herausgegeben

von

Julius Tittmann.

Zweiter Theil.

Leipzig:
F. A. Brockhaus.

1882.

9406
26/11/90

I

Inhalt des zweiten Theils.

Das dritte Buch.

Das vierte Buch.

Esopus neu in Reimen verfaßt.

Das dritte Buch.

Die erste Fabel.

Vom Poeten und Bauren.

Als ein glerter man, ein poet,
In seim garten gebauet het
Ein sommer gmach, da zu vertreiben
Die zeit mit lesen, dichten, schreiben,
Ongfer ein baur kam zu im nein,
Sprach: „Herr, wie sitzt ir so allein?“
Er sprach: „Seit du bist kommen rein,
Heb ich erst an allein zu sein.“
¶ Ein glerter man, wenn er studiert
Und in den büchern conversiert,
So tut er weiter umbher wandern,
Denn wenn er lief von eim zum andern.

Die zweite Fabel.

Vom Wolf in der Schafshaut.

Als ein wolf fand ein schafesbalk,
Da schluf hinein der böse schalk
Und gieng zun schafen in die hert
Und fraß, welche sein herz begert.

---

2. 3 hert, Hörde, Heerde.

Des ward der schäfer bald gewar,
Ergriff in mitten in der schar
Und hieng denselben unselgen
An baum, ja an den höhsten zelgen.
Da solchs die andern schäfer sahen,
Es wundert sie und zu im jahen:
„Was hat das arme schaf getan,
Daß dus so hoch hast aufgehan?"
Er sprach: „Ein schafspelz er an hat,
Ein wolf war aber mit der tat."
¶ Ist oben gsagt, mit schönem schein
Wöllen die leut betrogen sein:
Hilft nicht, daß wirs von wolfen schrecken,
Die gmeinlich in der schafshaut stecken.

Die dritte Fabel.

Vom Stier und Wider.

Bein schafen war ein starker wider,
Der stieß die andern all darnider,
Daß sich keinr mer dorft an in reiben:
Das tet er seiner sterk zuschreiben.
Aus hoffart macht sich an ein stier,
Der war gar zornig auf das tier
Und stieß im in dem ersten stoß
Sein kopf, daß im das gehirn zerfloß,
Daß er da laßen must sein leben.
Er sprach: „Warumb wolt ich auch streben,
Den sterkern mit mein hörnern strafen,
Dem ich gar ungleich bin geschaffen?"
¶ Wiltu dich schlahen, kempfen, raufen,
Oder mit eim ein wettlauf laufen,
Nim deins gleichen; denn größer keulen
Brengen groß schleg und größer beulen.

---

2. 8 zelge, Ast, Zweig. — 12 aufgehan, zusammengezogen aus „aufgehahen", aufgehangen.

Die vierte Fabel.

Vom Vatter und seinem Son.

Ein man het ein verzohen kint,
Wie man derselben noch wol findt,
Den strast er teglich, wie er kunt,
Daß er abließ von schand und sünd
Und solt der tugent folgen nach.
Aufs letst er zu seim vatter sprach:
„Laß ab, die wort sein gar umbsust,
Damit dich teglich engsten tust.
Ich hab so manchen prediger ghört,
Warn gar vil baß denn du gelert,
Die solchs wol wusten aus zu streichen,
Han mich doch all nit könt erweichen,
Daß ich davon het abgelaßen:
Umbsunst dein waßer hast vergoßen.“
¶ Ein stein solt man e schmeidig machen,
Denn ein bös herz zu guten sachen:
Worin **der teufel** ist beklieben,
Da **wird er** schwerlich ausgetrieben.

Die fünfte Fabel.

Vom untreuen Hunde.

Ein schäfer het ein hund, hieß Strom,
Den hielt er züchtig und ganz from,
Und auf im solchen glauben baut,
Daß er im all die schaf vertraut.
Doch wenn der schäfer kert den rücken,
Biß er ein schaf und riß zu stücken.
Das trieb er bei eim halben jar.
Zuletst ward es sein herr gewar,

---

4. 11 ausstreichen, herausstreichen. — 17 beklieben, fest sein und wachsen, wie im Mhd. bekliben.

Band in und sprach: „Du böser dieb,
Allzeit hab dich gehabt so lieb
Und dich aus meiner hand gespeist;
Dafür solch untreu mir beweist
Und dieberei begangen hast:
Du solt sterben am dürren ast.“
Er sprach: „Woltst mich genießen laßen,
Daß ich bin ein deinr hausgenoßen,
Und henk lieber den wolf davor,
Der dich bestilt das ganze jar.“
Er sprach: „Drumb er sein leben wagt
Und hat mir feindlich abgesagt;
Du aber underm guten glauben
Der freundschaft tust dein herrn berauben.
Solch pflegt man an ein sonder stangen
Hoch über alle dieb zu hangen.“
Ein schmeichler, der von außen scheint
Und ist im herzen zwifach feind,
Der ist wol solcher eren wert,
Daß im wurd zwifach straf beschert.

Die sechste Fabel.

Von einer Witwen und einem grünen Esel.

Als ein witwe war wol betagt,
Dennoch ward sie gar ser geplagt
Von einem kützel weit dort unden;
Wolt han ein fleischbeil zu der wunden.
Zur nachbeurn sprach: „Ich tu mich schemen;
Bitt freundlich, wölt euch mein annemen.
Wie sol ich tun? Zwar nit mer kan
Mich so behelfen one man.
Doch förcht ich, daß man mich belacht,
Aus mir ein gmeines sprichwort macht.“

---

6. 10: mich zum allgemeinen Gerede macht.

Die ander sprach: „Das kan nit machen!
Ob sie euch einen tag belachen,
Darnach so wirds bald wider still,
Welchs ich euch bald beweisen will.“
Sie het daheim ein esel fal,
Denselben het sie überall
Mit grüner farben malen laßen,
Ließ in füren durch alle gaßen.
Da liefen aus beid jung und alt,
Zu sehn eins solchen esels gstalt,
Wunderten sich ein tag oder zwen;
Darnach tet niemand nach im sehn.
„Dem gleichen wird dirs auch ergan,
So du wirst nemen einen man:
Erst mag sich ein geschwetz erregen,
Welchs ist am dritten tag erlegen.“
¶ Es ist kein ding so wunderlich,
Wenn ichs ein kleine zeit ansich,
Daß mirs denn kommet überflüßig;
Werd ichs zuletst doch überdrüßig.

Die siebente Fabel.

Vom Adlar und Küniglin.

Wie des adlers gewonheit ist,
Het auf eim hohen baum genist;
Ein küniglin bald überzwerg
Het auch sein nest im holen berg.
Der adlar kam mit list darhinder
Und stal dem armen tier sein kinder,
Brachts seinen jungen in sein nest.
Das küniglin want für das best
Und sprach: „Herr könig, seid ir bider,
Gebt mir doch meine kinder wider.“

---

6. 11 nit, nichts. — 15 fal, fahl. — 29 kommen, vorkommen; überflüßig, zu oft, zu häufig.
7. Ueberschrift. küniglin, mhd. küneclin, cuniculus, Kaninchen.

Die bitt veracht der adlar trutzlich,
Zerriß vor seinen augen plutzlich
Und gabs seinen jungen zu freßen.
Des kunt das tierlin nit vergeßen;
Dorft im nicht hönlich widersprechen,
Gedacht sich doch an im zu rechen.
Dem baum, darauf sein kinder lagen,
Gunt es die wurzel ab zu nagen
Und allenthalben undergraben.
Bald ward er von dem wind erhaben,
Vom großen storm zum fall gezwungen.
Da fieln dem adlar seine jungen
Und blieben auf der erd beligen,
Denn sie da noch nicht konten fliegen.
Vom adlar hetten keinen schutz;
Das war dem fuchs ein guter schmutz.
Das tierlin sprach: „Herr arn, eur bochen
Hab ich jetzt gnug an euch gerochen.“
¶ Wers glück ergreift zu rechten zeiten,
Dem fellts zu gut auf seine seiten;
Und leit allzeit nicht an der sterken,
Klein leut, die tun oft große werken;
Kleiner leut halb von alten jarn
Ist nie kein große schlacht verlorn.
Der klein David gefellet hat
Den großen risen Goliath.
Ein kleiner stein stürzt wol ein wagen,
Der dreißig centner kan ertragen.

---

7. 26 schmutz, Leckerbissen, mhd. smuz. — 31 allzeit nicht, nicht immer.

Die achte Fabel.

Von einem Hecht.

Ein hecht regiert ein lange zeit
  In einem waßer groß und weit;
All fische ließen in da walten,
  Ward für ein herrn und könig ghalten.
Des erhub sich derselbig hecht,
  Meint, het zu allen dingen recht,
Understund sich über sein kraft,
  Zerlangen ein größer herrschaft,
Zu werden aller fisch ein herr,
  Und zohe in das wilde mer,
Daselbst wie in dem strom zu bieten.
  Er sahe einen großen walfisch wüten;
Da der sein ankunft het vernommen,
  Und warumb er ins mer wer kommen,
Sperrt gegen im auf seinen rachen.
  Der hecht tet sich von dannen machen
Und wider in sein heimet fliehen,
  Ins mer dorft er nicht wider ziehen.
¶ Wer seine füß will weiter strecken,
  Denn er mit kleidern mag bedecken,
Der muß gewarten großen frost
  Und an seinr kaufmanschaft verlust.
Ovidius sagt: „Ein schifflin klein,
  Das in der Elb oder auf dem Rhein
Kan spielend auf dem waßer schweben,
  Sol sich drumb nicht ins mer begeben.“

---

8. 11 bieten, wie gebieten. — 22 kaufmanschaft, Handel, Unternehmungen.

Die neunte Fabel.

Vom Schaf und seinem Hirten.

Ein schaf begunt den hirten schelten
Und sprach: „Deins gleichen findt man selten:
Von mir nimst so vil milch all tag,
Als du und dein gsind eßen mag;
Noch tustu mer von mir begern,
Im jar mich zweimal lest beschern.“
Der hirt erzürnt und ward im gram
Und würgt von stund dasselbig lam.
Es sprach: „Da solchs must selb ansehen,
Wie möcht mir größer leid geschehen?“
Der hirt sprach: „Wenn ich dich jetzund
Würf für die wolf und für die hund.“
Da es solchs hört, erschrack das schaf,
Schweig still, besorgt sich größer straf.
¶ Wenn eim ein unfall widerfür,
Und engstet in on all gebür,
So denk er nur, es muß so sein,
Und trucks in die gedult hinein,
Daß nicht, wo er wil widerstreben,
Eins größern unfalls muß geleben.
Denn gegen Gott und das unglück
Hilft kein panzer, krebs noch rückstück.
Doch findt der auch, so bös hat tan,
Zu seiner zeit verdienten lon.

9, 8 würgen, den Hals zudrücken. — 9 ansehen, wie einsehen, bedenken. — 18 in die geduld drücken, geduldig ertragen. — 22 krebs, Harnisch, Brustpanzer.

Die zehnte Fabel.

Vom Furman und seinem Wagen.

Ein altes rad knarrt an eim wagen.
Das tet dem furman misbehagen;
Er sprach: „Wie machst so groß geschrei,
Mer denn die andern alle drei?“
Der wagen sprach: „Wir hans so funden:
Die kranken klagen ir leit den gsunden.“
¶ Ein alte weis ists, daß die kranken
Stets kröchzen, sehnen, kreisten, anken;
An in mit trösten, etzen, laben
Mer denn an gsunden zu schaffen haben.

Die elfte Fabel.

Vom reichen Man und seinen Freunden.

Als ein reicher man war woltetig,
Gar mild und sere rumeretig.
Der het vil freund (denn wo ein as,
Ist der vögel kein zal noch maß);
Die waren teglich seine gest,
Aßen, trunken mit im das best;
Teglich im vil verheißen teten,
Wie daß sie im in allen nöten
Wolten getreulich beistant tun;
Drauf solt er künlich sich verlon.
Sprachen: „Ee dich solt jemand letzen,
Wolten all unser leben setzen.“
Einsmals gedacht er zu probieren,
Obs auch so deichte freunde weren,

---

10. 8 sehnen, schmerzlich klagen; kreisten, kreischen; anken, stöhnen. — 9 etzen, laben, durch Speise und Trank erquicken.

11. 2 rumeretig, mhd. ruomraeze, ruhmsüchtig. — 10 verlon, verlan, verlassen. — 14 deicht, dicht, sein Wort haltend, verlaßlich.

Und bat sie alle auf ein mal
Zu einem guten abentmal.
Er sprach: „Ir herrn und guten freund,
Mein not wil ich euch machen kund.
Es sein etliche böse leut,
Die haben mich erzörnet heut
Und mich gefürt in großen schaden,
Den ich leichtlich nit kan abladen.
Drumb hab ich mir ganz fürgesetzt,
Mein spieß und schwert gar scharpf gewetzt,
Gedenk mir, morgen frü vor tage
Ein blutig stund an sie zu wagen.
Drumb bit ich euch, wölt frü aufstan,
An denselben ort mit mir gan
Mit eurem harnisch, gwer und waffen
Und helfen mir solch feinde strafen."
Ob solchen worten gar erlagen,
Wusten nicht, was sie solten sagen.
Den zug ein jeder widerriet,
Sprachen, sie könten folgen nit;
Und jeder sein abrede sucht
Und solches zugs eine ausflucht
Biß auf zwen, die bestunden fest,
Sprachen: „Wir wöllen tun das best,
Wie wir dir globet und geschworn,
Solt auch das leben sein verlorn."
Da sprach er zu dem größern teil:
„An euch hab ich gefunden feil.
Mein bund mit euch ein ende hat:
Ir seid nicht fisch biß auf den grat."
Und hielt sich fürbaß zu den beiden,
Welchen zu herzen gieng sein leiden.
¶ Es ist groß ding, freund in der not,
Doch größer, freund biß in den tot,
Im bösen grücht freund hinder rücken:
Die drei machen ein feste brucken.

11. 31 erliegen, heftig erschrecken. — 35 abrede, Ausrede, Entschuldigung. — 44 ir seid nicht u. s. w., ihr habt vom Fisch nichts als die Gräten, seid nicht, was ihr sein wollt; sprichwörtlich.

Die zwölfte Fabel.

Vom Fuchs und Hasen.

Der fuchs ward gjagt von einem hunt,
Daß er im nicht entlaufen kunt.
Wie er das spiel verloren sach,
Kert sich umb und zum hunde sprach:
„Was ists, daß mich so emsig jagst
Und mit verfolgung feindlich plagst,
Weil doch mein fleisch ist gar unäß?
Es ist kein baur so grob, ders fräß.
Dein lust lieber am hasen büß,
Des fleisch ist aus der maßen süß,
Der da leit in der kleinen hecken,
Tut baß denn alle wildpret schmecken.“
Der hund verließ von stund den fuchs,
Kert sich umb nach dem hasen fluchs.
Das hort der has und lief davon,
Daß er dem hunde kaum entran.
Er kam zum fuchs und sahe gar saur,
Schalt in ein untreuen nachbaur,
Daß er in so verraten het.
Er sprach: „Ich hab dein bests geredt,
Und wird mit undank mir vergolten.
Wie denn? wenn ich dich het gescholten,
So soltstu mich gar schel angienen;
Es ist kein dank mer zu verdienen.“
¶ Vil leut haben solch füchsisch gmüte,
Daß sie wol underm schein der güte,
Wenn sie ein auch aufs höchste preisen,
Ein füchsisch schelmenstück beweisen.

---

12. 5 emsig, fortwährend, wie oben. — 7 unäß, mhd. unaeze, uneßbar, ungenießbar. — 23 angienen, angähnen, den Mund gegen jemand aufsperren.

Die dreizehnte Fabel.

Vom Jupiter, Hasen und Fuchs.

Der fuchs und has zusamen traten
Fürn Jupiter und fleißig baten:
Der fuchs bat, daß er wie der has
So schnell kunt laufen durch das gras;
Der has bat, daß sein sin so spitzig
Möcht werden, wie der fuchs so witzig.
Da antwort in der Jupiter:
„Solch bitt komt aus dem fürwitz her!“
Und sprach: „Wir han von anbegin
All ding aus wol bedachtem sin
Verordnet und den tiern ir leben,
Jedem sein bsondern gaben geben,
Auf daß wir keins wolten betriegen.
Daran laß im ein jedes gnügen:
Wenn wirs eim hetten alles geben,
Wer den andern zu kurz geschehn.“
¶ Gott hat sein gaben ausgeteilt
So weislich, daß an keinem feilt:
Dabei wölln wirs auch laßen bleiben,
Alls seiner güt und gnad zuschreiben.

Die vierzehnte Fabel.

Von einem ungeschlachten Pferd.

Vil rosteuscher ein mal zusamen
Mit pferden auf ein rosmark kamen,
Die sie dachten teur zu verkaufen.
Die solten in die wette laufen.
Sie tetens butzen und bestecken
Mit schönen zeumen und rosdecken,
Auf daß sies hielten teur und wert.
Da kam auch hin ein scheußlich pfert,

Rauch, ungestrigelt, ungeschlacht,
Und ward von andern alln belacht.
Da es aber war laufens zeit,
Liefs für in allen aus gar weit.
Damit erlangets preis und lob
Und gwan seim herrn geschenk und gab.
¶ Ein arm man wol e geben hat
Ein guten, weisen, treuen rat;
Es komt oft, daß ein schwarzes kint
Auch wol ein weißen groschen findt.

Die funfzehnte Fabel.

Vom Bauren und seinen Ochsen.

Auf ein zeit war ein armer baur,
Ließ im sein lebtag werden saur;
Doch kam er zletst in ungemach.
Wider sein nachbaurn het ein sach,
Zu eim juristen tet sich bgeben,
Daß er bei im mocht rats geleben;
Kam in die stadt fürs doctors haus;
Er klopft; bald komt der knecht heraus,
Sprach zum bauren: „Mein herr kan nit
Sein rat dir jetzund teilen mit,
Hat ander gschefst, da macht an leit.
Kum wider auf ein ander zeit.“
Dasselb trieb er nun etlich mol.
Der baur sprach: „Wie ichs machen sol?“
Gieng hin, nam seiner sach zu gut
Ein feißten ochsen von der stud,
Bracht in für des juristen tür,
Klopft; der knecht kam aber herfür,
Wie er den ochsen bölken hört,
Denn solchs het im sein herr gelert,

---

15. 4 sach, Streitsache, Proceß. — 11 da macht an leit, daran viel gelegen ist. — 16 stud, mhd. stude, Pfosten, mit stadel, Stall, zusammenhängend. — 18 aber, abermals.

Sprach: „Komt herein, mein lieber freund,
Den herrn ir eben müßig findt.“
Der baur sprach: „So wol gschahe mir nie!“
Fiel für dem ochsen auf die knie,
Sprach: „Billich ists, daß ich dich er,
Daß du mir hilfest zu gehör.“
¶ Es ist kein ding so gar verdroßen,
Auch keine tür so hart verschloßen,
Die nicht geöffnet wird durch gaben,
Welche er die götter gschweiget haben.

Die sechzehnte Fabel.

Vom Jüngling und einem Wolfe.

Es war ein frischer jüngeling,
Derselb zu seinem vatter gieng
Und sprach: „Ich kan nicht also bleiben,
Drumb helfst mir, daß ich möge weiben;
Und weil ir seid an gütern reiche,
Kan wol erneren zwo zugleiche.
Erzeigt euch billich in den sachen:
Ists eine müe ein hochzeit machen?“
Der vatter sprach: „Mein lieber son,
Ich bitt, far mit der sachen schon:
Es ist auch wol bedenkens wert,
Ist nit als wenn du keufst ein pfert,
Welchs du magst nach deim willn verkaufen
Oder laßens naus ins gras laufen.
Des hast du mit dem weib nicht macht;
Darumb die ding erst wol betracht.
Ists daß du wilt meins rats geleben,
Laß dir zum ersten eine geben,
Mit ders ein jar versuchen tust.
Hastu denn nach zu einer lust

---

15. 30 geschweigen, besänftigen, milde stimmen.
16. 4 weiben, ein Weib nehmen. — 15 macht haben, können. — 20 nach, nachher.

Und kanst den fürwitz ja nicht stillen,
So nim noch ein, hab deinen willen."
Er tet im so, nam eine vor,
Die het er bei eim halben jar.
Begab sichs, daß die leut in stetten
Zamen ein wolf gefangen hetten
Lebend, der het vil kü zerrißen,
Vil kelber, schaf und lemmer bißen.
Ratschlagten, welche straf und pein
Für solche mistat gnug möcht sein,
Das woltens für ein urteil fell.
Da sprach derselbig jung gesell:
„Wolt irn strafen an seel und leib,
So rat ich im, gebt im ein weib,
Die im, wie mir, das mus kan kochen,
So habt ir euch an im gerochen."
¶ Wem solcher unfall ist beschert,
Daß im ein solche widerfert
Als Herodias und Jesabel,
Der hat hie mer denn eine hell.

Die siebzehnte Fabel.

Vom alten Man und Jüngling.

Ein alter man het einen garten,
Darin tet er der äpfel warten.
In dem so kam ein junger knab,
Stieg auf den baum und brach sie ab.
Da in der alte man ersach,
Mit guten worten bat und sprach:
„Weist nit, was dich die schrift tut lern?
Solt nit deins nehsten gut begern."
Er achtets nicht, belacht den alten,
Sprach: „Wil sie wol für dir behalten.

---

16. 25 in stetten, im Ort. — 34 im, steht im Druck, wol als Fehler für „euch". — 35 das mus kochen, das Leben verbittern, plagen. — 38 widerfaren, zutheil werden.

Mit worten wird an mir nicht gschafft;
Straf mich mit kreutern; die haben kraft."
Da rupft der alte gras und kraut,
Macht balln und warf in auf die haut.
Da lacht der bub; verdroß den alten,
Daß er in tet so nerrisch halten,
Daß er in meint mit kraut und gras
Zu zwingen, daß er abelaß.
„Wenn wort und kraut nicht helfen wöllen,
Muß ich mich warlich anderst stellen.
Hab oft gehört", sprach er zum knaben,
„Daß auch die steine kraft solln haben."
Und facht in hart mit steinen an;
Verließ den baum und lief davon.
¶ Ein weiser man sol als versuchen,
Erst gute wort, denn schelten, fluchen;
Wenn das nicht hilft, die sünd zu strafen,
Mit ernst greift man denn zu den waffen.

Die achtzehnte Fabel.

Von der Nachtigall und dem Sperber.

Es sang die liebe nachtigall
Auf eim baum, daß im wald erschall,
Auf einer buchen singen tet,
Da sie ir nest mit jungen het.
Dasselb ein sperber ward gewar,
Floh hin, wolt sie auffreßen gar.
Die mutter bat; er sprach: „Wil nit
Ir schon, du singst mir denn ein liet."
Die nachtigall hub an zu singen,
Daß tet im weiten wald erklingen,

---

17. 12 **mit kreutern**, im Deutschen nicht recht verständlich, bei Abstemius (91) lautet die Stelle: Non in verbis tantum, verum etiam in herbis audio esse virtutem.
18. 8 **schon**, schonen.

Sang mit dem maul; ir herz fürwar
Betrübt und ser beengstet war.
Der sperber sprach: „Das ist geklagt
Mer denn gsungen, drumb mirs nit bhagt.“
Fraß ire jungen; da sies sach,
Ein scharpfes schwert ir herz durchstach.
In dem ein vogler kam geschlichen,
Het sein leimruten fein bestrichen,
Darin der sperber blieb behangen.
Die nachtgall sahe, daß er gefangen
Und von dem vogler ward bestrickt:
Da ward ir herz zum teil erquickt.
¶ Wer hat gefürt ein böses leben,
Dem wird ein böses end gegeben,
Und wer mit unrecht zwingt die frummen,
Mag zu keim guten ende kummen.
Bilch ists, daß solchen also get,
Gleich wie im psalm geschrieben stet,
Daß dem, ders frommen nicht verschont,
Mit gleicher bzalung werd gelont,
Auf daß die, den unrecht geschehen,
Sich freuen, wenns ir feinde sehen,
Daß in wird wider heim gebracht
Das leit, welch sie selb hetten gdacht
Auf die unschuldigen zu brengen,
Selb bleiben in dem strick behengen.

Die neunzehnte Fabel.

Vom Löwen und der Sau.

Von tiern der löw begeret hat
Etlich zu kiesen in sein rat,
Derhalb vil tier sich zu im kerten,
Die all in seinen rat begerten.
Doch welet er von allen kein
Denn eine alte sau allein.

Sie fragten, warumb er das tet;
Er sprach, wie ers erfunden het,
Daß under allen keins so trau
Wer als dieselbig alte sau,
Daß, wem sie erst freundschaft verhieß,
In keinen nöten stecken ließ.
¶ Wenn du wilt einen freund erwelen,
So mustu gar genaue zelen,
Seinr zusag nicht zu hoch vermeßen,
Habst denn vil salz erst mit im geßen.

Die zwanzigste Fabel.

Von der Mücken und einer Binen.

Bald kam ein mück in winter tagen
Fürn binstock, tet sich ser beklagen,
Sprach: „Mein leben muß ich verlieren,
Für hunger sterben und erfrieren;
Nemt mich hinein für disem frost,
Ich wil euch dienen umb die kost
Und eure kinder, welch mich hören,
Die schöne kunst der music leren."
Da sprach ein alte under in:
„Es solln mein kinder, die jungen bin,
Irs eltervatters handwerk lernen
Und so vil sammeln in der ernen,
Daß sie im winter sich ernern,
Des hungers und des frosts erwern."
¶ Musica und solche künst seind gut,
Wo man sie meßig brauchen tut
Und doch daneben sucht ein kunst,
Die in ernert mit ern und gunst.

---

20. 12 **erne**, Ernte. — 13 **in**, sich auf man beziehend, einen.

Die einundzwanzigste Fabel.

Vom Esel und Hasen.

Als die tier in alten zeiten
  Wolten wider die vögel streiten,
Ein haubtman war der alte ber.
  Der sahe den esel in dem her
Und den hasen bei dem haufen,
  Tet zum löwen, dem könig, laufen.
Er sprach: „Was tut der forchtsam has
  Und der esel, das faule as?
Ich mags nit underm haufen han;
  Laß laufen und fürn teufel gan.“
Er sprach: „Zum boten han wir hasen,
  Der esel sol zu tische blasen
Und den haufen zum krieg erwecken,
  Mit seiner stimm die feinde schrecken.“
¶ Es ist kein deckel so gering,
  Er schickt sich etwan auf ein ding.
Das wir verachten und verschwern,
  Desselben können wir nit entbern.

Die zweiundzwanzigste Fabel.

Von den Sperbern und Tauben.

Die sperber hetten einen schnader;
  Daraus entstund ein großer hader,
Wurden zuletzt so übergeben,
  Trachten einander nach dem leben.
Der andern vögel sie vergaßen,
  Daß sie die zeit nicht einen fraßen.

---

21. 17 verschweren, verschwören, durchaus nicht haben wollen.
22. 1 schnader, Geschnatter, Wortwechsel. — 3 übergeben, wüthend.

Solch brüderkrieg erbarmt die tauben,
Teten die sach fleißig beklauben,
Schickten zu inen zwen legaten
Und sie im weg der freundschaft baten,
Daß sie sich wolten laßen stillen.
Zuletst folgeten sie irm willen,
Vertrugen und zu frieden gaben.
Huben an wider sie zu toben,
Namens, wo sies mochten fahn.
Sprachens: „Was haben wir getan?
Das gut wird uns zum ergsten kert!
Wir han mit unserm eignen schwert
Uns selb geschlagen solche wunden,
Zu unserm rück ein ruten gbunden.“
¶ Wenn der boshaftig und die reichen
In freundschaft können mit irs gleichen,
So muß ir schwert den armen schneiden:
Zur zeugnuß han wir Christus leiden.

Die dreiundzwanzigste Fabel.

Von einer jungen Frauen.

Gar ein kluger man hette gnommen
Ein weib; als erst ins haus war kommen,
Het sie ein fackel angebrant,
Trugs in das haus in irer hant.
Da fragten in daselb die leut,
Was doch die brennend fackel bdeut,
Welch die braut het ins haus getragen.
Da sprach der man: „Ich wils euch sagen.
Es bdeut, daß ich sol holz verfügen,
Damit ich mög das feur vergnügen,
Welchs von irm vatter zu mir tregt,
Damit mir wird die tasch gefegt.“

---

22. 8 beklauben, daran klauben, darüber nachdenken. — 22 können, wie im Mhd., mit jemand verkehren können, umzugehen wissen, sich vertragen mit.

¶ Sparwar ist bei den frauen teur;
Sie sind gleich wie ein freßend feur:
Was vatter und der son ernern,
Tut unser liebe frau verzern.

Die vierundzwanzigste Fabel.

Von einem Landpfleger.

Ein könig einen haubtman het,
Dem er gar vil vertrauen tet,
Setzt in zum pfleger in ein land,
Daselb er reiche leute fand;
Die schetzt er ser und tet sie plagen,
Jederman wust davon zu sagen,
Daß auch den fremden man mishagt.
Solchs ward dem könig angesagt.
Er ward zornig; gar bald hinschickt,
Denselben pfleger hart bestrickt,
Mit hertigkeit in dahin zwang,
Daß er must wider seinen dank
All, was er het sein ganzes leben
Geraubt, den leuten wider geben.
Er sprach: „Das ist ein harte buß,
Wiewols dennoch geschehen muß!"
Ein weiser man dasselbig sach,
Zu seinem nehsten er da sprach:
„Der haubtman helt der frauen weis,
Die sich zum man mit allem fleiß
Halten, wenn sie die kind entpfahn,
Und große wollüst daran han;
Wenn sies aber solln wider zelen,
Das gschicht mit schmerzen und mit quelen."

---

23. 13 sparwar, von sparen und Waare. — 15 erneren, erhalten, ersparen.

24. 3 pfleger, Statthalter. — 5 schetzen, brandschatzen. — 23 wider zelen, das Empfangene zurückgeben.

¶ Also geschicht noch manchem dieb,
Der zu stelen hat große lieb:
Wenn ers denn widerstatten sol,
So hebt sich not und große qual,
Und gschicht oft mit solchem unmut,
Daß im auch an dem hals we tut.

Die fünfundzwanzigste Fabel.

Vom alten Man und dem Tod.

Als ein alter man lang het glebt,
Dem tod, wie er kunt, widerstrebt,
Zuletst der tod rauscht her behend,
Der alles dinges ist ein end,
Und wolt denselben alten nemen.
Er sprach: „Laß mich ein weil bezemen,
Daß ich mein testament mög machen
Und was mir dient zu solchen sachen."
Der tod sprach: „Hast das nicht zuvorn
Bestellt und gemacht für vilen jarn,
Da ich dir oft solchs an ließ sagen?"
Er sprach: „Ich hab dich all mein tage
Nicht mer für mir wie jetzt gesehen;
Sag mir, wenn ist dasselb geschehen?"
Der tod sprach: „Da ich nam die alten,
Jr keinr kunt sich vor mir enthalten.
Dein gnoßen sein von dir gewichen
Und so einzeln zu mir geschlichen:
Weib, man, kind, jungfrauen und knaben
Ließ ich stets für dir über traben.
Du soltest werlich han gedacht,
Sie hetten dir ein mumschanz bracht
Und dich ermant, dieselb zu halten.
Dazu ist dir der mag erkalten;

---

25. 6 bezemen, in Ruhe bleiben: gönne mir Frist. — 20 über, vorüber. — 22: sie hätten einen Maskenzug vor dir aufgeführt.

Dein gsicht, gehör, verstand und sin
Fallen auch teglich stückweis hin;
Dein bein sein schwach, der leichnam schwer,
An einem stecken zeuhst daher.
Dabei soltst je verstanden han,
Daß auch müstest ein mal davon.
Noch sprichst, du habst nicht drumb gewist:
Kum her, du hast nit lenger frist.“
¶ Hieaus han wir gnugsam anzeig,
All menschen sein zum tode feig;
Niemand laß im zu früe bedunken,
Des weinkaufs han wir all getrunken.
All, was auf erd das leben hat,
Muß ghorsam sein dem bittern tod,
Und was sich tut im leben gerben,
Das muß allsam des todes sterben.
Bald wird diß leben angefangen,
Ist über uns das urteil gangen
Und steckt uns stetes in der haut:
Für solche krankheit ist kein kraut.

Die sechsundzwanzigste Fabel.

Vom Geizigen und seinem Geltsack.

Ein wuchrer het bei seinen tagen
Vil gelt und gut zusamen gschlagen.
Da er zum letsten sterben solt,
Ließ er ein großen sack mit golt,
Welchs er mit sünd gewunnen het,
Her zu im bringen für das bet.
Sprach: „Sack, ich far hin meine straßen,
Muß dich mit all dein gülden laßen,

---

25. 34 feig, bestimmt. — 36 weinkauf, Geld für Wein, als Symbol für den Abschluß eines Vertrags, Geschäfts, Kaufs. — 39 sich gerben, fertig machen, mhd. gerwon, sich rüsten. — 41 bald, sobald.

Und kan mein sach nit leng verhelen.
Sag an, wem sol ich dich befelhen,
Wenn ich heut oder morn sol sterben?"
Er sprach: „Dein ungezohen erben,
Die mich mit huren brengen umb,
Mit schwelgen jagen durch den brum,
Biß sies verschlemmen ganz und gar,
Und deine seel zum neuen jar,
Mit meien bsteckt, dem teufel gsant,
Ewig werd in der hell gebrant."
¶ Am waßer Ganges in Indian,
Wie die historien zeigen an,
Die ameisen das golt auflesen
Bei kleinen körnlin und bei fesen,
Tragens in dlöcher, da sie wonen,
Mit großer müe, keinr arbeit schonen;
Selb brauchens nicht, nur daß sies bwaren.
So tun die kargen mit irm sparen,
Schatzen, kratzen ir ganzes leben
Und niemand einen heller geben;
Brauchens selb nit, auch nimmer nützen,
Drauf wie die henn aufn eiern sitzen,
Biß nach irm tod ein fremder kümt,
Ders ungezelt all gar hinnimt.

Die siebenundzwanzigste Fabel.

Vom Fuchs und Steinbock.

Reinhart und Bartman von den ziegen
Zusamen in ein pfützen stiegen,
Daß sie sich beide mochten trenken.
Herr Reinhart tet sich erst bedenken,

---

26. 9 **leng (die lenge)**, adverb, auf die Länge. — **13 umbrengen**, wie durchbringen. — **14 brum**, Kehle; Frisch s. v. — **22 fese**, vëse, Hülse (des Korns), Spreu.

27. Dorpius 134: Laurentii Vallensis Fabulae (Hekatomomythion) **27—40.** — 2 **pfütze** (putte, putze, puteus), Brunnen.

Wie er wider hinauf möcht kummen,
Und sprach: „Zu unser beider frummen
Ich wil uns bringen one trauren
Hinaus; trit du fest an die mauren
Und halt wol an mit deinen zweigen,
So wil ich oben auf dich steigen
Und so hinauf zu lande springen.
Desgleichen solt dir auch gelingen.
Wenn ich hinaus gesprungen bin,
Wil bald zum bauren laufen hin
Und eine kleine leiter holen;
So magstu an denselben spolen
Auch tun, wie ich jetzt hab getan;
So magst der ferlichkeit entgan."
Herr Bartholt strecket sich zum strauß,
Reinhart sprang von seim rücken naus.
Als er stund auf dem ufer hoch,
Sprang rund herumb, sprach: „Folg mir nach!"
Herr Bartholt sprach: „Du böses tier,
Also hast nicht gelobet mir."
Er sprach: „Hetst so vil sinn im kopf,
So vil du bürsten hast im schopf,
Hetst solche far nicht angenummn,
Du wistest denn heraus zu kummen."
¶ Ein weiser man nimt stetes acht,
Was er für hat, das end betracht,
So kumt all ding an seinen ort,
Denn weislich anschleg gen gern fort.

---

27. 9 zweigen, dat. von mhd. zwëne, zwo, zwei: mit deinen zwei Vorderbeinen. Bei Valla: Prioribus pedibus ad parietem admissis, also nicht Zweige = Hörner, wie bei Kurz. — 16 spole, Sprosse der Leiter. — 19 Bartholt, bart-holt, wie Bartmann; zum strauß, wie zum Kampf sich aufrichtend. — 25 Bei Valla ein Wortspiel: Si tantum esset tibi in mente, quantum est setarum in mento. — 31 an seinen ort, wo es hingehört, in Ordnung. — 32 gern fortgehen, guten Fortgang haben, gelingen.

Die achtundzwanzigste Fabel.

Von etlichen Hanen und einer Spree.

Es het ein bürger etlich han
   Zusamen in ein korb getan,
Dazu kauft er im noch ein spren
   Und tet sie zu denselben zwen.
Sie bißen in, denn er war klein;
   Forcht sich, im winkel saß allein,
Gedacht: daß sie mich so durchechten,
   Macht, daß ich nicht von irm geschlechte.
Bald sich die hanen wurden beißen
   Und einander den kam ausreißen.
Da sprach die spree: „Nun wil ich mich
   Nicht mer bekümmern, weil ich sich,
Daß die, welch einer mutter kind,
   Under sich nit zu frieden sind."
¶ Wenn dir die fremden leides tan,
   Laß dirs nicht ser zu herzen gan,
Wütens doch in ir eigne kind:
   Zerbrochen töpf allr enden sind.

Die neunundzwanzigste Fabel.

Von einem rumretigen Menschen.

Vom adel zoh ein junger knab
   Mit andern hin zum heilgen grab,
Damit sich in der welt versucht,
   Und daß er weidlich liegen mocht,
Wenn er kem wider heim zurück.
   Denn solchs ist wol das beste stück,
Da man die lügen mit verblümt;
   Wenn einr aus fremden landen kümt

---

28. Ueberschrift. spree, Staar. (Bei Valla perdix.)

Zu den seinen in sein heimut,
Dem helt man wol ein lüg zu gut.
Denn wer darf strafen, da er nicht gwesen,
Hats auch selb nicht in büchern glesen?
Drumb hat einr da eins worts wol macht.
Das het der gsell vor wol bedacht,
Rümt sich seinr großen degenheit
Und sprach: „Mit meiner gschicklichkeit
Und sonderlich mit ringen, springen
Und allen ritterlichen dingen
Tet ichs alln, die zu Rodus warn,
Weit über aus und vil zuvorn."
Und rief bald drüber all Rodiser,
Die daselb warn, als für beweiser.
Im antwort einr, der umbher stund,
Und sprach zu im: „Hör, lieber fründ,
Was ist dir not, daß du rüffst zeugen?
So du war redst, wirds niemand leugen."
¶ Wer liegen wil und sich hoch rümen,
Der muß mit viler red verblümen;
Die warheit, obs schon wird getrutzt,
Doch sich mit wenig worten schützt,
Ist bstendig, leßt sich nit verneinen,
Stet allzeit fest auf zweien beinen.
Auf einem bein die lügen hinkt,
Und wie man sagt: eigen lob stinkt.

Die dreißigste Fabel.

Vom Apollo und einem Buben.

Den Apollo die heiden fragten,
Denn er zukünftig dinge sagte;
Dasselb im jederman zutraut.
Zu Delphis war ein tempel baut:

---

29. 9 **heimut**, mhd. heimuot, Heimat. — 11 **strafen**, Lügen strafen. — 15 **degenheit**, Tapferkeit. — 26 **leugen**, leugnen, in Abrede stellen. — 29 **trutzen**, trans., Trotz bieten; obgleich ihr, der Wahrheit, Trotz geboten wird.

Da kam ein böser bub verflucht,
Denselben weisen gott versucht
Mit einem sperling, den er het,
Undern mantel verbergen tet.
„Hie hab ich etwas“, sprach zum gott,
„Sag an, lebts oder ist es tot?“
Dacht· wenn er spricht, daß es wird leben,
So wil ich im ein drücklin geben;
Spricht er, es sei im blut ersoffen,
So kan ich in doch lügen strafen.
Apollo merkt seins herzen gir
Und sprach: „Sein leben stet bei dir.
So du in tötest, muß ers han,
Oder magst in lebend fliegen lan.“
¶ Die fabel solche meinung hat,
Daß man nicht scherzen sol mit Gott:
Es ist bös wider in zu kriegen,
Darumb laß ab, du wirst nicht siegen.

Die einunddreißigste Fabel.

Vom Pferd und Esel.

Als pferd und esel zamen wern
Und dienten beid bei einem herrn,
Da het der man zu seinem schaden
Denselben esel überladen.
Da sprach der esel zu dem pferd:
„Wiltu, daß ich erhalten werd,
So nim von mir der last ein teil,
Sonst werd ich übern kleine weil
An meiner kraft und macht verzagen,
So mustu doch alleine tragen.“
Das pferd achtet nit solche red;
In dem der esel fallen tet

---

30. 12 ein drücklin, einen kleinen Druck, um es zu tödten. — 15 seins herzen gir, Begehren, was er beabsichtigte.
31. 8 übern, über eine.

Und starb; bald lief sein herre dar,
Nam den sattel und alle war,
Legts auf das pferd, die eselshaut,
Die er abzohe; da schrei es laut
Und sprach: „Awe, ich armes tier!
Unglück komt auf ein haufen mir;
Für meine unbarmherzigkeit
Komt auf mich alle dises leit.
Wer ich dem esel hiflich gwesen,
Villeicht wer er vom tot genesen.
Nun muß ichs tragen alle gar,
Dazu des esels haut und har."
¶ Wir solln dem nehsten bhülflich sein,
Daß er nicht trag die last allein;
Wo jederman die hand hin reicht,
Machen vil hend die arbeit leicht.

Die zweiunddreißigste Fabel.

Von einer Frauen und einer Hennen.

Ein arme witwe het ein hun,
War all ir vih, hielt vil davon,
Mit ganzem fleiß dieselben hegt,
Drumb daß all tag ein ei ir legt.
Gedacht: du wilt sie noch baß speisen,
So wird sie sich auch baß beweisen
Und alle tag zwei eier brengen.
Drumb tet sies stets mit gersten drengen.
Ward feißt, daß sich kaum kunt bewegen,
Und hört gar auf mit eier legen.
¶ Wenn einer lebt in vollem fraß,
Der wird faul, treg, gleich wie ein as;
Drumb ist die füll und überflut
Schedlich, zu keiner tugent gut.

---

32. 8 drengen, vollstopfen, übermäßig füttern. — 13 überflut, Ueberfluß.

Die dreiunddreißigste Fabel.

Vom Man, den ein Hund gebißen.

Gebißen het ein man ein hund
  In einen arm gar ser und wund;
Er sucht **eins** glerten arztes hand,
  Biß er **ein** seiner freunde fand.
Der sprach: „Du darfst zum arzt nit gan,
  Wil dir sagen, was du solt tan.
Gee hin, nim einen bißen brod,
  Netz in in selbem blute rot;
Gibs dem hund, der dich hat geletzt,
  Darnach sich bald der schmerzen setzt."
Er lacht und sprach: „Ja, tet ich das,
  So würde mir doch nimmer baß;
Wer **wert, daß mich all** hunde bißen
  Und gar **zu** kleinen stücken rißen."
¶ Die fabel tut **so** vil bedeuten,
  Daß man ir findt vil undern leuten,
Die guts bezaln mit bösen gaben,
  Davon wir oben gschrieben haben.

Die vierunddreißigste Fabel.

Von dem Biber.

Der biber ist ein tier vierfüßig,
  Lauft zu land, ist auch waßerflüßig.
Sein hoden sein zur medicin
  Für pestilenz und all venin;
Dieselben nennt man bibergeil
  Und hats in apoteken feil:
Derhalben wird es oft geplagt.
  Eins mals ward im auch nachgejagt,

---

33. 10 sich setzen, sich legen. — 18 Vgl. II. Buch, Fabel 94, 19.
34. 2 waßerflüßig, im Wasser schwimmend. — 4 venin, Gift.

Und sahe, daß er **nit** mocht entgan,
Schnitt dhoden aus und lief davon;
Denn er wist wol, daß er so hart
Der hoden halb gedrungen ward.
Drumb **er** sein bruder gar verflucht,
Daß **er** das leben retten mocht.
¶ Schwert, feur und alles ist zu leiden,
Wo man **des** todes far mag meiden;
Auf daß du retten mögst das leben,
Soltest ein königreich aufgeben.

Die fünfunddreißigste Fabel.

Vom Meerschwein und dem Sälen.

Das meerschwein jagt ein kleinen sälen;
Das leben dacht er im zu stelen.
Der säl gar emsig vor im floh;
Dem eilt das meerschwein heftig nach.
Der säl ward von einr waßerwagen
Gar hart an einen stein geschlagen,
Daß er ganz kraftlos anhin floß.
Wie im das große tier nach schoß,
Da trafens auch dieselben fluten,
Daß im zuhand vergieng das wüten,
Sein kopf auch an den felsen stieß,
Daß er **allda** sein leben ließ.
Das sahe **der säl** und sprach: „Wolan,
Den tod nem ich dest lieber an,
Weil ich **auch sehe** mein feint verscheiden,
Der mir **hat** zugefügt diß leiden."

---

34. 13 sein bruder **gar.** **Der Sinn ist: um das** Leben zu retten, war ihm nichts zu theuer.

35. Ueberschrift. Meerschwein, Delphin, Tummler; Balla, de **Thyno et** delphino; Säle, Salhund, Seehund? Kurz erklärt: Meeräsche. — 5 **wage,** Woge, Welle.

¶ Wenn einer komt in not und leid,
So ist im das zum teil ein freud,
Wenn er sein feint auch leiden sicht,
Von dem im solcher schad geschicht.

Die sechsunddreißigste Fabel.

Von einem Warsager.

In einer stadt da war ein man,
Tet sich mit worten underſtan,
Wie er zukünftig ding könt sagen.
Einmal begab sichs in den tagen,
Stund auf dem markt und saget war,
Und umb in her ein große schar.
Zuhand im einer verkünden tut,
Sprach: „Dein haus brent in heißer glut.“
Er macht sich auf und sprach: „Hilf Gott!“
Da rief im einer nach zum spott,
Sprach: „Kanstu sagen das zukünftig
Den andern, bist nicht so vernünftig,
So vil von deiner kunst erarnt,
Dich für deim eigen schaden gwarnt.“
¶ Wer sein nehsten zum gut ermant
Und selb nit taug, tut, wie im brand
Einer seins nachbaurn haus tut reumen
Und tut das sein daheim verseumen.

---

36. 13 erarnen, ernten, Nutzen ziehen.

Die siebenunddreißigste Fabel.

Vom Vögler und einer Droscheln.

Ein vögler het sein netz gestalt
Auf einen platz in grünem walt.
Das sahe ein droschel hoch dort oben,
Daß er das garn, hütten und kloben
Het ausgestellt; sie floh hinzu,
Grüßt in und fragt, was er da tu.
Er sprach: „Ich wil ein stadt hie bauen."
Sie glaubts und wolts noch baß beschauen,
Floh baß hinzu; da bliebs bekleben.
Da sie sahe, daß es galt ir leben,
Sie sprach: „Wiltus nicht anderst bginnen,
Wirst nicht vil alter bürger gwinnen."
¶ Das gmeine best wechst weit und breit
Durch frum gottfürchtig oberkeit;
Ein bös tyran all ding zerrütt,
In allem tun das mus verschütt.

Die achtunddreißigste Fabel.

Vom Boten und einer Taschen.

Als ein bot im het fürgenon,
Ein großen langen weg zu gon,
Er globt und sprach: „Wenn ich was fund
Auf disem weg, wil ichs von stund
Behalten halb, das ander gar
Opfern aufs Jupiters altar."
Zuhand fand er ein große taschen;
Er tet in allen fachen naschen:
Da fand er eitel mandelnüß
Und frische tatteln, waren süß.

38. 1 genon, genommen. — 8 naschen, herumsuchen. — 10 tattel, Dattel.

Von mandeln fraß er all die kern
Und schütt die schaln in seinen gern;
Die tatteln außen umb benagt,
Derselben kern im kein behagt:
Sie warn zu eßen allzu hart,
Drumb ers dem Jupiter verwart
Und all an einen haufen hegt,
Auf sein altar zum opfer legt;
Sprach: „Gleich wie du mirs hast beschert,
Hab ich dich mit der helfft geert.
Auf daß dir nicht davon zerrinne,
Gib dirs halb außen und halb innen.“
¶ Ein verzweifelt mensch, ein böser,
Ein geiziger und gottloser,
Der tut sich keiner sünde schemen,
Solts wol vom heilgen kreuz weg nemen.

Die neununddreißigste Fabel.

Vom ungezohen Kind und seiner Mutter.

Es het ein frau ein kleinen son,
Denselben ließ zur schule gon;
Da stal er einem andern knaben
Ein büchlin, wie die kinder haben,
Brachts heim; die mutter ließ geschehen
Und solchs dem knaben übersehen.
Nicht lang darnach bracht ein baret,
Das er auch so gestolen het:
Das ließ die mutter ungestraft:
Damit irn beiden leid verschafft.
Denn wie an jaren wuchs der knab,
Nam an der dieberei nicht ab
Und meint, es wer im alles frei,
Geriet zu großer dieberei,

---

38. 12 ger, Schoß. — 20 eren, wie verehren, beschenken.

Stal immer mer, biß er gefangen,
  Verurteilt ward, am galgen zhangen.
Da folgt im nach ein große schar,
  Da ward er seiner mutter gwar,
Die in beweinet und beklagt.
  Der dieb da zu dem henker sagt:
„Mein liebe mutter stet alldort;
  Ich hab ir noch ein nötigs wort
Heimlich zu sagen in ein or,
  Wolt nicht gerne, daß jemand hör.“
Ein stadtknecht rief, da ward es stille;
  Man wolt im solches tun zu willen.
Er sprach: „Mutter!“ Sie kam zu stund,
  Hielt im das or nah an den mund,
Daß sie im seines willens pfleg:
  Da biß ers ir vom kopf hinweg.
Sie schrei gar laut; da ward im haufen
  Der gschicht halb ein großes zulaufen;
Sprachen: „Ein solch verzweifelt bub
  Wer wert, daß man in baß betrub.“
Denn er wer nicht ein schlechter dieb,
  Sondern vergeß natürlich lieb,
Wer gar verzweifelt und verblendt,
  Daß er also sein mutter schend,
Welch Gott zu ern geboten het,
  Wer wert, daß man im mer antet.
Da sprach der dieb: „Ach lieben leut,
  Denkt dran, was ir gesehen heut,
Und laßt euch solchs zur warnung sein.
  Ja, wenn mich het die mutter mein
So jung gestraft und virgas geben,
  Dörft jetzt an mir nit solchs geleben.
Het ich gehabt straf unde zwang,
  So gieng ich jetzt nit disen gang.“
¶ Die eltern sein dazu geschaffen,
  Daß sie mit fleiß ir kinder strafen;

39. 31 schrei, schrie. — 34 betrub, betrübe, quäle, Leid zufüge, strafe; nicht von betreiben, wie Kurz erklärt. — 35 schlecht, einfach: nicht bloß ein Dieb. — 45 virgas, Ruthen.

Darumb sie Gott so hoch geert,
Wie uns denn sein gesetze lert,
Daß sie die höchste er solln han,
Die er in amptes halben gan.
Die straf komt den kindern zu gute,
Wenn mans züchtigt mit einer ruten
Bei zeit, weil sie sich strafen lan.
So lert der weise Salomon:
„Wer die straf an dem son verseumt,
Damit die tugent auch wegreumt
Und gibt groß ursach zu den sünden:
Weiche ärzt machen stinkend wunden."

Die vierzigste Fabel.

Vom Jüngling und einem Löwen.

Ein edler ritter het vil gut
Und einen son, jung, wolgemut:
Der het sein freud und alln behagen
An hunden und an wildprät jagen.
Von im sein vatter het ein traum,
Wie er stund under einem baum
Und sehe herlaufen aus dem walt
Ein grimmig tier, eins löwen gstalt,
Sein son für im da angefallen
Und in zerrißen für in allen.
Wie er von solchem traum erwacht,
Erschrack, und wunderlich gedacht,
Wie er die sach weislich vornem
Und solchem schaden underkem,
Denn ern zu jagen gneiget sach.
Ließ im bauen ein neu gemach,
Hoch wie ein turn und oben gviert,
Mit allem vorrat schön geziert,

---

39. 57 weil, so lange noch. — 58 Sprüche Salomonis 13, 24.
40. 12 wunderlich, voll Verwunderung. — 14 underkommen, zuvorkommen. — 27 geviert, viereckig.

Mit stuben, kamern, schönen salen.
Darin ließ schön figuren malen,
Vogel und tier mancher gestalt;
Damit ward auch ein löw gemalt.
Da ward der jüngling aufenthalten
Vil jar von seim vatter, dem alten.
Einsmals, wie er allein spaciert
Und solch gemälde contempliert,
Sahe er die gstalt des löwen grim,
Da ward er zornig, sprach zu im:
„Ei du böses und schnödes tier,
Allhie muß ich zu gfallen dir
Und umb den traum des vatters mein
Verschloßen und gefangen sein.
Weiß nicht, wie ichs zuletst sol machen.“
Aus unmut schlug er in in rachen
Ein harten schlag mit seiner hand.
Da stack ein nagel in der wand,
Derselb im durch die hand hinfur,
Daß sie blutet, eitert und schwur,
Zuletst dazu ein fieber kam,
Daß er von tag zu tag abnam.
Also vom löwen tötet ist:
Dafür half nicht des vatters list.
¶ Was einem ist von Gott beschert,
Das wird durch keine list gewert,
In gwalt hat tot und leben gar,
On in fellt nicht vom kopf ein har.

Die einundvierzigste Fabel.

Vom Fuchs one Schwanz.

Im strick da ward ein fuchs gefangen
Und blieb bei seinem schwanz behangen
Und sahe, daß er nit mocht entgan,
Biß ab den schwanz und lief davon.

---

41. Dorpius 153, Aesopi fabulatoris clarissimi Apologi e graeco latini per Rimicium facti, 41—83.

Des schemet sich derselbig fuchs,
Daß er sahe hinden wie ein luchs;
Er dacht zu suchen einen fund,
Daß er dennoch mit ern bestund,
Und fordert alle füchs zusamen.
Auf ein bestimmten tag sie kamen.
Er sprach: „Jr brüder, freund und magen,
Etwas nötigs hab ich zu sagen.
Jr wißt, wie uns die langen schenzen
Nachzoten wie die gippenfenzen,
Werden uns oft vom regen schwer,
Ziehen wie naße fliegen her.
Ich rat, ein jeder wöll abschneiden
Sein schwanz, vil ferlichkeit zu meiden;
Dest weniger habt ir zu tragen.“
Die red tet alln füchsen behagen;
Doch widersprachs ein alter fuchs:
„Wolt, daß der mein noch lenger wuchs.
Gott hat uns drumb den schwanz beschert,
Daß im sommer den fliegen gwert,
Und ist zu tragen gar gering.
Weil dichs dünkt so ein nütze ding,
So bhalt den vorteil dir allein
Und machen nicht eim jedern gmein.“
¶ Wenn eine ku in kat gefallen,
Dieselb beklecket die andern allen.
Wer kommen ist in unfall groß,
Freut sich, daß er hat ein genoß,
Wie solchs die fabel tut entdecken
Von den fischern und von den schnecken.

---

41. 7 fund, Erfindung, guter Einfall, List. — 11 magen, Verwandte, Blutsfreunde. — 13 schenze, Schleppe. — 14 nahzoten, zotten, nachschleppen; gippenfenzen, Fransen an den Joppen? — 28 machen, mache ihn, den Vortheil. — 34 Vgl. Buch II, Fabel 23.

Die zweiundvierzigste Fabel.

Vom Fuchs und dem Dornbusch.

Es ward ein fuchs so hart gejagt,
Daß er am leben schier verzagt,
Wolt fliehen über einen zaun;
Dran stund ein busch, het dörner braun.
Dieselben stachen in so hart,
Daß er an füßen hinken wart.
Er sprach: „Wie magstu stechen mich,
Weil ich mich doch als guts versich
Zu dir?" Da sprach derselbig dorn:
„Den undank wust ich wol zuvorn.
Hettest mich laßen ungebrochen,
Werst auch wol blieben ungestochen.
Het ich mich nicht gegn dir gewert,
Hetst mich villeicht baß mores glert."
¶ Solln uns nicht guts zu dem versehen,
Von dem uns nicht kan guts geschehen.
Ein böser gibt kein guten rat;
Der dornbusch keine feigen hat.
Wie der han ist, so ist das gschrei;
Ein böser vogel, böses ei.

Die dreiundvierzigste Fabel.

Vom Fuchs und dem Luchs.

In einem loch da wont ein fuchs.
Zum selbigen kam einst ein luchs,
Hub an freundlich mit im zu schwatzen
Von zobeln, mardern, wilden katzen
Und andern tierlin, die man hegt,
Ir belg für belz und futer tregt,
Und sprach, wie under disen allen,
Die in dem wilden wald umbwallen,

Er selb allein der edelst wer
Und beßer denn all ander tier;
Und rümt die tugent seiner alten,
Wie adelich sie sich gehalten,
Sein eltern und all sein vorfarn
Groß tat. getan in alten jarn,
Daß sie bilch auf der ganzen ert
Wern alles lobs und eren wert.
Da lacht der fuchs, sprach: „Lieber freund,
Wenn ichs nit wist und nit verstünd,
Wers doch dabei zu merken wol,
Daß dein eltern fast allzumal
Des jägers strick keinr ist entflohen,
Dem nicht sein haut sei abgezohen.
Ja, wer mir diß nicht glauben wil,
Sich dunken leßt, ich red zu vil,
Der schau beim kürsner auf die stangen,
Daselb ir vil beinander hangen.
Dabei mans auch geschrieben findt,
Wie redlich sie gewesen sind."
¶ Die fabel lert uns, daß wir söllen
Keinem großsprecher glauben stellen,
Denn sie oft liegen unbedacht.
Wenn sie es denn han übermacht,
Zuletst die tat ein überzeugt,
Daß er das merer teil erleugt.

Die vierundvierzigiste Fabel.

Vom Fuchs und dem Jäger.

Der fuchs ward gejagt von eim jäger
Uber ein berg aus seinem läger;
Ward müd, daß er zoh langsam her;
Ein holzhauer fand ongefer.

---

43. 32 übermachen, übertreiben.

Den bat er, daß er in verbürg,
Daß in der jäger nit erwürg.
Er sprach: „Verkriech dich in mein hütten;
Da bistu frei, wil dein wol hüten.“
Der jäger folget eilend nach,
Denn nach dem fuchs war im so gach.
Er sprach zu dem: „Hast nit vernomen
Den fuchs? ist er nit hieher komen?“
Er sprach: „Ich weiß sein, trauen, nit.
Wo er sich da nicht hat verhütt,
So weiß ich euch nit anzuzeigen“,
Und tet sich nach der hütten neigen.
Der jäger merket nicht die wort;
Er eilet und zohe immer fort.
Der fuchs kam raus, macht sich von dan
Und trollet sich den berg hinan.
Der man schalt in und rief im nach,
Lestert den fuchs mit worten hoch
Und sprach: „Du bös, undankbar tier,
Hab dich verborgen hie bei mir;
Laufst so davon, für alles das
Sprichst nit einst Deo gratias!“
Er kert sich umb und blieb bestan
Und sprach: „Du bist ein frommer man,
Und blieb dein frumkeit unverrückt,
Wo du dich da nicht hetst gebückt.“
¶ Mancher under dem schein des glauben
Sein nehsten tut des seinen brauben,
Rümet sich doch der tugent frei
Under dem schein der gleisnerei.
Wirft im heimlich ein stein in garten,
Des doch jener nit tet erwarten,
Und sehe gern, daß ein ander het
Die axt im kopf und im we tet,
Dennoch also, daß im nicht selb
Wurd gsehen in der hand das helb.
Das sein die schädelichsten katzen,
Die vorn lecken und hinden kratzen.

44. 14 verhüten, verstecken. — 26 nicht einst, nicht einmal. — 40 helb, Axtstiel.

Die fünfundvierzigste Fabel.

Vom hölzen Abgott.

Es het ein man ein hölzen götzen;
Den tet er in ein winkel setzen,
All morgen mit eim liechtlin ert,
Daß er im etwas guts beschert.
Das weret lang; da ward nit aus:
Sein gut nam ab teglich im haus.
Zuletst ward zornig auf das bild;
„Ich sihe, daß du nicht tügen wilt“,
Sprach er und nam in bei dem bein,
Schlug in gar hart an einen stein,
Daß er zerbrach zu kleinen stücken.
Vil goldes het er in dem rücken;
Das nam er an und hets gar gern,
Sprach: „Da ich dich in großen ern
Hielt, da tetestu mir kein dienst;
Geschlagen bringest guten gwinst.“
¶ Wenn ein böser tut gut aus zwang,
So tut ers doch on seinen dank.
Gut ists, daß solche werden gschlagen:
Frag den nußbaum, er wird dirs sagen.

Die sechsundvierzigste Fabel.

Wie ein Hund ward zu Gast geladen.

Sein freund ein man zum eßen lud,
Wie ein nachbaur dem andern tut;
Sprach: „Wolt doch komen zu der stund!“
Da lud sein hund des andern hund,
Daß er auch kem mit seinem herrn
Und mit einander frölich wern.

---

45. 5 nit, nichts. — 20 Vgl. Buch II, Fabel 91.

Der herr kam; der hund seumet nicht,
Sahe, daß war köstlich zugericht,
Dacht: wilt dich heut also versorgen,
Daß du gnug hast auf übermorgen.
Gieng mit dem andern hund in dküchen,
Er nascht und tet fast umbher suchen.
Das sahe der koch on als gefar,[1]
Daß ein fremder hund da war.
Beim schwanz erwischt in da der koch,
Warf in rücklings durchs küchenloch
In tiefen kat naus auf die gaßen.
Davor ein haufen hunde saßen,
Sprachen: „Du hast so wol gelebt,
Daß dir der dreck an oren klebt."
Er sprach: „Ich hatt mich voll gesoffen
Und bin also hindurch geschloffen:
Das han gemacht die süßen bißen,
Daß ich bin umb und umb beschißen."
¶ Wenn eim das glücke tut entlaufen,
Schleht jederman dreck auf mit haufen;
Wer schaden und den unfall hot,
Der darf nit sorgen für den spot.

Die siebenundvierzigste Fabel.

Von einem Man und dem Adlar.

Ein weidman aus nach vögeln gieng,
Ein lebendigen adlar fieng;
Den trug er mit im heim zu haus,
Rauft im die langen federn aus,
Damit im tet sein macht vermindern,
Und ließ in laufen mit den hünern.
Ein fremder man den adlar kauft.
Als er sahe, daß im ausgerauft
War all sein zier und sein gefider,
Besteckt er in mit federn wider,

Damit er im sein sterk erneut;
Des ward der adlar hoch erfreut,
Daß er nun wider fliegen kunt,
Flohe bald hinaus, erwischt von stund
Ein hasen und denselben bracht
Dem, dern het wider fliegend gmacht.
Das sahe der fuchs, sprach zu dem man:
„Wirstu lang bhalten disen han,
So schau, daß er dich nicht auch feht,
Und dir gee, wies dem hasen get.“
Da bdacht er sich und nam dem adlar
All sein gefider ganz und gar,
Tet in gleich wie vorhin berupfen,
Daß er sich nicht mer kunt auflupfen
Und stetes bei der erden blieb
Und seinem herrn nit bös zutrieb.
¶ Oft kumts, daß einr ein fremden hegt
Und großen unkost an in legt,
Dafür sich der ein zeitlang stellt
Demütig und der maßen helt,
Als ob er dank für die woltat;
Darnach, wenn ers zu wandlen hat,
In wider dafür hönt und schmecht,
Gleich wie der henker lont seim knecht.
Man sagt, was man den fremden hunden
Zu gut tut und den fremden kinden,
Das wird mit unflat und mit stank
Bezalt, denn solchs ist der welt dank.

---

47. 19 feht, fäht, fängt. — 24 auflupfen, in die Höhe erheben. — 26 nit bös zutrieb, nichts Böses zufüge. — 32 wandlen, mhd., ersetzen, gutmachen. — 36 kinden, vielleicht zu lesen: kunden?

Die achtundvierzigste Fabel.

Vom alten Weingartner.

Als ein alt man het ein weingarten,
Davon er gute frücht tet warten;
Da nun sein letste zeit war komen,
Sein söne fordert er zusamen
Und sprach: „In des weingartens platz
Hab ich vergraben meinen schatz;
Ists daß ir wölt denselben haben,
So müst ir fleißig darnach graben.“
Damit er starb; die söne gunden
Fleißig zu graben, doch nicht funden.
Dieweil sie aber fleißig süchten,
Trug der weinberg vil guter früchten,
Und wurden reich von zeit und stunden:
Daraus des vatters red verstunden.
¶ Ein treger schelm und fauler henz,
Der sich stets stechen leßt den glenz,
Streckt sich dahin und wil nit tun,
So lang im ein gebraten hun
Etwan herflöh ins offen maul,
Den solt man werfn mit eiern faul.
Solch leut sind wert, daß sie verderben
Und im elende hungers sterben.
Ein jeder sol sein unverdroßen
Zur arbeit und Gott sorgen laßen.
Wer sich im schweiß seins angsichts nert
Im glauben, dem wird gnug beschert.

---

48. 9 gunden, begannen. — 15 henz, Heinz, wie Kunz. — 16 glenz, Lenz, Frühling: der stets faul in der Sonne liegt; sprichwörtlich.

Die neunundvierzigste Fabel.

Vom Pfeifer, der fischen gieng.

Als ein pfeifer wolt fischen gan
Und het gar kein verstand davon,
Er gieng zum waßer hin allein
Und trat auf einen großen stein,
Und blies ganz laut in sein schalmeien
Und macht den fischen einen reien,
Und meint, sie solten ausher springen,
Daß ers so möcht zu lande bringen.
Als aber keiner ausher kam,
Hört auf und ward im selber gram.
Er nam zuletst das fischergarn,
Damit zwerch durch das waßer farn
Und tet in einem zug erwischen
Ein eben haufen guter fischen;
Zohs naus, daß auf dem lande sprungen.
Er sprach: „Jetzt tanzt ir ungesungen!
Ir seid fürwar gar tolle tier:
Vor wolt ir nicht gehorchen mir;
Jetzt, weil ir nimmer kunt entgan,
So faht ir erst zu tanzen an.“
¶ Ein jede sach hat ire zeit,
Wie solchs Gott und das glücke geit;
Wenn als zu rechter zeit geschicht,
Kan man daran sündigen nicht.

---

49. 14 eben, ziemlich groß.

Die funfzigste Fabel.

Von zweien Fischern.

Zween fischer furen auf ein zeit
  Zu fischen auf das waßer weit,
Fischten und brauchten all ir kunst
  Ein ganzen tag, doch gar umbsunst.
Zuletst, da sie vil arbeit gwagt,
  Zohen sie heim wol halb verzagt.
Sihe da, ein fisch lief ongefer,
  Ein großen lachs jagt vor im her,
Gar neidisch hinden auf in drang.
  Der lachs für angst ins schifflin sprang.
Die fischer wurden samtlich fro,
  Liefen allbeid mit freuden do,
Sprachen: „Der komt uns wol zu steur!“
  Ward bracht zu mark, verkauft gar teur.
¶ Die leut oft trachten nach den dingen,
  Könnens doch nicht zu wegen bringen:
Doch bringts das glück on alle schwer.
  Erfarnheit han wir des zu ler.
Die schrift sagt von dem könig Saulen,
  Der sucht mit fleiß seins vatters maulen
Und fand das reich zu Israel,
  Wie im anzeigt der Samuel.

---

50. 9 neidisch, gierig. — 13 zu steur, zu Hülfe, zu Passe, gelegen. — 17 on alle schwer, ohne Beschwerde, mühelos. — 19 Samuel 9, 3 fg. — 20 maul, Maulesel.

Die einundfunfzigiste Fabel.

Vom armen kranken Man.

Zu bet ein armer man lag siech,
Sprach: „Jupiter, erhöre mich!
Hilf mir aus diser todesfar,
So wil ich dir auf dein altar
Zwenzig ochsen gar feißt und schon
Opfern zu dank und dir zu lon!"
Jupiter erhört seine bitt,
Gedacht: ist arm, vermag sie nit,
Laß sehn, wo wil er ochsen nemen?
Wird sich des glübdes müßen schemen.
Er ward gesund; da fur er zu,
Gedacht: ich weiß wol, wie ich tu!
Gieng naus und las zusamen fein
Im feld vil toter ochsen bein,
Opferts dem Jupiter gar bald,
Sprach: „Hie hab mein gelübd bezalt."
Der gott ward zornig und gedacht:
Solchs muß dir werden widerbracht!
Dieselbe nacht gab im ein traum,
Wie under einem eichenbaum
Im wald ein schatz verborgen leg.
Macht sich frü auf und war nit treg,
Lief hin, begunt daselb zu graben.
Kamen drei schnaphan her getraben,
Schlugen in, biß er nimmer mucht,
Daß er in saget, was er sucht.
„Ein schatz", sprach er, „laßt mich nur leben,
So wil ich euch denselben geben!"
Da schlugen sie in, daß er starb,
An seiner hoffnung gar verdarb,
Umb traumes willen ward erstochen;
Da het sich Jupiter gerochen.

---

51. 18 widerbringen, vergelten. — 25 biß er nimmer mucht, bis er es nicht mehr ertragen konnte.

¶ In nöten oft die leut geloben,
Das sie doch nit zu geben haben,
Wie der hollender auf dem mer.
Fürt ein kravel ein reicher schiffer,
Hub sich ein großer grausam sturm,
Wuchs im im herz der zage wurm.
Zwei wetter sich zu gleich erhuben;
Er globt mit all den schiffesbuben,
Und riefen all sanct Niclaus an.
Er sprach: „Du bist ein treuer man!
So frist uns heut schiff, gut und leben,
So wil ich dir ein wachsliecht geben,
So groß und lang die schonfarmast:
Dasselb dafür zu lone hast,
Und wil dir solchs zu eren ton.“
Da het er einen kleinen son,
Der sprach: „Vatter, dich nit verkall!
Ich mein fürwar, daß du seist mall.
Zu solchem liecht ghört ein last wachs
Und zu dem dacht ein schippunt flachs.
Mit allen unsern freund und magen
Sölln wir solch unkost nit ertragen.“
Sprach: „Halt das maul! du weist nit drumb,
Biß ich wider zu lande kum.
Möcht uns nur dise reis gelingen;
Zu land wolten wir mit im dingen
Und mit eim klein zu frieden stellen,
Geben im, was wir selber wöllen.
Ja, wenn ichs jetzund beßern kunt,
Ich geb sanct Niclaus kaum ein strunt.“

---

51. 36 kravel, kraveel, kraffel, holl. karveel, schwerer Kauffahrer. — 45 schonfahrmast, Hauptmast, an dem das große Segel befestigt ist, Schönfahr-, Schonversegel. — 49 verkallen, verreden, schwatzen was einen später gereut. — 50 mall, thöricht, unsinnig. — 52 dacht, Docht; schippunt, Schiffspfund = 300 Pfund, nicht „Schiffsladung“, wie bei Kurz erklärt wird. — 62 strunt, Strunk, Krautstrunk.

Die zweiundfunfzigiste Fabel.

Von dreien Fischern.

Drei fischer sich zusamen gsellten
Und ire garn ananđer stellten,
Mit kleinen stricken zamen bunden,
Daß sie dest weiter reichen kunden,
Und zohens durch ein große flut,
Wie man denselben netzen tut;
Dest mer gedachten zu beziehen,
Daß in auch keiner mocht entfliehen,
Und zohen dran mit allen henden.
Zuletst, da sie nun wolten lenden
Und brachtens bei dem ufer her,
Da wards zu ziehen allzu schwer.
Derhalben sie sich freuen teten,
Meinten, daß vil gefangen hetten.
Da sie es aber recht besahen,
Zween große stein darinne lagen.
Da ward zuhand ir große freut
Verwandelt in ein traurigkeit.
Da sprach der eltest under in:
„Ich bitt euch, legt all trauren hin
Und laßt an nichtes nicht erwinden:
Ich weiß, es ist noch glück dahinden.
Denn so gets in menschlichen sachen,
Unfall tut sich erst zuher machen;
Wer sich damit nicht leßt bewegen,
Dem scheint die sonn bald nach dem regen.“
¶ Die fabel tut uns zeigen an,
Wie menschlich hendel sein getan,
Daß glück und unglück, lieb und leit
Eins das ander am rücken treit.
Wer solchs mit fürsichtigkeit merkt,
Im unfall tröst und selber sterkt,

---

52. 7 beziehen, im Netz, Zugnetz fangen. — 21 erwinden, mangeln, nachlassen. — 25 bewegen, aus der Fassung bringen. — 28 getan, beschaffen. — 20 treit, trägt.

Daß er im unglück nit wird brochen,
Der hat sich an seim feind gerochen,
Wird bilch gehalten für ein man,
Der glück und unglück tragen kan.

Die dreiundfunfzigste Fabel.

Vom alten Man, der den Tot fordert.

Als ein alter man zu seim schaden
Im wald auf seinen rücken gladen
Von dorrem holz ein schwere last,
An eine wid zusamen gfaßt,
Wolts heim tragen ein langen weg,
Ward auf der reis ganz müd und treg,
Setzt sich nider auf einen stein
Und warf das holz an einen rein,
Und sprach: „Ich wolt, daß der tot kem
Und mich aus disem jamer nem!“
Saß lang und klagt sein leit so ser;
Der tot rauscht durch die hecken her,
Greulicher gstalt tet für im stan
Und sprach: „Was wiltu von mir han?“
Der alt erschrack und sprach zum tot:
„Die bürd mich ser geschwechet hot,
Daß ich mich drunder gar ergeben,
Die hilf mir auf die schultern heben.“
¶ Wenn jemand ist in angst und leiden
Und kan dasselb unglück nit meiden,
So wünschet er im selb den tot,
Den er doch ja nit gerne hat.

53. 4 wid, Weidenruthe, Schlinge. — 6 reis, Reise, Weg. — 8 rein, Rain, Rasenstreifen zwischen zwei Aeckern. — 17 sich ergeben, wie im Mhd., sich beugen, erliegen.

Ja, wenn ern sehe heimlich herschleichen,
Solt er sich wol für im verkriechen;
Denn also lieb ist uns das leben,
Daß einr solt alle welt drumb geben.

Die vierundfunfzigiste Fabel.

Von einer Frauen und dem Arzte.

Als ein weib krank war an irm gsicht,
Daß sie beinahe kunt sehen nicht,
Sie kriegt ein arzt, dem tet sie loben,
Wenn er ir hülf, geschenk und gaben;
Jedoch bedinget sie daneben,
Wenn er nit hülf, wolt sie nit geben.
Der arzt het wol ir list vernommen,
Gedacht demselben für zu kommen.
So oft er zu ir gieng ins haus,
Nam etwas mit und trugs heraus.
Darnach die frau auch sehend ward:
Der arzt fordert sein lon so fort.
Die frau im den zu geben weigert,
Drumb er sie vor gerichte steigert.
Die frau im da gestendig war,
Daß sie im het verheißen, bar
Zu geben ein bestimte summen,
Wenn sie ir gsundheit het bekummen;
Daß er aber sprach unbedacht,
Wie er sie het gesund gemacht,
Gestund sie im in keinem weg,
Denn sie jetzund weniger sech
Im haus von all irm hausgerät,
Denn da sie noch den gbrechen het.

---

54. 3 loben, geloben. — 14 steigern, verklagen. — 22 sech, sehe; im Text steht „seh", ich habe des Reimes wegen geändert.

¶ Es komt wol oft, daß die gesellen,
Die sich mit lügen decken wöllen,
Werden in irem strick gefangen,
In irem eignen netz behangen.

Die fünfundfunfzigste Fabel.

Von zweien Feinden.

Zwen feind waren in einem schif
Ueber zu farn das mer so tief,
Konten sich nit zamen vertragen;
Darumb sie von einander lagen:
Der eine lag im fürcastel,
Der ander saß im hinderteil.
In dem ein großer wind her webt,
Ein grausam sturm sich bald erhebt,
Daß die schifleut beid leib und leben
Und alles hetten übergeben.
Da fragt der vorn im schiffe war:
„Welchs end des schiffs kriegt erst die far?"
Der steurman sprach: „Das hinderteil."
Da antwort der: „So hats kein feil;
Wenn ich mein feind erst sterben sich,
Dest lieber wil begeben mich!"
¶ Wenn ein mensch tut den andern haßen,
Der weiß sein selber keine maßen.
Mancher get dest lieber in tot,
Wenn er der pein ein gsellen hot.

---

55. Ueberschrift. Bei Remicius steht: De duobus amicis! — 10 übergeben, aufgeben, verloren geben. — 16 sich begeben, sich ergeben (in sein Schicksal). — 12 far, Gefahr. Vgl. Buch III, Fabel 35, 17.

Die sechsundfunfzigste Fabel.

Vom Knaben und dem Glück.

Das glück fand einen knaben sitzen
Schlafen bei einer tiefen pfützen;
Es weckt in auf und sprach: „Ge heim!
Wenn du fielst ongefer hinein,
So müst ich tragen die unhuld;
Sprechen: es ist des glückes schuld!“
Wenn wir aus unvorsichtigkeit
Fallen in unlust oder leit,
Auf daß wir uns selber verschon,
Hangen die schuld dem unglück an.

Die siebenundfunfzigste Fabel.

Von Meusen und der Katzen.

Vil meus waren in einem haus;
Da fieng die katz alltag ein maus,
Daß sie abnamen an der zal.
Drumb kamens zamen auf ein mal,
Solch teglich schaden wol betrachten,
Rieten, hinfürder wie sies machten.
Da antwort eine von den alten:
„Ich rat, daß wir uns hie enthalten;
Denn hoch hie oben kan die katzen
Uns nicht wie so da niden fatzen,
Sie kan herauf nicht zu uns kommen.“
Da solchs die katze het vernommen,
Ein neue list sie bald erdenkt:
Bein hindern füßen sich aufhenkt
An einem nagel wie ein hasen.
Ein meuslin sahs, sprach: „Liebe basen,

56. 5 die **unhuld**, das Uebelwollen, die Schuld. Vgl. Buch II, Fabel 64.

Ich kenn dich wol mit deinen renken.
Wenn ich dich schon sehe tot da henken,
Dein haut und har gar abgeropft,
Dein fell mit heu und stro gestopft,
Dennoch wolt nit so fürwitz sein,
Daß ich wolt glauben solchem schein."
¶ Wo der esel ist gfallen nider,
Auf die stett bringt man in nit wider.
Ein weiser man acht haben sol,
Nicht werd genarrt zum andern mal.

Die achtundfunfzigste Fabel.

Vom Affen und Fuchs.

Vil tier ein reichstag zamen heten;
Da kam ein aff heraus getreten,
Rang, sprang und spielet für in allen,
Daß allen tiern tet wol gefallen,
Hielt sich ganz höflich mit geberden,
Gedacht also könig zu werden.
Verdroß den fuchs; riefs auf ein ort,
Sprach zum affen: „Hör mich ein wort!
Ich sehe, du wirst doch könig werden.
Ich weiß ein schatz, leit in der erden,
Der doch von recht der herrschaft ghürt."
Ein wenig baß ins holz in fürt:
Sahe in eim hag ein kleine lücken,
Da warn den tiern gestellet stricke.
Er sprach: „Wölst durch die lucken laufen,
Da wirstu finden gelt mit haufen."
Bald da der aff war nein geschlossen,
Da ward er mit den fallen troffen.
Er schalt den fuchs: „Hast mir gelogen,
Mit deinen fuchsschwenzen betrogen!"
Er sprach: „Du wilt dich auch erheben,
E denn dir Gott das glück hat geben,

Und wilt doch fliehen hin in Sachsen,
E dir die federn sein gewachsen."
¶ Wer sich aus frevel unbedacht
Höher, denn sich gebürt, ausmacht,
Der tut sich selber oft betören
Und muß den spott zum schaden hören.

Die neunundfunfzigste Fabel.

Vom Schmit und seinem Hund.

Es war ein hund bei einem schmit,
War faul und treg, tet nimmer nit.
So oft der schmit zu tische saß,
Da folget im der faule fraß;
Underm tisch allenthalben sucht,
Daß er sein balg auch füllen mocht,
Als, was vom tisch da fiel herunder.
Wenn er voll war, so legt sich nider.
Davon der hund ward feißt und groß,
Biß daß zuletst den schmit verdroß.
Er sprach: „Du treger schelm so faul,
Du sihst wol, wenn ich reg das maul;
So lang ich aber für den hammer,
Legstu dich schlafen in die kammer.
Ich wil dich aus dem schlaf einst wecken,
Mit einem heißen eisen schrecken!"
¶ Die faulen buben, die nicht wöllen
Sich, wie sichs gbürt, zur narung stellen,
Sein wert, daß mans mit flegeln etzt
Und mit hunden zum land aushetzt.

---

58. 26 sich ausmachen, sich hervorthun, etwas vorstellen wollen.

59. 2 nit, des Reimes wegen nöthig; der Druck hat „nichts". — 8 nider, vielleicht Druckfehler für „under" (den Tisch). — 18 narung, Handwerk, Arbeit.

Die sechzigste Fabel.

Von einem Maul.

Als ein maul ward frisch und wol gmäst,
Ward stolz und sich vil dunken läßt
Und sprach: „Mein vatter war ein ros,
Lief ser und war an tugent groß;
Warumb solt mich nit understan,
In gleichen eren halten lan?“
Gieng zun pferden, rief in haufen:
„Wil mit eim in die wette laufen!“
Da wards im laufen faul und treg,
Blieb ligen wol auf halbem weg,
Sprach: „Mich betreugt mein eigensin,
Ich sihe, daß ich ein esel bin.“
¶ Wer da wil wißen, wer er sei,
Frag seinr nachbaurn zwen oder drei
Und meß sich mit sein eignen füßen,
So tut er selb den kützel büßen.

Die einundsechzigste Fabel.

Vom Dieb und der Sonnen.

In einem dorf wont ein erzdieb,
Der gewan ein junge metzen lieb,
Er nams, macht hochzeit alsofort
Und bat die leut am selben ort
Zur hochzeit, daß zu sein eren
Kemen und mit im frölich weren.
Sie kamen all mit freuden dar.
Des ward ein weiser man gewar;
Demselben gfiels nit allzu wol
Und sprach: „Die sonn wolt auch ein mal

---

61. Remicius hat die Geschichte nicht. Romulus I, 7; Boner 10; Pauli, Schimpf und Ernst 471; Stainhöwel, De fure malo et sole 66[b], deutsch 67[a]. — 2 metze, eigentlich Eigenname, Mette, Meta, wie Grete, dann überhaupt Dirne, Mädchen.

Sich in den eestand tun begeben,
Kunt nit lenger alleine leben;
Darumb wolt ir ein weib erweln,
Möcht so irs gleichen kinder zeln.
Da solchs der erd ward angesagt,
Erschrack sie ser und kleglich klagt
Dem Jupiter ir angst und not,
Bat, er wolt wie ein weiser gott
Mit fleiß in solche sachen sehen,
Laßen solch heirat nit geschehen;
„Denn wo die sonne nimt ein weib
Und kinder zeugt, von irem leib
Geboren werden noch mer sonnen,
Fürwar, so geb ich gar gewonnen
Und würd so dürr, daß ich fürbaß
Kein korn könt geben, kraut noch gras.
Denn sie fürhin so scharpf und spitz
Sticht, daß ich oft vor großer hitz
Zerreißen muß und gar vertrucken:
So hart tuts mich im sommer drucken;
Und wo die sonn gewint ein erben,
Bin erlegen und muß verterben
Und alle welt mit mir vergan;
Seht zu, was nutzs habt ir davon?"
¶ So werden auch des diebes kind
Gleich werden wie der vatter gsinnt.
Wie er getan, wird sie auch lern,
Denn katzenkinder mausen gern.
Drumb komts den leuten nicht zu frommen,
Die auf ein solche hochzeit kommen.
Beßer, am galgen zu vertreugen,
Denn daß er solt mer kinder zeugen.
Vergebens ists, daß man holz spalt
Und tregts zum überfluß in walt.
Wo man mit öl wil leschen feur,
Da ist fürwar das waßer teur.
Den wolf darf man an dschaf nit hetzen,
Auch in den belz die leus nit setzen.

---

61. 14 zelen, zilen, erzielen. — 24 gewonnen geben, sich verloren geben. — 31 wo, wenn, auf den Fall daß. — 41 vertreugen, vertrocknen.

Die zweiundsechzigste Fabel.

Von einem Arzt.

Ein doctor tet ein kranken arzen
So lang, biß im vergieng das farzen.
Wie man in da zu grabe trug,
Sprach er: „Wer der gewesen klug,
Het sich enthalten von dem wein,
Es möcht im jetzund beßer sein,
Und het genommen ein clystier,
Er lebet noch, fürwar glaubt mir.“
Da sprach einr von denselben fründen,
Die dasselbig mal umb in stunden:
„Herr doctor, ir solt bei seim leben
Im ein solchen rat han geben,
So het er gtögt, jetzt taug er nicht;
Bös rat, der nach der tat geschicht!“
¶ Wenn dir dein freunt ein rat wil geben,
Der tus zu rechter zeit und eben.
Gibt ern zu spat oder zu fru,
So denk, er spottet dein dazu.

Die dreiundsechzigste Fabel.

Vom Hund und Wolfe.

Für eim haus lag ein hund und schlief.
Bald ein hungriger wolf herlief,
Erwischt den hund, wolt in verzer.
Er sprach: „Herr wolf, mein lieber herr,
Wie wolt ir sein also vergeßen,
Mich dörren, magern schelmen freßen?
Harrt, daß ich werde baß bei leib.
Es nimt mein herr jetzt bald ein weib,

62. 1 arzen, ärztlich behandeln. — 16 eben, passend, schicklich.

Wil ich mich in der hochzeit mesten
Und gar wol leben mit den gesten.
Wenn ich denn worden glat und feißt,
Wil ich mich euers willn geleist;
So bger ich auch nicht leng zu leben,
Wil mich euch willig übergeben."
Der wolf glaubt im und nam das an.
Da war ein halbes jar vergan;
Da kam der wolf des nachtes wider,
Fordert den hund, sprach: „Bistu bider,
So kum heraus und halt dein wort."
Das het der hund im haus gehort;
Er lief bald auf den suller hoch,
Antwort im durch ein enges loch
Und sprach: „So oft du wider kümst
Und mich außen der tür vernimst,
Es sei im vorhof oder garten,
So darfstu keinr hochzeit mer warten."
¶ Wenn ein weiser in unfall kümt,
An einem ort ein schaden nimt,
Vil baß siht er sich darnach für,
Daß im nit mer kum für die tür.

Die vierundsechzigste Fabel.

Vom Löwen und Ochsen.

Der löw im feld ein ochsen sach;
Demselben schlich er heimlich nach,
Aus list sprach er im freundlich zu:
„Bit, wölst mir zu gefallen tun!
Ich hab ein feißtes schaf geschlacht,
Kum heint und iß mit mir zu nacht."
Er sagt ims zu; wie er da kam,
In der kuchen kein schaf vernam,

---

63. 12 sich geleisten c. genet., sich zu Verfügung stellen. — 21 suller, Söller, Boden.

Denn daß da an einr großen stangen
Ein kessel übers feur gehangen.
Der löw hieß in freundlich willkummen.
Da kert der ochs bald wider umbe.
Der löw rief im und sprach: „Wo hin?“
Er sprach: „Dein gast ich heut nicht bin,
Dieweil ich sihe kein schaf hie nicht;
Ein ochsen zu kochen ist zugericht.
Im kessel wol vier schäpsen süd,
Und an dem spieß ein ochsen briet.“
¶ Ein man, der weis und witzig ist,
Der merkt gar bald der bösen list,
Die underm schein des friedens wüten,
Dest baß weiß sich für in zu hüten.

Die fünfundsechzigste Fabel.

Vom Löwen und dem Bauren.

Mit eim baurn war ein löw bekant;
Einsmals sich gegen im ermant,
Bat in, er wolt sein tochter geben
Seim son zum weib ins elich leben.
Da sprach der baur: „In keinem weg!
Solchs wer nit gut, wenn es geschech“,
Und sprach: „Das sei gar fern von mir,
Daß ich mein tochter geb eim tier.“
Der löw ward zornig, sahe ganz saur.
Da sprach weiter derselbig baur:
„Wenn dein son wolt mein tochter han,
Müst er ir etwas zwillen tan,
Umb irer lieb ein wenig leiden
Und seine klauen erst beschneiden
Und all seine zen ausschlagen,
Sunst wird er nicht der dirn behagen.“

---

64. 17 schäps, Schöps, Hammel; süd, siedeten.
65. 2 ermannen, Muth fassen. — 12 zwillen, zu Willen.

Der junge löw ward sere fro,
  Lief balde hin, tet im also,
Schlug aus die zen, schnitt ab die tatzen,
  Auf daß er nit die braut wolt kratzen,
Kam wider zu dem bauren balde,
  Bat in, daß er sein wort wolt halten.
Er sahe den löwen one wer,
  Erwischt ein kolben groß und schwer,
Tet im damit ein hochzeit machen,
  Daß im vor angst vergieng das lachen,
Und zelt im da den brautschatz bar,
  Daß im we tet ein halbes jar.
¶ Wem der vorwitz so ser beliebt,
  Daß er sein vorteil übergibt,
Fellt darnach in der feinde hend,
  Dem gschicht recht, daß er wird geschendt.

Die sechsundsechzigste Fabel.

Von einer Löwin und dem Fuchs.

Die löwin ward allzeit belacht
  Vom fuchs und nur darumb veracht,
Daß, so oft sie geberen tet,
  Nit mer denn nur ein junges het.
Sie sprach: „Es ist war, aber gar schon,
  Und ist dazu eins löwen son.“
¶ Was kleine ist und doch ganz gut,
  Mir baß denns groß behagen tut.
Ich nem ein kleine muscatnuß
  Für eine große rüben süß.
Man pflegt zu sagen: groß und faul,
  Ich sah mein tag kein schlimmern gaul.

Die siebenundsechzigste Fabel.

Von zweien Hanen.

Als zwen han teten zamen kempfen:
Welcher den andern erst könt dempfen,
Solt das regiment gwunnen han,
Bleiben allein der hennen man.
Sie kempften, biß der eine floch,
Für scham in die neßeln verkroch.
Als der ander gewunnen sach,
Vor freuden floh er auf das dach,
Krät laut und rümt sich mechtig ser.
Da floh ein adlar gschwind daher,
Erwischt und trug in in sein nest.
Da ward der ander han der best,
Und kamen zu im all die hennen,
Für iren herrn teten erkennen.
¶ Wer dem glück allzu ser vertraut,
Aufs ungewis gewisses baut,
Gar oft in größer unglück fellt,
Welchs im oft heimlich wird gestellt.

Die achtundsechzigste Fabel.

Vom Rehekalb und seinem Vatter.

Das kalb redt seinen vatter an
Und sprach: „Du bist ein feiner man,
Von allen glidern, kopf und achsen
Und hohen beinen, wol gewachsen;
Zwei schöne hörner mit vil zacken,
Die sein auch herter denn die wacken,
Und bist vil grader denn die hund:
Wie komts denn, daß dich alle stund

68. Ueberschrift. Rehekalb, mhd. rêch, genet. rêhes, auch für Hirsch-kuh und -kalb gebraucht. — 6 wacken, Feldsteine. — 7 grade, schnell.

Für in förchtest, wenn sie dich jagen,
Und an dir selber tust verzagen?"
Da lacht der hirsch und sprach zum son:
„Wiewol ich solches alles hon,
Doch wenn ich hör die hunde bellen,
So tut mirs ghirn im kopf zuschwellen,
Und muß an meiner macht verzagen:
Denn laß ich mich von hunden jagen."
¶ Wer in seim herzen ist verzagt,
Derselb kein tapfer taten wagt;
Ein unbeherzt verzagter man
Der get fürwar kein künen an.

Die neunundsechzigste Fabel.

Von Jupiter und einer Binen.

Als die bin dem Jupiter zlob
Bracht einst vom honig ire gab,
Ward er des fro, behagt im wol,
Sprach: „Sag, was ich dir geben sol?
Was du bittest, wil ich dich gwern."
Sie sprach: „Ich tu nicht mer begern,
Denn daß, der zu dem binstock kümt
Und uns das wachs und honig nimt,
Daß der von stund da müße sterben,
Ich solches mög bei euch erwerben."
Jupiter lacht, bedacht sich recht,
Denn er liebt ser das menschlich gschlecht,
Und sprach: „Laß dirs sein gnug daran,
Daß, wenn du stichest einen man
Und lest da deinen angel stecken,
Daß dich denn bald der tod sol schrecken;
Und so du hast verlorn den angel,
Solt han an allen kreften mangel."

---

68. 14 zuschwellen, zerschwellen, zerspringen.
69. 1 zlob, zu Lobe. — 15 angel, Stachel.

¶ Wer heimlich durch den zaun tut stechen,
Mit list sich an seim feind zu rechen,
Der fellt oft in sein eigen spieß,
Gewint schaden, spot und verdrieß.

Die siebzigste Fabel.

Von einer Fliegen.

Es fiel ein flieg in ein fleischtopf,
Daß sie ward naß an bauch und kopf.
Da sie lang in der brü geschwummen,
Sah, daß dem tod nit mocht entkommen,
Sie sprach: „Ich hab nun geßen sat,
Getrunken und mich wol gebadt,
So stirb ich hie in disem schlauch
Mit freuden und mit vollem bauch."
¶ Wer ein unglück nit meiden kan,
Der gee nur frisch mit freuden dran:
Das leit, so man mit freud annimt,
Dest leichter in dasselb ankümt.

Die einundsiebzigste Fabel.

Vom jungen Gesellen und einer Schwalben.

Ein jüngling het im wein und fraß
Verbraßt, verschlemmet alles das,
Was im sein eltern glaßen nach;
Zuletst het nur ein mantel noch.
Ongfer ein schwalben het vernomen,
Sprach: „Nun wird bald der sommer komen!"
Verzehrt den mantel auch im wein
Und meint, es solt nun sommer sein.

---

70. 7 schlauch, Behälter für Flüssigkeit überhaupt, Topf ꝛc.

Da kam ein frost und tiefer schnee:
Für großer kelte ward im we,
Und war erfroren mer denn halb.
Fand ligen eine tote schwalb;
Er sprach: „Jetzt müt mich nit mein schad,
Weil die auch iren lon jetzt hat.“
¶ Ein einig schwalb macht keinen sommer;
Ein bißen brot stillt nit den kummer.
Ein jeglich ding hat sein bescheit,
Wenn es geschicht zu rechter zeit.

Die zweiundsiebzigste Fabel.

Von einem Holzhauer.

Holz hieb ein armer man im walt;
Bei einem waßer im entfallt
Sein bil, entsprang im aus dem helb
Und fiel ins waßer gleich daselb.
Er wolts suchen, es war zu tief;
Aus angst Mercurium anrief
Und sprach: „Du tust mich oft ernern,
Woltst mir ein ander bil beschern.“
Mercurius tet sichs erbarmen,
Erschein zu hand demselben armen
Und zeigt im da ein gülden bil
Und sprach: „Ists das, welchs dir entfiel?“
Er besahs und sprach: „Es ists nit, herr.“
Da bracht er im ein silberns her
Und sprach: „Besihs, ist das nit dein?“
Als ers besehen het, sprach: „Nein.“
Er zeigt im eins von eisen gmacht;
Sprach: „Das ist mein!“ Mercuri lacht,

---

71. 13 **müen**, ärgern, verdrießen. — 17 **hat sein bescheit**, ist in Ordnung.

72. 3 **bil**, mhd. bihel, bigel, Beil. — 7 **ernern**, retten, aus der Noth helfen. — 10 **erschein**, erschien.

Sahe, daß er from, one schulden,
  Gab im das silbern mit dem gulden.
Ward fro; sagt solchs daheime nach.
  Da solchs seinr gsellen einer sach,
Warf sein axt auch daselb hinein,
  Setzt sich dabei nider und grein.
Mercurius die sach vernam,
  Mit einer gülden axt herkam,
Sprach: „Ist die dein, so nims zu dir.“
  Er sprach: „Sie ists, gebt sie nur mir.“
Mercurius sein meinung sach,
  Mit zorn zum selben bauren sprach:
„Wie darfstu so frevelich liegen?
  Meinst auch die götter zu betriegen?
Derhalben bistu gar wol wert,
  Daß dir dein axt nicht wider werd.“
¶ So gets: wer allzu vil wil haben,
  Tut im selber ind eisen traben.
So ser als Gott beliebt die schlechten,
  So straft er auch die ungerechten.

Die dreiundsiebzigste Fabel.

Vom Fuchs und einem Birnbaum.

Einsmals der fuchs on als gefer
  Kam laufen übers feld daher
Bei einem dorf nach einer hennen.
  Dieselb entlief im in die tennen,
Daß ers also must laßen gan.
  Auch warn die hund nit weit davon.
Da trollet sich der fuchs so bald
  Den berg hinauf nach jenem wald

---

72. 20 gulden, geldenen. — 21 nachjagen, erzählen. — 24 grein, praet. zu mhd. grînen, greinen, weinen. — 36 in die eisen (Hufeisen) traben, in den Eisen liegen, auf den Fersen sein; Frisch s. v., sich selbst in Noth bringen. — 37 schlecht, schlicht, ehrlich.

73. Waldis hat an Stelle der Traube die Birne gesetzt.

Mit lerem bauch; da fand er stan
  Ein birnbaum schon und wol getan;
Stund hoch dort oben an eim zaun
  Voll schöner birn, gelb, rötlicht, braun.
Da ers sahe, ward der fuchs so fro,
  Er sprang frölich und sprach: „Da, do,
Hie ists, da ich mich laben sol,
  Habs ee geßen, sie schmecken wol.“
Lief undern baum und sucht die birn.
  Da war fürhin ein kleine dirn
Des morgens mit eim korb gewesen
  Und hets allsamen aufgelesen,
Dem armen fuchs gar kein gelaßen.
  Da ward er zornig über dmaßen
Und so verbittert gar und ganz;
  Er schlug an baum mit seinem schwanz
Ein mal, drei, vier; doch keine fiel.
  Er sprach: „Fürwar, ich ir nit wil;
Sein noch nit reif, ja hart und saur;
  Es freß kein hungeriger baur.
Ich kenn gar wol das ungeziber;
  Ders ißt, der kriegt fürwar das fieber.
Wenn ich auch gunt hinauf zu steigen,
  Möcht ich in letzen an den zweigen;
Ee ich dem baum wolt schaden tun,
  Nem ich ein gans ja für ein hun.“
¶ Bei dem fuchs werden angezeigt,
  Die zu den dingen sein geneigt
Und sten darnach mit alln geberden,
  Die in doch nimmer mögen werden.
Die teten recht, daß sich des maßen,
  Von unmüglichen dingen laßen.
So bald dir nit ein ding mag werden,
  Vergrab dein danken in die erden
Und sprich: Was mir nit wol mag wern,
  Da wöll mir Gott den sin abkern!

---

73. 29 ungeziber, unnützes Zeug. — 42 danken, Gedanken, Sehnen, Begehren.

Die vierundsiebzigste Fabel.

Von einem Knaben und dem Scorpion.

Beim weg ein kleiner knabe gieng
Im sommer und die grillen fieng,
Spielt mit muscheln und kleinen schnecken
Und griff die grüne heuschrecken.
Da fand er auch ein **scorpion**,
Den wolt er auch ergriffen han.
Der **wurm des** knaben **einfalt** sach,
Kert sich bald **umb und zu** im sprach:
„**Hüt** dich! wo **du mich wirst** anrüren,
So tustu **dich nur** selbs verfüren
Und komst in deinr unwißenheit
Umbs leben und in ferlichkeit."
¶ Wer gute warnung gern annimt,
Dem großen schaden oft entkümt,
Wenn er sich nit tut übereilen,
Bedenkt die sach von beiden teilen,
Den lert die fürsichtigkeit wol,
Was er tun oder laßen sol.

Die fünfundsiebzigste Fabel.

Vom Weidman und einer Wachteln.

Ein weidman lang den wachteln pfeift,
Biß er zuletsten ein ergreift.
Die seufzet und sprach: „Lieber weidman,
Ich bit, wöllest mich leben lan,
So wil ich dir das angeloben,
Solt wachteln gnug zu fahen haben,
Wil dirs mit haufen einher füren,
Daß du solt haben gnug zu schmieren."

75. 8 schmieren, fetten.

Der vogler sprach: „Nu solt nit leben,
Weil du bist so gar übergeben
Und wilt dein eigen freund verraten,
Drumb soltu werden erst gebraten."
¶ Wer seinem bruder tut nachstellen,
Daß er in mög mit listen fellen,
Der hat verdient, ists auch wol wert,
Daß in erwürg seins vatters schwert.
Man sagt, es sei kein größer misteter
Denn seins eigen vatterlands verräter.

Die sechsundsiebzigste Fabel.

Vom Hasen und der Schnecken.

Ein has belacht ein arme schneck
Und sprach: „Du ligst so tief im dreck;
Soltest eim hund also entlaufen,
Ja in der pfützen wurdst ersaufen."
Da sprach die schneck: „Weil du nun mich
Verachtest so gar jemerlich,
Des ich mich nit versehen het,
Wil mit dir laufen in die wett.
Der fuchs sol stecken uns das ziel,
Zwen schritt zuvorn dir geben wil;
So sol man sehn heut disen tag,
Was die schneck und der has vermag."
Dem gschahe also; er nam drei schritt:
Da blieb er sitzen, achtets nit.
Ein süßer traum in da ergriff,
Wol in die dritte stunde schlief,
Gedacht: derhalben darfst nit eil,
Gee gmach und nim dir wol der weil.
In dem seumet sich nit die schneck,
In einem gang kroch für sich weg,

---

75. 10 übergeben, verloren, frech, schlecht.

Biß sie zum erst erlangt das ziel;
Da felt dem hasen noch gar vil.
Die schneck kam bei scheinender sonnen:
Da hets dem hasen angewonnen.
¶ Mancher sich auf sein sterk verleßt,
Ist warlich darumb nit der best,
Schleft deste lenger, seumet gern.
Man sagt: mit mußen komt man fern.

Die siebenundsiebzigste Fabel.

Von der Weiden und einer Art.

Es hieb ein baur ein große weiden
Mit seiner axt; das must sie leiden,
Daß er auch mit demselben beil
Aus der weiden macht große keil.
Da schrei die weid: „Owe und ach!
Es wer gnug an dem ungemach,
Daß mich der man het abgehauen;
Zum großen unglück muß anschauen,
Daß er macht keil aus meinem leib,
Damit er mich zu stücken treib."
¶ Wenn uns die feinde schaden tun,
Ist merer teil verdienter lon;
Das ist im herzen ein feurig spieß,
Wenn uns die freunde tun verdrieß.

76. 24 angewinnen, wie im Mhd. gewinnen an, abgewinnen. — 28 mit mußen komt man fern, nach dem Sprichwort: festina lente, Eile mit Weile.

77. 14 Im Text als Druckfehler: „feinde", der Sinn verlangt: „freunde".

Die achtundsiebzigste Fabel.

Von zweien Bäumen.

Für einem hagen an eim rein
Stunden zwen schöner bäume sein,
Ein birnbaum und ein apfelbaum;
Dazwischen war ein wenig raum.
Die beid stets mit einander kriegten,
Einander vil scheltwort zufügten;
Ein jeder daucht sich sein der best,
Drumb wolt auch keiner sein der letst.
Irs adels halben war der krieg.
Keinr dem andern ein wort verschwieg.
Ein dornbusch stund zwischen in beiden,
Der kunt den kief nit lenger leiden,
Den er so lang het angehort:
In verdroßen die lesterwort,
Gedacht: möcht ich das üppig kempfen
Entscheiden und in freundschaft dempfen!
Und sprach zun selben schonen beumen:
„Ich bit, ir wölt solch unlüst reumen.
Was hilfts, daß ir einander plagen?
Weil ir seid zamen freund und magen
Von hohen bäumen, edlen stemmen,
Drumb solt ir nit einander hemmen,
Sondern wie freund gütlich vertragen.“
Da ließen in die bäume sagen
Und legten ab alln neid und haß:
Der dornbusch bracht zu wegen das.
¶ Es komt oft, daß ein gringer man
Ein große sach entscheiden kan
Bei großen herrn, die sich nit wöllen
Durch herrn laßen zu frieden stellen,
Laßen sich oft mit klugen reden
Vom gringen man sprechen zu freden,

---

78. 10 ein wort verschweigen, die Antwort schuldig bleiben. — 12 kief, das Keifen. — 18 reumen, aufgeben. — 32 zu freden, nds.

Wie Esopus, der ungeschlacht,
Durch seine weisheit frieden macht
Zwischen Cröso, dem könig reich,
Der dazumal het keinen gleich,
Daß im das land zu Samo dankt
Und er damit groß lob erlangt.

—

Die neunundsiebzigste Fabel.

Von zweien Maulwerfen.

Von art sein alle maulwerf blint,
Kein sehenden man nimmer findt.
Zwen lagen zamen in der erden,
Da sie ernert und gboren werden.
Zu seinem vatter sprach der klein:
„Lieber, was mag das neues sein?
Ich riech ein starken gschmack vom broten
Und vom fleisch, als obs wer gesoten.“
Nit lang darnach sprach abermol:
„Sih doch, was ich dir zeigen sol:
Ein hohen ofen wol durchhitzt,
Und wie das feur fast umbher blitzt!“
Bald über eine weil nit lang
Sprach er: „Ich hör ein hellen klang
Von hämmern auf ein amboß schlagen:
Was wunders wird sich nun zutragen?“
Des lacht der alt, sprach: „Liebes kind,
Ich halt, du bist nit allein blind,
Du hast die nasen und die orn,
Wie mich dunkt, zum gesicht verlorn.“
¶ Es ist mancher so gar rumretig,
Sich selb zu preisen wundertetig,

---

78. 33 **Esopus**, Vgl. im 1. Theil „Das Leben Esopi“.
79. 7 **geschmack**, auch für Geruch, wie im Mhd. — 22 **wundertetig**, außerordentlich thätig.

Fert oben aus, sich nergn anstößt,
  Doch sich zu mermaln selber tröst:
Wenn er groß von im selber gicht,
  Sich oft in seiner red verspricht
Und wird im kleinen lügen straft,
  Da er sich großes lobs verhofft.
Wer sich liegens wil understan,
  Der muß ein frisch gedechtnus han.

Die achtzigste Fabel.

Von der Wespen und Wachteln.

Als ein wespe und wachtel gro
  Ausflohen mit einander do
In einem dorren sommer heiß,
  Daß eim jeden ausbrach der schweiß,
Zu einem bauren solcher gstalt,
  Daß er aus seinem brunnen kalt
Jedem ein waßertrunk wolt geben,
  Vor durst köntens nit lenger leben.
Die wachtel sprach: „Gibstu uns das,
  Sol dir der wein geraten baß!"
Die hornus sprach: „So wil ich fliegen
  Umb den garten, daß nit die ziegen
Tun schaden, oder sonst ein ber;
  Tag, nacht wil ich fliehen umbher."
Da sprach der baur: „Wer leichtlich glaubt
  Die ding, damit er nicht begabt,
Der leugt oft, wenn er nicht geleist.
  Ich hab zwen starker ochsen feißt,
Die globen nichts und tun doch vil;
  Den ich mein waßer geben wil.

---

79. 23 nergen, nds. nirgend. — 25 gicht, von jehen, mhd. praes. gihe, sprechen.

80. 1 gro, grau. — 5 solcher gestalt, damit daß. — 17 geleisten, wie leisten.

Frag nit nach solchen losen boßen:
Mein brunn bleibt wol vor euch beschloßen."
¶ Wer sich legt auf die faule seiten,
Wil sich neren von andern leuten,
Dem schadts nit, daß sein anschlag feilt,
Und nit all zeit wird mitgeteilt.

Die einundachtzigste Fabel.

Vom Jupiter und der Schlangen.

Da Jupiter wolt hochzeit haben,
Kamen all tier, brachten gaben,
Ein jeder gab, was er vermocht.
Die schlang ein schöne rosen bracht.
Jupiter sprach: „Von allem tier
Nem ichs, wie sie es bringen mir;
Aber die schöne rote rosen
Nem ich fürwar nit von dem bösen."
¶ Wenn eim die bösen gaben geben,
So darfs wol, daß man sehe gar eben,
Daß nicht der schalk darin verborgen:
Vorm frommen darfst dich nit besorgen.

Die zweiundachtzigste Fabel.

Von einem Floch.

Ein floch stach einen, daß er rief
Und bald dasselbig tier ergrif;
Er fragt: „Was bistu für ein tier,
Daß du on schuld tust schaden mir?"
Er sprach: „Ich bin der gsellen ein,
Die den leuten so schedlich sein

81. 10 darfs, bedarf es, ist es nöthig.

Und stechen, wo sies überkommen,
Jedoch das leben ungenommen.
Drumb laß mich wider anhin hupfen,
Daß ich ein andern auch mög rupfen."
Er sprach: „Hör wol, wilt nit ablan,
Denkest noch mer schaden ze ton.
Du komst nit mer zu dein genoßen,
Zwei hörner dir den hals abstoßen."
¶ Wer bös zu tun im herzen hat
Und kans nit bringen zu der tat,
Der ist auch solcher straf wol wert,
Die den mistetern ist beschert.

Die dreiundachtzigste Fabel.

Vom Man und zweien Frauen.

Als im glenz und im meien grün
Ein man ward so gar frech und kün,
Des geils und kützels also voll
Und nam zwei weiber auf ein mal;
War nit zu jung, auch nit zu alt,
Sein har halb grau, halb schwarz gestalt.
Das ein weib war nun wol betagt,
Het den gorren schier abgejagt;
Die ander war noch frisch und jung,
War wol gerüst zum stoß und sprung.
Die jung börstet im oft den kopf:
Wo sie fand graue har im schopf,
Zohe sie im aus; desgleichen tet
Die alt, doch andre meinung het:
Sie rauft im aus die schwarzen har,
Biß im der kopf ward kal und bar.

82. 7 **es überkommen**, dazu kommen können.

83. Letzte (hundertste) Fabel des Remicius als Schluß der Sammlung des Dorpius 1532. Die folgenden Fabeln stammen aus verschiedenen, nicht im Einzelnen nachweisbaren Quellen, einzelne vielleicht aus mündlicher Tradition. — 3 **der geil**, die Geilheit. — 8 **den gorren abgejagt**, den Gaul müde gemacht, abgetrieben.

Denn wie sie im beid waren hold,
Gedacht ein jede, daß er solt
Sich dester e zu ir gesellen.
Damit in teten gar verstellen:
Zu schand **für** jederman must stan
Und solchs für seinen fürwitz han.
¶ **Eim alten rat,** daß er so bleib:
Ferlich ists, daß er nimt ein weib;
Kan er sich aber nit enthalten,
Laß ers mit seines gleichen walten.

Die vierundachtzigste Fabel.

Vom Pferd und einer Fliegen.

Im karren zohe ein altes ros;
Drauf lag ein last gar schwer und groß,
Das im zu ziehen ward ganz saur.
Mit einer geiseln triebs der baur.
Das sah ein flieg und flohe hinach,
Dasselbig pferd gar weidlich stach
Und sprach: „Gee fort, gar sere lauf,
Sunst hör ich nit mit stechen auf.
Denn ich bins, **der** dich so ser sticht."
Das pferd sprach: „Zwar, es schadt mir nicht.
Dein bochen mich gar wenig letzt;
Der baur mich mit der geiseln hetzt.
Wenn mich derselb nicht fort hieß gan,
Deinthalben blieb ich wol bestan."
¶ Wer an im selber ist gar nichtig
Und zu allem guten untüchtig,
Wenn der etwan ein frummen sicht,
Welchen das unglück hart anficht,
So muß er auch sein trutzen fülen,
Und wil sein mütlin an im külen,

---

83. 20 verstellen, entstellen, häßlich machen. — 26 walten, geschehen.
84. Romulus II, 17; Boner 40.

So er doch selb nit so vil töcht,
Daß er im das handwaßer brächt.
Wer ligt und selb nit auffsten kan,
Den überlauft bald jederman.

Die fünfundachtzigste Fabel.

Von dem Hornüsch und einer Binen.

Zu dem hornüschel kam ein bin:
„Sag, was hastu damit im sin,
Daß du so feindlich einher schnurrst
Und mer denn unser fünfe murrst?
Heltst dich so trutzig und so prechtig,
Als werst noch zehenmal so mechtig.
Taugst doch zu keinen guten sachen,
Kanst weder wachs noch honig machen
Und suchst gleich mir in grüner heid
Und süßen blumen deine weid,
Ja, welchs das aller ergste ist,
Mit triegerei und falscher list
Stilst und verzerst die edlen gaben,
Die wir mit arbeit gsamlet haben;
Auch schwermst so hoch und prechtig her,
Als ob deins gleichen niergen wer,
Machst dich auch bei den leuten rüchtig,
Als werstu edel, frum und züchtig.
Kanst doch nit mer denn hauen, stechen,
Den baurn die leimen wend zubrechen."
Er sprach: „Hör mich, mein liebe mum:
Mit bosheit gwint man auch oft rum.
Ich wolt (wie durch tugent die frommen)
Auch gern durch schand zu eren kommen."
¶ Die welt ist jetzt so gar verrucht,
Daß sie durch schand oft ere sucht.

---

84. 21 töcht, vdl. döcht, taugt. — 24 überlaufen, überhin laufen.
85. 17 sich rüchtig machen, sich rühmen, sich in den Ruf bringen.

Denn wer sich nit der tugent fleißt,
Redlich in eren sich beweist,
Dem sagt man auch kein lob nit noch,
Wie billich ist; so tobt er doch
Und machts so, daß man von im sag,
Setzt leib und leben in die wag,
Tut gleich wie Sorostrates tet,
Seinr tugent halb kein rum nit het,
Der zündt den schönen tempel an
Zu Epheso in Asian,
Der hoch berümt und weit bekant,
Der Diane, in ganz Griechenlant.
Da man in fragt, warumb ers tan,
Er sprach: „Ich muß ein gdechtnus han,
Auf daß man in zukünftgen tagen
Auch etwas wist von mir zu sagen.“

Die sechsundachtzigiste Fabel.

Vom Ochsen und einem Wider.

Der wider, geborn von einem schaf,
All sein genoßen übertraf:
Ein starker schelm und böser tropf,
Der trug zwei hörner auf seim kopf,
Die waren knorrecht, rund gebogen,
Zun seiten umb den kopf her lagen.
Darauf er sich trutzlich verließ,
Die andern all zu boden stieß,
Es weren geisböck oder wider,
So warf ers in eim stoß darnider.
Derhalben sich gar hoch aufmutzt,
Zu ser auf seine sterke trutzt
Gleich einem ber und wilden tier.
Legt sich in kampf mit einem stier

---

85. 33 Sorostrates, Druckfehler? es soll heißen Herostratos, der Zerstörer des Tempels der Diana zu Ephesus.

Und widern selben feindlich kriegt;
  Gedacht: ich hab vor stets gesiegt,
Stoß in auch in eim hui zur erd,
  Daß er meinr sterk auch innen werd!
Und sich bald an den ochsen rieb.
  Derselb ein wenig steen blieb,
Zorniglich bei im selber dacht:
  Wer hat dich jetzt so trutzig gmacht?
Und auf den wider gar ergrimt
  Ein starken dapfern zulauf nimt.
Im ersten stoß also erschreckt,
  Daß er all viere von im streckt,
Das blut im aus der nasen schoß,
  Sein ghirn im umb die oren floß.
Wie er das spiel verloren sach,
  Sterbend er zu im selber sprach:
O we mir groben, tollen narren,
  Daß ich mich leget an ein farren,
Dem ich nit gleich erschaffen bin;
  Mein sterk und leben fert dahin!
¶ Wer nit seim ding tracht weislich nach,
  Vermißt sich in der erst zu hoch,
Derselb auf halbem weg erligt
  Und oft den spot zum schaden krigt.
Ob du ein gringen kanst erlegen,
  Soltu dich drumb nit bald erwegen,
An einen größern dich zu reiben,
  Sunst wird er dir den geil eintreiben;
Es ist vil beßer, erst besinnen,
  Was deine schultern tragen künnen.
„Ein schifflin klein", wie Naso sagt,
  „Das sich aufs kleine waßer wagt
Und auf eim engen teich kan schweben,
  Sol sich drumb nit ins mer begeben."

86. 32 sich legen an, an etwas wagen, anbinden mit.

Die siebenundachtzigste Fabel.

Von einem Haubtman und seinem Caplan.

Als Franciscus, der franzen könig,
　Wider Meiland fürt große krieg,
Zugleich auch wider die Eidgenoßen,
　Welch stet zu kriegen unverdroßen,
Zohe er mit fünfzig tausend man,
　Das land nam ein, die schlacht gewan.
Der landsknecht het ein großen haufen,
　Die weit und breit dem krieg nachlaufen.
Da war ein haubtman, hieß der Schorb,
　Ein junger gsell, ein wüster korb,
Het ein pfaffen zum capellan,
　Ein trunkner boß, ein wüst compan.
Als sie daselb lagen im felt,
　Zechten sie in des haubtmans zelt.
Als sie nun waren wol bestaubt,
　Eim jeden stieg der wein zum haubt,
Tet sie frölich und lüstig machen,
　Redten nichts denn von krieges sachen,
Wie redlich jeder het gestritten
　Und vor den feinden vil erlitten.
Denn wie der schifman sagt von winden,
　Der jäger von den hirsch und hinden,
Der schäfer zelt stets seine hert,
　Ob sichs auch beßert und vermert,
Ein ackerman lobt seine farren,
　So zeigt der landsknecht seine schmarren;
Ein jeder lust und gfallen hat
　An dem, damit er stets umbgat.
Der haubtman zu dem pfaffen sprach.
　„Lieber, bericht mich einer sach.

87. 10 korb, die Bezeichnung hängt wol mit „Schandkorb", einer Art Käfich, zusammen, in welchem Uebelthäter ins Waßer getaucht wurden? Den Namen „Körbe" gab man auch z. B. in Nürnberg den bei Anfertigung des Meisterstücks durchgefallenen Handwerkern, Korbbrüdern. Also wäre die Bedeutung: untauglicher, ungeschickter Mensch. — 12 boß, geringer Knecht, Bursch, vdf. — 26 schmarre, Narbe.

Wenn wir landsknecht in stürmen, schlachten
    Umbkommen und nach Gott nicht trachten,
Auch sonst kein engel tut bewarn,
    Wo mögen unser seel hinfarn?"
Er sprach: „Dort niden in der hellen,
    Da finden sich vil guter gesellen.
Ligt ein wirtshaus, ein groß tabern,
    Daselben niemand herbergt gern.
Der wirt ist auch eim jedern gram,
    Da ists so warm, da schleht der flam
Auch allezeit zum fenster naus,
    Man nennt es auch in nobishaus.
Da ists mitten im winter heiß,
    Daß eim vor angst ausbricht der schweiß,
Daß man sich kan behelfen kaum.
    Da stet ein großer lindenbaum;
Wenn die landsknecht werden erstochen
    Oder kommen umb durch balgen, bochen,
So farn die seelen von der erden,
    Am selben baum zu blettern werden.
Wenn denn die teufel aus der hellen
    Raus laufen und sich külen wellen,
Beginnt sies in dem bauch zu reißen,
    Bald undern selben baum gen scheißen,
Sich zu erquicken und erfrischen,
    Den ars an dieselben bletter wischen."
¶ Wiewol das kriegen kan geschehen
    Mit Gott und recht, wie wir denn sehen
Vil gottesförchtiger leut der alten,
    Die sich vor Gott han recht gehalten
Und dennoch große krieg gefürt,
    Gschlagen, worgt, vil bluts verriert,
Auch die jetzund fürn gmeinen nutz
    Und irem vatterland zu schutz,
Auch welch der oberkeit gebot
    Erfordert und die gmeine not.
Drumb ists nit bald eim jedern recht,
    Wie jetzt ingmein ritter und knecht

---

87. 37 tabern, Taverne, Wirthshaus. — 42 nobishaus, nobiskrug, die Hölle. — 62 verrieren, mhd. rēren, tröpfeln, vergießen. — 66 erfordern, nöthig haben, brauchen.

Mutwillig ziehen hin zu kriegen,
Laßen irn bruf daheimen ligen,
Setzen leib, leben, haut und har,
Gut, er, weib, kind in alle far:
Die acht ich gut zu solchen sachen,
Der teufel ein arswisch aus in mache.

Die achtundachtzigste Fabel.

Vom lügenhaften Jüngling.

Sich zu versuchen, ein junger knab
Weit hin in fremde land begab,
Daß er vil sehe, hört mancherlei;
War aus ongfer ein jar zwei, drei.
Als er nun wider heimhin kam,
Sein vatter in einst mit im nam,
Daß er gsellschaft het und kurzweil,
Zu einer stadt über zwo meil.
Da schwatzten sie von mancher handen.
Der vatter fragt, was er in landen
Von wunder gsehn und seltzam tier;
Er sprach: „Vatter, nu glaubet mir,
Am mer zu Lissibon im Sund
Sahe ich so gar ein großen hund,
Der ward geschetzt vil tausent wert
Und war vil größer denn ein pfert.“
Der vatter gunt die lügen merken,
Sprach: „Hab bei alln geschaffen werken
Desgleich nit gsehn, gehört, noch glesen:
Es ist ein großer hund gewesen.
Doch findt man gar vil seltzam stücken:
Gleich wie da vor uns ist ein brücken,
Wer des tags hat ein lüg gelogen
Und kumt daselb hinüber zogen,

---

88. Stainhöwel, Extravagantes 17; De milite vulpe et armigero 190; deutsch 191ᵃ.

Sei selbander oder allein,
  Mitten auf der brücken bricht ein bein."
Der knab erschrack; wolt doch nit gern
  Ein lügner sein, der er entbern.
Begab sichs über ein ebne weil,
  Sprach: „Vatter, wöllet nit so eiln;
Sagt mir auch etwan seltzam schwenk."
  Er sprach: „Des hunds ich noch gedenk,
Der ist gewesen one moß."
  Er sprach: „Er war nit also groß.
Wenn ich die warheit sagen sol,
  Wie sonst ein esel war er wol."
Da gunten sie der brücken nahen;
  Er sprach: „Ich kan mich nit entschlahen
Der gdanken dises hundes halb."
  Sprach: „Er war wie ein järig kalb."
Sie giengen fort biß umb mittag
  Und daß die brück da für im lag.
Der knab sprach: „Wolt euch nit bekümmer,
  Ich kans euch zwar verhalten nimmer,
Den schwank, den ich euch vom hund sagt,
  Damit ir mich nit weiter fragt,
Er war gleich wie ein ander hund,
  Denn daß er umb und umb war bunt
Und scheckecht über seinen rucken."
  Er sprach: „So ist auch dise brucken
Gar nit schädlicher denn die andern,
  Magst wol unbschedigt drüber wandern.
Allein hüt dich ein ander mol:
  Wenn du wilt liegen, bdenk dich wol,
Daß dus also gar krumb nicht dreist,
  Daß du es auch zu fidern weist."
¶ Wer sich aufs singen sol begeben,
  Der muß nit all zu hoch anheben,
Daß ers auch kan zum end ausschreien:
  Also wems liegen wil gedeien,
Der muß nit nauf ind wolken treiben,
  Hie niden bei der erden bleiben,

88. 48 denn daß, nur daß. — 55 dreien, drehen. — 56 fidern, mit Federn ausstatten, zustutzen, ausstaffieren: bei Frisch, Wörterbuch S. 315, steht die Redensart: „eine Lüge wohl staffieren, mendacio fucum addere".

Sonst gets im wie dem edelman:
Der nam sich großer lügen an,
Zeugts mit seim knecht, der bei im war,
Ders im verjahet ganz und gar,
Damit der junker blieb bei eren.
Als er nun tet die lüg vermeren
Und log von lüften und den winden,
Drauf kunt der knecht kein antwort finden
Und sprach zum junkern: „Nit also!
Wolt ir eurs liegens werden fro,
So bleibt hie niden bei der erden,
Auf daß euch mög geholfen werden;
Denn wenn irs allzu grob wolt spinnen,
Werdt irs zuletst nit fedmen künnen."

Die neunundachtzigste Fabel.

Von einem Hunde.

Mir ward von Straßburg neulich kund:
Da saß ein bürger, het ein hund,
Den er mit fug und ungefug
Glert, daß er im den korb nachtrug.
Wenn er zu markt kauft fleisch und fisch,
Käs, eir, und was man darf zu tisch,
Pflag er, wie im sein herr tet sagen,
Im selben korb fein heim zu tragen,
Daß sich nicht blümmern dorft derhalb.
Einst kauft er von eim feißten kalb
Ein braten und die kuttelflecken,
Tets in den korb zusamen stecken
Und gabs dem hund, wie er sonst pflag,
Und sprach: „Nims hin und heimhin trag!"

88. 76 fedmen, einfädeln.
89. Pauli, Schimpf und Ernst, 370? — 11 kuttelfleck, Stücke vom Eingeweide.

Er gunt den korb ins maul zu faßen
  Und trug in durch ein lange gaßen.
Da warn vil hund, die in anzaunten
  Und sich all über in ermannten,
Umbs selbig fleisch sich mit im bißen,
  Daß im zuletzt den korb entrißen;
Denn ir war sunst ein ebner stoß,
  Und waren im auch vil zu groß,
Daß er sich dleng nit kunt erwern.
  Huben das fleisch an zu verzern,
Fraßens und hetten ein groß gedös,
  Bißen sich weidlich umb das krös.
Er dacht: es wil den ritten han!
  Und nam sich auch des freßens an.
„Sihe wol, es wil verzeret sein!“
  Fraß serer denn der ander kein.
¶ Bei disem hund wird warnung tan:
  Wo etwan ist ein biderman
In kriegs not, in der bösen zeit,
  Wenn Hans Marter und bruder Veit
Mit großen rotten bei im hausen,
  Durch alle winkel nemlich mausen,
Gar unziemlich freßen und saufen,
  Auf daß ja nichts mög überlaufen,
Der kan nit baß in solcher sach,
  Denn daß er sich mit in frölich mach
Und zech, gleich wie die andern tun;
  Im wird doch sonst nit mer davon.

---

89. 18 sich ermannen über, herfallen über. — 21 ebner stoß, ziemlich großer Haufe, wie oben. — 26 krös, Gekröse. — 27 es wil den ritten han, Fluchformel; Ritt, kaltes Fieber; vgl. oben. — 38 überlaufen, übrigbleiben.

Die neunzigste Fabel.

Von dreien Mönchen.

Achtzehn mönch in eim kloster warn,
Kal, glat, rund wie die narrn beschorn.
Under die kam ein große qual,
Daß sie schier starben all zumal
Biß auf zwen, waren von den alten;
Ein junger ward mit in erhalten.
Als nun die toten warn begraben,
Mit seelmeß hoch in himmel ghaben,
Da traurten fast die überblieben.
Dasselb biß an den abend trieben;
Darnach des traurens gar vergaßen,
Zum abendmal zusamen saßen.
Lang het bekümmert sich ein jeder
Umb dieselben verstorbnen brüder,
Daß sie des wurden auch ergetzt.
Wie sich ein jeder het gesetzt,
Ward erst herbracht ein warm gemüs,
Das war bestraut mit zucker süß.
Der eltest nam ein leffel balt,
Het gmeint, das mus wer eben kalt,
Und damit nach dem rachen rennt:
Da het er bald das maul verbrennt.
Doch schwieg er still und wolts nit sagen,
Daß sich ein ander auch solt wagen,
Und sprach: „Der himmel ist gar hoch!"
Der ander tets unwißend noch,
Verbrennt sich auch in solchem geit
Und sprach: „Wie ist die welt so weit!"
Der jüngst gleich wie die andern tet,
Weil in niemand gewarnet het,
Verbrant das maul auch wie die andern
Und sprach: „Manch schalk tut darin wandern!"

90. Agricola 505. — 15 ergetzen, trösten. — 17 gemüs, Mus, Brei. — 27 geit, mhd. gît, Gier, Gefräßigkeit.

Warf hin den leffel, hub an und gren.
Das wundert ser die andern zwen,
Sprachen: „Ach, bruder, sagt uns heut,
Was das unzeitig weinen bdeut.“
Er sprach: „Daß unser sein nur drei,
Leben doch nit on triegerei.“
¶ Wer in trübnus und leiden schwer
Muß schwimmen, hat allzeit beger,
Daß er auch einen bei im het,
Der im im unfall gsellschaft tet.
Drumb fleißt er sich oft, wie er kan,
Daß er auch hab ein gsellschaftsman.
Es wird auch angezeigt hierin,
Daß, wie man siht, der menschen sin
Allzeit geneigt ist zu dem bosen.
Mer denn zu vil sein der gottlosen,
Und ist das menschlich herz fürwar,
Wie die schrift zeuget offenbar,
Mer aufs bös denn aufs gut geneigt,
Wie sich solchs in uns alln erzeigt.
Drumb hilfts nit, daß mans har ausrauft,
Oder sonst in ein kloster lauft
Und sich eim grauen rock vertraut,
Weil uns der schalk steckt in der haut;
Müßen diß leben so vertreiben,
Das unkraut laß beim weizen bleiben
Biß zu der ernt; jeder so leb
Und sehe zu, wie er rechnung geb
Von werken, worten und aller tat
Und was sein pfund gewuchert hat.

90. 33 **gren**, praet. zu grinen, weinen. — 57 **vertreiben**, hinbringen.

Die einundneunzigste Fabel.

Vom Wolfe und Fuchse.

Im winter kalt hin nach weihnacht
Sich ein hungriger wolf aufmacht
Aus jenem holz, lief in das felt,
Gar fleißig nach der narung stellt.
Denselben da der fuchs ersach.
Er lief bald durch ein kleinen bach
Und netzet sich da gar und ganz,
Daß im bald hart gefror der schwanz.
Lief gegem wolf und tet in grüßen.
Er sprach: „Köntst mir den hunger büßen,
Wie jens mal in dem holen weg,
Da du mir gabst ein seiten speck.
Der hunger hat mich hart beseßen,
Hab nit in dreien tagen geßen,
Und halt, du hast früh morgens heut
Gar wol gelebt an guter weit,
Umbsunst bistu zwar nit so naß."
Er sprach: „Dir solt wol werden baß,
Wenn du mochtist karpfen oder hecht,
Und ich dich etwan dahin brecht,
Da du möchtist fahn in dreien stunden,
So vil deinr fünf ertragen kunten,
Wenn du dein schwanz auch woltest netzen,
Ein stund, zwo, drei aufs eis zu setzen,
Und tetest, wie ich dich wolt lern."
Da sprach der wolf: „Von herzen gern!"
Er lief mit im hin auf das eis
Und sprach: „Ich weiß ein neue weis
Zu fischen, wil ich dir vertrauen."
Da war ein loch ins eis gehauen,
Da man das waßer pflag zu schepfen.
Er sprach: „Du solt dich heut wol kröpfen,

---

91. Stainhöwel, Extravag. 9, 165a, deutsch 166b. — 32 sich kröpfen, den Kropf, den Magen füllen.

In disem loch vil fische sein.
Den schwanz heng über dhelft hinein;
Denn mustu stetes halten still.
Und horch, was ich dir sagen wil:
So kommen zhand die fisch mit haufen
Allsamet nach dem schwanz gelaufen
Und bleiben all daran behangen,
Werden also von dir gefangen.
Du must dich aber gar nit regen
Oder im waßer den schwanz bewegen
So lang, biß ich dirs werd ansagen.
Die fisch wil dir heim helfen tragen;
Wir sein hie sicher, darf keiner forcht."
Er tet im so; der wolf gehorcht.
Bald im der schwanz im eis erstarrt;
In dreien stunden gfror so hart.
Er sprach: „Halt noch ein wenig still!
Zuhand ich dirs wol sagen wil,
Biß ich erst hinder jenem strauch
Ausleren mag den vollen Bauch."
Der fuchs bald durch den schnee so tief
Einr gans biß an das dorf nach lief.
Des wurden bald die leut gewar
Und hetzten all die hunde gar,
Dem fuchs sie haufet liefen nach;
Der fuchs weit vor den hunden floch
Und sprach zum wolf: „Es ist jetzt zeit,
Zeuhe auf den schwanz; nit lenger beit!"
Er sahe die hund und wolt auch fliehen;
Da kunt er nit den schwanz ausziehen,
War gar erstarrt vor großem frost:
Zuletst in selb abbeißen must;
Wolt er anderst retten das leben,
Must er den halben schwanz drumb geben.
¶ Wer sich behelfen kan mit liegen,
Weiß nichts denn nur die leut betriegen,
Der hat groß lust und gfallen dran:
Drumb sol sich ein fürsichtig man

91. 57 haufet, gehäuft, in Haufen.

Für solchen füchsen wißen zhüten,
Daß sie nit füchsisch in sie wüten,
Ir red nit bald in credo schreiben:
So mag er unbetrogen bleiben.

Die zweiundneunzigste Fabel.

Wie ein Seuhirt zum Apte wird.

Vor zeiten, da der geiz hub an,
Den sieg gewan, das land einnam,
Da fliß sich bald die ganze welt,
Zu trachten nach dem geiz und gelt
Mit diebstal, raub, wucher, finanz:
Drauf flißen sie sich gar und ganz.
Zucht und all erbarkeit vergaßen,
Niemand tet sich der kunst anmaßen.
Wer nit mit bracht groß gelt und gut,
Den stieß man aus, wie man noch tut.
Ja wenn Homerus selber kem,
Und all sein Musas mit im nem,
Und brecht kein gelt noch gut noch hab,
Man jagt in aus und blieb schabab.
Denn wir auch von den alten lesen,
Daß vil gelerter leut gewesen,
Da kunst doch mer denn jetzt tet walten:
Noch wurden etlich übel ghalten.
Da sagt man von eim glerten gsellen,
Der tet nach künsten fleißig stellen
Und sich denselben gar ergab,
Daß er verzert sein gut und hab,

---

91. 73 in credo schreiben, als glaubwürdig aufnehmen.

92. Die Quelle ist schwer nachzuweisen; der Schwank war mit abweichenden Fassungen der Räthselfragen sehr verbreitet, auch mündlich, z. B. in Grimm's Kinder- und Hausmärchen, Nr. 152, III, S. 236; Wolff, Hessische Märchen, 262[a] und 262[b]; als Fastnachtsspiel bei Keller, Nr. 22; Pauli, Schimpf und Ernst, Nr. 55; vgl. auch die Nachweisungen in Oesterley's Ausgabe. Ueber die Komödie des Herzogs Heinrich Julius vgl. Deutsche Dichter des 16. Jahrh., 14. Bd., S. XXXII fg. — 5 finanz, listige, wucherische Speculation.

Biß er zu letsten gar erarmt;
Doch fand niemand, dens het erbarmt,
Der im solchs tet mit hilf vergüten,
Biß er zuletst der seu must hüten.
Da war ein fürst im selben land,
Dem stieß ein unfall an die hand,
Daß er bedorft einr großen summen,
Doch wist ers nit all zu bekummen,
Wiewol ers weit zusamen schrapt.
Er het im land ein reichen apt,
Der het ganz rulich lang gehauset,
Den langt er an umb etlich tauset.
Des wegert sich der münch zum teil,
Zeigt an den gbrechen und den feil,
Hoch allegiert des klosters not;
Zum halben teil sich doch erbot.
Da sprach der fürst: „Hör, was ich sag!
Wil dir fürlegen etlich frag;
So du mich kanst in dreien tagen
Wol berichten derselben fragen,
Erlaß ich dir der bstimmten schulden
Für jede frage tausent gulden.
Erstlich sag mir on arge list,
Wie weit hinauf gen himmel ist.
Zum andern sag mir auch gut rund,
Wie tief da sei des meres grund;
Auch wie vil küfen must machen laßen,
Das große mer darin zu faßen.
Und diß sol sein das vierte stück,
Wie weit vom unglück sei das glück."
Nun war dem fürsten wol bewust,
Daß doch der apt, wiewol er sust
Reich war und großer prelatur,
An weisheit war ein grober bur —
Wie sie auch jetzt zu unsern zeiten
Künnen nur schlemmen, jagen, reiten —,
Solch hohe frag nicht wurd auflösen:
Drumb wolt er in also bedösen.

---

92. 34 anlangen, angehen, fordern. — 37 allegieren, anführen. — 43 der, von den. — 60 bedösen, ndſ. betäuben, überlisten.

Der apt, wiewol ers tet nit gern,
Doch must zu gfallen seinem herrn
Annemen die bstimmten ratzol,
Welch im nit bhagten allzu wol
Und machten im ein groß beschwern,
Wust sich derhalb auch nit zu kern.
Bei seinen brüdern suchet rat:
Da war keiner in höherm grat
Gelerter denn der apt daselb:
Zu seiner art fand er kein helb.
Für großem leid ins feld spaciert.
Ongfer wirds gewar der seuhirt;
Er kam und neigt sich gegen im,
Sprach: „Gnediger herr, wie ich vernim,
Seit ir nit frölich, wie ir pflegen.
Sagt mir, waran ists euch gelegen?“
Der apt sprach: „Wenn ich dirs schon klagt,
Davon lang schwatzet und vil sagt,
So bistu doch der man zwar nit,
Der mir könt raten etwan mit.
Wenn ich zu Cöln jetzt wer am Rhein,
Da die magistri nostri sein,
Tausent gülden ließ ichs mich kosten,
Weiß aber jetzt kein solchen posten,
Der mir die sach so bald bestellt,
Das unglück für der tür da helt.
Wo ich morgen nit antwort breng,
Werden mir alle löcher zeng,
Beschetzt werd umb vil tausent taler:
So wird mein stat und herrschaft schmaler.
Derhalben mag ich jetzt wol trauren:
Ich stieß den kopf schier an die mauren.“
Der seuhirt sprach: „Damit far schon!
Wer weiß, ob ich euch helfen kan.“
Da sprach der apt: „Schweig du des nun!
Solch ding ist nicht von deinem tun.“

---

92. 63 ratzol, ratsal, Räthsel. — 66 zu kern, zu helfen — 82 magistri nostri, die Gelehrten, Professoren, bei Ulrich von Hutten in den Epist. obscurorum virorum. — 84 posten, Postboten. — 88 zeng, zu eng. — 90 stat, Stand, Besitzthum.

Er sprach: „Herr, seit nit so verrucht;
Was tet ein ding doch unversucht?
Bit, wölt der demut euch erwegen,
Mir etwas von der sach fürlegen.
Es sein wol ee — ob ichs nit riet —
Vergebens so vil wort verschütt.“
Der apt hub an, verzelt ims gar,
Wies im beim fürsten gangen war,
Und wie die fragen warn gerüst,
Drauf er gar nit zantworten wist.
Er sprach: „Wenn ir mir folgen wolt,
Der sorg ir bald los werden solt
Und euch eins gringen underwinden.
Ließt euch in meinen kleidern finden,
Mich wider in die eur verkappt,
So wolt ich morgen wie ein apt
Vor dem fürsten von eurentwegen
Antwort geben; er solt sich segen,
Und solt leicht, wenn ir das jetzt teten,
Etlich tausent damit erretten
Und geben mir ein klein geschenk.“
Da sprach der apt: „Kum bald und henk
Mein kappen, laß ein blatten schern
Und tu recht wie ein apt gebern,
Und antwort, wie du weist, zun sachen.
Ich weiß jetzt beßer nit zu machen.
Richtstus wol aus, wil dich begaben,
Daß du dein lebtag gnug solt haben.
Ich hab michs doch wol halb getröst;
Und wurd ich so durch dich erlöst,
Es wer fürwar ein großes wunder.“
Er sprach: „Folgt mir in dem jetzunder:
Wie ich gesagt hab, also tut,
Und habt derhalb ein guten mut.“
Des morgens legt die kappen an
Und trat her in des apts person
Fürn fürsten, daß er antwort geb,
Sprach: „Gnedigr herr, daß ich anheb,

---

92. 97 verrucht, unruhig, verzweifelt? — 118 henken, umhängen.

Wie mir eur gnad hat aufgelegt,
Weil sichs denn jetzt also zutregt.
Die erst frag, die mir für gestellt,
Sich der gestalt und maßen helt:
Der himmel ist nit, wie man meint,
So hoch, wie er da für uns scheint;
Ein kleine tagreis, auch nit mer;
Mit gmeinem spruch ich das bewer.
Da Christus seinen jüngern schwur,
Darnach hinauf zum vatter fur,
Gschahs vor mittag am heilgen ort,
Denselben abent war er dort.
Das mer, dadurch laufen die schiff,
Ist auch nit, wie man meint, so tief,
Daß man sich drumb bekümmern darf:
Ist nit mer denn ein ebner steinworf.
Und wie vil kufen oder töpfen
Man dörft, das mer darin zu schöpfen?
Wo man ein het, die groß gnug wer,
So dörft man sonst kein machen mer.
Das vierte stück merkt auch dabei,
Wie weit glück von dem unglück sei:
Das ist, wie ich mich hab bedacht,
Nit weiter denn ein tag und nacht.
Necht must ich hindern seuen traben,
Jetzt bin ich zu eim apt erhaben,
Und der apt ist aus seinem orden
Komen und zu eim seuhirt worden:
So kurz sich das glückrad umbwendt."
Der fürst bald merket all umbstend,
Behagt im wol des gsellen red,
Daß er so weislich gantwort het,
Und sprach: „Für dein geschicklichkeit
Soltu bei all der herrlichkeit,
Dazu bei all den gütern bleiben,
Und laß den mönch die seu heim treiben."
¶ Weil diß wol sein mag ein gedicht,
Und ichs auch nit für ein geschicht

---

92. 142 beweren, bewären, beweisen. — 159 necht, nächten, gestern Abend.

Dasselb jemand zu glauben treib,
  Nachdem ich jetzt nur fabeln schreib,
So zeigt es doch gar höflich an
  Und gibt uns gnugsam zu verstan,
Daß man der weisheit, kunst und ler
  Erzeigen sol gebürlich er.
Obs wol zum ersten wird geschmeht
  Und oftmals ermlich betlen get,
Von ungelerten underdruckt,
  So wirds zuletst doch aufgeruckt,
Und tuts zu eren hoch erheben;
  Nach ir gebür muß oben schweben,
Und muß, wie etlich davon schreiben,
  Die schreibfeder keiserin bleiben,
Und mag die welt, wie man siht heut,
  Nit bsteen on gelerte leut.
Man stell sich auch, wie man sich stell,
  Oder bring zu wegen, was man wöll,
So kan es doch die leng nit wern;
  Der glerten kan man nit entbern.
Drumb sol sie solches nit gereuen,
  Ob sie ein weil an armut keuen,
So werdens doch zuletst ergetzt
  Und nach gebür zun ern gesetzt,
Und gliebt wird, den man vor hat ghaßt.
  Und solchs in ein kurz liedlin gfaßt
Zu Nürmberg durch ein glerten man,
  Welchs ich auch hab hinzu getan:

Wie wol umbsunst jetzt alle kunst
  An tag wird frei gegeben,
Kein wundern sol, ob er gleich wol
  Glert leut siht elend leben.
Denn merk nur auf, bei allem kauf
  So wirstu gwiß befinden,
Daß wolfeil macht all ding veracht,
  Und bleibt also dahinden.

---

92. 175 höflich, fein, hübsch. — 199 G. Forster in der Liedersammlung Nr. 120.

Doch schweig und beit ein kleine zeit,
Wird sich schon spiel erheben;
Laß gfallen dir der welt manier,
Wart doch deinr schanz daneben.
Denn weil die kunst hat schlecht kein gunst
Jetzund auf diser erden,
So muß zum end das regiment
Mit narrn besetzet werden.

Darnach aus not dich aus dem kot
Das glück herfür wird rücken,
Und geben gnug durch guten fug,
So du dich vor must schmücken.
Darumb ich rat, doch schier zu spat,
Daß man nach kunst wöll streben,
Denn wolfeil brot sol man zur not
In großer er aufheben.

Die dreiundneunzigste Fabel.

Vom Wolfe und hungerigen Hund.

Bei einem reichen bauren war
Ein hund, der het gar manches jar
Treulich gedient stets unverdroßen,
Doch het er des nit vil genoßen;
Das macht, sein herr war wunderkarg,
Das brot stets vor dem hund verbarg,
Entzohe im sein gebürlich speis,
Wie denn ist aller kargen weis,
Die eim die bißen zeln in mund.
Darab so ward derselbig hund
So dürr, onmecht und also mager,
Daß er auch kaum aus seinem lager

92. 209 beiten, harren. — 210 wird sich schon (schön) spiel erheben, werden sich die Verhältnisse günstig gestalten. — 213 schlecht kein, durchaus keine. — 220 sich schmücken, sich schmiegen, beugen, ducken.
93. Extravagantes 12; Stainhöwel 175b, deutsch 175a.; vgl. Grimm, K.- u. H.-Märchen, III, 80 fg.

Für großer schwachheit kunt aufsten
Und mit dem viehe zu felde gen.
Ein alter wolf dasselb ersach,
Kam bei den hund und zu im sprach:
„Lieber bruder, wie gets doch zu?
Ich weiß, du lebst in guter ru
Und hast ein guten, frommen herren,
Der dich auch reichlich kan erneren,
Bist doch so mager und so mat,
Als äßestu dich nimmer sat,
Kanst dich vor onmacht kaum bewegen:
Wer gnug, du hetst am fieber glegen.“
Da sprach der hund: „Ach lieber gsell,
Es ist kein ander ungefell,
Das mich so mägert und verseucht,
Denn daß man mir das brot entzeucht.
Zu geben ist mein herr so herb,
Seinr kargheit halb schier hungers sterb.“
Der wolf sprach: „Wenn du folgen woltst,
Ich wolt dich leren, daß du soltst
Bald werden gar vil baß gespeist
Und wurdest stark, glat, frech und feißt.
Drumb folg nur jetzund meinem rat.
Dein herr vil guter lemmer hat,
So wil ich morgen frü hinstreichen,
Vorm holz derselben eins erreichen
Und laufen nach dem busch so gach.
Wenn du das sihst, so folg mir nach,
Als ob du mirs woltst nemen wider,
Und fall auf halbem weg darnider;
Darnach stee langsam wider auf:
Ein schrit, zwen, drei, nit weiter lauf,
Fall wider nider wie zuvorn.
Wenn solchs die schäfer sehn und hörn,
Bald werden sies irm herren klagen
Und im daneben ernstlich sagen,
Daß er dich nachmals feißter speis
Und deiner pfleg mit größerm fleiß.“

93. 27 verseuchen, krank machen.

Der hund bewilligt zu den sachen.
Der wolf tet sich zun schafen machen,
Ein feißtes lamb daselb ergriff.
Das sahe der hund, bald nachhin lief,
Und stürzt nider auf halbem weg,
Als ob er wer vor hunger treg.
Zum lauf sich wider wolt begeben;
Da kunt er sich gar nit erheben,
Dieweil der wolf von dannen eilt.
Der schäfer sprach: „Dem hund nichts eilt,
Denn daß er nit gut bißlin nascht,
Sonst het er wol den wolf erhascht.“
Lief heim und sprach zu seinem herren:
„Wenn sich der hund möcht weidlich neren
Mit feißten suppen, fleisch und brot,
So hets umb unser schaf kein not.“
Und sagt im alles, was geschehen,
Was er vom hund und wolf gesehen.
Der herr ward zornig, sprach zu stund:
„Macht bald ein suppen disem hund
Von weichem brot, fleisch gnug dazu,
All abent spet und morgens fru,
Daß er sich weidlich mög aufkröpfen
Und seine sterke wider schöpfen,
Daß er den wolf ein ander mal
Erwürg, die lemmer wider hol.“
Da tet man in bald baß versorgen
All mittags, abents und all morgen
Mit brü und fleisch, brot und gemüs:
Das tet im wol und schmeckt im süß.
Da gwan er bald ein feißten kropf
Und ward fein glat umb seinen kopf.
Darnach sichs bgab über etlich tag,
Beim vieh vor jenem holze lag;
Der wolf kam wider gschlichen her,
Sprach: „Grüß dich, bruder! Ei wie ser
Hastu in kurzer zeit zugnummen,
Gott geb, daß dirs muß wol bekummen.“
Da sprach der hund: „Dein unterricht
Hat wol geholfen, wie man sicht.“

Da sprach der wolf: „Hör, was du tust;
In disem mir auch folgen must.
Ich kum heut wider zu der herd
Und nem ein scheflin on geferd;
So lauf mir nach in aller moß
Gleich wie zuvorn, und in mich stoß,
Als ob du mich woltst gar auffreßen:
Doch wöltst deinr ere nit vergeßen,
Sondern fall nider in den staub
Und welzer dich ein weil im laub,
Als ob dich nit erholen küntst
Und nit fest auf den füßen stündst.
Draus wird folgen, daß man dich balt
Mit speis noch baß in eren halt,
Denn noch bißher geschehen ist.
Denn wird mein ler und große list
Bestetigt und sein bracht in brauch
Für deinen und für meinen bauch.“
Der hund, wiewol vorm herrn sich forcht,
Jedoch dem wolf hierin gehorcht,
Tet noch das mal, wie er in hieß,
Und noch ein scheflin nemen ließ.
Da solchs dem herrn ward angesagt
Und heftig übern wolf geklagt,
Da sprach er bald zu allem gsind:
„Seht zu, daß ich fürbaß nit find,
Daß ir dem hund ichts laßt gebrechen,
Sonst werd ichs gröblich an euch rechen.
Denn ich achts beßer, daß der hund
Gespeist, daß er werd stark und gsund,
Daß er den wolf mög übermannen,
Denn daß mans im so eng solt spannen
Mit eßen, trinken, ru und schlafen;
Das geb mir nachteil an den schafen.“
Und sprach: „Hat er an eim pfund fleisch
Nit gnug zumol, daß er mer heisch,
So gebt im mer, und das gesotten,
Sei schweinen oder kelbern broten.“
Dem gschahe also; da gewan der schalk
Ein dicken, feißten, glatten balk,

In all sein glidern ward gesterkt.
Da solchs der wolf nun aber merkt,
Er kam und rümt sich seiner kunst,
Damit er mocht noch größer gunst
Bei im erlangen und mer freuntschaft,
Und sprach: „Hab großen nutz geschafft
Und dich zu hohem glück erhaben,
Beger doch keine große gaben
Dafür, denn daß du jetzund dich
Erzeigest dankbar gegen mich.
Mit einem schaf nur werd vergolten;
Damit soltu sein loß gescholten.“
Da sprach der hund: „Es hat kein fug;
Vor deine kunst hast mer denn gnug,
Zwei lemmer habens schon bezalt:
Damit dich meiner schaf enthalt.
Treibstu darüber ungefug,
So sihe dich für, damit seis gnug!“
Der wolf sprach: „Lieber, laß geschehen,
Wöllst noch einst durch die finger sehen,
Daß ich meinr kunst auch müg genießen,
Und laß mich dißmal ungebißen.“
Er sprach: „Ich wil dir han geroten,
Laß dir die schaf nur sein verboten!
Rat nit, daß du mer in sie tritst.
Doch weil du mich so fleißig bitst,
So geb ich dir ein guten rat.
Mein herr ein speisekamer hat,
Drin er all barschaft pflegt zu halten,
Daselben ist die wand zuspalten;
Daniden ist ein fach zubrochen:
Da wer wol leichtlich nein getrochen.
Gelüst dich des, so gee hinein,
Du solt vor mir wol sicher sein,
Denn mir ist kein befelh getan,
Daß ich darauf solt achtung han.

---

93. 142 loß schelten, lossprechen, eine Schuld für getilgt erklären. — 159 halten, behalten, aufbewahren.

Wenn ich nur halt die herd in acht,
So hab ich mein beruf vollbracht."
Der wolf nach seinem rate tet,
Lief hin denselben abent spet,
Kreucht nein im finstern in der still,
Und findt als, was er haben wil,
Was zeßen und zu trinken tocht,
Felt nichts, denn was der wolf nit mocht;
Fraß würst, fleisch und vil guter kost,
Trank wein und guten süßen most.
Da er sich nun het frölich gmacht
Schier hin biß umb die mitternacht,
Der wein stieg im hinauf ins ghirn,
Ward rot und heiß vor seiner stirn.
Er schlug vom herzen alles trauren
Und sprach: „Hab oft gehört von bauren,
Wenn sie dort sitzen bei dem wein,
Daß sie singen und frölich sein."
Hub auf sein stimm, gar frölich sang,
So laut, daß in dem haus erklang.
Davon erwacht das hausgesind.
Mit großen knütteln all geschwind
Liefens und stießen auf die kamer.
Da kam der wolf in großen jamer:
Im ward zerbert sein wolfeshaut,
Daß er schrei zeter überlaut.
Das loch kunt er kaum wider finden,
Er spie, beschiß sich vorn und hinden;
Mit großem schmerzen kaum entran:
Jedoch kam er endlich davon.
Der hund mit seinem kargen herren
Zeigt uns fein an und tut uns leren,
Daß, wen der geiz so hart ansicht,
Daß er seim eigen gsind abbricht,
Entzeuht das brot, welchs in gebürt,
Sich selbs dadurch in schaden fürt.
Denn der art sein all mägd und knecht,
Entzeuht man in ir gbürlich recht

93. 173 tocht, teugte, mhd. praet. tohte, zu tügen. — 191 zerberen, zerschlagen.

Und wegert in das teglich brot,
So zwingt sie bald zu stelen **die** not;
Eins hie, das ander da austregt,
Nemens, da sies nit han gelegt,
Machen aus einem schaden zwen,
Vor böses lan ein ergers gen.
Denn so schaffts Gott stets mit den argen,
Was sie mit schinden, schaben, kargen
An iren dienstboten erspàrn,
Das muß doch als zum teufel farn;
Wies kumt, so gets auch wider hin,
Eitel verlust und kein gewin.
Jacob dient Laban zwenzig jar
Mit treu und frummen herzen zwar,
Daß **er** seinthalben ward gar reich;
Doch teilet er **mit im** ungleich,
Sein lon im zehen mal verwandelt
Und gar unfreundlich mit im handelt.
Jedoch schickt Gott die sach des fugs,
Daß Labans gut an Jacob wuchs.
Der wolf uns auch anzeigen tut,
Daß schedlich sei und ist nit gut,
Wo einr im nit wil laßen gnügen
An dem, was im Gott tut zufügen.
Wenn er vor sein müe und verdrieß
Bekummen mag ein ziemlich gnieß
Und gnügt denn nit, bald weiter fert,
Sucht das, welchs im ist nit beschert,
Denn gschichts, daß er sich selber schmitz
Und bei dem stul darnider sitz.
Daß auch der wolf dort in der kamer
Nit denkt auf zukünftigen jamer,
Die trunkenheit und voller saus
Zeuht im all forcht und sorgen aus,
Setzt sich in leibs und lebens far,
Drüber muß laßen haut und har.
Dadurch uns werden **sein** bedeut
Die tollen, rohen, frechen leut,

---

98. 221 verwandeln, zurückbehalten. — 223 des fugs schicken, so fügen, daß. — 233 schmitzen, schlagen.

Welch, wenns kommen zu guten tagen,
(Ist nit zu singen noch zu sagen)
Leben on alle gottesforcht;
Keiner keim guten rat gehorcht,
Wie der poet davon auch schreibt.
„Das glück", spricht er, „all menschen treibt
Zur hoffart und darin verblendt,
Daß sich oft einer selb nit kennt.
Draus folgt zuletst nur eitel schad,
Groß armut und das reuelbad."
Wenn den esel das futter sticht,
Tanzt hin aufs eis, ein bein zerbricht.

Die vierundneunzigste Fabel.

Von zweien Brüdern.

Ein reicher man, da er solt sterben,
Da ließ er seinen zweien erben
Haus, hof, vil hab und großes gut,
Wie noch manch reicher bürger tut.
Nach seinem tod das gut ward teilt
So gleich, daß keim daran nichts feilt.
Weil sie nu waren all beid reiche,
Setzten sie sich daselb zugleiche;
Ein jeder sich desselben nert,
Was im vom erbfall war beschert.
Der eltest bruder fürbaß dacht
Und het seins dinges gute acht,
War heuslich, stellt der narung nach,
Zu allen dingen selber sach,
Wie er versorget weib und kind,
Auf knecht und mägd und als gesind

---

93. 252 **das reuelbad**, das Bad der Reue.

94. **Vgl.** Hans Sachs I, **440. Das** Heylthumb für **das** unfleißige Haushalten. Er benutzte eine andere Quelle als Waldis. Die Geschichte ist in Neidenburg localisirt; die beiden sind Gevattern und Kaufleute. — 8 **sich setzen**, häuslich niederlassen. — 11 **fürbaß denken**, an die Zukunft denken.

Gar fleißig sahe im hof, im stall,
Im haus, im keller überall.
Im garten, wiesen, auf dem acker
War er abents und morgens wacker,
Bestellts als selber vorn und hinden
Und ließ an keinem nicht erwinden,
Auf all sein gschefst groß achtung gab:
Drumb nam er zu an gut und hab;
So ser in reichtum fürbaß kam,
Daß jederman groß wunder nam.
Dagegen war der ander bruder,
Der soff sich voll und lag im luder
Und lebt beid tag und nacht im saus,
Kam oft umb mitternacht zu haus
Und hielt sich zu den guten gsellen,
Die stets nach guten trünken stellen,
An weib und kind nit vil gedacht,
Und was das gsind daheimen macht.
In all sein dingen war nachleßig;
Sein tugent war nur faul und freßig.
Damit sein gut und all sein hab
Von tag zu tag nam immer ab,
Und gwan das gütlin bald den sturz,
Daß alle nesteln wurden kurz.
Denn vil vertun und wenig werben,
Das ist der recht weg zum verderben.
Zuletzt, da er den schaden sach
Und ward auch in dem seckel schwach,
Da gunt er fast die sach bedenken;
Doch wist er sich nit drein zu lenken,
Fand keinen rat, wie er dem schaden
Vorkommen solt und sichs entladen.
Gieng hin, solchs seinem bruder sagt,
Sein not und unfall herzlich klagt,
Wie sein narung an stück zu stück
Verdürb und teglich gieng zurück;
Bat, daß er wolt mit wort und taten
Behilflich sein und treulich raten,

94. 28 im luder liegen, lüderlich leben. — 40 d. h.: daß überall alles knapp wurde, nichts ausreichte.

Und sprach: „Sag, waran ists gelegen,
Daß dich Gott mer denn mich tut segen?
Je mer zunimt dein hab und gut,
Je mer sichs mein vermindern tut."
Er sprach: „Weil du dich alles guts
Zu mir versihst und wir eins bluts
Sein, auch an einer brust gelegen,
Kan ich nichts laßen underwegen,
Zu raten als, was dir mag nutzen,
Dein hab zu meren und zu schutzen."
Und sprach: „Da man zelt fünfzehn hundert,
Das gülden jar ward abgesundert,
Zohen vil leut hinauf nach Rom,
Der meinung, daß sie wolten from
Jr sünd büßen und beßer werden:
Des flißens sich mit allen berden.
Die zeit auch unser vatter zoch
Umb heiltum und dem ablaß noch;
Ein köstlich stück der babst im gab,
Das bracht er mit von Rom herab.
Da er nun kurz vor seinem end
Het gmacht sein endlich testament,
Da rief er mir und zu mir sagt:
Jch bin nun alt und wol betagt.
Weil du nun bist mein eltster son,
Wil ich dich etwas wißen lon.
Diß heiltum mit von Rom hab bracht,
Das hat mich groß und reich gemacht;
Denn der art ists und hat die kraft,
Daß großen nutz den frummen schafft,
Dem, der es hat und nit ablegt,
Sondern in eren bei sich tregt
Am hals all tag, beid frü und spat,
Und get über alles, was er hat,
Jn all sein kammern, auf den söller,
Jn stall, in hof und in den keller.
So kumt er durch das heiligtum
Zu reichtum, ern und großem rum

---

94. 66 abgesundert, besonders feierlich begangen.

Und wird in all seim tun gesegnet,
Daß eitel glück nur auf in regnet.
Und reicht mir hin daselbig stück
Zu meinem übergroßen glück.
Da lief ich zu auf solch sentenz,
Entpfiengs mit großer reverenz
Und tet, wie mich der vatter hieß,
Und Gott meinr sachen walten ließ.
Zu stund mein hab und gut aufwuchs,
Ward als voll glücks und gutes fugs.
In allem dem, das ich angriff,
War Gott allzeit selb mit im schiff:
Das korn im feld, im stall das vich
Geriet stets wol und meret sich,
Und schlug als haufet zu mir zu.
Mir starb kein pferd noch kalb noch ku;
Das gsind tet alles, was ich wolt,
Ward reich an silber und an golt.
Also hab ich mich eingericht,
Daß mir (Gott lob) jetzt nichts gebricht."
Da ward der ander fro und sprach:
„Ach, lieber bruder, laß nit nach,
Gib mir des heiltums nur ein teil,
Daß mir davon auch glück und heil
Geschehen mög, und sich vermer
Mein hab und gut, mein glimpf und er."
Er sprach: „Nach dem wir beide sind
Eins vatters und einr mutter kind,
Dest lieber dich gewer deinr bitt
Und mag dirs zwar verhalten nit."
Und sprach: „Setz dich ein weil darnider."
Er gieng hinaus und kam bald wider
Und zohe hervor ein kleinen schrein,
Mit zweien fingern griff hinein.
Ein seiden tüchlin, zsamen gwunden,
War fest vernet und zugebunden,
Das gab er im und sprach: „Hab acht,
Das bündlin nit werd aufgemacht;

94. 228 vernet, vernähet.

Henks an dein hals, tu wie ich sag,
Trags abents, morgens, tag bei tag
An alle örter, an die end,
So weit sich streckt dein regiment.
Wenn du das tust, so wirstu sehen,
Daß alles wird also geschehen;
Nach allem wort der rede mein
Das heilgtum wil getragen sein."
Er nams bald hin auf solchen bscheid
Und gieng zu haus mit großer freud
Und zeigt solchs an auch seiner frauen;
Lief hin und tet bald umbher schauen
Mit dem heilgtum an allem ort
Nach der ler und seins bruders wort.
Zum erst war auf den söller gstiegen:
Das korn fand er zerstreuet ligen,
War voll geschißen von den katzen
Und gar zerbißen von den ratzen
Und vom gesind also zertreten,
Als hets ein san mit füßen kneten.
Durchs dach der regen het neintropft,
War hie und da mit stro gestopft.
In allen winkeln auf der bün
Wars ausgewachsen recht grasgrün.
Groß ritzen waren in den dielen,
Dadurch die körner abhin fielen,
On was das gsind sonst het abtragen
Und mit dem meßen underschlagen.
Denn ungedeicht war auch die tür
Und lang kein schloß gewesen für.
Wie er des alles ward gewar,
Der man entsetzt sich ganz und gar.
Eilends hinab in keller lief;
Da stund ein pfütz zum enkel tief,
Er fand kein deichtes, volles faß,
Sie waren unden alle naß.
Vor eitelkeit die dunnen klungen,
All hauptreif waren abgesprungen,

94. 133 end, Ort, Stelle. — 137: genau so wie ich sagte. — 153 büne, Boden, Speicher. — 159 ungedeicht, nicht gedichtet, nicht gut schließend. — 167 eitelkeit, Leerheit; dunnen, Tonnen.

Lag alls verwarlost und vergoßen;
Die tür stund offen, ungeschloßen.
Im selben zorn lief naus in stall;
Da fand er schaden überall:
Das vieh war mager und ganz rauch,
Stund gar in mist biß an den bauch;
Under der krippen lag das heu,
Das braucht man wie das stro zur streu.
Im ganzen stall war nit ein strigel;
Die pferd warn straubicht wie die igel,
Gar ungefüttert, ungetrenkt,
Kein zaum noch sattel aufgehenkt;
Der futterkasten stund weit offen,
Da warn die zigen durchgeloffen.
Bald lief er auch hinaus in garten,
Fand auch daselb die offne pforten,
Zum teil der zaun war gfallen umb;
An andern enden stund er krumb.
Vom obs war gstoln das allerbest,
An bäumen hiengen dorre äst,
Apfel und birn zerstreuet lagen,
Waren halb reif von bäumen gschlagen;
Die gseten kreuter gar zerrült
Und von den seuen ausgewült.
Die potstem und die jungen pfroffen
Etlich im waßer warn ersoffen;
Welch sich hettn waßers halb erquickt,
Warn von disteln und dorn erstickt,
Und die sich sonst erholen kunden,
Die waren von dem vihe geschunden.
Dergleich im feld stund das getreid:
Dadurch giengen vil wegescheid.
An einem ort wars gar erseuft,
Am andern von dem vih zerschleift,
Vil hets der hagel nidergschlagen,
Das best war gschnitten und weggetragen,

94. 191 zerrült, zertreten, zerwühlt. — 193 potstem, potstamm, ndd. Poßstamm, Poßheister, Setzling; pfroffen, gepfropfte Stämme. — 195 sich erquicken, sich erholen, wieder frisch werden. — 200 wegescheid, Scheidewege, Fußwege hin und her.

On was mit disteln und mit dorn
Durchwachsen war und gar verworrn.
In summa, wo er sich hin wendt,
Wars eitel schad an allem end.
Er sprach: „Der ding mir keins gefellt,
Ich meint, es wer vil baß bestellt
Und als geschehen durchs gesind,
Sihe aber wol, daß sichs nit findt,
Wie ich in solchs tet zuvertrauen.“
Hub bald an hie und dort zu bauen
Beid abents, morgens, spat und fru,
Sahe selb an allen enden zu,
Zur arbeit stets hielt mägd und knecht;
Da giengs von stat, ward alles schlecht,
Und stund mit alln sein dingen baß.
Der alten gsellschaft gar vergaß,
Blieb stets daheim bei kind und weib;
Ein jar, zwei, drei dasselbig treib.
Da wuchs von stund als, was er het,
Und zusehens sichs meren tet,
Daß alles dings war überflüßig,
Nach dem er selb war nimmer müßig.
In haus, in hof und in den stall,
In keller und sonst überall,
Hinaus ins felt und bei dem pflug
Das heilgtum stets gar fleißig trug,
Biß er an allem sahe sein lust.
Jedoch dabei nit anderst wust,
Denn daß als kem durchs heilgtums gnad
Nach seines bruders guten rat.
Drumb wolt er im auch dankbar sein
Und nam vom hals das heilgtum rein
Und kniet vor großer andacht nider;
Darnach bracht ers seim bruder wider,
Mit großer reverenz hinlegt,
Wie man heilgtum zu eren pflegt,
Und sprach: „Bruder, von der zeit an,
Daß du mir hast diß heilgtum tan

94. 218 **schlecht**, schlicht, in Ordnung. — 242 **tan**, getan, nhd. geliehen.

Und ichs mit großer er entpfieng,
Damit über all das meine gieng,
Hat mirs in allem wol geglückt,
Mein sach sich recht und fein geschickt,
Get alles fein in seinem schwank:
Derhalben sag ich dir jetzt dank,
Und geb dir Gott das ewig lon
Vor solche güt und woltat fron,
Damit du mich so wol hast tröst."
Er nam das heilgtum, bald auflöst
Und zeigt dem andern, was er het
Für heilgtum geert und angebet:
Da wars ein stück vom encian,
Welchen der hund het fallen lan.
¶ Die fabel gibt uns disen bericht,
Daß man sich all zu sere nicht
Verlaßen sol auf sein gesind,
Auch nit zu streng, auch nit zu lind
Sol sein im schelten und im strafen,
In allzeit volle arbeit schaffen
Und speisen sie zu guter maßen,
Auch nimmer aus dem gsicht verlaßen.
So weit als dein gescheste reichen,
Must nach in alle winkel schleichen
Und alles dings selbst achtung han.
Das sprichwort sagt: selb ist der man.
Sol dir der kopf recht werden zwagen,
Mustun selb zum barbierer tragen.
Ein könig einst ein weisen fragt,
Wie Xenophon der heid uns sagt,
Und sprach: „Sag, wie sol ichs anheben
Und was vor futter muß ich geben
Mein hengsten und mein besten pferden,
Daß sie feißt, glat und freudig werden?"
Er sprach: „Kein beßer futter weiß,
Davon die pferde werden feißt,
Wie mich erfarnheit hat gelert:
Des herren aug füttert das pfert";

---

94. 247 in seinem schwank gen, in richtiger Ordnung gehen. — 269 zwagen, waschen und kämmen. — 272 Xenophon, Oeconom., c. 12, § 20.

Das heißt, wo man stets zusicht selb,
  Daß in der art recht stet das helb,
So gdeien pferd und alles vich,
  Und alles gut vermeret sich.
Desgleichen Aristoteles
  Uns auch der maßen brichtet des
Und sagt, es sei kein beßer mist
  Und der dem acker nützer ist,
Denn den der hausvatter selb tregt
  An schuhen und in acker legt;
Das heißt, daß man selb selb zusicht,
  Verlaß sich sonst auf niemand nicht,
Wenns recht sol werden ausgericht.

Die fünfundneunzigste Fabel.

Von einem alten und einem neuen Wagen.

Beim bauren war ein neuer wagen,
  Der het noch nie kein last getragen,
Den lud der baur mit weizenkern,
  Wolt farn zu mark, war eben fern.
Als er den wagen bracht zu weg,
  Da gieng er langsam, faul und treg,
Er weinet, seufzet, knirrt und knarrt,
  Gleich wie ein weberbogen schnarrt,
Daß man in hort von fern sich regen.
  Da kam ein ander wag entgegen;
Der war nun alt und abgenützt,
  Sein achsen waren zugespitzt;
Sein deichsel, felgen, speichen, naben
  Verbraucht, geschwechet und verschaben,
Gebunden und mit ketten gfaßt,
  Und trug dazu ein schwere last,
Dennoch gieng stillschweigend daher,
  Gleich ob er hette kein beschwer.

---

94. 235 Aristoteles, Oeconom., II, 1345 (ed Becker).
95. Scheint eigene Erfindung des Dichters. — 14 verschaben, abgenutzt.

Des wundert sich der wagen neu
Und sprach: „Ich bit dich auf mein treu,
Weil du bist alt und abgetrieben,
Dein blech an achsen dünn gerieben.
All dein gelider sein verkummen,
Von viler arbeit abgenummen,
Dein speichen mager und onmechtig,
Und dennoch solcher last bist trechtig,
Doch hört man solchen alten wagen
Gar selten seufzen oder klagen."
„Ei, lieber bruder", sprach der alt,
„Diß stets für mein gewonheit halt,
Wiewol mirs in mein glidern schmerzt,
Denn mit der last wird nit gescherzt;
Doch weil mirs ist gesetzt zur buß,
Daß ich nur immer tragen muß,
So gib ich mich darin auch willig
Und werd derhalben nimmer schellig.
Ich leids gedültig, ungekeicht:
Drumb wird mir alle arbeit leicht."
¶ Weils in der welt so übel stet,
Auch in keim stande recht zuget,
So denk nur, wer recht leben wil,
Daß er im setz kein ander ziel,
Denn daß er sich zu aller frist
Zum leiden wapne, schick und rüst.
Denn wenn am schönsten scheint das glück,
Zeigt dir der unfall doch sein plick,
Und hast keins beßern zu erwarten;
Das scharpf gewint am ersten scharten.
Ein gmeiner schad ist gut zu wagen,
Ein teglich unglück leicht zu tragen;
Schwer tragen lert ein oft die not,
Die gwonheit leichte bürden hot.
Gut ists dem menschen, sagt die schrift,
Den unglück in der jugent trifft,

95. 26 trechtig, zu tragen fähig. — 36 schellig, ärgerlich, zornig. — 37 ungekeicht, ohne zu keuchen. — 46 plick, (böser) Blick. — 53 Klagelieder Jeremias 3, 27.

Von kind auf tregt des herren joch,
Dem wirds dest leichter hindennoch.
Wer sauren laur nit hat gekost,
Der kennt fürwar kein süßen most.

Die sechsundneunzigste Fabel.

Wie einer seinem Freunde gelt zu behalten gab.

Vil gelts ein kaufman zamen legt,
Das het er mannich jar gehegt
Und eingemant von sein bezalern
An dicken groschen, groben talern.
Wie er wolt ziehen aus dem land,
Legt er dasselb zu treuer hand,
Daß ims zu weg kein feind mocht rauben,
Bei seinem wirt auf guten glauben.
Damit er seinen urlaub nam
Und über ein halb jar wider kam
Und fordert alsobald sein gelt.
Der wirt sein angsicht gar verstellt,
Sprach: „Hie ist nit wol zugesehen!
Groß schad ist bei dem gelt geschehen.
Ich meint, ich hets gar wol verwart,
In mein kasten beschloß ichs hart,
Daß sicher blieb und unverletzt;
Da han die meus hindurch gefretzt,
Den seckel gar zu stücken grißen,
Das gelt zernaget und zerbißen,
So gar vertragen und vertrieben,
Ist nit ein pfenning überblieben;
So ists verfreßen und verschwunden,
Hab nichts denn eitel meusdreck funden."

---

95. 57 **laur** (lora), Lörle, Löwentrank, Nachwein, Tresterwein.

96. Die nächste Quelle kann ich nicht nachweisen. Die Geschichte ist alt und weitverbreitet. Stainhöwel, ex Adelfonso, 238[a], 239[b]; Kirchhoff, Wendunmut. — Ueberschrift. **behalten**, aufbewahren. — 8 **zu weg**, unterwegs, auf der Reise. — 13 **zusehen**, aufachten. — 18 **fretzen**, vgl. mhd. frezzen, fretzen, fressen. — 21 **vertragen**, verschleppt.

Der kaufman, wie er war gar klug,
Bald, wie er merkt des wirts betrug,
Er sprach: „Was hör ich immer sagen?
Pflegen die meus auch gelt zu nagen?
Das hab ich warlich nie gewust,
Daß sie zu solcher speis han lust,
Freßen solch große harte stück.
So hastu warlich ser groß glück,
Weil du bist in der mitt geseßen,
Daß sie dich nit han auch gefreßen."
Damit schweig still und gieng dahin.
Der wirt freut sich in seinem sin,
Daß er den kaufman het gesatzt,
Mit solcher list das gelt abgschwatzt.
Dieweil der kaufman gieng hinaus,
Findt auf der gaßen für dem haus
Des wirtes son, ein knaben klein,
Der spielt und war nun gar allein.
Den bracht er bei der hand gefürt
Heimlich zu seinem andern wirt,
Hielt in dieselbig nacht verborgen.
Da kam der wirt am andern morgen
Und klagt demselben man sein sachen
Und sprach: „Gebt rat, wie sol ichs machen?
Mein einig kind ist mir entkummen:
Wißt ir nit, wers hat weggenummen?
Habs in der kirchen, auf den straßen
Abkündigen und suchen laßen."
Der kaufman stund dabei und horts;
Er sprach: „Freund, glaubt mir nur eins worts:
Nechten sahe ich ein großen raben,
Der fürt hinweg ein kleinen knaben,
Floh daußen auf ein baum damit.
Ist er eur gwest, das weiß ich nit."
Er sprach: „Wie mag das müglich sein,
Daß in ein rab ertrüg allein?
Er ist beinahet vierthalbjärig:
Es wer eim wolfe überschwerig."

---

96. 60 ertragen, tragen können. — 62 überschwerig, zu schwer.

Er sprach: „Laßt euch nit wunder nemn,
Es sein wol größer ding geschehn.
Habt ir doch meus und kleine ratzen,
Die harte taler könn zuknatzen,
Daß man kein schart nit wider findt:
Solt denn ein rab nit tragen ein kind?“
Da merkt der wirt der sachen gstalt,
Daß ern mit gleicher münz het zalt,
Und legt im bald sein gelt da nider;
Da gab er im das kind auch wider,
Und huben mit einander auf,
Gabn gleiche war in gleichem kauf.
¶ Wo einr mit böser maß ausmißt,
Finanzet, renket als mit list,
Der darf kein anders nit gedenken,
Denn daß man zal mit gleichen renken,
Brengs im mit solcher maß zu haus,
Wie er selb hat gemeßen aus.
Wer seine feder so wil scherfen,
Mit faulen fratzen auszuwerfen,
Der denk nicht, daß mans in verhebt.
Mit negeln man negel ausgrebt,
Und wird stets list bezalt mit list;
Ein fuchs auch wol den andern frißt.

Die siebenundneunzigste Fabel.

Von einer Bonen.

Im dorf dort niden in der au
Da het ein arme alte frau
Ein wenig bonen zamen brocht,
Auf daß sies irem manne kocht.
Sie macht ein feur und war sein fro
Und zündts an mit ein wenig stro,

---

96. 66 zuknatzen, zerbeißen. — 67 schart, Splitter, Spahn. — 73 gegen einander aufheben, das Eine gegen das Andere rechnen, mit einander abschließen. — 76 renken, Ränke machen. — 83 verheben vergessen, hingehen lassen.

97. Aus mündlicher Erzählung; vgl. Grimm, Kinder- und Hausmärchen, Nr. 18 und III, 27.

Gedacht: es ist der müe wol wert!
　Ein bon entfiel ir auf den hert
Ongfer, und daß sies nit fand wider.
　Ein glüend kol sprang bei ir nider;
Ein strohalm lag ongfer dabei:
　Die kamen zamen alle drei.
Der strohalm sprach: „Ir lieben freund,
　Von wannen komt ir beid jetzund?"
Da sprach die kol: „Mir ist gelungen,
　Daß ich bin aus dem feur entsprungen;
Wo ich mit gwalt nit wer entrunnen,
　Ich wer zu aschen gar verbrunnen,
So wenig tut man eins verschonen."
　Desgleichen fragtens auch die bonen;
Sie sprach: „Dem alten bösen weibe
　Entkam ich kaum mit gsundem leibe;
Wo sie mich auch in topf het bracht,
　Het gwiß ein mus aus mir gekocht."
Der strohalm sprach: „Der maßen auch
　Het sie ein feur und großen rauch
Aus allen meinen brüdern gmacht,
　Ir sechzig auf einmal umbbracht,
Und bin ich von denselben allen
　Ir ongefer allein entfallen.
Drumb, weils uns allen dreien glückt,
　Ists gut, daß eins zum andern rückt,
Und uns verbinden mit einandern,
　Und alle drei zusamen wandern,
Von solchem unglück zu entfliehen,
　Fern hin in fremde lande ziehen."
Und stunden auf in einem sin
　Und zohen mit einander hin.
Bald kamens an ein kleine bach;
　Der strohalm zu der gsellschaft sprach:
„Hie han wir weder brück noch steg;
　Auf daß wir dennoch kommen weg,
Wil euch zu gut mich des erwegen,
　Zwergs über dise bach zu legen.

---

97. 19 eins, genet. zu man, unsereins. — 37 in einem sin, einmüthig.

Ir all beid über meinen rücken
Mögt gen wie über eine brücken,
Wenn ich mich fein hinüber streck."
Die kol daucht sich freudig und keck,
Wolt auch wagen den ersten tritt.
So bald sie kommet in die mitt
Und sahe das waßer nider sausen,
Begunt der kolen ser zu grausen,
Stund still und war erschrocken hart.
In dem der strohalm brennend wart.
Zuhand zerbrach dieselbig brück,
Fiel nab ins waßer an zwei stück.
Die kol folgt bald hinnach und zischt,
Da sie das waßer auch erwischt.
Des lacht die bone auf dem grieß
So ser, daß ir der bauch zerriß.
Da lief bald hin dieselbig bone,
Auf daß sie möcht irs leibs verschonen,
Zum schuhster umb ein kleinen flecken,
Damit sie mocht den riß bedecken.
Der schuhster war ein frummer man,
Nam sich derselben bonen an
Und sprach: „Wolan, mein liebe bone,
Wenn du mirs treulich woltst belonen,
Wolt ich dir deinen bauch verpletzen,
Dafür ein schwarzen flecken setzen."
Und griff bald hindersich zu rück,
Schneid von einr kalbeshaut ein stück
Und nehts der bonen für das loch;
Denselben flecken tregt sie noch.
¶ Die fabel uns diß stück bedeut:
Was tolle, unverstendig leut
Mit iren kindischen anschlegen
Anheben, brengen nichts zu wegen.
Weils im anfang nicht wol bedacht,
Wards nit zu gutem ende bracht.
Man sagt: ein unweislich anfang
Gewint gemeinlich den krebsgang.

---

97. 59 **grieß**, Grand, Ufersand. — 69 **verpletzen**, flicken.

Die achtundneunzigste Fabel.

Von einem Schneider und seinem Weibe.

Manch seltzam wunderwüst gesind,
Gar manches loses mutterkind
Findt sich auf erden undern leuten,
Daß, wer solch unkraut wolt ausreuten,
Der must sich bsorgen der beschwerd,
Daß ers nit alles treffen werd;
Als etlich sein, die darnach streben,
Daß sie zu unlust ursach geben,
Tun oft böses, das in zum frommen
Oder zu nutz mag nimmer kommen,
Wie solchs gemein ist undern weiben,
Welch fleißiglich das redlin treiben,
Mutwilliglich ir männer hetzen
Und teglich auf den esel setzen,
Dadurch sie mügen ursach schöpfen,
Dermol ein fremde gans zu rupfen,
Gleich wie eim schneider gschach ein mol.
Der arbeit fast und nert sich wol,
In tun und laßen war ganz frum,
Ließ schlecht recht sein, das unrecht krum.
Der het ein weib, die war nit alt,
Lüstig, fürwitzig, wol gestalt;
Die ward von tag zu tag unbendig,
Halsstarrig, knorrig, wetterwendig;
Ursach zu suchen stets sich fliß,
Daß sie sich von dem man abriß,
Daß ers solt schlagen oder raufen,
Auf daß sie einst möcht von im laufen,
Biß daß zuletst der man auch merkt.
Er gab ir gelt, schickts auf den markt,
Sprach: „Für den groschen kauf mir zwirn.“
Sie kam und bracht ein korb voll birn.

---

98. Mündliche Erzählung? — 12 das redlin treiben (spinnen), stets schwatzen. — 14 auf den esel setzen, beschimpfen, verhöhnen. — 20 schlecht, schlicht, recht. — 24 knorrig, knurrig, verdrießlich.

Der man schwieg still, wie er war bider.
Zum andern mal schickt er sie wider
Hinaus mit gelt, sprach: „Kauf mir wachs!“
Da kam sie heim und brachte flachs.
Der man schwieg, ir auch das vertrug,
Daß er sie weder schalt noch schlug;
Dacht: ist gut, das ichs in mich reib.
Darnach sprach er einmal zum weib:
„Sihe lieber, wie die scher ist schertig;
Eins eisenkremers bin ich wertig,
Der mir ein neue scher solt brengen.
Weil sich die zeit nun tut verlengen
Und doch der kremer außen bleibt
Und mir kein antwort sagt noch schreibt,
Muß ich dennoch ein scheren han,
Bestee sunst nicht fürn handwerksman“,
Und gab dem weib ein schreckenberger,
Sprach: „Gee bald hin zum nüremberger,
Der da vornen sitzt gegem becken,
Ist ein neu haus recht an der ecken,
Und kauf mir bald ein neue scher.“
Sie kam wider, bracht ein pfund schmer.
Der man stutzt auf, ward halber schellig,
Sprach: „Bin ich denn so ungesellig,
Oder ob du sunst zu übel hörst,
Daß du mir stets die wort verkerst
Und hast mirs nun drei mal getan?
Sprech schier, der jarrit gee dich an!“
Sie sprach: „Mein man, verzeih mir das,
Wil ein ander mal hören baß
Und deim befelh baß kommen nach;
Drumb laß dein zorn und tu gemach!“
Da sprach der man: „Ich laß geschehen,
Wil dir noch dißmal übersehen;
Sihe aber zu und tus nicht mer,
Ein ander mal gib baß gehör!“

---

98. 37 vertragen, nachsehen, verzeihen. — 42 wertig, gewärtig sein, auf jemand warten. — 49 schreckenberger, alte sächsische Münze (von Schreckenberg, Annaberg) = 4 Groschen. — 50 nüremberger, Krämer, der mit Kurzwaaren handelt. — 51 gegem, gegenüber dem; becken, Bäcker. — 56 ungesellig, unglücklich. — 60 jarrit, Fieber, das ein Jahr dauert; vgl. Frisch, S. 139.

Sie sprach: „Ich wil gut acht drauf geben,
Hinfurder deines willens gleben.“
Damit stellt er die sach in ru.
Biß einst auf einen morgen fru,
Da man lengst het zur metten gleut
Und war fast umb die frümeßzeit,
Umb fünf, ein gute stund vor tag,
Wie man sie da zu meßen pflag,
Sprach derselb schneider zu seim weib:
„Ich acht, daß ich daheimen bleib,
Du auch einmal zur frümeß gest
Und so lang in der kirchen stest,
Biß daß die meß sei gar geschehen
Und auch magst unsern Herrgott sehen.“
Das weib nam bald den mantel umb,
Stellt sich, als wolt sie werden frum,
Hin nach der kirchen war ir gach.
Der man schlich heimlich hinden nach
Im finstern, daß sie in nicht sech.
Das weib eilet und war nit treg.
So bald sie umb die ecken kam,
Sahe hinder sich, niemand vernam,
Eilend sie aus der straßen hupft,
Zur schulentür bald einhin schlupft.
Der man wischt bald hinder ir her,
Sprach: „Weib, halt still, schon deiner er!
Ein solch torheit nim nicht zu handen!
Ich meint, du hetst mich baß verstanden,
Und nicht als **da** ich dich nach **zwirn**
Ausschickt **und** du mir brachtest birn,
Da ich dich sendet hin nach **wachs**
Und brachtest mir ein büntel flachs,
Und zu dem kremer umb ein scher,
Da brachtestu mir ein pfund schmer:
Solchs alles ließ ich da geschehen
Und dir mit gutem übersehen
Und keinen hader drumb gemacht.
Hab allezeit also gedacht,

---

82. 82 unsern Herrgott sehen, die Monstranz bei der Elevation. — 87 sech, sehe, wie auch im Druck steht.

Weils reimensweis zusamen kommen,
Hettest auch diß vor das vernommen,
Und war zu frieden in dem allen;
Aber diß laß ich mir nicht gefallen,
Was jetzund hie von dir geschicht,
Denn kirch und schul reimt sich ja nicht.
Ich hieß dich heut die frümeß hören;
So wiltu dich hie laßen leren,
Von den studenten underweisen.
Solch fürnemen kan niemand preisen,
Und ist nichts guts daraus zu hoffen:
Dafür ich dich daheim wil strofen."
¶ So findt man noch manch üppig weib,
Die wagts dahin auf seel und leib,
Die sich der eren ganz erwegen,
Mutwilliglich in uner legen;
Gilt in gleich, achtens überein,
Obs regen oder die sonne schein,
Ob man im bad frier oder schwitz,
Die gans am nest ste oder sitz,
Sie schlagen alles in den wint,
Wie man derselben manche findt.
Welch man mit solcher wird beladen,
Der muß sein tag in unglück baden
Und wird auch nit daraus erlöst,
Biß in der tot auch selber tröst,
Daß man spricht: ach Gott, hab ir seel!
So wird im gholfen aus der quel.

Die neunundneunzigste Fabel.

Von zweien ungleichen Brüdern.

Zwen brüder saßen in einr stadt;
Der eltest war gekorn in rat,
Drumb daß er war an sitten gütig,
In sachen zhandlen gar sanftmütig,

98. 134 quel, Qual.
99. Wahrscheinlich nach einer Erzählung oder eigene Erfindung.

Dem gmeinen man war nit zu stolz.
Der ander war ein trunkenbolz:
Dem war all er und zucht erleidt,
Kert sich an keine erbarkeit,
Acht auch nit groß das haushalten,
Ließ stets der guten trünke walten.
Einsmals da war er trunken und vol,
Het lang verdaut das morgenmol,
Umbs zeigers zwei hin nach mittag
Jenen vom rathaus kommen sach,
Gegen im stellt sich wie ein baur,
Sprach: „Bruder, wie sihstu so saur,
Als ob du eßig hetst getrunken,
So gar ist dir der mut versunken."
Er sprach: „Solch schwer und wichtig sachen
Soltn ein noch wol unlüstig machen,
Welch gmeinen nutz und bests belangen,
Daran man allen fleiß muß hangen,
Daß man dieselb im fried entricht.
Davon weistu minder denn nicht.
Damit wir jetzt bei dreien wochen
Gehandelt und die köpf zerbrochen,
Auch disen halben tag geseßen;
Hab noch heut nie zu morgen geßen."
Da antwort im der ander bruder
Und sprach: „Wenn du auch legst im luder,
Tetest wie ich und mein gesellen,
Die nit, wie du, nach weisheit stellen,
Und dich mit mir hetst drin geübt,
So möchtest eßen, wenn dirs gliebt."
¶ Wer sich an gute tage fleißt,
Denkt nit, denn daß er der geneußt,
Tut sich ind wildnus frei begeben
Und fürt ein epicurisch leben,
Frißt, seuft sich vol und legt sich nider,
Stet darnach auf und füllt sich wider:

---

99. 6 trunkenbolz, das auslautende z hochdeutscher Mundart angepaßt für Trunkenbold. — 7 erleiden, verleiden. — 23 entrichten, ausrichten, besorgen. — 35 sich fleißen an, bedacht sein auf.

Die sein zu rechen wie die schwein,
  Die laß man bleiben, wer sie sein.
Wer aber Gott vor augen helt,
  Nach tugent, kunst und weisheit stellt,
Aufs höchst befleißt beid nacht und tag,
  Wie er seim nehsten dienen mag,
Erlangt zuletst durch tugent fron
  Groß lob und preis, der eren kron.
Der mensch, welcher an sinnen klug,
  Ist wie ein eisen an dem pflug,
Damit man durch die erden fert;
  Dasselb wird mit der zeit verzert,
Bleibt aber rein, fein blank und lustig.
  Wo mans leßt ligen, wirds doch rustig,
Und von dem rost so gar gefreßen,
  Daß mans leßt ligen so vergeßen.
Es sein die leut auch, welchen Gott
  Vil gnad für andern geben hot,
Daß sie könn helfen oder raten
  Mit guten reden oder taten,
Und sein desselben stets geflißen,
  Die werden mit der zeit verschlißen
Und nemen an irn kreften ab,
  Doch bleibt bei in biß in das grab
Der glanz des lobs und eren schein,
  Welch nicht abweicht noch Elb noch Rhein.
Drumb laß nur farn die faulen knaben,
  Die iren bauch zum abgott haben
Und sich sonst keiner tugent fleißen
  Denn freßen, saufen, speien, scheißen.
Die wölln wir achten gleich den seuen,
  Die eine speis oft zweimal keuen.
Wir wölln dieweil erbarlich leben,
  Zu guten künsten uns begeben,
Die auch zu seiner zeit den lon
  Bei Gott und leuten werden hon.

---

99. 41 rechen, rechnen, wie die, gleichzuachten den. — 54 rustig, rostig.

Die hundertste Fabel.

Wie ein Barfüßer Mönch predigt.

Under anderm irrtum, damit die christen
  Betrogen wurden von papisten,
War diß auch nit der gringsten einer,
  Daß sie uns mit der heilgen feier
Und ir fürbitt han gesatzt,
  Dmit unsern schweiß schier gar abschatzt.
Jeglicher orden het sein bsonder,
  Das hieltens für ein merwunder.
Sonderlich warn die franciscanen
  In solchem korb die besten hanen,
Und allermeist die observanzen,
  Die so hoch rümen iren Franzen,
Der zu Assis prechtig begraben,
  Vom bapst Gregori ward erhaben
Und in sein canon angeschrieben,
  Damit sie han vil wunders trieben
Und vil capitel drüber ghalten;
  Doch seins der meinung noch gespalten,
Daß sie im selben ganzen orden
  Noch heutigs tags nit eins sein worden,
In welchem chor ir Franz im hemmel
  Sitz, auf einr bank oder auf eim schemel,
Und sein so irrig in den sachen,
  Daß man der torheit wol mocht lachen.
Darumb auch einst auf seinen tag,
  Den man gar hoch zu feiren pflag,
Ir einr tet garn tapfern sermon,
  Erhub in schier in höchsten tron
Und hielt den Franzen also her,
  Gleich ob er Christus selber wer.
Da ern het hoch ghaben, zuletzen
  Wist er nit, wo ern hin solt setzen,

---

100. Bebelius, De quodam Minorita? — 6 schweiß, mit Schweiß Erworbenes. — 11 observanzen, Observanten, Franziskaner von der alten strengen Ordensregel. — 15 in den canon angeschrieben, canonisirt, heilig gesprochen. — 17 capitel, Ordensversammlung. — 21 chor, Ordnung der Engel, deren die alte Kirche neun annimmt. — 27 garn, gar einen. — 29 herhalten, darstellen.

Da er sein wirdig stete sünd
 Und nichts von seiner er entstünd,
Fand kein heilgen im himelreich,
 Der seinem Franzen were gleich.
Da er nun fast het umb geschwermt
 Und für den blinden gnug geschermt,
Sprach: „Lieben freund, rat selber zu,
 Wo ich in hin sol setzen nu.
Im himel und erd find kein gnoßen,
 Wo sol ich in zuletst denn loßen?"
Ein alter baur gegen im saß,
 Der aus einfalt on allen haß
Mit lauter stimm rief: „Lieber herr,
 Ich bit euch, setzt in doch hieher
In meine stett, ich wil auch gern
 Aufsten dem heilgen man zu ern;
Weil er nit, wie ich kan ermeßen,
 Hat in dreihundert jaren gseßen
Zur forderung seins heilgen orden,
 Solt er des stens wol müd sein worden."
¶ Ein jeder siht jetzund, Gott lob!
 Wie unverschamt und wie gar grob
Uns hat das schendlich bapstsgeschwürm
 Mit allem gift wie bös gewürm
So überschütt und gar ertrenkt
 Und in irn teufels dreck versenkt,
Daß wir bald (schand ists, daß mans redt)
 Irn stank und unflat angebet.
So listig warn dieselben buben,
 Daß sie auch gegen uns aufhuben
So manchen greul durch falsche list,
 Daß nit gnug auszusagen ist.
Wil all die andern faren lan:
 Man sehe nur an ein franciscan!
In dem daß sie namen kein gelt,
 Betrogen sie die ganze welt,

---

100. 34 **entstehen von**, abgehen von, mangeln an. — 38 **schermen**, schirmen, fechten, streiten; **für den blinden gnug**, sodaß selbst ein Blinder es sehen, begreifen konnte.

Daß mans mit haufen zuhin trug,
Und hetten gelts und gutes gnug;
Man brachts bei tausent vnd bei hundert,
So vil, daß sies oft selber wundert,
Welchs offenbar und so am tag,
Daß auch ir keiner leugnen mag,
Daß, wenn man ir gebeu ansicht,
Der groß und vil sein aufgericht,
Und merkt auf iren hohen pracht,
Siht man oft königliche macht:
In teutschem land vil schöner gbeu
In allen städten alt und neu,
Daß man sichs wol verwundern möcht,
Wies als durch betlen zamen gsucht;
Im Welschland da hats keine maß,
Wie gar köstlich, schön, weit und groß,
Daß eim könig von Engelland
Darin zu wonen wer kein schand.
Daß ich von andern all laß ab,
Der ich vil da gesehen hab,
So ist das kloster zu Asseis
Uber alle maß und aus der weis
So köstlich an ein berg gebaut,
Daß, wenn mans auch von fern anschaut,
So wers eim türkischen keiser gnug,
Drin zu wonen nach allem fug;
Es hat dreihundert großer zellen,
In jede wol drei bet möcht stellen;
Das reventer ist ungelogen
So lang, als man mit stälen bogen
Möcht schießen, mit marmorpfeilern gsundert
Und großen fenstern, daß ein wundert;
Der andern gmach und großen sal
Und köstlich gärten ist kein zal,
Und all gmach mit steinen gewelb,
Die ich all hab durchsehen selb.
Zwo hohe kirchen ob einander,
Drin man wie im paradeis mag wandern;

100. 90 aus der weis, gegen die Gewohnheit, außerordentlich. — 97 reventer, Remter, Refectorium, Speisesaal. — 105: die eigentliche Kirche und die Krypta.

Gepflastert sein von end zu end
  Mit gar köstlichen paviment,
Künstlich gsetzt, kost vil tausent zwar;
  Ein dreifach gstüle oben im chor,
Darin bei zweihundert person
  Neben und hindern ander stan,
Von holz gebaut so meisterlich,
  Daß ich mein tag nie sahe desgleich;
Und sonst vil ander köstlichs dings,
  Die zwar nit kauft sein umb ein grings,
Daß ich acht, wenn mans rechnen wolt,
  Daß auch wol solt an gutem golt
Zu etlich hundert tausent glangen:
  Solch große fisch han sie gefangen
Mit büberei und bösem garn,
  Damit die ganze welt durchfarn.
Doch rümen sich der armut groß,
  Als hettens nichts und wern gar bloß,
Ungern griffens ein pfenning an;
  Wenn aber stirbt ein reicher man,
Erlangen sie ein testament,
  Das in oft etlich hundert rent.
Und ist vorwar weislich bedacht,
  Da sies erst haben dahin bracht,
Man sahe, daß sie kein gelt nit namen
  Und doch zu großem reichtum kamen.
Hat in Franciscus geben solch gaben,
  So hat er sie zu herrn erhaben
Und in die ganze welt eingeben,
  Drumb sie in auch billich hoch heben,
Sonderlich da sie das erfunden:
  Nach seinem tot machten fünf wunden,
Daß er für alln heilgen allein
  Auch Christo solt gleichförmig sein,
Und man in gleich wie Gott solt preisen,
  Welchs ire eigne schrift beweisen

100. 108 paviment, Pflaster, eingelegter Fußboden. — 110 gstüle, die Sitze der Mönche. — 121 garn, Netz. — 128 renten, einbringen, an Rente eintragen. — 135 eingeben, übergeben, zum Eigenthum geben.

Und in dem buch gnugsam bekennen,
  Welchs sie conformitatum nennen,
Auch mit der tat noch heut anzeigen,
  Weil sie sich vor seim namen neigen,
So doch die hohe göttlich er
  Gbürt Gott allein, sonst niemand mer.
Und han dieselben wunden fünf
  In erworben großen triumph,
Da sie han lang geschwebt so hoch.
  Die andern woltens in tun noch,
Beredten ein Katharin von Senen
  Mit zauberei und großen penen,
Daß sie sich drein begeben tet,
  Als ob sie auch fünf wunden het;
Da mans besahe mit irn fünf wunden,
  Da wurden ir wol sechs gefunden,
Die mittelst war die allergröst,
  War auch die erst und blieb die letst.
Denn all die andern gmachte wunden
  Mit der zeit heilten und verschwunden,
Allein dieselbig ward nit heil,
  Denn da war vil ein ander feil.
Der stück wolt ich wol mer anzeigen,
  Wil aber jetzt die feder schweigen,
Denn alles ist klarer am tag,
  Denn mans schreiben oder sagen mag.

---

100. 144 Das Buch „Liber conformitatum S. Francisci ad vitam Jesu Christi." — 153 Katharina von Senen, Catharina von Siena. — 154 pene, Pönitenzen, Klosterstrafen. — 155: daß sie einwilligte, sich so zu stellen. — 166 schweigen, schweigen lassen, ruhen lassen.

Das vierte Buch.

Die erste Fabel.

Vom Wolfe, Fuchs und Esel.

Da man schrieb tausent und fünfhundert,
Dasselbig jar ward abgesundert
Von der andern zeit ganz und gar
Und gmacht zu einem gülden jar
Vom sechsten bapst, hieß Alexandern;
Teten vil leut nach Roma wandern,
Zu erlangen ablaß und gnad,
Wies der bapst ausgeschrieben hat,
Er wolt auftun die güldene pfort,
Die sonst an keinem andern ort
Denn zu Rom, in dem haubt der welt;
Ja wer es glaubt und dafür helt,
Ist bald erlöst von pein und schult;
Und wenns schon Gott nicht haben wolt,
So ist der bapst an Gottes stat
Und alln gwalt auf erden hat.
Dasselb vil leut allda bedachten
Und sich aus alln landen aufmachten,
Zu holen solch gnad und ablaß,
Auf daß ir selen wurde baß.

---

1. Quelle nicht nachzuweisen. Keller, Erz. 503; Agricola, Ausgabe von 1548, 162^b; E. Alberus 11; Eyrig I, 447; II, 569; vgl. dazu Goedeke, Mittelalter 625.

Dasselb ward auch der fuchs gewar,
Lief bald zu einem wolfe dar,
Sprach: „Wir wölln uns zamen gesellen
Und uns einmal andechtig stellen,
Einst heben an zu werden from
Und ziehen auch hinauf nach Rom,
Büßen und beßern unser leben,
So werden uns die sünd vergeben.“
Da sprach der wolf: „Das dunkt mich gut.
Ein jederman jetzt buße tut,
Und so vil leut nach Roma laufen,
Da sol vil ablaß sein zu kaufen:
Ob wir auch hie auf diser erden
Wie unser eltern selig werden.“
Beschloßen da in einem sin,
Wurden bald reit und zohen hin.
Ein jeder nam mit seine hab,
Hut, ledersack und pilgerstab,
Zohen bei Nürmberg hin nach Schwabach.
Ein esel sie am weg ersach,
Er sprach: „Gott grüß euch, lieben brüder!
Ich sihe wol, daß sich jetzt ein jeder
Zu beßern denkt und buß zu treiben;
Wo würd ich armer sünder bleiben?“
Mit seufzen schlug er an sein brust
Und sprach: „Mich frißt der sünden lust.“
Da sprach der fuchs: „Ei, tu auch buß!
Du bist vil baß denn wir zu fuß.
Wilt dich beßern und werden from,
So kum und zeuh mit uns gen Rom.“
Der esel sich nicht lang besan,
Er nam die bittfart mit in an,
Gumpet und warf sein sack darnider,
Sprach: „Lig da, ich kum nicht bald wider.“
Sie zohen zamen alle drei
Ubers Lechfeld, Augspurg fürbei,
Neben Landsburg das gebirg hinan,
Welchs man vil meilen sehen kan.

1, 36 reit, bereit, reisefertig. — 53 gumpen, springen, hüpfen.

Auf welsch seins die alpes genant,
Den curtesanen wol bekant,
Die umb prebenden litigirn,
Zu Roma in rota agirn.
Sie stiegen einen berg hinan;
Zum fuchs der wolf reden began,
Fragt in, ob er nit müde wer.
Er sprach: „Ich bin erlegen schier;
Wil diß gebirg noch lenger wern,
Wolt ich lieber den tot begern.
Mein kurzen bein und enger schrit
Reimen sich zu hohen bergen nit.
Du und der esel habt nit zu klagen;
Ich sterb bei euch e dreien tagen.
Wolt, daß ich het daheim gebeicht;
Wer weiß, ich het leicht gnad erreicht.
Die reis mich schier gereuen hat.
Er nem den willen für die tat.
Ich halts dafür, wenn wir es wagten,
Einr dem andern die sünde klagten,
Es solt wol sein so angenem,
Als ob einer gen Rome kem.
Wie dunkt euch hie, herr Eisengrim?"
Der wolf sprach: „Geb dazu mein stimm
Und hab michs auch wol zu erwegen,
Ich bin vorwar auch schier erlegen."
Er sprach: „Herr Heinz, was dunkt euch gut?"
Der esel sprach: „Was ir beid tut,
Dabei wil ichs auch bleiben lan.
Ich bin ein ungelerter man,
Ir seit der schrift vil baß erfarn.
Wenn wir den weg möchten ersparn
Und wurden doch der sünden los,
Es wer vorwar ein vorteil groß.
Ich wolt mich warlich bald besinnen,
Die zerung tut mir doch zerrinnen,
Mein seckel gunt zu werden spitz,
Auch ist des tags so große hitz

---

1. 60 curtesan (Hofmann), Stellenjäger. — 61 ligitiren, Processe führen. — 62 rota, der oberste Gerichtshof in der römischen Curia justitiae.

Und wechst kein gras hie bei dem weg;
Drumb hungers halben schier erleg.
So machts ir beide, wie ir wölt,
Ich wil euchs haben heimgestellt."
Da sprach der fuchs: „Es ist nichts wert,
Daß einr unnütz sein gelt verzert.
Die glerten sagen jetzund frei,
Daß nur ein lauter fürwitz sei,
Daß man gen Rom sanct Jacob lauft
Und vor sein gelt den reuel kauft
Und holt nicht mer denn müde bein.
Ja, wenn ich jetzund wer allein,
Ee ich ein fuß solt weiter ziehen,
Vor disem stein wolt nider knien
Und laßens sein im vatican,
Oder die krepp sanct Lateran,
Den großen pfeiler Adriani
Und termi Diocletiani,
Belle videre, sanct Peters platz,
Engelburg und des bapsts pallaz,
Agon Tyber, beim camposlor,
Maria rotunda und maior,
Die steinen pferd in monte caval,
Die großen arcus triumphal,
Die marmorsteinen ponte Sixti,
Das coemeterium Calixti,
Bei sanct Alex die steinen sonnen,
Und bei sanct Paul die drei brunnen,
Das eren pferd, gegoßen bild,
Den Arnum und den Tibrim wild,

---

1. 105 sanct Jacob, der Heilige von Compostella; sanct Jacob laufen, wallfahren, im weitern Sinne gebraucht. — 106: und für sein Geld nichts hat als Reue. — 113 pfeiler Adriani, Säule des Hadrianus: vielleicht irrthümlich für Trajani. — 114 termi Diocletiani, die Thermen, warmen Bäder dieses Kaisers. — 115 belle videre, Belvedere, ein Flügel des Vaticans. — 117 agon Tyber, das tiberinische Feld zwischen dem Marsfelde und dem Tiber; camposlor, Campo di Fiore, vor dem Palast Pio. — 118 Maria rotunda, das Pantheon, zur Kirche Santa Maria ad marthyros umgewandelt; maior, Santa Maria maggiore. — 119 die steinen pferd, die beiden Marmorgruppen (Rossebändiger) vor dem Quirinal. — 120 arcus triumphal, die Triumphbogen des Konstantin, Septimius Severus und Titus. — 122 coemeterium Calixti, die Calixt-Katakomben. — 124 die drei brunnen, San Paolo alle tre fontane, an der Stelle, wo Paulus enthauptet sein soll.

Morphorium und den Pasquill,
  Davon man teglich sagt so vil:
Ob ich dasselb nit alles sech,
  Wolt gern wißen, was daran leg,
Wurd gleich so lange darnach leben,
  Als wern mir dsünd zu Rom vergeben."
Da sprach der wolf: „Ich halts fürs best,
  Daß ein jeder von sünden leßt.
Wo einr sich beßert und wird from,
  Ist gleich so vil, gieng er gen Rom."
Und sprach: „Herr Reinhart, setzt euch nider,
  Hört mir die beicht, ich hörs euch wider."
Der fuchs setzt sich, sprach: „Liebes kind,
  Sag an, was hastu tan für sünd?"
Der wolf sprach: „Vatter, ich bekenn
  Und mich für einen sünder nenn:
Ich hab gesündet oft und vil,
  Wie ich euch jetzt erzelen wil.
Ich hab vil schaf und lemmer zrißen,
  Auch oftmals küh und kelber bißen,
Der zickel und der jungen schwein
  Must ich mich understen allein;
Die ochsen, pferd und große stier
  Waren zu stark alleine mir;
Wenn ich ir einen gdacht zu fellen,
  Nam ich mein bruder zum gesellen.
Der gäns hab ich nicht vil betrogen,
  Die meisten sein mir stets entflohen.
Sunst hab ich mich oft must erwegen
  Meins lebens in dem schnee und regen;
Mich hat gejagt gar mancher baur:
  Damit mir ward mein leben saur.
Was ir mir setzen wölt zur buß,
  Vor die sünd willig tragen muß."
Der fuchs sprach: „Draus ich merken mag,
  Daß dich fürwar kein guter tag,
Sonder die not und hunger trieben:
  Werst villeicht lieber ligend blieben.

---

1. 127 Morphorium und den Pasquill, die bekannten Figuren des Morforio und Pasquino. — 148 sich understen c. genet., sich an etwas wagen. — 162 guter tag, Wohlleben.

Doch wil ich dir zur buß jetzt setzen,
Dein fuß soltu hinfürder netzen,
Der fisch im waßer dich ernern,
Hinfurder an die tier nit kern.
Was im waßer und hart dabei
Findest, das sei dir alles frei;
Was an dem ufer auf drei schritt
Kreucht, weiter soltu greifen nit,
Es sei ein krebs oder sunst ein al,
Iß für ein lamb, so bkumt dirs wol;
Hab reu und leid, beßer dein leben,
Stee auf, dir sein dein sünd vergeben!"
Da sprach der fuchs: „Herr wolf, ich bit,
Verschmeht mich armen sünder nit!
Hört mir die beicht, mich reut mein sünd,
Ob ich auch gnad erlangen künt.
Ich bin ein großer sünder zwar;
Man kennt mich wol, das ist auch war.
Ich hab mein leben so verzert
Und in gar großem kummer gnert,
In dreien tagen oft kaum ein hun,
Ein gans oder sunst ein capun,
Darüber oft mein leben gwagt:
Das sei euch, lieber vatter, klagt."
Da sprach der wolf: „Lieber Reinhart,
Umbsunst ist euch nit grau der bart;
Bei mir ichs wol abnemen sol,
Daß einem kranken ist nicht wol.
Wir müßen bkennen, ich und ir,
Wir sind vorwar zwei arme tier.
Daß ich euch solt die speis verbieten,
Wißt euch wol selb dafür zu hüten,
Was euch schadt, daß ir das nit eßen,
Und eur gesundheit nit vergeßen.
So tut und folget meiner ler,
Beßert eur leben und tuts nit mer!"
Da sprach der esel: „Lieber herr,
Wolt, daß ich auch der sünd los wer.

1. 167 der fisch, von den Fischen.

Mein schuld ich euch bekennen muß:
  Bit, seid mir gnedig mit der buß.
Ich hab mein zeit in bösen tagen
  Zubracht, holz, seck und waßer tragen,
Mein leib gefüllt mit bonenstro,
  Meins lebens bin nit worden fro.
Einsmals wolt eßen leckerbißen:
  Meim treiber warn sein schuh zerrißen,
Darin het er frisch heu gestopft,
  Hab ich im aus den schuhen geropft,
Welchs mir auch ward gar ser verkert,
  Mein haut mit einem knüttel bert.
Dabei könt merken und verstan,
  Daß nit war allzu **wol** getan."
„O", sprach der wolf, „du großer sunder,
  Daß du noch lebst, das nimt mich wunder!
Ja, sag ich dir, es möcht villeicht,
  Du werst gestorben ungebeicht,
Damit der absolutz entborn,
  So werst mit leib und seel verlorn.
Die sünd hat lang in dir gewült."
  Der esel sprach: „Habs wol gefült;
Wird mir jetzt an der seelen baß,
  Fürwar, hinfurter ichs wol laß."
Er sprach: „Mag dich nit absolviern,
  Wil mich den casum lassen lern.
Herr Reinhart, hört, was hie vorhanden,
  Den casum hab ich nie verstanden.
Des bapsts penitenciarius
  Solt hie kaum finden gnugsam buß
Und in der sach gründlich bericht,
  Des künt sich gnug verwundern nicht."
Da sprach der fuchs: „Ich hab die schrift
  Durchgründt, befinde, daß sichs trifft
Beid im drecket und dreckental,
  In Clementin und überall:

1. 213 verkeren, übel nehmen. — 221 entborn, mhd. enborn, part. praet. von enberen, verlustig gegangen. — 237 drecket und dreckental, Decret und Decretale. — 238 Clementin, von Clemens V. veranstaltete Sammlung der Decretalen.

Mit iren glosen und den summen
  Hierin zugleich überein kommen,
Ein schwer sentenz im übersagen,
  Die er für seine sünd muß tragen.
Was hilfts, daß man die sach verblümt?
  Er ist mit leib und sel vertümt,
Jedoch sein sel durch zeitlich tot
  Errettet wird aus hellscher not.
Die recht sagen: wo er bleibt leben,
  Wird ganz und gar dem teufel geben;
Ist beßer, daß er sterb am leib,
  Und daß die sel behalten bleib.“
Vor in must sich der esel bucken,
  Zerrißen in zu kleinen stucken.
¶ Der Herr spricht: hüt euch vor den leuten,
  Die zu euch kommen in schafsheuten
Und sich ganz schäfisch zu euch stellen,
  Als obs freundschaft beweisen wöllen!
Dieselben euch am erst betriegen,
  Mit guten worten stets verliegen,
Wie hie dem esel auch geschehen.
  Dabei zu merken und zu sehen,
Was da sei freundschaft in der not.
  Zwen hund sein stet des hasen tot.
Es wird auch hie fein abgemalt,
  Wie der pfaffen beicht sei gestalt:
Wenn einr dem andern tet sein beicht,
  So macht ers mit der buß gar leicht,
Einander bald die sünd vergaben,
  Gleich wie die pferd einander schaben,
Strich mit dem fuchsschwanz über her;
  Den armen leien machtens schwer,
Mocht leicht; wo einer übertrat,
  So wars ein casus reservat,

---

1. 239 Glose, Glosse; Summe, summa, summarium, kurze Zusammenfassung des Inhalts. — 241 übersagen, über jemand aussprechen. — 244 vertümen, verurtheilen, verdammen, mhd. vertüemen von tuoman, urtheilen. — 258 verliegen, verlügen, verläumden. — 271 mocht leicht, mochte es auch leicht sein; übertreten, ein Versehen begehen, einen Fehltritt thun. — 272 casus reservat, reservatus, der Entscheidung einer höhern geistlichen Behörde vorbehalten.

Ward er nicht in den ban getan,
So must er sich sonst schinden lan
Und tanzen, wie sie im fürpfiffen.
Mit dem **netz** gar gut fisch ergriffen,
Und macht **in stets** die küchen vol,
Wie wirs **jetzt** wißen allzu wol.
Und wöllen Gott gar treulich bitten,
Daß er uns fürbaß wöll behüten,
Daß sie uns mit irm fischegarn
Fürbaß nit sollen überfarn,
Den **wolf** und fuchsen nit mer hören,
Daß uns nit wie den esel betören.

Die zweite Fabel.

Vom Fuchs und dem Hanen.

Vom fuchs man oft gesaget mir,
Wie er sei ein gar listig tier
Und pflegt die andern tier betriegen,
Umb eigen nutz in oft fürliegen.
Solchs er am hanen hat ereigt,
Wie dise folgend fabel zeigt.
Einsmals, da er het lang geloffen
Und durch vil dicker hecken gschloffen,
Daß im sein bauch war worden ler,
Zohe in eim holen weg daher.
Vom dorf nit weit an einem fluß,
Ungeferlich zwen armbrustschüß,
Da saß ein han auf einem baum
Hoch, daß ern kunt absehen kaum,
Mit dreien hübschen feißten hennen,
Die sich gemestet in der **tennen**,
Und saßen hoch auf einer eichen,
Daß sie der fuchs nicht mocht erreichen.
Er dacht: was sol ich immer tun?
Ich iß so gern einst von eim hun!

---

2. Auch bei Hans Sachs, doch nicht nach Waldis, G. II, 4, 28b, im Jahr 1558. — 5 ereigen, **eräugen**, mhd. erougen, sehen laßen, zeigen.

Da het ein baur ein große buchen
  Nider gefellt; da gunt er suchen
Und fand ein weißen span vierecket,
  Doch ein wenig lenglecht gestrecket,
Nam in ins maul und trollt sich hin
  Auf künftig beut und guten gwin,
Zohe langsam underm baum daher,
  Als ob ers tet on als gefer.
Wie in der han von oben sicht,
  Kräet laut, leßt sich erschrecken nicht.
Der fuchs legt nider seinen span
  Und hebt weislich zu reden an
Und sprach: „Botz, lieber ohm, herr Henning,
  Ich het verwett ein alten pfenning,
Daß ich euch hie nit finden solt.
  Jedoch, wenn ir mich hören wolt,
Wil euch erzelen seltzam gschicht,
  Die nit aus meinem ghirn ertidit,
Auch nit aus meinen gedenk besunnen
  Oder aus eim toten roskopf gspunnen,
Sondern sind uns vom himel geben,
  Daß darnach alle tier solln leben;
Ernstlich wils han gehalten Gott
  Haben gleich wie die zehen gebot,
Denn es kein lecherliche boßen,
  Sondern mit solchem ernst beschloßen,
Mit brief und sigel stark befest,
  Daß mans wol unumbgstoßen leßt.“
Da sprach der han: „Nun sag doch her!“
  Er sprach: „Es sind gar gute mer.
Und weil ich euch so lang hab kennt,
  Stets für mein lieben ohm genennt,
Halt ich, daß ir des wol seit wert,
  Für andern tieren zum ersten bschert,
Daß ir solt sein der erste fründ,
  Dem ich solch heilsam red verkünd.“
Er nahet sich zum baume baß
  Und setzt sich nider in das gras,

---

2. 39 gedenk, Gedächtniß, Erinnerung. — 40 aus einem toten roskopf gespunnen, durch Beschwörung in Erfahrung gebracht. — 47 befesten, befestigen, fest machen.

Er leckt das maul und ruspert sich
  Und sprach: „Herr Henning, hört doch mich,
Hört zu mit euren schwestern fleißig.
  In diesem jar sieben und dreißig
Hat der bapst in Italia
  In der schönen stadt Mantua
Ein gemein concili betracht,
  Vil herren da zusamen bracht,
Cardinäl, patriarchen, bischof
  Versamlet gar an seinen hof,
Dabei auch ander herrn legaten,
  Gschickt von weltlichen potentaten
Als commissari, oratorn,
  Die von der herrn wegen da warn,
Und haben all eintrechtiglich
  Beschloßen, das sol ewiglich
Ratum, decretum firmiter
  Et irrefragabiliter."
Der han sprach: „Herr Reinhart, sagt her,
  Was sein die wunderlichen mer,
Da ir so hoch und groß von rümen,
  Mit so vil worten schon verblümen?
Ir gebt ein guten predicanten,
  Ja, für die hüner, gäns und anten,
Ir könt latin und alle sprach,
  Muß jederman euch geben nach.
Wer **gnug**, ir het die sophistri
  Studiert in der schul zu Pavi;
Das doctorat stünd euch wol an:
  Ir seit der schrift ein glerter man."
Er sprach: „Die sach ists gar wol wert,
  Daß man mit vilen worten ert.
Diß aber habens decerniert,
  Mit brief und sigel confirmiert:
Nach dem vor vilen alten zeiten
  Kein gewonheit war bei den leuten,
Daß sie pflagen fleisch zu eßen,
  Und dorft sich des niemand vermeßen,

---

2. 65 betrachten, in Erwägung ziehen, beschließen. — 76 irrefragabiliter, ohne Widerspruch.

Biß daß bei Noha nach der sintflut
  Von Gott ward angesehn für gut,
Den menschen fleisch erlaubet hat.
  Daraus erfolgt großer unrat,
Denn davon leid und mort ist kommen;
  Vil tier daraus ursach genommen,
Daß sie einander han gefreßen
  Und aller zucht und er vergeßen
Und sprachen: ist den menschen frei,
  Warumb solts uns verbotten sei?
Daraus ist kommen müe und klag.
  Nun muß, biß vor dem jüngsten tag,
Und noch in disen letsten tagen,
  Die sach gestillt wird und vertragen,
All neid und haß auf diser erdn
  Bei allen tieren vergeßen werdn;
Drumb hat der bapst on allen hel,
  Villeicht aus göttlichem befelh,
Mit weisem rat und klugem sin
  Endlich die sachen bracht dahin,
Ein jedes tier sich solches maßen,
  Das ander ungefreßen laßen.
Laub und gras sollen sie genießen
  Und damit iren hunger büßen;
Allein **der** fisch im waßer sei
  Menschen und tiern zu eßen frei,
Und sind derhalben frei gegeben.
  Denn da all tier verlorn das leben
In der sintflut, wies stet geschrieben,
  Da sein die fisch lebendig blieben,
Darumb hats Gott also verschafft,
  Daß sie auch wurden einst gestraft.
Und ist diß herrlich neu edict
  Reichlich begiftet und gespickt,
Mit brief und sigel stark muniert,
  Mit privilegen hoch geziert,
Mag billich gnennet werden zwar
  Das rechte gülden jubeljar.

---

2. 100 unrat, Schaden. — **108 Der** Druckfehler „es" ist in „biß" geändert. — 110. 111 für „erd", „werd", infin., wie „sei" V. 106, ist „erdn" und „werdn" gesetzt. — 127 verschaffen, anordnen.

Ist auch schriftlich in druck gestellt,
Darnach ein jedes tier sich helt,
All punct verfaßt in ein receß,
Ward jetzt zu Frankfurt in der meß
Vorn römer gschlagen an die tür;
Da hiengen achtzehn sigel für,
Da stunden kammerboten bei.
Des ich ein warhaftig copei,
Wie solchs zugangen und beschehn,
Als hie vor augen ist zu sehn"
(Und zeigt im da den weißen span,
Meint, er solt im dran gnügen lan).
„So ists nun allenthalben fried;
Drumb steigt herab und förcht euch nit.
Nim deine schwestern all mit dir:
Dörft euch besorgen nit vor mir.
Den brief wölln wir im wirtshaus lesen
Und haben da ein frölich wesen.
Hab hie noch einen gülden rot,
Den mein mutter nit gsehen hot,
Den wölln wir samtlich da verzern
Und uns hinfurder freundlich nern.".
Da sprach der han: „Es nimt mich wunder
Solch gschwind verenderung jetzunder,
Die ich jetzt hör aus deiner sag:
Es muß nahe sein dem jüngsten tag.
Drumb wil ich glauben deinem wort:
Herr, ich kom jetzund alsofort."
Der fuchs war fro und sprach: „Nun kum!"
Da macht der han den hals so krum
Und strecket weit aus seinen kragen,
Sahe hin ins felt. Der fuchs gunt fragen
Und sprach: „Sag an, wonach sichstu?
Kom, ich bleib sonst nicht lenger nu."
Der han sprach: „Wil dirs wol verkunden:
Dort komt ein jäger mit zwen hunden,
Den man den brief auch lesen sol,
Sie sein beid frum, ich kenn sie wol,

2. 142 ich, zu ergänzen: habe.

Daß sie auch wißen von den sachen
Und gleich mit uns sich frölich machen."
Da fragt der fuchs: „Sein sie noch fer?"
„Nein", sprach der han, „sie ziehen daher."
Da sprach der fuchs: „Ich gee davon;
Wiltu folgen, das magstu tun."
Da sprach der han: „Wie so? Ists fried,
So hastu dich zu bsorgen nit."
Er sprach: „Ob sies noch nit vernommen,
Ließen mich nit zur antwort kommen
Und mich so eilend überfielen;
Wil lieber des gewißen spielen
Und mich hin durch die hecken drengen:
Ein ander mag in zeitung brengen."
¶ Es ist mancher so gar verschlagen,
Meint etwas damit aufzujagen
Und denkt, er sei so klug allein,
So findt er doch zu zeiten ein,
Der auch geschickt und gegenklug
Kan trug vergelten mit betrug,
Zu dem man sichs gar nicht versicht,
Wie vom hanen dem fuchs geschicht.
Wer einen schalk mit schalk wil letzen,
Der muß ein auf die schiltwacht setzen.

Die dritte Fabel.

Vom hungerigen Wolfe.

Einsmals im herbst es sich begab,
Wie ich durch schrift verstanden hab,
Ein alter wolf lief übers felt
Und, wie er pflag, nach narung stellt.
Er war drei tag also hingangen,
Umbsonst gelaufen, nichts gefangen,
Daß er vor hunger schier verschmacht.
In seinem sin also gedacht:
Wer ich doch so wie ander tier,
So wer gar wol zu helfen mir,

---

2. 191 gegenklug, dagegen klug, ebenso klug.

Daß mir schmecket heu, stro und gras,
So stünds umb mich vorwar vil baß,
Denn daß ich so die welt durchlauf.
Ich hab kein gelt, dafür ich kauf;
Nem ichs denn hin on den verlaub,
So wird mirs grechnet vor ein raub,
Es sei ein lamb, gans oder hun:
Wie sol ich armer wolf denn tun?
Ich hab kein freund, gunst oder gelt:
Wolt, daß ich schon wer aus der welt.
Weiß nicht, wes mich hinfürder halten:
Doch wils den lieben Gott lan walten,
Als mich mein vatter unterricht.
Wie er hat tan, so tu auch ich.
Wils wagen; art schlecht nicht von art:
Wem der kopf wird, der scher den bart;
Da mags umbsehn, gee, wie es wöll,
Iß mit, hang mit, bis gut gesell.
Wie ich es findt, so muß herfür,
Und stünd der galg da vor der tür!
Lief also bei dem holz dahin
Auf künftig beut und guten gwin.
Da ward er gwar zur selben stund
Vor jener hecken einen hund.
Er dacht: der hund pflegt wol dem fraß
Zu folgen, wo er findt ein as.
Der wolf kam neher baß hinzu
Und sahe von fern ein schöne ku
Auf jenseit einer kleinen hecken.
Er dacht: du hast dich gut zu strecken,
Uber die streucher da zu springen,
Ob dirs möcht mit der kue gelingen.
Auch ligens da recht auf der erden,
Was kan daraus vil wunders werden?
Er sprang und meint gewonnen haben:
Da war ein tiefes loch gegraben,
Da fiel er nein, plumps! überquer
Und sprach: „So faren wir daher.

2. 21: wie ich mich verhalten soll.

Sihe da, ich dörst dirs vor wol sagen,
Wer vil wil haben, muß vil wagen."
Er sahe sich umb und wider umb:
„Hilf Gott, daß ich hin aushin kum!
Würd mir die freiheit wider geben,
Ich wolt hienehst beßern mein leben
Und zu sanct Frumholt mich geloben.
Ach, daß ich wer ein mal dort oben;
Ich wolt mein tag kein kelber beißen,
Kein lemmer oder schaf zerreißen,
Wolt wurzeln graben aus der erden,
Und was mir sonst dabei möcht werden;
Fleisch eßen wolt ich gar verschwern
Und mich mein tag des kummers nern,
In ein carthaus mich hin begeben
Und beßern da mein sündlich leben
Mit beten, fasten, wie sie pflegen;
Des wolt ich mich auch gar erwegen."
Zuletst, wie er nu sucht umbher,
Fand sich ein loch on als gefer;
Wiewol es im war all zu eng,
Doch strecket er sich in die leng,
Biß er hindurch ins raume kam.
Sahe sich weit umb und rief: „Lamb! lamb!
Ach het ich, das ich jetzt möcht eßen,
Wolt wol der geistlichkeit vergeßen.
Der Luther sagt und sein scribenten,
Die geistlichkeit sei visipatenten,
Sei gar unnütz und nichtes wert,
Vergebens Gott damit wird geert.
Drumb wil ich hausen immer hin,
Ein wolf bleiben, wie ich jetzt bin."
¶ Der wolf tut uns zurkennen geben,
Wies stet umb aller menschen leben.
Ja, die sich halten für die besten,
Werden vor Gott die allerletsten.

3. 62 sich des kummers neren, kümmerlich leben. — 71 ins raume, ins Weite, ins Freie. — 76 visipatenten, unnütze Dinge; die Herleitung ist unklar; heute: Visematenten, Spiegelfechtereien. Vgl. Claws Bur, herausgegeben von A. Hoefer, V. 68, 938; Waldis, Verlorener Sohn, von A. Hoefer, S. 220, 221.

Der tot und sünd uns nit ee schrecken,
Denn wenn wir in den nöten stecken;
So globen wir, zu werden frum,
Ja, wenn ich von sanct Jacob kum,
Dahin ich nimmer wandern wil!
Also setzen die leut ir ziel
Und meinens auch also zu treffen:
Es leßt sich aber Gott nit effen
Mit globen zu vil guten werken,
Damit wir unsern dunkel sterken,
Wiewol der feil in uns so groß,
Daß wir nicht ee der sünden los
Werden, die wurzel stets beharrt,
Biß daß mans in die erden scharrt
Und schleht im mit der schaufeln nach.
Dennoch muß man, dieweil wir doch
Wandern hie auf schlipfrigen wegen,
Fleißig den alten schalk ausfegen.
Darumb rat ich eim jeden christen,
Der seine sel gedenkt zu fristen,
Heb an zu stund, beßer sein leben,
So werden im die sünd vergeben,
Sing nit mit dem rappen: cras! cras!
Sondern noch heut von sünden laß.
Der groß hauf sagt: es kömt noch wol,
Wenn ich dermaleinst sterben sol.
Denn tuns der zehen angeloben,
Der sie nit eins zu geben haben.
Solchs ist der welt gemeine wesen,
Wie wir auch von dem teufel lesen:
„Cacodemon egrotabat,
Monachus fieri volebat;
Sed tandem cum convaluit,
Mansit ut antea fuit.“

---

3. 107 cras, cras, morgen, morgen. — 115 Cacodemon ꝛc.: Der Teufel wollte Mönch werden, als er krank war; aber als er endlich wieder gesund wurde, blieb er wie er vorher war. Woher die Verse stammen, kann ich nicht nachweisen.

Die vierte Fabel.

Vom Gardian und einem Lotterbuben.

Zu Friburg, welchs im Brißgau leit,
Ein schöne stadt, vom Rhein nit weit,
Da saß ein burger, hieß der Strauß.
Der lud einst geste in sein haus
Vom rat und universitet;
Auch geistlich leut gebeten het,
Johanniter, geistlich tumherrn,
Augustiner und predigern;
Die franciscan vor andern ert,
Das macht, daß erst warn reformiert:
Pater Beraldus, gardian,
Derhalb gesetzt ward oben an;
Sein geistlichkeit tet hoch aufbrüsten:
Macht, daß die leut nit beßer wisten.
Das evangeli da nit war,
Wie es (Gott lob!) jetzt offenbar.
Der wirt die gest da frölich macht,
Nach eßens spielleut einher bracht;
Da spielt ein jeder, macht das sein.
Aufs letst kam auch ein freiet nein,
Der rümt sich einen buben stolz,
Macht im vil sprüch aufm lotterholz,
All reimes weis tets einher machen
Und hielt sich prechtig in den sachen.
Da hub vor alln zu reden an
Oben am tisch der gardian,
Sprach: „Fritz, sag an, wann kumst du her?
Tregst deinen bengel überzwer.“
Er sprach: „Aus Frankreich, von Paris.“
Er sprach: „Kumst aus dem paradis,

4. Aus mündlicher Erzählung. — 10 reformiert, neu gebildet, die Ordensregel wieder hergestellt, Misbräuche abgestellt 2c. — 20 freiet, Freihart, Strolch. — 22 lotterholz, ein Instrument, das die „Lotterbuben“, Gaukler, zu ihren Spielen gebrauchen. Frisch, s. v.; bacillus instructus fascia fluxa remissa, facile amobili. Oberlin, Glossar. 954. Frisch führt aus Kaisersberg, Post, fol. 58, an: „Als die Buben mit dem Lotterholz, da machet einer ein heil end (eine heile, unzerschnittene Schnur) an und wettet mit einem, und wie er wettet, so gewinnt er allwegen, er kann machen, daß es daran bleibt oder herabgeht.“ — 27 wann, wannen, woher. — 28 bengel, Knüttel.

Ei lieber aleph, beth und gimel,
  Ich hör, du bist gewest im himel,
Dort oben bei den engeln gwesen,
  Davon wir so vil wunders lesen.
Eins ich dich jetzund fragen sol,
  Das weist on allen zweifel wol,
Als, was daselben ist geschehen.
  Lieber, hast nit daselben gsehen
Dort oben bei den lieben heiligen
  Franciscum, unsern vatter seligen?
Sag, welchen chor er innen hat?
  Ich weiß, er ist gar vil bei Gott."
Der freiet merkt sein hönlich fragen,
  Sprach: „Wirdig Pater, wils euch sagen.
Franciscus sitzt zu disen stunden
  Neben Gott mit seinen fünf wunden;
Allein sie sein so scheinbar nicht:
  Macht, daß so vil nit ausgericht;
Und mit sanct Peter spielt im bret.
  Vil seltzam ding mich fragen tet."
Der gardian sprach: „Woltst doch sagen,
  Was wunderlichs tet er dich fragen?"
Er sprach: „Er fragt mich, ob auch wer
  Von seim orden auf erden mer.
Ich sprach: Heiliger Vatter, ja,
  Es seind vil tausent klöster da,
Da ligens haufet ob einander;
  Etlich die ganze welt durch wandern,
Raspeln der leut gelt, gut und hab
  Mit irem sack und bettelstab.
Er antwort mir: Das glaub ich nicht,
  Du tust mir denn ein beßern bricht.
Ich sprach: Was ich jetzt sag, ist war,
  Ich hab ir noch in disem jar
Als drei und zwenzig fünfzehnhundert
  Ein haufen gsehen, daß michs wundert.

---

4. 31 Der Gardian gebraucht scherzhaft die ersten Buchstaben des hebräischen Alphabets als Anrede an den Strolch, dessen Familiennamen er nicht kennt. — 41 chor, Ordnung, Rangstufe. — 47: in die Augen fallend, von Bedeutung. — 57 ob, dicht bei. — 59 raspeln, wie schrappen, schaben.

Zu Burgis in Hispanien
Waren etlich aus Indien,
Aus vilen inseln über mer
Und allen landen kummen her,
Aus den provinzen überall
Zu eim capitel general.
Als sie daselb beschloßen hetten,
Vor ein minister kiesen teten
Frater Franciscum Angelis,
Darumb daß er dem kaiser ist
Bluts halb gewant, beim bapst verschaff
Ein gmein edict und peinlich straf
Wider die lutherisch ketzerei.
Zu hilf ist im geben dabei
Der ablaß und die indulgenz,
Daß ers mit kreuz und reverenz
Sol füren wie ein general,
Damit er zu eim cardinal
Erwelt als ein höchsten prelaten,
Wenn er brengt achtzig tausent ducaten,
Gleich wie vor im getan allda
Christophorus de Forolivio,
Der cardinal von Ara celi,
Der jetzt auch hat gesungen eli,
Auf daß der orden einen het,
Der iren stand beschutzen tet;
Denn wie mich jetzt die sach ansicht,
Wird er aufs schierst auch hingericht.
Als ich das sagt, da ward Franciscus
Ganz zornig wie ein basiliscus.
Jedoch, da er sich baß bedacht,
Sein schaf wider zusamen bracht,
Er schütt den kopf und sprach: Nit weiß,
Von zweien dünket mich schier eins:
Ich het mich schier zu vil vermeßen,
Denn ich so lang bin hie geseßen

---

4. 75 Franciscus Angelis, Franciscus Quinones, Ordensgeneral 1522, Karl's V. Beichtiger, später Cardinal, gest. 1540. — 88 Christophorus de Forolivio, Ordensgeneral, Cardinal tit. von Sancta Maria in Ara celi. — 90 eli, Matth. 27, 46, mein Gott! aus den Kreuzesworten. — 94 aufs schierst, sehr bald; hingerichtet werden, abgethan werden, zu Grunde gehn. — 99 schütten, schütteln.

Im himmel bei dreihundert jar,
Und sags bei meinem eid vorwar,
In all der zeit hab nie vernommen,
Daß einer wer gen himmel kommen.
Ich sihe, es hat sich gar verkert,
Tun nicht, wie ich sie hab gelert;
Sie finden nit in meiner regel,
Daß sie solln schieben solche kegel,
Nach hohen digniteten trachten,
Mit breiten hohen hüten brachten,
Auf großes gut und geiz gedenken,
So tief in weltlich sachen senken,
Drumb müßens, wie man sagt, bei parn
Mit einander zum teufel farn."
Als solchs der gardian da hort,
Er schweig und sprach den tag kein wort.
¶ Damit sein vorwitz trieben ein,
Denn sie allzeit im frummen schein
Sich an eußerlich wesen preisen
Und damit vor andern beweisen,
Als hetten sie den besten stant;
Doch ists für Gott nur lauter tant.
Damit die armen leut bedauben,
Lestern das Gottswort und den glauben.
Ja, wenn Franciscus als betrieben,
Was sie han selb von im geschrieben,
Also geschehn und alles war,
So darf ichs reden offenbar,
Daß er solchs aus vermeßenheit
Oder sonst aus lauter torheit
Getan; das laßen wir geschehen,
Wölln dieweil auf uns selber sehen.
Ein jeder wird nach disem leben
Von seinem tun rechenschaft geben,
Von bös und gut, am jüngsten tag;
Darnach ein jeder leben mag.
Es wird auch hiemit angezeigt,
Wie sichs oft ungefer zutregt,

4. 112 brachten, prachten, prunken.

Daß, wer mit unbescheidenheit
Ein spöttisch fragt aus haß und neit,
Der wird oft einr antwort gwert,
Welch er zu hören nit begert.

Die fünfte Fabel.

Von einem Waltbruder.

Man list, vor dreizehn hundert jaren,
Da die aposteln gstorben waren
Und ire jüngern auch nach in,
Der beste kern war schon dahin
Von den ersten, fürnemsten christen,
Bracht der teufel mit seinen listen
Von den heiden groß tyrannei
Und undern christen ketzerei.
Dadurch die christenheit nam ab,
Mancher sich in die wildnus gab,
Daraus zuletst einsidel worden,
Gerieten in ein sondern orden,
Wolten Gott dienen in der wildnus,
Aus dem sie machten in ein bildnus;
Wie in ir eigen danken malt,
So must er gwinnen ein gestalt.
Daraus entstund gar seltzam wesen,
Wie wir in vitis patrum lesen,
Daß sie vil wunderding betrieben,
Wie in demselben buch beschrieben.
Da kam ein junger bruder hin,
Dem auch die welt nach seinem sin,
Wie im gedacht, nit leben wolt,
Und meint, daß ers da finden solt.
Versuchts mit ir ein kleine zeit;
Sein anschleg felten im gar weit.
Wie er bei im war eigensinnig,
Deucht in all ding auch widerspinnig,

---

4. 143 gwert werden c. genet., erhalten, empfangen.

5. Agricola 707 Die Geschichte bearbeitete auch Hans Sachs, doch nach einer andern Quelle. G. II, IV, 28 (1557). — 18 Vitae patrum, Lebensbeschreibungen der heiligen Väter, in verschiedenen Sammlungen. — 28 widerspinnig, widerspenstig.

Gefiel im nit der brůder leben,
Gedacht sich auch von in zu geben
Und sündert sich von der gemein,
Ziehen in wilden walt allein,
Gedacht: daselb magstu Gott dienen,
Wenn du gescheiden weit von inen.
Er nam mit im ein steinen krug,
Darin ein wenig waßers trug,
Das er möcht in der wildnus haben
Und in der hitz sein durst zu laben.
Zohe in der wildnus hin und wider;
Zuletst sahe er ein berg hernider
Auf einem platz ein brünlin kalt,
Den umberingt der grüne walt,
Gedacht: in disem tal wils wagen,
Beim brunn dein läger hie anschlagen.
Er bauet an, macht im ein hütten,
Ein steinen tisch satzt in die mitten
Recht oben übern selben brunnen,
Von laub macht schatten vor die sunnen.
Von solcher arbeit ward im heiß,
Daß im die müd ausbrach den schweiß;
Nam seinen krug, schöpft waßer frisch,
Satzt sich zu trinken bei den tisch.
Der krug fiel umb, das waßer floß,
Unversehens so gar ausgoß.
Er ward zornig und schöpfet wider,
Auf den tisch setzt den krug nider;
On all gefer fiel wider umb.
Er flucht: „Daß dichs unglück ankum!
Kanstu nit sten?“ Schöpft und zuletst
Im zorn den krug da nider setzt.
Sihe, da fiel er zum dritten mal.
Er sprach: „Ich dirs wol kochen sol!
Du solt mich zwar nit mer bekümmern!“
Warf in im zorn zu kleinen drümmern
Daselb gegen ein großen stein.
Bald sprach er: „Jetzt bin ich allein

5. 40 hernider, herab von. — 50 die müd, die Müdigkeit, Ermattung; ausbrechen, trans., heraustreiben.

Und kan doch nit mit frieden leben;
Hat mir doch niemand ursach geben,
Dennoch hab mich erzörnen laßen,
Sihe wol, wenn ich mich selb könt maßen
Und wust mich in die welt zu schicken,
Dorft ir zwar nit zukern den rücken.
Ich merk wol, wo die sach getan:
Den fel ich selb im herzen han;
Wenn ich mich selb nur baß künt zwingen,
Wurd mir bein leuten baß gelingen.
Ich wil mich nach den leuten halten
Und solchs den lieben Gott lan walten."
¶ Aus solchem vorwitz ist es kummen,
Daß im ein jeder fürgenummen
Ein stant, dadurch die leut zu meiden,
Von der gmeinen welt zu scheiden,
Und etwas sonders angericht,
Was im sein eigner kopf erdicht.
Der merer teil hat keuschheit globt,
Und wenig warn damit begabt,
Mit cerimon gestift vil wunder,
Damit sich von der welt zu sundern:
Es hat aber die meinung nicht.
Nach dem wort Gotts dein leben richt,
Halt dich redlich, ner dich im land,
Leid mit den deinen er und schand,
Freud, glück, unglück und frölichkeit,
Beid guts und bös, was dir Gott geit.
Dein sel hast in den kleidern nicht,
Sunst wer er leichtlich hingericht.
Wiltu der sünden ursach meiden,
So tu dein eigen herz beschneiden;
Werd erst an deinem balken ritter,
Darnach zeuh aus deins nehsten splitter.
Wenn dir dein herz erst selb tut recht,
Bald wirds mit andern leuten schlecht;
Wenn du dein eigen willn erstochen,
So hast dich an der welt gerochen.

---

5. 96 hingerichtet werden, wir oben: abgethan, abgelegt werden. — 102 schlecht, schlicht: wird es in Ordnung kommen, wirst du mit andern Leuten gut auskommen.

Die sechste Fabel.

Von einem verwundten Landsknecht.

Zur zeit, da keiser Maximilian
  Krieg het mit den venetian,
Oft und an vilen enden siegt,
  Im Foriaul vil städt bekriegt
Und gwann daselb viel seiner städt,
  Das macht, daß er vil landsknecht het,
Darunder manches wildes kind,
  Wie man sie da gemeinlich findt.
Da kummen zamen gut gsellen,
  Die vatter, mutter nicht hören wöllen.
Under den war ein junger knecht;
  Hab ich sein **nam** behalten recht,
So nennt er sich **den** schwarzen Türk,
  Und war geborn von Offenburg,
Gar einen wundernaßen boßen.
  Derselb ward in eim sturm geschoßen
Und heftig in den tot verwundt,
  Lebt nur biß in die dritte stunt.
Wie der sturm ward erobert kaum,
  Ward **er** bracht undern kestenbaum;
Bald kam ein pfaff zu im geloffen,
  Het noch vom wein nit ausgeschlofen,
Der solt im etwas guts vorsagen,
  Het selb sein tag nicht oft gepflagen,
Sprach: „Hans, ich solt dich jetzt wol lern,
  Ist vil zu spat; denk auf den Herrn!
Denk auf den Herrn; hör, was ich sag:
  Denk auf den Herrn an disem tag!
Denk auf den Herrn, das rat ich dir,
  Und gib zuletst ein antwort mir."
Er sprach: „Was wölt ir mich belern?
  Ich weiß zwar keinen andern herrn

---

6. Nach mündlicher Erzählung. — 4 Foriaul, Forum Julii, Friaul. — 15 naß, trunken; vgl. naßer knabe, Trunkenbold; boße, ndf. Bursche, mhd. boz. — 19 der sturm erobert, die Erstürmung gelungen. — 24 gepflagen, gepflogen, in allgemeiner Bedeutung: gethan.

Denn herrn keiser Maximilian:
　Was solt ich vor ein herrn sonst han?
Drauf wil ich sterben unverzagt.
　Habs oft in stürmen, schlachten gwagt,
Und ward kein mal nit feldflüchtig:
　Solt ich denn jetzt werden untüchtig?
Wil hie auch wie ein kriegsman sterben."
　Da gieng der topf zu kleinen scherben.
¶ Bei disem landsknecht wol betracht,
　Was ein verrüchten menschen macht.
Wie einr sein ganzes leben fert,
　So wird im auch das end beschert.
Man sagt, was ein gut hak wil werden,
　Das krümt sich zeitlich bei der erden.
Doch sein etlich so übergeben,
　Sprechen: „Ist gleich vil, wie wir leben,
Wenn wir uns an dem end bekeren
　Und uns dann lan das Gottswort leren,
Das eim nur an seim end mag nützen.
　Ist gleich wie mit den armbrustschützen:
Leit nit am spannen oder bschicken,
　Wenn sie nur recht und wol abdrücken,
Und daß das weiß am zweck werd troffen:
　So wölln wir auch des besten hoffen."
Und wird Gott selb damit veracht,
　Sein wort und ganze schrift verlacht.
Drumb gets zuletst auch, wie es kan,
　Wird glont, gleich wie sie garbeit han,
Daß auch kein andern herren wißen,
　Denn des sich han im leben gflißen;
Denn die weis, darin man betagt,
　Verleßt man nit, wie der poet sagt.
Das faß schmeckt nach dem ersten wein.
　Was in der jugent wird gnomen ein,
Wescht im im alter nit ab der Rhein.

---

6. 47 übergeben, übermüthig, frech. — 53 bschicken, zum Schuß fer-g machen. — 61 daß, daß sie. — 63 betagen, alt werden. — 64 der oet, gemeint scheint Horaz, Epp. I, 2, 69, 70:

　Quo semel est imbuta recens servabit odorem
　　Testa diu.

Die siebente Fabel.

Wie ein Baur zur Beicht gieng.

Ein baur beichtet seinem pastor
Und bracht gar grobe stück hervor,
Daß er in nit wolt absolviern,
Wolt sich den bischof lan beleren.
Der baur sprach: „Herr, wolt das nit tun!
Habt ir doch dispensation
Auch wol mit euch gebracht **von** Rom.
Wil euch dafür, wo ich bin fromb,
Jetzt gegen ostern, so **wir** leben,
Ein halb schock guter oves geben."
Der pfaff macht sich nicht mer beschwert,
Wust, **daß er het** ein große herd,
Gedacht: **da** kriegstu dreißig schafe!
Und meint, er het gar recht antroffen;
Seumt nit, legt im von stunden an
Die hand aufs haubt und ließ in gan.
Der baur sendt im bei seinem meier
Am osterabent ein halb schock eier;
Der sprach: „Herr pfarrherr, euch begabt
Mein herr hiemit, wie er euch globt",
Und gieng davon; der pfaff sah saur.
Begegnet im derselbig baur,
Sprach: „Du globtest mir dreißig schaf,
Das ward je nit geredt im schlaf,
Es warn nicht ova, sondern oves:
Drumb soltestu dich schemen des."
Der baur sprach: „Inter ves et va
Non est differentia magna."
¶ Gleich wie die pfaffen han betrogen,
Die armen bauren ausgesogen,
Müßen oft wider halten her,
Begoßen mit irm eigen schmer;
Mit der maß, wie sie ausgemeßen,
Ist ir oft wider nit vergeßen.

7. (Im alten Druck: 9.) — 17 bei seinem meier, durch seinen Hofmeister.

Die achte Fabel.

Von einem Edelman.

Im zwei und siebenzigsten jar,
Da Neuß am Rhein belegert war
Von herzog Carol von Burgund,
Der nach all irm verderben stund,
Erhielts landgrave Herman aus Hessen,
Der das mal war in Neuß geseßen,
Wie sich der krieg verlengen tet,
Daß man nit vil mer zeßen het;
Denn, wie man sagt, da man von tregt
All tag und nit wider zulegt,
Da wird zuletst der haufen klein.
Nun het der fürst vor sich allein
Ein kue, von der man alle tag
Die milch zur speis zu nemen pflag.
Beim fürsten war ein edelman,
Den facht auch not und hunger an;
Der gunt dieselbe kue einst fellen,
Schlachtets und aß mit sein gesellen.
Das blieb nun etlich tag vertust,
Daß es sonst niemand fremdes wust,
Jedoch zuletst wards offenbar,
Wo dieselb ku hin komen war.
Als solchs der fürst nun het vernummen,
Den edelman hieß vor sich kummen
Und straft in drumb mit worten hart,
Wiewol sunst draus nit bösers wart.
Denn solchs blieb zwar nit unbedacht,
Daß in die not dazu het bracht
Und der hunger, das scharpfe schwert,
Sonst het er nit der ku begert.
Und was zwar keine große schand,
Dennoch tets im im herzen ant;
Sprach zum fürsten: „So glob ich heut,
Daß hören all dis edelleut,

8. (10.) Wahrscheinlich nach mündlicher Erzählung. — 19 vertust, vertuscht, geheim gehalten. — 27 unbedacht, unberücksichtigt. — 32 ant, weh.

Mein dienst keim fürsten sagen zu,
Der nit mer hat denn eine ku."
¶ Damit derselbig edelman
Gar höflich zeigt den kummer an,
Daß bei eim solchen großen herrn
Auch edelleut in notturft wern.
Doch solt er han rechnung gemacht
Und all umbstend der not betracht;
Aber auf solchs der bauch nit harret,
Er wil damit sein ungenarret.
Der hunger und die große not
Manchen dahin gezwungen hat,
Daß er mit raub den kummer büß:
Der hunger macht rohe bonen süß.

Die neunte Fabel.

Vom Landsknecht und einer Ku.

Es gschah einsmals auf eine zeit,
Zwen fürsten hetten einen streit;
Ein jeder brennt, mordet und raubt:
War frei und den knechten erlaubt.
Ein landsknecht tet fleißig zuschauen
Und kam zu einer armen frauen,
Die het nit mer denn eine ku,
Im ganzen hause nichts dazu.
Verbarg sie heimlich in ir kammer
Und schlug fest zu mit einem hammer.
Da kam derselbig landsknecht hin
Auf guten berat, beut und gewin,
Begunt mit der frauen zu hausen,
Schlug katzen tot, wolt selber mausen,
Sucht umb zu irm großen verdrieß,
Im kurzen kasten lange spieß,

---

9. (12.) Serm. discip. de tempore, 104; Agricola 500, 483. — 13 hausen, umgehen, vorwiegend im Bösen, mißhandeln. — 16 sprichwörtlich: wo nichts zu finden ist.

Fand nichts, het sich zu lang geseumt,
War vorhin alles aufgereumt.
Zuletst ward er gewar der tür,
Stieß auf, lief nein und zoh herfür
Die ku, so er da fand allein,
Triebs hin; die frau lief nach und grein,
Sprach: „Hab nur die und keine mer!
Ich bit dich umb Marien er,
Laß mirs! ich weiß sonst nicht, wovon
Hinfürter sol mein futrung hon."
Er sprach: „Gee heim! es ist umbsust,
Daß du dich jetzt bemüen tust;
Drumb spar den weg und laß dein wandern.
Laß ichs dir, so nimts doch ein ander."
Begab sich, daß derselbig gsell
Gschlagen ward und kam in die hell,
Ins teufels kuchen heiße glut:
Da gschahe im, wie man solchen tut.
Ein junger teufel ward losiert
Zu im, daß er im mores lert;
Der blies im zu und macht im heiß.
Der landsknecht sprach: „Zwar ichs nit weiß,
Was ich dir vor den andern tan,
Die mich allsam mit frieden lan,
Und du so bist auf mich gericht."
Der teufel sprach: „Ei denkstu nicht,
Da du zur armen frauen kamst
Und die einige ku ir namst,
Ein ander nems, wenn ichs nit nem?
Also hie auch ein ander kem,
Wenn ichs nit wer, der dir zublies,
Ins teufels nam willkommen hieß."
¶ Wer sein nehsten on schuld beschedigt,
Und doch entschuldigt und vertheidigt,
Mag man mit antwort weisen ab,
Wie der teufel dem landsknecht gab.

9. 20 stieß, stieß sie. — 48 ins teufels. Die Drucke haben als Fehler: „des" Teufels.

Die zehnte Fabel.

Vom Schiffman und einem Diebe.

Einsmals da ich zu Lübeck war,
Gdacht nach Riga mit meiner war
Zur seewarts auf eim schiff zu farn,
Auf daß ich möcht damit ersparn
Zu land den langen bösen weg,
Der mich oft gmacht hat faul und treg,
Bedinget mich auf ein cravel.
Daselben kamen unser vil
Zusamen, mancher mutter kind,
Wie mans denn da gemeinlich findt,
Als man im gmeinen sprichwort redt:
Die schiffleut fürn dieb in die städt
Und manchen frummen man zu haus;
Der henker fürt sie wider draus.
Wir furen hin im selben schif,
Biß an den zehnden tag herlief,
Ein großer sturm hub sich bei Gotland
Und nam auch plützlich überhand
Und dreuet uns so mechtig ser:
Wurfen vil güter naus ins mer.
Zuletst wolts beßer werden nit,
Der schiffer blies ins sibilit,
Sprach: „Fründ, all die mit mir sein hie,
Ein jeder fall auf seine knie
Und ruf zu Gott in seim gebet,
Daß er uns aus der not errett."
Da kam uns all groß schrecken an,
Wie ein jeder abnemen kan;
Wir waren allesam erlegen,
Hetten des lebens uns erwegen.
Da macht die angst und große forcht,
Daß jederman dem schiffhern horcht;

---

10. (13.) Eigenes Erlebniß, später in Joachim Camerarii Fabul. Aesopicae (Lipsiae MD.LXX), Nr. 328: Tempestas in mari (schon 1564 gedruckt). — 7 sich bedingen, sich einmiethen. — 22 sibilit, Bootsmannspfeife. — 32 horchen, gehorchen, auf etwas hören.

Er tröst das volk und gieng umbher:
Da fand er ein on als gefer,
Ein jungen übergeben gsellen;
Der tet sich zwar nit traurig stellen,
Er het ein kandel für und trank,
War frölich, bei im selber sang.
Sobald der schiffherr sein ward innen,
Gedacht, er wer nit wol bei sinnen,
Fragt in, sprach; „Was bist vor ein han?
Lest dir diß nit zu herzen gan,
Und sihst vor augen hie den tot?"
Er sprach: „Es hat mit mir kein not!
Wenn gleich das schiff zu grund wurd sinken,
So werd ich dennoch nicht ertrinken.
Denn ich zu hangen bin geborn,
Im waßer werd ich nit verlorn,
Es gieng denn übern galgen hoch:
Derhalben frag ich hie nit nach.
Ich hab mich all mein tag ernert
Der dieberei, nit anderst glert,
Und hab mein curs also gericht:
Wer hangen sol, ertrinket nicht."
¶ Die gselln, die so irn datum setzen
Und all morgen ir meßer wetzen,
Damit sie zwiefach riemen schneiden,
Ob sie denn auch am galgen leiden,
Des sol man kein mitleiden hon,
Solch arbeit fordert solchen lon;
Auf solcher kirchweih, solchem gottshaus
Teilt man kein andern ablaß aus.

---

10. 55 sein datum und wesen setzen, richten, sprichwörtliche Redensart: zum Zweck, zur Lebensaufgabe machen. Vgl. Frisch, Wörterbuch S. 186.

Die elfte Fabel.

Vom Schultheiß und seinem Pfarrherrn.

Der schultheiß von der Lichtenau
Het selb daheim ein schöne frau;
Dennoch seins nachbarn weib begert.
Wiewol er des nit ward gewert,
Doch rauet in die sünd im herzen.
Zur zeit, da man zur oster kerzen
Zurichtet und das wachs einweicht,
Da gieng der gut man auch zur beicht
Zu seim pfarrherrn, Niklaus vom Sturm,
Sprach: „Herr, auf gnad ich zu euch kum,
Mein sünd zu beichten und zu büßen,
Zu frieden stellen mein gewißen.“
Wie er nun beichtet, was er wust,
Sprach zuletst: „Auch hat mich gelüst
Meins nehsten weib, wiewol die tat
Nit mit dem werk erzeiget hat.“
Der pfarrherr sprach: „Mein lieber son,
Mit allen sünden wer gut ton;
Daß du aber deins nehsten weib
Berauben woltest seinem leib,
Wird gleich so hoch vor Gott geacht,
Als hettests mit der tat vollbracht,
Und ist ein casus reservat
Und nicht in meiner potestat.
Gen Heilsperg must zum bischof ziehen,
Der wird auf disen sambstag weihen:
Da wirst von im wol absolviert
Und leichtlich mit dir dispensiert.“
Er sprach: „Herr pfarrherr, lieber herr,
Dahin zu ziehen wurd mir schwer,
Dazu ein großes auffsehn machen;
Man sprech: was mag der han vor sachen,
Daß er jetzt hin gen Heilsperg lauft?
Wer weiß, leicht aus dem bann sich kauft.

---

11. (14.) Nach mündlicher Erzählung. — 7 einweicht, einweiht. — 25 Ausgabe II hat. Heidlberg. — 28 mit dir dispensieren, dir Dispens ertheilen. — 32 sprech, spräche.

Wenn ir mich könten absolviern,
Ich wolt mich gerne laßen lern."
Der pfarrherr sprach: „Ein frommer hirt
Sol seine schäflin, die geirrt,
An iren brechen treulich heilen
Und alles gutes mit in teilen.
So ir euch schicken in die sachen,
Wöllen wir sehen, wie wirs machen.
Als ich letsten zu Rome war,
Erlangt beim penitentiar,
Daß ich ein guten freund von sünden
In solchem casu möcht entbinden.
Wiewol michs auch hat gelt gekost,
So weiß ich wol, daß irs nit loßt,
Werd mich desselben wol ergetzen.
So wil dafür zur buß euch setzen,
Drauf euch los von den sünden sag.
Nachdem morgen ists palmetag,
Muß ich den priestern tun ein eßen,
Welch die fasten han beicht geseßen,
Daß wie bißher hinfort auch noch
Das beste tuen die karwoch;
Dazu brengt mir ein karpfen groß
Und seid damit von sünden los.
Felt euch ein großer, nemt zwen kleinen,
Doch mittelmeßig, ich nems vor einen."
Der schultheiß gieng zun selben stunden,
Kauft ein karpfen von siben pfunden,
Nam in heimlich in seinen gern,
Gieng in die kirche zum pfarrherrn,
Sprach: „Herr pastor, hie hab ich, das
Ich euch gelobt, ir wißt wol was."
Er bsahe in und sprach: „Tragt in hin
Und brengt in meiner kellerin,
Daß in‿so lang in brunnen setz
Und morgen drauf ir meßer wetz."
Wie der schultheiß des pfarrherrn wort
Nit wol verstan oder unrecht ghort,

11. 48 loßt, laßt, unterlaßt. — 49 mich desselben ergetzen, es mir lohnen. — 55 daß, daß sie, die Priester.

Bracht den fisch heim zu seim gesind,
  Lebt wol davon mit weib und kind.
Des sonntags lud der pfarrherr gest
  Und tet in, wie er mocht, das best,
Verließ sich auf denselben karpfen
  Und tet darauf sein meßer scharpfen
Und meint, er solt kommen zu tisch;
  Da must er eßen kleine fisch.
Darnach kam er zum schultheiß wider
  Und sprach: „Du bist vorwar nit bider!
Ich het mich nach deim wort gericht
  Zum karpfen groß und kriegt in nit.“
Der schultheiß sprach: „Ei, lieber herr,
  Das glaub ich warlich nimmermer!
Ich halts dafür, daß ir eurn lust
  An dem karpfen habt wol gebußt:
Ist doch die bgirde und der will
  Gleich wie das werk und gilt so vil,
Wie ir mich selb berichtet habt;
  Drumb nemt den willen vor die tat.“
¶ Die pfaffen oft umb geldes willen,
  Daß sie irn wanst nur mögen füllen,
In vilen sachen dispensieren,
  Darunder sie die leut verfüren,
Und sein dabei nit ingedenk,
  Daß Gott vor sünd nimt kein geschenk.
Dasselb verstund der schultheiß baß,
  Drumb er den karpfen selber aß.

Die zwölfte Fabel.

Vom Cardinal und einem Dorfpfaffen.

Campegius, der cardinal,
  Der bei uns teutschen überall
Zu disen zeiten ist bekant,
  Das macht, daß er so oft gesant

---

12. (17.) Mündlich (Campeggi). — 1 Lorenzo Campeggi, Cardinal, gest. 1539. Vgl. die Einleitung.

Vom bapst in vilen legation,
Die er an keiser und fürsten tan:
Zu Nürmberg ich einst vor im stunt
Samt andern, da man handlen gunt
Von einer reformation
Der kirchen und religion.
Einer hub an on als gefer
Und sagt, wie daß vil beßer wer,
Daß die pfaffen eefrauen hetten,
So würd vil ergernus vermitten;
Zohe an vil umbstend und ursachen,
Davon der cardinal ward lachen.
(Denn man die Walhen gmeinlich findt,
Daß sie allsam also gesint,
Der edlen teutschen mannlich tat
Belachen und irn guten rat
Und schelten uns vor ebriaken:
Wiewol wir in jetzt recht die jacken
Mit Gottes wort gar weidlich sticken,
Damit den braten also spicken,
Daß sie das maul verbrennen dran
Und gnug daran zu kauen han.)
Hub zu erzelen an ein boßen,
Den ich unangzeigt nicht kan laßen,
Und sprach: „Es ist jetzt zehen jar,
Vom bapst ich abgefertigt war
An keiser Maximilian,
Der das mal het ausschreiben lan
Fürsten und stend auf ein reichstag
Gen Augspurg, da der keiser lag.
Da ward ich ausgehalten frei
Zu sanct Ulrich in der aptei.
Auf einen abent ich spaziert,
In dem garten mich recreirt
Mit dem canzler doctor Waldkirch;
Der het keiserlich werb an mich.

---

12. 14 vermitten, vermieden, mhd. miten, part. praet. zu miden. — 17 Walhen, Welsche, Italiener. — 21 ebriaken, ebriaci, Trunkenbolde. — 35 aushalten, beherbergen, bewirthen. — 36 Abtei zu St. Ulrich und Afra. — 40 werb, Auftrag.

Ein alter dorfpfaff ongefer
Kam gegen mir gegangen her
Gezogen wie ein grober baur,
Sahe ganz unlüstig und gar saur;
Neigt sich und bot mir reverenz:
Ich stund und gab im audienz.
Er tet sich ganz erbermlich stellen,
Gar kleglich hub an zu verzelen
Und sprach: «Ich bin nun wol betagt
Und hab daheim ein arme magt,
Die mir von jar zu jar hat bracht
Ungeferlich ein kind oder acht.
Die wachsen auf und werden groß:
Nun bin ich leider vil zu bloß,
Daß ich sie all versorgen solt.
Wiewol ich etlich gerne wolt
In städten laßen handwerk lern,
So find ich, daß mans nit hat gern,
Wirft in vor irregularitet.
Derhalb eur gnad zu bitten het,
Ir woltet mir so gnedig fallen
Und vor dieselben kinder allen
Ein eebrief geben, des sie dorfen,
Auf daß hinfürder nicht verworfen
Und von den leuten unveracht,
Wenns von eur gnad sein eelich gmacht.»
Ich sprach: Wie, hast dich so geziert,
Ein ergerlichen wandel gfürt,
Damit zubracht dein ganzes leben,
Den leuten bös exempel geben?
Der pfaff sprach: «Herr, es ist versehen,
Es sol fürbaß nit mer geschehen!»
Ich sprach: So tu von dir das weib
Und solch leben vor sünde schreib.
Da sprach der pfaff: «Ich bin nun alt,
Und sie anderst niern umb halt,
Denn daß sie mein im alter pflege
Mit kochen und die kinder hege.»

12. 54 bloß, arm, bedürftig. — 59 irregularitet, unrechtmäßige Geburt. — 76 anderst niern umb, um nichts anderes.

Ich rief meim secretari her,
Daß ers macht nach des pfaffen ger:
Dem solt er sagen seinen sin.
Sie giengen mit einander hin.
Wir setzten uns ein weile nider;
Nit lang da kam der dorfpfaff wider,
Als wir ein kleine weil geseßen,
Und sprach, er het noch eins vergeßen.
«Obs kem in zukünftigen tagen,
Daß sie wurd noch mer kinder tragen,
Es weren meidlin oder knaben,
Wolts gern auch mit verzeichnet haben,
Daß irs in brief wolt mit einschließen,
Daß sie der freiheit auch genießen.»
Da ich ein solchen einfalt sach,
Gab ichs auch seiner torheit nach.
Es mocht helfen vil oder wenig,
Ich ward damit des pfaffen anig."
¶ Bei disem gschicht ist wol zu hören,
Was sie mit irem dispensieren
Und ablaß haben ausgericht:
Nur sünd und schand! ja, beßers nicht!
Welch die göttliche ee verbieten,
Mit schwert und feur dawider wüten;
Daß aber als in hurerei
Lebt unverschamt, dasselb ist frei,
Und tut sein lachen jederman
Als erbarlich und wol getan.
Wunder, daß Gott erdulden mag!
Drumb wirds in auch am jüngsten tag
Ja mit dem hellschen feur gelont,
Mit keinr barmherzigkeit verschont.
Sodoma wirds treglicher sein
Denn den, die underm frummen schein
Treiben all sünd und büberei:
Des versehe sich ein jeder frei.

---

12. 96 anig, onig, wie: los. — 111 treglicher, erträglicher. — 114 frei, sicher, gewiß.

Die dreizehnte Fabel.

Vom Münch und einem Wirt.

Ein andern schwank daßelbig mal
Verzelt derselbig cardinal;
Sagt, wie daß einst ein observant
Zohe mit seim gsellen über land,
Nach mittag in ein wirtshaus kert
Und bat durch Gott denselben wirt,
Dazu umb sanct Franciscus willen,
Ein heilig werk an in zerfüllen
Und sie denselben tag und nacht
Beherbergen. Der wirt sich bdacht
Und sprach: „Sag mir, wie komt es doch?
Ir seit stark, jung all beide noch;
Wenn ir sonst nit het zu verzern,
Künt ir euch wol eur hend ernern,
Und nit also die welt durchziehen,
In müßiggang die arbeit fliehen
Und ander leut also beschweren.“
Da sprach der mönch: „Wolt ir mich hören!
Daß wir der almosen geleben,
Eßen, was fromme leut uns geben,
Komt keiner andern ursach her,
Denn daß wir des herrn Christi ler
Nachfolgen, wie die aposteln teten,
Die auf erden nichts eigens heten,
Und samlen keine schätz auf erd;
Haben noch gelt noch geldes wert,
Laßen uns stets an dem genügen,
Was uns heute Gott tut zufügen;
Denken nit, was wir sollen morgen
Eßen, laßen wir Gott vor sorgen;
Gedenken, daß der morgend tag
Auch vor sich selber sorgen mag;
Denn unser tun ist **anderst** nicht
Denn auf das evangeli gericht.“

---

13. (18.) Mündlich (Campeggi). — 3 observant, Franciscaner von der alten Regel.

Da tet sich ir der wirt erbarmen,
Gedacht: das sein recht willig armen,
Wie er an alln irn berden sach.
Fürts mit im in ein schön gemach,
Versorgts mit aller notturft wol,
Forderts darnach zum abendmal.
Da het er sonst noch ander gest;
Drumb ließ kochen das allerbest
Von wildprät, groß und kleine fisch.
Aufs letste bracht man auch zu tisch
Etlich hüner, waren gebraten.
Die beiden mönch zusamen taten,
Gunten zwei hüner und vier wecken
Zusamen in den sack zu stecken.
Hetten ein fläschen, war nicht groß,
Gieng nur drein bei dritthalber moß,
Namen die kandel, füllten hnein,
Wie sie da stund, vom besten wein.
Das sahe der wirt und sprach zu in:
„Ei, herr, wo wolt ir damit hin?"
Er sprach: „Ich muß mich jetzt versorgen,
Wer weiß, ich find villeicht auch morgen
Kein wirt, der mir so wol geb zeßen."
Da sprach der wirt: „Habt ir vergeßen,
Daß ir nit solt auf morn gedenken?"
Er sprach: „Das tut mein glübd nit krenken.
Hiemit werd wir der last enthaben,
Daß nit dafür zu sorgen haben:
Darumb uns diß jetzt eben kümt
Und uns die morgend sorg benimt."
¶ Hie siht man, wie der geistlich stant
Die göttlich schrift helt vor ein tant,
Wenden dieselb nur für zum schein
Und muß ir sündendeckel sein,
Und lenkens all auf ire sachen
Und ir ein wächsen nasen machen.
Als, was in dient, vor sich ausklauben,
Damit sie der welt güter rauben;

---

13. 36 willig, bescheiden.

Welchs stück in aber nicht ist mit,
Da tuns gerad, als sehens nit,
Und laufen drüber unverholen,
Wie der han überd heißen kolen,
Und machen uns ein spiegelfechten.
Wenn aber Christus komt, zur rechten,
Die böck wil scheiden von den schafen,
So btreugt sie denn ir eigen hoffen,
Müßens sich von im richten lan,
Des wort sie hie verspottet han.

Die vierzehnte Fabel.

Vom Schultheiß und seinem Weibe.

Dem schultheiß von der Damerau
Gestorben war sein erste frau,
Dran im so leid geschehen war,
Daß er traurt biß ins dritte jar.
Zuletst wolts doch nit anderst sein,
Er must wider in eestand nein.
Bei im ein reicher krüger saß,
Der hieß Heinrich vom langen Gras,
Der het ein tochter umb die moß
Von zwenzig jarn, war eben groß,
Ein dicke protzel, stark und jung,
Verstünd sich auf ein guten trunk,
Sprach stets: „Mir zu wie einem Sachsen!“
Dabei sie so war aufgewachsen,
Von irer mutter so erzogen.
Damit der gut man ward betrogen;
Denn er hielts nüchtern, züchtig, frum.
Biß schier ein halbes jar kam umb,
Sie war unendlich und untüchtig,
Stund nit wie vor im haus aufrichtig,

---

13. 73 **in**, im alten Druck Druckfehler: „mir“.
14. Mündlich. — 9 **um die moß**, maß, ungefähr, etwa. — 19 **unendlich**, wie oben: konnte mit nichts zu Ende kommen, fertig werden. — 20 **aufrichtig**, aufrecht.

Von aller arbeit stetes schault,
Des morgens lang im bette fault.
Wenn der man seim gewerb nachtracht,
In dem die frau sich fürher macht
Und kropfet sich mit eßen wol,
Soff sich mit irer mutter vol
Und lebt den ganzen tag im saus.
Des abents kam der man zu haus,
Fands ligen auf dem bett so weich:
Vor großer krankheit war sie bleich
Wie ein baur, der vier schock vertrunken;
Denn tet sie kreisten, krüchzen, krunken.
Dasselb der man kunt lang nit merken,
Er tets mit gutem gwürze sterken.
(Külewaßer gesund wer gwesen,
Ich mein ein stiel aus einem besen.)
Nach irer mutter senden tet:
Dieselb den guten man beredt,
Daß er ir aller rede glaubt.
Damit der frauen ward erlaubt,
Daß sies zuletst auch übermacht.
Der man da bei im selber dacht:
Wie erfar ich von disen sachen,
Was in meinem abwesen machen?
Er sprach zum weib: „Morgen muß ich
Nein gen Könsperg begeben mich.
Daheim dieweil das beste tu,
In allen dingen sihe wol zu!“
Des morgens nam sein reise für,
Verbarg sich heimlich hinder tür.
Sie meint, der man wer nu hinweg,
Stund auf vom bet und war nit treg,
Schneit von dem speck wol zehen krapf
Und schlug zwölf eier in ein napf,
Setzt sich auf einen leren scheffel,
Zertriebs mit einem hölzern leffel,

---

14. 21 schaulen, schulen, mhd. schûlen, sich verborgen halten, um nicht zu arbeiten, schulen gehen. — 22 faulen, wie faulenzen. — 24 fürher, hervor. — 31 schock, Groschen, 60 auf eine Mark. — 53 schneit, schnitt; krapf, Schnitt, Scheibe.

Setzts nider, lief in garten naus,
Denn er war nahet hinderm haus;
Da wolts holen zwiblen und lauch.
Der man fur zu und schlug da auch
Zwölf eier in dieselbe schüßel
Und sprach: „Schlehst das noch heut in rüßel,
So wil ichs auf mein eid wol sagen,
Die katz nimt dir heut nit den magen.“
Damit gieng wider an sein ort.
Die frau kam wider alsofort,
Den speck mit buttern wol durchkreischt,
Darnach die eier drunder meischt
In einer breiten eisern pfannen.
Da nams ein große hölzern kannen
Wol von sechs stäufen oder mer;
Im keller het sie danzker bier,
Lief nab und zapft die kanne vol.
Sie sprach: „Ist gut und schmecket wol!“
Ein kleinen tisch begunt sie decken,
Darauf legt sie zwen schillingswecken.
Wie nun der pfannkuch war bereit,
Mit ingwer dick denselben bstreut
Und aß in mer denn halber auf
Und sprach: „Ein guter trunk hört drauf!“
Hub auf dieselbig holzen kann,
Trank nein wol bei einr halben spann.
Darnach des eßens wider pflag,
Biß sie zu letsten schier erlag,
Und sprach: „Es wil nit wol hinein,
Was mag mir doch geschehen sein?
Krank bin ich, oder werd es bald;
Der magen muß mir sein verkalt,
Oder bin sonst im leib verstopft;
Umbsonst mirs herz so ser nicht klopft.
Zwölf eier warn mein teglich moß,
Jetzt dunkens mich ein wenig zgroß.
Sein enteneier drunder gwesen?
Wer weiß? ich hab sie nit erlesen.“

---

14. 67 kreischen, braun braten, von dem kreischenden Geräusch dabei. — 68 meischen, veraltet für mischen, vgl. maischen. — 71 stauf, Stove, Stübchen.

Sie rief der diern, die war im garten;
Die pflag sonst stets auf sie zu warten,
Und sprach: „Lauf bald zur mutter numb!
Sag, daß ein wenig zu mir kum.
Weiß nit, wie mir jetzt ist geschehen:
Man kan nit all zu wol zusehen.“
E denn die diern nun umbhin kam,
Der man ein großen knüttel nam,
Sprach: „Wil dir wol den seich beschauen,
Ob dir sei wie den kranken frauen;
Felt dirs im magen oder därmen,
Wil dirs bei kaltem holz wol wermen;
Ja, hastu sonst kein andern feil,
So wil ich dirs wol machen heil!“
Er schlug sie lang und trats mit füßen:
„So muß man dir die krankheit büßen,
Aus deiner haut den faulenz treiben,
Mit ungebrennter äschen reiben.“
Sie sprach: „Verzeih mirs, lieber man,
Habs aus keim bösen vorsatz tan;
Mein mutter hat mich underweist
Also, daran hab mich gepreist.
Het sie das grob baß weg geschliffen,
So het ich jetzt auch kleiner gpfiffen.“
¶ Ein jeder sol sein kinder ziehen
Zum besten, daß die laster fliehen,
Und in der jugent dahin denen,
Daß zu dem guten sich gewenen.
Man sagt: gleich wie die alten sungen,
Der maßen lernten auch die jungen.
Saufen und freßen ist schand und sünd,
Und sonderlich, wo man solchs findt
Bei alten oder jungen weiben.
Davon ich wol ein buch wolt schreiben;
Wenn ich all, was ich weiß, wolt sagen,
Künts nit enden in dreien tagen.
Ein trunken weib, das lebt im fraß,
Ist gleich so freundlich wie ein as,

14. 103 seich, Harn. — 116 sich preisen, hier in der Bedeutung: sich gewöhnen. — 121 denen, ziehen, erziehen.

Das daußen ligt auf faulem mist:
  Solch freud wie bei demselben ist,
So ist bei den auch zu verhoffen,
  Die sich nit e wölln legen schlofen,
Sie haben sich erst voll gefüllt.
  Gut wers, wenns damit wern gestillt!
Denn hebens oft ein metten an,
  Die hat neun lange lection,
Die laudes mit einr litanei
  Die wert ein stund, zwo oder drei
Mit einem langen miserere.
  Selig, der sich nit dran tut kere.
Der solche predigt leiden kan,
  Ist wie sanct Job ein düldig man.
Die preuschen frauen sein damit
  Ins gmein begabt, wiewol ich nit
Geredt wil haben von den frommen,
  Die solln in disem reim nit kommen;
Sondern von denen, die so tun,
  Wie wir zu reden gfangen an,
Und die das bier oder den wein
  Laßen irn Gott und wolfart sein.
Von den wil ich hie angezeigt
  Haben, daß sie allzeit geneigt
Zum saufen und zum müßig gan,
  Des ich zum teil erfaren han,
Daß, der daselben ein weib nimt
  Und eine solche überkümt,
Die das stark dantzker bier nit mag,
  Der trifft ein guten heiratstag.

---

14. 147 preuschen, preußischen. Vgl. die Einleitung.

Die funfzehnte Fabel.

Vom Juden und einem Truckseßen.

Lang het ein jüd gemert sein schatz
Mit wucher, sucht, geiz und auffsatz
Und vile jar zusamen gschlagen,
Wie denn die reichen jüden pflegen.
Wolt sich damit von dannen heben
Und in ein ander land begeben;
Drumb bat den könig auf ein zeit
Desselben lands umb sicher gleit,
Daß er im gunt ein sichern zug
On all beschwer und ungefug;
Drumb er in erlich tet beschenken.
Dadurch ließ sich zu gnaden lenken,
Sein truckseß hieß er sich bereiten,
Daß er den jüden solt geleiten.
Der rüstet sich, ritt mit im hin;
Der truckseß dacht in seinem sin:
Disen zug wißen wenig leut,
Möchtest erlangen dise beut.
In disem wald wil ich es wagen,
Den jüden würgen; wer wils sagen?
Als sie nun kamen vor den walt,
Da merkt der jüd an seiner gstalt,
Daß er nit gutes het im sin,
Und sprach zum truckseß: „Reit vorhin!“
Sie zohen baß in walt hinein.
Er sprach zum juden: „Hie muß sein!“
Schlug in darnider, sprach: „Leg ab
Dein silber, golt und all dein hab!
Du wirst von mir jetzt hingericht:
Es ist hie niemand, der es sicht.“
Er sprach: „Laß mich doch unerstochen!
Denk, daß kein mort bleibt ungerochen
Von Gott und ungestraft gar selten:
Der krammetvogel wird es melden!“

---

15. (20.) Nächste Quelle unbekannt. Boner 61. — 2 sucht, Gier, Habsucht; auffatz, Uebervortheilung.

(Den er im zeigt an jener hecken)
Und sprach: „Der wird den mort entdecken!“
Dem truckseß war die red vor mer;
Er schlug den jüden nach der schwer,
Nam das silber und güldne pfand;
Den toten leib begrub in sand.
Er macht sich auf und zohe von dar.
Die zeit verlief ins ander jar,
Begieng der könig seinen jartag,
Daselb man im vil freuden pflag.
Wie er nun war zu tisch geseßen,
Der truckseß trug im vor das eßen,
Darunter bracht on als gefer
Ein eßen krammetvögel her.
Bald er sie sahe, gedacht der red
Des juden, herzlich lachen tet.
Der könig fragt in, was er macht,
Daß er so von im selber lacht.
Er schwieg; bald gunt sein herz zu zagen.
Der könig tet in aber fragen
Und wolt je wißen, was es wer.
Zuletzt gezwungen sagt ers her.
Bald ward er vor gericht gestellt
Und im zum tod ein urteil gfellt.
¶ Die Gottes gbot uns ernstlich leren,
Wir solln kein fremdes gut begeren,
Jeder sol sich seinr arbeit neren,
Nit auf eins andern seckel zeren.
Auch ist von Gott gar hoch verboten,
Daß wir kein menschen sollen toten.
Wer menschen blut vergeußt auf erden,
Des blut sol auch vergoßen werden.
Denn Gott hats selb also verschafft,
Kein mort sol bleiben ungestraft.
Ein schön exempel han wir des
Im poeten Euripides,
In der tragedi Hecuba
Vom edlen könig Priamo,

---

15. 37: sah die Rede für eine Mär, leeres Geschwätz, an. — 52 von im selber, ohne äußere Veranlassung.

Und ſagt: Als Troia blegert war
Von den greken wol zehen jar,
Schickt ſein jüngſten ſon Polydorum
Von dann, daß er auch nit kem umb.
Mit vil ſilber und gold beladen,
Geleiten ließ, daß er on ſchaden
Schiffet zum Polymeſtor da,
Der ein fürſt war in Thracia,
Daß er bei dem als bei eim fründ
Erhalten wurd, obs reich entſtünd;
Daß er denn wurd den tag erleben,
Als ein erb möcht das reich erheben.
In dem ward Troia gar verſtört
Und all die beſten leut ermört,
All die vom königlichen ſtam.
Da Polymeſtor das vernam,
Den knaben er vom leben bracht,
Daß er den ſchatz behalten mocht,
Und warf den toten leib ins mer.
Mittler zeit kam der greken her
Mit iren ſchiffen an den fart,
Legerten ſich am ſelben ort.
Brachten gefangen mit ſich hin
Hecuba, die edle königin,
Mit irer tochter Polyxena.
Dieſelbe ſie opferten da
Auf des fürſten Achillis grab.
Darnach irn toten leib man gab
Der mutter, auf daß er mocht werden
Erlich beſtattet zu der erden.
Die mutter da mit großem leit
Zum bgrebnus alle ding bereit,
Schickt hin nach waßer an den ſtrand.
Die magt ein toten leichnam fand,
Der königin denſelben bracht.
Sie kennt in wol; gar bald gedacht:
Wie, iſt ermort mein lieber ſon?
Das hat der Polymeſtor tan;

15. 82 entſtehen, herrenlos werden. — 93 fart, Anfahrt, Landungsplatz, vielleicht iſt des folgenden Reimes wegen „port“ zu leſen.

Als er gehört, daß wir erlegen,
Hat er sich auch der schand erwegen,
Umbs gelts willen mein son erstochen;
Den mort laß ich nit ungerochen!
Erdacht ein list und schicket bald
Zum Polymestor solcher gstalt:
Sie wer zu Troia gfangen gnommen,
Drumb solt er eilend zu ir kommen.
Ee wenn sie wider must zu schiff,
Wolt sie im zeigen einen griff;
Zu Troia leg ein schatz verborgen,
Den mocht er nemen one sorgen,
Den wolt sie im erst zeigen an
Zu gut irm allerliebsten son.
Bald macht sich auf der Polymestor,
Nam seine söne mit im dar.
Die königin ir gmût tet sterken
Und ließ sich nicht irs leides merken;
Den fürsten ganz erlich empfieng,
In ir gezelt er mit ir gieng.
Da het sie bstellt ein große schar
Frauen, die mit ir kommen dar.
Dem Polymestor zu den stunden
Wurden beid hend und füß gebunden,
Sein kind allbeid vor im erstochen,
Im selb sein augen ausgebrochen.
Dasselb er vor sein untreu hat:
Denn Gott straft alle missetat.
Noch eins ich hie anzeigen muß
Von dem poeten Ibicus.
Der ward in einem wald ermort;
In dem er etlich kranchen hort,
Welch denselben ort überflohen
Und zeilicht durch die luft hinzohen.
Er rief: „Ich werd elend erstochen;
Laßt doch den mort nit ungerochen!“
Die mörder solchs als torheit achten
Und lang nit mer daran gedachten,

15. 119 ee wenn, ehe daß. — 120 griff, Fund, Anschlag, List. — 144 zeilicht, in einer Zeile, Kette, wie der Flug der Kraniche ist.

Biß sie einmal zusamen saßen
  In einer stat bei irn genoßen,
Zechten und waren guter ding.
  Einer von inen aushin gieng,
Sahe etlich kranchen fliehen her,
  Kam wider nein, sprach ongefer
Zu seinen gselln mit großem glecher:
  „Da fliegen des Ibici recher!“
Solchs hort der wirt und sagt das nach;
  Der missetat folgt billich rach.

Die sechzehnte Fabel.

Von einer römischen Reise.

Einsmals gedacht zu werden from
  Und zoh aus Deutschland hin nach Rom;
Doch ward ich auf der reis nit bider,
  Trug zwibeln hin, bracht knobloch wider.
Denn das ist je ein alte weis,
  Wie jeder solches selb wol weiß,
Wer da gewest, darf mans nit sagen:
  Zu Rom holt man **ein** bösen magen,
Ein leren seckel, bös gewißen
  Und wird gar oft umbs gelt beschißen.
Da gieng ich in das deutsche **haus**
  Und fordert **den** patron heraus.
Ein jung gesell kam aushcr gan
  Und sahe mich an der türen stan,
Grüßt mich und bald fragen begunt,
  Wie es in deutschen landen stunt.
Ich tet im bricht von allen sachen,
  Und gunten weiter kundschaft machen.
Zuletzt gab sich zurkennen mir,
  Wie daß er einr von Honstein wer.

---

15. 155 **glecher**, Gelächter.
16. (24.) Eigenes Erlebniß. — 20 Ausgabe I hat: Haustein, die II. Ausgabe: Honstein; es ist wol Hanstein oder Hoënstein (Boyneburg) gemeint.

Waren beid alte schulgesellen:
Da tet er sich zwar freundlich stellen.
Wie ich mein sach het ausgericht,
Sprach er: „Heut wölln wir scheiden nicht.“
Fürt mich und mein geselln nit fern
Am Campoflor in ein tabern
Umb zeigers acht am morgen fru.
Ongfer kam noch ein gsell dazu,
Ein preuß, so ich mich recht bedenk,
Der hieß Achaci von der Trenk.
Er ließ bald speis und brot auftragen
Und nach dem besten cursa fragen.
Wir setzten uns; ich schmeckt den wein.
Bald kamen auch zwen mönch herein
Und sprachen: „Von profatz, missier!
Möchtn wir ein juli oder vier
Verzeren in eur companei?“
Achaci sprach: „Setzt euch herbei!“
Zwei weiber folgten auch den beiden,
Welche die mönch hetten bescheiden;
Die setztens bei sich an die seiten,
Wie sichs gebürt eelichen leuten.
Das gmach war offen, breit und weit,
Saßen umbher mancherlei leut.
Zuletzt gunt sie der wein bewegen;
Der alte Adam wolt sich regen,
Und sahe so vil der groben boßen,
Daß ich zuletst ward gar verdroßen,
Gedacht: es ist allhie zu Rom,
Da solten je die leut sein from;
Dazu sein diß geistlich person,
Die solten je dasselb nit ton,
Han vor den leuten keine scheu;
Und sprach: „Nun wil ich auf mein treu
Hingen und laßens so geschehen;
Ich mag die schand nit leng ansehen,
An irer sünd kein teil nit han.“
Da antwort mir der edelman,

16. 26 Campoflor, s. oben I, 17. — 32 cursa, Wein von Corsica. — 35 Von profatz, missier! Prosit, (proficiat) ihr Herren! — 36 juli, Julier, römische Silbermünze. — 40 bescheiden, beschieden, hinbestellt.

Der mich daselben het geladen,
Sprach: „Sitzt, es ist euch one schaden.
Wo ir wolt bleiben lang zu Rom,
Müßt euch nit stellen allzu from
Und euer er so ser nit schonen;
Ir müßt des landes weis gewonen.
Habt ir eur tag von Rom nie ghort?
Wie man sagt im gmeinen sprichwort,
Daß eim zu Rom kein sünd nit schad,
Allein so er kein gelt mer hat,
Das ist die allergröste sünd,
Welch nit der bapst vergeben künt."
¶ Hie magstu merken, wie gar fein,
Wie schon, wie züchtig, keusch und rein
Ist zu Rom der papisten leben:
Schlangen möcht man damit vergeben.
Noch dörfen sie sich Gottes rümen
Und mit der schrift ir sach verblümen.
Ich hort ein mal vom Parasell,
Ein großer hans und kluger gsell,
Da man sagt von göttlichen sachen,
Daß ers gar hönisch tet belachen
Und sprach: Sint der zeit und den stunden,
Daß die geistlichen han erfunden
Das himmelreich und die hellen,
Vexiern uns leien, wie sie wöllen,
Tichten ein leben nach dem tot,
Wenn doch all ding ein ende hat.
Wern Petrus, Paulus hieher nit komen,
Rom het so ser nit abgenomen.
Fart mit eurm himel, wo ir wolt, hin,
Ich geb vor als nicht ein quatrin.
Drumb auch das sprichwort warhaft ist:
Je neher Rom, je böser christ.

---

16. 68 er, bezieht sich auf eim, einem: man. — 77 Parasell, Paracelsus? — 90 quatrin, kleine Scheidemünze.

Die siebzehnte Fabel.

Vom Baurn und Affen.

Zu Mainz war ein reicher tumbpfaff,
Der het vor seiner tür ein aff,
Die het ein rock, geteilt von stücken,
Ein narrenkappen auf dem rücken,
Dran etlich schellen, die da klungen.
Da kamen kinder und die jungen
Und mit der aff vil wunders machten,
Daß all, dies sahen, irer lachten.
Dazu ein baur sich nahen tet,
Der nie kein affen gsehen het.
Er dacht, es wer ein ding gemacht,
Etwan durch kunst zusamen bracht,
Und sprach: „Wie wird die welt so bhend!
Seltzam ding machen menschen hend,
Und alles umb des geldes willen,
Daß sie damit irn geizsack füllen.“
¶ Mancher redt aus unwißenheit
Und achtets selb vor groß weisheit;
Damit die leut oft lachen macht:
Schwieg er, so blieb er unbelacht.
Solch red sich zu den sachen findt,
Als wenn von farben redt ein blind.

Die achtzehnte Fabel.

Von einem gelben Schleier.

Ich zoh eins mals hinauf an Rhein
Und kam zu Worms zum kaufhaus ein
An einem sambstag abent spät
Mit gsellschaft, die ich bei mir het.

---

17. (26.) Selbst erlebt oder nach mündlicher Erzählung. — 3 geteilt von stücken, aus Zeugstücken zusammengesetzt. — 13 behend, gewandt, geschickt. — 22 ein blind, Substantivum, wie: ein Stumm.

18. (28.) Selbst erlebt oder erfunden.

Am sontag morgens tagts uns fru,
  Ließen das frűstűck richten zu;
Denn es uns war das mal kein feir,
  Ritten denselben tag gen Speir.
Spaziert ich in der stuben umb
  Und sahe die wirtin ausher kum;
Schmuckt und putzt sich und legt sich an,
  Denn sie wolt bald zur kirchen gan.
Zuhand sie vor den spiegel trat,
  Und schloß auf ire schleierlad
Und zohe heraus die gelben schleier,
  Geferbt wie totter von den eier.
Wie ich ir zier daselben sach,
  In scherzweis zu der frauen sprach:
„In disem land der schmuck der frauen
  Gefellt mir wol, bei meinen trauen.
In meim land hats ein ander weis,
  Darfűr ich dise schleier preis,
Da tragent frauen rot baret,
  Wiewol es auch nit űbel stet.“
Und sprach: „Wenn ich mich bgeben solt
  In eestand, daß ich weiben wolt,
Solts auch im gelben schleier gan,
  Denn ich hab sondern gfallen dran;
Denn ir mir auch also gefallt
  Vil baß denn in einr andern gstalt.“
Solchs redt ich nit aus ernstem herzen,
  Daß ich nur möcht mit worten scherzen.
Sie seufzt und sprach: „Ei, lieber herr,
  Wolt auch wol, daß ich schöner wer.
Ich bin meins unglűcks auch nit fro;
  Doch muß ichs nemen jetzt also.
Ein krenzlin ziert mich in der jugent,
  Jetzt mach ich aus der not ein tugent
Und all mein kunst zusamen heisch
  Und muß so an ein magers fleisch
Zum schmack ein gelbe suppen machen.“
  Ob solchen worten ward ich lachen,

18. 7: wir durften uns nicht lange aufhalten. — 39 zusamen heischen, zusammennehmen.

Daß sie auf meine red von stunden
Het bald ein höflich antwort funden.
¶ Was an im selber nit fast schon,
Da muß man fleiß und achtung han,
Daß man dieselben schwachen glider
Handhabt und ert, wirfts nit danider.
Das hübsch ist an im selber fein.
Ein wirt, der hat ein guten wein,
Gedenkt denselben auszuschenken,
Der darf zwar keinen kranz aushenken.
Also ists umb ein junge magt,
Die eim gesellen baß behagt,
Wenn sie mit schön und tugent putzt,
Denn wers mit kleidern aufgemutzt.
Die andern, die solch gab nit han,
Den muß es werden angetan;
Wenn sie mit gülden flittern bsteckt,
So wird die misgestalt bedeckt:
Denn alles ding den menschen freut,
Wenns scheint oder ist mit gelt bestreut.

Die neunzehnte Fabel.

Von einem trunkenen Pfaffen.

Ich war ein mal auf einem schloß,
Da gschahe ein lecherlicher boß.
Der herr daselb het ein caplan,
Dem ließ er abents sagen an,
Wie er wolt morgen frü ausreiten,
Drumb solt er sich dest ee bereiten,
Daß er des morgens frü aufstund,
Zu zweien urn die meß begund.
Der pfaff denselben bfelh annam.
Wie er bei sein gesellschaft kam,

---

18. 48 handhaben, stützen, unterstützen, franz. maintenir. — 61 alles ding, jedes Ding. — 62 scheinen, glänzen, schön sein.
19. (31.) Eigenes Erlebniß.

Mit den zecht er die ganze nacht;
An metten noch an frümeß dacht
Biß morgens frü, daß man da leut.
Der pfaff erschrack: „Ists um die zeit?“
Einr kam und fordert in hinein.
Er sprach: „Ich wil bald bei dir sein!“
Mit seinen gsellen er da redt,
Sprach: „Hab weder gschlafen noch gbet;
Drumb helft schlafen ein kleine weil:
Die sach komt mir gar in der eil.“
Sie legten sich allsamen nider.
Er sprach: „Ist gnug!“ und weckt sie wider.
„Nun müßt ir mir auch helfen beten,
Darf sonst nit vor den altar treten.“
Jeder sprach ein vatter unser;
Er sprach: „Ist gnug! bringt waßer her!“
Da wusch er sich, gieng vorn altar,
Hub an die meß zu lesen gar.
Da er den canon het begunt
Und lang in der memori stunt,
Daß er ein gute weil entschlief,
Der herr ein knaben zu sich rief
Und sprach: „Lauf hin, sag an dem pfaffen,
Daß ers ausmach; wir han zu schaffen.“
Der knab ein wenig in anstieß
Und tet, wie in seine herre hieß,
Daß ers ein ende machen wolt.
Der pfaff erwacht, sprach: „Ists mein schult,
Daß also lang bleibt sten das glas?
Wil lieber trinken deste baß.“
Erwischt den kelch in halbem schlof,
Sprach: „Es gilt dir!“ Es gar aussoff,
Meint, er säß noch bei seinr gsellschaft.
Darnach das buch zusamen rafft:
„Per omnia secla!“ kert sich umb
Und sprach: „Dominus vobiscum!“

---

19. 13 leut, läutet. — 29 Canon, der Haupttheil der Messe. — 30 memori, memoria, Kirchengebet, Fürbitte für Papst, Kirche, Obrigkeit und Gemeindeglieder. — 34 ausmachen, zu Ende bringen.

Darauf das „Ite, missa est!“
Möcht sagen, er wer da gewest.
¶ Bei solcher meß ist wol zu sehn,
Welch er Gott sei damit geschehn.
Und gar gemein bei den papisten;
Darob das herz eins frommen christen
Vor angst und schrecken wol zersprung
Vor solcher gotteslesterung.
Noch wöllens sies mit iren rechten
Als waren gottesdienst verfechten.
Sihe, wie war ist das alt sprichwort,
Welchs ich vor vierzig jaren ghort,
Wo man ein trunken pfaffen sach,
Daß bald der gmeine pöfel sprach:
„Wenn unser Herrgott nit könt schwimmen,
So wer er langest kommen ümme
Und wer lengst von pfaffen ertrenkt,
In irem bier und wein versenkt.“

Die zwanzigste Fabel.

Von einem Schmied und seinem Son.

Zu Friburg, welchs im Brißgow leit,
Da saß ein schmied auf eine zeit,
Der het ein son, war eben groß,
Von achtzehen jaren umb die moß;
Bat sein vatter, daß ern wolt lon
Ein mal hinauf gen Basel gon.
Da het derselbig schmied ein pfert,
War wol bei zwenzig gülden wert;
Er sprach: „Nims mit, sihe, kansts verkaufen,
Zu fuß magst wider abher laufen.“
Er kam ins wirtshaus under dleut;
Sein pfert aus zu verkaufen beut.

---

19. 62 ümme, ndl., des Reimes wegen.
20. (32.) Mündlich. Hans Sachs V, 3, 126. „Des Schmieds Son mit seim Traum.“

Da wards von etlichen beschritten,
Betrabt, besehn und auch beritten.
Zum schlaftrunk handeltens von sachen,
Wie sie den weinkauf wolten machen.
Als sie nun lang davon geredt,
Legt sich der jung gesell zu bet
Und schlief mit solchen gdanken ein,
Het wol gezecht vom rangen wein.
Des morgens tagts uns mechtig fru,
Macht sich auf, lief nach Friburg zu.
Sein mutter ward sein erst gewar,
Sprach zum man: „Unser son komt her,
Die gaßen frölich abher lauft,
Er hat freilich das ros verkauft!"
Der vatter fragt: „Wie stet die sach?"
Er sprach: „Ganz wol! in disem fach
(Klopft auf sein tasch) hie sein die gülden!
Ich weiß, habt mich nit zu beschulden;
Ir solts auch disen sommer heur
Selb nit verkauft haben so teur."
Die hand bald in die taschen stack,
Da fand er nichts; gar ser erschrack,
Bedacht sich lang; zuletzt sprach er:
„Es ist nichts dran, sein lose mer.
Es hat mir heint zu nacht getreumt."
Bald must er wider ungeseumt
Nach Basel laufen in der eil;
Das sein vorwar sechs großer meil:
Da fand ers, wie ers het geloßen.
¶ Mit solchen lecherlichen boßen
Tut sich oft mancher selb betriegen,
Sein eigen danken leßt vorliegen,
Sein eigen dunkel gar verstellen.
Wir lesen von eim jungen gsellen,
Lebt in eim kloster etlich jar,
Der über dmaß ergeizig war;

---

20. 14 betrabt, im Trab geritten. — 20 rangen wein? bei Fischart, Geschichtklitterung, c. IV, unter andern Weinsorten genannt. — 26 freilich, allerdings, ohne Zweifel. — 44 vorliegen, vorlügen.

Mit gdanken ließ ims werden saur,
 Wie er kem zu einr prelatur,
Dacht stets, wie er dieselb erschnapt,
 Daß er würd prior oder apt.
Damit gab er dem teufel raum;
 Der bracht im vor des nachts ein traum,
Wie er bald bischof werden solt.
 Ward fro, dacht: wenn sichs schicken wolt,
Daß dir ein solcher traum einst glückt,
 Du werst dazu nit ungeschickt!
Darnach der traum sich wider eigt,
 Und ward daneben angezeigt
Zeit, stett, mit aller umbstend sein,
 Wo er solt herr und bischof sein.
Des morgens frü kamen die mer,
 Wie derselb bischof gstorben wer,
Davon im zweimal het getreumt.
 Von stund er sich nit lenger seumt,
Zu solchen eren war nit treg,
 Lief heimlich aus dem kloster weg.
Lag in eim wirtshaus über nacht,
 Sein traum der teufel wider bracht:
Wo er denselben tag nit kem,
 So wer ein ander, ders einnem.
Er macht sich auf zu mitternacht,
 Mit fleiß zu diser sachen tracht.
Da het der wirt ein hübschen gaul,
 Den sattelt er und war nit faul,
Gedacht: wenn sich mein sach wird fügen,
 Wil ich im den zwifach vergnügen.
Der wirt erwacht; wie er das merkt,
 Bald sich mit seinem gsinde sterkt,
Ergriff in, wie er im eilt nach.
 Da kam er bald zu eren hoch:
Den bischof must am galgen büßen;
 Da gab ern segen mit den füßen.

---

20. 59 sich eigen, wie oben: sich zeigen. — 78 vergnügen, ersetzen.

Die einundzwanzigste Fabel.

Vom Wolf und Fuchse.

Der wolf und fuchs beinander warn
Und redten vil von alten jarn.
Der wolf sprach: „Hab vil lemmer bißen,
Vil kelber, kü und schaf zerrißen;
Wie ich die gens pflag heim zu treiben,
Ein buch solt man davon wol schreiben."
Das gschahe im wald, auf grünem platz;
Bald hub sich hinder in ein hatz
Von hunden, die nah bei in warn.
Da blies der jäger in sein horn
Und gunt die hund weidlich zu hetzen,
Daß sie ans beide solten setzen.
Da sprach der fuchs: „Auf und davon!
Es ist auf uns all beid geton."
Der wolf sprach: „Hab noch vil zu sagen.
Sag, wohin wölln wir uns vertagen,
Wenn wir sein disem strauß entgangen?"
Er sprach: „Beim kürsner auf der stangen."
¶ Wer in der jugent nit anderst gelert,
Denn daß er sich des stegreifs nert,
Der hat sich des gwiß zu vermuten,
Daß er zuletzt dafür muß bluten.
Ja, wenns gleich eben lang anstet,
Der krug vil jar zum waßer get,
Komt oft wider, wenns wol tut glücken;
Aufs letst get er endlich zu stücken.
Man sagt, ein dieb sei nirgend baß,
Wenn man wil, daß ers stelen laß,
Denn am galgen, da hats kein gfer;
Bin bürg dafür, er tuts nit mer.
Dasselb ist auch ir letst gericht,
Sonst laßens von gewonheit nicht;

21. (34.) Unbekannt. Der Witz: Beim Kürsner auf der Stangen, auch Buch III, Fabel 43, Vom Fuchs und dem Luchs. — 12 ans, an sie. — 16 sich vertagen, zur Zusammenkunft bestellen. — 20 stegreif, Steigbügel; sich des Stegreifs neren, vom Straßenraub leben.

Wiewol sie im ganz oft entgan,
Aufs letst wils doch der galgen han.
Der fuchs ist gscheit und listig gnug,
Doch hilft endlich nit sein betrug;
Er wird zuletzt dennoch geschlagen
Und underm arm zur kirchen tragen;
Und bei dem kürsner auf der stangen
Werdens zusamen aufgehangen.
Da komen zobeln, mardern, lüchs,
Wolf, otter, biber, iltis, füchs,
Werk, hermlen, latsen, vilfraß, bern
Und laßen sich irn meister lern.
Entpfeht den lon nach seiner tat
Ein jeder, wie er gearbeit hat.

Die zweiundzwanzigste Fabel.

Wie ein Gesell beichtet.

Vor zeiten, da die mönch und pfaffen
Gewalt hetten, die leien strafen,
Sonderlich wenns kamen zur beicht
In der karwoch, so mochts gar leicht,
Wenn sie auf ein ein ganzes jar
Ein groll hetten, denn musts hervor.
Damit sie denn die armen gwißen
Nicht bauten, sondern mer zerrißen,
Daß mancher auch vor großem zag
Also gieng hin beid jar und tag,
Daß er beid beicht und sacrament
Veracht, auch seinen Gott nit kennt.
Wenn mans aber mit gaben stach,
So ließens dennoch etwas nach.

---

21. 34 Im Text Druckfehler: „den" statt „der". — 43 werk, plur. von wark, norwegische Wölfe; latsen, so wird zu lesen sein statt „lasten" des alten Drucks: Art russischer Bären.

22. (36.) Quelle unbekannt. — 4 so mochts gar leicht, so geschah es wol. — 8 bauen, erbauen. — 13 stechen, bestechen.

Wo einr war gegen in woltetig,
Dem ward auch unser Herrgott gnedig.
Da kennt ich einen jungen gsellen,
Der wolt sich auch einst frümlich stellen,
Kam zu eim mönch, der kennt in wol.
Er dacht: wie ichs doch machen sol?
Wo ich nit breng ein gut presenz,
So spricht er mir ein bös sentenz,
Und wird mein sach aus übel erger."
Nam in die hend zwen schreckenberger,
Triebs in der hand umb, daß ers sach;
Der mönch im da ein ablaß sprach,
Absolviert in von aller sünd.
Wie nun der gsell wider aufstund,
Ein kreuzer warf er im dahin;
Da merkt der mönch erst seinen sin
Und sprach, da ern kreuzer aufhub:
„Du bist ein bub und bleibst ein bub!"
¶ So gets, wenn man das wort Gotts frei
Verkauft und machts zur kremerei.
Versündigen sich beid, der es kauft,
Und der mit auf den jarmarkt lauft,
Und wird durch misbrauch dahin bracht,
Daß darnach jederman veracht.
So ist die göttlich schrift verkummen
Und der geiz überhand genommen,
Daß ich glaub, wers lenger so blieben,
Und daß der Luther nit geschrieben,
Wern erger worden denn die heiden
Und ewiglich von Gott gescheiden.

---

22. 36 mit, damit.

Die dreiundzwanzigste Fabel.

Von einem faulen Weibe.

Es war in eim dorf ein fauls weib,
  Die spart allzeit irn faulen leib
Und war der arbeit feindlich gram,
  Beid in arm und in beinen lam;
Doch war sie in den lenden frisch,
  Gegen zu halten stark und grisch.
Die het ein man, der sie fast trieb,
  Selb nimmer von der arbeit blieb.
Gedacht, wie sie möcht haben rue,
  Und gab dem pfarrherrn eine kue,
Auf daß sie gnade bei im fünd
  Und er dest mer feirtag verkünd.
Kurz auf den sontag bald darnach
  Der pfaff stieg auf die kanzel hoch
Und sprach: „Ich euch verkünden solt
  Die feirtag, wie ir gerne wolt.
Der sontag ist zu feiren gmein,
  Sonst weiß ich in der wochen kein;
Nur die frau, welch mir gab die kue,
  Feir noch ein tag oder zwen dazu.“
¶ Wer gerne tanzt, mag man leicht pfeifen;
  Wer gerne jagt, mag leicht ergreifen
Ein hasen oder sonst ein wilt,
  Damit er seinen vorwitz stillt.
Also auch wer nit gerne arbeit,
  Der findt auch wol zu aller zeit
Ursach, daß sich den glenz leßt stechen,
  Solt ers auch von eim zaune brechen.

---

23. (37.) Mündliche Erzählung? — 6 grisch, gerisch, kräftig, gewandt. — 27 sich den glenz laßen stechen, faulenzen, in der Sonne liegen.

Die vierundzwanzigste Fabel.

Vom Fürsprechen und einem Bauren.

Zur Neunburg im düringer lant
  Dieselbig stat ist wol bekant,
Drumb daß vil kaufleut alle jar
  Aus fernen landen kommen dar,
Da hab ich einen fürsprech kennt,
  Ist nit not, daß er werd genennt,
Ein speigervogel über dmaß.
  Derselb mit andern gsellen saß
Am markt auf einr rechten speibank,
  Dazu sich trug ein gmeiner gang,
Am eck bei eines goldschmits laden:
  Da kam zwar niemand one schaden
Vorüber, wer frau oder man,
  Alt, jung: wer tet des wegs hingan,
So wards zwar keim von im geschenkt,
  Dem ers höneisen nit anhenkt,
Wie denn solch müßiggenger ton,
  Die anderst nit zu schaffen hon,
Denn daß von andern leuten sagen
  Und mit molten den tag austragen.
Ein baursman kam zum selbn goldschmit,
  Denn er zwei kleine stücklin het
Von gold, die zohe er aus der taschen,
  Die er het aus dem sand gewaschen;
Denn in Teutschland vil waßer sind,
  Darin man gold und perlen findt.
Der fürsprech fragt, von wannen her
  Und was sein gwerb und handwerk wer.
Er sprach: „Ich won doben im walt,
  Hab mein narung und aufenthalt,

---

24. (38.) Agricola, 157. — 1 **Neunburg**, Naumburg. — 7 **speigervogel**, Speivogel, Spötter. — 9 **speibank**, vgl. Psalm 1, 1: Da die Spötter sitzen, nach Luther's Uebersetzung. — 10: wohin ein vielbetretener Weg führte. — 16 **höneisen**, Schandeisen. — 20 **mit molten** (Mulden) **den tag austragen**, den Tag mit unnützen Dingen zubringen.

Daß ich das golt bei körnlin klein
Wesch aus dem sand und mach es rein,
Dem goldschmit sie darnach verkauf:
Dadurch halt ich das leben auf."
Er sprach: „Weil du mit gold gest umb,
Wolt ich gern wißen, wie das kum,
Daß du hast so zerrißen häß:
Bist gar zerhudelt umbs gesäß.
Nun bin ich selber auch ein wescher,
Man nennt mich auch ein zungendrescher;
Hab beßer kleider an denn du,
Villeicht auch wol mer gelts dazu,
Und järlich einen reichern solt
Und wasch dennoch, wie du, kein golt."
Der baur sprach: „Herr, ichs euch zugeb,
Daß ich wie ir so wol nit leb,
Hab auch nit so gut kleider an;
Dennoch vor euch ein vorteil han:
Wenn man mir in mein werkstat scheißt,
Der dreck mit dem waßer hinfleußt;
So man euch in die eur hofiert,
Mit lättig leim die lippen schmiert,
Bleibt drin ligen derselbig dreck
Und fleußt nit wie der mein hinweg."
¶ Gleich wie einer ruft in den walt,
Antwort man im derselben gstalt;
Eim lieblichen freundlichen gruß
Ein freundlich antwort bgegnen muß.
Wer spöttisch fragt, demselben eignet,
Daß im ein gleich antwort begegnet.
Der häher ist der vögel spot,
Doch wird der weidman oft sein gott.
Was in nit brennt, wer das wil külen,
Muß fremden rauch und hitz oft fülen.

---

24. 37 häß, Kleidung. — 52 lättig, schmierig, von Lätten, Letten, Leim, Lehm. — 59 eignen, gebühren.

Die fünfundzwanzigste Fabel.

Vom Pfaffen und seiner Metzen.

Es ist jetzt über zwenzig jar,
Zu Hildesheim in Sachsen war
Ein pfaff, het ein gut vicarei
Und ein gar schöne metz dabei.
Die het an schön den preis und rum
Vor allen weibern auf dem tum.
Dasselb verdroß die andern herrn,
Doch kontens im mit fug nit wern,
Denn sie selb auch das merer teil
Zohen an solchem bubenseil.
Dennoch wards im von alln vergunt,
Mancher mit listen darnach stunt,
Und mancherlei ursach erdachten,
Daß im das ros entreiten mochten,
Und teten ir oft vil geloben,
Wie sies reichlich wolten begoben.
Da solchs derselbig pfaff ward merken,
Tet ers freundlich mit worten sterken
Und kleidt sie schon nach all irm willen,
Mit gelt und kleinot tet sie stillen
Und sprach: „So du wirst bei mir bleiben,
Wil ich dir etlich gelt verschreiben,
Daß du nach meinem tod solt han,
Davon dein tag magst müßig gan.“
Als das weib solche woltat sach,
Gar freundlich zu dem pfaffen sprach:
„Bei euch bleib ich, mein lieber herr!
Wenn schon der bischof selb da wer,
So wil ich euch doch nit verkiesen,
Solt ich sein gnad und huld verliesen:
Des solt ir euch zu mir versehen.“
Wie nun solch freundlich glübd geschehen,

25. (39.) Mündliche Erzählung. — 6 tum, Dom. — 10 am bubenseil ziehen, vgl. am Narrenseil ziehen, zu den Buben gehören. — 11 vergönnen, misgönnen. — 29 verkiesen, fahren lassen. — 30 verliesen, verlieren, einbüßen.

Und das sahen die andern pfaffen,
Daß sie an im nit mochten schaffen,
Den pfaffen vorm bischof verklagten
Und in gar böslich da besagten,
Sprachen, es geb groß ergernüs,
Wenn man sie lenger bei im ließ,
Hetzten die bürger auch auf in;
Die giengen zu dem bischof hin
Und sprachen, wie dieselbig metz
Auch ire metzen trotzet stets
Mit iren kleidern, wo sie gieng,
Und so vil kleinot umb sich hieng,
Machten den butzen also groß,
Daß auch den bischof selb verdroß.
Gebot dem pfaffen bei dem ban,
Daß er das weib solt von im tan.
Das gschahe nu oft; doch ward nichts draus,
Hielt sie dennoch heimlich im haus.
Einsmals der bischof wider kam,
Den pfaffen gar ernstlich vornam
Und sprach zu im: „Wir hetten ghofft,
Weil wir dich han gestraft so oft,
Soltest das weib von dir gelaßen;
Nu wir sehn, daß dich nit kanst maßen,
So achtens wirs jetzt noch vors best,
Daß du sie jetzund von dir lest,
Oder die vicarei verliesen:
Von zweien hastu eins zu kiesen.
Bedenk dich hierauf disen tag,
Auf daß ich morgen wißen mag,
Wes du gesinnet oder nicht,
Und ich mich nach demselben richt.“
Er sprach: „Dasselb gebot annim“,
Gieng hin, kert in der tür bald ümb,
Sprach: „Was hilfts, daß man vil wort macht?
Ich hab mich jetzt nu schon bedacht:

25. 34 an einem schaffen, einem etwas anhaben. — 42 auch, im alten Druck als Fehler: „auf“. — 45 butz, Putz, geputzte Person; groß machen, übertrieben darstellen. — 47 bei dem ban, bei Strafe der Excommunication.

Mögt, wem ir wolt, das lehn verschreiben,
  Ich wil bei meinr Elene bleiben."
Gieng heim; solchs seiner metzen klagt.
  Wie er ir alles het gesagt,
Sie sprach: „Jr habt unweislich tan!
  Het ir mir gsagt ein wort davon,
Ich het euchs warlich nit geraten.
  Jr seit ein narr in all eurn taten,
Wißt ir nit, daß kein weib, schon, zart,
  Umb eins mans willn kein hure wart?
Bin auch eurnt halben in den orden
  Nit kommen und ein hure worden;
Ich folg der vicarien nach:
  Wo dieselb bleibt, da bleib ich auch."
¶ Vil leut, die sein so gar erwegen,
  On alle scheu ind laster legen,
Mit den zu zeiten Gott verschafft,
  Daß sie auch werden hie gestraft.
Jr gut aufhangen faulen secken,
  Damit die armen solten decken,
Den sie doch nit die schnitt vom teller
  Zuwerfen, oder einen heller
Geben von all irm überfluß.
  Gut ists, daß sie auch hie tun buß,
Die guten tag also ausschwitzen,
  Zwischen zwen stülen nidersitzen.

Die sechsundzwanzigste Fabel.

Von zweien Brüdern.

Ein arme witwe het zwen sün;
  Der ein war lüstig, frech und kün,
Der ander treg, saß stets zu haus,
  Schlief morgens lang, kam selten aus.

---

26. (41.) Mündliche Ueberlieferung.

Der erst stund auf, gieng frü zu feld:
  Da fand er ein beutel mit geld,
Bracht in seinr mutter bald zu stunden.
  Sie war fro, daß ers gelt het funden.
Da lag sein bruder noch und schlief,
  Vors bett die mutter zu im lief
Und sprach: „Sihe da, du fauler tropf,
  Werst wert, der dich schlüg umb den kopf
Mit feusten und dich lüstig macht.
  Sich hie, das hat dein bruder bracht,
Heut morgen frü funden am weg:
  So leistu hie, bist faul und treg.“
Er sprach: „Mutter, laßt euren zorn!
  Het der, welcher dasselb verlorn,
Biß jetzt gelegen auf seim bett,
  Mein bruder das nit funden hett.“
¶ Der faule sucht allzeit auszug,
  Damit er sich entschüldigen mug.
Doch ists auch nit allzeit getan
  Mit ser laufen und frü aufstan.
Mancher verschont ein kleinen regen
  Und tut eim größern bald begegen.
Man sagt: Zu schaden, spot und haß
  Komt man allzeit frü gnug zu maß.

Die siebenundzwanzigste Fabel.

Von einem Schneider.

Ein schneider kauft ein tuch von Lunden,
  Nams undern arm zun selben stunden;
War schon geschorn und zubereit:
  Draus im selb machen wolt ein kleit;
Trugs heim; auf seinen tisch legts nider,
  Maß, überschlugs, legts hin und wider

---

26. 21 auszug, Ausflucht, Ausrede. — 21 verschonen, scheuen.
27. (43.) Quelle unbekannt.

Und richtet zu, den rock zu schneiden,
    Nam el und maß, zeichnets mit kreiden
Und legts dreifach zum vorder gern,
    Der doch nur zwen von nöten wern,
Ergriff gar bald ein scharpfe scher
    Und schnit daselben fluchs durchher.
Da wurden aus drei gleiche stück:
    Eins warf er hinder sich zurück,
Daß man dasselb solt sehen nit,
    Hub auf und sang dazu ein liet.
Das sahe sein knecht, der bei im saß,
    Sprach: „Meister, warumb tut ir das?
Habt euch versehen in dem meßen,
    Oder seit ir sonst so vergeßen?
Ists doch eur eign, habts selber kauft.
    Ist, daß euch etwas überlauft,
Vor wem wolt ir dasselb verhelen,
    Daß ir eur eigen gut wolt stelen?“
Er sprach: „Gott geb dem brauch die ritt!
    Was tut die lang gewonheit nit!“
¶ Wer sich sein selber nicht kan maßen,
    Von böser gwonheit abelaßen,
Den muß man in ein kloster globen,
    Zun dörren brüdern hoch dort oben,
Da man mit leitern steigt ins chor.
    Darumb sehe sich ein jeder vor
Und sich für böser gwonheit hüten,
    Sonst wirds im meister Hans verbieten.

---

27. 9 geren, Rockschoß. — 22 überlaufen, mehr sein, als nöthig ist. — 25 der ritt, die Mitte, das Fieber: Fluchformel. — 29 u. 30 ein kloster, zun dörren brüdern, eine der in jener Zeit zahlreichen humoristischen oder euphemistischen Bezeichnungen des Galgens. — 34 meister Hans, der Henker.

Die achtundzwanzigste Fabel.

Vom Fuchs und dem Habich.

Der fuchs zu einem habich sprach:
„Ich bitt dich, sag, was ist die sach,
Daß du die arm einfaltig tauben
So feindlich tust allzeit hinrauben?“
Er sprach: „Ich bin zum richter gsetzt,
Mein krummen schnabel drauf gewetzt,
Daß ich die bösen sol durchechten
Und die gerechtigkeit verfechten,
Auf daß mit frieden sein die fromen.
Sie freßen auf dem land den samen,
Als weizen, erbeiß, wicken, lein:
Drumb muß man sie so treiben ein.“
Er sprach: „Warumb strafst nit die rappen,
Den weihen, adlar, geir und trappen?
Die han vil größern schaden tan,
Und lests unschüldig frei hingan?“
„Nein“, sprach der habich, „sie sein mir zhoch;
Wenn ich denselben stellet noch,
Soltens gar bald zusamen rücken
Und reißen mich zu kleinen stücken.
Drumb legn wir gen einander nider:
Sie schonen mein, ich schon ir wider.
Es ist nit ein geringe kunst,
Daß einer hat der herren gunst.
Verfolgstu doch den armen hasen,
Der tut nur auf der erden grasen
Und nur der grünen bletter geneußt,
Und schonst des wolfs, der schaf zerreißt.
Die hüner auch niemand betriegen
Oder offnen schaden zufügen,
Dazu dem menschen gar vil fromen
Und neren sich der kleinen kromen.

---

28. (44.) Quelle unbekannt. — 11 erbeiß, Erbse. — 21 niderlegen (die Waffen), friedlich miteinander leben. — 32 krome, Krume, Brocken.

Die gens sein auch niemand schedlich,
Mit kurzem gras behelfen sich;
Doch werdens oft von dir erschlagen,
Wenn dus bein zeunen kanst erjagen.
Wenn man der frommen schonen solt,
So werstu gensen und hünern holt,
Den du doch stets tust widerstreiten,
Wie solchs bekant ist allen leuten."
¶ Die alten han ein sprichwort bdacht
Und aus erfarnheit an uns bracht
Und sagen: Wenn das gelt zu ser
Get vor die tugent, zucht und er,
Und da die gwalt get übers recht,
Da wer ich lieber herr denn knecht.
Das zeigt uns an der alte boß
Vom heidnischen philosophos:
Der het sein leben so hinbracht,
Daß er sein tag nit het gelacht.
Der sahe ein armen dieb ausfüren,
Den solt man an den galgen schnieren.
Da man in bracht also gebunden,
Er lacht ganz ser; die umb in stunden,
Fragten, warumb er lacht des armen,
Des man sich billich solt erbarmen?
Er sprach: „Solt ich der welt nicht lachen,
Daß sies so wunderlich tut machen?
Seltzamer könt mans nit erdenken,
Die großen dieb die kleinen henken."
Drumb sein die politisch gesetz
Ein spinnweb und ein fliegennetz,
Welchs die vögel freylich aufheben;
Die fliegen bleiben drin bekleben.

---

28. 48 philosophos, Heraclitus. — 63 aufheben, beseitigen, zerreißen.

Die neunundzwanzigste Fabel.

Von einem Brillenschneider.

Ein armr gsell kam in ein wirtshaus,
Da er ein schilt sah hangen aus;
Er grüßt den wirt und wünscht im glück,
Bat umb Gotts willn umb ein früstück.
Der wirt blieb sten und sahe in an
Und sprach: „Du bist ein junger man:
Man solt ein solchen starken boßen
Von jugent handwerk lernen laßen,
Daß sie sichs selben mochten neren,
Nit auf eins andern seckel zeren.“
Er sprach: „Ich kan ein handwerk gut,
Abr niemand ist, ders achten tut;
Ist so verworfen und veracht,
Daß michs hat zu eim betler gmacht.“
Da sprach der wirt: „Was mag das sein?
Kein handwerk ist so gring und klein,
Wenn mans nur wil in achtung han,
Man hat aufs wenigst brot davon.“
Er sprach; „Ich bin ein brillenschneider:
Der acht man nicht; man siht jetzt leider
In großen sachen durch die finger,
Lauft übers groß, stoßt sich ans gringer.
Groß kameltier sie ganz verschlucken
Und weichen doch die kleinen mucken.
Die großen hansen irs mutwillen
Verkaufen stets den armen brillen.“
¶ Es lebt die welt in solchem gdöß:
Das arg nennts gut, das gute bös,
Und ist all ding also verkert,
Daß auch die sau hat spinnen glert.

---

29. (45.) Ulenspiegel 63; Pauli 514; Hans Sachs II, 4, 118. — 24 weichen, einweichen? Vielleicht Druckfehler für „seigen“, nach Matth. 23, 24.

Die dreißigste Fabel.

Von einem kranken Bauren.

In Sachsen ein alter baur war
Weit über seine sechzig jar:
Der het sein meiste zeit hinbracht,
Daß er nit vil auf Gott gedacht;
Vom glauben, buß, ablaß der sünd
Gar wenig oder nichts verstünd.
Da er zuletst nun sterben solt,
Hiesch den pfarrherrn und beichten wolt.
Der pfarrherr in examiniert,
Wie er im glauben wer gelert;
Von stück zu stück nennts überhaubt,
Fragt in, ob er sie alle glaubt.
Er sprach: „Ich halt sie all zumal,
Und glaub all, was ich glauben sol;
Allein die urstend von den toten
Wil mir in glauben nit geroten.
Wenn wir sein in der erd verwesen,
Wer wirds wider zusamenlesen,
Daß lebend werd an sel und leib?
Vorwar, ichs vor ein merlin schreib."
Der pfarrherr sprach: „Wirstus nit glauben,
So werd ich dich als rechts berauben,
Das sonst in gmein die christen haben:
Dein leib, nit auf den kirchhof graben,
Beibt unbeleut und unbeklungen,
On alle selrecht unbesungen.
Wie das dein gut gerücht wird krenken,
Gib ich dir jetzund zu bedenken.
Drumb schon dein er, besinn dich baß
Und glaub mir jetzt zu gfallen das,
Auf daß du mögst dein ere fristen
Und sterben wie ein ander christen."

---

30. (46.) Bebel 31ª. — 8 hiesch, heischte, verlangte. — 15 urstend, Auferstehung. — 24 graben, partic., begraben. — 26 selrecht, alles, was zur kirchlichen Bestattung gehört, das Seelenamt, die Exequien. — 27 gerücht, Ruf.

Er dacht: es wil den ritten han!
Zuletst sprach er: „Wolan, wolan!
Ich sihe, es wil nicht anderst sein,
So glaub ichs auch und gib mich drein,
Und tu euch solchs zu willn jetzund,
Drumb daß ir seit mein guter frund.
Übrwind ich aber disen strauß,
So sprich ich doch: es wird nichts draus!"
¶ Ich halt zwar, daß ein solcher glaub
Ist nur ein laut, ganz öd und taub
Wie ein nuß, welch der wurm gestochen
Und die unzeitig abgebrochen,
Und ist nit wunder, daß der bur,
Der nicht verstünt tabulatur,
In solchem stück begunt zu strauchen.
Des wol die hohen leut misbrauchen:
Denn wir wißens, ist offenbar,
Daß bapst Leo vor zwenzig jar
Zu Rom hielt zu sanct Lateron
Derhalb ein gmein concilion,
Davon gar fleißig disputiert,
Und ward auch endlich decerniert,
Daß man sich solt darein begeben,
Daß nach disem zeitlichen leben
Ein ander leben wer von noten
Und ein gemein urstend der toten.
Damit klärlich beweisen teten,
Daß sies vor nit geglaubet heten.
Gott bhüt mich vor eim solchen haubt!
Dasselb nicht recht an Christum glaubt.
Ich mag zwar nit eins solchen hirten,
Der mit den wolfen hat geferten;
Da fürt ein blind den andern blinden,
Daß sie sich beid dem teufel finden.

---

30. 46 tabulatur, ursprünglich die Anweisung, Saiteninstrumente zu spielen, dann die Grundregeln der Meistersingerkunst; ferner bezeichnet das Wort den durch Zahlen ausgedrückten mehrstimmigen Satz in der Musik, endlich die „Connexion der Gründe", Frisch, s. v.

Die einunddreißigste Fabel.

Vom Bettler und einem Müller.

Ein bettler kam für eine mülen,
Lag vor eim berg bei einer hülen,
Und bat denselben müller fron,
Er wolt sein milde hand auftun
Und teilen im sein almos mit
Und im dasselb versagen nit.
Er wer auch ee ein müller gwesen,
Wer aber nit dabei genesen.
Der müller sprach: „Wie ists geschehen?
Hast dich leicht übel vorgesehen,
Mit deim vertun nit haben wöllen,
Oder nit gewist in dnarung zu stellen,
Daß du hetst etwas zsamen bracht
Und auf ein alten man gedacht;
Hetstu gemeßen gute malter,
So hetstu etwas in dem alter.
Sag mir, wie vil bauren du hetst,
Die bei dir pflagen zmalen stets?"
Er sprach: „Ir waren acht und dreißig."
Der müller sprach: „O hetstu fleißig
Zugsehn und mit der molten gmetzt
Und baß die weizenseck beschetzt,
Dörfst jetzund nit parteken lesen;
Ja, wenn ich wer ir müller gwesen,
Solten sie lieber all mit ein
Gebettelt han denn ich allein,
All acht und dreißig hungers gstorben,
Ee ich wolt sein bei in verdorben."
¶ Treue amptleut findt man gar selten;
Doch wil ich hiemit niemand schelten.

---

31. (47.) Bebelius 3 Aa 2^b; De molitoribus; Kirchhof, Wendunmuth 1, 289. — 3 fron, hoch, hehr, des Reimes wegen als Flickwort. — 8 genesen, gedeihen, fortkommen. — 10 leicht, vielleicht. — 14: nicht daran gedacht, daß du alt werden könntest. — 21 molte, Mulde; statt des Mühlenkopfs. — 23 parteken lesen, Almosen betteln.

Wenn sich ein jeder selber richt,
So darf er fremder strafe nicht.
Doch werden wir durchs sprichwort glert:
Ein jedes ampt ist henkens wert.

Die zweiunddreißigste Fabel.

Vom Wolf und Fuchse.

Es gschahe in einem winter kalt,
Der wolf lief durch ein dicken walt,
Gar frü sein narung suchen wolt;
Kam gegen im ein fuchs getrollt,
Wünscht im ein frischen guten morgen,
Sprach: „Dörfst heut vor die kost nit sorgen.
Folg mir, ich wil dich jetzund laben,
Solt mir ein jar zu danken haben.
Kum, sich, da in dem holen weg
Da leit ein feißte seiten speck,
Dran han wir beide gnug zu tragen;
Entfiel eim furman von dem wagen.
Kunt ich dasselbig nit verschweigen,
Must dirs als meinem freund anzeigen."
Sie zohens under einen strauch
Und füllten iren leren bauch.
Da sie geßen und wurden sat,
Der wolf den fuchs gar freundlich bat,
Sprach: „Reinhart, hör, kans nit verhelen,
Muß dir ein seltzam ding verzelen.
Jetzt bei vier wochen gegen weihnacht
War ich vor hunger schier verschmacht,
Das macht der frost und kalte schnee,
Tet mir in leib und leben wee.
Und wie man sagt, hunger und kelt
Jagen den wolf vom holz zu felt,
Da kam ich auf eins hundes spür,
Der war gelaufen kurz vor mir.

---

32. (49.) Quelle unbekannt; vielleicht eigene Erfindung.

Ich folget nach demselben pfad:
  Trug mich zu einer großenstadt.
Da schlich ich nein am morgen fru,
  Stunden noch alle türen zu;
Underm tor fand ein enge lucken,
  In dleng tet ich mich durchhin schmucken.
Es regt sich weder katz noch hunt.
  Ich sahe mich umb; ein weil da stunt,
Da sahe ich dort ongfer ein loch
  In einer maur; darin ich kroch.
Das war gar nider bei der erden.
  Lag lang; gedacht, was wils doch werden?
In dem gunt sich das volk zu regen
  Und in den gaßen zu bewegen,
Zuletzt hub sich ein groß gedön
  Von pfeifen, seitenspiel gar schön.
Kroch zu mir nein ein junger hunt,
  Der, wie ich merkt, zwar nichts verstunt,
Meint, ich wer auch ein hund wie er;
  Gedacht, es het da kein gefer.
Bracht ein stück fleisch, war eben groß:
  Desselben ich da mit genoß.
Drumb ließ ich in da ungeworgt;
  Denn ich mich sonst eins andern bsorgt
Und dacht, ich wolt das end besehen,
  Was nach dem pfeifen würd geschehen.
Zuhand kamen dorther gegan
  Ein großer haufen frau und man,
Der gar vil mer denn hundert warn.
  Gmeiniglich giengen sie bei parn,
In silbern kleinot, gülden ketten
  Und köstlich kleider, die sie hetten.
Die frauen warn mit allem fleiß
  In rot gekleidt, mit schleiern weiß,
Von fern sich teten so beweisen,
  Als werens hüt von stal und eisen.
Die menner trugen gülden hauben,
  Seidene wammes, köstlich schauben,
(Ich dacht: wie ists so ungleich teilt!
  Und solchs so manchen armen feilt,

Die oft das brot nit zeßen haben,
Müßen den durst mit waßer laben,
Als du und ich und unsers gleichen;
An einem haufen hans die reichen.)
Mit zobeln gfütert und mit lüchsen,
Etlich mit mardern, etlich füchsen.
Vil sahe ich von den besten leuten,
Die trugen belz von wolfes heuten.
Eins aber, das mich ser dran wundert,
Dieselben belz warn so gesundert:
Etlich kerten das raue innen;
Dieselben hielt ich baß bei sinnen,
Denn je die belz darumb bedacht,
Zur wärm und nicht zum schein gemacht.
Etlich hetten das raue auskert;
Ob sie des nit wern baß gelert,
Odr ob sies sonst von vorwitz teten,
Odr sonst vor ein gewonheit heten,
Das kan ich warlich sagen nicht.
Vom selben hund begert bericht
Und tets mit aller umbstend fragen;
Er wist mir kein bescheit zu sagen.
Schied so von dann zur selben fart,
Daß ich des nicht berichtet wart.
Drumb bitt ich dich, weistu darumb,
Woher doch solcher wechsel kumb,
Wöllest mich des gründlich berichten,
Damit ich mög mein zweifel schlichten,
Benemen mir die bkümmernis,
Wenn du mich machst der sachen gwis."
Da ward der fuchs gar spöttisch lachen.
„Es ist ein deutung in den sachen",
Sprach er, „daß warlich nit verstet
Ein jeder baur, wie das zuget."
Der wolf sprach: „Lieber, sag mir doch,
Daß ich nit weiter darf fragen nach!
Es muß gar wunderlich sein drumb."
„Es ist ein groß mysterium",

32. 89 die umbstand, dat., umbstend: umständlich. — 94 wechsel, Verschiedenheit, Unterschied.

Sprach der fuchs, „doch wil ich dirs deuten:
Die gsellschaft von zweierlei leuten,
Wie mich bedunkt, etlich vom adel,
Dieselben leiden keinen tadel.
Umbsunst ists, daß man sie fast straft
Oder beßrung an in verhofft,
Sie wüten stets wie die tyrannen;
Wenn mans unfreundlich tut anzannen,
So schlahens, beißens umb sich her
Gleich einem lewen oder ber.
Sie schemen sich des mausens nicht,
Haben ir datum so gericht,
Suchens in winkeln vorn und hinden,
Rauben und nemens, wo sies finden,
Underdrucken beid leut und lant
Und sind irs raubens wol bekant,
Gleich wie du deine grauen har
Auskerst und tregst sie offenbar.
Ja, mancher sich des adels rümt,
Den ist ir kranz also geblümt,
Daß man sie bei den federn kennt;
Dennoch man sie gnad junker nennt;
Meinen desselben haben er,
Das bei frommen ein schande wer:
Solch wolf helt jetzt die welt in eren,
Drumb sie das raue außen keren.
Die andern, welch man nennt kaufleut,
Kleiden sich auch in wolfes heut;
Mit geiz den gmeinen man bestelen,
Doch wißen sies so fein zu helen,
Des geiz fein underm hütlin spielen,
Wie das gemein ist jetzt bei vilen,
Und machens auch so gar unsauber,
Daß man sie schiltet vor stulrauber.
Mit irem auffatz, wucher, liegen
Jetzt fast die ganze welt betriegen,

---

32. 118 datum, wie oben: Absicht, Streben. — 119 haben, zu haben. — 137 underm hütlin, wie die Taschenspieler, versteckt, sodaß niemand etwas merkt. — 140 schiltet, von schelten, mhd. praes. schilte; stulrauber, bezeichnend für Wucherer ꝛc., die gleichsam vom Stuhl aus das Räuberhandwerk treiben.

Und wenn man sie darumbe straft,
So ists der brauch der kaufmanschaft:
Sind wolf und wöllens doch nit sein,
Schmücken den wolf mit frommen schein,
Undr einr schafshaut und frommen schalk
Verbergen sie den wolfes balk;
Mit gutem gwand und seiden röcken
Sie allezeit den wolf bedecken.
Und sein so wolf von beiden teilen,
Ein jeder leßts an im nit feilen,
Daß er sich solcher tugent fleißt,
Wie solchs der wolfes belz ausweist.“
¶ Die deutung über dise fabel
Darf zwar keiner andern parabel,
Denn wie sie hat der fuchs verklert.
Der ist die zeit wol so gelert,
Daß er den wolf kennt vor den schafen:
Derhalben weiß in nit zu strafen.
So jemand nit gefellt sein deuten,
Der hüt sich vor den wolfes heuten
Und hab mit solchen nit gemein,
Wil er vom fuchs ungscholten sein.

Dreiunddreißigste Fabel.

Von einem Tiriakkremer.

Mitten im sommer ich einst kam
In Holland hin gen Amsterdam.
Traf sichs, daß eben jarmark war,
Wie umb dieselbig zeit all jar
Gehalten wird; daselb umbschaut:
Vil kremer hetten aufgebaut.
Gar laut von fern einr rufen tet,
Als ob einer gepredigt het.

---

33. (50.) Selbst erlebt. — Ueberschrift: Tiriakkremer, Marktschreier, der mit Theriak, Mittel gegen Thiergift (θηριακόν), und andern Arzeneien handelt.

Das volk lief zu mit großen haufen,
Ich gunt mit andern auch hinlaufen.
Da stund ein abenteurer dort
Am platz auf einem höhern ort,
Der het ein tuch, das war gemalt
Von seltzam tiern greulicher gstalt,
Würm, kroten, eigdechs, ottern, schlangen,
Das het er an ein spieß gehangen,
Und schütt aus einem ledersack
Vil kleiner büchslin mit tiriak,
Von kraut und wurzeln mancherlei;
Macht gar vil wort und groß geschrei.
Ein korb het er gesetzt dahin:
Da warn vil kleiner brieflin in,
Wie heuslin gmacht und zugedrückt,
Warn mit eim gstoßnen pulver gspickt.
„Schaut, lieben leut", rief er gar laut,
„Hie ist ein wunder heilsam kraut,
Daß ein des nachts die flöh nit beißen;
Ja, wer sich tut desselben fleißen,
Derselb ist frei von solchen bösen,
Und kans mit einem stüver lösen."
Das volk drang zu und war getrost,
In einer stund hets gar gelost,
Ein gute summa gelts erwischt,
Mit bösem netz gar wol gefischt.
Ich blieb besten und sah in an,
Biß daß das Volk da gar zerrann.
Sein kram begunt er bald zu sacken,
Wolt sich eilend von dannen packen.
Als er beinahe gar flüßig war,
Ein altes weib kam laufen dar,
Die er auch umb ir gelt betrogen,
Mit seiner bösen laugen zwagen,
Sie sprach: „Ich hets vergeßen schier:
Ach, lieber meister, sagt doch mir,
Wie sol ichs brauchen oder nützen,
Daß ich mich vor den flöhn mög schützen?"

33. 32 losen, ausverkaufen. — 39 flüßig, fertig mit seinen Sachen. — 42 zwagen, partic.: gewaschen.

Er lacht und sprach: „Ir seit gar spitzig
Und all den andern vil zu witzig.
Umb das kraut hab ich allein heut
Ghabt wol etlich hundert kaufleut;
Doch hat mich keiner fragen wolt,
Wie man das pulver brauchen solt.
Drumb sag ichs euch auch jetzt allein;
Bitt, machts den andern nit gemein:
Wenn euch ein floh begint zu stechen,
Den greift und tut ims maul aufbrechen,
Streut im das pulver auf den zan,
So stirbt er bald von stunden an."
¶ Die welt hat jetzt vil junger gsellen,
Die dem gelt wunderlich nachstellen;
Mit irem nücken, fatzen, liegen
Jetzt fast die ganze welt betriegen.
Man solt solch müßiggende knaben
Mit eim starken waßertrunk laben
Und in den Rhein fünf elen senken
Oder am hanf im luft ertrenken;
So müsten sie mit solchen boßen
Ir triegerei und stelen laßen.
Ich sahe des gleichen einst zu Eimbeck
Auch von eim solchen gsellen keck:
Dem klagt ein arme frau ir not
Und fragt, wie teur er geb ein lot
Bocksblut. Er sprach: „Ist klein gewin;
Umb fünf matthier nemt es hin."
Da sprach die frau: „Es ist zu teur;
Umb ein hab ichs gekauft noch heur,
Da sich mein man verbrochen het
Und ich in damit heilen tet."
Er sprach: „Das laß ich wol geschehen!
Desgleichen habt ir nicht gesehen,
Diß breng ich von Venedig her
Aus weiten landen über mer:

33. 61 nücken, Nucken, hinterlistige Streiche. — 74 Matthier, Scheidemünze von Silber oder Kupfer = 4 Pfennige. — 77 sich verbrechen, einen Bruch bekommen.

Da eßen anderst nicht die böckn
Denn süße trauben von weinstöckn,
Von edlen beumen zimetrinden:
Desgleichen wird man hie nit finden.
Drumb hat das blut vil größer kraft."
Mit solchen worten er verschafft,
Sie nams und gab im fünf Mattheier.
Da lacht derselbig leutgeheier,
Sprach: sihe wol, solt mir sonst nit glücken,
Wenn ich die baurn nit könt benücken.

Die vierunddreißigste Fabel.

Von einem verdorbenen Kremer.

In Sachsen war eins kremers son,
Der het seins vatters gut verton,
Ein guten kram höslich verzert;
Zuletzt der knapsack in ernert,
Lief auf die kirweih, wie man pflegt.
Eins mals, da er het ausgelegt
Sein pfennwert, all sein hab und war,
Kam einr, der het in kennt vil jar,
Da er e war gewesen reich;
Sprach: „Claus, wie komts? jetzt ists nit gleich,
Wies e mit dir zu wesen pflag,
Da du wol lebtst, hetst gute tag
Bei deines vatters großem gut,
All tag ein guten freien mut.
Jetzt ists vil anderst umb dein sach."
Der kremer antwort im und sprach:
„Schlaf lang, iß frü — macht feißte backen,
Bringt lange schnür und kurze packen."

---

33. 90 leutgeheier, der die Leute anführt. — 92 benücken, betrügen.

34. (51.) Quelle unbekannt. — 4 knapsack, Schnappsack, Bettelsack. — 6 pfennwert, kurze Waaren, wenige Pfennige werth.

¶ So gets; wer lieb zu lieb wil han,
Der muß das liebe faren lan.
Denn vil verzeren, nit erwerben
Hilft zu armut und zum verterben,
Wie das gemeine sprichwort sagt
Und der verdorben reuter klagt,
Sprach: „Kalbesaug und hasenlung,
Hechts lebern und karpfen zung,
Süßer wein und barbenmaul
Brachten mich umb mein grauen gaul.“

Die fünfunddreißigste Fabel.

Vom Fuchs und dem Igel.

Einsmals der fuchs hin umb mittag
Elend vor einem felsen lag
Und het drei große scheußlich wunden.
Die waren im von zweien hunden
Beim dorf hinder eim zaun gebißen,
Und im sein balg so gar zerrißen,
Daß er erlegen ganz und gar,
Vor onmacht schier gestorben war.
Da gunden sich zu im versamlen
Fliegen, mücken und große humlen;
Mit stechen machten in ganz schwach.
Ein igel das zuhand ersach:
Aus mitleiden lief zuhin bald,
Erschrak von solcher misgestalt,
Doch wist er keine hilf noch trost,
Damit in het der pein erlost.
Er sprach: „Lieber, laß mich verjagen
Die fliegen, mücken, die dich plagen
Und dich mit stechen heftig drücken:
So magst dich je zum teil erquicken.“

---

35. (52.) Fabel des Aesop (ed. Furia 384); die nächste Quelle kann ich nicht nachweisen. Das Gebet der Witwe: Agricola 128.

Da sprach der fuchs: „Dich freundlich bit,
Verjag mir dise fliegen nit!
Sie haben jetzund lang gesogen
Und so vil bluts in sich gezogen,
Daß sie zuhand auch nimmer mügen
Mir keinen schaden mer zufügen;
Werden sie aber abgejagt,
Denn werd ich erst aufs neu geplagt.
Wenn andre hungrig wider komen,
Wird all mein kraft und saft genomen,
Als blut, was noch vorhanden wer;
Denn mager mücken beißen ser.“
¶ Ein jeder weiß, und leit am tag
Ganz offentlich, darf keiner frag,
Wenn man die herrschaft wil verkiesen,
So muß man vor der hand verliesen.
Das verneuen kan wol geschehen,
Ich hab aber nit oft gesehen,
Daß man ein beßers het bekummen,
Des man het größern nutz und frummen,
Und daß in jederman tet loben;
Doch wil man stets ein andern haben,
Der nit so scharpf und embßig straft
Und baß vors gmeine bestes schafft.
Das widerspiel sich aber findt.
Ein jeder schätzet, schabt und schindt,
Und muß der arm sich allzeit leiden:
Neu meßer haben scharpfe schneiden.
Man sihts auch an den jungen katzen,
Die haben spitz und scharpfe tatzen.
Drumb denk niemand auf dieser erd,
Daß **es** derhalben beßer werd.
Herrn bleiben herrn auch fur und fur;
Schliesen sie auch biß um zwölf ur,
Noch bleibens herrn und wöllns auch sein.
Drumb schweig und leid, und wart des dein
Und auf den bruf mit **fleiß tu** schauen,
Und folg der ler der armen frauen,

---

35. 42 **andern**, im Text „anders“, als Druckfehler.

Davon man list in alten jarn,
Da die könig tyrannen warn.
Daselb war auch ein edelman,
Der nam sich aller bosheit an
Mit wuchern, schinden, schatzen, schaben,
Nam gern geschenk und liebt die gaben.
Under dem ein arme witwe saß,
Die het mit schaden glernet das,
Sein tyrannei gar oft empfunden,
Und wie die armen wurden gschunden.
Dieselb oft in der kirchen lag
Und bat Gott fleißig nacht und tag,
Daß er denselben edelman
Wolt fristen und lang leben lan.
Das ward dem haubtman angesagt;
Er wundert sich, die fraue fragt,
Warumb sie fleißig vor in bät,
So er doch wist, daß ers nit het
Gegn ir verschuldt mit keinen gnaden,
Und ir oft zugefüget schaden.
Sie sprach: „Vor zeiten het vier küe,
Darauf ich legt alln fleiß und müe,
Davon ernert mein kinder kleine:
Da kam dein vatter und nam mir eine.
Da bat ich Gott, daß ern hinnem,
Auf daß ein frommer wider kem.
Da het er auch zuhand ein end.
Bald kamestu ins regiment
Und namest mir noch ander zwo,
Behielt ich nur die einig ku,
Und sihe, daß du vil erger bist:
Drumb bitt ich Gott, daß er dich frist.
Denn so du wurdest hingenomen,
So wurd gewis ein erger komen,
Der uns wurd schätzen auf den grat:
Beßer zu bhalten, was man hat.“

---

35. 93 schätzen auf den grat, brandschatzen bis auf die Knochen; bei Luther: schinden biß auf den Grat. Frisch s. v.

Die sechsunddreißigste Fabel.

Vom Koch und einem Hund.

Es het ein koch ein schwein geschlacht,
Vil guter frischer würst gemacht;
Dieselben an ein laden hieng,
Da das volk gleich vorüber gieng.
Das sahe ein hund und blieb bestan
Und gafft die würst gar fleißig an.
Die leut, so da vorüber giengen,
Feilschten, und umb die würst zu dingen,
Fragten, wie teur er sie wolt loßen.
Er sprach: „Zu groschen gib die großen;
Auch minder ichs nit geben wil.
Die kleinen gelten halb so vil.“
Damit ein jeder wider gieng.
Gar bald der hund zum koch anfieng,
Er sprach: „Mein freund und lieber koch,
Wolt, daß wer in der welt so noch
Wie vor zeiten, in alten jarn,
Da die hunde auch reicher warn.
Denn so wars bei der alten welt,
Da hetten alle tier auch gelt,
Gleich wie jetzund haben die leut.
Ja, wenn es noch also wer heut,
So wolt ichs hertragen mit haufen
Und dir all dise würst abkaufen,
Daß ich ein mal recht wol möcht leben.
Vor jede wolt ein taler geben
Und nit so wie die leut es sparen,
Mit irem gelt zum teufel faren.
Ichs warlich wol baß wagen dürst:
So herzlich wol schmecken die würst.
Vergangne fasnacht erwischt ein stück,
Wiewol mirs tet gar we im rück,

---

36. (55.) Quelle unbekannt. — 29 dürst, mhd. conjunct. praet., törste, zu turren, wagen, sich unterstehen.

Noch dunkt mich, wenn ich denk daran,
Daß ich sie riech und vor mir han.
Drumb bitt Gott, daß er dise sach
Umbker und auf das alte mach,
Daß wir hund wider gelt bekummen:
Das sol dir all dein lebtag frummen."
¶ Ja, wenn die hund, kinder und fliegen
Gelts gnug hetten, wil ichs nit liegen,
Wern pfefferkuchen, honig, wurst
So teur, daß niemand kaufen durst.
Denn so gets zu, daß die unwißen
Allzeit geneigt sein und geflißen,
Daß sie, umb ein mal wol zu leben,
Als, was sie hetten, solten geben
Und aller wolfart sich erwegen,
Daß sie dem bauch wol möchten pflegen.
So tun gmeinlich die jungen knaben,
Die stets den fraß zum abgott haben.
Der demut sich nicht solten schemen,
Und wol ein kleines dörflin nemen,
Und helfen eim ein lant verzeren.
Man muß aber solchen gselln weren
Und nit zu vil gewalts einreumen,
Daß sie nit irs gefallens scheumen,
Weisens hin, daß sie etwas bginnen,
Durch sauren schweiß die kost gewinnen:
Denn findt sichs, daß sie sich nit strecken
Weiter, denn sie selb mögen decken.

---

36. 40 liegen, lügen, in Abrede stellen. — 43 unwißen, die alte richtige Form, mhd. unwizzen, hier für unwise, unerfahren, unverständig, gebraucht. — 56 scheumen, ausschweifen, zu viel verthun.

Die siebenunddreißigste Fabel.

Vom Fuchs, Hasen und Luchs.

Es bgab sich einst umb die fasnacht,
Der fuchs seim son ein hochzeit macht,
Dieweil ern lang het laßen lern
Und in der hohen schul studiern,
Daß er in sachen vor dem rechten
Mit listen sich wol kunt verfechten.
So wust er sich alls dings zerinnern,
Sondrlich wenn er predigt den hünern.
Nam ein von seiner freundschaft nah,
Genant die schön Vulpecula.
Man nennt in herr licentiat;
Drumb er auch dest mer geste bat
Und schrieb derhalb auch allen tieren,
Daß sie kemen bei drein und vieren
Zu seines sones höchsten eren
Und mit den füchsen frölich weren.
Dahin ward auch der luchs betagt,
Dem hasen wards auch angesagt.
Die beide wonten bei einander,
Drumb woltens mit einander wander
Und zur hochzeit kommen bei parn,
Weil ir bhausung beinander warn.
Da sprach der luchs: „Hör, was ich sag,
Wir ziehen auf den hochzeittag,
Da uns der fuchs tet hin betagen:
Drumb wil ich dir mein meinung sagen.
Es ist jetzt ebn umb die fasnacht,
Daß jederman zeucht an die jagt
Und tun uns armen tiern nachstellen,
Mit iren hunden uns zu fellen.
Drumb sag ich dir, wenns dazu kem
Und uns das unglück undernem,
Daß an uns kemen mit den hunden
Und uns zu fahen underſtunden,

37. (56.) Quelle nicht nachzuweisen, wol eigene Erfindung. — 5 vor dem rechten, vor Gericht. — 17 betagen, laden.

So müstest warlich nit verzagen
  Und an die feind ein rüpflin wagen,
Auf daß wir uns gar weidlich weren:
  So wölln **wir** bsten mit allen eren."
Da sprach der has: „Wenn ichs nit tet,
  Gar kleine er desselben het
Und **wer** des hofes groß unzucht,
  Würd mir gerechnet zur feldflucht.
Drumb hab desselben keinen zweifel;
  Ja, wern die hund auch halbe teufel,
So sollens doch an uns nit han,
  Ich wil ir fünf allein bestan.
Das glob ich dir bei leib und leben;
  Sihe da, wil dir mein hand drauf geben."
Er sprach: „Ich wil mich drauf verlaßen."
  Sie zohen hin allbeid ir straßen
Die ganze nacht durch einen wald.
  Am morgen frü kamen sie bald
Auf eine wisen lang und breit,
  Da man sich kunt umbsehen weit.
Gleich in der mitten war ein rein
  Und daselben ein hecken klein:
Da enthielt sich das mal ein jäger
  Mit seinen hunden in dem läger,
Er ward gewar des luchs und hasen:
  Er hetzt die hund, das horn tet blasen.
Da wurdens plützlich umberingt,
  Ein jeder auf die tierlin springt.
Der luchs wert sich, **so** best er mucht;
  Der has wendt sich und gab die flucht,
In reut gar bald der vorig kauf
  Und steckt das hasen bannier auf,
Gab sich zu holz den berg hinan,
  Mit not den hunden kaum entrann.
Da ward dem luchs sein haut zerbißen
  Und so gar jemerlich zerrißen,
Daß er noch heut zu disen stunden
  Hat die blutflecken und die wunden

37. **36** rüpflin, kleine Rauferei. — 41 des hofes groß unzucht, das Gegentheil von höfischer Zucht, unanständiges Betragen. — 45: so sollen sie uns doch nichts anhaben. — 55 rein, Rain.

Geheilet und verwunden nicht,
  Wie man auch teglich an im sicht:
Wird im auch nimmer wider ganz.
  Dazu ließ er den halben schwanz;
Zuletzt das leben rettet kaum,
  Entfloh auf einen hohen baum,
Biß daß der jäger auch abzoch.
  Der luchs saß lang und sahe im noch;
Darnach stieg auch vom baum ernider
  Und auf den weg begab sich wider,
Kam noch den tag zum Reinhart fuchs.
  Entpfieng herrlich denselben luchs
Und sprach: „Wie bistu so ganz flecket
  Und überall dein haut so schecket?
Weiß nit, ists farb oder ist es blut?
  Oder kleidst dich dem breutgam zgut?"
Der luchs erseufzt, hub an und sagt,
  Gar kleglich übern hasen klagt,
Verzelt die gschicht von end zu ort.
  Da sprach der fuchs: „Hast nie gehort:
Von anbegin das gschlecht der hasen
  Mit iren ohmen, vettern, basen,
All ir vier ahnen und geschlecht
  Han nie gehandelt billch und recht?
Weistu noch nit des hasen art?
  Im ernst noch nie bestendig wart,
Wiewol sie schweren, vil geloben,
  Das sie nit willn zu halten haben.
Drumb wil ich dir ein urteil sagen:
  Das zeichen solt dein lebtag tragen,
Uber deinen balk die blutflecken,
  Alln hasen zum ewigen schrecken,
Daß sie sich für dir förchten sollen.
  Sie sein so stolz sie immer wollen,
Wenn sie das zeichen an dir sehen,
  Sich erinnern, was sei geschehen,
Und wo du einen überkümst,
  Daß du im bald das leben nimst,

---

37. 73 verwunden, die Schmerzen davon überstanden. — 91 von end u ort, von Anfang bis zu Ende.

Und er sich vor dir förchten muß:
Das sol sein aller hasen buß."
¶ Beim hasen merken wir die gsellen,
Die fünf und zwenzig fahen wöllen:
Wenns etwan sitzen bei dem wein,
Daselb die besten krieger sein
Mit fluchen, schweren, sein unfletig,
Gar vermeßen und rumretig;
Wenns aber zu dem treffen kümt,
Dann findt sichs, was sie han gerümt,
Erzeigt sich ir manlicher mut,
Bestet wie butter an der glut.

Die achtunddreißigste Fabel.

Vom Lamen und dem Blinden.

Ich sahe einmal ein armen blinden,
Der kunt allein den weg nit finden
Und het auch niemand, der in leit.
Da bgab es sich auf eine zeit,
Daß er vor einer kirchen saß
Und bat die leut umb ein almos.
Ongfer zu im ein krüppel kam,
Der war an beiden füßen lam,
Die waren im zusamen schrumpen
Und gwachsen gar an einen klumpen.
Er sprach zum blinden: „Lieber bruder,
Bis du mein schif und ich dein ruder;
Denn wenn du dich vor mir woltst bücken
Und tragen mich auf deinem rücken,
So möchten wir zusamen wandern,
Und unser einer hülf dem andern."
Dasselb war dem blinden beheglich
Und in auch allen beiden treglich.

---

38. (61.) Nächste Quelle unbekannt. Gest. Rom. 71. Durch mündliche Ueberlieferung weit verbreitet. — 18 treglich, zuträglich.

¶ Gott hats auf erden so geschickt,
Das glück mit dem unglück gespickt,
Was er dem ein nit geben wil,
Des hat der ander allzu vil,
Und ist also ungleich geteilt,
Daß allzeit einem etwas feilt,
Auf daß die lieb stets findt ursach,
Daß sich dem nehsten dienstbar mach,
Im nach vermög behilflich sein,
Daß ein hant wesch die ander rein.
Gleich wie der kelner sprach zum koch:
Kom zu mir für das kellerloch,
Mit gutem wein lesch dir den durst;
Zum frūstück brätstu mir ein wurst:
So rufen wir dazu den becken,
Der bringt semeln und frische wecken,
Erfreut das herz und speist den magen!
Auf vilen achseln ist gut tragen.

Die neununddreißigste Fabel.

Vom Schmit und seiner Katzen.

Im Harz da saß ein armer schmit,
Der het kein ander narung nit,
Denn daß er sich des hammers nert,
Damit des hungers sich erwert.
War ein einfeltig frommer man,
Der setzt im für und nam sich an,
Er wolt den leuten schmiden umbsunst
Aus brüderlicher lieb und gunst;
Was im von gutem willn wurd geben,
Nur von demselben wolt er leben,
Dacht: wenn sie sehn dein guten willen,
Werdens mit woltat wol erfüllen.

---

39. (62.) Mündliche Erzählung. — 12 erfüllen, ersetzen, gut machen, belohnen.

Da solchs die leut an im vernamen,
  Mit viler arbeit zu im kamen;
Der ein bracht diß, der ander das,
  Beschwerten in on underlaß,
Dankten dafür und giengen hin.
  Niemand gab nichts; das wundert in.
Das wert nun eben lange zeit;
  Er dacht: das sein undankbar leut!
Es solt je dennoch so nit sein;
  Niemand gibt nit, er dankt allein.
Hat ir danken so vil in sich,
  Daß sie damit bezalen mich,
Das wil ich gar bald werden inne,
  Wenn ich ein ander weis beginne!
Nun het er selb ein schöne katzen,
  Die fieng die meus und große ratzen;
Davon ward hübsch, auch feißt und glat.
  Dieselb band er in die werkstatt,
Daß sie kein maus noch ratz mer fieng;
  Und an sein arbeit wider gieng
Und werket, wie er vor het tan
  Und die leut warn **an im** gewon.
Und wenn die arbeit war bereit,
  So namen sies mit dankbarkeit,
Dankten und giengen aus der tür.
  Der schmit sprach: „Katz, das geb ich dir!“
Die katz nam **ab** und ward bald mager,
  Dieweil sie nit aus irem lager
Mocht gen, daß nach der narung tracht,
  Und man ir sonst nichts zeßen bracht.
Damit verschmacht **und** gar verdarb,
  Daß sie zuletst auch hungers starb.
Da solchs **der** schmit nun innen wart,
  Er sprach: „Wil mir **ein** ander fart
Nit gnügen lan an solchen fratzen,
  Sonst get mirs gleich wie meiner katzen.“
¶ Dem schmit es eben gangen ist,
  Wie man von einem heiden list,

---

39. 33 werken, arbeiten. — 35 bereit, fertig. — 38 katz, das geb ich dir; „der katze geben“, sprichwörtlich in Niedersachsen: verzichten, verloren geben. — 47 fratzen, leere Worte.

Der het in künsten lang studiert
Und oft von seinem meister gehört,
Man solt sich nemen tugent an
Und stets woltun auch jederman,
Und einr dem andern willig geben:
Das ghört zum erbarlichen leben.
Denn wer das tet, wurd hoch gelobt
Und dafür reichlich wider bgobt.
Er dacht: das wil ich werden in,
Ob dem so sei! und gieng bald hin
Und ließ zu solchen guten sachen
Zwen große hübsche kasten machen
Und alle beid beschmiden wol.
Den einen stopfet er ganz vol
Mit kleidern, geld und hausgeret
Und was im Gott verliehen het,
Zu geben nach eins jeden bger;
Den andern ließ er bleiben ler,
Daß er darein auch legen mocht,
Was im von leuten wurd wider bracht.
Er tet den vollen kasten auf,
Da gwan er bald guten zulauf,
Gab jederman und war ganz bider;
Wenn er ward ler, so füllt ern wider
Und gab fast aus alln, wer da kam.
Zuletzt mit schaden auch vernam,
In andern kasten kam gar nüt;
Da ward er auch des gebens müd
Und sprach: „Ich sehe wol, wie sichs helt;
Es ist gar ein undankbar welt.
Man solt nur niemand tun zu gut;
Niemand ist, ders bedenken tut.
Drumb wil ich bhalten, was ich hab,
Nit hoffen auf eins andern gab.“
Wir christen aber han die ler,
Wie uns heißt Christus, unser herr,
Daß wir solln unser milde gaben
Mitteiln alln, dies von nöten haben,

---

39. 77 nüt, nit, nichts. — 82 bedenken, daran denken, dafür danken.

Auch unsern feinden lieb beweisen,
Damit den himlisch vatter preisen,
Warten dafür ein größern lon,
Den uns kein mensch hie geben kan;
Haben den trost und die zusag,
Daß uns nit bleibt an jenem tag
Ein waßertrunk, eim armen bracht,
Unvergolten oder unbedacht.

Die vierzigste Fabel.

Vom Wucherer und einem Gesellen.

Ein armer gsell sichs undernam,
Zu einem reichen bürger kam,
Fordert in heimlich auf ein ort
Und sprach: „Herr, höret mich ein wort!
Ich het euch umb ein kleins zu fragen;
Bitt, wöllet mir die warheit sagen.
Ein stücke golt, geleutert, rein,
In der größ wie ein zigelstein,
Wenn eim solchs unser Herrgott bschert,
Lieber, sagt mir, was wers wol wert?"
Da wuchs dem wuchrer groß verlangen,
Meint, er het schon den fisch gefangen,
Sprach zum gsellen: „Hör, was du tust,
Ein wenig dich enthalten must.
Ich hab zu tun jetzund mit leuten,
Drumb kum heim auf die malzeit heuten
Und iß mit mir, was uns Gott geit,
So geb ich dir ein guten bscheit
(Gedacht, daß er dasselbig golt
Von stund da mit im bringen solt)
Und dich heut mit mir frölich machen,
So wolln wir reden von den sachen."

---

39. 91 warten, erwarten. — 92 uns, im Text als Druckfehler: „ir".
40. (63.) Quelle nicht nachzuweisen, vielleicht nach mündlicher Erzählung. — 14 sich enthalten, warten, sich gedulden.

Der gsell seumt nit, kam allzuhand,
Zum reichen sich zur malzeit fand.
Da macht ern frölich, ließ schenken ein
Gnug von dem allerbesten wein.
Er aß und trank und war frölich
Und ließ kein ding bekümmern sich.
Da er war eben lang geseßen,
Het wol getrunken und sat geßen,
Er sprach: „Es ist zeit, aufzusten."
Er nam urlaub und wolt nu gen.
Der kaufman folgt im an die tür
Und sprach: „Wie du mir heut gabst für
Von einem großen stücke golt,
Fragtest, was das wol gelten solt;
Laß sehn, so wil ich dirs wol sagen
Und mich mit dir darumb vertragen."
Er sprach: „Ich hab sein nit jetzunder,
Und nimt mich von euch großes wunder,
Daß ir bei einem armen gsellen
Eins solchen schatzs vermuten wöllen.
Wenn mir aber ein glück zustünd,
Daß ich ein solch stück goldes fünd,
Daß ich denn wüst, wie ichs solt acht,
Und mein rechenschaft darnach macht.
Ja, wenn ichs aber überkum,
So glob ich euch, wo ich bin frum,
Weil ich sehe, daß euch drumb so gach,
Und ir so fleißig fragen nach,
So wil ich zu keim andern lauf,
Ir solt der nehst sein zu dem kauf."
¶ Ich hab oft von den alten ghort,
All menschlich anschleg gen nit fort,
Sonderlich wie jetzt mancher helt,
Mit wucher, geiz dem gelt nachstellt,
Drumb schadts nit, daß er wird betrogen
Und im zu zeiten vorgelogen.
Und obs nit allzumal geschicht,
Was unsers herzen geiz ersicht,

---

40. 46 rechenschaft, Berechnung.

Da leit nit an, daß auch zu zeiten
Die geizigen den esel reiten.
Wünschen, verlangn, warm sommertag,
Der gen vil in ein hopfensack.

Die einundvierzigste Fabel.

Von einem Kaufman.

Zu Mainz am Rhein ich letsten war
In dem sechs und dreißigsten jar
Gegen die Frankfurtr meß im herbst,
Wenn jeder kaufman seins gewerbs
Aus weiten landen dahin zeucht,
Durch große far die armut fleucht.
Ein kaufman aus dem Niderland,
War weit berümt und wol bekant,
Mit großem gut fur nauf den Rhein,
Daß er auch mocht daselben sein.
Denn er mit vilen het zu tun
Aus welsch und deutscher nation,
In aller war gab stich umb stich,
Wie man des hat berichtet mich.
Er kam nit weiter denn gen Menz,
Befiel bald an der pestilenz,
Ward heftig krank; das sah der wirt,
Ein grauen mönch bald zu im fürt,
Daß ern am besten underricht,
Und solt dem kranken hörn die bicht,
Welchs den kaufman so wundern tet,
Als obs zu Rom gedonnert het.
Er fragt: „Wer hat euch her citiert?
Ich bitt, laßt mich jetzt ungeirrt;
Ich hab gar vil ein anders zschaffen,
Denn ich nach eurem tun solt gaffen."
Es sein die far so groß sie wöllen,
Noch tut man nach dem leben stellen.

---

41. (65.) Nach mündlicher Erzählung, die Waldis in Frankfurt gehört. — 6: mit Gefahr nach Reichthum strebt. — 13 **stich um stich**, Waare gegen Waare, im Tauschhandel.

Der mönch sprach: „Dem sei wie im wöll;
Ir seit zwar gar ein schwacher gsell;
Es weiß zwar niemand, obs so kem
Und euch der Herr von hinnen nem.“
Er sprach: „Wie solt ich so hin sterben
In solchem gschest und großen gwerben,
Mit solcher großen rechenschaft,
Damit mir mancher ist verhaft,
Mit so vil tausent und großen summen,
Wenn solt ich zur bezalung kummen?
Da stet mein gut, das gsinde zert;
Der eine komt, der ander fert,
Mancher mir da gelt geben wil,
Dem andern bin ich schüldig vil,
Die all dahin meinthalben farn
Und als auf meine zukunft sparn.
Wurd jetzt nit gschlichtet alle sachen,
So solts ein größer irrung machen.“
Er sprach: „Das müst ir faren laß:
Der tot achtet nit alles das:
Er get dennoch stets seinen gang,
Solt ers auch haben keinen dank.“
Der kaufman sprach: „Seht, lieber freund,
Wie untreglich ists mir jetzund;
Nimt mich der tot jetzt hie gefangen,
So bleibt mein sach zu Frankfurt bhangen
Gar unendlich und ungeschlicht,
Welchs ich mich het versehen nicht.“
Und fur bald hin in nobis haus,
Da schlegt der flam zum fenster aus.
¶ Wiewol wir all dem tod verstrickt,
Doch sein wir allzeit ungeschickt,
Zu sterben han wir nimmer zeit,
Diß oder das im wege leit.
Auch in den aller grösten nöten
Wil sich niemand gern laßen töten;

---

41. 33 rechenschaft, wie oben: Geldangelegenheiten, Forderungen und Außenstände. — 42 zukunft, Ankunft, Hinkunft. — 50 untreglich, ungelegen. — 53 unendlich, unfertig, was nicht zu Ende kommt. — 55 nobis haus, die Hölle. — 58 ungeschickt, nicht vorbereitet.

Wenn eim auch noch so übel ist,
  Dennoch er gern das leben frist.
Wenn man auch stets vom tode sag,
  Zu sterben schicken alle tag
Und fleißig auf die fart bereiten,
  Noch komt er stetes zu unzeiten.

Die zweiundvierzigste Fabel.

Vom Studenten und einem Müller.

Ein jung gsell aus dem Welschland zoh
  Von Bononi, der schulen hoch;
Daselben het er lang studiert
  Und all sein barschaft gar verzert,
Doch lieber lenger da wer blieben,
  Het in die not nit heim getrieben.
Wie er durch Schwaben ziehen tet,
  Kam er an einem abent spet
Vor eine mülen an eim fluß,
  Weit vom dorf wol zwen armbrustschuß;
Umb herberg bat dieselbig frau.
  Sie antwort im, sprach: „Auf mein treu,
Ich darf euch jetzt nit laßen ein,
  Denn ich bin hinnen gar allein.
Mein man der ist mit seinem karren
  Mit korn hin zu der stadt gefaren;
So hat er mir befolhen heut,
  Solt nit einlaßen fremde leut.“
Damit gieng nein, die tür schloß zu.
  Der gsell gedacht: wie tu ich nu?
Es tet im ant, er kraut den kopf:
  Bald ward er gwar beim haus ein schopf,

---

41. 68 **schicken**, sich anschicken, bereit sein. Der Satzbau sehr lose und nachlässig; **es ist** zu supplieren: mag man sich.

42. (66.) Nächste Quelle unbekannt. Häufig bearbeitet: Grimm, Lateinische Gedichte 354 u. 382; Hagen, Gesammtabenteuer III, 145; Rosenplüt, Keller Fastnachtspiele III, 1172; Grimm, Kindermärchen 61, III, 107; Hans Sachs, Fastnachtspiele (1551) II, 4, 13. — 22 **schopf**, Schuppen.

Darunder lag ein haufen heu,
Stieg heimlich nauf, macht im ein streu.
Da lag er lenger denn zwo stunt
Und vor hunger nit schlafen kunt.
Zuhand er zweier menschen wort
Im haus daniden reden hort.
Er dacht: nun ist die frau allein,
Oder der wirt ist kommen heim.
Gar heimlich neher zuhin **kroch**;
Da fand er in der wand ein loch.
Beim feur sah er ein tisch gedeckt;
Da waren semeln aufgelegt,
Zwei braten hüner, ein schäfen käs,
Gleser und ander trinkgefeß,
Ein eierkuchen und ein fladen,
Dacht: wer wird hie zu gast geladen?
Ein fünfmeßige flasch mit wein.
Zuletst kam auch gschlichen hinein
Aus demselben dorf der pfarrherr.
Dem ward erboten große er;
Die frau hieß in freundlich willkommen,
Und ward gar lieblich angenommen.
Begunden sich allbeid zu setzen,
In frölichkeit sich zu ergetzen.
Bald kam der wirt; da ward die freud
Verwandelt in ein traurigkeit.
Er sprach: „Tu auf!" und weidlich klopft.
Die frau erschrak, die flasch zustopft
Und warf sie under einen schaub,
Die hüner bdeckt mit eichenlaub,
Den schäfen käs mit allen wecken
Tets mit eim alten sack bedecken,
Den eierkuchen und den fladen
Schloß bald in ire schleierladen.
Der pfaff wust sich niergn zu verhüten;
Er kroch under ein kleine bütten.
Die frau tet auf, den man einließ
Und in freundlich willkommen hieß

---

42. 35 schäfen käs, Schafkäse. — 51 schaub, Bund Stroh. — 57 verhüten, verbergen.

Und sprach: „Wie komt ir jetzt so spet?
Des ich mich nicht versehen het.
Nun hab ich zwar jetzt auf dißmal
Vor euch nit kocht ganz überal,
Denn ich mir nit het vorgenommen,
Daß ir so bald solt widerkommen.“
Er sprach: „So eßen wir käs und brot:
Er stirbt nit hungers, wers selb hat.“
Er zohe sich ab, setzt sich zum feur.
Der gsell sahe all diß abenteur;
Er dacht: du tust gleich, wie tu tust,
Zu disem spiel auch kommen must,
Und disen wunderlichen boßen
Magstu nit ungeendet laßen.
Stieg nab vom heu, klopft an die tür.
Der wirt fragt: „Wer ist jetzt dafür?“
Er sprach: „Erzeigt mir eure güt!
Es ist jetzt nacht und bin ganz müd;
Im ganzen dorf, noch vorn noch hinden,
Kan ich niergend kein herberg finden:
Ein jeder mir dasselb versagt.
Laßt mich doch ein, so lang biß tagt!“
Da sprach der wirt: „Eins fremden armen
Sol man sich stets aus lieb erbarmen.“
Tet auf die tür und ließ in ein,
Sprach: „Ich seß doch sonst hie allein.“
Die frau bracht kleine käs, warn trocken,
Vom brot auch etlich schimlig brocken
Und kocht bald einen habern brei;
Dazu sich setzten alle drei
Und aßen zwar nit vil davon.
Der wirt den gast fragen began,
Wohin er wolt, von wann er kem,
Und was er neus im land vernem.
Mit vilen worten und umbstend
Solchs in berichtet der student
Und sprach: „Im Welschland hab studiert,
Da man die freien künste lert.“

---

42. 65 vornehmen, vorstellen, denken. — 71: es mag gehen wie es will. — 96 im alten Druck: „Welchs“.

Der wirt sprach: „Wolt mirs nit verkeren,
Da möcht ich gern etwas von hören.
Ich bin ein grober baur unwißen,
Hab mich nie keiner kunst geflißen;
Doch hör ich gern von fremden sachen,
Die ein zu zeiten frölich machen.“
Er sprach: „Vil wunderlich geschicht
Wird man daselb gelert und bricht,
Von alln geschöpf der creatur
Ir eigenschaft und ir natur,
Von himelisch und irdschen dingen,
Davon wir oft hörn sagen und singen,
Auch was der teufel in der hellen
Dort niden tut mit sein gesellen,
Von bschweren und der schwarzen kunst,
Die ich nit hab gelernt umbsunst,
Darin ich etlich jar vertrieben
Und gar mit großem fleiß geschrieben.
Wenn ir mir abr nit glauben wolt,
So könt ich machen, daß ir solt
In eim geringen spürn mein kunst.
Daß ir nit denkt, es sei umbsunst,
Ein gdicht und los betriegerei,
Wil ichs mit einem stücklin frei
Vor euch jetzt sichtiglich beweisen,
Daß ir hienebst mein kunst solt preisen,
Und sol zugen mit guten boßen.
Allein daß ir euch weisen laßen
Und nichts zu meinen dingen sagen,
Nach disem oder jenem fragen!
Laßts mich allein nur machen gar:
Ich bin euch gut vor alle far.
So sitzt nu still; es sol euch frummen
Und noch zu allen freuden kummen.“
Dem bauren tet der vorwitz ant;
Er sprach: „Nu machts nach eurer hant.
Kriegt ich ein guten trunk davon,
So wolt ich loben all eur tun.“

---

42. 99 verkeren, unrecht aufnehmen, übel nehmen. — 129 gar, fertig.

Da sprach der gsell: „Gebt euch zu frieden;
Schweigt ir, laßt mich allein nur reden!“
Bald stund er auf und macht ein kreis,
Schrieb character, die ich nit weiß,
Sprach etlich wort auf greks, ebreisch,
Arabisch oder sonst kaldeisch,
Und macht vil seltzam cerimoni,
Und sprach: „Kumb heraus, Calcedoni!
Diß klein ich jetzt von dir beger,
Das bring mir one seumen her!“
Damit er etlich kreuze macht
Mit seltzam berd und viler pracht
Und sprach: „Herr wirt, in jener ecken
Werdet ir finden etlich wecken,
Ein schäfen käs on arge list,
Mit einem sack bedecket ist.“
Dem wirt war zu den dingen gach,
Lief zu und dise ding besach.
Da fand er, daß alles so war;
Davon er ward erfreuet gar.
Der gsell mit seiner kunst fur fort
Und redt noch etlich heimlich wort,
Sprach: „Under jenem laub von eichen
Mögt ir zwei braten hüner reichen;
Ein fladen und ein eierkuch
Man in der schleierladen such,
Dort hinder jenem bündel stro
Ein flasch mit wein, die macht uns fro.“
Da sprach der wirt: „Es ist jetzt gnug!
Wir haben jetzund unsern fug.“
Da sprach der gsell: „Het ir nit gwert,
Ich wolt uns haben mer beschert;
Ir macht mit eurem schwatz und klaffen,
Daß ich dißmal nit mer kan schaffen.“
Die frau sahe saur, bei ir gedacht:
Hat dich der teufel jetzt herbracht?
Vor euch wars nit zusamen tragen!
Doch dorfte sie kein wort nit sagen.

---

42. 160 reichen, erreichen, erlangen. — 166 unsern fug, so viel als wir brauchen. — 167 weren, Einhalt thun, verbieten.

Dem pfaffen ward dort hinden bang,
  Ein stunt daucht in eins jares lang,
Gedacht: wer ich hinaus mit fug,
  Du soltest mich mit dem betrug
Dein tag nit wider bringen rein:
  Solt mir ein ewig warnung sein!
Sie aßen, trunken, lebten wol,
  Daß mit der zeit der wirt ward vol,
Denn im die sach so wol behagt;
  Zuletst hub an zum gast und sagt:
„Wenns möcht on unsern schaden gschehn,
  So wolt ich gern den teufel sehn,
Der uns gibt speis und guten wein,
  Es muß ein frommer teufel sein!"
Da antwort im der gsell und sprach:
  „Weil euch zun dingen ist so gach,
Und ich eur gir damit mag schweigen,
  So wil ich euch denselben zeigen."
Er sprach: „Wenns zugieng unverletzt,
  Und ich mich nit dafür entsetzt,
Möcht gern sehn, wie er wer gestalt."
  Er sprach: „Sein farb ist manigfalt:
Er wird in aller farb und berd
  Wie ein polypus figuriert,
Und ist sein kunst wol tausentfach."
  Der baur forcht sich, zum gsellen sprach:
„Ich merk wol, daß ir sein seit mechtig;
  Und wer der schelm auch noch so prechtig,
So könt irn in eim wort begreifen,
  Daß er muß tanzen, wie ir pfeifen.
Macht nur, daß ich in sehen müg,
  Und sich damit von hinnen füg,
Nit wie ein schlang oder böser wurm,
  Vil lieber in einr menschen form."
Da sprach der gsell: „Wolan, wolan!
  Er sol bald vor euch einher gan
In eines feinen mans gestalt,
  Nit all zu jung, auch nit zu alt."
In seinen kreis gieng er da wider;
  Da buckt er sich zu dreimal nider

Und auf latin laut reden gunt,
Welchs denn der pfarrherr wol verstunt,
Dem er ein solche losung gab,
Daß er die butten bald warf ab
Und macht im haus ein groß getümmel,
Als ob sie gfallen wer vom himel.
Der baur erschrack und schrei bald: „Zeter!
Hilf, heilger himelfürst sanct Peter!"
In mittler zeit nit seumt der pfaff,
Daß er gerad die türen traf.
Da sprach der gsell: „Seit gutes mutes
Und versehet euch nu alles gutes!
Hab im zum teil sein macht benomen;
Er wird so bald nit wider komen."
Des trosts der wirt ward eben fro
Und sprach für großer freud also:
„Nu darf ichs bei meim eid wol sagen,
Daß ich bei alle meinen tagen
Vil ghort von dingen, die geschehen:
Doch hab ich nie kein teufel gsehen,
Der so gestalt und ehnlich wer
Unserm pfarrherrn als eben der!"
¶ Man weiß wol, wie ermals die pfaffen,
Wer denn sichs zimt, hetten zu schaffen
Mit der burger und bauren weiben,
Davon ich **wist** gar vil zu schreiben,
Daß sie wie die treuen pastorn
Gar oft ir schäflin selber schorn;
Doch dorften sich des nit erwegen
Offentlich, wie die schäfer pflegen,
Sondern heimlich oft in den klausen,
Im finstern, wie die katzen mausen.
Ja, wenn da einer kommen wer,
Het dem pfaffen dieselbig scher
Ein halbe spann vorn abgehauen,
So wern gar oft die jungen frauen
Frum, züchtig blieben, unbetrogen,
Und irem bubennetz entflohen,
So dörft burger und baur nit nern
Die kinder, ders nit vätter wern.

Geb dem barbier die beul und leit,
Der den pfaffen die platt erst schneidt!
Het er dieweil dasselb gemitten,
Dort niden etwas abgeschnitten,
So wer manch from man baß beweibt,
Der sich sonst an ein huren reibt.

Die dreiundvierzigste Fabel.

Von S. Peter und einem Mönch.

Ein grauer mönch, ein observant,
Welch **in** der welt sind wol bekant,
Denn jetzt schier niergend ist ein stat,
Da man sie nit für heilgen hat,
Derselb pflag vons ministers wegen
Zu visitieren, wie sie pflegen.
Da wart man auf in in den klostern;
Wo **er** hinkam, so war es ostern;
Die bürger trugen zu mit haufen,
Hub sich ein freßen und ein saufen,
Da ward alltag vollauf geschöpft:
Davon der mönch war wol gekröpft
Mit überfluß und guten tagen,
Mit einschenken und voll auftragen.
Also casteit sich manches jar,
Daß **er** so ser verfallen war,
Daß **im** sein hals sahe wie ein schlauch,
Und im so runzlet war sein bauch,
Von vilem fasten also gletzt,
Man het ein meßer drauf gewetzt;
Sein farb war im so gar entsunken
Wie eim baurn, der ein ort vertrunken,
Daß er abnam und so verdarb,
Fiel in ein krankheit, **daß er** starb.

---

42. 255 die beul, die Pest.
43. (69.) Nach mündlicher Erzählung. — 5 vons ministers wegen, im Auftrag des Obern. — 22 ort, kleine Münze verschiedenen Werthes, als vierter Theil einer größern.

Bald sein gesellen mit im nimt,
Von stund hin vor den himel kümt:
Denn wie man sagt, allzeit bei parn
Die mönch von mund zu himel farn.
Er klopfet an in vollem saus;
Sanct Peter kam zuhand heraus.
Da sprach der mönch: „Botz heilger tauf!
Wie tut ir mir so langsam auf!
Schleicht gleich wie eine schneck daher,
Ob ir nit wisten, wer ich wer!“
Darab sanct Peter sich entsatzt,
In wundert, daß der man so trotzt,
Blieb lang besten und sahe in an,
Sprach: „Was bist vor ein wetterhan?
Du stest noch haußen vor der pfort
Und gibst gereit solch hönisch wort?
Gehe hin, verdau zum erst den wein!
Man leßt kein trunkenbolzen rein;
Allein die nüchtern, stillen, frommen
Und demütigen in himel kommen.
Auch bist so wunderlich gekleidt,
Dergleich ich in der christenheit
Mein lebtag nie gesehen hab,
Du bist zumal ein wüster knab;
Umb fasnacht pflegen sich die heiden
Dem abgott Jano so zu kleiden,
Wenn sie mit larven und mit butzen
Wie narren auf einander stutzen;
Und hast umb deinen leib ein seil,
Dabei man fürt die ochsen feil,
Und bist gleich wie ein narr beschorn,
Mit einer kappen one orn.
Wenn du nit hetst eins menschen stimm,
Ich sprech, du werst ein wunder grimm,
Die man bringt aus Taprobana
Und feht sie dort in Lybia.

---

43. 28: d. h. die Seelen der Mönche fahren (nach alter Vorstellung) sofort, wenn sie aus dem Munde gehen, gen Himmel. Vgl. auch Buch IV, 4, 2. — 40 gereit, bereits. — 52 auf einander stutzen, rennen. — 59 Taprobana, Ceylon (bei Strabo).

Zwar, gibstu nit ein beßern bricht,
Du komst zwar heut in himel nicht;
Mit solchem bochen und getümel
Fert man zwar leichtlich nit gen himel.
Sag an, was bistu vor ein gsell,
Oder stoß bald hinab zur hell,
Da das heulen und zäneklappern;
Da hilft kein bochen, gschwetz noch plappern."
Der mönch erschrack, sprach: „Bitt dich doch,
Warumb fragstu so fleißig nach,
Weil ich doch bin von heilgen leuten,
Die in der welt vor langen zeiten,
Da sanct Franciscus und die andern
Pflagen die ganze welt durchwandern,
Von armen, reichen, jung und alten
Wurden vor heilge leut gehalten?
Auch derhalben ein mönch bin worden
Und gangen in den strengen orden,
Und so ein heiligs leben gfürt,
Auf daß ich dadurch selig würd."
Sanct Peter sprach: „Du rümst dich hoch!
Billch muß ich weiter fragen noch.
Sag an, was ist gewest dein leben,
Daß man dir sol den himel geben?"
Er sprach: „Ich hab gelebt vorwar
Jetzt bei den sechs und dreißig jar
In harter, strenger observanz:
Das bdeut auf meinem haubt der kranz,
Und so ein heiligs leben gfürt,
Allzeit mir einem strick gegürt,
Ein grauer rock mein kleit ist gwesen,
Mit murren, beten, singen, lesen,
Mit sauer sehen, knien, bucken
Und all der gleich geistlichen stucken;
Trug holtschen und zerschnitten schuch,
Kein hosen, nur ein leine bruch,
Und aß allzeit aus hölzem gfeß;
Ein eichen bret war mein gseß.

43. 66 hinab stoßen, intrans. hinab fahren. — 92 murren, murmeln (Gebete). — 95 holtschen, Holzschuhe. — 96 bruch, Beinkleid, bracca, femoralia.

Ich rürt auch kein denarium,
Het stets ein seckeldarium,
Der vor mich tet die zerung ab,
Wo man mir nit umb Gottswilln gab;
Lag auch auf keinen federbetten
Bei armen leuten, dies nit hetten.
Wenn mich die herrn luden zu in,
So gieng ich auch dest lieber hin.
Wenn mich sonst etwan in der stadt
Ein armer man zu gaste bat,
Dorst ich mich des nit han vermeßen
Und außerhalb dem kloster eßen,
Daß ich dardurch nit wurd vermerkt,
Als der ir weltlich wesen sterkt.
Denn wie die evangeli deuten,
Hat Christus selb bein heilgen leuten
Verdient nit allzu großen dank,
Daß er mit sündern aß und trank.
Sonst hab ich auch gar vil erlitten,
Gar heftig wider dketzer stritten,
Wider den Luther, der diser zeit
Verfürt die einfeltigen leut
Und sagt, man sol allein Gott trauen,
Auf keine werk noch frumkeit bauen,
Welchs ich mit fluchen, schelten, schenden
Stets widerfacht an allen enden;
Hab aber nit wider in gschrieben,
Nur ein ding mich zurück hat trieben:
Er war mir in der schrift zu glert,
Damit er all sein tun bewert;
Wenn Scotus bei im etwas golten,
So wolt ich in han baß gescholten.
Er hat auch etlich unser sect
Mit seiner ler also erschreckt
Und so erlegt mit seinem schreiben,
Daß sich jetzt nit mer an in reiben.
Sonst hab ich gstrenge penitenz
Getan in harter abstinenz,

---

13. 99 denarius, Silbermünze von ursprünglich 10 Asses. — 100 seckeldarius (scherzhaft gebildet wie Secretarius), Seckelmeister, Zahlmeister.

All weltlich leben gar vermitten
Und umbs himelreichs willn verschnitten.
Denn ich hiengs durch ein wagen nab
Und ließ dort niden schneiden ab,
Was man zur not sonst nit bedürft
Und man sonst vor die hunde wirft;
So gar von frauen gsundert ab,
Auch meinr mutter die hand nit gab.
Wenn man mich het zu gvattern gbeten
Zum kind, und bei die tauf zu treten,
Eußert ich mich derselben leut,
Wie solchs die regel hart verbeut.
Mit fasten hab mich emßig geübt
Und stets die nüchternheit geliebt.
Auch hab ich mich in trübnus, jamer,
In armut und in großem kummer
Genert der almos und der brocken,
Sie weren weizen oder rocken,
Nach inhalt meiner heilgen regel:
Ist herter denn ein masren schlegel;
Ermlicher denn der Lazrus glebt:
Drumb ir mir billch den himel gebt."
So bald sanct Peter hort die wort,
Da ward er zwar bewagen hart,
Daß im schier all sein kraft versunken;
Doch het er an dem man misdunken
Und dacht: mit solchem frommen schein
Pflegt wol ein schalk bedeckt zu sein,
Denn man allzeit den freunden leugt,
In gutem glauben dleut betreugt;
Und sprach: „Fasten und abstinieren
Und so ein strenges leben füren,
Die machen so kein vollen balk.
Mich dunkt, du seist ein heilger schalk,
Wilt dich mit solcher list eindringen:
Ei nein, es wird dir nit gelingen:

43. 137 vermitten, vermieden. — 156 masren schlegel, ein Schlägel von Masernholz. — 160 bewagen, praet. zu bewegen, aufregen. — 162 misdunken, Mistrauen, Misfallen.

Die wort sein gut; ja, wenns so wer!"
  Und rief: „Bring bald ein meßer her!
Ich mag solch gleißnerei nit leiden",
  Und gunt den mönch bald aufzuschneiden,
Sein dicken bauch und feißten wanst,
  Und sprach: „Laß sehen, was du kanst;
So das inwendig das außen bwert,
  Billich wird dir der himel bschert."
Ja wol, da er ward aufgeschnitten,
  Het schier die halbe pein erlitten,
Da war der mönch so voll, so voll:
  Hüner und wiltprät, gbraten wol,
Fisch, eierkuchen, semeln, wein,
  Und was sonst gute bißen sein.
Sanct Peter sprach: „Seht, lieben freund,
  Welch ein fauler und voller schlund!
O wie hast mir jetzt vorgelogen
  Und so vil jar die welt betrogen
Mit deinen heuchelischen listen
  Bei den, die solchs nit beßer wisten!
Kuntst dich dazu so vil nit maßen,
  Daß dus dabei hetst bleiben laßen:
Betreugest auch Gott und sein heiligen.
  Aus, aus mit solchen unseligen,
Auf daß er seine schalkheit büß!
  Komt her und bindt im hend und füß,
Werft in in dfinsternis hinab!
  Solch lon er vor sein arbeit hab!"
¶ Was die erdichte geistlichkeit
  Und gleißend falsche heiligkeit,
Mit was betrug und falscher ler
  Uns bei der nasen gfürt bißher,
Wie vil dieselben heuchelbuben
  Gefürt han in verderbens gruben,
Unsr gelt und gut als zu sich kratzt
  Und oft mit irem ban gefatzt,
Ist jetzt offentlicher am tag,
  Denn mans schreiben oder sagen mag.
Es zeigt auch an ir weltlich macht,
  Ir gbeu, hoffart und stolzer bracht,

Daß sie ir triegen, rauben, stelen
  Auch lenger können nit verhelen.
Drumb wir Gott hoch zu danken han,
  Der uns die augen auf hat tan,
Und bitten, daß er uns nit baß
  In ire netze fallen laß
Und uns mit iren teufelstücken
  Nit mer hin ins verderbnus rücken.

Die vierundvierzigste Fabel.

Von zweien Fechtern.

Ein fechter, war einr von den alten,
  Der het lang offne schul gehalten,
Ir vil gelert, welch waren lerig
  Und derselbigen kunst begerig,
Die unterrichtet er mit fleiß:
  Des het er großes lob und preis.
Da war einr von denselben gsellen,
  Der tet der kunst fleißig nachstellen
Und an denselben meister bgern,
  Daß er in wolt in allen wern
Als leren, was er selber wüst,
  Was man zum ernst auch brauchen müst.
Das tet der man on alle arg,
  Nichts überall vor im verbarg.
Wie er die kunst het wol gefaßt,
  Hub an und seinen meister haßt,
Und bot im aus vor herrn und knechten,
  Umb leib und leben mit im zfechten
In weren, welch im selb beliebt.
  Des sich der alt man ser betrübt,
Sahe, daß er im mit laufen, ringen
  Zu fertig war und mit dem springen;

---

44. (72.) Brant CXXIX[b]: De duobus gladiatoribus, Von zweyen Fechtern; Pauli, Schimpf und Ernst, 293. — 10 wer, Waffe. — 17 ausbieten, herausfordern.

Jedoch dorst ers nit schlagen ab,
Und sich willig darin begab.
Am morgen kamens auf den platz,
Legten sich zamen in den hatz.
Wie sie teten den ersten gang,
Der jung gsell auf den alten drang,
Ein scharpfes schwert gegen im zuckt;
Der alt man übr ein seiten ruckt
Und sprach: „Das ist vor nie geschehen,
Habs auch nie auf keinr schul gesehen,
Ward auch so nit bewilligt nechten,
Daß ich gegen eur zwen solt fechten.
Hercules solt gnug zschaffen han,
Wenn er solt zwen zugleich bestan."
Der gsell wendt sich on als gefer,
Wolt sehen, wer sein helfer wer;
Bald war der alt man nahe bei
Und schlug im seinen kopf entzwei.
¶ Wer einen zucht und künste lert,
Ist wert, daß man in wider ert.
Wenn man sich auch aufs höchst befleißt,
All woltat, zucht und er beweist,
Doch kan man nimmer oder selten
Eim treuen lerer widergelten.
Man sol, wie die gesetz anzeigen,
Die knie vor einem alten beugen.
Ob gleich ein junger man mit sterk
Ausrichten kan groß herrlich werk,
Dennoch er stets ein guten rat
Bei den alten zu suchen hat.

---

44. 33 bewilligen, einwilligen (Vertrag abschließen), verabreden, ausmachen.

Die fünfundvierzigste Fabel.

Von einem faulen Knechte.

Ein junger baurenknecht sich wolt
  Vermieten umb ein gwissen solt.
Zu einem reichen meier kam;
  Derselb in bald von stund annam,
Denn er bedörft elns starken enken,
  Der sich ließ keine arbeit krenken.
Wie er in nun het angenomen,
  Des lons halb überein warn komen,
Zum weinkauf gab er vier maß wein,
  Damit die sach gewis solt sein.
Da sie nun etlich weil geseßen,
  Der knecht sprach: „Hab noch eins vergeßen.
Wenn ir mich wolt des morgens wecken,
  So dörft ir mir das ziel nit stecken
Und mich auftreiben also gach,
  Sondern mir stets ein stund darnach
Schlafen und lenger ligen bleiben,
  Und laßt mich nit so bald auftreiben;
Denn solchs ich für ein gwonheit hab
  Und laß mirs auch nit bringen ab."
Der meier sprach: „Dasselb nit schadt;
  Ein jeder sein gebrechen hat,
Niemand ist allenthalben heil,
  Denn ich hab auch ein sondern feil.
Wenn mich derselbig undernimt,
  Von stund im kopf ein scheul ankümt,
So lauf ich wie in vollem saus
  In alle winkel durch das haus
Und in den stall an alle end,
  Klopf mit eim knüttel an die wend.
Doch kan man sich vor solchem wüten,
  Wenn mans vorhin weiß, gar wol hüten.

---

45. (74.) Nach mündlicher Erzählung. — 5 enke, mhd. Bauernknecht, Ackerbauer. — 26 scheul, scheuel, wie Schauer, Wuthanfall.

Drumb tu ich das zuvor jetzt sagen,
Daß du hernachmals nit dörfft klagen."
Sie warn beinander etlich tag.
Der knecht seinr alten weise pflag:
Wenn man in schon zwei, dreimal weckt,
So ward er nit davon erschreckt;
Denn, wie man in dem sprichwort redt,
Ein fauler bub, ein warmes bet,
Dieselben sich nicht leichtlich scheiden,
Mögen einander gar wol leiden.
Darnachs auf einen abent gschach,
Zum selben knecht der meier sprach:
„Ge hin, von stund den pflug richt zu,
Auf daß wir morgen rechte fru
Hin auf den acker farn, zu pflügen,
Daß wirn hienebst beseen mügen!"
Des morgens weckt er in gar fru.
Er dacht: komm nach, zeit gnug dazu!
Kert sich wider in schlaf gar süß.
Der meier dacht: wo ichs nit büß,
So solt der knecht wol gar verderben,
Zuletst von großer faulkeit sterben.
Er sprach: „Ich muß michs auch nit schemen,
Mich meiner alten weis annemen."
Erwischt ein Brügel jung von eichen,
Der vom hals tet zun fingern reichen,
Den knecht gar weidlich überschritt
Und sprach: „Es ist mein alte sitt!"
Da rief der knecht: „Herr, laßt mich leben!
Ich wil mein weis gern übergeben,
Damit ir euch auch solches maßt
Und fort von euer weis ablaßt.
Drumb macht, daß euch verget das toben,
So wil ich willig angeloben,
Wil forder allzeit frü aufstan:
Mein krankheit sol mich gar verlan."
¶ Es ward kein krankheit nie so schwer,
Wenns gleich das teglich fieber wer,

45. 59 überschreiten, über einen herfallen. — 61 mich, im Text als Druckfehler „doch". — 62 übergeben, aufgeben, ablegen.

Gicht, waßersucht, schwindl und rür,
Man findt stets gut arznei dafür.
Wenns nur bei zeiten wird vernommen,
Kan mans mit gutem rat vorkommen,
Daß man desselben wird entladen,
Benomen wird ein grdßer schaden.
So kan man auch der faulkeit raten
Und darf dafür kein kalbsfurz braten;
Man kan ein schlefrig faulen knaben
Mit einer brügelsuppen laben,
Mit ungebranter aschen reiben,
Leßt sich die faulkeit fein austreiben.
Wenn mans mit heseln saft erquickt,
So werdens zu der arbeit gschickt
Und von dem tiefen schlaf erweckt,
Daß in darnach das eßen schmeckt.
Solchs hat der meier wol gewist,
Weil er dem knecht sein krankheit büßt
Und im denselben fel benam,
Daß in darnach nit mer ankam.

Die sechsundvierzigste Fabel.

Vom Königreich der Affen.

Mir ist gesagt, wie daß einmal
Ein aff war in eins königs sal
Ein jar, zwei, drei; daselben sach
All, was zu hof die zeit geschach
Mit eßen und mit panketieren,
Mit tanz, credenzen und hofieren,
Und wie sein ampt jeder vollbracht:
Darauf der aff het allzeit acht.

---

45. 78 Sprichwörtlich: nicht viel Umstände machen. — 83 hefeln saft, von Haselruthen. — **88 büßen**, heilen.

46. (75.) Romulus **IV, 8**; Stainhöwel 136b, deutsch 147a, de Homine verace et fallace et de similis. — 6 credenzen, höfliches Betragen; vgl. sich credenzen, sich zierlich und mit Anstand verbeugen.

Darnach er bei der nacht entran,
Sprang durch ein fenster, kam davon
Wider in jenen wilden walt.
Da waren affen jung und alt,
Den er emals war abgefangen:
Die kamen frölich zu im gangen,
Fragten in, wo er gwesen wer.
Der aff erzelts in frei daher
Und sprach: „Die leut, bei den ich gwesen,
Sein weis und können bücher lesen;
Davon werdens sinnig und klug.
Da hat all ding sein recht und fug,
In ein gar schöne ordnung gfaßt.
Drumb, wenn ir euch jetzt sagen laßt
Und mich zu einem könig machen,
So wil ich euch in allen sachen
Verfaßen ein solch regiment,
Desgleichen ir an keinem end
Gesehen habt bei allen tieren,
Daß sie solch schöne ordnung füren,
Daß euch auch ewig frommen sol."
Die red gefiel den affen wol.
Da nam der aff ein äffin hin
Und machts zu einer königin,
Sprach: „Dich des regiments nit kümmer,
Nur was belangt das frauenzimmer."
Die empter bsetzt er all nach grat;
Die eltsten kos er in den rat
Und bracht das regiment in schwang.
Bestund ein zeit, war eben lang
Von der vesper, on alles triegen,
Biß der haushan pflegt auf zu fliegen.
Begab sichs an dem abend spet,
Der aff sein gsind beinander het
Und saß in königlichem pracht,
Da kamen auf dieselbig nacht
Zwen gsellen, warn im wald verirrt;
Ein kleiner pfad sie dahin fürt.

---

46. kos, praet. von kiesen, wählen.

Da sahen sie der affen vil,
Ir regiment und affenspiel.
Wie solchs der könig het vernomen,
Er hieß den einen vor sich komen,
Zeigt im sein herrlichkeit zumal,
Wie er regiert im affental.
Aufs letst er den gesellen fragt,
Wie im solch regiment behagt.
Da sprach der gsell: „Vorwar, ich sag
Die warheit, daß ich all mein tag
Gesehen hab kein schöner ding.
Bei großen herrn es so zugieng,
Auch in den hohen königreichen,
Es möcht dem türkschen keiser gleichen,
Und sags on allen argen won:
Der große könig Salomon,
Welcher wird in der schrift gepriesen,
Hat sich so herrlich kaum bewiesen
Mit hofzucht und mit weisem rat
Wie eur königlich maiestat."
Der aff ward ser der red erfreut
Und sprach: „Nun ist mein herz erneut,
Dieweil mein reich die leut auch loben."
Den gselln tet er erlich begoben:
Im ward ein köstlich kleit geschenkt,
Mit einer gülden ketten bhenkt,
Dorthin zu einem tisch gefürt,
Mit eßen, trinken wol tractiert.
Bald ließ er auch den andern gsellen
Herkomen und da vor sich stellen
Und fragt denselben auch dem gleich,
Wie im behagt sein königreich.
Er dacht: erzeigt man solche er
Der lügen, so wird man vil mer
Die warheit fordern, loben, preisen
Und gar vil größern willn beweisen,
Und sprach: „Weil du mich auch tust fragen,
So muß ich dir die warheit sagen,

46. 61 won, Wahn, Absicht. — 82 willen, Gunst.

Wil dirs auch undern stul nit stecken,
Mit losen schmeichelworten gecken.
Es dunkt mich gleich in disen sachen,
Als wenn die kindr ein bischof machen,
Setzen in auf ein hohen stul;
Den tag darnach muß er in dschul:
So ist das gaudeamus gsungen,
Wird gleich wie vor mit ruten zwungen
Und ist den andern knaben gleich.
So ist hie auch der affen reich,
Wenn irs meint auf das best zu schaffen,
So seit ir affn und bleibet affen.
Eur torheit tut damit bedeuten.
Als, was ir sehen von den leuten,
So dörft irs euch von stund erwegen,
Wolts nachtun, wie die affen pflegen."
Von solcher red der aff ergrimt
Und all die affen zu sich nimt,
Sich wider den geselln ermanten
Und in gar zorniglich anzanten,
Sein kleider allenthalb zerrißen,
Und auf das jemerlichst zerbißen,
Ward gar elendiglich geplagt,
Drumb daß ern affen dwarheit sagt.
¶ Es lert erfarnheit allzu wol,
Daß die welt jetzt ist affen voll.
Der torheit wil man sich nit maßen,
Auch wil sich niemand strafen laßen.
Ist gmein bei fürsten und dem adel,
Die wölln nit, daß man iren tadel
Sol strafen und irn bösen wandel,
Ir tyrannei und irn mishandel.
Denn wers bei inen denkt zu wagen
Und etwas von der warheit sagen,
Der wird gleich also ausgericht,
Wie hie dem armen gsellen gschicht.
Denn jederman macht sich ganz rein,
Und niemand wil gescholten sein,

46. 89 gecken, zum Besten haben. — 91: dann ist die Herrlichkeit zu Ende. — 116 mishandel, ungerechtes Thun.

Denn sich die herren schemen des.
  Drauf sagt der heid Carneades:
„Was gboren wird von hohen leuten,
  Lernt keine kunst so wol als reiten.
Ursach ist, daß man in stets heuchelt,
  Nit strast, sondern allzeit vorschmeichelt.
Ja, sie woltens selb also haben,
  Drumb fleißen sie sich solcher knaben,
Die heucheln all; allein das pfert,
  Bei dem seins alle gleiches wert,
Und macht kein underscheit der leut:
  Drumb wil der fürst, ders selbig reit,
Nit auf das maul geworfen wern,
  So muß er fleißig reiten lern
Und muß desselben wol gewonen,
  Weil sein das pfert nit tut verschonen."
Wie man nun sicht, gmeinlich sichs helt,
  So fleißt sich heuchlens alle welt,
Und nimt untreu in allem land
  Jetzt so gar heftig überhand,
Daß, wer sich der weiß nit zu nieten,
  Der ist bei niemand wol gelitten.
Wie Ulenspiegel auch einst klagt
  Und sprach: „Wer jetzt die warheit sagt,
Fleißt sich des rechten wie die frummen,
  Der kan kein herberg niergend bkummen.
Abr wer sich kan zur seiten lenken,
  Gegen dem wint den mantel henken,
Den stein auf beiden achseln tragen
  Und, was man gerne hört, kan sagen,
Das bös loben, das gute schenden,
  Brillen verkaufen, schleifen, wenden,
Und kan vor beiden augen zielen,
  Der schalkheit underm hütlin spielen,
Die warheit kan verschlan mit liegen,
  Dem recht ein wächsen nasen biegen,

---

46. Carneades, c. 217 v. Chr., Stifter der neuen Akademie. Sein Ausspruch steht bei Plutarch: quomodo adulator ab amico internoscatur, c. XVI. — 143 nieten c. genet., sich gewöhnen, anbequemen an. — 145 Ulenspiegel, diese Anführungen bei Waldis stehen nicht im Volksbuch. — 157 verschlan, verschlagen, verbergen, verstecken.

Das schlechte krum, das krum schlecht machen
Und ja sagen zu bösen sachen,
Kan flaumen streichen, federn klauben:
Den kleidt man jetzt mit mardern schauben,
Und wird gesetzet oben an;
Man sagt: das ist ein treuer man!
Bleiben so affen für und für,
Allein daß mans nit sagen tür.

Die siebenundvierzigste Fabel.

Von einem jungen Redner.

Ein junger gsell mit fleiß studiert
So lang, daß er ward promoviert
Magister in der freien kunst;
Doch trug er sonderlichen gunst
Zur rhetorik und redenheit,
Wie man mit kunst und gschicklichkeit
Mit worten sol ein sach ausfüren,
Nach glegenheit all umbstend rüren.
Da ward, wie sichs denn oft zutregt,
Demselben gsellen aufgelegt
Ein große sach, die er da solt
(Und er sich selb auch ieben wolt)
Vor herrn und vor landsfürsten tragen.
Auf daß ers nu dest baß mocht wagen,
Gedacht, er wolt sich selber prüben
Und etlich wochen vorhin üben.
Hub an an einem morgen fru,
Schloß sein bursen hinder im zu,
Nam hölzen schüßeln, teller, bret,
Leffel und molten, was er het,
Und stellts in ein ordnung daher,
Als obs dort bei den fürsten wer;

---

46. 166 tür, conj. praes. zu turren, dürfen.

47. (76.) Mündlicher Ueberlieferung nacherzählt. — 15 prüben, prüfen, proben, üben. — 18 burse, Wohnung (der Studenten) in einem Kosthause.

Auf jedes stück ein namen schrieb
Und dacht: daß ich eim jeden gib
Sein titel, wie solchs heischt sein stat,
Und wie sie sitzen dort nach grat.
Darnach stellt er sein red und klag,
Sein repliken und widerfrag,
Und tet sich vor den schüßeln neigen,
Wie er sich wolt vorn fürsten zeigen.
Darin übt er sich etlich wochen.
Wie er het lang sein ghirn zerbrochen,
Zur bstimten zeit die fürsten saßen;
Da ward der gsell auch ingelaßen,
Daß er sein sach daselb vorbrecht,
So solt man im nach gmeinem recht,
Nach verhörung, antwort und klagen
Ein rechtmeßig urteil absagen.
Der gsell stund still und sahe sich umb,
Dacht: hilf, daß ich zum anfang kum!
Ich sihe wol, daß sich nicht so helt,
Wie ichs dort in die ordnung gstellt.
Sahe sie all nach einander an,
Daß sich auch wundert jederman;
Sprachen: „Heb an! dein sach erzel!"
Er sprach: „Ich hab daran ein fel,
Bin nit in meiner burs alleine,
Sihe meiner molten und schüßeln keine."
¶ Mancher hat kaum die kunst geschmeckt,
Meint bald, daß er voll weisheit steckt,
Des lerampts sich zu bald annimt,
E er zum schmack der künsten kümt,
So doch der, welchers lang hat braucht,
Oft von dem rechten wege straucht,
Wiewol sich stets der kunst bekümmert.
Der gut Homerus auch wol stümmert,
Und der sich auf das höchst besleißt,
Oft selb in seine weisheit schmeißt,
Wies auch ist eim locaten gan,
Der tet sein erste lection

---

47. 25 stat, Stand. — 56 stümmern, stümpern. — 39 Locat, Klassenlehrer einer öffentlichen Schule.

In der schul vor den kleinen knaben,
Die sonst kein große weisheit haben.
Dem daucht dieselbig stund so lang,
Daß im **die** zeit war we und bang;
Für angst und schweiß kam raus getroffen,
Als **wer** er aus eim ofen gschloffen,
Und sprach: „Box grind und heilger wund,
Was ghörn vil wort zu einer stund!
Jetzt **ist** mirs alles ausgeschworn,
Was ich hab glernt in zwenzig jarn.“

Die achtundvierzigste Fabel.

Vom Hund und Fuchs.

Es het ein baur ein treuen hunt,
Der sich auf alle sach verstunt,
Dem er zu hüten bfelhen tet
Sein haus und hof, als, was er het.
Daß er dest baß als dings het acht,
Het er im ein register gmacht,
Schaf, rinder, ochsen, kelber, schwein,
Hüner und gens und alles sein
Het er stückweis verzeichnet eben,
Von dem er all solt rechnung geben.
Derhalb der hunt verursacht wart,
Daß er tag, nacht, zu aller fart
Dest fleißiger und wacker wer,
Daß in nit bschulden könt sein herr.
Nit weit vom hof, hinder eim zaun
Da lag ein fuchs, vor alter braun,
Schlich nach den hünern alle morgen;
Für dem must sich der hunt besorgen.
Stets wenn er het im haus zu tun,
So kam der fuchs und nam ein hun.

---

47. 65 getroffen, part. praet. statt praesent. von triefen. — 67 Fluchformel: euphemistisch box grind, Gottes Haupt. — 69 ausgeschworen, wie ausgeschwitzt.

48. (78.) Quelle unbekannt.

Der hunt sprach: „Kan ich alles warten
Übral, im haus, im hof, im garten,
Und in dem stall schaf, kelber, küe?
Das braucht vil witz und hat vil müe.
Jedoch die wolf selten her traben,
Weit in dem holz ir wonung haben;
Könt ich nur vor dem fuchs die hüner,
Welch an der zal sich teglich mindern,
Schützen, so wolt ich friedsam leben
Und nit vil umb die wolfe geben",
Und trachtet fleißig nach den sachen,
Tet mit dem fuchs ein frieden machen,
Daß er in wolt all tag, all morgen
Mit fleisch und ander speis versorgen,
Sich reichlich bhelfen mocht davon,
Daß er im ließ die hüner gon,
Mit dem beding, daß er solt warten
Außen dem zaun und umb den garten,
Daß, wenn der wolf heimlich einschlich
Bei nacht in stal und unders vich,
So solt ern schrecken mit dem hetzen
Und gleichs dem hund auch an in setzen.
Der fuchs bewilligt den contract,
Glauben und treu dem hund zusagt.
Wie solchs ein ebne zeit nu wert,
Der fuchs sich mest, mit ru sich nert
In überfluß in guten tagen
Und wust von keinem unfall zsagen;
Für völle bei dem zaun entschlief.
Ein starker wolf nach gensen lief;
Das sahe der hunt und ward bald wacker
Und folgt dem wolf nach auf den acker,
Legt sich da mit im in den streit:
Da war dem wolf das maul zu weit,
Den armen hunt so lang anzant,
Biß ern zuletsten übermant.
Der fuchs het schier ausdaut den bauch,
Lag nah hinder eim kleinen strauch;

48. 37 warten, Wache halten.

Den hunt sahe ligen auf der seiten,
Dacht: wirst mir heut das mal nit breiten!
Zuhand ward sein gewar der hunt
Und sprach: „Gedenk jetzt an den bunt!"
Der fuchs sprach: „Wolt, daß beßer wer!
Sihe wol, gibst mir kein frūstück mer;
Drumb kan ich nit mit wolfen fechten."
Der hunt sprach: „Hettestu mir nechten
Solch deine untreu angesagt,
Ich het mich nit so weit gewagt.
O we, o we der großn untreu!"
Da sprach der fuchs: „Das ist nit neu:
Weils einem glückt, wol umb in stet,
Ein jeder freundlich zu im get;
Komt er aber in ungefell,
So heißts: kein gelt, auch kein gesell!"
¶ Das ist der brauch jetzt in der welt:
Wer nur ist reich und hat vil gelt,
Der wird gar wert und teur gehalten
Von reich und armen, jung und alten,
Und alles, was er tut und sagt,
In alln gefellt und wol behagt,
Und tun sich fleißig zu im fügen,
Dieweil sie sein genießen mügen:
Welchs Ovidius, der poet,
In seinem leid auch klagen tet.
Da er seins glücks litt ein schiffbruch,
Schreibt tristium im ersten buch:
„Wenn dichs glück reichlich tut begaben,
So wirst vil freund zu zelen haben;
Wenns aber komt zur bösen zeit,
Denn stest allein in deinem leit."
Zun schönen heusern mit großen summen
Allzeit vil tauben gflogen kummen;
Eim alten haus, zerrißen dach
Fliegen zwar nit vil tauben nach.
Im leren tenn, frisch gworfen auf,
Findt man selten ein ameishauf.

---

48. 83 **Ovidius, der poet**, Trist. I, 9, 5 fg. — 91 **summe**, Zahl, Schar, Haufen.

Kein freund sich bei dir finden laßt,
Wenn du dein gut verloren hast.
Die sonn get auf mit großer pracht,
Mit irem glanz vil schatten macht;
Bald sich ein wolk legt überzwer,
So siht man auch kein schatten mer.
So tun die leut; weil sie das liecht
Des glücks bein freunden scheinen sicht,
So bstens; wenn abr das liecht verlescht,
Ein tropf waßers all lieb abwescht."
Im selben buch am andern ort
Schreibt er auch dise folgend wort:
„Gleich wie man golt probieren tut
In großem feur und heißen glut,
Also siht man in böser zeit,
Wies mit dem glauben sich begeit.
Wenn eim das glück freundlich zulacht,
Mit dem ein jeder freundschaft macht,
Und denken sein all zu genießen,
Mit seinem gut irn kummer büßen.
Wenn abers glück gewinnt den sturz,
Zuhand wird alle freundschaft kurz,
Und der mit freunden war umbringt,
Umb den sich jetzt kein freund mer dringt.
Solch untreu und solch elend wesen
Hab ich vil von den alten glesen,
Welchs jetzt wird auf ein haufen gar
Mit schaden an mir selber war.
Denn jetzt sein kaum zwen oder drei,
Die mir in nöten treten bei;
Den andern hauf muß faren laßen,
Sie sein allein des glücks genoßen.
Denn da michs unglück erst anstieß,
Aus forcht ein jeder freund abließ,
Da het all freundschaft gar ein end,
Mir ward der rucken zugewendt.

48. 103 die leut, wegen des Reimes auf liecht, ist hier einmal der alte singul. fem. statt des Plurals, den Waldis sonst gebraucht, angewandt; liut, Anzahl von Menschen, Volk. — 107 im selben buch, allgemein genommen: in den Gedichten Ovid's, an einer andern Stelle, nämlich Epist. ex Ponto II, 3, 23 fg. — 112 begeit, begibt. — 120 dringen, drängen.

Drumb wer im unfall erst abweicht,
Sich dem ungwissen glück vergleicht,
Der ist untreu; wenns glück abtrit,
So spricht er bald: ich kenn sein nit!"

Die neunundvierzigste Fabel.

Vom Hecht und Krebs.

Ein fischer tet nach fischen farn
Und durch das waßer zoh sein garn,
Daß ers jenseit zum ufer brecht.
Er fieng ein krebs, dazu ein hecht.
Da sprang der hecht, je lenger, je baß,
Sprung über sprung ins grüne gras.
Der krebs kroch, wie sie gmeiniglich
Zu kriechen pflegen, hinder sich.
Des lacht der hecht, sprach: „Lieber bruder,
Du ferst nit wol mit solchem ruder;
Dein fart hast übel vorgenummen.
Wenn du dem unglück wilt entkummen,
So musts wie ich mit springen tun:
Mit deiner weis kumst nit davon;
Mit rücklings kriechen und mit schleichen
Wirstu das waßer nit erreichen."
Da antwort im der krebs sechsfüßig:
„Du brauchst dich fast und bist unmüßig
Und gar hönisch belachest mich;
Bist selb ein größer narr denn ich.
Mit springen tust dich hoch begeben
In dlüft; kanst doch des lufts nit leben.
Denn wie ichs sehe, daß dus vornimst,
Gar langsam zu dein brüdern kümst;

---

48. 134 sich vergleichen, es machen wie. Vgl. die Einleitung, wo die Verhältnisse geschildert sind, auf welche sich die Moral der Geschichte bezieht.

49. (79.) Wahrscheinlich nach mündlicher Erzählung. Vgl. Grimm, Kindermärchen 3, 257. — 18 sich brauchen, seine Kräfte gebrauchen, sich anstrengen.

Je weiter du zu landwert springst,
Je mer du nach dem unglück ringst.
Das waßer, draus wir sein gefangen,
Dem ich mit unwilln bin entgangen,
Ist meins bedunkens recht dahinden:
Ich hoffs mit solcher weis zu finden.
Drumb wenn ichs gleich mit dir versuch,
Sprüng auf in dluft oder vor mich kruch,
So wurd mir doch, wie dir, nit baß,
Wurd mit dir in der pfannen naß.
Drumb mich dein gspött nit irren sol:
Des spötters haus brennt auch einmol."
¶ Es gschicht gar oft in gleichen dingen,
Daß der stolze veracht den gringen.
Wenn sie in gleichen nöten sein,
Erdenkt ein guten rat der klein;
Damit dem unfall fein entkümt,
Der billch den stolzen undernimt,
Daß er hernach gar traurig sicht.
Het er dem gfolgt, es gschehe im nicht.

Die funfzigste Fabel.

Des Bettlers Kaufmanschaft.

Es war ein armer man, hieß Rüppel,
Gieng auf einr stelzen wie ein krüppel
Und het nit mer denn einen fuß,
Der ander war im zu einr buß
Vor seine bosheit abgeschlagen;
Drumb must sich mit der stelzen tragen.
Es ward im auch derselbig ort,
Dazu die stadt verboten hart;

---

49. 25 zu landwert, landeinwärts. — 33 kruch, kröche.
50. (80.) Unbekannt. Die Moral der Fabel ist in zahlreichen Wendungen bearbeitet.

Jedoch ward im erlaubt daneben,
Daß er die tag seins ganzen leben
Des bettelns weiter het zu gnieten,
Denn der keiser hat zu gebieten.
Drumb zohe er dland auch auf und nider,
Bettelt das brot, verkauft es wider.
Das trieb er wol bei sieben jarn,
Biß er war kommen wol zuvorn,
Ein guten rock het, ungepletzt,
Ein neuen mantl, mit leder bsetzt,
Hosen und wammes von gutem tuch,
Ein wol geschmiert gestickten schuch,
Ein feinen breiten bilgrims hut,
Ein neuen ledersack, war gut
Mit käsen, speck und würsten gspickt,
Daß er in auf der achseln drückt,
Auch pfenning, heller, ein ebne summ,
Die er het in den dörfern rumb
Und auf der kirchweihe zamen glesen.
Auch pflag er sonst zu binden besen
Und in die narung wol zu stellen;
Tet sich auch sonst zu keinem gsellen,
Mit dem er het das almos gsucht,
Daß ers allein behalten mucht,
Was im ward hie und da beschert:
Damit sich in der stille nert.
Einsmals sich auf ein sontag bgab,
Zoh aus eim dorf ein berg hinab
Und kam an eine große hecken
Und tet sich in den schatten strecken
Vor hitz der sonn ins grüne gras.
Ein ebne weil daselben saß,
Daß er den kropf verdauen mucht,
Den er im dorf zusamen gsucht,
Denn er sich da het wol gekropft
Und seinen renzel voll gestopft.
Die bettelsucht in bald bestund,
Daß er ein weil schlafen begunt

50. 11 genieten, wie im Mhd. sich befleißen. — 16 zuvorn, vorwärts, fort. — 17 ungepletzt, ungeflickt.

Under demselben grünen baum.
Da fiel er in ein süßen traum
Von kaufmanschaft und großen sachen;
Damit er wider ward entwachen.
Den traum er fleißig überlegt
Und dacht: du hast dein gütlin ghegt
Und nun ein eben geltlin gfaßt,
Nit in dem bier und wein verbraßt
Wie mancher trunkner voller schlauch.
Sihe, da ward er gewar im strauch
Ein stücke wilds, ein schöne hind,
Ward fro, gedacht: wie fein sichs findt!
Dein glück wil sich jetzt recht beginnen.
Lag still, gedacht mit klugen sinnen:
Das wilt wilt jetzund hie erschlagen,
Hin in die stadt gen Nürmberg tragen,
Komt zu deim anschlag wol zu steur:
Da ist jetzund das wildpret teur,
Weil ebn ist daselb der reichstag,
Dest teurer ich es geben mag,
Brengen das gelt an einen haufen;
Dafür wil kleine pfennwert kaufen.
Die wil ich haußen bei den hützen
An eier, käs und gelt verstützen,
Oft widerumb dasselb anlegen:
Das bringt zuletst groß gut zu wegen;
Daneben nit des bettlens schemen:
So wird mein gut weidlich zunemen,
Biß ich ein gülden drei, vierhundert
Zusamen bring, daß manchen wundert.
Ich weiß ein gfäß in einem dorf
Zu Düringen, heißt obern Orf,
Ist wol glegen zu allem handel,
Und fürn die leut ein guten wandel:
Daselb wil ich mich niderschlagen,
Mein lebn enden in guten tagen,

---

50. 63 zu steur, zu Hülfe. — 69 hütze, von Haus zu Haus umgehende Abendgesellschaft, zu gemeinschaftlicher Arbeit und Zehrung (Spinnstube) in Franken; vgl. hutzen, von Haus zu Haus gehen. Frisch Wörterbuch S. 480. — 70 an, gegen; verstützen, absetzen, verkaufen. — 77 gfäß, Gehöft. — 78 obern Orf, Ordruf?

Und wil dahin richten mein sach,
  Daß ich mög haben hausgemach
Und han an meinem gut ein gnügen,
  Gsind halten, die den acker pflügen,
Daß korn, erbeiß, bonen und flachs
  Zu rechten zeiten wol erwachs.
Und wenn aufget die grüne sat
  (Wies denn vil vieh daselben hat)
Und ich an meinem fenster leg,
  Die kelber auf dem acker seh,
So wolt ich schreien: zehe! zehe!
  Herab! daß euch unglück bstee!
Und rief gar laut so unbedacht;
  Damit das wilt ward schuchtern gmacht
Und lief zu holz in voller brunst:
  Da warn sein anschleg gar umbsunst.
¶ Gott hat all ding gemacht so wol,
  Daß man von gdanken gibt kein zol;
Denn wenn mans als verzollen solt,
  Wist nit, wo man zuletsten wolt
Zusamen bringen so vil gelt,
  Zu wenig wern all schetz der welt.
So voll gedanken ist das herz,
  Ist nit zfrieden, denkt immer fürwerz,
Sich der wol hundert understet,
  Der doch wol nit eins vor sich get.
Manchen des nachts auf seinem lager
  Machen gedanken müd und mager,
Daß er dafür nicht ruhen kan,
  Nimt sich unmuter sorgen an,
In seim herzen ein kram aufbaut,
  Den er mit gdanken sein anschaut
Und wol auf tausent gülden schatzt:
  Damit er sich nur selber fatzt.
Des morgens, wenn ern sol bewegen,
  Hat nit ein pfennwert auszulegen.
Drumb ists unnütz, den vorwitz treiben,
  Wie auch solchs die poeten schreiben,

50. 84 hausgemach, häusliche Gemächlichkeit. — 93 zehe, zehe! Interjection zum Verscheuchen von Thieren. — 97 brunst, Eifer. — 112 unmut, adj. unmuthig, verdrießlich. — 118 auslegen, zur Schau stellen.

Gleichen die gdanken eim finstern man,
Den niemand niergen sehen kan;
Wenn man mit henden greift nach im,
So findt man nichts und ist dahin.
So sind die gdanken wie der wint,
Den man wol hört, doch niergend findt,
Und ist denken ein unnütz müe,
Als wenn einr mülk und het kein küe,
Und bekümmert mit solchen dingen,
Die im doch nimmer mögen glingen.
Es ist ein alt gemein sprichwort:
All menschlich anschleg gen nit fort
Und sondrlich ein nerrisch anfang,
Der gwinnt gmeiniglich den krebsgang.
Denn die tollen anschleg der narren
Gen für sich, wie die hüner scharren.

Die einundfunfzigste Fabel.

Vom reichen und armen Man.

Zu Lübeck in der schönen stat
Ein alter bürger saß im rat,
Der war gar reich an gut und hab;
Damit sich nit zu frieden gab.
Er het ein frau und keine erben,
Dennoch hört er nit auf mit werben,
Allzeit dem geld und gut nachtracht.
Davor er weder tag noch nacht
Kein ru nit het, so ser in plagt
Der geiz, wie der poet auch sagt,

---

50. 128 mülk, conj. praet. zu melken. — 136 wie die hüner scharren, d. h. rückwärts gehend.

51. (82.) Quelle? Spec. exempl. IX, 60. Aus Waldis schöpfte **Hans Sachs**: Meister-Gesänge IV, 385. Der singent Schuster zu Lübeck, (1552.) **Spruchgedicht**, herausgegeben von Naumann, S. 34: Der arm Atreus mit **dem reichen** geizigen Burger. Vgl. Deutsche Dichter des 16. Jahrhunderts, IV. Bd. Nr. 149 und die dort gegebenen Nachweise. — 10 der poet, Ovidius, Fastor. I, 211.

Daß sich gleich mit dem geld und gut
  Die lieb des gelds vermeren tut.
Nun ist am selben end der brauch,
  Wie sonst in andern städten auch,
Da sind vil tiefer keller graben,
  Darin vil leut ir wonung haben,
Die sich nur von dem taglon neren,
  Nach kleinem gut auch meßig zeren.
Also saß auch desselben gleichen
  Ein armer under disem reichen,
Pflag den leuten die schuhe zu flicken,
  Mit holz und henfen drat zu sticken,
Davon er sich, sein weib und kint
  Ernert, wie man vil armen findt.
Jedoch war er seins mutes frei,
  Sang und war stets frölich dabei,
Des abents er daheime blieb
  Und seine zeit also vertrieb.
Des wundert sich der reich gar ser;
  Er dacht: was ists doch immermer,
Das disen armen man erfreut?
  Nun weiß ich doch, daß er oft keut
An armetei, die in besetzen,
  Und hat oft kaum das brot zu eßen.
Vorwar, ich keinen fleiß nit spar,
  Biß ich sein wesen recht erfar!
An einem sontag kurz darnach
  Also zu seiner frauen sprach:
„Du must dichs nit verdrießen laßen,
  Daniden unsern hausgenoßen
Zu gast bitten heut disen tag
  Mit seiner frauen, daß ich mag
Von im werden einr frag bericht,
  Die mich bekümmert und anficht.“
Er schickt bald seinen knecht hinunder,
  Bat in zu gast; das nam groß wunder
Denselben armen man, gedacht:
  Wer hat den jetzt so kostfrei gmacht?

---

51. 22 sticken, stücken, wie flicken. — 32 an armetei keuen, wie: am Hungertuch nagen. — 33 armetei, armutei, Armuth, das Wort erinnert an die althochdeutsche Form, aramôdi. — 48 kostfrei, gastfrei.

Doch gieng er hin, versagts im nit.
Nach eßens sprach der wirt: „Ich bitt,
Umb ein ding hab ich euch zu fragen,
Drauf wöllet mir die warheit sagen.
Ich weiß, daß euch am gut zerrinnet
Und mit eurm tun nit vil gewinnet,
Mit großer arbeit ir euch nert
Und dennoch kaum des hungers wert,
Und trinket auch gar selten wein
Und dennoch allzeit frölich sein
Beid tag und nacht, abents und morgen,
Als ob ir hetten nichts zu bsorgen.
Nun hab ich gelds und gutes gnug,
An eßen, trinken guten fug,
Mit gutem wein tu mich oft kröpfen;
Kan dennoch solchen mut nit schöpfen.“
Er sprach: „Warumb solt mich betrüben?
Mein gut ist sicher vor den dieben
Zu waßer und zu land; derhalb
Stirbt mir kein pfert noch ku noch kalb;
Es kan kein kaufman mich betriegen
Oder in der handlung vorliegen.
Und wie ich hab ein kleine nerung,
So halt ich auch ein kleine zerung,
Verzer nit mer, denn ich erwerb,
Sorg nit, daß ich dabei verderb,
Und steck mein fuß nit weiter nab,
Denn ich wol zu bedecken hab,
Und mich zu frieden geb damit.
Was ich nit hab, entfellt mir nit.
Ich laß mir an demselben gnügen,
Was mir Gott teglich tut zufügen,
Gedenk, morgen ist auch ein tag,
Der vor sich selber sorgen mag.“
Mit solcher red ward er bewogen,
Daß ern vorbaß nit mer dorft fragen,
Und dacht: er ist recht willig arm;
Billich, daß ich mich sein erbarm.

– 51. 50 nach essens, nämlich-Zeit. — 70 vorliegen, verlügen, beschwindeln.

Lief hin und bracht bald hundert gulden
  Und sprach: „Damit bezalt eur schulden;
Damit ich euch jetzt wil begaben,
  Daß ir eur not zu schützen haben.“
Der man ward fro, gieng damit hin
  Und dacht bald, daß ers auf gewin
Und auf kaufmanschaft mocht anlegen,
  Damit noch hundert brecht zu wegen,
Und tracht mit fleiß drauf tag und nacht.
  Damit im selb vil sorgen macht,
Daß er vor müe den kopf stets hieng
  Und auf der gaßen traurig gieng;
Des singens er dabei vergaß.
  Den reichen ser verwundert das.
Er bat in abermal zu gast.
  Der man die hundert gülden faßt
In einen beutel, brachts im wider
  Und sprach: „Von der zeit an und sider
Daß ir mir habt die gülden geben,
  Ist mir vergan mein bestes leben.
Seht hin, fart wol mit eurem gut!
  Ich nem dafür ein guten mut:
Desselben ich vil baß genieß;
  Das gelt macht mir bekümmernis.“
¶ Solch einfalt ist gar underkumen,
  Und hat der geiz das land eingnumen.
Ich kenn auch jetzt vil armer leut,
  Doch halt ich nit, daß man jetzt heut
Under in allen einen findt,
  Der gleich wie diser sei gesinnt.
Es sind vil wirt auf allen straßen,
  Die leut bei in herbergen laßen,
Doch solt man schwerlich ein bekummen,
  Der dem gast zu seim nutz und frummen
Ein kopf von silber oder golt
  In sein sack heimlich stecken solt,
Wie man sagt, daß ee sei geschehen.
  Ists war, weiß nit; habs nit gesehen.

51. 90 schützen, zu Hülfe kommen, abhelfen. — 104 sider, seitdem. — 111 underkumen, abkommen. — 121 kopf, coupe, Becher.

Villeicht man sonst wol ein bekem,
Der eim e etwas ausher nem:
So gar ist jetzt die ganze welt
Gericht auf das verfluchte gelt.
Dennoch so ists gewislich war,
Es zeugt die schrift so hell und klar,
Daß man nit zgleich dem geld kan dienen
Und dennoch sich mit Gott versünen.
Denn wer sein datum dahin richt,
Daß er sich nur dem geld verpflicht
Und darin all sein wollust hat,
Der macht das gelt zu einem gott
Und fellt bald in des teufels strick:
Derhalben sich ein jeder schick,
Daß er seins guts ein herre sei,
So ist er viler sorgen frei.

Die zweiundfunfzigste Fabel.

Von einem Curtisan.

Vor zeiten in den alten jarn,
Da die leut gar vil frömmer warn
Denn jetzt in diser bösen zeit,
Da der Satan verböst die leut,
Da warn die, welch man geistlich nant,
Nit so wie jetzt der welt bekant;

---

51. 130 die schrift, Matth. 6, 24; Luc. 16, 13.

52. (83.) Eigene Erfindung. — Ueberschrift: Curtisan, Stellenjäger, der in Rom sein Glück zu machen sucht. Waldis in der Uebersetzung des „Regnum papisticum" des Neogeorg (lib. II zu Anfang):

Est genus invisum quoque, quos ego Curtisanos
Accipio dici.

Bei Waldis „Das päbstlich Reich", Buch II, Kap. 5. L. v.

Etlich die heißen curtisanen,
Das sein gar wunderseltzam hanen,
Die aller buberei nachstellen:

meist in der Jugend verdorbene Subjecte, die nach Rom gehen, anfangs die elendeste Behandlung sich gefallen lassen, um doch endlich zu Ansehen und Macht zu gelangen.

Irn tittel da mit eren fürten,
Mit guter ler und leben zierten,
Warn nit so auf den geiz gericht,
Wie man jetzt von in allen sicht;
Warten der schrift in rechtr einfalt,
Hetten ein gringen aufenthalt,
Warn hölzen kelch und gülden pfaffen,
Die man nit tadlen kunt noch strafen.
Jetzt aber habens kelch von gold
Und sein dem geiz daneben hold,
Und sein die pfaffen jetzt gar hülzen
Und gar vil grober denn die rülzen.
Zur selben zeit, wie jetzt gesagt,
Ward nit so nach dem geld gefragt;
Den wucher nantens simonei,
War nit wie jetzt gelaßen frei.
Jetzt aber, weils der bapst tut selb,
Gibt er zu irer art ein helb,
Und wo der apt leßt würfel walten,
Mögn die brüder wol schanzen halten.
Solchs trieben sie gar unverschamt,
Und habns doch in irm recht verdamt,
Vor simonei und wucher gscholten.
Ja, wenn wirs jetzund rechnen wolten,
So hat der bapst vil größern hon
Und mer schadens der welt geton
Denn der Simon, so Troja zstört,
Und der, welchen sanct Peter rürt,
Dem er des heiligen geistes gab
Mit großem gelt wolt kaufen ab.
Ja, wenn mans acht und recht bedenkt,
So sicht man, daß ers keinem schenkt:
Wer ein officium wil haben,
Der muß mit geld und großen gaben
Erlangen, sonst gewinnt er nit,
Wie man zu Rom offentlich siht.

---

52. 18 rülz, roher, bäuerischer Gesell. — 33 Simon, Waldis meint wol den Telchinen Simon, dessen Schlechtigkeit und Gefährlichkeit sprichwörtlich geworden ist; vgl. Zenobius V, 41. — 34 welchen sanct Peter rürt Simon der Magier.

Ja, warumb solt ers nit verkaufen,
Weil die leut teglich darnach laufen
Und er auch selber sein papat
Vergebens und umbsunst nit hat?
Drumb in das gbot gar nit ansicht,
Das Christus zu sein jüngern spricht:
„Weil irs umbsunst entpfangen haben,
Solt ir dafür begern kein gaben.“
Kost in vil gülden und vil kronen,
Warumb solts nit der arbeit lonen?
Vil bischtum muß drumb geben hin,
Die im sonst trügen guten gwin,
Den cardinaln gut feißt prebenden,
Die reichen klöster in commenden.
Drumb hat er im auch eingeleibt,
Wie er in seinen rechten schreibt,
All bischtum, stift und gute pfründ,
Die er verkauft on alle sünd.
Wers **nit** mit gelt und bei im sucht,
Der hats dolose und ist verflucht.
Doch werden sie damit getröst:
Er nimt das klein, leßt in das gröst.
Drumb ist in solchs je wol zu raten:
Wo man mit einem kleinen braten
Ein seiten specks mag werfen ab,
Ist warlich nit ein gringe gab,
Und ist ein grosch wol aus zu geben,
Der eim ein gülden mag erheben.
So bald ein pfründ erst ledig stirbt,
Der **denn** bald komt, dieselben erbt,
Wie in der müln, der erst komt, malt.
Doch dringt vor all des gelds gewalt.
So hat sichs auch bei meinem leben
Mit einem curtisan begeben:
Da war ein feißte tumerei
Im stift zu Würzburg worden frei;

---

52. 56 commende, Pfründe, besonders die Einkünfte aus einem Kloster, die einem Günstling überlassen worden sind. — 57 einleiben, einverleiben, sich zueignen. — 62 dolose, mit Dolus, gegen besseres Wissen und unrechtmäßig, nicht in gutem Glauben. — 70 erheben, einbringen, — 77 tumerei, Domherrnstelle. Frisch s. v.

Macht er sich auf zun selben zeiten,
  Mit großer eil nach Rom zu reiten.
Wie er kam an des Teutschlands end,
  Ins Welschland da das gbirge wendt,
Ward im sein pfert gar heftig hinken,
  Vor onmacht gunt zur erden sinken.
Er dacht: zu fuß kanstu nit laufen!
  Forscht, ob er fünd ein pfert zu kaufen.
Gedacht: wirst den termin verseumen,
  So wird ein andrer vor dir scheumen!
Kam zu eim wirt, der het ein pfert,
  Das lobt er teur und hielts gar wert;
Doch wars ein schelm in seiner haut.
  Der curtisan sein worten traut,
Nams hin und zelt dem wirt das gelt,
  Sattelts und wolt damit ins felt.
Der wirt sprach: „Er ist resch und geil,
  Nur daß er hat ein kleinen feil:
Im anfang ist er treg im gang,
  Dasselbig wert aber nit lang;
Wo irn nur reiten, daß er schwitzt
  Und daß er nur einmal erhitzt,
So lauft er stets in vollem traben,
  Daß ir gnug dran zu halten haben."
Ja wol, da er in aushin bracht,
  Da het er weder kraft noch macht,
Wolt nit fort, daß er het mocht schwitzen.
  Zletst kunt nit lenger auf im sitzen,
Gieng nach zu fuß und trieb in fort,
  Gedacht oft an des wirtes wort
Und sprach: ob ich möcht baß fort kum?
  Band er dem pferd sein mantel umb,
Begoß in auch dazu mit harm;
  Half aber nit, er ward nit warm.
Er war seins unglücks nit fast fro.
  Zuletst nam er ein büntel stro;
Das gunt er umb das pfert zu binden,
  Unden und oben, vorn und hinden,

52. 88 **scheumen**, das Beste vorwegnehmen.

Und sonst vil ander list erdacht,
  Auf daß er in erwermen mocht;
Halff aber nit, sein witz und kunst
  War an dem gorren gar umbsunst.
Da ward er schellig, nam ein feur
  Und sprach: „Stündstu mich noch so teur,
Laß sehen, ob ich dir den schweiß
  Austreiben kan, daß dir **werd** heiß!“
In dem dasselbig stro anzundt;
  Das pfert von stund laufen begunt.
So lang er mocht, folgt er im nach,
  Biß ers zuletsten nimmer sach.
Er trollt sich gmachlich überd heid,
  Lacht seines schadens vor großem leid
Und sprach: „Nun hat der wirt die gülden,
  Doch weiß ich in nit zu beschülden;
Weil er mir tet die warheit sagen,
  Hab **ich** nit über in zu klagen.
Derhalben muß von Rom wol bleiben
  Und diß meim unverstand zuschreiben.“
¶ Der wirt hat schwerlich gsündet dran,
  Daß er ein solchen frummen man
Verhindert hat in solcher reis,
  Dieweil das jederman wol weiß,
Daß der bapst in seim abenteßen
  Desselben stücks nit hat vergeßen,
In seiner bull verflucht, verdamt
  All, die da sein so unverschamt
Und jemand an der römschen reisen
  Verhindern und kein hülf beweisen.
Welchs dieser wirt nit hat bedacht,
  Oder villeicht den fluch veracht,
Daß er im nit gehorsam gwesen;
  Hat leicht des Luthers bücher glesen,
Wie auch sonst jetzt die ganze welt
  Aufs bapsts gebot zwar nicht vil helt.
Jedoch wil ich in des entheben
  Und weiß im nit vil schult zu geben,

52. 122 stehen, zu stehen kommen. — 137 schwerlich. adv. schwer, nicht in dem Sinne, den das Wort heute hat. — 141 abenteßen, die sogenannte Nachtmahlsbulle: In coena domini (Verdammung der Ketzer) von 1362.

Weil er im hat die warheit gsagt
  Und der curtisan in nit verklagt.
Geb, daß sie all mit solchen pferden
  Auf solcher reis gelaßen werden!

Die dreiundfunfzigste Fabel.

Vom Fuchs und dem Eichhorn.

Das eichhorn ist ein tierlin gring,
  Ein langen schwanz, ein kleines ding,
Sein wonung hats auf hohen esten,
  Mit haselnüßen tut sichs mesten.
Das stieg vom hohen baum herab,
  Under ein heseln sich begab,
Die nüß daselben aufzulesen.
  Ongfer het da ein fuchs sein wesen
In einem loch, mit dorn verdüscht;
  Lief raus, bald het das tier erwischt.
Es kert sich umb, zum fuchsen sprach:
  „Herr Reinhart, tut ein wenig gmach!
Gunt mir ein wort zu guter weis:
  Es glangt zu eurem lob und preis,
Wenn ir mir solchs zu gute gebt.“
  Und sprach: „Ich hab nu lang gelebt
Und denk gar vil der alten jar,
  Wie das zeugen mein graue har;
In diser buchen stets genist,
  Eurs vatters loch allda gewist.
Der het kein vieh noch farend hab,
  Nert sich nur des, was im Gott gab.
Wenn er des morgens frü ausschlief,
  Etwan beim zaun ein hun ergriff,
Trug ers auf disen platz allhie,
  Da fiel er nider auf sein knie,

53. (88.) Quelle unbekannt. — 6 hesel, Haselnußstrauch. — 9 verdüschen, vertuschen, verstecken. — 23 ausschlief, herausschlüpfte.

Sprach ein andechtigs gratias
Vor dasselb hun, ee denn er aß,
Und sprach drei mal drüber den segen,
Gleich wie sonst alle füchse pflegen.
Wenn ir euch auch dermaßen nert,
So wurd euch nachmals mer beschert."
Der fuchs sprach: „Wie mein vatter pflag,
So dank ich Gott auch alle tag",
Und wolt seins vatters lob nit schwechen,
Kniet nider, sein gebet zu sprechen.
Das eichhörnlin dieweil entfloch,
War sicher auf der buchen hoch.
Da sprach der fuchs: „Ich armer tropf!
Wer wert, der mich schlüg umb den kopf.
Jetzt wolt ich mein Gottsdienst erheben
Ueber die in den klöstern leben:
Das gratias keiner ausrüllt,
Er hab denn erst den balg gefüllt."
¶ Die haut sol man zu mark nit tragen,
Man hab denn erst den beren gschlagen.
Es ist ein narr, der dafür dankt,
Welchs er noch weit nit hat erlangt;
E man im gibt die globten gab,
Leuft vil waßers den Rhein hinab.
Drumb dank nit ee vor das schwein,
Du hasts denn gschoben in sack hinein.

Die vierundfunfzigste Fabel.

Vom alten kranken Man.

Ein alter man war wol betagt,
Der den hust jemmerlichen klagt,
Und so gar heftig quelen tet,
Daß er für onmacht lag zu bet.

---

53. 41 erheben, anheben. — 42 über die, besser als die. — 43 ausrüllen, herausbrüllen.
54. (91.) Mündliche Erzählung.

Ein meidlin het, seinr tochter kind,
War wol erzogen, höflich gsinnt,
Welchs doch nit ist bei viln gemein,
Sonderlich wenn sie sein so klein,
Denn es war nur im vierten jar;
So wolts doch seinen dienst nit spar.
Beim großvatter blieb tag und nacht,
Mit schwatzen im vil kurzweil macht.
Einsmals aus lieb den alten bat,
Sprach: „Großvatter, sagt, was euch schad,
Daß ir so ser und schwerlich hust,
Darumb zu bett auch ligen must?“
Er sprach: „Liebs kind, den fel ich hab,
Het ich ein kraut, das heißt jar ab,
Und daß mirs der könt minder machen,
So wer gut rat zu disen sachen.
Die jar han mich zu ser beseßen,
Und hab vil ostereier geßen,
Dieselben mir den schaden tun.“
Es sprach: „Eßt liebr dafür ein hun,
Und eßt doch nit mer ostereier.“
In dem hat von dem dorf ein meier
Ein großen korb voll eier bracht.
Das kind sich heimlich zuhin macht
Und warf dieselben eier frisch
Rab auf die erd hoch von eim tisch;
Und wo es fand ein ganzes ei,
Das trats mit füßen gar entzwei
Und sprach: „Wenn ir auch jetzt gern wolt,
So weiß ich doch, daß ir nit solt
Mein großvatter mer husten machen.“
Das hört der alt, ward herzlich lachen,
Des kindes tat gar höflich preist,
Damit es het sein lieb beweist.
¶ Das sprichwort sagt, es sei das alter
Ein schweres maß und böses malter,
Denn on die jar so bringt es sust
Sorg, krankheit, müe und groß unlust

54. 18 ein kraut, das heißt jar ab, sprichwörtlich, vgl. Agricola 396. — 37 höflich, mit freundlichen Worten.

Und ist also des lebens summen,
  Drin all unfell zusamen kummen.
Damit der sachen werd ein end,
  Im alter sich als stößt und wendt;
Denn von alter wird der man gro,
  Und von alter wird mist aus stro,
Von alter fauln epfel und birn,
  Alter macht runzeln an der stirn,
Alter macht rote wangen bleich,
  Alter macht harte brüstlin weich,
Von alter wird aus eisen rost,
  Von alter wird der wein aus most,
Das alter macht die augen rot,
  Alter macht schimmel in dem brot,
Von alter wird runzlicht der bauch,
  Von alter wird das meuslin rauch,
Von alter wird aus waßer salz,
  Von alter wird gersten zu malz,
Das grün laub wird für alter fal,
  Ein krauser kopf von alter kal,
Von alter wird ein stark pfert hinken,
  Das alter macht den atem stinken,
Für alter wechst mos an den steinen,
  Für alter wechst mark in den beinen,
Es zreißt die mauren an der stadt,
  Alter macht schwarz die mülenrad,
Alter macht ratzen in den scheunen,
  Alter macht neßeln bei den zeunen,
Für alter wird der wagen knarren,
  Für alter wird der man zum narren,
Das alter macht waßer zu bier,
  Es macht auch wol ein kalb zum stier,
Für alter werden schuh verschlißen,
  Für alter wird das kleit zerrißen,
Es bringt auch maden in den käs,
  Es bringt auch schaden in das häß,
Für alter wird aus waßer eis,
  Alter macht schwarze rappen weiß,

---

54. 47 gro, grau. — 66 wechst, so steht im alten Druck, vielleicht Druckfehler für „welkt“.

Für alter wird der esel treg,
Für alter wird gebant der weg,
Das alter macht aus blumen wachs,
Es macht auch wol den lein zu flachs,
Für alter wird der flachs zu tuch,
Das tuch zur bruch, die bruch zum buch,
Der walt für alter wird auch grün,
Ein jung man wird im alter kün,
Ein dick bret wird für alter dünner,
Alter macht auch aus eiern hüner,
Für alter get man bei dem stab,
Für alter get man nach dem grab,
Für alter get der topf zu scherben,
Für alter alle ding muß sterben,
Für alter mag kein ding bestan,
Für alter muß die welt zergan.

Die fünfundfunfzigste Fabel.

Von der Göttin Juno und Venus.

Frau Juno hat allzeit geliebt
Eelich keuschheit und sich drin giebt,
Dagegn Venus das freie leben,
Nit vil umb einen man hat geben,
Denn sie sprach: „Zwar mit einem man
Mich nit allzeit behelfen kan;
Drumb leg ich oft ein andern zu:
Man milkt nit vil von einer ku.
Drei nem ich allzeit vor ein par."
Ein hennen stellt ins mittel dar;
Damit sie auch beweisen wolt,
Daß man einr frauen geben solt
Des dings so vil, als sie wolt haben,
Das leder außn und innen schaben,

---

54. 86 zum buch, zu Papier.
55. (93). Romulus III, 8; Stainhöwel, De Junone, Venere et aliis, 140[b], ohne Uebersetzung. — 2 giebt, geiebt, geübt.

Und daß mans doch damit nit füllen,
Mit vil krauen den kützel stillen;
Und sprach: „Sag her on alln betrug,
An wie vil weizen hastu gnug?
Wo man dir geb des tags ein metzen,
Küntstu dich gnug damit ergetzen?“
Sie sprach: „Ein scheffel aufgeheuft,
Den man umb sieben groschen kauft,
Damit könt nit den vorwitz büßen,
Daß ich nit scharret mit den füßen.“
Sie sprach: „Hab dir ein malter weizen,
Laß dich nit mer zu scharren reizen.“
Da antwort ir dieselbig henne:
„Wenn du auftetst die ganze tenne,
Und daß ich auf dem weizen stünt,
Dennoch das scharrn nit laßen künt.“
¶ Mit holz leßt sich das feur nit stillen,
Die erd auch nit mit waßer füllen.
Den frommen allzeit wol genügt,
Wenn in wird notturft zugefügt;
Welch aber einst der geiz hat troffen
Und in den sünden sein ersoffen,
Dazu in bosheit gar betagen,
Da hilft kein singen oder sagen.
Ob man schon straft und anderst lert,
Doch wird die gwonheit transformiert
Und der natur ganz eingeleibt,
Darumb bekleibt und ewig bleibt,
Welchen nichts denn das ir behagt.
Drumb auch das alte sprichwort sagt:
Ein alter jüd on großes gut,
Ein junger kriegsman one mut,
Ein schöne junge metz on liebe,
Ein großer jarmark one diebe,
Ein alter weiher one fische,
Ein große wirtschaft one tische,
Ein weite küchen one hunde,
Ein reicher man on vile fründe,

55. 34 notturft, so viel sie bedürfen. — 35 einst, einmal. — 37 betagen, betagt, alt werden. — 43 welchen, zu supplieren: denjenigen.

Ein alter müller one korn,
  Ein leuchtenmacher one horn,
Ein würfelmacher one bein,
  Ein hodenschneider one stein,
Ein reicher baur on weites felt,
  Ein kaufmans taschen one gelt,
Ein mechtig könig one lant,
  Ein alter reuter unbekant,
Ein alter schneider one scher,
  Ein alter stecher one sper,
Ein frischer honig und nit süß,
  Ein guter laufer one füß,
Ein großer krieg, doch one schaden,
  Ein alter fauler käs on maden,
Ein gutes bier, doch one malz,
  Ein gutes mus, doch one salz,
Ein guter eßig und nit saur,
  Ein guter frischer most on laur,
Ein altes panzer one rust,
  Ein schöne junge frau on lust,
Ein rechter christenglaub on frucht,
  Ein frommer schüler one zucht,
Ein alter stier on große hörner,
  Ein granatapfel one körner,
Ein edler stein, doch ungefaßt,
  Ein frommer richter ungehaßt,
Ein guter hammer one stiel,
  Ein guter zimmerman on biel,
Ein alter wirtsknecht one kreiden,
  Ein neues meßer one schneiden,
Ein große glocken one klank,
  Ein großer dreckhauf one stank,
Ein erlich fromme frau on scham,
  Ein alter keßel one ram,
Ein großer fisch on allen grat,
  Ein großer regen one kat,
Ein großer kaufman one borgen,
  Ein armer hausman one sorgen,

---

55. 54 horn, statt des Glases. — 56 stein, statt des Messers. — 70 laur, Nachwein. — 86 ram, Schmuz, Ruß. — 87 grat, Gräte. — 88 kat, Koth.

Ein alter scheffel ungemeßen,
Ein alter stul, doch unbeseßen,
Ein alter doctor one lere,
Ein alter hausvatter on ere,
Ein alter mönnich one blatten,
Ein alter keller one ratten,
Ein alter nollhart one kappen,
Ein alter mantel one lappen,
Ein alter landsknecht on franzosen,
Ein bettler one leus in hosen,
Ein alter furman one taschen,
Ein alter pilger one flaschen,
Ein alter schreiber one feder,
Ein alter schuster one leder,
Ein alte gute stadt on warten,
Ein altes meßer one scharten,
Ein alter scherer one zug,
Ein alter kremer on betrug,
Ein alter küstall one mist,
Ein alter roter fuchs on list,
Ein alter priester one buch,
Ein alter bader one bruch,
Ein alter rat on gut gericht,
Ein altes schiff und ungebicht,
Ein alter belz on alle leuse,
Ein alte scheuren one meuse,
Ein alter messner one wachs,
Ein alte spinnerin on flachs,
Ein alt apoteken one würz,
Ein alter esel one fürz,
Ein altes messbuch ungelesen,
Ein altes tischtuch one fesen,
Ein alter wuchrer unbeschatzt,
Ein alte wunden ungekratzt,
Ein altes schaf, doch unbeschorn,
Ein alter zwirn, doch unverworn,

---

55. 97 nollharte, Laienbrüder, die vagabundirend umherzogen. — 107 scherer, Barbier, Wundarzt; zug, Pflaster verschiedener Arten, grauer, weißer, gelber, in den Apotheken: emplastrum triapharmacum, album coctum, citrinum ꝛc. — 112 bruch, wie oben: Schurz. — 114 ungebicht, ohne Pech. — 122 fese, Faser.

Ein altes dinthorn one schwarz,
Ein alte küsen one harz,
Ein alter walt on dörre beume,
Ein alte vettel one treume,
Ein altes sieb und one löcher,
Ein alter schütze one köcher,
Ein neuer harnisch one riemen,
Ein gutes steupen one striemen,
Ein alter wagen ungeknarrt,
Ein alte geigen ungeschnarrt,
Ein alte wunden one schmerzen,
Vil junge kelber one scherzen,
Große schöne stet one mauren,
Ein großes leiden one trauren,
Ein alter rauber ungefangen,
Ein alter dieb auch ungehangen,
Ein kindervatter one frauen,
Ein alter steinmetz one hauen,
Ein alter weinstock unbeschnitten,
Ein gutes pfert, doch unberitten,
Ein reife gersten ungemäet,
Ein guter acker unbesäet,
Reife trauben und unbehut,
Große melonen, dennoch gut,
Ein alter zaun und ungetreten
Schöne frauen und ungebeten,
Ein feister bachen ungestochen,
Reife äpfel und ungebrochen,
Ein alter wolf one weit maul,
Ein sack voll birn und keine faul,
Ein alter landsknecht one schrammen,
Ein saugends kleines kind on ammen,
Ein große krankheit one wee,
Ein langer winter one schnee,
Reife haselnüß und nit braun,
Ein guter garten one zaun,

---

55. 134 steupen, Stäupen durch den Henker. — 140 Ein fehlt im Text, es Versmaßes wegen nothwendig, ebenso ist mehrfach zur Herstellung des Achtsilbers „und" eingeschoben. — 149 unbehut, unbehütet. — 152 ungebeten, nicht begehrt. — 154 bachen, zweijähriges Schlachtschwein, Speckschwein.

Ein alter seiger wein on kam,
  Ein süße sommer milch on ram,
Ein großer fürst und one narren,
  Ein großer rosstall one barren,
Ein köstlich buch und ungebunden,
  Ein großer schatz und ungefunden,
Ein alte orgel ungepfiffen,
  Ein badstubentür unbegriffen,
Ein alter schornstein one ruß,
  Ein frommer sünder one buß,
Ein große hochzeit one tanz,
  Ein zierte jungfrau one kranz,
Junge pflanzen und unbegoßen,
  Ein langer dienst und unverdroßen,
Ein lerer wagen ungehemmet,
  Ein großes har und ungekemmet,
Ein guter senf und ungerieben,
  Feißte rinder und ungetrieben,
Ein alter buchsbaum und nit grün,
  Ein alter kempfer und nit kün,
Ein alter jäger one hunde,
  Ein alter wieger one pfunde,
Ein alte sau on große zitzen,
  Ein alte want on große ritzen,
Ein alter bettler one stab,
  Ein alte beurin one lab,
Ein gutes schiff und one ruder,
  Ein observanz und one bruder,
Ein guter pflug und one schar,
  Ein schöner kopf und one har,
Ein alter töpfer one ton,
  Ein alter vatter one son,
Die münz zu Straßburg one hemmer,
  Die mess zu Frankfurt one kremer,
Alte vetteln, die nit schwatzen,
  Alte katzen, die nit kratzen,

---

55. 163 seiger wein, Tropfwein. — 166 barren, Lattierbaum. — 174 ziert, geschmückt. — 184 wieger, Wäger, Wägemeister, ein Beamter, der auf richtiges Gewicht zu sehen hat. — 188 lab, saure Milch. — 190 observanz, vgl. III, 100, V. 11.

Alte hüner, die nit scharren,
  Jung gesellen, die nit narren,
Ein alter eber one zene,
  Ein guter bogen one sene,
Ein altes böses weib on wort
  Hab ich mein tag nit nennen hort;
Und ein alter bock one bart
  Ist als wider natürlich art.
Verlorn ists; art leßt nit von art,
  Der bock noch nie kein gärtner wart.

Die sechsundfunfzigste Fabel.

Wie Sanct Peter wolte Gott sein.

Sanct Peter mit dem Herren Christ
  Hat vil gewandert, wie man list,
Allhie auf erden hin und wider,
  Das jüdisch lant fast auf und nider.
Da sich vil seltzam red begaben,
  Davon sie oft geschwatzet haben,
Daß Petrus auch den guten man
  Mit mancher frag hat gfochten an.
Gleich wie das gmeine sprichwort sagt,
  Daß oft ein narr gar vil mer fragt
Von großen sachen und geschichten,
  Denn zehen weisen könten brichten.
Dergleich aus seinem tummen sin
  Fragt er also ins wild dahin,
Daß sich hat under andern fragen
  Auch dise folgend zugetragen,
Daß Petrus sprach: „Meister, ich bitt,
  Du woltest mirs versagen nit
Und bis zur antwort unbeschwert
  Des, das ich dich jetzt fragen werd“,
Und sprach: „Wenn ich der welte stend
  Betracht vom anfang bis zum end,
Da findt sich so vil herzeleit,
  Unordnung, ungeschidlichkeit,

---

56. (95.) Quelle unbekannt. Hans Sachs, Gedichte (1557) I, 5, 492; Meistergedichte 3, 176. Deutsche Dichter des 16. Jahrhunderts V. Band, S. 144 f.

Des widerwillens und des zanks,
Vil abergunst und des undanks,
Vil laster, schand und große sünd;
Erdenkt auch teglich neue fünd.
Die armen tut die herrschaft schetzen,
Mit zoll und zinsen übersetzen.
Dagegen ist der kaufman klug,
Mit falscher war und großem trug
Sein nehsten bscheißt und überzeucht.
Der handwerksman die arbeit fleucht
Und nert sich oft mit bösen tücken.
Der baur zu land mit schelmenstücken
Der herrschaft ungehorsam sein.
Ein jeder meint, er seis allein,
Vor den die welt nur sei geschaffen.
Dazu leßt sich auch niemand strafen
Mit keinem bösen noch mit guten,
Mit drauung Gottes zorn und ruten.
Es beßert sich noch weib noch man:
Ein jeder gibt ein lachen dran,
Daß, wenn ich solchs als überleg,
In meinem herzen oft beweg
Und sihe, daß nit wil beßer werden,
Verdreußt mich zwar, auf diser erden
Lenger zu leben, solchs zu sehen.
Wenns nit dermaleinst solt geschehen,
Daß dus soltst strafen oder richten,
Wolt ich mich wol dazu verpflichten,
Wenns gen solt nach dem willen mein,
Ich schlüg mit beiden feusten drein,
Und gar in einen haufen stürzen:
Damit wolt allen jamer kürzen.
Drumb nimt mich wunder, weil du bist
Gott selber und der ware Christ,
Der himel, erd, beid nacht und tag
Geschaffen hat und als vermag,
Hast allen gwalt in deinen henden,
Köntest in einem hui als wenden

---

56. 26 abergunst, wie Misgunst, Abgunst.

Und sihst doch solcher bosheit zu,
Was jeden glüst, daß er das tu.
Darneben lerst uns, daß wir söllen
Zu Gott all uns vertrauen stellen,
Und daß mans halt und dafür acht,
Daß er hab alles dinges macht,
Was gschiht in himel und auf ert,
Und nichts geschehe on als gefert,
Sondern, wie ers hab decerniert,
Als werd volnbracht und ausgefürt.
Daraus denn folgt, wie sichs auch findt,
Daß fast auf ert all menschen kind
Nit glauben, sonder dafür halten,
Gott laß die welt nur selber walten,
Wie sie nur wil, und hab nit acht,
Was jederman hie niden macht.
Und zwar, wenn ich recht sagen solt
Und man michs nit verdenken wolt,
Brecht man mich selb leichtlich dahin,
Daß mir auch wüchs ein solcher sin,
Daß Gott der welt vergeßen het,
Gült im gleich vil, was man hie tet.
Es hielten auch vil weiser heiden,
Die sonst nit waren unbescheiden,
Gott het nur acht der großen ding
Und sehe gar nichts auf das gering,
Und daß er etwan wer dieweil
Leicht über etlich hundert meil
Geschiffet übers Caspier mer,
Odr in die Muscow gezohen wer.
Es stet warlich jetzt wol so wüst,
Weil jeder tut, was in gelüst.
Ja lieber, wenn du selber soltst
Recht sagen und bekennen woltst,
So würdest auch wol sagen das,
Daß die welt zu regieren baß
Solt sein, weil sie in iren gang
Ist bracht, denn da sie im anfang

56. 66 uns, unse, unser. — 70 on als gefert, durch Zufall. — 86 unbescheiden, unverständig.

Aufs neu zu schaffen ganz und gar
Und in ir form zu bringen war,
Als himel, erd mit aller zier,
Als gwechs, fisch, vogel, mensch und tier,
Aus nicht als vorher kommen must,
Und hat in nur ein wort gekost.
Drumb dunkt mich zwar, daß das regieren
Der welt wer fein hinaus zu füren
Mit wenig müe, fein in der still,
Daß jeder nicht tet, was er wil.
Gleich wie ein großes schönes schiff
Wird gbaut dorthin aufs waßer tief
Mit langer zeit und großem gelt,
Daß sichs verwundert alle welt,
Und wers nur siht, der großn arbeit
Und schweren last: doch wenns ist reit,
So ists ein man allein, ders lenkt
Und fürts, wo er nur hin gedenkt.
Vil beßer wer die ganze welt,
Weil sie ist reit und als bestellt
Von dir, der du als dings hast macht,
Und als so weit ist durch dich bracht,
Fein zu regiern in irem schwang,
Daß man den zaum ließ keim zu lang.
Denn weil du selb bist Gottes sun,
Wer dirs vor allem wol zu tun;
Auch drumb bist rab vom himel kummen
Der welt zum heil, zum nutz und frummen,
Daß du all dises übel strafteſt,
Den frommen recht und frieden schafftest.
Drumb wundert mich kein ding so ser,
Weil daß du bist als dings ein herr,
Lest dennoch solches als geschehen
Und magst so durch die finger sehen."
Drauf antwort im der Herre Christ
Und sprach: „Peter, vorwar, du bist
Ein seltzam man mit deinem tun
Und mit den worten vil zu kün.

56. 105 nicht, nichts — 116 reit, bereit, fertig. — 126: stände dir vor allem wol an, es zu thun.

Hastu nit oft von mir gehort,
Daß du Gottes werk und sein wort
Solt bleiben lan in seiner maßen,
Ungemeistert, ungtadelt laßen?
Denn sein wort, werk und seine wunder,
Beid in gemein und in besunder,
Sein unerforschlich zu erfinden,
Keim menschen müglich auszugründen.
Drumb denk in auch nit weiter nach,
Sein dir zu spitzig und zu hoch,
Sondern denk, wie ich dir wol er
Hab gsagt von disen dingen mer,
Mein vatter ist vil anderst gsinnt,
Nit wie auf erd der menschen kind
So kurzsinnig und abergünstig,
Rachgirig, zornig und inbrünstig,
Sondern barmherzig, gnedig, gütig
Ueber die sünder und langmütig.
Von dem nur eitel gnad herfleußt,
Sein regen miltiglich ausgeußt
Beid über bösen und die frommen,
Der sonnen schein leßt auch rab kommen
Ueber die guten und gerechten,
Auch welch seim willen widerfechten;
Wil nit, daß bald jetzt hie auf erden
Vom himel als gestraft sol werden.
Neben dem weizen leßt aufgen
Das unkraut, und das bleibe sten
Biß zu der ernt, da wird entpfan
Ein jeder nach der tat sein lon.
Jetzt laß dein urteiln und dein sorgen
Ob dem, das dir ist gar verborgen.
Denn wer sich in fremd werbung flicht,
Der er mag haben kein bericht,
Der müt sich umb unnötig sach,
Er pflügt den sant und mißt die bach,
Eim ziegel wil die röt abreiben
Und fleißig in das waßer schreiben,

---

56. 154 inbrünstig, leidenschaftlich, eifrig. — 171 werbung, Gewerbe, Geschäft.

Umbsonst ein schwarzen moren wescht
Und gar ein fremde glut auslescht.
Wern finger in alle löcher steckt,
Muß förchten, daß ern oft befleckt.
Drumb rat ich dir, daß du dich nicht
Zu weit steckest in Gottes gricht,
Weil du der ding bist unerfarn,
Gar vil zu toll und jung von jarn.
Wenn ich die warheit reden tar,
Dörst ich sagen, und ist auch war:
Wenn du die ganze welt solst jetzt
Nach deim verstand, weisheit und witz
Regieren auch nur einen tag,
Was solt sich da vil großer klag
Von allen creaturn erheben,
Und du auf als solst antwort geben,
Da soltstu finden, was du suchtst,
Daß du zu solchem ampt nicht tuchtst."
Da antwort im sanct Peter wider,
Sprach: „Lieber meister, bin ich bider,
Wolstu mir nur so vil nachgeben,
Das regiment einst an zu heben,
Zu herrschen einen tag vergünnen,
Denn soltstu sehen, ich würds wol künnen."
Da sprach zu im der Herre Christ:
„Weil du denn so vorwitzig bist
Und wilt dich ja nit lan bereden,
So bin ichs heut mit dir zu freden,
Und heb bald an jetzt disen morgen
Himel und erden zu versorgen,
Sorg für all creatur zu tragen,
Daß niemand hab über dich zu klagen.
Hiemit gib ich dir allen gwalt
In himel, erd, doch der gestalt,
So bald die sonn zu nacht get nider,
Daß du mirs regiment gebst wider."
Da ward sanct Peter fro und sprach:
„Weil du mir solchs gibst alles nach,

56, 204 freden, nds., frieden.

Zum zeichen gib mir deinen stab,
  So weiß ich, daß ichs alles hab."
Da gab ern im, und giengen beid
  Mit einander über jen heid.
Bald kamens in ein dörflin klein;
  Ein arme frau saß an eim rein,
Die het nit mer denn eine geiß,
  Die trieb sie nach irs mans geheiß
Zum dorf hinaus ins grüne gras,
  Daß sie sich da mocht weiden baß,
Wie man dem vieh gemeinlich tut,
  Und sprach: „Ge! daß dich Gott behüt!"
Da hub bald an der Herre Christ,
  Sprach: „Petre, weil du Gott jetzt bist,
So hat dir dise frau zu gbieten,
  Daß du ir heut der geiß must hüten.
Sihe, daß du vorwendst allen fleiß
  Und dich als einen Gott beweis!"
Sanct Peter ward wol halber schellig;
  Jedoch weil ers im hat gesellig
Erst laßen sein und drumb gebeten,
  Must er das göttlich ampt vertreten.
Drumb sich halb willig drein begab
  Und nam zu handen seinen stab;
Der geiß er folget hinden nach,
  Die stieg bald auf die berge hoch
Die scharfen felsen auf und nider,
  Lief durch die wälde hin und wider,
Da war kein auen, felt noch wisen,
  Da nit die geiß tet umbher bisen
Durch stauden, büsch und kleine hecken;
  Oft in dornbüschen blieb bestecken,
Draus ers bein hörnern ziehen must,
  Daß er ward oft schier gar entrust
Und bald verlorn het all sein waffen,
  So vil macht im die geiß zu schaffen,
Blieb auch ungeßen all den tag,
  Daß er vor hunger schier erlag;

---

56. 244 bisen, mhd., nds. bissen, zwecklos umherlaufen.

Drumb er der geiß auch flucht gar oft,
Begirlich nach dem abend hofft.
Als sich die sonn begunt zu neigen,
Damit den abent anzuzeigen,
Die baurn vom acker zohen ein,
Wolt er auch nit der hinderst sein;
Die geiß der frauen wider bracht.
In seinem sinn also gedacht:
Es bleib ein Gott auch, wer da wil!
Lieber bin ich ein armer gsell,
Mit meiner fischerei mich neren,
Denn mich mit solcher sorg beschweren.
Ich sehe wol, wenn einr hat vil kü,
So hat er auch dabei vil mü.
Groß herrn groß sorge haben müßen;
Mein lust wil ich nit mer so büßen.
Drauf im der Herr zu antwort gab,
Sprach: „Diß für deinen vorwitz hab!
Denn so gets zu in aller welt,
Keinem sein ampt und stant gefellt."
¶ Drumb ists auch war fast überal,
Der narren ist kein end noch zal,
Wie Salomon der könig sagt
Und alle welt darüber klagt.
Ein jung gsell kam zu einem apt,
Bat, daß er in ins kloster kappt.
Der apt fragt, ob er dschrift verstünt,
Odr ob er sonst ein handwerk künt;
Sonst nem er keinen in den orden.
Sprach: „Bin nit dazu ghalten worden,
Daß man mich het lon etwas leren;
Jedoch wüst ich wol zu regieren,
Daß als mit fleiß wurd ausgericht."
Da sprach der apt: „Ich darf dein nicht.
Jederman hie regieren wil;
Der meister hab ich vil zu vil."
Was jeder siht in allen sachen,
Das kunt er allzeit beßer machen;

56. 265 sprichwörtlich, vgl. Verlorn. Sohn, 1400, 1401. — 275 Salomon der könig, in „Salomon und Morolf". — 278 kappen, in die Kappe stecken, in den Orden aufnehmen.

Wurds im abr in die hand gegeben,
Wust nit, wo ers solt erst anheben.
Auch ist die welt so klug und spitzig,
So neugirig und so vorwitzig,
Daß als richten und tadlen können,
Niemand sein ampt und ere gönnen.
Wer offentlich am weg wil bauen,
Da jederman mag frei zuschauen,
Der muß sichs lan verdrießen nicht,
Daß jederman darüber richt.
Der Cicero sagt disen Spruch
Am neunten brief im ersten buch:
„Vil leut richten leicht aus vorwitzen,
Wenns mich in eren sehen sitzen,
Haben nur aufs auswendig acht,
Auf dises lebens er und pracht,
Und ergern sich etlich daran,
Daß mancher mir der er nit gan.
Aber die sorg des gmeinen nutzs
Und bschwerung des römischen schutzs,
Die mich drückt und im herzen krenkt,
Ist selten einr, der das bedenkt.“
Drumb laß dich nit dein wan betriegen;
Bedenk nur stets dein unvermügen.
All menschlich kreft sein eitel, nichtig;
Niemand zu seinem ampt ist tüchtig.
Woltstu alln creaturn gebieten
Und kanst nit einer geiß recht hüten?
Drumb bleib ein jeder bei der erden,
Denk nit mer, denn er ist, zu werden,
Tracht, daß er recht sein ampt versorg
Und nichts auf einen andern borg,
Sehe auf die leng seinr eigen füß,
So wird im auch diß leben süß.
Wer dise lere wol kan faßen,
Der wird im leichtlich gnügen laßen
An seim ampt, wenn ers wol wird künnen,
Und seinem nehsten nichts misgünnen.

56. 301 Cicero, Epist. ad divers. I, 9 (ed. Wetzel 1822), cap. 41, p. 83. — 308 gan, praeteritopr. zu gunnen.

Dio siebenundfunfzigste Fabel.

Von den Löwen und Hasen.

Kurz vor der schöpfung aller ding,
 Und e die welt zum erst anfieng,
Wie man list in den alten gschichten,
 In fabeln und poetengdichten,
Daß da sei gwest ein alter has,
 Der aß sonst nichts denn kurzes gras
Und trank das reine waßer kalt,
 Der lebt vil jar und war gar alt,
Daß im sein har ward grau und greis.
 Der war verstendig, klug und weis
Und het in büchern lang studiert;
 Drumb er auch all sein kinder lert,
Sein vettern, ohmen, mumen, basen
 Und all das ganz geschlecht der hasen,
Daß sie auch glert wurden all gar,
 Gleich wie ir meister selber war,
In heilger schrift und in den rechten
 Zu disputieren und zu fechten,
Mit weisheit, reden und mit leren
 Geschickter denn all tier sonst weren.
Drumb sie ir weisheit zamen brachten,
 Zum gmeinen nutz also gedachten:
„Nach dem jetzt die grimmigen lauen
 All tier fast trutzen und bedrauen,
Und müßen tanzen, wie sie pfeifen,
 In weidlich auf die hauben greifen,
Daß haut und har oft folgen nach,
 Mit irer tyrannei und rach,
Mit wüten, toben und gewalten
 All tier so trutzlich underhalten,
Vor irem greuel müßen streichen
 Und gleich wie in einr fallen keichen.

---

57. (96.) Quelle nicht nachzuweisen. Aesop (ed. Korai), 347: Leones et lepores; Aristot. polit. 3, 13; Joachim Camerarius 264: Leporum concio. — 29 gewalten, Gewalt üben. — 30 underhalten, daniederhalten, bewältigen.

Müßen sich ducken, bucken, schmucken
  Vor irem frevel und verdrucken.
Drumb gschicht allzeit bei nacht und tag
  Ein ewig schreien, wee und klag,
Und ist niemand, der sie kunt retten,
  Mit keinem rat noch tat vertreten.
Daraus endlich ist zu vermuten,
  Daß solchs aufs letst zu keinem guten
Gereichen mög, wenns lang hin gieng,
  Nur zum verderben aller ding.
Drumb laßt uns eintrechtig hingan
  Und sie zu leren underſtan.
Wer weiß, ob noch dieselben leben
  Unsr wort zu hören sich begeben;
Wenn wirs den rechten weg jetzt lerten,
  Villeicht sie sich zum guten kerten,
Durch süße wort und hasenstimm
  Bald ließen ab von irem grimm,
Den tieren nit mer widerstrebten,
  Hinfürder freundlich mit in lebten,
Wurden all mit einander frum,
  Des hetten wir ewig lob und rum."
Als sie der sach nun waren ein,
  Zohen bald hin allsam gemein,
Dorthin, da all die löwen saßen,
  Vom fleisch und blut der tieren fraßen,
Waren all voll mit banketieren,
  Mit singen, tanzen und hofieren,
Hoffertig, stolz, in großer pracht:
  Ein gringer ward da nit vil gacht,
In lust und freud sich alles regt,
  Wie man in herrenhöfen pflegt.
Da sprach von stund der alte has
  Zu seim geschlecht: „Tret zuher baß!
Was wölln wir tun? wölln wir anheben
  Und in die sach zurkennen geben,
Ob sie sich beßern wolten heut
  Und leben wie die frommen leut,

---

57. 45 leben, für lewen, Leuen. — 55 ein, einig. — 62 gacht, geachtet.

Oder wölln wirs laßen heint beruen?"
Da sprach ein has: „Jch rat in treuen,
Daß wir die sach jetzt lan bestan,
Biß sie den kropf verdauet han,
Und heben an biß morgen fru;
Dest fleißiger hörn sie uns zu."
Des morgens traten sie hinein,
Da die löwen beinander sein,
Und meinten großen nutz zu stiften.
Jr red bewedmet war mit schriften
Aus alt und neuem testament,
Sagten, wie sie gut regiment
On tyrannei stets sollten ieben,
Die warheit und das recht belieben,
Nach billichkeit die bösen strafen,
Den frommen recht und frieden schaffen,
Als ergerlichen wandels maßen,
Die **tierlin** ungefreßen laßen,
Witwen, weisen schützen, versorgen,
Den armen geben, leihen, borgen,
Die schwachen helfen heben, tragen
Und keim trostlosen trost versagen
Und nemen jederman in schutz.
Sie schafften aber keinen nutz;
Denn da erzörnt der ganze haufen,
Tet greulich durch einander laufen,
Gunden zu brüllen und rumorn:
Jr keiner wolt die hasen horn,
Sprachen: „Was sol das nichtig gschlecht
Uns leren, was sei gut und recht?
Das flüchtig volk, die losen gsellen,
Daß die uns jetzt erst meistern wöllen,
Gedenken uns zu reformieren!
Wir wöllen sie wol mores leren,
Die heillos leut und lose buben!"
Eintrechtig sie sich bald erhuben,
Mit murren, schnurren sie anzanten
Und sich einmütig all ermanten

57. 71 beruen, beruhen; der alte Druck hat als Fehler: „bereuen". — 80 bewedmen, mhd. widemen, ausstatten, versehen; schriften, Schriftstellen.

Wie die tollen, torechten hunt:
Ir keinr im selber steuren kunt.
Im hui die hasen all zerrißen,
Verschlungen, fraßen und zerbißen.
¶ Dermaß gets in der welt auch zu
Von alters her allzeit, auch nu,
Daß könig, fürsten und der adel
Können nit leiden irkein tadel.
Wer sie straft und die warheit sagt,
Der wird veracht, getöt, verjagt;
Denn was der arm zu hof guts brengt,
Das wird zum argen als gelenkt;
Da siht man schel und rümpft die nasen
Und get der warheit wie den hasen;
Wo sie sich nicht bald dannen packt,
So wirds verfolgt, gezwackt, gesackt,
Ir nimmer keine schanz gelingt,
Wie jener in seim liedlin singt:
„Denn wer gedecht
Zu leben schlecht,
Ganz frum und grecht,
Was guts fürbrecht,
Der wird durchecht
Und gar geschwecht,
Gehönt und gschmecht
Und blieb allzeit der andern knecht."
Ja, im geistlichen regiment
Wird auch gelont mit solchem end,
Daß, die das heilig wort jetzt leren,
Vom teufel uns zu Gott bekeren,
Wie die rechten evangelisten,
Die helt man jetzt vor widerchristen,
Stellt in wie falschen ketzern nach
Mit schwert, feur, ban und aberach;
Scheltens und lesterns vor den leuten,
Die friedsam ler vorn aufrur deuten,
Und wird also zum ergsten lert
Als, was der has den löwen lert.

---

57. 125 schanz, Wurf (im Würfelspiel). — 126 jener, Georg Forster, vgl. die Einleitung. — 142 aberach, oberacht, wiederholte Acht.

Drumb darf man sich auch keines guten
Hinfürder bei der welt vermuten.
Von anbegin die lügen strebt
Wider dwarheit, ir nit gmeß lebt.
Ungrechtigkeit grechtigkeit schendt,
Die finsternis das liecht verblendt.
Denn Chaims gschlecht tut nimmer gut,
Vergeußt allzeit des Abels blut;
Ismahel ist dem Isaac feint,
Der Esau widern Jacob greint,
Saul allzeit widern David ficht,
Der bös den frommen stets hinricht;
Und kan der wolf nit anderst tun:
Er frißt das lamb, der fuchs das hun.

Die achtundfunfzigste Fabel.

Wie einer ein Esel solt schreiben leren.

Wo man die ganze welt durchsiht
Und anmerkt, was darin geschiht,
So findt man gwislich gnug zu sehen
In allen hendeln, die geschehen,
Wie daß groß reichtum wird gar ser
Vorgezogen der zucht und er,
Und übers recht get hoch die gwalt,
Wird oft misbraucht in rechts gestalt.
Als wo geneigt die oberkeit,
Die untertan aus haß und neit,
Ob sie gleich haben keine schult,
Dennoch sie gerne strafen wolt,
So brichts vom zaun ein heillos sachen
Und denkt, wie sie die groß mög machen,
Mit glerten worten fein staffiert
Und nach irm willen appliciert,

---

58. (97.) Quelle nicht genau nachzuweisen. Poggius 249: Facetum hominis dictum asinum erudire promittentis; Abstemius 133: de grammatico docente asinum; Seb. Brant B. 7; Ulenspiegel 29; Camerarius 166.

So muß mans underm billchen schein
  Oft laßen recht und billich sein.
Dermaßen war dermal ein könig,
  Dem war ein frommer undertenig,
Drumb er im stets gehorchen must.
  Zu dem sprach er: „Hör, was du tust!
Da hab ich einen esel jung,
  Der ist vorwar nach meim bedunk
Alln eseln und alln andern tieren
  Mit singen, kurzweil und hofieren
Vil zu verstendig und zu gschickt;
  Drumb laßt versuchen, obs einst glückt:
Weil du bist weis und hoch gelert
  Und hast vil leut zum besten kert,
Ob dus am esel auch versuchtst
  Und in die schrift auch leren muchtst,
Daß er still säß, wurd züchtig, bendig,
  Erfaren und der schrift verstendig,
So hetst began ein große tat,
  Desgleich kein mensch gesehen hat.
Drumb wir dir jetzt ernstlich gebieten,
  Woltst dich derselben arbeit nieten
Und solcher mü dich underwinden.
  Und leßtu dich nit willig finden
Und bist nit zu der sach geflißen,
  Soltu daneben das auch wißen,
Daß dirs gelangen wird zum schaden,
  Zu schwerer straf in ungenaden.“
Er antwort: „Gnediger könig hoch,
  Eurem fürstlichen bfelhen noch
Wil ich ganz gern diß grobe tier
  In disciplin nemen zu mir,
Mit aller arbeit halten drob;
  Weils aber ist so wunder grob,
Tumsinnig, auch noch jung von jarn,
  Muß ich bedingen diß zuvorn
Und erstlich machen disen bscheit:
  Ich darf dazu ein lange zeit.

---

58. 33 bendig, zahm. — 35 began, begangen, verrichtet. — 38 sich nieten, wie benieten, sich befleißen. — 49: alle Mühe darauf verwenden.

Wenn ichs recht underweisen sol,
Zehn ganzer jar bedörft ich wol."
Der könig sprach: „Die zeit ist lang;
Doch wenn du mir die sach zu dank
Ausrichtst, wie ich dir jetzt sag nu,
So nim dir zehen jar dazu."
Damit nam er den esel an.
Da ward er blacht von jederman,
Und kamen all sein freund daher,
Fragten, wie er so nerrisch wer,
Sich solcher arbeit understünd,
Weil daß man doch kein esel fünd,
Auch keinr nie wer auf erden gwesen,
Der schreiben kunt het oder lesen:
Er wurd besten mit allen schanden,
Daß er sich des het understanden.
Er sprach: „Ir freunde, schweigt nur still!
Mein meinung ich euch sagen wil.
Weil solchs zu tun unmüglich ist,
Hab ich dasselb getan aus list.
Weil ich im sonst nicht mocht entkummen,
Hab mir dest lenger aufschub gnummen.
Die zeit wird sich vil dings begeben:
Wer weiß, wer zehen jar mag leben?
In dem vil waßers abhin rinnt:
Wer weiß, wen man denn lebend findt?
Leicht stirbt mein herr, oder das tier,
Oder wird die zeit sein leicht an mir;
Wenn von den dreien eins geschicht,
So bin ich los, die sach entricht."
¶ Man sol in schweren, großen fellen,
In sachen, die sich seltzam stellen
Und schedlich ausgeng möchten gwinnen,
Sich bdenken und recht wol besinnen,
Damit kein fortgang werd gesucht,
Der am end schaden brengen mucht.
Denn diß beschließen alle weisen,
Sagen, daß der sei hoch zu preisen,

58. 84 entrichten, ausrichten.

Der große sach ein weil aufhenkt,
Fein langsam mit der zeit bedenkt
Und dennoch allen fleiß anwendt.
Die han gwonlich ein beßer end
Denn die, welch schnell und unbewagen,
Doch listig werden angeschlagen;
Die werden gmeinlich übereilt,
Denn allzu bhend hat oft gefeilt.

Die neunundfunfzigste Fabel.

Wie ein Dorfpfaff die Baurn straft.

Man hat mir gsagt von eim dorfpfaffen,
Der pflag die bauren ernstlich strafen
Umb trunkenheit und füllerei,
Umb eebruch und umb hurerei
Und sonst umb andre grobe boßen,
Und sprach: „Wo ir nit wolt abloßen
Vom schendlichen und bösen leben
Und zu dem guten euch begeben
Und mein warnung zu herzen füren,
So wurd ich euch, vorwar, baß rüren,
Wenn ich dermaleinst einen nenn;
Denn ich eur mer denn einen kenn."
Solch red zu wider und verdrieß
Den baurn er oftmals hören ließ;
Wenn er sie sonst Gottswort solt leren,
So musten sie solch scheltwort hören
Von irem pfarrherrn ungeschlacht;
Damit er sie oft schellig macht,
Daß sie gleich über in ergrimmten
Und eintrechtig zusamen stimmten.

---

58. 97 unbewagen, ohne Ueberlegung.

59. (98). Wol nach mündlicher Erzählung gedichtet. Die Geschichte vom Werfen mit dem Prügel bei Hans Sachs I, 5, 94 (1556), zu Poppenreut localisiert.

Je einer zu dem andern sprach:
„Dem pfaffen geben wir vil nach.
Wölln wir stets freßen solche grumpen,
Daß er uns auf dem maul mag trumpen,
Sein groll und mutwilln an uns uben,
Ausfilzen wie die lotterbuben?
Kurzumb, wir wöllens nimmer leiden:
Machts ja zu grob und unbescheiden."
Drumb sie allsamet zu im kamen,
Zu underrichten in fürnamen,
Und sprachen: „Herr, es ist nit gut,
Daß ir uns also schmehen tut,
Mit solchen worten ungelaschen
Uns von der kanzel aus zu waschen.
Drumb sei euch jetzt gesaget das,
Daß ir des machen wolt ein maß,
Auf daß nicht euch und uns einst greut.
Wir sein vorwar nit solche leut,
Wie ir uns offentlich austragt,
Solch grobe grumpen von uns sagt."
Er sprach: „Ich wolt, ir machts gelinder,
Lebten wie die frommen pfarrkinder,
So wert ir vor der straf wol frei
Und dörft keinr solchen meuterei,
Die ir jetzt wider mich erregen
Und euch zu unlust selb bewegen.
Weil ir euch aber jetzt so hoch
Entschuldigt, wil ich auch hernach
Mit worten mich wißen zu halten.
Drumb laßt eurn zorn jetzund erkalten
Und nemt die ler von mir jetzt an,
Daß allzeit ein unschüldig man,
Der sich im gwißen selb weiß frum,
Verachts allzeit und gibt nichts drumb,
Ob man die schüldigen beklagt,
Und denkt, es sei im nit gesagt.

---

59. 23 grumpe, grume, Krume, Brocken, Bissen. — 24 trumpen, trummen, trommeln, schlagen. — 33 ungelaschen, ungelachsen, albern, grob, roh. — 39 austragen, schmähen, in übeln Ruf bringen.

Also laßt euch auch nit verdrießen
  Mein straf, weil ir habt gut gewißen,
Denn ir werdt nit damit gemeint,
  Auch an eur ere nit verkleint."
Damit sie ließen sich bereden
  Und gaben sich darin zu freden.
Der pfarrherr in im selber lacht;
  Dieweil ein guten rat bedacht
Und sprach: Ich wil euch das wol kochen!
  Ir meint, habt euch an mir gerochen!
Darnach den nehsten sontag balt
  Hin zu der kirchen jung und alt,
Die ganz dorfschaft, baurn und beurin,
  Predigt zu hören kamen hin.
Der pfarrherr auch zur kirchen kam,
  Ein großen knüttel mit im nam,
Gar heimlich undern rock verhal,
  Biß sie da waren allzumal.
Darnach er auf die kanzel gieng,
  Nach gwonheit den sermon anfieng,
Hub wider an die bauren zschelten
  Und sprach: „Fürwar, man findt gar selten
Von solchen groben rülzen einen,
  Ders herzlich und mit treu solt meinen,
Daß er sich einst recht beßern wolt.
  Ob er schon weiß, daß er hat schult,
Jedoch setzt er im kein gefer
  Im gwißen, streicht nur über her
Mit eim fuchsschwanz fein, weich und glind,
  Als ob er het gar keine sünd;
Und sind ir vil so grobe boßen,
  Daß sich nit wöllen strafen laßen.
Wo man in wil die warheit sagen,
  So hebens selber an zu klagen
Ubern pfarrherrn abents und morgen,
  Welcher ir selen muß versorgen
Und für sie all rechenschaft geben.
  Drumb wil ich auch ein mal anheben,

---

59. 73 verhal, praet. zu verhelen, verbergen.

Mit disem knüttel werfen drein.
Vorwar, ich weiß wol, wer sie sein,
Die hoffertigen und die stolzen,
Die eebrecher und trunkenbolzen."
Damit den knüttel aufgewunden
Und draut den bauren zu den stunden,
Sein zornig gsicht in sie zu scherfen,
Stellt sich, als ob er jetzt wolt werfen.
Von stund sich da ein jeder tuckt,
Und einer hindern andern buckt.
Damit legt er den knüttel nider,
Hub an freundlich zu reden wider
Und sprach: „Habs oft zuvorn gesagt,
Gar unbillch man über mich klagt.
Welcher nit böses hat getan,
Darf sich keins trauens nemen an.
Seit ir all frum in disem dorf,
Warumb forcht ir euch für dem worf?
Zur straf ist niemand ungedültig,
Nur der, der sich weiß selber schüldig.
Wenn ir nit wist von bösen stücken,
Het sich jetzt keiner dorfen bücken,
Der sich mit worten wil entschulden."
Da het ein jeder baur ein gulden
Gern geben für denselben hon,
Den in der pfarrherr het geton.
¶ All glerten eintrechtig beschließen,
Und wirs auch aus erfarnheit wißen:
Sein herz eim jeden selber zeugt,
Die conscienz keinem vorleugt,
Eim jeden selb sein urteil fellt
Und solchs stets vor die augen stellt.
Hat er wol tan, weiß sich unschüldig,
So ist sein herz auch nicht unhüldig;
Er freut sich stets und hofft das best,
Mit keim drauen sich schrecken leßt.
Ob man schon böses auf in ticht,
So lacht ers selb und acht sein nicht.

---

59. 110 trauen, dräuen, drohen; sich annemen, auf sich beziehen. — 124 die conscienz, das Gewissen. — 128 unhüldig, ärgerlich.

Wer aber ist im gwißen wund,
  Der scheut und förchtet sich all stund,
Und wo man heimlich etwas sagt,
  So denkt er, daß man in verklagt,
Und get, gleich wie das sprichwort laut:
  Dem schuldign schüttert stets die haut.

Die sechzigste Fabel.

Von einem Tyrannen und seinem Undersaßen.

Von eim tyrannen hab ich glesen,
  Der setzt sein datum, all sein wesen,
Daß er nur gelt und gut mocht haben;
  Drumb must er schetzen, schinden, schaben,
Mit scharren, scheumen, reumen, ropfen
  Dacht als in seinen sack zu stopfen,
Wo ers nur mocht zusamen raspeln,
  Und alles auf ein haufen haspeln.
Per fas et nefas als versucht,
  Und was nur pfenning tragen mucht;
Drumb er auch als verteurt und steigert,
  Ja, wers im denn zu geben weigert,
Der het sein unhuld und ungnaden,
  Must oft erleiden größern schaden.
Also gar gschmitzt, sinnig und spitzig
  War aufs gelt und so eigennützig,
Daß er umb gelts willn alles wagt,
  Die undersaßen greulich plagt,
Daß jeder, was er gbot, aus forcht
  Im on all einred stets gehorcht.
Under im saß ein reicher man,
  Ein treuer, frommer undertan;
Dem warn vil güter angestorben,
  Het selber auch dazu erworben

---

59. 138 schüttern, zittern, beben.
60. (100). Poggius 37: Hostes tyranni domi absconditi; Brant C.[b]. — 23 angestorben, durch Erbschaft zugefallen.

An silber, golt ein große summ.
Weil er nu war woltetig, frum,
Kunt der tyrann kein ursach finden,
Daß ern seins gfallens auch mocht schinden.
Ein kluge list gunt zu erdenken.
Als wenn einr gern den hunt wolt henken,
So sagt man, daß er schmer hab gfreßen;
Also wards im auch zugemeßen:
Er het die feind seins vatterlands
Zu großem schaden gmeinen stands
Heimlich in seinem haus versteckt.
Derhalben er im boten schickt
Und sprach: „Hab dich drumb her vertagt,
Gar böse stück man von dir sagt,
Und die du gwis solt han geton,
Als heimlich conspiration,
Die du mit unsern feinden heltst,
Und nach des lands verderben stellst,
Und daß dus oft gar heimlich hast
In deinem eignen haus zu gast,
Heltsts uns zuwidern da verborgen,
Daraus man sich het zu besorgen,
Daß dise stadt und ganzes lant
Möcht komen in ein fremde hant.
Solchs wer ein groß verräterei:
Da wurdt ir eign, jetzt seit ir frei,
Und ander unrat, der hieraus
Erfolgt und kem dir selb zu haus.
Drumb sind wir auch dermaß geflißen,
Solchs zu erfragen, wölns auch wißen.
Laß hören, was sagstu dazu?"
Sprach: „Gnedigr herr, geb, was man tu
An mir, desgleichen an den meinen,
So wirds doch noch mit groß noch kleinen
Auf mich noch auf die meinen bracht,
Sondern man hats auf mich erdacht
Und mit lügen auf mich erdicht.
Ein solcher man bin ich zwar nicht,

60. 52 kem dir selb zu haus, fiele auf dich selber zurück.

Der seine er wolt so verwandeln,
Wider das vatterland zu handeln."
Da stund einr von den suppenfreßern,
Dems maul nach gelt auch gunt zu weßern,
Verstund seins herren meinung wol
Und sprach: „Ja, wenn ichs sagen sol,
Laßt in seim haus vornen und hinden
Suchen, ich weiß, daß man wird finden
Meins herren feind, dazu die seinen,
Die in auch selb mit untreu meinen."
Da merkt der man dasselbig stück,
Verstund ir practik und ir tück,
Er sprach von stund: „Gnediger herr,
Schickt mit mir einen oder mer.
Wo ein feind in meim haus wird funden,
Sol er gefangen und gebunden
On all barmherzgkeit werden gfürt;
Kein untreu werd an mir gespürt."
Nam etlich von den hofeschranzen,
Die geltfreßer und geirenpanzen,
Gab in ein große summen gelts
Und sprach: „Schweigts nit, meim herrn vermelts
Und sagt: diß ist der große feint
(Wiewol er sonst gar freundlich scheint),
Der im nach leib und leben strebt
Und stets verfolgt, dieweil er lebt.
Den wil ich im jetzt selb verpflichten;
Er mag in seins gefallens richten,
Sehe zu, daß ern nit überwindt;
Ein jeglich tat irn lon einst findt."
¶ Es ist zwar ein gemeine plag,
Auch aller frommen herzen klag,
Daß in der welt der eigen nutz
Regiert nur jederman zu trutz
In alln landen, an allen enden,
In hohen und in nidern stenden,
Bei alln weltlichen potentaten,
Bei allen geistlichen prelaten,

60. 82 geirenpanzen, Geiermagen. — 89 verpflichten, unterthänig machen.

Bei oberkeit und undertan,
Bei bürgern, baurn, dem gmeinen man,
Zwischen freunden und bekanten,
Zwischen brüdern und verwanten,
Ja, zwischen eltern und den kinden
Leßt sich der eigennutz auch finden.
Jederman lert die not diß sagen
Und übern eigennutz zu klagen.
Ich halts auch selb dafür gewis,
Wenn eigennutz und selbgenieß
Vertrieben weren aus der welt,
So wer nit nötig, daß man gelt
Oder irkein münz hinfort dorft machen;
Schlecht wurden alle hadersachen,
Keinr wurd dem andern guts verhelen,
Da wer kein dieb, wurd niemand stelen.
Der groß müselig kaufmanshandel
Und in der welt all ferlich wandel,
All wucher, schinderei, auffsetz,
Practik, list, wechsel, all geltnetz
Wurden auf ein mal hingereumt
Und als unglück hinweg geschreumt.
So wurd die welt fein lauter, neu;
Frumkeit, einfalt, glaub, lieb und treu,
Die kemen alle wider gleich,
Und wurd allhie ein himmelreich,
Das wurd on aufhörn ewig weren,
Darin man gar nichts dorft begeren.
Daß aber nit also wil sein,
Verhindert eine sach allein;
Wo man derselben raten künt,
Villeicht ein wenig beßer stünt.
Und wer des hoffertigen prachtens,
Des hönen, schmehen und verachtens,
Des hönschen blachens und beschimpfens,
Des schilens und des nasenrimpfens,
Des haßens, neidens und misgünnens,
Des liegens und des friedzertrünnens,

60. 110 selbgenieß, Selbstsucht. — 114 schlecht, schlicht, geschlichtet. — 138 friedzertrünnen, den frieden trennen (vgl. trünic von trennen, praes. trinne, abtrünnig), stören.

Des heuchelns, schmeichlens und des gleißens,
  Der triegerei und leut bescheißens,
Des hinderredens, orenblasens,
  Des wüten, toben und des rasens,
In summ, der unfell und geferden,
  Dardurch all ding verdorben werden,
Solten die welt nit so verheren,
  Wo wir eim feind nur könten weren
Und in mit pestilenz und plagen
  Aus der welt wisten zu verjagen:
Das ist der schendlich eigennutz,
  Der hat bei allen menschen schutz
Und wird von jedem wol gemeint,
  Und ist doch unser höchster feint,
Den wir zu unserm schaden groß
  Hegen gleich wie ein feur im schoß;
Der alle leut auf erd betreugt,
  Die ganze welt so gar aussfeugt.
Sie ist durch eigennutz verdorben,
  Ist lebend tot und halb gestorben,
So hats der eigennutz durchecht,
  An all ir macht so gar geschwecht,
Daß sie Gott und sein wort auch lastert,
  In sünd und schand so gar vergastert
Und wird in eitelm unglück alt;
  Ist von ir erst geschaffnen gstalt
So weit abkummen und entwichen:
  Ir schöne farb ist gar verblichen,
Ist rostrig, schimlig, seiger, kamig,
  Unfletig, schwarz, rüßig und ramig,
Elend, verschrumpfen, gretzig, reudig,
  Faltig, schrammig und runzelheutig,
Krumb, lam, beinbrüchig, hackrig, hinkend,
  Gar schwach, verwundt, faul, madig, stinkend,
Alt, mager, dürr, greisgro, schwachkopfig,
  Hustend, speiend, rotzig und schnopfig,

---

60. 151 *wol meinen*, lieben, werthschätzen. — 162 *vergastern*, von *gastrig* nds., garstig (*garst*, schlechtes, verdorbenes Fleisch), schlecht werden, verderben. — 167 *seiger*, ausgetropft, von Wein, schal. — 168 *ramig*, von *räm*, schmuzig. — 169 *gretzig*, krätzig. — 171 *hackrig*, höckerig, bucklich.

Schlotternd, zitternd, bleich, fal, tot, gel,
Unwißend, toll, tumb, stumb, blind, schel,
Unrechtlich, heßlich, scheußlich, nichtig,
Wurmstichig, löchricht und durchsichtig,
Verbraucht, verschlißen, abgenützt,
Gelappt, geflickt und underſtützt,
In summ, verdorben ganz und gar,
Und ist nichts guts an haut und har,
Stet hinden, vorn, alln enden offen,
Ist auch kein beßrung mer zu hoffen,
Daß, wenn ich dwarheit reden solt
Und jemand wer, ders glauben wolt,
Daß ich wol umb ein batzen wett,
Wenn Adam, Abel, Enos, Seth
Jetzt leibhaftig da vor uns stünden,
Daß sie vorwar nit sagen künden,
Daß diß noch wer dieselbig welt,
Welch dasmal ward von Gott gestellt,
Darin sie han so lang gewandert:
So wunderlich hat sichs verandert.
Drumb rat ich, daß wir bald anheben
Zu beßern unser sündlich leben,
Den eigennutz mit ernst austreiben,
Verdammen, aus der welt verschreiben
Mit rechttun und mit guten sitten,
Und Gott mit rechtem glauben bitten,
Daß er doch wöll sein lieben son
Absenden aus seim höchsten tron,
Daß er der welt einst mach ein end,
Daß diser jamer und elend
Einmal aufhör, die tag verkürzt,
Und als werd in einander gstürzt,
Und uns durch seine zukunft lab,
Daß wir der sünden komen ab
Und werden in das reich gesetzt,
Darin wir ewig unverletzt,
Von allem unflat gwaschen rein,
Frum, selig, heilig mit im sein,

CO. 207 zukunft, Ankunft.

Uns freuen mit der engelschar.
Daß solchs geschehe und werde war,
Das wünscht Burcardus Waldis allen,
Die iren lust und wolgefallen
Haben an Gott und seinem wort,
Der dis gedicht von end zu ort,
Beid, alt und neu gemachte fabeln,
Mit deutung, gleichnus und parabeln,
Wie ers in dem latin hat funden,
Zu reim in kleine büntel gbunden,
Zu gut der jugent ausgen laßen,
Auf daß dest beßer wer zu faßen.
Gott wöll sein gnad dazu verleihen,
Daß zu allm guten mög gedeien
Und der meinung werd angenommen,
Wie es der jugent ist zu frommen,
Allein gemacht und dargetan,
Daß also auch werd gnomen an,
Gelernet und gebraucht recht wol.
Dazu wünscht er jetzt noch ein mal,
Ders ganze buch hat zamen bracht,
Glück, heil, vil tausent guter nacht.

Ende.

Druck von F. A. Brockhaus in Leipzig.